珍藏百年手稿出版工程

嗣樸齋叢稿

陈邦怀 著

天津出版传媒集团
天津人民出版社

图书在版编目（CIP）数据

嗣朴斋丛稿 / 陈邦怀著 . -- 天津 : 天津人民出版社 , 2019.6

珍藏百年手稿出版工程

ISBN 978-7-201-14373-6

Ⅰ . ①嗣… Ⅱ . ①陈… Ⅲ . ①《说文》—研究 Ⅳ . ① H161

中国版本图书馆 CIP 数据核字 (2019) 第 080670 号

嗣朴斋丛稿

SIPUZHAI CONGGAO

出　　版　天津人民出版社
出 版 人　刘　庆
地　　址　天津市和平区西康路 35 号康岳大厦
邮政编码　300051
邮购电话　（022）23332469
网　　址　http://www.tjrmcbs.com
电子信箱　reader@tjrmcbs.com

责任编辑：陈　烨
特约编审：陈　雍
封面题字：韩嘉祥
装帧设计：汤　磊
明轩文化 TEL:23674746 · 王　烨

印　　刷　天津市豪迈印务有限公司
经　　销：新华书店
开　　本：889 毫米 ×1194 毫米　1/16
印　　张：40.5
插　　页：4
字　　数：322 千字
版次印次：2019 年 6 月第 1 版　2019 年 6 月第 1 次印刷
定　　价：398.00 元

嗣樸齋叢稿

陈邦怀 著

天津出版传媒集团
天津人民出版社

珍藏百年手稿出版工程

图书在版编目（CIP）数据

嗣朴斋丛稿 / 陈邦怀著 . -- 天津 : 天津人民出版社 , 2019.6
珍藏百年手稿出版工程
ISBN 978-7-201-14373-6

Ⅰ . ①嗣… Ⅱ . ①陈… Ⅲ . ①《说文》—研究 Ⅳ . ① H161

中国版本图书馆 CIP 数据核字 (2019) 第 080670 号

嗣朴斋丛稿
SIPUZHAI CONGGAO

出　　版　天津人民出版社
出 版 人　刘　庆
地　　址　天津市和平区西康路 35 号康岳大厦
邮政编码　300051
邮购电话　（022）23332469
网　　址　http://www.tjrmcbs.com
电子信箱　reader@tjrmcbs.com

责任编辑：陈　烨
特约编审：陈　雍
封面题字：韩嘉祥
装帧设计：汤　磊
明轩文化 TEL:23674746 · 王　烨

印　　刷　天津市豪迈印务有限公司
经　　销：新华书店
开　　本：889 毫米 ×1194 毫米 1/16
印　　张：40.5
插　　页：4
字　　数：322 千字
版次印次：2019 年 6 月第 1 版 2019 年 6 月第 1 次印刷
定　　价：398.00 元

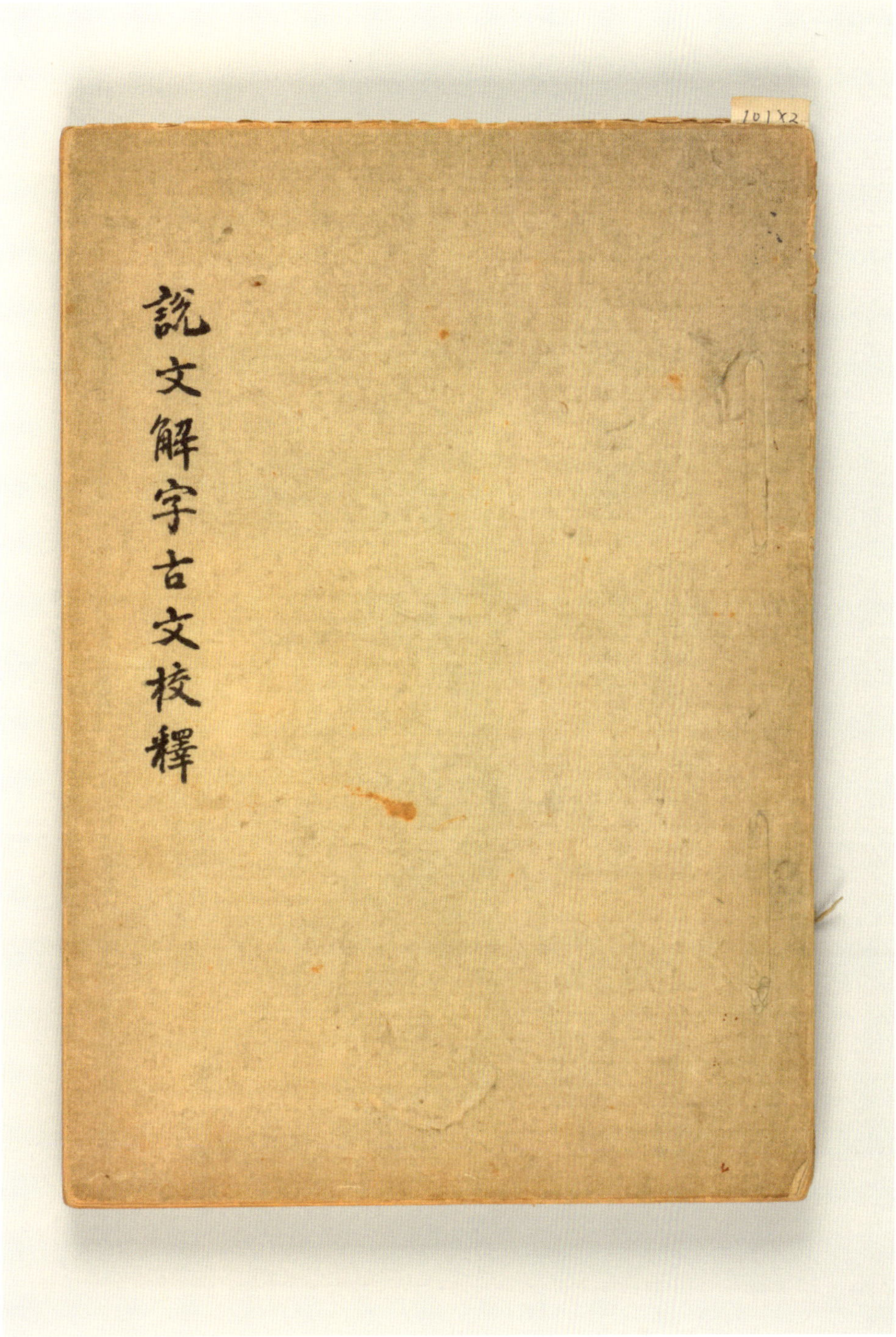

手稿横188毫米、纵263毫米，共计201页，另有1张夹页，影印时略有缩放。

说文解字古文校释

目录

又深恐日久鱼蠹之忧，天津市文史研究馆发挥自身优势，遵循习近平总书记提出的『中华优秀传统文化是中华民族的精神命脉』『中华优秀传统文化是我们最深厚的文化软实力』『用中华民族创造的一切精神财富来以文化人、以文育人、以文培元』的精神，不惜投入大量人力财力亟加编辑厘定，得以保持原貌影印出版。我们深信此书的出版，不仅仅嘉惠学林，更是尊重知识、敬重人才，最深切著明的举措，定会得到社会认可。

天津市文史研究馆

二〇一九年三月

先后师从陈寅恪、钱宾四、吴玉如、雷海宗诸先生。其为人也，讷于言而敏于行。所著《吕留良年谱长编》（中华书局2003年版）自操笔至出版，长达七十二年之久，为年谱典范。卞先生中年以后，从事天津地方史研究，为天津地方文史研究的开拓者和奠基人。又，几近半生之夙兴夜寐，晚年成《陈寅恪年谱长编》（中华书局2010年版）。卞先生寿登期颐，但历经艰辛，视人生逆顺不顾而笔耕不辍，『书誇考终命，世薄老成人』。1989年聘为天津市文史研究馆馆员。

三位老馆员都存有遗稿一直没得出版。陆文郁《蘧庐集》、陈邦怀《嗣朴斋丛稿》、卞慧新《觉非庐丛稿》，或藏于其家，或弃于我馆。以陆文郁先生的《蘧庐集》为例，全稿近七十万字，全部细笔工楷誊抄。不仅极具学术价值，就其誊抄的小楷而言亦具书法之美，笔无一丝违拗，墨无一毫滞溢，可见是陆先生呕心沥血之作。陈、卞二位先生亦谨饬如此。

这三部遗稿，有的已逾百年之久，风剥日蚀，纸张已经发黄变脆，陆文郁（1887—1974）先生，字辛农，又署莘农、馨农，号老辛、百蝫庵主。斋号蘧庐。陆先生是中国生物学画派的创始人，创办《生物学杂志》。陆先生是二十世纪四十年代书画名家，并与刘奎龄、刘子久、刘芷清、萧心泉四老合称『津门画界五老』。陆先生除绘事之外，苦学苦修勤于著述，尤以《植物名汇》《植物名汇补》著名，至今这两部著作也是研究植物学的要典。陆先生是我馆首批馆员。

陈邦怀（1897—1986）先生，字保之，室名嗣朴斋。我国著名古文字学家。所著《殷墟书契考释小笺》《殷契拾遗》，研精覃思、博考经籍，于甲骨学有着开拓之功，其中考释已成定诂，曾得到不轻易许人的国学大师王国维首肯。陈先生曾任《甲骨文合集》编委。另有学术笔札《一得集》，颇受学界称赞。陈先生1954年聘为天津市文史研究馆馆员，1962年任天津市文史研究馆副馆长。天津书法家协会第一任主席。

卞慧新（1912—2015）先生，字伯耕，又字僧慧，号质夫，晚署迟叟。

前言

天津市文史研究馆秉承『敬老崇文、存史资政』宗旨，自建馆六十多年来，荟萃一批腹笥充盈的文史学者和书画大家。这些宿学鸿儒，无论祁寒酷暑，有日无间，在自己的学术田园中默默耕耘，这种精神实令人肃然起敬！

尤其是老一辈学者，终其一生浸润学术研究之中，矻矻于斯，虽外物至而不胶于心，淡然无所嗜，泊然无所求，积一生之学养，成一家之学说。

『人事有代谢，往来成古今』，我馆已故老馆员陆文郁、陈邦怀、卞慧新三位老先生都是受人尊敬的饱学之士，而且寿享高年。怀想三位老先生风范，不禁唏嘘浩叹。

以年齿为序：

编委会名单

陈邦怀（1897—1986）

說文解字古文校釋序

說文解字所收古文，多出於壁中書，乃戰國古文，自成一系者也。段玉裁始言之，王國維再言之，世之治許書者，無間言（然）也。

段氏之言曰：孔安國以攷之尚書，其壁中古文之字猶存於說文。許所據絕異者，壁中古文多假借也。

王氏之言曰：叔重但見戰國古文，未嘗多見殷周古文。又曰：說文古文又自成一系，与商周古文截然有別。其全書中正字及重文中之古文，當無出壁中書及春秋左氏傳以外者，即有數字不見於今經文，亦當在逸經中・或因古今經字有異之故。

余受段王二氏之啟迪・嘗取正始石經殘字及戰國銅器・匋器・刀布之屬・以校讀說文古文・每多符合・且可訂正傳寫（今本說文）之譌。蓋石經古文・恒有假借・因知許書古文・其假借之字・雖有不見於石（正始）經者・推知亦必有本源也。段氏謂壁中古文多假借・其識卓・其言為不可易矣。

今試舉假借字言之：□為播之初文・假借為古文番。桼為㮚之古文・假借為從。敉為妝之或體・假借為養。□是皮韋之韋本字・假借為韋。厇・庀・並是古文度・假借為宅。𡧍是古文圍·假借為帷。𡰥是古文夷·假借為仁。硜訓石聲硜硜·假借為磬。忹訓病也·假借為狂。瀁訓瀁瀁無涯際也·假借為漾。戺訓階戺·假借為配。⿰石賣為瀆之古文·假借為隫。上所列舉·固未能盡·此言假借之字者也。

再就校正譌字言之：奇字倉作仺·空首布作仺·从互可正仺之缺筆。古文扈作𡵂·正始石經作𡵂·右从古文已·可正今本㠯旁之譌。古文亓作⿱丌土·正始石經作⿱丌⿴囗土·下从⿴囗土（古文基）·可正今本从土之譌。古文閒作𨳇·曾姬無卹壺作𨵦·从刖聲·与月聲同·可正今本从外之誨。古文堊作□。垔戈作□。从壬。可正今本下體作□之誨。此言校正誨字者也。

蓋說文所收之古文。亦恒有非六書之例可得其形義者。然潛心玩索。久而豁然。間有可說者焉。古文僕作䑑。从臣□。其義即詩之臣僕。少儀鄭注：臣，謂囚俘。是也。古文乘作□。从几者。內則所謂乘必以几。是也。古文仁作忎。从人心會意。孟子云：仁，人心也。是其義。古文徵作□。从召。从鼓省。會意。許訓徵，召也。周禮：以鼓徵學士。禮記：大昕鼓徵。鄭注：鼓以召眾也。是其義。古文裔作□。考之周禮守祧及禮記中庸。知□从衣在几上。象設先祖遺衣服於几也。古文次作𠕀。以周禮考之。乃大次小次之本字。次謂幄帳。𠕀象之。从象幄杠之飾也。古文綱作㭃。考工記注云。綱所以繫侯於植者也。字从糸。糸所以繫侯。从木。木謂植也。凡此皆根據經籍以考釋文字者也。

說文古文。自為一系。上不合殷周古文者。時不同也王國維說。余以為不合也者。非無十一之合也。考說文古文有與[redacted]殷周古文合者。馭与甲文馭皆从又馬。役与甲文伇皆从人殳。敄与甲文敄金文敄皆从攴攴。目与金文目合。鑒与金文鑒合。皇与甲文皇合。眎与甲文眎合。

困与甲文囧合。雷与甲文㗊合。閞与金文開合。宴字与甲文宴合。䶂与甲文丮金文䶂合。此皆戰國（说文）古文合於殷周古文者。其与戰國銅器、匋器、鉥印、刀布合者不与焉。

余寫此稿，由草創，而增刪，而潤色，且十年矣。顧以人事旁午，未能專壹於此，生也有涯，已逮不惑之年，知也無涯，敢矜愚者一得，自珍敝帚，聊復書之（覆瓿而已）。丙子二月陳邦懷書於嗣樸齋

後記

余七歲從塾師張先生學·聽先生教同學説文部首·耳受説文之名·自此始。逮十歲· 先君課段注本説文·一日命默寫篆字·持筆久不能下· 先君愀然·檢示書本。小時庭訓·沒齒不忘。少長·涉獵金文·既學甲文·二十五歲以後·侍 先君客南通·成甲文小冊二種。三十二歲·痛遭孤露·重習 先君授讀之説文·寫此校釋初稿。屢有增删·訖無淨本。三十五歲·左肺染疾·不勝講説之勞·乃捨教學工作·轉入銀行爲文書工作·浮沈且二十年·筆札餘暇·雖未嘗一日不親卷冊·然述作不汲汲矣。解放後·入天津文史研究館為館員·承闢一室·俾余研究·三年以來·清寫四種·約得十六萬言·此稿其一也。寫此畢工·检馬叙倫先生說文解字六書疏證·馬先生謂𡴎字疑即周禮大次小次之次字。余說与之暗合·因兩存之。又检說文通訓定聲·知朱氏已將⿰舟古字移於篆文⿰舟古字下。余昔嘗疑⿰舟古非辜之古文·蓋為⿰舟古之古文。今知朱氏既先訂正·當著其名。於是自歎讀書未徧·疏漏謬誤不自察者·不知更凡幾也。余之舊稿·置諸行篋·已近卅年·而今日得以整理增刪·次第寫成初稿者·由於黨与政府之支持也·老學孜孜·鍥而不捨·炳燭之明·當自惕焉。

一九五八年一月邦懷寫記

說文解字古文校釋

丹徒陳邦懷

弌古文一。

段玉裁云、一二三之本古文明矣、何以更出弌式式也、蓋所謂即古文而異者、當謂之古文奇字。邦懷按廣雅釋詁云、壹弌也。禪國山碑作弌。

二高也、此古文上、指事也。

此二字、依段玉裁改正、段氏云、古文上作二、故帝下旁下示下皆云从古文上、可以證古文本作二、今正丄為二。邦懷按段說是也。殷虛卜辭上作二前編卷四三十七頁、毛公厝鼎虢叔鐘上字皆作二。

𢂇古文帝。古文諸上字皆从一，篆文皆从二。二古文上字。辛示辰龍童音章皆从古文丄。

邦懷按正始石經尚書古文帝作𢂇，與此同。羅振玉考釋殷虛卜辭帝字云：今觀卜辭或从一，或从二，殆無定形，古金文亦多从二，不如許說也。

㫄古文旁。

邦懷按㫄从丙，与齊子仲姜鎛丙字形同，惜音義不詳。王筠謂㫄字所从之丙，非字。偶未檢耳。

𣃦亦古文旁。

𠄟底也，从反二為𠄟。此𠄟字，依段玉裁改正。段氏云：此古文下，本如此，如鬲字从古文下，是也。邦懷按段說是也。殷虛卜辭下作𠄟（前编卷四三十七頁）。羅振玉云：段玉裁注說文解字改正古文之上下二字為𠄞𠄟，段君未嘗肆力於金文，而冥與古合，其精思至可驚矣。

𠕁古文示。邦懷按：正始石经尚書祥、神、祖、所从示旁，其三垂皆作直形，可證知此𠕁字下作曲形，乃经傳寫而譌。

礼古文禮。

邦懷按敦煌石室唐寫本尚書釋文五禮古文作乂礼。此礼字示旁三縱作曲形，亦係傳寫而譌。

𥛉古文祡，从隋省。

段玉裁云：此蓋壁中尚書作𥛉也，隋聲古音在十七部，此聲古音在十六部，音轉最近。

𥘸古文社。

段玉裁云：从木者，各樹其土所宜木也。大司徒注：所宜木，謂若松柏栗也。若以松爲社者，則名松社。

弎古文三，从弋。

邦懷按敦煌石室唐寫本尚書釋文云：弍，古文三字。

𤣪古文王。

邦懷按者沪鐘王字作𤣪，与此同。

𤣩古文玉。

邦懷按古匋文玉字作𤣩，与此稍異。

璿古文璿。

邦懷按段玉裁云：疑當古文作璿，小篆作璿。余以本書谷部睿字小篆作叡，古文作濬，證知段說疑當古文作璿，為可信也。

⿰王目古文瑁。

邦懷按古文瑁从目，徵之金文，从冒之字，亦可从目，曹字褱𣪘作㫚，从冒，由聲，䡊侯鼎作㫚，則省冒為目，可以證此，段玉裁據玉篇改作玥，未允。

⿰王旱古文玕，从王旱。

段玉裁云：蓋壁中尚書如此作，干聲、旱聲一也。

中古文中。

邦懷按此字直畫下屈，於古無徵，當傳寫而譌。

⿰萅刀古文毒，从刀萅。

此⿰萅刀字，依段玉裁改正。段氏云：从刀者，刀所以害人也。从𥫱為聲。𥫱厚也。讀若篤。䈞字。鍇本及汗簡古文四聲韻。上从竹。不誤。而下譌从副。从𠛪。鉉本則竹又誤為艸矣。古文築作篁。亦𥫱聲。邦懷按段氏說䈞从刀𥫱聲。於字之形義聲。明辨之矣。然䈞字恐非毒之古文。蓋壁中經借䈞為毒也。

𤖯古文莊。

王國維云：殷虛卜辭有⿰爿片字（後編下三十頁）。說文艸部。𤖯古文莊。亦即此字。疑⿰爿片𤖯二字。从片在爿旁丌上。本葬字。後乃加茻。邦懷按王氏謂卜辭⿰爿片字說文𤖯字。本是葬字。是也。余謂卜辭⿰爿片字。从片。爿（音牆）聲。

此㫃字从丌，乃由㫃而演繁。蓋壁中古文借㫃為莊，許君因目為莊之古文。

⿱艹刅 古文荊。

貞毁云：貞从王伐⿱艹丰。⿱艹丰方濬益釋荊，其説云：荊，説文楚木也，从艸，刑聲。古文作⿱艹刅，⿱艹刅即刅，傳寫者誤分為二，改作⿱艹刅，其从艸者，蒙上文小篆之荊而誤，既云楚木，不當从艸。邦懷按荊公孫鐘荊字作井刅，从刅，刑聲，方謂既云楚木，不當从艸，是也。井刅所从之刅，當与貞毁刅是一字，方謂⿱艹刅即刅，傳寫者誤分為二，改作⿱艹刅，亦是也。

五

臾古文蕢·象形·論語曰·有荷臾而過孔氏之門。

邦懷按古鉨事蕢之蕢作𠃨·上作甴·即甴字·下作人·象艸器之有足形·許說古文蕢·象形·是也。據鉨文臾字·可證此臾字係由傳寫而譌。

釆古文釆。

邦懷按魯侯鬲番字作𡘯·从釆·中筆上屈·与此釆字中筆略同·蓋釆原作釆·經傳寫脫譌耳·又按殷虛卜辭釆字作釆（甲骨文零拾第九十八片）·与小篆釆字大同·僅中筆上向左屈·為小異耳。

番古文番

邦懷按九歌云：𤲕芳椒兮成堂。王逸注云：𤲕，一作播。洪興祖補注云：𤲕，古播字。余謂𤲕即𤲕之隸變。𤲕从丑，是丑字。許君說丑字曰：象手之形。𤲕中之二，象穀粒。𤲕象手抓穀粒舉而播之之形。書堯典播時百穀。詩豳風：其始播百穀。皆可證也。然許君以𤲕為番之古文者，據壁中古文也。壁中古文，多為假借，播諧番聲，故借播為番。

恖 古文悉。

邦懷按恖从囟，蓋从自之譌，借息為悉。許君當本諸壁中經也。

庲古文斄省。

邦懷按：庲，來聲，从斄省。古鉨庲敬之庲作庲，与此同。

孩古文咳，从子。

邦懷按：許訓咳字曰：小兒笑也。故古文咳从子。其从亥得聲者，謂小兒之笑聲也。孩从亥聲，是其例。

嚞古文哲，从三吉。

段玉裁云：或省之作喆。

凥古文，象君坐形。

邦懷按：象君坐形之說於凥字之形不合。殷虛卜辭有𤔔字。余釋古文君，从𤔔与𤔔所从者同。𤔔乃尹之初文。說詳後古文尹下。疑此𤔔字，本作𤔔，經傳寫脫8耳。小徐本古文君作宮，上體雖有譌脫，然从𤔔之跡，尚可推尋得之。

周

古文周字从古文及。

邦懷按：周从了，蓋与市市从了同意。市从及者，象物相及也（許君市字說解）。周从了者，象人相及也。疑周或為周道之專字歟。

啺

古文唐，从口昜。

王國維云：說文啺，古文唐，从口昜，与湯字形相近。

案卜辭之唐，即湯之本字，後轉作啺，遂通作湯。

𠳮古文吝，从彣。

段玉裁注小篆吝字云：按此字蓋从口文會意，非文聲也。邦懷謂吝、𠳮二字，皆為形聲。𠳮从彣者，文、彣同聲異義，主聲不主形。六國時聲旁字多如此，例多不備舉。

𣅀古文从甘

邦懷按古匋文作𣅀，从甘与此同。然从甘之字亦有从口者，如旨字，國差𦉜作𠤔，是也。

㝐古文㕣。

邦懷按此𡨦字當作𡧍。蓋經傳寫而小譌耳。賓虹草堂藏陳𡵨鉢。余謂𡵨即𡧍字。上从户。即户之古文（說許後古文户下）。據此可知𡨦當改正作𡧍矣。

𠪚古文。

邦懷按嚴字井人鐘作𠑹（宗周鐘亦从𠱠）（井人鐘）𣪕狄鐘（楚王戈）。与此大同。余謂𠪚从敢。喦（讀与巖同）省聲。小篆嚴字从𠱠。乃喦之省。許君解說嚴字曰：从吅。厰聲。恐未確。

𨑡古文起。从辵。

邦懷按从辵之字。古文可从辵。𨑡字是也。从辵之字。古文或从辵。如遣字作𨔾（遣小子𣪘）。達字作𨕖（訇伯達𣪘）。

是也。蓋古文从丕·从𤴓·可以通用。

𤴓古文正·从二·二古文上字。

邦懷按古金文中正字有从二作𤴓者（邾公釛鐘·子璋鐘·鄦子盧禾毁·邾王儀楚鍴等）·与此同。

𤴓古文正·从一足·足者亦止也。

邦懷按殷虛卜辭正字有作𤴓者（前編卷四第四頁）·羅振玉云·此从口·古金文作■·此但作匡郭者·猶丁之作口·就刀筆之便也·許君云·从一足·殆由𤴓而譌。正月字征伐字同。王國維云·正以征行為本義·許訓是·蓋引申之義。余謂卜辭𤴓字·金文●正字·皆為正之初文，乃从止，丁聲（口、●，皆古文丁）。王氏謂正以征行為本義，是也。上列第一古文作正，金文作正，从二，二非古文上字，乃由口而演變也。上列第二古文作正，羅氏謂殆由口而譌，近是。許君謂从一足，非確解也。

艁 古文造，从舟。

段玉裁云：釋水：天子造舟，毛傳同，陸氏云：廣雅作艁。按艁者，謂並舟成梁。邦懷按頌鼎造字作⿱宀艁，从宀，艁聲，與此稍異。頌𣪘造字作⿱宀造，从宀，造聲，比小篆造字但多从宀耳。

警古文，从敕，从言。

邦懷按：小篆速，从辵，朿聲。古文警，从言，敕聲。蓋為同聲假借。許君所據壁中古文固如是也。

𡱝古文徙。

邦懷按：本書尾部，𡲾，从尾，水聲。此𡱝字蓋由傳寫而譌。余謂當从尾，米聲，篆作𡱝乃合。𡲾殆為𡲾𡲾字，而借為徙之古文。陳侯因資錞作𡱝，从𡲾省。

拪古文遷，从手西。

邦懷按：唐李陽冰遷先塋記遷字作拪，从手西。卤為古文西，見本書十二篇，與此合。

逋古文遂。

邦懷按：正始石經尚書隧之古文作述，乃借述為隧。述从朮，可正此逋从甫之譌。孫海波云：石經从朮，當由述字變來。盂鼎作𨑥，魚匕作𨑥，白懋父段作𨑥，並假為遂。遂、述（並脂部）音近，故可通也。

𣥂古文近。

孫星衍云：𣥂字，依義从止，止即㫃字，當為旂字古文，而說文以為近字古文，亦緣經傳有假音為近，而收之於此也。

迹古文遍。

邦懷按尒爾異義，小篆邇从爾聲，古文迩从尒聲者，以爾尒同聲故也。

𢓊古文遠。

邦懷按正始石經尚書古文遠作𢓊，从彳与从辵同，本書延，或从彳作征；退，或从彳作徂；逝，或从彳作征；返，或从彳作彼，是其例也。又按𢓊字从𡴀与隲（此是古文陟，見正始石經尚書。）字从𡴀同，𡴀疑是步之異文，然則𢓊字非袁聲明矣。蓋古文尚書借𢓊為遠，其實𢓊非古文遠字。

逷古文逖。

王國維云：古狄易二字同音，故相通假。白虎通禮樂篇：狄者，易也。今按王氏之説，可明逷从易聲之義訓。

𡬜 古文道，从𦣻寸。

邦懷按石鼓文有衟字，前人釋道，从𡬜，可為此證。又按本書寸部，導，篆文作𡬜，許君云：从寸，道聲。余疑从辵，𡬜聲。𡬜与此𡬜字當是一字，惟此𡬜字从寸在右旁為小異。

𨒪 古文，从辵。

邦懷按汗簡云：𨒪尚書往字。

退古文从辵。

段玉裁云：行而日日遲曳，是退也。夂，行遲曳夂夂也。

後古文後，从辵。

邦懷按：正始石經尚書作後，僕兒鐘作後，並与此同。後从幺者，幺，小也。夂，行遲曳夂夂也。幼小者其行遲曳夂夂，孟子所謂徐行後長者，是其義。

㝵古文省彳。

殷虛卜辭有得字前編卷七四十二頁。羅振玉云：此从又持貝，得之意也。許書古文从見，殆从貝之譌。邦懷按羅說从見為从貝之譌，甚是。古金文得字皆从貝，正始石經春秋古文得字作𠭁，亦从貝。今說文从見，當由傳寫而譌。

馭 古文御，从又馬。

邦懷按此馭字从又馬，与殷虛卜辭御作𢓊（菁華三頁）相同。蓋六國時文字雖多詭異，然其淵源亦有古者，此其一例也。

𠚕 古文齒字。

邦懷按𠚕中之彡，象齒形，凵即許君訓張口之凵，張口乃見齒也。陸皆鉩已加聲旁，為小篆所本。余

十二

謂臼加聲旬作𦦙者。蓋以臼与臼（臼）形近之故歟。

𤘗古文牙。

邦懷按：師克盨叉牙之牙作𤘗，知此所从之𠀀，上一畫有譌誤。牙从古文齒，於古金石文字無徵。

𠕋古文冊，从竹。

邦懷按：漢三公山碑冊字作𠕋，从竹与此同。

孠古文嗣，从子。

邦懷按：□君嗣子壺嗣字作孠，与此略異。孠从子者，謂肖似也。本書肉部肖字下曰：骨肉相似也，不似其先，故曰不肖也。廣雅云：子，已，似也。詩毛傳云似，嗣也。斯干傳，裳裳者華傳，卷阿傳，江漢傳。此孠从子之義也。

[illegible]古文嚚。

邦懷按集韻嚚字下有古文[illegible]。从壬与此同，从吅，不从器，与此異。

㐁古文㐁。讀若三年導服之導。一曰竹上皮，讀若沾。一曰讀若誓。弼字从此。

羅振玉云：許書席，古文作[illegible]。夙，古文作㑉、𠈈。又云宿字从此。豐姞𣪘宿字作[illegible]。許書席之古文从㐁，金文宿从㐁，皆象席形。邦懷按羅氏謂㐁象席形，是也。許君說㐁曰：弼字从此。余檢金文弼字，毛公

十三

鼎作弻，番生毁作弻，弻从因，因亦象席形（非从口大之因。）与弻所从之因同意。然則此丙字蓋由因因形近而譌變歟。

古文商。

邦懷按正始石經尚書古文商作，与此略異。

亦古文商。

邦懷按此与第一古文小異。

古文古。

汪榮寶云：淮南子氾論訓，古者有鍪而綣領以王天下者矣。高注，古者，蓋謂三皇以前也。鍪，著兜鍪

帽。言未知制冠也。可知此从冃，象皇着帽形。古金文皇作㞷，古文古字之義殆謂三皇以前王天下者着帽為最古之制。黃帝作冕，已變初制，不得謂為古矣。

訨古文詩省。

邦懷按：訨从言，之聲，猶旹古文時从日，之聲也。

𠰋古文謀。

𧥺亦古文。

邦懷按：𠰋从口，母聲；𧥺从言，母聲。段玉裁云：母聲、某聲同在一部。

嗼古文謨，从口。

邦懷按从言之字、古文或从口、如𠰓、𠈃、及此嗼字皆是也。

古文訊、从卤。

邦懷按从卤、殆為从囟息進切之譌、訊囟古音同部、此字从言、囟聲也。段玉裁云：卤、古文西、西古音說、与十二部最近。其說未允。

古文信。

古文信。

段玉裁云：言必由衷之意。

古文誥。

王筍

古文䜌。

王國維云：説文言部，古文䜌，又𠬪部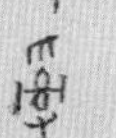，古文亂，二字音義皆同，殆係一字，觀女部孌籀文作孌，可悟。

古文訟。

段玉裁云：从谷聲。鄭珍云：从容省。邦懷按二説以鄭為長，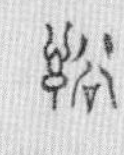从容省聲者，訟，古一讀為容也。史記吳王濞傳云：佗郡國吏欲來捕亡人者，訟共禁弗予，正義云：訟音容，言其相容止不與也。

古

誚 古文譙，从肖。周書曰：亦未敢誚公。

邦懷按：今本尚書金縢曰：王亦未敢誚公。誚字与此同。

業 古文業。

邦懷按：此字蓋由傳寫而有譌脫筆畫。祖伯鼎業字可以正此。業从二丵二大。从丵者，叢生艸也；从大者，壯盛之義也。余謂業之本義為艸木壯盛。詩小雅·四牡：業業。毛傳云：業業然壯也。形容馬壯盛曰業業，此引申義也。（詩正義及集傳皆訓業業為盛也。）許君說業字曰：大版也。其說雖本爾雅，亦引申義也。業从二丵，象艸木壯盛，猶⿰丰丰（漢氏當文）从二丰，象艸盛也。

⿰臣菐古文从臣。

邦懷按：詩小雅正月云：「民之無辜，并其臣僕。」毛傳云：「古者有罪不入於刑，則役之圜土，以為臣僕。」是知臣僕，乃罪人也。禮記少儀鄭注云：「臣，謂囚俘。」可明⿰臣菐从臣之義矣。

⿱冋廾古文弃。

此字各本作譌，今依段玉裁訂正。邦懷按：殷虛卜辭有⿱冋廾字（前編卷四三十二頁），即弃之古文。从冋，象以冖掩物，从廾聲也。今知⿱冋廾从冋，殆由冋而譌。

□古文兵，从人廾干。

段玉裁云，干与斤皆兵器。邦懷按集韻，兵之古文作倴。与此同。□从人持干，与戒从人持戈同意。

□古文共。

邦懷按古鉨共字，有作□、□者。此□字其中作□，恐譌。

□古文與。

邦懷正始石經春秋作□，中作□，可正此中作□之譌。

□古文與。

邦懷按：正始石經古文一體殘石古文與作，从与此从艸同意。

古文要

邦懷按：正始石經尚書要之古文作，与說文小篆同。石經要之篆文作，从囟，疑誤。与說文古文同。豈今本說文要字古文与小篆顛倒歟。

古文農。

邦懷按：此字傳寫有譌，蓋原作，从口，農省聲（羅振玉謂古金文農字皆从田。許書从囟，乃从田之譌）。玉篇云：噥，多言不中也。廣韻云：噥，嗔語，出字林。此乃借噥為農也。

𦦨亦古文農。

邦懷按殷虛卜辭作𦦨前編卷五四十七頁。从林、从辰，与此同。

革古文革。从𠦃。𠦃年為一世而道更也。臼聲。

邦懷按革所从之廿，蓋象張獸皮於治革之架。从臼，所以治之者也。臼亦聲。許君謂廿為𠦃，恐非是。

⿰革亶古文䩞从亶。

邦懷按小篆䩞从旦。古文⿰革亶从亶者，亶、旦古音同部。

⿰仝攴古文鞭。

邦懷按右較車器較字偏旁与此同，古匋文攻鞭之鞭作𠊛，与此小異。

𩰲古文亦鬲字，象孰飪五味气上出也。

邦懷按父己爵有𩰲字（三代吉金文存卷十六第十六頁），疑是古文甑，說文甑之籀文作𩞁，从𩰲，曾聲。爵文从皿，从𩰲，合體象形字也。𩰲兩旁之弜，可證𩰲兩旁之弜，此皆象孰飪之气上出也。

𤔽古文孚，从禾，禾古文保，保亦聲。

邦懷按許說孚字曰：卵孚也，从爪子。徐鍇曰：鳥裒恒以爪反覆其卵也。徐說孚義甚確。采从禾聲者，保之言抱也。今語雞孚卵曰抱。抱即保聲之轉。

古文爲，象兩母猴相對形。

邦懷按：象兩手相對形，与臼義近。臼訓叉手也。此當訓𠂹手也。蓋爲古文𠂹之或體，𠂹爲聲近。假借作爲也。象雙手下𠂹，𠂹象艸木華葉𠂹。其𠂹義固同。知爲古文𠂹之或體者，以从知之也。說文𠂹，古文作，从手者。陟格切 象𠂹采也 本毛字。說解 从爲聲符，即从省聲也。

古文厷，象形。

段玉裁云：象曲肱。

□古文尹。

段玉裁云：各本乖異，今姑從大徐。邦懷按：此字譌舛已久，故各本乖異，大徐本亦須訂正也。余謂□蓋由□或□而譌。說文肉部胤之古文作□，乃以肉、□聲，□即古文尹也。殷虛卜辭有□字，邦懷釋古文君，从古文尹，与□所从者同。凡此皆可正□之譌。□象兩手治系，治系當為尹之本義，許君訓尹為治，則治系之引申義也。

□古文及。秦刻石及如此。

邦懷按：正始石經尚書古文及作□，与此稍異。此

十九

乙字起筆上翹，蓋為訓燕燕乙鳥也之乙。用乙為古文及者，殆因聲近假借也。

弓亦古文及。

邦懷按：此弓字與𠧪西字上體同。許君說𠧪曰：鳥在巢上也，象形。段玉裁云：下象巢，上象鳥。是知此弓字亦象鳥也。古人用弓為古文及者，或因乙形與甲乙之乙易混，故又用弓代乙，以弓乙皆為鳥也。

𨓍亦古文及。

邦懷按：正始石經春秋及之古文作𢓊。此𨓍字所从當改正作𣥠。疑此逯或是古文逮。逮訓及，故假借為及數。

戹古文𠨍。

王筠云：古文石作厇，与戹同，又阜之古文𠂤，亦相似。

𥫼古文彗，从竹習。

𠬮古文段。

邦懷按：正始石经春秋古文瑕作𤪠，可正（从𠬮）此字當作𠬮，曾伯霥簠作叚，亦其證也。余謂𠬮从𠬪，从古文石省。此与金文段作𡰻同意（𡰻字見段金盨尊、段金盨毀）。段从殳，从石省，以殳椎石也。𠬮从𠬪，从石省，以𠬪

廿

攻石也。攻石為段之本義。說文訓借，乃引申義。

𠬪古文友。

殷虛卜辭有𠬪字前編卷七第八頁。羅振玉釋友，其說云：卜辭中又亦作𠂇，斯𠬪亦作𠬪矣。其从二与𠬪同意。邦懷按：羅說𠬪从二，与𠬪同意，是也。然則此𠬪字有譌舛矣。

𦫳亦古文友。

羅振玉云：从羽乃从𠬪傳寫之譌，从𠙵又為曰之譌也。師遽方尊友作習。

叓古文事

邦懷按正始石經春秋使字古文作𠂤·与此同。石經用事為使·假借字也。

𢼽古文支。

許君說支字曰·去竹之枝也·从手持半竹。段玉裁說𢼽云·上下各分竹之半·手在其中。邦懷按𢼽与殷虛卜辭𣏟（此為古文析·見前編卷四第八頁）同意。

𦘔古文肅·从心卩。

邦懷按許君說古文肅从心卩。非也。說文心部·怨之古文作𢙏·據此知𦘔从𢙏省也。篆文肅从𣶒·古文肅从古文怨省（者）·蓋（淵以）𣶒怨雙聲（近）·故用怨為𣶒耳。

廿一

畫 古文畫。

段玉裁云古文从聿田。此依鍇本。邦懷按鉉本作畫。从隶。譌舛不可通矣。爾雅釋言云〻畫形也。郝懿行義疏云〻按畫繪之事起於古之畫井經田。古文畫从聿田會意。引用郝氏之説。義益顯矣。

劃 亦古文畫。

段玉裁云〻依鍇本。按刀部有劃字。邦懷按鉉本作劃。亦有譌舛。故段氏依鍇本也。刀部有篆文劃。此劃字當為古文劃。蓋假借為古文畫也。

役 古文役。从人。

殷虛卜辭有伇字（前編卷上第四頁）。余永梁釋役，其說云：从殳，从人，与說文古文同。

□古文殺

□古文殺

殷虛卜辭有□字（後編卷下第六頁）。商承祚釋殺，其說云：此与說文古文殺作□相似，⺀象血滴形。

𣏂古文殺

邦懷按：正始石經春秋作𣏂，可正此𣏂字之譌。石經用𣏂為蔡之古文，假借字也。然此古文殺字，亦假借字也。說文𣏂，脩豪獸。𣏂，古文。余謂此古文殺，即假

兰

借古文㣇。其假借之聲義，今試說之。段玉裁注希字云：或作肆者，段借字也。據此知㣇當讀若肆。此古文殺，而[借]用古文㣇者，㣇[肆]殺乃雙聲字也。禮記月令：仲春之月，命有司省囹圄，去桎梏，毋肆掠。鄭注云：肆，謂死刑暴尸也。殺為死刑，肆為死刑暴尸，其義亦相近也。

⿱竹皮古文皮。

邦懷按：許說箁字曰：楚謂竹皮曰箁。許說笢字曰：竹膚也。竹皮、竹膚，可為此⿱竹皮字从竹之旁證。

⿱此黽古文⿱此黽。

邦懷按：許說篆文𤿭曰：柔韋也，讀若耎，一曰若儁。此古文□，从皮省，从人，會意。从人，所以治之使韋柔也。周禮考工記所謂攻皮之工是也。又按𤿭訓柔韋，故讀若耎。柔耎義同。許說鞣字曰：耎也。是其比。

徹　古文徹。

殷虛卜辭有□字（前編卷二第九頁），羅振玉云：說文解字：徹，通也。古文作徹，此从鬲，从又，象手象鬲之形，蓋食畢而徹去之。許書之徹从攴，殆从又之譌矣。卒食之徹乃本義，訓通者乃借義也。邦懷按：羅說近是，而不盡然。余謂卜辭𠬪字，从手持鬲，乃會意字，卒食而敔，是其義。此古文𢕟，乃从彳敔聲，羅氏謂謂許書之徹从攴，殆从文之譌，是也。為形聲字，徹訓通，其義在彳。羅謂卒食之徹乃本義，訓通乃借義。是誤以二字二義為一耳。

𢽾 古文教

邦懷按：教从言，其義為說教也。說教也，用許書訓字注，教訓義亦近。

𢼄 亦古文教

邦懷按：殷虛卜辭作𢼄甲骨文零拾第九十九片，散氏盤作𢼄，並从爻，与此同。

𠁽古文卜。

邦懷按正始石經尚書古文卜作𠁽，與此同。

𠔁古文𠧞省

邦懷按說文八部云：𠔁，分也，从重八。段玉裁云：此即今之兆字也。廣韻：兆，治小切，引說文分也。此可證孫愐以前𠔁即兆矣。又云：𠧞，灼龜坼也，出文字指歸。文字指歸者，曹憲所作。此可證孫愐以前卜部無兆𠧞字矣。段說𠔁即今之兆字，孫愐以前卜部無兆𠧞字是也。又按[illegible]兆工劍兆字作𠔁。左右高下不一者，灼龜坼分，無定形耳。

用 古文用。

邦懷按：正始石經尚書古文用作用，与此同。

𡇒 古文目。

邦懷按：此字蓋經傳寫而譌。正始石經尚書古文惪作𢛳，其中之目作𡇒，可以正此。

覩 古文从見。

邦懷按：从目之字，古文固可从見，此覩字是也。从見之字，古文亦可从目，如見部視字古文作眎、眡，是也。

𡕳 古文睦。

𡿺古文从少从囧

邦懷按此𡿺字与上⿱卉囟字，皆从囧，於字義不可通，蓋由傳寫而譌，並應改正為囟。（說見古文目字下）

𦣹古文自。

𥏾古文智。

邦懷按正始石經尚書古文智作𥏾，可正此𥏾所从之亚乃皿之譌。余謂𥏾从盂，知聲，殷虚卜辭作𥎿（前編卷五第十七頁），从于，知聲。从于者，于有大義（用段玉裁說），所謂大智若愚者，可悟𥏾从于之義矣。（說文古文及正始石經尚書古文𥏾从盂，乃由卜辭𥎿从于而滋乳。毛公鼎作𥏼，从曰，蓋又為从皿之蛻變耳。）

𦣻古文百。

奭古文奭。

邦懷按古匋文奭作奭，与此同。

𨾔古文雉，从弟。

邦懷按殷虛卜辭雉作䧅（前編卷二第十一頁），从隹，夷聲。段玉裁云：雉、古音同夷。周禮雉氏掌殺艸，故書作夷氏（說文雉字注）。此乃卜辭雉从夷聲之證也。此𨾔字从弟，蓋由夷字形近而譌。段注謂弟聲，恐不然。

𢀶古文羌如此。

𪉖古文鳳，象形。鳳飛羣鳥從以萬數，故以為朋黨字。

□亦古文鳳。

□古文鵻。

□古文鵻。邦懷按正始石經尚書古文鵻作□，與此小異。

□古文鵻。

□古文烏，象形。

□象古文烏省。

邦懷按秦量二世詔辭於字作□，與此小異。段玉裁云此即今之於字也。

□古文棄。

□古文叀

邦懷按：許君説疐字曰：从叀，引而止之也。叀者，如叀馬之鼻。段玉裁云：叀之引伸讀同羈，羈，絡也。今依許説，如叀馬之鼻，叀有包絡之意。段氏謂叀之引伸讀同羈者，以叀職緣切、羈古眩切聲近故也。然則𢆶蓋為糸屬。殷虛卜辭有𢆶字，羅振玉釋糸。亦可為此左證。余疑𢆶字義与叀近，六國時假借為叀之古文耳。

𡴭 亦古文叀

邦懷按：广部廏字古文作⿸广𡴭，段玉裁云此从古文叀，是也。⿸广𡴭从古文叀之義，説詳後⿸广𡴭字下。

惠古文惠。从芔。

邦懷按鄦惠鼎惠作惠。从芔聲与此同。惟省心耳。

玄古文玄。

邦懷按糸之古文作糸。知此玄所从者為古文糸。其中之：指玄色也。玄之本義為糸色玄。許君訓玄為幽遠也，乃引申義。邦公牼鐘玄字作玄。从糸。从：指事。

𤔔古文𤔔。

邦懷按此字蓋經轉寫而譌。以辭字籀文作𤔔偏旁證之。知此𤔔字當作𤔔。乃与字義無牾。

𠭖古文𢽏。

王國維云：此字盂鼎作敢，作敢，从甘，殆以甘為聲。篆文从古，非其聲類矣。邦懷按金文中敢字从甘者凡十數見，王氏謂敢以甘為聲，是也。又按篆文𠭖从古乃由古文𢽏从古而來，王氏謂从古非其聲類，亦是也。然但指篆文从古之非而不並及古文，蓋偶未炤耳。

叡古文叡。

𣦵古文歺。

邦懷按此字當作𣦵，蓋經轉寫而小譌，古文𣦼作𣦵，古文辜作𡴘，陳侯鉢侯作𣦵，皆可證此𣦵字其上不當作Y也。

𣦸 古文殂，从歺，从作。

邦懷按：許說从歺从作，不確。余謂此字从古文𣦼，从乍。从古文𣦼，不从古文歺者，与古文殪从𣦼同例。从乍者，蓋以乍為聲。又按此字所从之𣦵，亦當改正作𣦵。

𡔛 古文殪，从死。

邦懷按：此字所从之𣦵，亦當改正作𣦵。

𠄼 古文殄。

邦懷按說文八篇匕。變也。从到人。疑此匕字乃匕之反文也。匕訓變。段玉裁謂凡變匕當作匕。今變匕字盡作化。化行而匕廢矣。段說是也。許訓㐱曰。盡也。古文㐱作匕。而余以為匕之反文者。變匕乃無盡者也。至無可變匕。斯為盡矣。匕字之義。殆如是歟。

𣦸古文死如此。

邦懷按正始石經春秋古文薨作[古文篆形]。从𣦸。可證此。

𩩕古文髀。

邦懷按集韻云。蹟𨂂。行繚戾也。此乃𨂂之義。以為古文髀。乃假借也。

𩔰 古文脣。从頁。

𦙍 古文胤。

邦懷按：从𡰥，乃古文尹（說詳古文尹下）。此字从肉，尹聲也。篆文作胤，上體从胤，蓋由𡰥而省變。許君謂从肉，从八，象其長也，幺亦象重累也。蓋未審胤乃𡰥之省變耳。

𤵸 古文膌。从疒朿，朿亦聲。

邦懷按：集韻云：𤵸、瘮、𤵸，寒病。此其義也。以𤵸為古文膌者，同聲假借字也。

□古文腆。

邦懷按玉篇作費，从肉。一切經音義卷十三腆美字下云古文作費。亦从肉。並可據以訂正此字从日之譌。

□古文肰。

□亦古文肰。

邦懷按肰，犬肉也。則此字从日當是从肉之譌。又按此字从肉犬，而又从火，蓋為火部訓燒也之然字古文，以同聲假借為古文肰。

□古文肎。

邦懷按篆文作冎，許曰：骨間肉冎冎箸也，从肉，从冎省。余謂此冎字蓋从卢省，許説卢曰：从半冎。半冎与冎省，其義雖同，然就冎从月字形言之，似以从卢省為得。

𥝢 古文利。

邦懷按殷虛卜辭利字有作𥝢（前編卷二第三頁）二者，与此同。

則 古文則。

邦懷按籀文作敗（敗），亦从貝。

𠟭 亦古文則。

邦懷按：段玉裁注說文解字於則字古文刪此𠟭字，別於刻字下增古文刻作𠟭。注云：各本無此，依玉篇增。則下有古文作𠟭，篇韻皆不載，汗簡載之，云說文。續添則古本所無可知矣。蓋古文刻之譌而誤系也。段說得之。𠟭字於六書不合，出於後人續添，自無可疑。玉篇所載古文刻作𠟭，余疑左旁乃𠕋之譌，从刀刻冊，會意字也。

𠛠 古文剛如此。

劉節云：但即侃字。古鉢文作但。說文：侃，剛直也。又刀部：剛，古文作𠛠。集韻引作但。然則剛之古文借侃為之，則但為侃無疑矣。邦懷按：劉氏謂剛之古文借侃為之，与侃訓剛直之義合，可信也。敦煌石室唐寫本尚書釋文云：但，古剛字，古文作信。是知古本尚書借信為剛，故許君亦以信為古文剛也。

𠛇

古文制如此。

段玉裁云：从彡者，裁斷之而有文也。邦懷按：从彡，謂裁斷之處，与𣃔（斷籀文）从二同意。王國維說斬字云：从斤斷艸，二中間之二，表其斷處也。

㮥

古文衡如此。

邦懷按：此字从𠧪，譌謬不可通，从角乃合字義。毛公鼎衡作𢖫·从𠂤·可正此从鹵之譌。又按爾雅釋草云：杜，土鹵。郭注云：杜衡也。郝氏義疏云：衡古文作奥·与鹵字形近·疑土奥缺脱其下·因誤為土鹵耳。郝氏訂正爾雅土鹵之鹵為奥字譌缺·其説甚是·據此可知古文衡譌作奥·其来久矣。

輅 古文簵·从輅。

𢉖 古文籃如此。

邦懷按从𥄉·蓋古文筤之譌·古文良作目·又作𥮉·合二文觀之·則知此字所从之𥄉當作𥮉·从古文筤者·許説筤字曰·籃也·从广与𠩄（古文席）从厂同意·

廣雅云：簋一名簞，則知古文簋其義為簞，故从广从筤也。

⿷匚飢古文簋，从匚食九。

此依段玉裁改正本，段氏云：各本作从匚飢，飢非聲也，从方，从食，九聲也。

匭古文簋，从匚軌。

邦懷嘗於故宮博物院見一銅匭（簋），其銘文作軌，不从匚。儀禮公食大夫禮鄭注云：古文簋皆作軌。

朹亦古文簋。

惠棟云：易渙奔其机，當作朹，宗廟器也。

𠥩古文簠，从匚夫。

邦懷按陳逆簠銘云：鑄茲寶笑（笑即簠之異文。）笑从夫聲，与此同。

𠀠古文箕。

邦懷按殷虛卜辭有作𠀠者（前編卷七·二十四頁），与此同。

𠔽亦古文箕。

邦懷按殷虛卜辭有作𠔽者（前編卷六·十五頁），与此略同。

𠤱亦古文箕。

𥫔古文典，从竹。

邦懷按正始石經尚書古文典作𥫔，从竹，与此同。陳侯因省殷作𥮑，从廾，即从竹所由来。

𢁉 古文巽。

邦懷按：丌字古鉨文作亓，古匋文作亓，疑此古文巽本作𢀡，从古文亓，丌聲也。

𢒄 古文工，从彡。

邦懷按：正始石经尚書𢒄字从彡，与此同。石经用𢒄為功，假借字也。

𢀩 古文巨。

邦懷按：國差、距末𢀩字从𢀩，与此略異。

𢓊 古文巫。

殷虚卜辭有□（鐵雲藏龜一四三葉）□（後編卷下第四頁）字。羅振玉釋巫。其說云：此从冂，象巫在神幄中而兩手奉玉以事神。許君謂从𠃓象兩褎舞形。𠃓与舞形初不類矣。羅說是也。邦懷按說文解字云：靈，巫也，以玉事神。可證卜辭第二字从玉者確為巫之初文。其第一字从玉省作工者，是說文古文䨩字及小篆□字从工之所由出也。又按正始石經尚書古文巫作□，从工即从玉之省。已說之矣。从从蓋从𠃓之譌變（𠃓當是日之省）。从口者，許說巫字曰：巫，祝也。又說祝字曰：一曰从兌省。易曰：兌為口，為巫。此古文巫字从口之義也。説文古文𦎫，蓋由石經尚書𠀤字而增繁，既从㠯（即㠯之省），又从廾。由一▽而增為二▽。故於六書規律不盡合也。

𠥩古文甚。

邦懷按：毛公鼎湛字作𣸧，諆鼎諆字作𧩯，所从之甚，並与此同。

𠄎古文乃。

邦懷按：卜辭、金文及正始石經古文乃，皆与小篆相近。僅汗簡所載𠄎字与此同，而未注出説文。

𠧪古文卣。

邦懷按汗簡云：逌，出說文。

⿱二水古文平如此。

邦懷按正始石經尚書古文平作⿱二水，与此同，惟中直不下屈耳。余謂⿱二水字从水、从二。从水者，周髀筭經云：即平地徑二十一步，周六十三步，令其平矩以水正。趙注云：如定水之平，故曰平矩以水正也。考工記輪人云：水之以視其平，沈之均也。許君說瀍字云：平之如水也。凡此皆可證⿱二水从水之義者也。从二者，易曰：天一地二。許君說二字曰：地之數也。孟子曰：水由地中行。此平从二之義也。

𣅀古文旨。

邦懷按國差𦉜旨酒之旨作𣅀，从千与此同。

歖古文喜，从欠与歡同。

鞈古文鼛从革。

邦懷按鼛字古文从革作鞈，与革部小篆鞀字或从鼓作鼗同例。从鼓之字或从革者，許君說鼓字曰：郭也，春分之音，萬物郭皮甲而出，故曰鼓。鼓於八音屬革音，故从鼓之字或从革。

𣅃古文豆。

此字依鍇本，鉉本作𣅃，譌舛不可據。邦懷按傳世

见夹页一

古銅豆有有蓋者，蓋上有扳。此豆字之⊖，象器与蓋，其上之丶，則扳也。月象校，禮記鄭注云：豆中央直是也。一象跗也。

𧯛古文豐。

此依鍇本，鉉本作𧯛，所从之豆亦譌舛。邦懷按傳世有𡴘字瓦，阮元云：豐字當是𡴘聲而凵象形，豊字當是𡴘聲而凵象形，一从艸盛之丰，一从艸蔡之丯也。阮氏謂豐當是𡴘聲，是也。而凵象形，乃就小篆而言耳。余謂𡴘即丰之古文，象艸盛形，尤為顯箸。此𧯛字从豆，𡴘聲。

虐古文虐如此。

邦懷按此字从口，从虍，疑虐之譌變，當是嘑之古文，假借爲虐也。玉篇云：嘑同嚎。

𧇊古文虎。

邦懷按此字形与虎不合，汗簡云：𧇊，虎，見說文。蓋繁縟難解矣。

𧇊亦古文虎。

邦懷按此字左旁似鹿，不似虎，蓋傳寫而譌耳。

𠁿古文丹。

邦懷按甘丹布倒文作月日，此𠁿字當是甘之誤。

彤亦古文丹。

段玉裁云：此似是古文彤。邦懷按段說是也。汗簡云：彤，丹，出義雲章。余疑說文古本無此字，蓋後人據義雲章而羼入。

𡴑古文青。

王國維云：屮者生之省，𠕁者丹之譌也。

汬古文阱从水。

邦懷按古匋文刑作𠛬，从汬可為此證。然刑从井聲，而匋文从汬聲者，井汬同聲故也。古文字有主聲不不主形者，此其一例也。

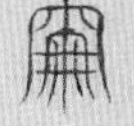古文爵，象形。

邦懷按：漢印主爵都尉之爵字作，与此同。

古文飪。

亦古文飪。

段玉裁云：心部恁下云：齎也，此古文系後人增羼。小徐説李舟切韵不云亦古文飪。

古文養。

邦懷按：説文養，足食也。足食也依原本玉篇所引。今本説文作供養也，當為後人竄改，且養訓足食也，与上文籑訓具食也，義訓相類，皆自人言之者也。从食，羊聲。羚从攴，不从食，不能表足食之義，然則

𢽾从攴羊，与牧从攴牛，同為會意字也。殷虛卜辭有𢽾（鐵雲藏龜之餘二頁）𢽾（後編卷下十二頁）字，羅振玉釋為牧，謂或从羊。牧人以養牲為職，不限牛羊也。今按羅說是也。玉篇云：牧，畜養也。牧訓畜養，故六國時借𢽾為養之古文𢽾。

⿰飠采古文飽，从采聲。邦懷按：汗簡云：⿰飠孚飽，出說文。（⿰飠孚當作⿰飠保，今本汗簡蓋由傳寫脫兩筆。）據此〔如〕古文飽當作⿰飠保，从食，𠈃聲。𠈃，古文保也。

𩚏亦古文飽，从戼聲。

㣛古文會如此。

邦懷按：爾雅釋詁云：會，合也。許君說篆文會曰：合也。此字从合，是其義也。正始石經尚書古文會作佮，与此同。

仺，奇字倉。

段玉裁云：蓋从古文巨。是也。邦懷按：空首布有仺字，貨布文字考馬昂釋爲倉。其字正从巨，可據以訂正仺之小譌。許君說巨字曰：規巨也。玉篇云：圓曰規，方曰矩。戰國策秦策高注云：圓曰圜，方曰倉。呂覽季春紀高注同。仺从巨，會倉曰方之意也。

𠓞，古文仝。

段玉裁云：按下體未采其所从，汗簡作⿱全𠬞，古文四聲韻載王庶子碑亦作⿱全𠬞，疑近是。邦懷按汗簡及古文四聲韻之⿱金𠬞，从艸可訂正此⿱金𠬞字下體之譌。周禮考工記玉人云：天子用全。（鄭司農說：全，純色也。）周禮春官典瑞云：共其玉器而奉之。是知⿱全𠬞从全从𠬞，謂竦手奉全玉也。

𥎦

古文矦。

邦懷按从厂从矢与殷虛卜辭古金文及正始石經春秋矦字古文並同。

冂

同古文冂。

邦懷按師奎父鼎同字与此同。鼎文借同為絅

𠧪古文覃。

邦懷按汗簡云：𠧪覃，出郭顯卿字指。从鹵古文西与此異，从旦可正此缺筆。

垕古文厚，从后土。

段玉裁云：从土，后聲也。邦懷按汗簡云：垕厚，見尚書及説文。

𥃩古文良。

邦懷按説文目部云：眼，目病也。从目，良聲。余謂𥃩為眼之初文。目中二畫，而𥃩多一畫者，指目病也。

卅九

通檢殷虛卜辭兩周金文晚周匋文良字均不作𡆸。說文以為古文良。蓋假借也。又按余藏𡆸作祖乙爵銘拓本。𡆸字可與此互證。𡆸讀眼。乃作器之人名。然得爵文參驗。知此𡆸字由來遠矣。

𡰪亦古文良

邦懷按此字从尸。下體不知所从。汗簡云𡰪良。與此同。

筤亦古文良。

邦懷按玉篇良下出𡰪筤二字。注云並古文。然則此為古文筤。借為古文良耳。

畐古文畐如此。

邦懷按齊子仲姜鎛作畐与此略同。

嗇古文嗇，从田。

邦懷按殷虛卜辭嗇作穡（前编卷四四十一頁），此从田与之同。上从來与來形不合，蓋原作來，經傳寫譌為來。

𡕾古文夏。

王國維云：說文夊部：𡕾，古文夒。其字殆从目、从頁、从足，与夒字从頁从夊同意。其說近是。邦懷按正始石經古文夏作⿱日疋，从日，足聲。當為春夏之專字，故与訓中國之人也之𡕾字殊異。

四。

𢼌古文舞。从羽亡。

邦懷按此字以亡讀若無為聲也。从羽，謂樂舞以羽也。周禮樂師有羽舞、有皇舞。鄭司農云：羽舞者析羽，皇舞者以羽覆冒頭上，衣飾翡翠之羽。是其證。

𡕥古文䑞。

邦懷按此字从夕，蓋古文肉。从烾，乃古文赤。䑞為艸名，而古文烾形義與艸名不近，或假借字歟。汗簡云：䑞舜，見尚書。其上从户与此迥異，未審孰是。

𩏑古文韋。

邦懷按正始石經作𩏑与此同。余謂小篆韋与卜辭韋（前编卷四三十一頁）皆从舛，口聲。許君訓相違也。今審与形義相合。古文韋則不从舛。从屮夫象以皮韋束物。當是皮韋之韋本字。許君說小篆弟字曰：韋束之次弟也。又說古文弟曰：从古文韋省，丿聲。皆可證明韋乃皮韋之韋本字，而与訓相違也之韋本非一字。正始經借韋為古文韋，許書遂從之。

弟　古文弟，从古文韋省，丿聲。

邦懷按：正始石經春秋古文弟作弟，与此同。

乘　古文椉，从几。

邦懷按：此上之人，与介所从同意，許君說亢所謂

〇一

从大省者是也。格伯𣪕乘作𠦬，可證此上之人確為大省，且可證小篆𠦬上之人，亦為大省，大，人也。許君說乘，謂从入桀，知不然也。从廾，象兩足。从几者，謂乘車時用几以登也。禮記內則云：乘必以几。儀禮士昏禮云：婦乘以几。鄭注云：尚安舒也。賈疏云：謂登車時也。几所以安體，若尸乘以几之類。

杍

古文。

邦懷按玉篇云：杍，古文李。又音子，木工也。汗簡云：杍梓，亦李字。

杝

古文杝。

邦懷按正始石經尚書古文純作𦀽，从屮，可以訂正此所从者。段玉裁謂丮即屯字之側書，是也。

槑古文某，从口。

邦懷按古金文無作𣞤盂鼎𣞤魚匕皆从槑，蓋𣞤从槑得聲。無在魚部，某在之部，古音可通。詩經小旻五章膴與謀協韵，是其證也。

𣐿古文。

邦懷按古文本从▽▽▽，象木根之虛處。許君說枵曰：木根也，从木，号聲。春秋傳曰：歲在玄枵。枵，虛也。據此可證明吾說▽▽▽象木根虛處。段玉裁云：根多竅，似口，故从三口。此説得之。又按：枵，木根也。余依大徐本，蓋枵木根也，与左傳訓枵虛也，其義切合，故余以大徐本為可信。段玉裁依小徐本作枵，木皃也，而以大徐本作枵，木根也為非，此乃千慮之一失。

⿱𥫗堛古文。

段玉裁改作⿱𥫗堛，注云：按此从土，管聲也。今本篆體譌舛，故正之。邦懷按：段説似可信。余謂此字疑从堛（國差𦉜畐字右旁与此畐旁相同）、竹聲，蓋古人積堛土以為牆，治牆亦築之事也。（此古文小徐本作⿱𥫗堛，鍇曰：從土，管聲。知段氏之説，實本小徐。）

鎜古文从金。

邦懷按：伯侯父盤作鎜，从金与此同。

渿古文

邦懷按：獨山莫氏摹刻唐人寫本說文木部梁，古文作渿，右半可正今本之譌脫。余謂渿从木泲，知渿為泲者，𩰫鼎秭从朿与朩形相似也。泲濟古今字，玉篇泲水名，今作濟。古文梁从木泲會意，謂梁所以濟人渡水者也。

𣎵古文櫱，从木無頭。

邦懷按：𣎵从木無頭，其義即許說櫱字伐木餘也。殷虛卜辭乘作[illegible]，王國維云：象人乘木之形。余謂[illegible]从[illegible]，即此从木無頭之𣎵。人乘其上，所以伐木也。

四三

梓亦古文㰁。
段玉裁云：从木，辛聲也。辛者，𢆉之或字，見䇂部。古文四聲韻作梓。按段説辛聲是也。

亙古文𠄨。
王國維云：古从月之字後或變而从舟。卜辭朝莫之朝作，从日月在茻間，与莫字从日在茻間同意。而篆文作𦩍，不从月而从舟，以此例之，亙本當作𠄨。按王氏之説是也。

古文柙。
邦懷按：此字蓋象柙形。正始石經尚書大甲之甲，古

文作□与此形近，蓋石經借古文神為甲。

⿱林录古文从录。

段玉裁云：录聲。是也。邦懷按麓伯𣪘作⿱林录。漉或作淥，与此同。

⿱來木古文師。

邦懷按正始石經春秋古文師作□，从帀，从𠂤。此⿱來木字恐經傳而譌。

羍古文。

邦懷按从屮蓋从𣎵省，羊聲也。許君說篆文南从𣎵，文說𣎵曰：艸木盛𣎵𣎵然。艸木盛𣎵𣎵然，与𣎵訓叢生田中，同為暢茂之義，从𣎵省与从𣎵同意也。又按殷虛卜辭南作前編卷一十三頁前編卷一十四頁从𣎵省，从丹。从𣎵省与此羍所从者同。

古文。

邦懷按此字左旁，即許訓垂采之𠂹字，此古文垂之義也。右旁𠂤，垂聲也。許說我字曰：从戈手，手古文垂也。以我从手推之，知古文我作𢦏所从之𠂤當即古文垂也。

回 古文。

邦懷按許說篆文回曰：轉也，从口，中象回轉之形。余謂古文回象淵泉旋回之形。許說淵曰：回水也。

又說淀曰：回泉也。此並可說明古文回象形之義。

朱古文困。

邦懷按：段玉裁云：朱同梱（見說文梱字注）。是也。許君云：梱，門橜也。徐鍇云：謂門兩旁楔門短限，今人亦謂門限。禮記曲禮云：外言不入于梱，内言不出于梱。鄭注云：梱，門限也。又按禮記玉藻云：賓入不中門，不履閾。鄭注云：閾，門限也。論語鄉黨云：立不中門，行不履閾。春秋僖公二十二年左傳云：婦人送迎不出門，見兄弟不踰閾。據鄭注禮記，知門限名梱，又名閾。此則閾猶梱也。履、踰皆以足，而梱為木所製。

故桀从木止以會意。

賓古文。

邦懷按汗簡云：賓賓，見尚書。与此微異。王國維說卜辭賓字有云：如大𣪘盖史頌𣪘曩㠯貿鼎諸器之賓字从貝者，其義皆為儐也，後世以賓為賓客字，而別造儐字以代賓字。實則賓乃賓之本字，賓則儐之本字也。

𡧍古文从宀分。

邦懷按許君說篆文貧字曰：財分少也，从貝分，分亦聲。余謂古文𡧍从宀，分聲，与富从宀畐聲同例。

又按許君說寡字曰：少也。从宀頒。頒，分也。宀分故爲少也。寡与貧義訓相同，故論語云：不患寡，而患不均；不患貧，而患不安。以寡貧相對爲文。

𤰇 古文。

王國維云：𤰇，从之田，不合六書之指。㞢蓋丰之譌。殷虛卜辭云：貞勿求年于𤰇土（前編卷四十七頁）。𤰇字从丰从田，即邦字。

[illegible] 古文郏，从枝，从山。

[illegible] 古文邑，从山弓。

邦懷按：徐鍇謂从辰巳之巳。段玉裁、王國維皆謂殆从户之譌。余檢正始石經尚書古文扈作[glyph]，从古文辰巳之巳（正始石經春秋，己巳之巳作[glyph]，亦可證此。）然則徐鍇謂屺从辰巳之巳，信有徵矣。惟屺从巳，与扈字音義不合。蓋屺是另一字，石經假借為扈，而許書因之。

日 古文象形。

旹 古文時，从日㞢。

邦懷按正始石經尚書作旹，與此同。旹从日，㞢聲。古文詩作[glyph]，亦从㞢聲，与此同例。

[glyph] 古文暴，从日麃聲。

邦懷按暴訓晞也為本義，引申為表暴。余謂衣部表之古文作䙝，與此𧝬字皆从㬉聲。疑䙝𧝬本為表㬥之正字。又按𧝬从日，㬉聲，與篆文曬从日麗聲同意。𧝬訓晞也，曬訓㬥也，而晞訓乾也，其義亦同。

㫃 古文㫃字

羅振玉云：㫃，卜辭作㫃，與古金文同，丫象杠與首之飾，乁象游形。羅說得之，可證知此㫃字之譌。

逕 古文游。

邦懷按：正始石經尚書無逸篇古文遊作𨘢，从㫃，即㫃之省（旂，邾公釛鐘作㫃，齊侯壺作㫃，从㫃亦為㫃省），可訂正此逕字之巛

〇七

當由𡵂而譌。又按正始石經尚書篆文遊作□，从辵斿聲，為說文辵部所失收。余謂斿从子執㫃，中斿鼎作□，石鼓文作□，此當訓旌旗之流也。遊从辵，乃遨遊之本字。游从水，游為水名（見水經注），又訓順流而下曰遡游（見爾雅釋水）。斿、遊、游三字同音而義異也。說文無斿字，乃於㫃部收游字，說曰：旌旗之流也，从㫃，汓聲（今按當云从水，斿聲）。說文辵部無遊字，乃以古文遊字列於游字之後。如此乖舛，恐非許書之舊也。

□古文旅，古文㠯為魯衛之魯。

邦懷按此字上从止，爲於之省（說詳前游字下）。下从𠂆，乃
𠂢形近而變。

曐古文。

殷虛卜辭有曐（菁華三頁）字，高田忠周釋星。郭沫若謂
㞢即生字，作冊大鼎臣辰盉生字均如是作，曐象
繁星之形，与許書星之作曐若曐者同意。邦懷按
殷虛卜辭星又作𤯓（小屯乙編下輯六六六四號及六六七二號），皆象
星形而从生聲。惟書契後編云，七日己巳月㞢□
有新大品並火□（卷下九頁）。星作品，乃星之初文，故不
从生聲。

□古文霸。

許君說霸字曰，月始生魄然也。此古文□上體与□（冒）古文所从之□形近，□即（詒）同字，从月从同者，月始生魄，若有物蒙冒者然。

□古文期，从日丌。

邦懷按：汗簡作□，从日丌聲，与此同。王子申盞盖期作□，从日其聲。其丌同聲，義則一也。

明古文朙，从日。

邦懷按：正始石經尚書作明，与此同。

□古文，从明。

邦懷按：正始石經春秋作盟，与此同。

外 古文外。

邦懷按：从卜為古文卜。

𠈄 古文夙，从人㐁。

𠈅 亦古文夙，从人西，宿从此。

羅振玉云：說文解字宿，止也，从宀佰聲。佰，古文夙。又夙注古文作𠈄𠈅。按古金及卜辭夙字皆从夕从丮，疑𠈄𠈅為古文宿字，非夙也。

㚇 古文多。

段玉裁云：有並与重別者，如棘棗是也；有並与重不別者，刅多是也。

□古文桌，从西，从二卣，徐巡說，木至西方戰桌。

□古文克。

邦懷按篆文作□，古文下體作□，蓋由户而譌變。

□亦古文克。

邦懷按汗簡云，□克，見說文。正始石經尚書古文克作□（汗簡云：□剋，出顏黃門說文。）余謂□所从之□，与篆文□下體形近，許說彔曰：刻木彔彔也。又說克曰象屋刻木之形。可明其義矣。正始石經及汗簡克字皆从刀，於刻木之義尤顯。□蓋為□之省耳。

𥝩 古文稷。

邦懷按：殷虚卜辭有𥝩字（前編卷二三十二頁）。从禾兄，當即古文稷。許說稷曰：五穀之長。禮記月令鄭注云：稷，五穀之長。許訓兄曰：長也。然則稷从兄者，正謂稷為五穀之長也。蓋取禾兄會意。知古文稷字當从兄。此古文𥝩右旁當由从兄而傳譌。

𩚁 古文粒。从食。

邦懷按：篆文粒，从米，立聲。當[redacted]為米粒之本字。古文𩚁，从食，立聲。當[redacted]為粒食之本字。蓋古文借𩚁為粒耳。

糝 古文糂。从參。

五。

許說篆文糂字曰：以米和羹也，从米，甚聲。古文糂从參。邦懷按參聲、甚聲，同屬侵部。糝从參聲者，禮記內則鄭注云：凡羹齊宜五味之和，米屑之糝。此參聲之義也。

□古文家。

邦懷按卜辭及金文家字，皆从豕，無如此作者，蓋轉寫有譌也。孫詒讓云：古文家从豕，實當作𢑚，古彖字或別讀為豭，□讀若瑕，即豭之誤。金文□為𢑚異文，亦即許書之□，故家之从𢑚得豭聲。因𢑚而省為豕，又與豚从𢑚省，復省从豕同。

[redacted]

𡧚古文宅。

邦懷按此字从土、宅聲。宅与㡯同、此亦當是古度字、而借為宅也。从土者、禮記王制云、司空執度度地。是也。从宅者、王制云、度地以居民。是也。度地以居民、義与宅近、故假借𡧚為宅。

㡯亦古文宅。

邦懷按敦煌石室唐寫本尚書釋文云、㡯、古度字、文尺也、說文以為古文宅字。廣韵云、㡯、古文度。然則此借㡯為宅也。

五一

□古文容从公。

邦懷按古文容，从公聲也。公谷雙聲，故可互用。如訟之古文从谷作䛦。是也。又如从公之字亦可从容。公容疊韻。松，或从容作㮤。頌，籀文从容作額。是也。

□古文寶省貝。

邦懷按此从宀玉，缶聲。格伯作晉姬𣪘作□，与此同。殷虛卜辭有□字（後編卷下十八頁），羅振玉釋寶，其說云：貝与玉在宀內，寶之義已明。

□古文宜。

□亦古文宜。

邦懷按：汗簡作□，与此同。許君說篆文□字曰：从宀之下，一之上，多省聲。多省聲固未確。从宀之下，一之上，尤紆曲難通。余謂□字乃由□而變譌。先秦古印宜民和眾之宜作□，从重肉在□上，□即許書古文且（見許書且字下）。□与古文俎作□（殷虛書契卷五，卅七頁）、□（大豐毀）、□（矢毀）者同意。□中之二，即禮記明堂位鄭注所謂夏后氏始中足為橫距是也。然則□中無二，□為何物乎？余謂□即梡也。明堂位云：俎，有虞氏以梡。梡，讀若緩，一讀若桓。宜，古音讀若俄。

桓俄雙聲。此由字聲以求其通者。有虞氏以梡。至夏后氏始為橫距。可以明宜中無=之義。此由字形以求其義者。宜之為物即梡。梡與俎為用相同。故其字亦相似也。又按經籍有用宜為祭者。尚書泰誓上篇云：宜于冢土。偽孔傳云：祭社曰宜。冢土，社也。禮記王制云：宜乎社。余謂宜亦謂祭也。鄭注謂令誅罰得宜。非也。綜合尚書禮記用宜為祭之義，則宜即梡。文得旁證矣。

𠃧 古文宄。

邦懷按：兮甲盤宄作𡧍。知此𠃧上脫宀。國語晉語云：亂在内為宄，在外為姦。亂在内為宄，故宄字从宀。然則以兮甲盤宄字證此宄字，當从宀矣。

𡧈亦古文宄。

邦懷按宄从心，其義為姦恖也。

𤕫古文疾。

邦懷按國差𦉜脨字，昆疕王鐘脈字，皆从肵，与此同。

𡇒古文冒。

邦懷按汗簡作𡇒，与此同。

𠕈古文网，从一亡聲。

邦懷按許書篆文作网，或加亡作罔，由象形變為形聲矣。此古文冈从网省，亡聲。正始石經尚書作𠔿，与此略異，其上作宀，与冂形不類。

𢅥古文帷。

邦懷按此𢅥疑是𡇼之壞字。正始石經春秋古文圍作𡇼，可資參證。釋名云：帷，圍也，所以自障圍也。許書古文借圍為帷者，蓋以帷有障圍之意歟？

𠩞古文席，从石省。

羅振玉云：按从石省之說難通，古但象形作𡆧耳。卜辭作𡆧，与𡆧同，象席形。

白古文白。

邦懷按：汗簡云：白白，見說文。然其篆法与此有異。

保古文保不省。

邦懷按：篆文作保，許云：𤓽省聲。此从𤓽聲，故云不省。保訓養，而古文保从𤓽聲者（𤓽古文孚），廣雅云：孚，生也。生与養義相近也。

呆古文。

段玉裁云：此蓋古文以孚為保也。按段說是也。然則此字當作𤓽，今本脫爪耳。又按禾毀鑄公簠陳子子匜諸器之孟字皆从呆，更可證呆非古文保字。

五四

此字王筠已用孟子解說忎字之義。此條刪。

忎古文仁。从千心。

邦懷按此字所从之千，不可以為千。古文从人之字有如是作者。正始石經尚書古文信作𠼢，古鉨侃作𠈇，所从之人，並可證明此字確是从人，而非从千。忎从人心會意。孟子（告子篇）云：仁，人心也。是其義。

𡰥古文仁。或从尸。

邦懷按段玉裁云：古文夷亦如此。而不知此借古文夷為仁也。許君說羌字曰：夷俗仁。爾雅釋地云：東至日所出為太平（郭注云：九夷在東），太平之人仁。此可与許說夷俗仁相發明。因夷俗仁，故假夷為仁也。知𡰥為古文夷者，許書遲，或从𡰥作𨑑。余謂从𡰥即古文夷。𨑑从夷聲也。許說㷉字曰：从上按下也。从𡰥，又持火，所以申繒也。邦懷按：㷉从𡰥，亦為古文夷。夷，平也（詩毛傳凡四見）。許說㷉所以申繒，謂申繒使平。㷉从𡰥之義在此。然則𡰥為古文夷字，可無疑矣。

段玉裁於許說㷉从𡰥下注云：𡰥，古文仁。蓋未審字義耳。

古文企从足。

邦懷按：古文企从足，與古文正从足作𨀤同意。許說古文𨀤曰：足者，亦止也。

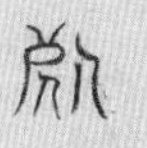古文伊，从古文死。

邦懷按此字从人死會意。讀伊者，伊𠂆同聲。許說𠂆字曰：歸也。又說鬼字曰：人所歸為鬼。此𠂆字聲中之義也。考之卜辭金文，伊字皆从人尹，無一如此作者。余疑此蓋六國時通行之字，其義為人死，其音讀為伊，原非伊之古文。正始石經假借為伊（魏三字石經集錄云：𠂆君奭伊。）許書以為古文伊者，本諸石經也。

彬

古文份，从彡林。林者，从焚省聲。

邦懷按此字从林，蓋从彣省聲。彣訓戫也。戫訓有彣彰也。然則彬从彣省聲者，与論語雍也篇文質彬彬義相近歟。

𠈍古文備。

邦懷按：汗簡云：𠈍，備。与此同。

㑄古文从母。

邦懷按：汗簡云：㑄，侮。从母聲，与此同。

𠑷古文眞。

𠦝古文卓。

𣬶古文比。

邦懷按：正始石經尚書古文麗作𪊨，从𣬶与此同。

玉篇云：麗，偶也。麗从古文比者，𣬶从二大會意，謂二人相偶也。

㘳古文从土。

邦懷按此㘳字有脫畫，當依正始石經春秋作𡍮（汗簡引石經亦作𡍮）。𡍮从∧∧，象丠形，从囯，聲也。囯當是古文基。許書期古文作𠕝，从丌是其比。𡍮从基者，其義謂丠之絕高者也。吾謂𡍮从基聲者，丠古音讀如欺。丠基同屬之部也。又按丠字子禾子釜及古匋文皆作𠀊，最得丠形之實。金文商丠叔簠作𡊥，許書小篆作𠀉，上皆類似北字。許君遂說从北，人凥在丠南，故从北。蓋不知𠀉乃由𠀊而蛻變。其實𠀉非从北也。

𦤎古文𦤎。

此依段玉裁本。段氏云：此篆轉寫既久，今不可得其會意形聲，姑從宋本作。邦懷按此字正始石經尚書作臮。魯侯爵有⿱自率字。余疑[illegible]為臮之初字，皆可校正𦤎之譌舛也。又按⿱自率从率，蓋為古文率，許所謂象絲网者是。殷虛卜辭作率（前編卷六，卅三頁），作率（前編卷二，四十二頁）。盂鼎作率，可證也。率，廣韻訓領。⿱自率从自率，謂我率領衆人，此與許書訓與衆之義相合。自亦聲。

徵古文徵。

邦懷按此字从㕯於六書之指不合。許君訓徵曰：召也。（爾雅釋言：徵，召也。周禮地官縣正鄭注云：徵，召也。）然則㕯蓋召之傳譌。从𢿘，當是从鼓之省。周禮春官大胥云：凡祭祀之用樂者，以鼓徵學士。鄭注云：擊鼓以召之。禮記文王世子云：天子視學，大昕鼓徵，所以警衆也。鄭注云：擊鼓以召衆也，警猶起也。周人擊鼓以召學士，擊鼓以召衆，經籍一再言之，𢿘字从召从鼓省之意昭然矣。

𦣠古文朢省。

邦懷按殷虛卜辭朢字作𦣠（前編卷七第四頁）、𦣠（前編卷一第十八頁）、𦣠（前編卷六第八頁）。由第一字審之，从目無疑。第二字从臣，象目中有睛。第三字从臣則類似臣字。金文及許書朢字从臣，皆由目字形近而變。𦣠，从目，从𡈼（𡈼他鼎切，音挺），會意。人舉目挺身，是朢之義也。

量古文量。

邦懷按：量蓋為亮之本字。亮訓相導也（見爾雅釋詁）。是其本義。訓為明，乃後起之義。量字，克鼎作量，量侯𣪘作量（旦字末畫移在東下），从旦从東者，日出於東為旦明之時。旦訓明也（見詩大雅毛傳及說文）。从旦於亮義尤切。又按：大梁鼎量字作量，与此相似，蓋皆由量字而變。

監古文監从言。

⿰衣麃古文表从麃。

邦懷按：襮从衣，麃聲，与⿱麃日古文㬥从日麃聲同例。余謂襮⿱麃日雙聲，當是表㬥之本字。此借襮為表，猶日部借⿱麃日為㬥耳。

⿴衣几古文裔。

邦懷按：方言云：裔，祖也。周禮春官云：守祧掌先王先公之廟祧，其遺衣服藏焉。若將祭，則各以其服授尸。禮記中庸云：春秋修其祖廟，陳其宗器，設其裳衣，薦其時食。鄭注云：裳衣，先祖之遺衣服也，設之當以授尸也。⿴衣几从衣在几上，象設先祖之遺衣服於几，其形義与經注所言切合。是知方言畜訓祖也，乃為本義。許書畜訓衣裾也，乃引申義。又按禮記曲禮云：君子抱孫不抱子，此言孫可以為王父尸，子不可以為父尸。曲禮謂孫可以為王父尸，鄭玄謂先祖之遺衣服設之當以授尸，故畜又有苗畜之義。

古文襄。

邦懷按：正始石經作，与此同。

古文衰。

邦懷按：篆文作，許君云：艸雨衣，秦謂之萆，从衣，

象形。余謂此古文下从𣏟，亦象形，其上作亼，非从衣省，疑傳寫譌舛。師寰毁有𠂻字，象艸雨衣，蓋為衰之初字。（毁銘衰是地名，按衰為晉邑，見晉語。）

𠂻古文衰。

邦懷按：番生毁作𠂻，石鼓文作𠂻，皆与此形近。許君說裘字曰：皮衣也，从衣，象形，与衰同意。殷虛卜辭作裘（前編卷七第六頁），象皮衣形，与許說切合。𠂻字則不象皮衣。郭沫若說象死獸之皮，是也。

𡉼古文屋。

段玉裁云：此字蓋即手部古文握字，淺人補入此耳。

𩓡古文履。从頁。从足。

邦懷按大毀作𩠐。齊侯鎛作𩠐。合二文觀之。可以證此。古文䪿从頁。与履从尸同意。从足。許君說履足所依也。从舟。許君說象履形。是也。

𦨶古文般从攴。

邦懷按殷虛卜辭作𣪠（前編卷一十五頁）。作冊般甗作𣪠。兮甲盤作𣪠。皆从攴。与此同。（許書及正始石經古文从攴之字。皆作攴。）

𠬝古文服从人。

𠂆古文奇字人也。

眎古文視。

邦懷按殷虛卜辭作□前編卷二第七頁，从目、示聲，与此同。

眡亦古文視。

□古文觀，从□。

邦懷按許書古文目字及从目之字多譌舛。此字所从之□亦譌，當改正作□。說詳古文目字下。

□古文次。

邦懷按此為周禮大次小次之本字，次謂幄周禮鄭注、幄，帳也玉篇。□下體之□，与許書□下體之□略同。

同象覆幄形也。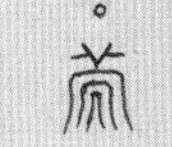上體之丫，殆為楮幄杠頂之飾。許君說⿱屮冂字曰：幬帳之象。从冂，㞢其飾也。余謂丫㞢同意，惟形稍異耳。周禮天官云：掌次，朝日祀五帝則張大次小次。鄭玄注云：次，謂幄也。大幄，初往所止居也。小幄，謂接祭退俟之處。然則為大次小次之本字，可無疑矣。

古文㱃，从今水。

邦懷按此字从水，今聲，与畬从酉今聲同意。辛巳𣪘云：辛巳，王畬（飲）多亞。伯作姬壺云：伯作姬畬（飲）壺。是畬為㱃之初字甚明。然則許書訓畬曰酒味

苦也。殆非本義。㱃从欠，作㱃，始見於春秋時金文中，如沇兒鐘作[古文]、僕兒鐘作[古文]是也。又按集韵㱃字下云古作酓。足為吾説之證。

𩚛 古文㱃。从今食。

邦懷按：此字从食，今聲。从食者，周禮天官·酒正辨四飲之物，四曰酏。鄭注云：酏，今之粥。漿人掌共王之六飲：水、漿、醴、涼、醫、酏。鄭注云：玄謂涼，今寒粥，若糗飯雜水也。今按鄭注謂酏為粥，涼為寒粥，酏与涼，其事皆屬於飲，而其物皆食類。𩚛从食之義殆如是歟。

[古文] 古文次。

邦懷按殷虚卜辭禍字作□（佚存九百五十版），从□与此略同。

⿰爻頁 古文

邦懷按髮或从首作䯻，此古文髮从頁与从首同意。从××，蓋与从彡同意，彡猶毛髮也。知××与彡同意者，許書艸部䕷或从爻作䕷，是其證也。又按汗簡作⿰爻頁与此同。

⿰⿰关㔾彡 古文

邦懷按許訓色字曰：顏气也。此古文色从⿰卯彡，疑从顏之省。左旁从⿰关㔾，當由⿰坴乙形近而譌，从⿰坴乙者，⿰坴乙有色義。儀禮鄉射禮云：賓升西階上疑立。鄭注云：疑，止也，有矜莊之色。段玉裁謂疑即說文之𠤕，是也。

古文

邦懷按此古文旬，从日，均省聲。段玉裁謂从日勻會意，非也。知从均省聲者，詩大雅菀彼桑柔其下侯旬，毛傳云：旬，言陰均也。周禮均人豐年則公旬用三日焉，鄭注云：旬，均也。然則古文旬从均省聲，聲中有義。又按王孫鐘作旬，从日，均省聲，与此同。

古文不省。

邦懷按古文苟从羊不省。古鉨敬字作𢼄，从𦍌与

此同。

䰟 古文从示。

邦懷按殷虚卜辭有䰟字（前編卷四十八頁）。羅振玉云：說文解字鬼古文从示作䰟，与此合。惟許書謂鬼字从厶，卜辭及古金文皆無之。羅氏謂卜辭䰟即此䰟字，似不可信。然考卜辭原文曰：甶王䰟。与別一辭甶王視。語例相同。恐未必確為从示之視也。又按陳肪毁作䰟与此小異。

鬽

邦懷按許書云：鬽老物精也。从鬼彡。彡鬼毛。魅或从未。□古文。□籀文。从彖首。从尾省聲。段玉裁云：按此篆今訛為二。□古文也。□籀文也。与解語不相應。亦与彡部立部不相應。今刪正。鬽當是古文。則□為籀文審矣。段氏分析，甚為明確。惟所謂鬽當是古文。余初不敢信。近見殷虛卜辭有王固曰：兹鬼□（殷虛文字乙編中輯五三九七。）鬼鬽連文。知□即許書□字。段氏謂鬽當是魅之古文。信有徵矣。余故從段說刪今本所列古文□。並移篆文□為古文云。

□古文省。

邦懷按：正始石經尚書古文畏作□。可正此下體之譌。

𦍒古文。

徐鉉云：按羊部有羑，羑，進善也。此古文重出。段玉裁云：此云羑之古文，說古文以羑爲羑也。

𡵓古文，象高形。

段玉裁云：今字作岳，古文之變。

𨻞古文从𠂤。

邦懷按：篆文崩从山，而古文从𠂤者，許君說𠂤字曰：山無石者。是从𠂤與从山義近。

𡧆古文从九。

六〇

許君說篆文廏字曰：馬舍也，从广，㲋聲。又說㲋字曰：从殳皀。皀，古叀字。廏字从此。邦懷按[illegible]字从皀，皀亦古文叀，从叀之義，即許君所謂叀者如叀馬之鼻（詳見說文叀字下）是也。从九，九，聲也。

庿古文。

邦懷按庿从苗聲者，苗之言皃也，許君說廟字曰：尊先祖皃也。是其義。說文緢下引周書曰：惟緢有稽。今本周書甫刑篇緢作貌。古本周書借緢為貌，可為余說庿从苗聲義之左證。

卝古文礦，周禮有卝人。

段玉裁云：按周禮鄭注云：卝之言礦也。賈疏云：經所云卝，是總角之卝字，此官取金玉於卝字無所用，故轉從石邊廣之字。語甚明析。今於卯部正之，於石部刪之。邦懷按段氏之説未允，許書古文不乏假借之字，此卝字或爲假借，故仍存而不刪。

𥕬古文。

邦懷按汗簡碣字作𥕬，从古文石，可正此左旁之譌。

硜古文从巠。

邦懷按此借古文硜爲古文磬也。史記樂書云：石聲硜硜以立別。禮記樂記云：石聲磬磬以立辨。則借磬磬爲硜硜也。許君云：磬，石樂也。石樂之聲硜硜，故古文借硜爲磬。

兂古文長。

邦懷按汗簡云：兂長，見尚書並說文。

𠑷亦古文長。

邦懷按殷虛卜辭作𠑷（後編卷上十九頁），㫚長鼎作𠑷，長慎鉩作𠑷，可證此字上體當作𠂆，不當作𠃑。

𧰨古文豕。

段玉裁云：古文与亥同字，說詳亥部。邦懷按亥字古文作𠀅。許君云亥為豕，与豕同。故古文豕亥二字相同。

𢁾古文𢂁。

邦懷按許書殺字古文作𢁾，當即假借此𢁾字也。詳前古文殺字下。正始石經春秋古文殺作𢁾，可（以此為假借字）校正此𢁾字及𢁾（古文殺）字之譌。

𢑚古文𢒃。虞書曰：𢒃類于上帝。

邦懷按汗簡云：𢑚肆，見說文。以為虞書肆類上帝之肆。又按𤕦𢑚𥳑𢑚字上體所从之𢑚，即此𢑚字。今以𥳑文校此𢑚字，知其上之𢑚乃𢑚之譌。

兕古文从儿。

邦懷按汗簡云：兕兕．見說文。兕頭作凶形．与許書古文異而与篆文同。許說古文兕从儿。不言兕頭与篆文殊異．然則汗簡作兕．尚存古本說文之真。

豫古文豫。

邦懷按汗簡云：豫豫．見丘長碑。余謂碑文豫所从之象字譌．許書古文豫所从之象字．恐亦譌．汗簡象字作象．於象之形最似。

馬古文馬。

邦懷按右走馬嘉壺作馬与此相似。此右旁彡象馬頭髦。當与左旁相連。

敺古文驅从攴。

邦懷按石鼓文作敺与此同。

佱古文法。

邦懷按此字从入、从正。正是古文正。見許書第一篇。从入正會意。謂入於正乃可為人法也。孟子云、夫子教我以正。夫子未出於正也。蓋未出於正、不足為人法。而入於正則可為人法矣。又按汗簡云、佱法。見石經。

丽古文麗

六七

孫詒讓云：取虘子商盤有[illegible]姒字，當即麗之古文，蓋下从鹿首，上从㒳，即丽字也。說文比部，比古文作㒳，又入部，从二入也，兩从此，闕，以金文麗偏旁㒳校之，古文丽蓋从比从入會意，取兩兩相比与旅行之義正合。

㤜

古文从心。

邦懷按：許君說篆文㹕曰：狾犬也。又說狾字曰：狂犬也。此古文㤜从心，与狂非一字，乃假借也。尚書微子篇云：我其發出狂。孔疏云：狂生於心，而出於外。廣韻云：狂，病也，韓子曰：心不能審得失之地則謂之狂也。然則㤮當為訓病也之狂之本字。而从心之義亦可以明。

〔古文字形〕古文从皮。

邦懷按从皮聲也。

扗古文从才。

邦懷按殷虛卜辭有〔古文字形〕字（後編卷下第八頁）。余永梁云。按此𢦏字与說文古文同。說文烖。天火曰烖。从火。𢦏聲。扗。古文从才。殷虛古文才与在為一字。此是其證。余說是也。殷虛卜辭巛字有作卌（前編卷二第廿二頁及廿七頁廿九頁）作卌（前編卷二三十二頁）者。葉玉森云。說文巛。害也。

从一雝川。契文作巛巛，从十卜省乃十，並古文才，与在通。川仍象洪水，在洪水中受巛之義益著。篆文巛所从之𡿧即十之省變。許君謂一雝川，非也。今按葉氏謂巛从才，是也。然則水巛之巛与火𢦏之⿰才火，並从才聲。

𡏁古文煙。

邦懷按禋字籀文作𡏁，熛字籀文作𡏁，所从之𡏁並与此同，疑此乃古文垔而假借為煙也。若謂𡏁非古文垔之通假，則𡏁𡏁所从不可解。

𤇾古文光。

邦懷按此字上从炏，下从古文光，許書第二古文光作炗，是其證。汗簡光作炗，出碧落文。並非出說文，余疑此字或由後人羼入許書，說詳炗字下。

炗古文光。

邦懷按許君說黄字曰：从田，炗聲，炗古文光。□古文黄。今按古文黄亦从古文光也。又按許書古文凡有二體者，必於第二古文篆字下注明亦古文，亦者承上而言，此通例也。偶有不注亦字者，如忎字下曰：古文仁，从千心。𡰥字下曰：古文仁或从尸。因二古文仁字各有說解，故不須亦字，此又一例也。然則此古文炗下無亦古文之亦字，可知許書光字下原祇有古文炗，而前一古文𤐫為後人羼入可無疑矣。

𢧐

古文熾。

邦懷按：汗簡云：𢧐殖。說文亦作熾。𢧐字可校正此古文熾之譌。然汗簡亦有誤，似當作𢧐，乃合六書之恉。

𡆧

古文囪。

邦懷按：許君說篆文囪曰：在屋曰囪，象形。此古文𡆧亦象形。

⿱炎土古文从炎土。邦懷按許君說篆文赤曰南方色也。此古文赤从炎土會意。

⿰日介古文如此。邦懷按古鉢吳作⿱廿人·与此略同。

𢽎古文奏。

𢼸亦古文奏。邦懷按屓𢼸段𢼸字·當即古文奏（三代吉金文存目録作屓敖段·非是。敖字篆文作𣁋·从出放·与𢼸字殊異·故知其誤。）以段文校之·知𢼸字經傳寫有脫畫。

七。

𡿺古文囟字。

邦懷按欽罍有𡿺字与此形近，

𢛳古文悳。

邦懷按正始石經尚書作𢛳，可校正此字上體之譌舛。

昚古文慎。

邦懷按正始石經尚書作昚与此同，鼄公華鐘作昚与此稍異。

𢖿古文省

邦懷按恕字从心，如聲，此从女，故云古文省。正始石經尚書作⿱女心与此同。汗簡女部云⿱女心恕。亦与此同。又按汗簡心部云⿱㚢心恕。則从心、从㚢，㚢是古文奴。

愳古文懼。

邦懷按此从心、䀠聲。䀠，左右視也，義与懼訓恐近。

忢古文悟。

邦懷按敔鼎敔作⿰五攴，从五与此同例。敔戈作⿰吾攴，从吾，知从五者，皆吾之省文矣。

⿱既心古文㤅。

邦懷按此从心既聲，當是慨之古文，慨㤅同屬脂

七一

部，故假借為忠。

媠 古文情。

邦懷按：篆文憜，从心，𡐦省聲。或作惰，省𨸏。惰、憜二篆皆从心，与惰訓不敬也義合。古文从女，於義不協。余疑此媠字蓋為女部嫷字古文。嫷訓美。方言故嫷媠皆从女。許書假借媠為情者，當以情媠同聲故也。

𦔮 古文从耳。

邦懷按：篆文作懖，从心，銛聲。古文从耳，銛聲。其聲義可尋繹之。許君說懖字曰：䛒善自用之意也。𦔮从耳者。聞善言而拒。愚而好自用也。从銽聲者。聲中有義。許君說銽字曰：斷也。斷与絕義同。歫即今拒字与絕義亦相成。

㤪 古文怨。

邦懷按篆文怨从心、夗聲、此古文㤪蓋从心、宛省聲也。宛从宀。而此作亼者。乃晚周之變體。邾公釛鐘用樂我嘉賓之賓字作賓。从亼与宀同例。可證明㤪確从宛省聲也。又按正始石經尚書作㤪与此同。

悶 古文从關省。

邦懷按此古文患从關省聲、与閟从門聲同意。

𢝊亦古文患。

邦懷按晉姜鼎俾貫通弘之貫字作串（此即毌字、鼎文假借作貫）、与此字所从之串相似、然則此古文患字从毌聲也。

𢖶古文恐。

邦懷按此字疑非恐字古文。玉篇云：忎、古紅切、心急也。集韵云：忎、急意。蓋假借𢖶為恐耳。

瀁古文从養

邦懷按此古文漾字、从養聲也、羕養同部、故瀁从養。

余又疑此或借瀁為漾。玉篇云：瀁，余掌切。瀁瀁，無涯際也。又古文漾。

漢 古文漢如此。

㕣 古文沇如此。

此古文沇。依段玉裁本。段氏云：各本作沿，誤。今正。臣鉉等曰：口部已有，此重出。按口部小篆有㕣，然則鉉時不从水旁也。口部㕣下曰：山間陷泥地。从口，从水敗皃。蓋㕣字在古文則為沇水、沇州，在小篆則訓山間陷泥地。如孌字在籀文則訓順，在小篆則訓慕。皆同形而古今異義也。邦懷按段說是也。古文沇。如各本作沿。則為訓緣水而下也之沿字。且汗簡沿字作㳂。不云是古文沇也。

囦 古文从口水。

邦懷按許君說篆文淵字曰。回水也。又說囗字曰。回也。象回帀之形。此古文淵从口水。与訓回水之義相切合。又按殷虛卜辭有囦字（殷虛文字甲編二二七四號）。从口水与此同。

𦨷 古文津从舟淮。

邦懷按此字从淮。當為从進之譌（段玉裁謂進从省聲。近是。）舟進聲者。許君訓津字曰。水渡也。水渡以舟進。是其義也。从進讀津者，玉部云：璡，石之似玉者，从玉，進聲，讀若津。是其比也。

□古文湛。

邦懷按：此字右旁恐譌，許書古文甚作□，然則□蓋由□形近而誤。汗簡云：□湛，出說文。其誤殆自宋以來矣。

□奇字涿，从日乙。

邦懷按：段玉裁謂乙蓋象滴下之形，非甲乙字。其說甚確。余檢殷虛卜辭中从水旁字或省作乚，可證□从乚，確為从水省。

古文漿。

邦懷按篆文作，从水，將省聲。古文从水，爿聲。

古文沫从頁

邦懷按金文中眉壽之眉字，其下體从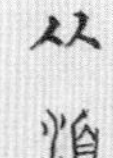，即古文沬。齊侯毀作，齊侯盂作，國差𦉜作，上體与字上體相同，象持甑及竈口，下體所从即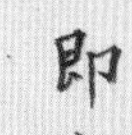字，合字之全體觀之，則象人在竈口下洒面，从亦聲。許書古文可与金文相發明者不甚多，此其一耳。

古文泰如此。

段玉裁云：按當作□，从亣，取滑之意也。邦懷按泰訓滑，故段氏謂古文泰，當从亣，取滑之意，然从亣之字古文有作二与許書亣从二同者，如寒字篆文作□，克鼎作□，南宮中鼎作□，是也。

巠 古文巠不省。

邦懷按許君說篆文巠字曰：水脈也，从川在一下，一地也，壬省聲。余謂古文巠从壬聲者，壬挺疊韵，壬之言挺也，水脈僨張，行於地下，此蓋壬聲之義。

州 古文州。

邦懷按从川，象水流活活，丩即丩字，从丩聲也。又按平州幣州字作州与此同。

濬

古文容。段玉裁云：从水，从睿。睿，古文叡也。叡，深明也，通也。邦懷按：許君說篆文容曰：深通川也。段氏謂叡訓深明也，通也，說明濬从睿之義甚確。又按殷虛卜辭有□字（甲骨文零拾一四八片），邦懷謂是容字初文，从卢与許書篆文同，从凵象阬坎有水，与許君說容深通川也及說从谷阬坎意也相合。然則許書古文濬与卜辭□结構繁簡不同，何也？卜辭□字為初文，濬為六國時古文，故不能盡同也。

㫡古文冬从日。

邦懷按正始石經春秋作㫡，可校此字一畫當作仌。此字从日，夂聲，夂古文終也。

𩁹古文雨。

𩃬古文靁。

邦懷按殷虛卜辭有𩃬字，與此同。卜辭云：辛酉卜貞，今日不雨，妹𩃬（後編卷上三十二頁）。妹即昧之同聲假借字，妹雷，謂昧爽時有雷也。

𩇓古文靁。

邦懷按此字𤳳間有回，於古金石文無徵，恐係後人靁入。且注云古文雷，不云亦古文雷，与許書大例不符（第二古文，當有亦字，說詳前𦬁字下），故可疑。

靁古文靁如此。

段玉裁云：古當作籀，員下云：籀文作鼎，鼎下云：籀文以鼎為貝，是也。

電古文電如此。

殷虛卜辭申字作𠃑（前編卷一第五頁），葉玉森云：此象電燿屈折形，乃初文電字。許書虹字下出籀文蚺，謂申電也，可證。邦懷按雁公鼎云：𠃑大吕乃弟用夙夕[illegible]享。𠃑大从大，𠃑聲，𠃑即電之初文，當讀若顧。今據鼎文𩆜从乙聲，可證葉說卜辭乙為初文電之確。更可證許書䨐字乃从雨昌（申，讀為電）聲也。

𩂣古文雹。

邦懷按：許君說雹字曰：雨冰也。又說晶字曰：精光也。今驗雨冰為雹，雹之為物，精光似晶，故从晶以象之。

云古文省雨。

段玉裁云：古文上無雨，非省也。二蓋上字，象自下回轉而上也。

𠃢亦古文雲。

侌古文或省。

邦懷按許君說霒字曰雲覆日也，从雲，今聲。此古文侌从云，今聲，云為古文雲，不得謂或省。

㝐亦古文霒。

邦懷按此字亦从古文雲，今聲也。汗簡作□，与此同。古鉩作□，与此略同。

□古文至。

邦懷按正始石經尚書作□，与此同。殷虛卜辭作□（前編卷二第二頁），羅振玉云：□乃矢之倒文，一象地，□象矢遠來降至地之形。羅說得之。許君說至字曰：

鳥飛从高下至地也。从一，一猶地也。象形。今按許謂至象鳥飛从高而下，於字形不切合。許說一猶地也，而此从二者，二，地之數也（用許書二字注）。与从一同意。此字从倒矢，从二，乃會意，非象形也。

卤 古文西。

邦懷按正始石經尚書作卤，校此多一筆。

戻 古文戶从木。

邦懷按列國銅戶鍵（或稱小銅柱，非是）有戻字，亦从木，与此同。此字从木与閑字从木同意。許君說戶字曰，護也。說閑字曰，闌也。皆以疊韵為訓。余謂戻从木，所以助戶為護者。是猶闌从木。以木為闌也。

𨵵 古文閾从洫。段玉裁云：从洫聲。此猶大雅毛詩築城伊淢。淢即洫之古文。韓詩正作洫。

𨳲 虞書曰：闢四門。从門。从𠬞。段玉裁云：按此當依匡謬正俗玉篇補古文闢三字。邦懷按段說是也。金文闢字皆从門。从𠬞。盂鼎作𨷻。彔伯㦰毁作𨷻。伯闢毁作𨷻。可證許書闢字確為古文而非小篆。段氏謂當補古文闢三字。信有徵矣。

閑古文閑。

邦懷按殷虛卜辭有閒字（前編卷四十五頁），兩扉之間有一相連，一，閑門象也（用許書古文酉字說）。此字所从之閂，當由閒而變。从門，从外，外所以閑也。与關从門从丱同意。許君訓（闗）曰：閑也。

閖古文閑。

邦懷按曾姬無卹壺作閖，从門，刖聲，刖聲猶月聲。與此乃六國時聲旁字主聲不主形之例。壺文从刖（卽刖字），可校正此字从外之譌。

惪古文閑。

邦懷按：汗簡民部云：𢡟，閔，出史書。上从古文民，可正此。下从⿱叀心，恐誤。集韵云：愍、𢡟、⿱叀心，注云：說文：痛也，古作𢡟、⿱叀心。據此知𢡟為古文愍，此字許書當(原)在心部愍字後。今本在門部閔字後，以為閔字古文，蓋由後人所竄亂耳。且集韵閔字下無古文，更可證明𢡟非閔字古文矣。

䎽

古文从昏。

邦懷按：許君說小篆聞字曰：知聲也，从耳，門聲。余謂古文聞作䎽，从耳，昏聲者，昏訓日冥也。冥不相見，故以耳聞。此与許君說名字，冥不相見，故以口自名。其義相同。蓋古者常以昏時閉門（本周禮閽人鄭注及許書閽字解說）·門閉則內外隔絕·冥不相見·故門者在外·應門者在內·聞聲而至·必問誰某。於是答曰·我某某也。作如是解·則冥不相見·故以口自名·及冥不相見·故以耳聞·其義益顯。而聞以門得聲·訓為知聲者·亦可明所知之聲即門聲也。

戺古文巸从户。

徐鉉云·今俗作牀史切·以為階戺之戺。邦懷按此字从户·當是階戺之戺·而假借為巸之古文。汗簡云戺戺·音俟·見尚書。可為余說左證。

八。

□古文手。

邦懷按掌蒦簋鼎掌字作□，古鉨掌事之掌作□，而鉨文掌字所从之□与此同。鼎文掌字所从之□与此亦相似。此古文手之□，當相連作□。

□古文拜从二手。

邦懷按正始石經尚書古文拜作□，汗簡拜字作□，注云出說文。以上古文拜字皆从二手，与許說古文拜从二手相合。可校正□字上从□為衍文。下作□亦譌舛。

□古文扶从攴。

邦懷按扶鼎作𢱭与此同。扶卣作𢱭，从又与从攴同意。

□古文握。

邦懷按汗簡云：□屋，亦握字，出說文。

□古文从辵亡。

邦懷按正始石經尚書撫作⿰亡攵。与此異字。許書云：⿰亡攵，撫也，从攴，亡聲，讀与撫同。是石經借⿰亡攵為撫也。此字从辵，亡聲，亦為假借字。玉篇云：⿺辶亡，孚武切，安也，循也，追也。今按玉篇上二訓与許書撫訓安也，循也，相同。訓追也當為⿺辶亡之本義，以⿺辶亡从辵知之。

敭古文揚从攴。

邦懷按大豐毀揚王休之揚作敭·邾公釛鐘揚君霝之揚作敭·兩敭字皆从攴·与此同。蓋从手之字·古文或从攴。

𢿝古文播。

邦懷按播之初文當作𢿝·象手握穀粒舉而播之之形（說詳前古文番字下。）此从攴番聲·當係𢿝之後起字。

𢻂古文撻。周書曰：撻以記之。

㛗古文妻·从肖·肖·古文賢。

邦懷按殷虛卜辭作㛗（殷契萃編一五七八號）·从肖·肖為古

文妾字。考古人妻妾之分甚嚴，卜辭妻字从妾貴，殆謂妻尊於妾歟？

古文奴从人。

邦懷按：汗簡奴字作，与此同。

古文妻如此。

邦懷按：正始石經春秋古文妻作，可校正此字脫畫。

古文姦，从心，旱聲。

邦懷按：許書心部云：悍，勇也，从心，旱聲。此字亦从心旱聲，疑古文悍，假借為古文姦。姦悍古韵同部

八二

古文民。

邦懷按：正始石經尚書古文民字作，汗簡民字作，並與此小異。段玉裁云：蓋象萌生緐廡之形。

古文我。

周伯琦云：戕，戈名，象形，借為吾我字。殷虛卜辭我字作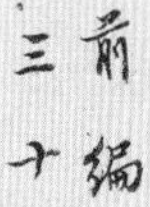（前編卷三三十頁），王國維云：我字疑象兵器形，訓余為借義。邦懷按：周氏、王氏之說皆是也。今檢卜辭我字又作（見殷契萃編一四六九，此依原大摹寫），歸者余所藏[illegible]尊拓本有字，从又持我。觀上二字皆象兵器，而刃作三齒形，且其柲

絕長。是知我之為器，乃戈屬之大而長者。余謂我之言峩也，當讀如峩，以其秘長刃廣闊有嵳峩之象也。

⿱珏金古文琴从金。

邦懷按：汗簡琴字作⿱珏金，文作⿱珏金。今以⿱珏皿仲狂卣⿱珏皿字證之，則汗簡第一琴字上體之玨与卣文同。

⿱珏八古文瑟。

⿱珏皿仲狂卣之⿱珏皿字，孫詒讓釋瑟，其說云：上半与琴字相涵，下似从皿，疑是血之省（金文从血与皿字多同）。詩大雅旱麓瑟彼玉瓚，周禮典瑞鄭衆注引瑟作卹，卹从血聲。与必聲古音同部也。卣文瑟从血聲，与聲例正合。

𣓌古文直或从木。

邦懷按𣓌字，疑原作𣓌，从木，直聲，乃借植為直也。

𠃊古文曲。

邦懷按曲父丁爵曲字作𠃊。

甾古文甾。

邦懷按正始石經尚書古文迪作𢕟，从由作甾，与此甾字形相近，疑甾由本為一字。

弻古文弻如此。

𢇍亦古文絕。

邦懷按：正始石經尚書作𢇍，汗簡作𢇍，注云：見尚書。說文亦有之。彼二文並與此同。

𢆯古文糸。

絸古文繭，从糸見。

邦懷按：此字从糸，見聲，与蜆从見聲同意。爾雅釋蟲云：蜆，縊女。郭注云：小黑蟲，赤頭，喜自經死，故曰縊女。郝氏義疏云：按今此蟲吐絲自裹，望如披蓑，形似自懸，而非真死，舊說殊未了也。郝氏所說，得諸目驗，自可信據。蜆吐絲自裹与蠶吐絲自裹，其事相類，故絸蜆二字皆以見得聲。从見聲者，見之言纏也（纏見雙聲，古音同部），謂此蟲吐絲自纏裹也。

𢇍古文絕，象不連體絕二絲。

邦懷按：汗簡作𢇍，与此同。

賡古文續，以庚貝。

羅振玉云：按爾雅釋詁：賡，續也。詩大雅西有長賡。傳：庚，續也。庚訓更，亦訓續，猶亂亦訓治矣。庚賡同義，賡与續殆非一字也。邦懷按：羅氏謂賡与續非一字，是也。賡訓續，許書以賡為古文續，同義假借字也。

古文紹从卩。

此字依段玉裁本。段氏云：今本誤。依玉篇廣韵汗簡改正。邦懷按古匋文紹字作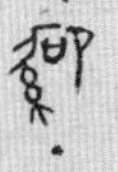。从卲与此同。

古文終。

邦懷按頌鼎善夫克鼎並作。正始石經春秋古文冬作。从。之一一乃由之丶丶而變。之一則由一一而誤。

古文綱。

邦懷按周禮考工記梓人注云：綱，所以繫矦於植者也。此字从糸。糸所以繫矦者。从木。木猶植也。

線古文綫。

邦懷按綫从戔聲，線从泉聲，泉、戔古音同在寒部。

繘古文从絲。

邦懷按汗簡云：繘繘，余橘切，見石經。

緦古文緦从思省。

彝

𢇍皆古文彝。

邦懷按汗簡云：𢇍彝，見說文。知今本𢇍字右邊脫廾。繼彝彝字作𢇍与此略同。

蚳古文蚳，从辰土。

邦懷按此字从虫、从辰土會意、螘子生於土中、故从土。从辰者、許説辰字曰、三月陽气動。又説蠢字曰、蟲動也。辰聲、春聲、古韵同部、且辰春二字均有動義、蜃字从辰、謂螘子動也。段玉裁謂从辰者、辰聲也、古氐聲、辰聲相似、祗振字通用、是其例。段氏此説牽强、不可信。

古文省。

邦懷按篆文蠭字从逢聲、逢从夆聲、故古文蠭字从夆得聲。似非逢字之省。許書艸部蓬、从艸、逢聲、籀文作莑、从艸夆聲、是其例也。

𧍝古文蠡。

郘懷按汗簡云：𧍝蠡，出說文。篆字上體稍譌，當作彖，然可校正此字上體不當与小篆同也。

𢧢古文蠢，从𢦏。周書曰我有蠢于西。

郘懷按蠢訓蟲動也。而此字从𢦏者，𢦏之為言孳也（𢦏孳古韻同屬之部）。許君說孳字曰：汲汲生也。儀禮鄉飲酒禮鄭注云：蠢，動生之皃。此字从𢦏春會意，謂蠢動生也。

𧒂古文蠭，从虫，从夆。

段玉裁云：夆聲。竹邑相張君碑蜂賊不起。

𠙊 古文風。

邦懷按此字似从日，凡聲，又从丿，未詳其義。汗簡作𠙊，与此小異。

𠁴 古文龜。

邦懷按汗簡作𠁴与此同。叔龜毁作[glyph]

弍 古文二。

邦懷按汗簡作弍，与此同。綴寫君鉥作[glyph]，从戈，蓋為弍之別體。

𢁙 古文恒，从月，詩曰：如月之恒。

王國維云：按許君既云古文恒从月，復引詩以釋从月之意。而今本古文乃作亟。从二。从外。蓋傳寫之譌。字當作亙。

圬古文塊。

邦懷按汗簡云：圬，塊。見尚書。說文以坤為古塊字。

坣古文堂。

邦懷按此从土。尚省聲也。古文从尚之字。恒有省作尚者。如卣鼎賞字作賞。掌莨笄鼎掌字作掌。周黨壺黨字作黨。效卣嘗字作嘗。皆从尚省聲也。

坐古文坐。

邦懷按此从二人相對。與轡从軎同意。許君說轡字曰：獄兩曹也。从㯥，在廷東也。今語謂獄訟者為兩造，兩造即兩曹，聲之轉也。曹造雙聲，古音同屬在幽部。又按許君說篆文𡍮字曰：止也。从畱省，从土。土所止也。此与畱同意。余謂𡍮之本義為𡍮罪，𡍮立之𡍮乃引申義。𡍮从畱省，謂畱止罪人，今之拘畱亦所以懲罰有罪之人也。

𡉚古文封省。

邦懷按：籀文𡊜，从土，丰聲。知此字蓋从土，丰省聲也。

𩫖古文墉。

邦懷按：許書第五篇訓度也之𩫏字，與此古文墉篆體同。段玉裁云：此古文墉，蓋古讀如庸，秦以後讀如郭。此說不確。陳潮云：此當是作𩫏，而佚其半。

堲 古文垐。

段玉裁云：古次即同在十五部。

𡐀 古文垔如此。

邦懷按：垔戈垔字作𡐀，从壬。古鉥鄄字作陻，偏旁作𡐀，亦从壬。可校正此字下體𡈼乃壬之譌。

𣪍 古文毀从壬。

邦懷按：从土之字古文或从壬，如上文𡐀，川部坙字古文作垩，皆是也。

𡍝古文壞省。

邦懷按許君云古文壞省者，葢謂𡍝从眔，為褱省聲也。余謂此字从土，眔聲。𡍝訓敗，而从眔為聲者，眔敗疊韻，是聲与義相關也。

𡉈古文堯。

邦懷按古鉨作𡉈。汗簡作𡉈。从二土二人，並与此同。

𡎸

𦰩皆古文堇。

邦懷按齊侯壺作𡑞，从黃从土，与第一古文同。文按第二古文恐非許書原有，或由後人竄入。檢汗簡堇部凡三字，𦰩与𡎸二字銜接，𡎸字下注云出演說文。其第三字為𡒄，注云堇，出說文。據此知𦰩字蓋出演說文，如出說文，則汗簡當与𡒄字銜接，必不列於𡎸字之上也。

埜

古文野，从里省，从林。

殷虛卜辭有埜字（前編卷四卅三頁），羅振玉釋野，其說云：許書之古文亦當作埜，不从予聲，許於古文下並不言予聲，今增予者，殆後人傳寫之失，許書字本不誤。而為後人寫失者多矣。邦懷按羅說是也。汗簡林部云：楚野。見尚書。亦不从予。

□古文黃。

邦懷按此字上所从者不識何字。下从古文光。

勛古文勳从員。

邦懷按熏聲員聲古音同部。壎从熏聲。塤从員聲。是其比也。

□古文从彊。

邦懷按勥从強聲。□从彊聲。強彊同音。

□古文動从辵。

古鉩有𢓊字，丁佛言釋為古文動。

𢡒 古文勞从悉。

汗簡引說文作𢡒，鄭珍云今本作𢡒，从悉無義，此形當元作勞，篆从熒省，古文不省，舊說文是也。

恿 古文勇从心。

邦懷按集韵㦷字注云心喜也，一曰凡以器盛而滿謂之㦷。此古文勇作恿，疑假借字。是猶正始石經尚書借㦷為勤也。

叶 古文協，从口十。

段玉裁云按十口所同，亦同眾之意。

金古文金。

邦懷按：篆文作金·許君曰：五色金也·黃為之長·久薶不生衣·百鍊不輕·從革不韋·西方之行·生於土·从土·𠂇又注象金在土中形·今聲。余通檢金文中金字及从金之字·凡數十見·其上體皆从亼·（其作亼者乃亼之變異·如仲偁父鼎作金·邾王鼎作金·中子化盤作金·許書亦作金·共四見而已。）不从今。下體从土·其象金形之注·則無定·有二注·或三注·最多為四注·注取象金形·原非記數·故無定耳。蓋古人采金於未鍊時·金与土不能甚分清·既有所獲·即藏於合·疑亼与合字同意也·（許書云：亼·三合也·讀若集。）

余謂古文金从亼，亼聲也。小篆作金，蓋由金（金文中从金之字多如此）而小變異，許君遂有今聲之說解。

銕古文鐵从夷。

段玉裁云：夷蓋弟之譌也。

𤤚古文鈕从玉。

邦懷按：許君說鈕字曰：印鼻也。印鼻名鈕者，鈕从丑聲，丑象手之形（本許書丑字說），印之鼻，所以便於手持，是印鼻作用起於丑，故名曰鈕。丑聲有義。

銞古文鈞，从旬。

邦懷按：子禾子釜作銞，从旬与此同。又按許君說鈞曰。三十斤也。从金。勻聲。古文銞从旬聲。聲中有義。十日為旬。月有三旬。三旬之數與鈞三十斤之數相合。篆文鈞从勻聲者。蓋本於旬（古文旬。）从勻聲耳。然已不若古文銞从旬聲。能存字義之賅備矣。

𢇍古文斷。从皀。皀古文叀字。周書曰。𢇍𢇍猗無它技。

㫁亦古文斷。

邦懷按此字从刀。叀聲（叀。職緣切。叀斷古音同部。）許書𩠐部𩠑字或作剸。从刀。專聲。此剸字疑即剬之古文。而假借為古文斷歟。第一古文𢇍。从召。其義未詳。

𢦚古文矛。从戈。

邦懷按汗簡云：𢦏矛，出說文。余謂古文矛从戈作𢦏，与古文牙从齒作𠵘同例。矛牙皆象形字，而各加偏旁，於六書之指，似無必要，推測其意，蓋以戈与矛類也，牙与齒亦類也，故其字之偏旁各以類从歟？此皆六國文字之緐縟者，特發凡於此。

𠂤 古文𠂤。

邦懷按汗簡云：𠂤𠂤，出尚書。

陟 古文陟。

邦懷按許說陟，登也，从𠂤步。正始石經尚書古文陟作[亻𠂤步]，从𠂤步。此[亻𠂤步]字从人，与尚書古文不合。許書此字蓋別有所據，而非出於後人傳寫之譌。古匋文陟作僔，亦从人，可證也。

𧮯 古文隫，从谷。

邦懷按：許說篆文隫字曰：通溝以防水者也。从𨸏，賣聲。余謂古文𧮯，从谷，與从𨸏義異，當非隫之古文。考爾雅釋山云：山𧮯無所通，谿。李巡注云：山中水瀆雖無所通，與水注川同名。郭璞注云：所謂窮瀆者雖無所通，與水注川同名。李巡說山𧮯之𧮯，乃山中水瀆，郭璞說山𧮯之𧮯，乃窮瀆，知𧮯為瀆之古文，與訓通溝防水之隫，當非一字。許書以為古文隤，假借字也。

𨻰 古文陳。

邦懷按：篆文陳作陳，許君曰：从𨸏，从木，申聲。余檢金文中陳字塦字，皆从東，無作𣏅者，循許君陳从申聲之說，則古文𨻰从𢆉古文申。聲，可為許說旁證，然金文及正始石經陳字皆不作𨻰。要之許書陳字篆古二文，當有所本，但今無可徵耳。正始石經春秋陳字古文作塦，與許書異，篆文作陳，與許書同。

𠦒 古文四。

邦懷按：古鉨作𠦒，與此同。丁山云：竊疑積畫為亖者·數名之本字·後之作四者·借呬為之·从口·象口形·其中之八·蓋猶只下从八·兮上从八·象气越亏。丁説得之。余謂四蓋由𠃢而整齊之者·𠃢中之川与金文皃字（皃白卣·）下體之八·皃字（縣妃毁·）下體之人同意·皆象气外越也。孫詒讓云·說文四字古文作𠃢·籀文作亖·考金文甲文皆作亖·要以積畫為近古·未必皆出史籀後·遂疑亖當為古文本字·𠃢為籀文·許書傳寫多誤·容互易耳。

X

古文五。

邦懷按·古匋文（正始石經尚書）作X。列國尖首刀作X·李佐賢謂五字缺上下畫。而不知為古文五也。

□古文禹。

邦懷按正始石經尚書作□・古鉩作□・並与此同。

□古文萬。

邦懷按汗簡引尚書作□・与此同。

□古文甲・始於一・見於十・歲成於木之象。

邦懷按汗簡引尚書作□・与此稍異。虘毀甲曹字作□・孫詒讓云・此即甲之變體・从衣・从甲省・甲為日名・借為戒衣之名・因沾衣而省冖・此形聲孳乳之例也。孫氏釋毀文□為甲・甚確。余謂此□字从人。蓋衣之省。或亦為甲胄之甲字。而假借為甲乙之甲字歟。

戚古文成。从午。

邦懷按正始石經尚書作戚。沇兒鐘作戚。从午。並与此同。

己古文己。

邦懷按正始石經春秋作己。禾毀作己。並与此同。

𣦤古文辜。从死。

邦懷按汗簡引尚書作𣦤。与此同。余疑此字蓋為卢部𣦤字古文。考卢為古文卢。許書从卢之字。古文或从𣦵，如殂字古文作[𣦵且]，殪字古文作[𣦵壹]，皆其證例。然則[𣦵古]為𣦸之古文，殆可信矣。段玉裁注許書𣦸字云：按𣦸同辜。尚未知𣦸与古文辜實一字也。

[𡿺]古文子，从巛，象髮也。

邦懷按汗簡作[𡿺]，与此稍異。古金文中子字皆与小篆相同，無从巛者。

[𤓽]古文孟如此。

邦懷按[𤓽]是古文保字，見許書人部。此[𤓽]字當是古文孟字上體，經傳寫脫下體之皿耳。禾毁作[𤓽皿]，鑄公簋作盄·陳子子匜作盄·可證也。

𡗗古文寅。

邦懷按汗簡引尚書作𡗗·与此同。陳猷釜作𡗗·不从土。

非古文卯。

邦懷按正始石經春秋作非·与此同。

𠩄古文辰。

邦懷按正始石經尚書作𠩄·与此稍異。

𢀩古文申

邦懷按各本作𢆯·蓋誤以古文玄（古文玄作𢆯·）爲古文

卯也。汗簡云：□申。出說文。據此知許書古文卯字之譌已久矣。今依段玉裁本作□。段氏於□下注云：虹陳篆下如此。是也。考殷虛卜辭申字作□（前編卷一第五頁）。金文作□（宰椃角、丙申角）。其字形与□相似。於是可明六國時□字演變之蹟矣。

丣 古文酉。从丣。丣為春門，萬物已出。丣為秋門，萬物已入。一，閉門象也。

邦懷按：兩周金文、列國匋文酉字皆無如此作者。正始石經尚書古文酉字作□，亦不作丣。然則此丣字蓋晚周之別字也。

𤖮古文𤖺。

邦懷按此字从酉、爿聲。从酉者，酒以龢醬也（用許書醬字說解）。古鉨作𤖮，与此同。汗簡引說文作䐑，爿旁与此稍異。

𠀅古文亥，亥為豕，與豕同。

邦懷按古匋文作𠀅，与此同。又按殷虛卜辭亥字作𠄏（前編卷三第三頁）、𠄏（前編卷三第十四頁）。家字作㝒（前編卷一三十頁）、㝒（前編卷七三十八頁）。觀兩家字所从之豕字，与兩亥字相同，可證許書所云亥為豕，與豕同，乃承用遠古之舊說也。

邦懷按汗簡云[illegible]出說文。

[illegible]古文旨。

邦懷按國差𦉜作[illegible]，从千与此同。

此條當移上頁甚字後！

段氏说文解字注札记

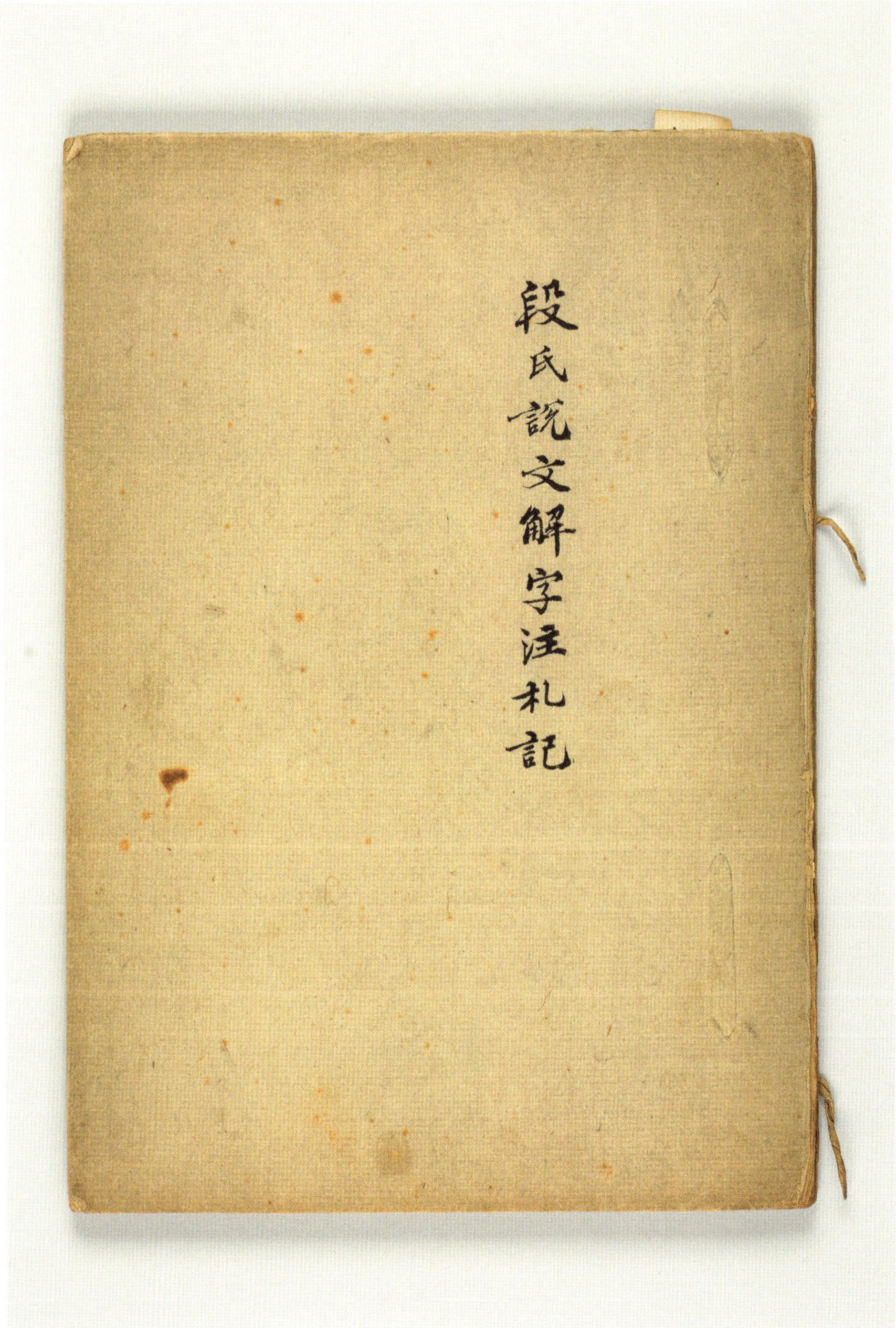

手稿横188毫米、纵263毫米，共计102页，影印时略有缩放。

段氏說文解字注札記序

「說文解字」，研究文字之淵藪也。段氏「說文解字注」，研究文字之管鑰也。邦懷知有「說文解字」，自七歲始。塾師張夢岩先生教同學「說文解字」部首，一日，講丨字，先生曰：「此字讀衮。」復以手指畫之曰：「引而上行，讀囟；引而下行，讀退。」邦懷竊聽，以一字有三讀爲異焉。迨十歲時，先君課以「說文解字注」，知「說文解字」有段注自此始。二十歲後，研究商周古文字，時時以段注爲參考。受其啓發者深，遂拳拳服膺而弗失矣。

段氏之於文字，深思卓識，精鋭明暢，有非二徐所可及者。舉例言之，篆文「鬽」，段氏謂：「當是古文」。篆文「莤」，段氏謂：「二鄭所引左傳皆作縮，為古文段借字」。今以甲骨文鬼魅字作「鬽」；縮祭字作「莤」，證明段說之精確。類此者，皆質諸鬼神而無疑者也。

雖然，大醇而小疵，亦不能為段氏諱。舉例言之，「摯」字，說文曰：「讀若晉」。段氏謂：「讀若晉之晉，疑有誤；大徐即刃切，篇韻同」。今案：「摯」音即刃切，「晉」亦音即刃切，二字同音。可證「摯」讀若晉之晉，實無誤也。「畕」字，大徐居良切。段氏以為非，謂：「讀如敶列之敶」。今以渠伯友鼎「萬年無畕」證之，知「畕」与「畺、疆」音義並同。類此者，皆段氏欲推翻舊說而鄰於武斷者也。

邦懷之於段注，習之既有年矣，管窺所及，有出於諸家訂正以外者，隨筆箋記，夾於卷中。今稍稍選擇，錄為一冊，名曰「段氏說文解字注札記」。區區之意，在於明辨是非，亦無違百家爭鳴之旨也。一九六零年十月陳邦懷寫於天津。

段氏說文解字注札記

丹徒陳邦懷

禦 祀也从示御聲 後人用此為禁禦字古只用御字

邦懷案：古書中雖多用御為禦；然商周金文禦祀之禦已从示，我鼎作[illegible]，禦父辛觶作[illegible]。

祟 神禍也从示出 按出亦聲

邦懷案：徐鍇曰：「以出示人，故从出。出音吹去聲，故詩曰，匪舌是出，惟躬是悴。故又出聲」。是知段注出亦聲，本鍇說而引申也。

瓊 亦玉也 亦各本作赤非此上下文皆云玉也則瓊亦當為玉名倘是赤玉當廁瑞瑕二篆閒

矣

从玉夐聲

邦懷案：段氏改說文赤玉也為亦玉也，非是。爾雅釋草篇：「蔨，夐茅。」郭注：「蔨華有赤者為夐；夐、蔨一種。」今據郭說，知蔨華赤者為夐。是夐聲字有赤義也。然則瓊訓赤玉，聲義昭然矣。

璿 美玉也 从玉睿聲 瑢古文璿 疑當古文作璿小篆作瑢

邦懷案：說文谷部，睿字小篆作叡，古文作濬。據此，知段注疑當古文作璿，小篆作瑢，為可信也。

二

玨 二玉相合為一玨。瑴玨或从㱿㱿聲也

邦懷案：段說瑴从㱿聲，是也。㱿、玨、同屬幽部，因同聲通用也。

𦬈 菌𦬈地蕈叢生田中菌𦬈玉篇作圈𦬈从中六聲

邦懷案：叢生田中之菌𦬈，江蘇東臺名之曰圈子；與玉篇圈𦬈之圈相合。

蘄 艸也从艸靳聲說文無靳字蘄當是从蕇斤聲

邦懷案：古金文旂字皆作⿸㫃靳，从㫃、靳聲。是古有靳字之證，並可為說文蘄、靳聲作注。段注謂蘄當是从蕇、斤聲。非也。

莜 萟田器（匚部有匜字，金部有銚字，皆云田器，疑皆此字之古文也）从艸攸聲。論語曰：以杖荷莜。

邦懷案：山東出土漢石刻畫象題字云：「以杖荷匜」，段氏謂匚部匜字、疑是莜字之古文，是也。

牡 畜父也。从牛土聲（或曰土當作士，士者夫也，之韵尤韵合音最近，从士則為會意兼形聲）。

邦懷案：甲骨文牡作牡，从牛士聲（甲骨文士作丄，土作Ω，區別甚明）。周刺鼎牡作牡，亦从牛士聲。可證段說牡从土當作士之精審。

犅特也从牛岡聲（亦可云从剛省會意）

郭懷案：甲骨文犅作犅、犅。静毁作犅，大作大仲毁作犅。皆从剛聲。小篆作犅，从剛省聲，當無疑問。段云从剛省，甚確。云會意，未可據。

喘疾息也（此分別言之息下曰喘也渾言之也）从口耑聲

郭懷案：耑聲字有急義。此云：喘，疾息也。水部云：湍，急瀨也。漢書溝洫志注云：急流曰湍。爾雅釋詁篇云：遄，急也。此皆耑聲字有急義之證。段氏於疾息也之急，未言其聲義之関係。今補充之。

嘒 小聲也（小雅鳴蜩嘒嘒毛曰嘒嘒聲也按 商頌嘒嘒管聲毛曰嘒嘒和也）从口彗聲詩曰嘒彼小星

邦懷案：段氏於嘒小聲也之小字，未有注解。余謂彗聲字有小義。此云：嘒，小聲也。木部云：槥，棺櫝也，从木，彗聲。漢書高帝本紀云：令士卒從軍死者為槥。應劭注云：小棺也，今謂之櫝。說文金部云：鏏，鼎也，从金，彗聲。淮南子說林訓云：水火相憎，鏏在其間，五味以和。高注云：鏏，小鼎。

以上嘒、槥、鏏，皆彗聲字有小義之證也。又案：詩經召南云：嘒彼小星。毛傳云：嘒，微貌。毛訓嘒為微，可尋語源，彗微二字古韵同在脂部。蓋古人始用彗聲字為微者，以[redacted]疊韵故也。既訓彗聲字為小者，乃由微義而轉為小也。

吝 恨惜也。从口文聲。按此字蓋从口文會意，凡恨惜者多文之以口，非文聲也。

邦懷按：段說从口文會意，非文聲也。不確。凡恨惜者，多文之以口。是吝之義。吝从文聲，聲中有義。

⿺走夐 走意也。从走夐聲。讀若繘。居聿切十五部夐古音在十四部合音最近故⿺走夐觼⿰角矞亦同字

邦懷案：說文玉部瓊字或从矞作璚。不獨觼⿰角矞鐍同字也。角部觼或从金矞作鐍。段注誤為⿰角矞附正於此

⿺走雚 行⿺走雚趢也。廣韻⿺走雚曲走皃 从走雚聲。一曰行曲脊皃。玉篇無行字

邦懷案：玉篇無行字，不可信據。⿺走雚从走、雚聲。故「一曰、行曲脊皃。」廣韻：「⿺走雚，曲走皃。」与行曲脊皃義相應。

歸 女嫁也。从止婦省，𠂤聲。林罕妄改為追省聲

邦懷案：不𡢁𣪘歸字作𨔵，从帚，从追。然則林罕謂歸从追聲，宜可信。段氏駁斥為妄改，未允。

徲

行平易也。廣雅徲＝行也按凡平訓皆當作徲今則夷行徲徲廢矣 从彳夷聲

邦懷案：徲訓行平易也，以夷有平義之故。段注謂凡平訓皆當作徲。於古無徵，不可信。

䶧

齧堅聲。齧各本作齒今依玉篇訂石部曰硈石堅也皆於吉聲知之 从齒吉聲

邦懷案：吉聲字有堅義，可於雙聲以求其義，堅吉雙聲也。段氏但舉石部，硈，石堅也為例。黑部曰：「黠，堅黑也。」亦一例證。

訊，問也。从言，卂聲。𧦝古文訊从卤（卤古文西，西古音讀与十二部最近）

邦懷案：从卤，蓋為从囟（息進切）之譌。此古文訊，从言，囟聲也。段說西，古音讀，與十二部最近。未為得也。

䛆，詶也（祝䄏字亦作袖，蓋与䛆一字也）。从言，由聲。

邦懷案：原本玉篇言部引說文：「䛆，祝也。」䛆為祝袖，故䛆訓祝也。此「祝也」不但可訂今本說文「詶也」之譌；並可證明段注「祝䄏字亦作袖，蓋与䛆一字也」之確。

𧥡，扣也。如求婦先𧥡叕之（此蓋古語。論語我叩其兩端而竭焉，孔曰我則發事

之始終以語之公羊傳吾為子口隱矣何曰口猶口諸發動也 从言口口亦聲

邦懷案：原本玉篇言部「說文、詋，扣也，如求婦先詋發之。」據此知說文原作詋發，今本作詋𤼲，實為譌字。段注引論語我叩其兩端而竭焉及公羊傳吾為子口隱矣，以釋詋訓扣也之義，甚覈。惜原本玉篇清光緒十年始有刊本流傳，假令段氏見之，必據以訂正說文之誤字矣。

誕

詈誕也 此三字蓋有誤釋詁毛傳皆云誕大也 从言延聲

邦懷案：原本玉篇引說文「誕，詷誕也。」如今本⿱曰言字，乃詞字之譌；段氏謂⿱曰言誕也三字蓋有誤。是也。又案：說文詞字下，「一曰譀也」。譀字下曰，「誕也」。是知詞有誕義。詞誕二字，同義連文，蓋古語也。

訟

爭也从言公聲一曰歌訟⿰言谷古文訟从谷聲

邦懷案：段氏說訟从谷聲，未得其義。鄭珍曰：「从容省」。此說得之。古文訟从容省聲者，訟，古一讀為容也。史記吳王濞傳曰：「他郡國吏欲來捕亡人者，訟共禁弗予。」正義曰：「訟，音容；言其相容，止不與也。」

七

業　大版也。所以縣鐘鼓。捷業如鋸齒，以白畫之。象其鉏鋙相承也。从丵从巾。巾象版。詩曰：巨業維樅。大雅文。今詩作虡。上林賦虡作鉅。許作巨。蓋三家詩巨與鉅同也。墨子貴義曰：鉅者白也，黔者黑也。鉅業者，蓋謂以白畫之歟。

邦懷案：巨業，謂業刻畫識如鋸齒也。考工記曰：「凡斬轂之道，必矩其陰陽」，鄭玄注曰：「『矩』，謂刻識之也」。巨、矩古通用；矩，謂刻識之，其義甚明。段氏謂鉅業，蓋謂以白畫之。此說殊誤。鉅業謂刻業如鋸齒也。以白畫之，與鉅義不相應也。

鞠　蹋鞠也。劉向別錄曰蹵鞠者傳言黃帝所作或曰起戰國之時蹋鞠兵勢也所以練武士知有材也皆因嬉戲而講練之从革匊聲

邦懷案：三代吉金文存卷十四第十二頁、有觚作人蹵鞠形。此觚為商器。然則劉向別錄謂蹵鞠為黃帝所作者，近是。或謂起戰國之時。非也。

及　逮也从人又乀古文及秦刻石及如此弓亦古文及𨘼亦古文及左从辵右蓋从筆

邦懷案：正始石經春秋、古文及作隶。據此知𨘼所从之隶，當由隶字轉寫而譌。段氏謂

八

[illegible]右盠从筆。非也。

㱿 從上擊下也从殳肯聲一曰素也素謂物之質如土坏也今人用腔字說文多作空空與㱿義同俗作殼或作㲉吳會間音哭卵外堅也

邦懷案：玄應一切經音義卷十八，㲉出字下云：「又作殼，吳會間音哭，卵外堅也。」又卷廿三，卵㲉字下云：「又作㱿，吳會間音哭，卵外堅皮也。」今案：卵外堅皮也。有皮字，於㱿義尤為完足。據此知段注「俗作殼，或作㲉，吳會間音哭，卵外堅也。」此數句實本諸玄應。

𤿭 柔韋也从北从皮省夐省聲各本無聲今補夐古音在十四部此省其

讀若㚟一曰若儁（上下取冂為聲也）

邦懷案：段氏於夐省下補聲字，其說曰「此省其上下，取冂為聲也」，殊不可信。甲骨文有冂字。說文夐字當从冂。

葡 具也，从用苟省。（苟己力切自急敕也敕誠也此會意平祕切古音在一部苟亦聲也）

邦懷案：原本玉篇引說文葡字說解，苟省下有聲也二字。是可證說文原作苟省聲；今本脫聲字。段謂苟亦聲也，甚諦。

䩯 革名，从革執聲。汝南平輿有䩯亭。讀若晉（讀若晉之晉疑有誤大徐即刃切篇韻同）

九

邦懷案：摯、大徐及玉篇廣韻皆即刃切。說文曰郜晉字，亦音即刃切。許云摯、讀若晉。以摯晉同聲也。段云讀若晉之晉疑有誤，未之檢耳。

𠬪　撮也。从受乙聲。鍇本如是云乙者甲乙之乙鉉本作从受从己去己者物也以音求之似小徐近是　力輟切

邦懷案：小徐本𠬪从乙。段氏謂以音求之，似小徐近是。今以𪔂从鼎𠬪字證之，亦从甲乙之乙，為段說添一有力之文證。

殘　賊也。戈部曰賊敗也叔部㱚穿也今俗用為㱚餘字按許意殘訓賊㱚訓餘今則殘專行而㱚

廢妄

从歺戔聲

邦懷案：孟子曰「殘賊之人」，詩小雅勞民傳曰「賊義曰殘」。並可與許訓殘賊也相發明。段注則未言也。

肖

骨肉相似也骨肉相似者謂此人骨肉狀皃略同也故字从肉从肉小聲不似其先故曰不肖也

邦懷案：許所說骨肉相似，謂似其先也。下文云「不似其先，故曰不肖也」。此可為相似之反證。段注骨肉相似，謂此人骨肉與彼人骨肉狀皃略同。失其恉矣。

十

胡　牛顄垂也　按此言顄以包頸也顄頤也牛自頤至頸下垂者也引申之凡物皆曰胡如老狼有胡鵜胡龍垂胡顉是也胡與侯音轉最近故周禮立當前侯注曰車轅前胡下垂柱地者　从肉古聲

邦懷案：段氏解說胡為下垂之義、所舉證例甚悉。然尚有可補充者：說文於部曰「旛、旛胡也」；謂旗幅之下垂者。」

膍　牛百葉也　謂之百葉者胃薄如葉碎切之故云百葉　从肉𣬉聲一曰鳥膍胵膍胵鳥胃也

邦懷案：膍訓牛百葉者、謂牛胃之裏、有薄片肉重疊連綿如百葉也。段說胃薄如葉、碎切之，故云百葉。未㪅其實耳。

䐹 乾魚尾䐹䐹也 䐹䐹乾皃，今俗尚有乾䐹䐹之語。風俗通說夏馬掉尾䐹䐹，古言也。 从肉肅聲 所鳩切 周禮有腒䐹

邦懷案：段氏說䐹䐹乾皃。是也。愚謂肅之言縮也。凡物乾則縮，乾魚尾亦然。䐹、音所鳩切者，縮之聲轉也。今俗語謂物乾縮曰抽，即其證例。又如詩經王風，中谷有蓷曰「暵其脩矣」，毛傳曰「脩，且乾也。」脩聲其義為乾，肅聲其義為乾，亦可從聲類明之也。

剝 裂也 豳風假剝為攴，八月剝棗，毛曰剝擊也，音義云普卜反，故知剝同攴也。 从刀彔

十一

彔刻也彔亦聲一曰剝割也𠞞剝或从卜卜聲也

邦懷案：段說豳風假剝為攴。甚確。𠞞从卜聲者，謂貞卜時龜甲坼裂，故从卜聲也。又案：甲骨文有𠞞字，乃古文剝（𠞞字見甲編三一五三號。）今知說文所收或文剝字作𠞞，其淵源則甚遠也。

刅傷也从刃从一（按鉉本篆作刅鍇本篆作刅今按當是从刃从一一者傷之象剝之所入也今人作隸書梁梁皆从刅非古法不可從也）

邦懷案：刅字刅壺作刅，刅觶作刅。是知鉉本篆文作刅，尚與刅壺刅觶相近。段氏不從鉉本而臆改篆文作𠬞，實不可信。又謂今人書梁粱皆从刅，非古法。亦非也。

耒　耕曲木也（各本耕上有手，今依廣韵隊韵、周易音義正）从木推丰古者垂作耒枱以振民也

邦懷案：殷文有字，以手推農具，其上象曲木，下象犁，當是耒之古文。觀其手推曲木，可知段氏删手耕曲木也之手字，有欠考慮。又案：漢書食貨志云「煣木為耒」，顔師古注曰「耒，手耕曲木也。」顔注即本諸說文。段氏未注意顔說，故依廣韵周易音義以删手

十三

字。

符 信也漢制以竹長六寸分而相合按許云六寸漢書注作五寸未知孰是从竹付聲

邦懷案：說文專字下曰「六寸簿也」；筭字下曰「長六寸，所以計曆數者」。以上二物皆為六寸，據此可定許說符長六寸之確。應劭漢書注謂竹使符長五寸，恐不可信。

簝 食牛匡也从竹尞聲方曰匡圓曰簝召南傳方曰筐圓曰筥筥當作簝

邦懷案：熹平石經魯詩周頌作「維筐及簝」，可為段說左證。

第次也，从竹弟。（此見毛詩正義卷一之一引說文，其在弟部抑竹部今不可知，要孔沖遠所據有此篆無疑，佀省弟作第耳。）

邦懷案：次第字，兩漢金文皆从艸作苐，無从竹者。然則苐字當在艸部。毛詩正義引說文作第，从竹，不可信據。

盇覆也，从皿大聲。（此以形聲包會意，大徐刪聲，非也。）

邦懷案：壺，篆文作盇。許曰「象形，从大，象其蓋也」。據此可知盇从大，亦象其蓋也。小徐作大聲，非是。大徐無聲字，極是。段

十三

氏謂大徐刪聲，誤矣。

飪 飪，大孰也。从食壬聲。恁，古文飪。恁，亦古文飪。心部恁下云齎也，此古文系後人增羼。

邦懷案：玉篇火部「恁、亦飪字」。疑說文恁从心，或由火而譌。段氏謂此古文恁，系後人增羼。蓋未詳審耳。

餾 餾，飯气流也。流各本作蒸，今依洞酌正義引改。據孫郭爾雅注及詩釋文所引字書，似一蒸為餴，再蒸為餾，然許不如此說。从食畱聲。

邦懷案：原本玉篇引說文作飯气蒸也，与各本說文同。段氏依詩正義改蒸為流，於餾字義訓不切。且段已知再蒸為餾，於許說飯气蒸也。正不必改為飯气流也。

段謂據孫郭爾雅注及詩釋文所引字書，但一蒸為餴，再蒸為餾。案：今北京人謂再蒸為餾。古語之遺也。此餾字說當移餴字條前

餐吞也鄭風還予授子之粲兮釋言毛傳皆曰粲餐也謂粲為餐之假借字也 从食奴聲湌餐或从水

邦懷案：漢雲陽鼎，餐者字作餐，从食，粲聲。於是可明爾雅釋言及鄭風毛傳訓粲為餐之義。段謂粲為餐之假借字，是也。

全　完也从入从工全篆文仝从玉純玉曰全𠓞古文

仝　按下體未審其所從汗簡作𠓞古文四聲韵載王庶子碑亦作𠓞疑近是

邦懷案：段氏謂汗簡及古文四聲韵作𠓞、疑近是。以余考之，𠓞从𠬞。誠是也。今案：周禮考工記玉人曰「天子用全」。春官典瑞曰「共其玉器而奉之」。是知𠓞从全从𠬞者，謂竦手奉全玉也。

舞　樂也用足相背从舛無聲𦏼古文舞从羽亡亡聲也

邦懷案：段氏謂𦏼从亡聲，是也。从羽，謂樂舞以羽也。周禮樂師有羽舞、有皇舞。鄭司農注曰「羽舞者析羽，皇舞者以羽覆冒頭上，衣飾翡翠之羽。」此爲翌从羽之義證也。書以補段注之遺。

夅服也从夂中相承不敢竝也上从夂下从反夂相承不敢竝夅服之意也凡降服字當作此降行而夅廢矣

邦懷案：乖伯𣪘曰「弗望小裔邦歸夅」，又曰「子孫歸夅」，歸夅，吳闓生釋歸降。余謂夅即夅之異體。段氏謂凡降服字當作夅。今以𣪘文歸夅字證之，段說是也。

乘覆也从入桀桀黠也軍法入桀曰乘𠅘古文乘从

古

几

凭几者亦覆其上故从几然則椉亦可為依憑字

邦懷案：段說凭从几之義，不確。余謂凭从几者，謂乘車時用几以登也。禮記內則曰「乘必以几」。儀禮士昏禮曰「婦乘以几」。鄭注曰「尚安舒也」。賈疏曰「謂登車時也；几所以安體，若尸乘以几之類」。

桔

桔梗藥名。从木吉聲。一曰直木。鄭有桔柣之門蓋取直木為門限之義釋宮曰柣謂之閾

邦懷案：段說吉聲字訓直義者尚未詳盡。今檢說文頁部「頡，直項也，从頁，吉聲」。又丟

部「趌，趌趨，怒走也，从走，吉聲。」徐鍇曰「直去不低視也。」此皆吉聲字有直義者也。

桍　木皃大徐本作木根非也桍木大皃莊子所云呺然大也木大則多空穴莊子曰大木百圍之竅穴似枅似圈似臼似洼者似污者故左氏釋玄桍云桍虛也从木夸聲春秋傳曰歲在玄桍桍虛也

邦懷案：大徐本作木根，是也。知其是者，說文本字，古文作𣎵。段注曰「根多竅，似口，故从三口，」此說是也。根多竅，即春秋左傳所云，桍，虛也。然則桍訓木根，正謂多竅而虛也。段以大徐本作木根為非。誤矣。

十九

築 所以擣也从木筑聲 𡒊古文 按此从土管聲也今本篆體譌舛故正之

邦懷案：築字古文、小徐本作𡒊。鍇曰「从土管」。是知段氏之說，蓋本諸小徐。

楗 距門也 距各本作限非今依南都賦注所引正老子釋文亦作距门也 从木建聲

邦懷案：唐寫本說文木部殘卷，楗篆下作「歫門也」。歫右旁殘闕，當是歫字。段依南都賦注所引正今本作限之誤，極是。

牀 安身之几坐也 鉉本作安身之坐者五字非是牀之制略同几而庳於几可坐故曰牀

安身之几坐 从木爿聲

邦懷案：段說牀之制略同几，而庳於几，可

坐，故曰安身之几坐。此說甚確。說文「𢀈」，籀文子，囟有髮，臂脛在几上也」。段注曰「木部曰，䏚者，安身之几坐也」。䏚訓安身之几坐也，觀於籀文子字从几而義益明。

梩

臿也从木𠂤聲一曰徙土輂齊人語也（按此四字與宋魏曰茉文法同方言云臿東齊謂之梩是也由此言之疑一曰徙土輂五字當移在此下）

邦懷案：唐寫本說文木部殘卷作「一曰從（此誤當作徙）土輂。齊語讀若駭」。可正今本「齊人語也」四字，確為轉寫之譌。一曰徙土輂，為別一義；齊語讀若駭，乃又一讀也。得此可破段氏之疑。

榹 榹之橫者也。關西謂之楧。方言榹其橫關西曰㮇，宋魏陳楚江淮之閒謂之樗，齊海岱之間謂之綅。按楧㮇朕三同。關西謂之楧，西當作東。从木弅聲。

邦懷案：唐寫本說文木部殘卷作「關西謂之㮇」，知今本作楧，乃轉寫之誤。關西謂之楧与方言正合。段氏不審今本說文關西謂之楧句，誤在楧字。乃謂關西之西，當作東。非也。

桶 木方受六升。疑當作方斛受六斗。廣雅曰方斛謂之桶。秦漢時有此六斗斛，与古十斗斛異。史記商君平斗斛，呂不韋仲春紀角斗桶，故知起於秦也。从木甬聲。

邦懷案：唐寫本說文木部殘卷作「桶，方木器也，受十六升，从木，甬聲」。據此可補今本說文之脫字。段氏不知有脫字，乃謂疑當作方斛，受六斗；秦漢時有此六斗斛，與古十斗斛異。此說，不可信。邦懷又案：商鞅銅量銘有曰：「大良造鞅爰積十六」，量所謂爰積十六，即說文所謂桶受十六升也（說詳拙撰嗣樸齋金文跋卷三。）

楬　楬櫫也从木曷聲春秋傳曰楬而書之（未見，疑是引周禮楬而璽之。）

邦懷案：唐寫本說文木部殘卷作「周禮曰，楬而書之」。據此可訂今本之譌，並為段說之證。

十八

棐　輔也（按棐蓋弓檠之類）从木非聲（按此篆失其舊次）

邦懷案：徐鍇曰「棐，輔也。輔即弓檠也。」段謂棐蓋弓檠之類。當本諸鍇。

又案：唐寫本說文木部殘卷，棐篆次於檄、檃、栝三篆之後。檄訓榜也；榜、所以輔弓弩也。檃訓栝也。栝訓檃也；一曰矢頭也。唐寫本棐字次於檄檃之後，是以類相系。而二徐本皆列棐篆於部末，段氏謂失其舊次。是也。

貯　積也（周禮注作賭俗字也）从貝宁聲

邦懷案：說文糸部，紵下出䋑字。許曰，「紵，或从緒省。今以周禮注褚字證之，知紵从糸，褚省聲。非从緒省也。紵字用褚省聲，足證周禮注作褚，絕非俗字。段氏目為俗字者，或因說文宁部無褚篆耳。

晉 進也禮古文周禮故書皆段晉為箭日出而萬物進从日从臸易曰明出地上晉

邦懷案：格伯簋晉字作晉，晉公盦作晉。其上截皆象雙矢形，其下作〇，或作囗。恐非日字，蓋為盛矢之器，若蘭、箙之類。據此可知禮古文及周禮故書段晉為箭之故矣。

十九

旛　旛胡也謂旗幅之下垂者集韵、類篇、韵會皆有此七字，今據補从㫃番聲

邦懷案：段氏據集韵等書補「謂旗幅之下垂者」甚是。此句正説解上句「旛胡」二字之義。胡，乃下垂者也詳前胡字下。

詩小雅出車二章曰：「我出我車，于彼郊矣，設此旐矣，建彼旄矣，彼旟旐斯，胡不旆旆，憂心悄悄，僕夫況瘁。」傳曰：「旆旆，垂旒貌。」而於胡字無説解。邦懷謂此胡字，即指旛胡。詩云胡不旆旆者，謂出征已久，旗旐下垂之

旛胡，已摩斷損不作垂貌矣。物猶如此，則戍役之勞瘁可知。故下句曰「僕夫況瘁」。今因說明段氏於說文旛下補「謂旗幅之下垂者」七字，至為精審。故舉胡不旆旆以相參證。

有 不宜有也春秋傳曰日月有食之从月日下之月衍字也此引經釋不宜有之指亦即釋从月之意也日不當見食也而有食之者孰食之月食之也月食之故字从月

邦懷案：甲骨文曰「癸酉貞，日月又有食，隹若？」「癸酉貞，日月又有食，非若」。簠室殷契類纂天象一頁據此可證說文所引春秋傳原有月字。今本春秋傳無月字，故段謂月爲衍字。

又案：詩小雅十月之交曰「朔日辛卯，日有食之」，箋曰「日月交會而日食」。今據鄭箋之說，則知許引春秋傳日月有食之；甲骨文日月有食。皆謂日月交會而食也。

轢禾也（轢者車所踐也此轢讀如勞即齊民要術所謂勞也郎到切）从禾安聲

邦懷案：轢、歷各切；又郎擊切。無讀如勞之證。然說文𤖯下曰「从片，樂聲，讀若勞」（力照切）樂聲讀若勞，可爲段說此轢讀如勞之旁證。

𩐁墜也。从韭，次、朿皆聲。二字皆聲，米部竊字同也。齏𩐁或从齊聲。

邦懷案：石鼓文有欶字。是知𩐁、从韭，欶聲。許云次、朿皆聲，蓋不知古有欶字耳。段注則沿許說之誤。

窬穿木戶也。儒行篳門圭竇，鄭云门旁竇也，穿牆為之如圭矣。郭璞三蒼解詁云窬門旁小竇也。从穴俞聲。一曰空中也。

邦懷案：玄應一切經音義卷九引說文「窬，門旁穿木戶也」，比今本說文多門旁二字。以段注所引儒行鄭注及三蒼解詁證之，知說文原有門旁二字。段氏常引玄應書，獨於此遺之。

廿二

寴至也（見部曰親者至也然則寴与親音義皆同故秦碑以寴剌為親巡廣韻真韻曰寴古文親也）从宀親聲

邦懷案：史懋壺銘曰「王在豪京溼宮，寴命史懋路筮」用寴為親，与秦碑同。段氏謂寴与親，音義皆同，是也。

⿰爿㞋皮剝也（剝裂也）从爿冄聲讀若耕又讀若襜（各本下从㞋今按尸部㞋字也故正之）籀文从㞋

邦懷案：段氏訂正⿰爿㞋，當从尸部㞋字；是也。說文尸部曰「㞋，柔皮也。」柔皮訓攻皮，与⿰爿㞋訓皮剝義近。

冞 网也。各本作周行也。詩釋文引作冒也，乃涉鄭箋而誤。今尋上下文皆网名，篇韵皆云冞罟也，更正。蓋冞亦网名，其用主自上冒下，故鄭氏箋詩殷武改毛之突入其阻為冞入，云冒也，就字本義引申之。此鄭箋之易舊，非經本有作冞者也。从网米聲。𡨦 冞或从歺。歺者列骨之殘也，从歺亦网罟殘害之意也。

邦懷案：段注𡨦字，殊嫌附會。愚謂𡨦从歺，當為从冃之譌。說文冃部曰「冃，小兒及蠻夷頭衣也」。冃，即今帽字也（用段說）。冞从冃者，謂其用主自上冒下也。詩釋文引許說作冒也。詩鄭箋訓冞為冒也。皆可證冞从冃之義。段謂詩釋文引作冒也，乃涉鄭箋而誤。今以冞

廿二

从冂，可知鄭箋及詩釋文皆不誤。

罬 捕魚竹网 竹字蓋衍，小徐無竹网二字 从网非聲 聲字舊缺，今補

邦懷案：段氏謂竹字蓋衍。非是。段氏又謂聲字舊缺，今補。補聲字、是也。考非聲字為竹器之名者，此云「罬，捕魚竹网，从网，非聲」。又匚部云「匪，器似竹匧，从匚，非聲」。此皆非聲字為竹器之證也。

皤 老人白也 老人之色白与少壯之白皙不同，故以次於皙 从白番聲。易曰賁如皤如 ⿰番頁 皤或从頁

邦懷案：老人白，謂髮白也。班固辟雍詩云

「皤皤國老」，注云「鬚白貌」。是其證。段氏謂老人之色白与少壯白皙不同。誤矣。

仁親也从人二　忎古文仁从千心作（从心千聲也）　𡰥古文仁𡰥或从尸（按古文夷亦如此）

邦懷案：忎所从之千，許説从千，非也。段氏謂千聲，亦非也。考正始石經尚書，古文信作㐰，古鉥侃作但，所从之人，皆多一筆，可證忎字，確是从人，而非从千。忎，从人心會意。孟子曰「仁，人心也」。可説明忎从人心之義矣。又案：𡰥下段注「按古文夷亦如此」。

蓋不知此借古文夷為仁也。許君說羌字曰「夷俗仁」。爾雅釋地曰「東至日所出為太平郭注九夷在東。太平之人仁」。此可与許說夷俗仁相發明。因夷俗仁，故借古文夷為古文仁也。知𡰥為古文夷者，說文遲、或从𡰥作迡。余謂𡰥即古文夷，迡从夷聲也。說文「𤈦、从上按下也，从𡰥，又持火，所以申繒也」。今案：𤈦从𡰥，𡰥亦為古文夷，夷，平也詩毛傳凡四見。許說𤈦所以申繒。謂申繒使平，𤈦从𡰥之義在此。然則𡰥為古文夷，可無疑矣。

倶　皆也皆各本作偕字之誤也今正白部曰皆倶詞也与此為互訓从人具聲

邦懷案：倶訓偕也，偕字不誤。段氏改偕為皆，不可信。知倶訓偕，非字之誤者，倶篆之上為偕篆，偕篆下有「一曰倶也」。与倶篆下曰偕也為互訓。詩魏風「夙夜必偕」，毛傳曰「偕，倶也」。亦可為倶訓偕之反證。

佡　小皃小雅正月曰佌佌彼有屋傳曰佌佌小也許所據作佡或作[illegible]从人囟聲按細字亦囟聲蓋取雙聲詩曰佡佡彼有屋

邦懷案：囟聲字有小義，佡訓小皃。細訓微，微亦小也。段謂細亦囟聲，蓋取雙聲。是也。

佌々彼有屋，今本詩經作仳々，此聲字亦有小義也。佌或作⿱⿰亻幺幺，⿱⿰亻幺幺从幺，幺亦取意於小也。

臮（篆）眾與詞也。詞者意内言外之謂，或假洎為之，如鄭詩譜偁無逸爰洎小人。从乑自聲。虞書曰：臮咎繇。𣳾古文臮。此篆轉寫既久，今不可得其會意形聲，姑从宋本作

邦懷棠：正始石經尚書，臮，古文作（篆），从水，自聲。與詩譜偁引爰洎小人之洎相合。據此可證今本說文𣳾字之譌。段氏未確知其譌，故云今不可得其會意形聲。

袞天子亯先王卷龍繡於下常幅一龍蟠阿上鄉从衣㕣聲㕣見口部及水部古文沇州字也袞以為聲各本作公聲篆體作袞公与袞雖雙聲非同部今正

邦懷案：袞、䡅侯鼎作㒄，吳方彝作㒄，皆从衣，公聲。番壺作㒄，从衣，容省聲，乃公聲之轉也。據此可知說文篆作袞，从公，與金文正同。段氏改為㕣聲，不可信。

裔衣裾也裾各本及篇韵皆作裙今正玄應書卷十四曰說文云裔衣裾也以子孫為苗裔者取下垂義也从衣㕣聲𧘂古文裔几聲

邦懷案：𧘂从衣从几者，方言曰「裔，祖也」。

周禮春官曰「守祧掌先王先公之廟祧，其遺衣服藏焉，若將祭，則各以其服授尸。」禮記中庸曰「春秋修其祖廟，陳其宗器，設其裳衣，薦其時食。」鄭注曰「裳衣，先祖之遺衣服也，設之當以授尸也。」⿱衣几从衣在几上，象設先祖之遺衣服於几，其形義与經注所言切合。是知方言裔訓祖也，乃為本義。說文裔訓衣裾也，乃引申義。又案：禮記曲禮曰「君子抱孫不抱子，此言孫可以為王父尸，子不可以為父尸。」曲禮謂孫可以為王父尸，鄭玄謂先祖之遺衣服設之甾以授尸，故啇又有甾啇之義。段氏於𠙹下注曰「几聲」。而未說其形義。余用經注以說明之。

褔 編枲衣（謂取未績之麻編之為衣，與艸雨衣相類，衣之至賤者也）。一曰頭褔。一曰次裹衣。从衣區聲

邦懷案：段說取未績之麻編之為衣，此僅言「編枲衣」之義。褔以區為聲之義，尚未言也。今案：褔从區聲者，謂用已漚之麻也。詩陳風曰「東門之池，可以漚麻」，傳曰「漚，柔也」。正義曰「漚柔者，謂漸漬之，使柔韌也」。蓋編

枲為衣，必先漚麻枲，使之柔韌，然後編為⿰衤區也。

耋 年九十曰耋从老蒿省聲从蒿者取蒿目之意

邦懷案：段氏謂耋从蒿，取蒿目之意。非也。考說文艸部曰「蘩，白蒿也。」詩召南毛傳曰「蘩，皤蒿也。」說文白部曰「皤，老人白也。」然則耋从蒿省聲者，謂老人髮白如皤蒿也。

⿰毛㒼 以毳為罽色如虋故謂之⿰毛㒼虋禾之赤苗也从毛㒼聲詩曰毳衣如⿰毛㒼王風文今詩⿰毛㒼作璊毛曰璊赬也按許云毳罽謂之⿰毛㒼然則詩作如璊為長作如⿰毛㒼則不可通矣玉部曰璊玉赬色也禾之赤苗謂之虋璊玉色如之是則璊与⿰毛㒼皆於

虋得音義，許偁詩證毳衣色赤，非證璊篆體也。淺人改从玉爲从毛，失其恉矣。

邦懷案：今詩作如璊，璊疑⿰禾㒼之譌。說文玉部曰：「璊，玉䞓色也。从玉，㒼聲。禾之赤苗謂之⿰禾㒼，言璊玉色如之。」余疑詩如璊之璊當爲⿰禾㒼者，大車一章，「毳衣如菼」，知二章當作「毳衣如⿰禾㒼」。如菼，謂其色青也。如⿰禾㒼，謂其色赬也。菼爲艸，⿰禾㒼爲禾苗，詩人比喻，舉物皆以類從。故知一章言菼，二章不得言璊。然則段氏謂詩作如璊爲長，未可信也。

屧履之荐也　之各本作中，今依玄應所引訂。此藉於履下，非同履中苴也。　从尸枼

聲

邦懷案：許所云履中荐，即今之鞋墊；鞋墊在履中。段云屧藉於履下，非同履中苴也。不確。

覭 小見也 如溟之為小雨皆於冥取意釋言曰冥幼也 从見冥聲爾雅曰覭髳弗離

邦懷案：冥聲字有小之義訓者，冥訓窈也詩小雅斯干傳，說文冥字說解說。以雙聲求之，窈之言小也。窈从幼，幼，小也。

⿰鹵見 下視深也 下視深者謂下視深窈之處 从見鹵聲讀若攸

邦懷案：䚇訓下視突，突義在𠧪。然𠧪訓气行皃（詳說文乃部𠧪字下），其義與突不合。余謂𠧪幽同聲，此用𠧪為幽，幽訓隱也。段謂下視突窈之處。其說得之。

覕　蔽不相見也（覕之言閟也　祕　也蔽覕雙聲）从見必聲

邦懷案：段說蔽覕雙聲，是也。必畢同聲通用，說文韋部曰「韠，韍也，所以蔽前者。」蔽韠，亦雙聲也。

歍　心有所惡若吐也从欠烏聲一曰歍⿰鼀欠（二字舊奪，今依廣韻一屋⿰鼀欠字下補）口相就也（謂口與口相就也）

邦懷案：口相就也。原本玉篇引說文作「二口相就也」。據此固可校補今本說文之脫字，並可證段注「謂口與口相就也」之確。

䯚 咽中息不利也玄應本作气息不利多气字咽者嗌也咽中息不利若骾而非骾也 以欠骨聲

邦懷案：段氏謂玄應本作气息不利，多气字。今案：多气字，是。原本玉篇引說文，亦作气息不利。

頊 頊顱首骨也此五字各本作顱也二字今依全書通例正骨部曰髑髏頂也頊顱即髑髏語之轉也頊顱亦疊韵玉篇引博雅聲類作頊顱恐有誤 以頁乇聲徒谷切按此音誤也

廣韻一屋無此字，十九鐸音徒落切，是不誤矣。

邦懷案：頊，徒谷切。段注曰「此音誤也」。段說是。徒谷切，疑是徒各切之譌？廣韻音徒落切，可以參證。

頪　難曉也。从頁米。頁猶種也，言種類多如米也。米多而不可别，會意。按六書故引唐本从迷省。一曰鮮白皃。从粉省。

邦懷案：段謂頁猶種也，言種類多如米也。於頪訓難曉義不切。余謂頪从米，與迷从米義同。迷訓惑也。頪訓難曉也。迷惑與難曉意相近。

靦　面見人也　各本無人今依毛詩正義補面見人謂但有面目相對自覺可憎也小雅何人斯有靦面目傳曰靦姡也女部曰姡面靦也按心部曰青徐謂慙曰㥏音義皆同　从面見見亦聲

邦懷案：面見，當是面靦之譌。段氏依詩正義補人字，不可據。段解說面見人，亦不可信。說文女部曰「姡，面靦也」。詩小雅何人斯傳曰「靦，姡也」。是知靦、姡字異，而義訓同。

勻　少也　少當作帀字之誤也帀者周也周者帀徧也是可以得勻之義矣廣韵曰勻徧也齊也作少必譌

邦懷案：說文酉部曰「酳，少少飲也」，从酉，勻聲」。酌从勻得聲，即取意於少。足證勻之本義訓少。然則段說少當作帀；作少必譌。非也。

又案：說文走部曰「趵，獨行也，从走，勻聲。讀若煢。」趵以勻得聲，義亦為少。知義為少者，獨行之獨，非少而何。

鬽老物精也从鬼彡彡鬼毛魅或从未𥹕籀文从彖首从尾省聲 按此篆今訛為二𣏂古文也𥹕籀文也與解語不相應今刪正鬽當是古文則𥹕為籀文審矣

邦懷案：段氏謂鬽當是古文。今以甲骨文證

明、知其說之確矣。考殷虛文字乙編中輯五三九七號曰「王固曰：丝鬼鬽。」鬼鬽二字連文，可為段說立一有力之文證。

嶅　山名依字林嶅丘即旄丘乃丘名非山名也从山敖聲

邦懷案：原本玉篇引說文作「嶅，丘也。」據此可證段說嶅乃丘名，非山名之確。

廡　堂周屋也各本作堂下玄應引作堂周屋曰廡今從之从广𣞤聲𢊍籀文。从舞舞聲

邦懷案：原本玉篇引說文作堂下周屋也。玄應一切經音義卷八引說文作堂下周屋也。又

卷廿引作堂下周屋曰廡。以上二書三引説文，皆作堂下。段刪下字，非是。

庢　本説文

山屄也（山當作止，字之誤也。字从广，故曰止屄。玉篇曰：底，止也，下也。廣韵曰：底，下也，止也。皆）一曰下也。从广氐聲。

邦懷案：原本玉篇底字下曰「説文，上居之也；一曰，下也。野王案：淮南，上窮至高之末，下測至深之底，是也。」今案：顧野王引用淮南上窮至高之末以釋説文上居之也之義，足證原本説文確作上之居之也。今本作山居，當是上居之譌。段氏謂山當作止，不確。

卅一

豣 三歲豕齊風還曰並驅從兩肩兮傳云獸三歲曰肩邠七月獻豣于公傳曰三歲曰豣豣肩一物豣本字肩假借也肩相及者也也字今補此以疊韵為訓肩相及者謂与二歲之豕肩相差次从豕幵聲詩曰並驅從兩豣兮今詩豣作肩周周禮注引邠風亦作肩

邦懷案：石鼓文「射其⿰豕肩蜀」之⿰豕肩，从豕、肩聲，乃豣之本字。詩齊風作肩，乃⿰豕肩之省文。段氏謂豣為本字，肩為假借。非也。

狄 北狄也本犬種狄之為言淫辟也从犬亦省聲按亦當作束

邦懷案：曾伯簠狄字作⿰犭束，从亦，可為許說亦省聲之證。然戰狄鐘作狄，已以亦省聲。段氏謂亦當作朿。非是。

鼷 小鼠也（何休公羊傳注云奚鼠鼠中之微者）从鼠奚聲

邦懷案：說文亣部「奚，大腹也」。而鼷訓小鼠者，當尋其聲義之原。公羊傳何注「鼷鼠，鼠中之微者」。奚微雙聲，鼠中之微者，故名曰鼷。鼷，訓小鼠，小猶微也。又案：方言「豬，其子謂之豚，或謂之貕」。貕為小豬，與鼷為小鼠，同是奚聲字而有小之義訓者也。段氏引公羊傳何注以說小鼠之義，今更廣之。

㷉 从上按下也从𡰥又持火（𡰥古文仁𡰥又猶親手也）所以申繒也（合二徐本訂說手持火之意也字之本義如此引申之為凡自上按下之偁通俗文曰火斗曰尉）

邦懷案：段說「𡰥，古文仁；𡰥又猶親手也」非是。𡰥是古文夷，廣韵曰「𡰥，亦古文夷」可證也。夷訓平。㷉，从又持火，謂以火申繒，从𡰥，謂申繒使平也。

黶 中黑也（謂黑在中也）从黑厭聲

邦懷案：一切經音義卷九及卷十二，黑黶字下曰「於簟反，謂面黑子也；說文，面中黑子也」。是知今本說文作中黑也，實有脫字。段注曰：謂黑在中也。亦難索解。又案：黶，訓面中黑子也。以下文黶、訓小黑子證之，可明說文每部之中，字以類次之精審。

怨，恚也。从心夗聲。㤪古文（按此篆體蓋有誤。集韵類篇云古作[illegible]）

邦懷案：篆文怨，从心，夗聲；古文㤪，蓋从心，宛省聲也。宛从宀，而㤪之上截作亼者，乃晚周之變體。邾公釛鐘用樂我嘉賓之賓字作[illegible]，从亼，可證㤪確从宛省聲也。又案：正始石經尚書，古文怨作㤪，与說文正同。段氏謂古文㤪篆體蓋有誤。實不誤也。

廿三

湋 回也从水韋聲

邦懷案：回也下，小徐本有「一曰水名」四字；段未據補，疏矣。漢書溝洫志曰「……而関中靈軹、成國、湋渠，引諸川」，如淳注曰「湋，音韋，水出韋谷」。余藏周金文，有湋伯毀銘拓本，蓋湋伯之國，即在湋水之濱，故國名湋也。

涿 流下滴也 今俗謂一滴曰一涿 音如篤即此字也 从水豕聲

邦懷案：原本玉篇引作「流下適涿也」。適涿、當讀滴涿。滴涿猶蹢躅，皆雙聲字。段謂今俗謂一滴曰一涿，音如篤，即此字也。其說甚是。

又桼：「涿，流下滴涿也。」與「瀝，水下滴瀝也。」句例正同。

⿰日乚奇字涿从日乙（乙蓋象滴下之形非甲乙字）

邦懷桼：甲骨文从水之字，每省作乀。與⿰日乚所从者同。可證段說乙蓋象滴下之形，甚精確也。

漊　雨漊漊也一曰汝南人（廣韵有人字）謂飲酒習之不醉曰漊（曰字依韵會訂謂不善飲者每日飲少許久久習之漸能不醉其方言曰漊）从水婁聲

邦懷案：小徐本及原本玉篇所引說文、汝南下無「人」字，「曰溇」作「為溇」。然則段依廣韻補人字；依韵會改為作曰字。似無必要。

涔 漬也。从水岑聲。一曰涔陽渚，在郢。屈原九歌：望涔陽兮極浦。王逸曰：涔陽，江碕名，附近郢。按許曰在郢，王曰附近郢，許云渚名，王云江碕名，皆不云有涔水，謂近郢濵大江之洲渚耳

邦懷案：原本玉篇引說文作涔陽浦，與九歌「望涔陽兮極浦」正合。今本說文誤浦為渚，段氏不知渚為譌字，乃謂近郢濵大江之洲渚耳。

泐 水之理也。各本水下有石字，今刪。𠂤部曰：防，地理也。从𠂤。木部曰：朸，木之理也。从木。然則

泐訓水之理，以水無疑矣。淺人不知水有理，又見下
文引周禮說石，乃妄增一字。水理如地理、木理可尋，
其字皆从力，力以水防聲。周禮曰石有時而泐
者人身之理也

邦懷案：原本玉篇引作「水凝合之理也」。考工
記曰「水有時以凝」，此可證水凝合之說。然則
許所謂水凝合之理，謂仌之理也。今本說文
作「水石之理也」。實有譌脫。段氏刪石字，謂
水理如地理木理可尋。非也。

沑

水吏也謂水駛也駛疾也其字在說文作[illegible]不解者譌為吏耳又昷也以水
丑聲

邦懷案：原本玉篇沑字下曰「說文，水吏也。」

卅五

一曰隄也。蒼頡篇「主水者也」。是知許說水吏，即主水之吏也。段謂吏為譌字，非是。

漀 側出泉也（側出者旁出，如醉出然。故其字與𦋺滑為類。）以水殸聲。殸，籀文磬。

邦懷案：原本玉篇引說文作「測酒出也」。據此可訂正今本說文「側出泉也」之譌。測者，清也。考工記「涑欲測」，鄭司農注「測，猶清也」。測酒出，謂清酒出也。上文「𦋺，釃酒也」。蓋酒既漉，然後則清酒出也。故許君次漀篆於𦋺下。段氏未知「側出泉」為譌文，復曲為之說。

龕 龍皃。从龍今聲（各本作合聲，篆體亦誤。今依九經字樣正）

邦懷案：龕鐘作龕，从今。可為段說左證。然玉篇龍部龕字亦从今。段氏漏未引證。僅據九經字樣，舉證猶未備也。

闢 開也。从門辟聲。閞 虞書曰闢四門。从門从𠬞（按此上當依匡謬正俗玉篇補古文闢三字。𠬞者，今之攀字，引也。今俗語以手開門曰攀開，讀如班。古文於此會意）

邦懷案：段氏謂閞下當依匡謬正俗及玉篇補古文闢三字。甚是。盂鼎作閞，伯闢毁作閞，闢卑作閞。

閒 隙也。从門月。閒 古文閒（此篆各本體誤，汗簡等書皆誤。今改正，與古文恒同）

中从古文月也

邦懷棠：曾姬無卹壺作闕，从門刖。从刖者，用刖為月耳。考晚周文字不主故常。以形聲字言，其所以聲旁字，固有主聲不主形者，例多不遑舉矣。以會意字言，亦有不可泥於字形者，如篆文闕，从門月，會意。而古文闕，从門刖。何以从刖？當於刖由月得聲，以求其義。如泥於字形，則膠執難通矣。段氏謂闕与古文恒同，中从古文月。惜不知外乃夘之譌也。

⿵門鄉 門響也（響疑當作鄉〻者今之向字門鄉者謂門所向釋宮兩階閒謂之鄉）以門鄉聲

邦懷案：段氏謂響疑當作鄉，〻者今之向字。非也。宋本廣韻四十一漾引作「門響也」。且⿵門鄉篆之上為闀篆，訓「門聲也」。⿵門鄉，門響也。闀門聲也。二字以義類相次。足證響不得作鄉。段氏引爾雅釋宮兩階閒謂之鄉。強為門鄉作注解，失之彌遠。

娓 順也（按此篆不見於經傳）从女尾聲讀若媚

邦懷案：段氏謂娓字不見於經傳。是也。尋

詩經大雅所用之媚字，皆為娓之同聲假借字。例如：「思媚周姜」，謂文王之母思以順德事周姜也。「媚于天子」，謂順於天子也。「媚於庶人」，謂順於庶人也。毛傳鄭箋皆訓媚為愛。蓋不知詩中媚字，皆為娓之同聲假借，其義當以訓順為得也。段氏謂娓字不見於經傳。蓋亦不知詩大雅媚字凡數見，皆娓之同聲假借也。

妬

婦妬夫也。从女石聲。各本作戶聲，篆亦作妒，今正。此如柘橐蠹等字皆以石為聲，戶非聲也。

邦懷案：甲骨文妒字作[illegible]（見拙編甲骨文零拾一。二號），从女，户聲。可證說文妒篆从女户聲之不誤。段氏改篆文作妬。並改許說户聲為石聲。胥失之矣。

佞巧讇高材也。从女仁聲小徐本作仁聲大徐作从信省按今音佞乃定切故徐鉉張次立疑仁非聲故晉語佞之見佞果喪其田詐之見詐果喪其賂古音佞与田韵則仁聲是也

邦懷案：井人㚣鐘之㚣作㚣，从女，二聲。二為仌之古文。說文，寒作寒。大克鼎作寒。南宮中鼎作寒。兩鼎銘寒字皆从二，不作仌，是二為古文仌之證也。今明井人㚣鐘㚣字，从女，二（仌）聲。則知說文佞，乃从人、㚣聲

六

也。段氏以小徐作仁聲為是。非也。佞以仁為聲，與佞訓巧讇高材也，義不相協。吾故不同段氏之說。

嫼 怒皃从女黑聲 呼北切按此字廣韻烏黠切嫉怒也則黑非聲矣

邦懷案：段説黑非聲。不可信。嫼，呼北切。黑，呼北切。然則嫼以黑為聲，可無疑矣。

又案：詩大雅「王赫斯怒」，箋曰「赫，怒意。」嫼、訓怒皃。赫、訓怒意。聲義並同。漢書竇嬰傳曰「有若兩宮奭將軍」，顏師古注曰「奭，怒貌也。音赫。」奭訓怒貌，亦因赫奭聲近通假。

匽 匿也 匽之言隱也周禮宮人為之井匽鄭司農云匽路廁也後鄭云匽豬謂霤下之池畜水而流之者按二說皆謂隱蔽之地也 从匸妟聲

邦懷案：匽字，匽侯旨鼎作⿺辶日，害鼎作⿺辶日，匽侯盂作⿺辶日，亞盉作⿺辶日。以上匽字，皆从乚，妟聲。从乚者，說文曰「乚，匿也，象迟曲隱蔽形，讀若隱。」段氏雖未見金文匽字从乚有隱蔽之意，然其說匽之言隱也，則冥與古合矣。

⿷匸攸 田器也 艸部曰莜莜田器也⿷匸攸與莜音義皆同蓋一物也 从匸攸聲

邦懷案：山東出土漢石刻畫象題字有「何⿷匸攸杖

廿九

人」。何匧即荷筱。段説匧與筱蓋一物。是也。

匫 古器也 畢尚書沅得曶鼎豈其器即匫歟 从匚曶聲

邦懷案：畢氏所藏曶鼎，曶乃作器之人名。段氏謂豈其器即匫歟？非也。

凵 象器曲受物之形也或説曲蠶薄也 其字俗作苖

邦懷案：説文艸部曰「苖，蠶薄也，从艸、曲聲。」是知苖為蠶薄之專字。曲為借字。段説俗作苖，偶未審耳。

甓 令適也 陳風中唐有甓傳曰甓令適也釋宮同郎丁都歷二反爾雅作瓴甋俗字也土部墼字解亦云令適考工記注作令甓實一物也 从瓦辟聲詩曰中唐有甓

邦懷案：吳大澂曾藏漢霸陵過氏瓴。吳氏題識云「今觀是器，下寬上殺，中空無底，其制似瓶，爲屋上所建之瓴，所以承簷水之下注者，非盛水之器可知，得此可正漢書注之誤」見金泥石屑附說。今據吳氏所言過氏瓴之形制，知即說文訓令適之甓也。邦懷謂令之言零也。適之言滴也。急言之曰甓，緩言之則曰令適；此可於其聲以說其義也。瓴器中空，承簷水以下注，其用在零滴；爾雅作瓴甋，說文作令適，皆爲零滴同聲字；此可於其形以釋其名也。又案：

說文土部曰「墼，令適也。」此與瓦部「甓，令適也」同一說解，初不曉其義，後見出土之漢代亭長畫象塼，方體植立，而空其中，中空之制，与甓相同，乃明許說墼亦曰令適之義。段氏注說文甓字，於令適之義，未能質言；余今補說之，不敢自謂能窺名物之指也。

紿

絲勞即紿 即當為則古書即則多互譌絲勞敝則為紿紿之言怠也如人之疲怠然

从糸台聲

邢懷棠：原本玉篇引說文作「絲勞即紿」。可知即字不譌。段氏謂即當為則。非是。

紹　繼也。从糸，召聲。一曰紹，緊糾也。□古文紹，从卪。今本譌，依玉篇、廣韻、汗簡改正。

邦懷案：小徐本古文紹、篆體雖譌；然說解曰「從卲」，則視段本「从卪」為確。段未依小徐改訂，稍疏。知小徐本从卲為確者，□从糸、卲聲也。段本作从卪，於古文紹之聲義則不可通矣。

繎　絲勞也（勞，玉篇作縈，蓋玉篇為是）。从糸，然聲。

邦懷案：原本玉篇引說文「繎，絲勞也」，與今本說文同。段氏以今本玉篇作絲縈也為是。

之十一

倘以廣韵「緜，緜勞皃」與說文「緜，緜勞也」相印證，則知今本玉篇作緜縈之非。

紾　紾轉也　紾字各本無今補此三字句紾轉蓋古語鄭司農考工記注之抮縛即紾轉二字也　从糸㐱聲

邦懷案：段氏於轉也上補紾字。並謂考工記注之抮縛，即紾轉二字。皆是也。原本玉篇引說文正作「紾縛也」。可證段說之確。並可正今本說文轉字當作縛。

䌳　粗緒也　玉裁按蓋今之綿紬　从糸璽聲

邦懷案：段氏謂䌳蓋今之綿紬。此說甚確。

原本玉篇引說文作「粗紬也」。可知今本說文綰為譌字。綿紬，紬之粗者。段說得文證矣。

紞　冕冠塞耳者魯語王后親織玄紞韋曰紞所以縣瑱當耳者齊風充耳以素乎而充耳以青乎而充耳以黃乎而箋云素青黃謂所以縣瑱者或名為紞織之人君五色臣則三色而已玉裁按紞所以縣瑱瑱所以塞耳紞非塞耳者也許書冕冠塞耳者當作冕冠所以縣塞耳者乃與鄭箋詩韋注國語合以糸冘聲

邦懷案：段氏說，許書冕冠塞耳者，當作冕冠所以縣塞耳者。此二語已說明冕冠塞耳者句中確有脫字。尋原本玉篇引說文作「冕冠垂塞耳也」。校今本說文多一垂字，於紞義乃備。

纗 維綱中繩也 綱者网之紘也文用繩維之左右皆有繩而中繩居要是曰纗

从糸雟聲讀若畫

邦懷案：原本玉篇引說文作「維紘中繩也」。可正今本綱字之誤。說文「綱、維紘繩也」。綱為維紘繩，纗為維紘中繩。「而中繩居要，是曰纗」。段說得之。

綱 网紘也 各本作維紘繩也今依棫樸正義正孔穎達云紘者网之大繩 从糸岡聲

邦懷案：纗，訓維紘中繩也。則綱，訓維紘繩也。其義訓甚明。段氏依詩棫樸正義，改綱訓作「网紘也」。有失許說之恉矣。

纁 繫纁也。从糸虒聲。一曰維也。此別一義，謂纁亦訓維系。

邦懷案：原本玉篇引說文作「一曰絓也」。絓，繭滓絓頭也。原本玉篇引說文絓字下有「一曰，繫纁也」。絓有繫纁一義，故纁篆下有「一曰絓也」一義。今本說文作「一曰維也」。維，當是絓字之譌。段氏不知其譌，故有纁亦訓維系之說耳。

紼 亂枲也。枲各本作系，不可通。今正。亂枲者，亂麻也。从糸弗聲。

邦懷案：段氏謂各本作亂系也，不可通，改作亂枲也（者、亂麻）。甚是。原本玉篇引說文作「亂麻也」。

可為段說左證。

又案：說文紼篆之上為緼篆，緼、訓紼也。漢書蒯通傳師古注曰「緼，亂麻」。緼，紼，皆訓亂麻，故許訓緼曰、紼也。段氏注緼字曰，「孔安國釋論語曰：緼，枲著也」。然則段氏改正紼訓為亂枲者，用孔說也。

蟄　臧也臧者善也善必自隱故別無藏字凡蟲之伏為蟄　从虫執聲

邦懷案：臧、藏古通用。蟄、臧也。當讀藏也。段氏不讀為藏，依臧字義訓善，謂蟄義為善必自隱。豈其然乎。

蠶任絲蟲也任俗譌作吐今正任与蠶以疊韵為訓也言惟此物能任此事美之也絲下曰蠶所吐也从䖵朁聲

邦懷案：段氏改吐絲為任絲。非也。說文曰「絲、蠶所吐也」與「蠶、吐絲蟲也」二字義訓、如符節相合。正無庸改吐絲為任絲也。

堂殿也从土尚聲坣古文堂如此蓋从尚省

邦懷案：段氏謂坣蓋从尚省。是也。考古文从尚之字、恒有省作⺌者、如㫃鼎賞字作賞、掌𠤳笲鼎掌字作掌、周𡨧壺𡨧字作𡨧、效卣嘗字作嘗、皆从尚省聲。舉例以證明坣確从尚省聲也。

圮毀也从土己聲虞書曰方命圮族𨡓圮或从手配省非聲（大徐作从手从非配省聲未知孰是此蓋即屵部之嶏嶏字其音義皆略同也）

邦懷案：玉篇酉部曰「𨡓、酒色也」。說文酉部曰「配、酒色也」。愚謂𨡓是配之或體，故玉篇訓酒色也。更就𨡓字構造言之，从酉、排聲。排、配古韻同屬脂部也。段謂𨡓蓋即屵部之嶏嶏字。非是。

垔塞也从土𠧪聲（上从古文西）商書曰鯀垔洪水𡏰古文垔如此

邦懷案：段氏謂𡉚上从古文西。是也。其下所从為何字，段氏則未詳也。考垔戈垔字作𡉚，下从壬。古鉨鄄字作𨛦，偏旁作垔，亦从壬。戈文鉨文，並可校正𡉚字下體𡈼，乃壬之譌。又案：从土之字，古文有从壬者，說文土部垔，古文作𡉚。毀，古文作𣪘。虢季子白盤經字右下从土。齊陳曼簠經字右下从壬。

畮 六尺為步，步百為畮。秦田二百四十步為畮。从田每聲。畝 畮或从十久。十者阡陌之制，久聲也。

邦懷案：段氏說畝久聲也。久聲於畝義不合。

愚謂夂為夊字之譌。説文「夊，行遲曳夊夊也，象人兩脛有所躧也。」畝从夊者，象人兩脛形，古以步計畝。許所謂六尺為步，步百為畮，秦田二百四十步為畮者也。从十者，許所謂一為東西，丨為南北（詳説文十字下）者也。畝以步計，故自東而西，自南而北也。畝，从田，从十，从夊，為會意字。段氏以為形聲字，非也。

畕 比田也。从二田。凡畕之屬皆从畕。闕（大徐本無闕，非也。此謂其音讀闕也。大徐居良切，小徐玉篇同，以畺之音皮傅之而已。竊謂田與田相乘，所謂陳陳相因也，讀如敶，敶列之）

邦懷案：渠伯友鼎云「萬年無畕」。是知畕與畺音義並同。畕，大徐居良切，小徐及玉篇同爲畺之音。自可信據。而段氏謂二徐及玉篇之音讀爲不可據，改讀如㬱列之㬱。失之遠矣。

鑑 大盆也凌人春始治鑑注云鑑如甄大口以盛冰置食於中以禦溫氣春而始治之按鄭云如甄醢人作醢云塗置甄中則鑑如今之甕許云大盆則與鄭說不符疑許說爲是 以金監聲

一曰鑑諸可以取明水於月

邦懷案：廿年前曾於北京見智君子鑑，其形如盆而大。與許訓鑑大盆也相符。段謂許與鄭說不同，疑許說為是。得之矣。

鈭 鈭錍斧也（斧之一種也疊韵字）从金此聲

邦懷案：此聲字，卑聲字，皆有小義。鈭錍、蓋小斧也。說文鈭錍二篆之後是鏨篆、鏨，訓小鑿也。小斧、小鑿，皆為工具之小者，故其字以類相次。段氏謂鈭錍為斧之一種。尚未知其為小斧也。

鏐 弩眉也从金翏聲一曰黃金之美者（見爾雅釋器鄭本尚書厥貢鏐鐵注同）

邦懷案：說文玉部「球，玉也，从玉，求聲。」

璆、球或从翏。」爾雅釋器「璆美玉也」。蓋翏聲有美義。故鏐為黃金之美者，璆為美玉也。段氏於黃金之美者句下，僅注見爾雅釋器，鄭本尚書注同。而於鏐，一訓黃金之美者，則未言其義也。

䡫車䡫規也一曰一輪車（今江東多用一輪車篇韵皆奪一）从車熒省聲讀若煢

邦懷案：䡫為一輪車，而讀若煢者，煢為煢獨，與一輪義合。一輪，獨輪也。又案：說文尣部「𡯁，獨行也，从尣，勻聲，讀若煢」。

軥、讀若縈，訓獨行也。與煢讀若縈、一曰、一輪車也。其聲義相同。段氏於一輪車下、注曰、今江東多用一輪車。而於一輪車名縈之義則未詳也。

暈　直轅車⿰革贊也按依車部⿰革贊當系曲轅車且此處列字次第應論車轅不應論衡縛韻會作直轅車也無⿰革贊字為是當從之直轅車大車也　从車具聲

邦懷案：說文革部曰「䪝、車衡三束也。曲轅䪝縛、直轅暈縛、从革、爨聲、讀若論語鑽燧之鑽。⿰革贊、䪝或从革贊」。今據「直轅暈縛」一語，知暈為縛直轅車者。廣韻三燭、暈字下云「說文曰，直轅車轒縛也」。蓋說文原作直轅車轒縛也。廣韵衍轒字。今本說文作直轅車轒也。轒，當是縛字之譌。段氏欲從韵會無轒字，殊不思暈不得訓為直轅車也。

轑，車蓋弓也。从車尞聲。一曰輻也。輻三十湊轂，亦如橑然，故亦得轑名。其物皆系於車者也，故皆从車。

邦懷案：段氏注一曰輻也、尚有賸義。今補說之：轑、一曰輻也者，輻字下曰「輪轑也」。輻為輪轑，故轑篆下有「一曰輻也」之訓。

𨎌，抵也。抵者擠也，擠者排也。車抵於是而不過，是曰𨎌。从車埶聲。

邦懷案：原本玉篇輦字下曰「說文，輦，低也。野王案，車前低頓曰輦，後曰軒也。」今據顧野王案語，知古本說文輦字確訓低也。今本說文譌作抵也。遂不可通。段注云云，本譌文立說耳。

軵

軵反推車令有所付也（反推車者謂不順也付與也本可不與而故欲與之至於逆推車以與之而不顧此說其字之會意也故其字以車付）以車付讀若茸

邦懷案：原本玉篇軵字下，引說文作「推車有所付也」。今本說文多反、令，二字，並為衍文。當據原本玉篇刪正。段氏注，曲為說耳。

㠱　長居也。从己，其聲。讀若杞。按集韻㠱古國名衛宏說與杞同蓋衛宏以㠱為杞宋之杞此[illegible]出唐人所謂衛宏官書多不可信即如此條乃因許語而附會之也

邦懷案：古金文中，有㠱侯簋、㠱伯盨、㠱伯匜、等器。又有杞伯鼎、杞伯簋、杞伯壺、杞婦卣，等器。是㠱、杞為二國。衛宏以㠱為杞宋之杞，實屬附會。段氏駁之，是也。

疑　惑也。从子、止、匕，矢聲。此六字有誤匕矢皆在十五部非聲疑止皆在一部止可為疑聲匕部有疑未定也當作从子疑省止聲以子疑會意也

邦懷案：段氏謂从子止匕矢聲六字有誤。是也。又謂當作从子、疑省，止聲。未確。考

四十九

秦權量疑作𤔫。从子，𤔫聲也。秦大騩權、旬邑權，皆作𤔫。譌七為止。余審其字，並出僞刻。

申 神也。神不可通，當是本作申，如巳巳也之例。淺人不得其例，妄改為神，改諸古說無有合者。七月，侌气成，體自申束。从臼，自持也。吏以餔時聽事，申旦政也。

邦懷案：段氏謂神不可通，當是本作申，如巳巳也之例。此說未諦。余謂申，神也。以疊韻為訓，與卯，冒也。辰，震也。午，牾也。未，味也。義例正同。又案：申之言神也。故周金文有用申為神者：善夫克鼎「顯孝于申」，即顯考于神也。杜伯盨「其用言孝于皇申祖考」，皇申祖考，即皇神祖考也。據此可為說文申神也之旁證。段氏謂申訓神不可通，非是。

醫 治病工也从殹从酉殹惡姿也醫之性然得酒而使故从酉王育說一曰殹病聲酒所以治病也（故从酉殹前說）（殹酉各義後說合酉殹一義）周禮有醫酒古者巫彭初作醫

邦懷案：鹽鐵論（能言篇）曰「藥酒，病之利也」。此可與說文酒所以治病也相發明。段注未引用，今補之。

五十

莤 禮祭束茅加於祼圭而灌鬯酒是為莤像神歆之也从酉艸 按周禮禮記內則二鄭所引左傳皆作縮然則縮者古文段借字莤者小篆新造字 春秋傳曰爾貢苞茅不入王祭不供無以莤酒一曰莤榼上塞也

邦懷案：殷虛文字綴合一三七片「貞祖辛，宿于父乙。貞祖辛，不宿于父乙」。依辭義求之，宿為祭名，即典籍之縮祭也。段氏謂縮為古文段借字，今觀卜辭之宿祭，乃縮祭之本字。可證段說之確。

金文拾补考释

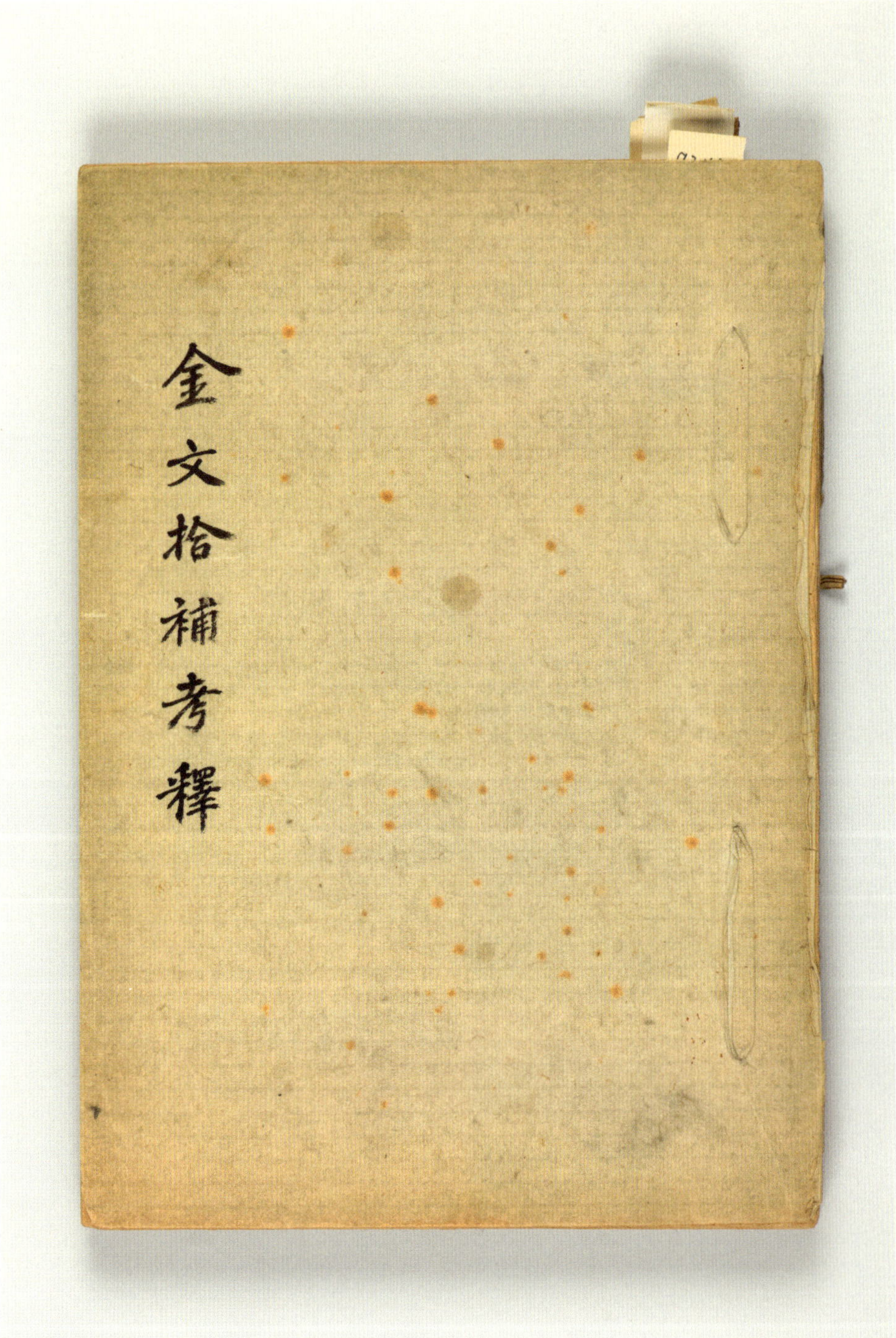

手稿横188毫米、纵263毫米，共计186页，另有5张夹页，影印时略有缩放。

金文拾補考釋自序

我搜集金文，已有三十多年。現存拓本，已有三千多種，在數量方面雖不如三代吉金文存那麽豐富，但有些是可以增補他的。屬於增補的部分，我曾經選出，裝為兩冊。

解放以後，我去北京訪購金文拓本，遇到于省吾氏[redacted]。他正在整理金文，準備出書，問我所存未箸錄的金文有多少？可否借用？答以現有兩冊，[redacted]可以借用。第二次去北京，即携兩冊借與。于氏汰其和他相同的，共選了一百二十種，印入商周金文録遺。録遺既出，我認為三代吉金文存所遺者，已有補苴，我可無庸再補。

數年以來，我[redacted]收金文拓本，不自滿足，仍然多方徵求。凡是新發現的鐘彝銘文和絶少數未著録的舊拓本，又積累三百多種。器物以類相從，文字以多寡分先後，排比畢工，署曰金文拾補。

三代吉金文存，商周金文録遺，皆無考釋，讀者常感不便。本書的考釋，是為讀者方便而作。說得比較正確的，用供讀者參考，說得錯誤的，希望讀者批評。

由於通過考釋的過程，我從金文裡提出兩個問題，作為研究古史的一種新資料，和研究金文的一種新認識。

1. 荼鼎銘裡的荼字，就是詩經荊舒的舒國本字。荼國因為生產蔑竹，所以用荼名國；荼就是蔑竹。

詩經：「荊舒是懲」，荊舒是兩個國名。荊的器銘，已經見過幾件，舒的器銘，還未見過。最近，我得到一張荼鼎拓本，這個荼字讀舒，就是舒國的舒之本字。今本詩經作舒，乃是同聲假借字。

史記建元以來侯者年表引詩云：「荊荼是徵」，司馬貞索隱說：「荼，音舒」。據此，我們知道司馬遷所見的詩經是作荊荼。假使沒有司馬貞說荼，音舒。後世的人可能認為荼是誤字，甚至將荼字改作舒，也是有可能的。現在根據鼎文的荼字从竹，可以說明今本史記荼字从草，是由傳寫而譌。國名从竹的字，譌為从草，是有之的，例如：管國的管字，管小子毁和漢石經皆从竹作管，今本經傳皆从草作菅，這正是由於傳寫的錯誤。

荼國，因何用荼字為國名呢？荊荼二國原是相近的。我們先從荊國談起，說文解字說：「楚，叢木也，一名荊」。據此，可知楚國又名荊的意思，就是標幟着他是一個產木豐富的國家。荼是荊的與國，在生產方面，他想和荊國看齊，所以也用生產物標幟着國名，叫作荼。荼是什麼東西呢？說文解字說：「荼，析竹筤也」。方言郭汪說：「今江東呼蔑竹裏為茶。」茶國以生產蔑竹自豪，國名茶的意思，就是如此。

茶鼎銘裡另有一個問題，也應該研究一下。鼎銘說：「一爰卅一總。」這五個字，看來是有點兒突出。按照列國銅器記容量的銘文，如𢦏斗𢦏升，或是容𢦏分等等，這是通例。「一爰卅一總」應如何解說呢？我說：爰和總都是絲的數量的名辭。乃子克鼎云：「賓絲五十爰」。說文解字說：「總，聚束也。」這是爰、總解說的證明。為何在鼎文裡刻絲的數量呢？我們可以理解這個鼎的價值等於絲的一爰卅一總。在戰國時代，雖有貨布流行、做商業的交換品、而荼國還是用物品互相交易哩。

2、師克盨銘說他先祖作王的爪牙，是光榮的。詩经說祈父，予王之爪牙，是諷刺的。二者對比，就提高研究金文的認識。

師克的先祖，作過王的爪牙，捍衛王的身體，這件事，師克特地在盨銘裡提出，引為光榮。我考證師克作盨，是在周宣王時代，盨銘

「作爪牙」這一句，是有時代性，是值得研究的。詩经小雅云：「祈父，予王之爪牙」詩序說：「祈父，刺宣王也」毛傳說：「刺其用祈父不得其人也，祈父，司馬也」鄭箋說：「此司馬也，時人以其職號之，故曰祈父」我認為詩经所說的祈父，就是師克的先祖。理由如下：

一、盨銘說師克的先祖曾官虎臣。詩鄭箋說祈父是司馬的別稱。我說虎臣可能也是司馬的別稱。

二、作爪牙，僅見於師克盨，並不見於其他

器銘。予王之爪牙，僅見於祈父詩，並不見於其他的詩。現在用詩句结合銘文，可以證明二者是同一時期的作品。

根據以上理由，所以我認為師克的先祖，就是詩经裡的祈父。但是盨銘所說先祖作王的爪牙，是光榮的。詩经所說祈父、予王之爪牙，是諷刺的。二者對比，顯然是一個矛盾。

由於這個矛盾，提高我們研究金文的認識，人們常用金文訂正典籍，這是誰也不否定的。現在用詩经來研究師克盨銘，就發現了光榮和諷刺的绝對性的問題。二者究以何者為可據？無疑[redacted]，當然以詩経為可據，因為祈父之詩，採自民間，人民的聲容、諷刺，完全是正確的、可信的。[redacted]今後，惟有根據客觀存在的物質，通過主觀能動性的思考，達到明辨歷史的真實性。研究金文，要抱守這樣的態度。

中華人民共和國建國十年國慶節前三日陳邦懷
寫於天津市文史研究館

金文拾遺考釋

陳邦懷

鐘

1. 天尹鐘

銘文曰天尹作元弄

邦懷按天尹為周代官名作冊大鼎云大揚皇天尹大保室是其證也元弄當是永用之叚借字太師子大姜匜云以為元寶与召叔山父簠用為永寶辭義相同如元寶即永寶也邗王戈云作為元用秦子矛云公族元用攻敔王夫差劍云自作其元用此三兵器之元用其義與永

用相同此為元永通假之證也林氏壺云作弄壺智君子鑑云作弄鑑就其文義及金文辭例審之弄為用之借字作弄壺即作用壺作弄鑑即作用鑑此弄用通假之證也綜上舉證例知此鐘之元弄當讀為永用矣

又按天尹鐘另有一具其銘文與此同而篆勢微異三代吉金文存十八卷十一葉以為鈴列入雜器類非也

2、蔡侯鐘

銘文曰蔡侯𨭚之行鐘

一九五五年五月安徽壽縣西門内發現蔡侯墓掘出文物甚多此鐘乃銅器羣中之一種也鐳字郭沫若先生孫百朋先生（考為蔡聲侯之名）並考為蔡聲（昭）侯之名（郭説見考古学報十一冊第四頁 孫説見壽縣蔡侯墓出土遺物21頁）商承祚先生嘗語余曰鐳殆為蔡平侯之名也

古鐘銘文中自著其鐘名者如鎛鐘𤳳鐘寶鐘龢鐘旅鐘鈴鐘等則昔所常見也行鐘之名今始見於蔡器

3. 吴王光鐘

銘文曰□□天□□□□□□□叔歲吉日孟庚

吳王光味曾□□□□吕龢皇台□寺□吁鳴
陽□□□……敔□□□……

此鐘出於蔡侯墓中殘缺銹蝕僅存正面鉦間銘文四行正面左欒上截及背面右欒上截銘文各半行初不知為何人之鐘經馬子雲先生辨識第二行末一字為吳第三行首二字為王光始知此鐘實為吳器而非蔡器蔡侯墓於發現吳王光鑑兩件及殘戈一件外今又發現此鐘雖殘缺不完亦可寶貴余就墨本一再玩索試為釋文今迻寫如右

4. 蔡侯鐘

銘文曰 隹正五月初吉孟庚蔡侯𪔛曰余唯末少子余非敢寍忘有虔不易韃右楚王寉寉豫政天命是遑定均庶邦休有成慶既志于懨延中各譓均保大夫建我邦國豫命祗=不愆不貣自作訶鐘元鳴無期子孫鼓之

此鐘銘文郭沫若先生已有考釋詳見考古學報十一四一—二頁其文甚長茲不具錄管見所及附寫如次

1. 銘文余唯末少子 邦懷按金文中小少二字常互相通用此銘少子當讀小子尚書顧

命篇曰王再拜興荅曰眇眇予末小子其能而亂四方以敬忌天威是知鐘銘襲用尚書句也2.銘文寉寉鼉政郭先生曰寉殆即寉字鼉殆即為之繁文是也邦懷按寉寉為政猶言急疾為政一切經音義八巻寉然字下曰寉謂急疾之貌也如依據說文訓寉高至也似与銘文之意不切合論語曰為政以德又曰子奚不為政孟子曰為政不難又曰惠而不知為政凡此皆可證鼉政當釋為政3.銘文自作訶鐘邦懷按金文中歌字皆作訶如余贎𤔲兒編鐘飲飤訶舞

朝訶右軍戈彼兩器借訶為歌與此鐘銘正同
然歌鐘之名稱今始見於此也

5. 蔡侯鐘

6. 蔡侯鐘

7. 蔡侯鐘

以上三鐘銘文均與4號相同故不復寫釋文

8. 郘鐘

銘文曰隹正月初吉丁亥郘黛曰余畢公之孫
郘伯之子余頡岡事君余嘼丮武作為余鐘玄
鏐鏞鋁大鐘八聿其竈四堵喬=其龍既壽鬯

虞大鐘既懸玉鐈鼉鼓余不敢為喬我以言孝樂我先祖以旛眉壽世二子孫永以為寶是鐘於清同治初年出山西榮河縣后土祠旁河岸中余所收墨本潘氏攀古樓藏者大小凡十一件費氏趁齋藏者一件劉氏善齋藏者一件此本即善齋舊藏者也考釋此鐘銘文者若窓齋籀高觀堂各有創獲茲不復一一徵引惟觀堂考定郘即左傳晉呂甥之呂可正舊釋為莒之誤（詳見觀堂集林十八卷第四頁）因讀此銘文先須明瞭郘之氏族故特舉出之

五

銘文喬〻其龍既壽𢀖虡即虡字二句舊説多未達其指至孫詒讓先生始謂龍指龍簨虡至為精確然其訓釋喬〻壽𢀖諸字尚有可商者孫先生曰喬讀為蹻蹻蹻其龍亦誇虡飾之盛明堂位所謂龍簨虡……既壽思虡者今按原銘壽下是𢀖非思孫氏釋誤壽讀為疇類也思語詞謂懸鍾之虡以類相從陳列之籀膏述林七卷十八—十九頁郝懷按釋名釋樂器曰所以懸鍾鼓者橫曰簨簨峻也在上高峻也從曰虡虡舉也在旁以舉簨也龍簨虡者言虡之橫簨飾為龍喬〻當訓高貌不當讀為蹻

喬二其龍言龍簨在虡上高峻也既壽鬯虡邦懷讀為既儔鬯（暢）虡玉篇曰儔侶也鬯通暢詩文茵暢轂毛傳曰暢轂長轂也是暢有長之義訓鬯虡言虡之身長也廣韵四（八）語虡字下曰飛虡天上神獸鹿頭龍身長虡似之故曰鬯虡今參證釋名及此銘文知虡乃合三木而成縱者二飾為虡橫者一飾為龍此即明堂位之龍簨虡於是可證喬二其龍乃（既）壽鬯虡二句實言一物也

9. 郘鐘

〤

此鐘為費氏趛齋舊藏六編鐘之一銘文與前鐘同

鼎

10. 先鼎

銘文曰先

先字反書與先壺同殆為一人所作之器

11. 衡鼎

銘文曰衡

殷虛卜辭有衡字（前編六卷廿二頁）羅振玉先生釋為步字或體其說是也邪懷按說文解字曰步行

也又曰行人之步趨也此可說明術字从步从
行之義步从行作術與[illegible]前編一卷四。从行作衛前編一卷四。
頁後編下卷十一頁其例正同術从行者謂步行也衛从
行者謂行而[illegible]也
此字側書鑄於鼎耳乃鼎銘之變格

12、

[酉女]鼎

銘文曰[酉女]
集韻四十九宥曰婚醜也說文解字曰[酉攴女]醜也一曰
老嫗也从女酋聲邦懷按說文解字之[酉攴女]蓋為[酉女]
之或體知者[酉女][酉攴女]同訓醜所从之酋酉又為雙

聲字考諸聲義固契合也（說文辵部：逎，或从酋作遒。此亦从酉或从酋之證。）

13. 人舞干形鼎

銘文曰

此文象人持干而舞之形。邦懷按：周禮地官鼓人曰：「凡祭祀百物之神，鼓兵舞帗舞者。」鄭注曰：「兵謂干戚也，帗列五采繒為之。」

14. 牛首形鼎

銘文曰

此鼎文僅作牛首形者，乃升首時附用之禮器也。禮記郊特牲篇曰：「用牲於庭，升首於室。」鄭注

曰制祭之後升首於此墉下尊首尚氣也

15

攮鼎

銘文曰

此字从手持囊段玉裁注說文解字櫜字曰囊者言實其中如瓜瓠也櫜者言虛其中以待如木櫜也玄應書引蒼頡篇云櫜囊之無底者今按字右旁上象~~束~~絜~~口~~囊中象囊中實物下象囊底其形與段說囊櫜分别之義相合故释為囊字以今楷釋之當作攮攮以手囊聲疑古與攘同用說文解字曰攘推也 此鼎攮字从手

推囊囊聲有義

16. 車鼎

銘文曰

第二字不識

17. 蝠羊首形鼎

銘文曰

第一字象蝠形第二字象羊首形邦懷按禮記郊特牲篇曰富也者福也鄭注人君嘏辭有富此訓之也或曰福也者備也首也者直也鄭注曰訓所以升首祭也相饗之也鄭注曰詔侑尸者致使饗此饌也愚意鼎文之蝠與福同聲鼎文羊

首與升首祭義相合然則此鼎殆用於祭與饗歟

18. 父辛鼎

銘文曰父辛

19. ⿱朿大鼎

銘文曰亞㠱⿱朿大

亞中㠱即說文解字之㠱字集韻曰㠱古國名

郭沫若先生曰此㠱乃姜姓之國㠱與杞非一

余謂㠱亦是紀（大系考釋一九九頁）⿱朿大字亦見於殷虛卜辭

羅振玉先生曰殆即疑字象人仰首旁顧形疑

之象也

20.

聿丞鼎

銘文曰

殷虛卜辭前編七卷廿三頁字與此鼎第一字同羅振玉先生釋聿其說曰說文解字聿所以書也从聿一聲此象手持筆形乃象形非形聲也卜辭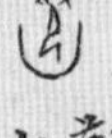藏龜一七一頁字羅氏謂此即許書之丞字而義則為拼救之拼今按此鼎之字从臼从人拼救之義昭然亦當釋丞

21.

歐父乙鼎

銘文曰父乙

說文解字曰驅驅馬也从馬區聲敺古文驅从攴鑑卣作从攴毆聲當為敺之繁文此鼎字从攴毆省聲乃敺之或體

22.

重屋形父乙鼎

銘文曰父乙

象重屋形考工記曰殷人重屋鄭注曰重屋者王宮正堂若大寢也

23.

豹父庚鼎

銘文曰父庚

第一字為豹身作圓斑纹與虎作條纹者異

24. 人執兵器形父辛鼎

銘文曰父辛

25. 丙父辛鼎

銘文曰丙父辛

26. 成王鼎

銘文曰成王尊

王國維先生曰周初諸王若文武成康昭穆皆號而非謚也……史記魯世家周公曰吾成王之叔父又云必葬我成周以明吾不敢離成王是成王乃生時之稱（觀堂集林卷十八遹𣪘跋）今按王氏之說

精確不易然則成王鼎乃成王生時所用之器而
非死後之祭器可斷言矣

27. 尚鼎

銘文曰尚作齍

近人謂鼎之方者名齍然以齍名者不僅為方
鼎鬲為圜器亦或名齍戲伯鬲銘曰戲伯作餴
齍伯汱父鬲銘曰伯汱父作大姬齍鬲番妃鬲
銘曰王作番妃齊鬲是知齍為共名非專名也

28. 冈父乙鼎

銘文曰冈父乙

十一

29. 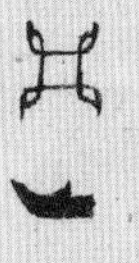父丁鼎

銘文曰父丁

第一字象矦形其中正方者為矦上下四出者為舌也考工記曰梓人為侯廣與崇方……上兩个下兩个注曰鄭司農云兩个謂布可維持侯者也玄謂上个下个皆謂舌也此字之形與經注所云適合吾故謂為侯之象形文第二字象履形可視而識也

30. 叔鼎

銘文曰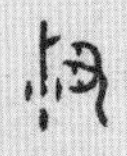作寶彝

說文解字曰叔拾也从又尗聲又曰尗豆也尗象豆生之形也邦懷按此鼎叔字从卜丨丷象豆形卜卜聲是知尗為形聲字說文解字謂篆文尗為象形字蓋未知其初義也然金文中叔字凡四見（叔卣 克鼎 師嫠簋 吴方彝）所从之尗皆作尗已增一横文字嬗變有失其初形初義者此其一例耳

31. 畢芝鼎

銘文曰王蔑畢芝

此銘四字分刻於鼎之兩耳三代吉金文存僅錄王蔑二字未得全文今補著之

32. 旬陽鼎

銘文曰[illegible]陽右[illegible]

說文解字曰旬目搖也从目勻省聲今按此[illegible]字从目勻聲此為旬之古文小篆作[illegible]實从勻省足證許說勻省聲之確旬陽為古地名尚待考證又按[illegible]字下截與[illegible]（奇字倉見說文）形近从艸倉聲疑是古文蒼而用為倉

33. [illegible]鼎

銘文曰[illegible]作母從彝

34. 觀鼎

銘文曰觀肇作寶鼎

35. 大⿸广貝鼎

銘文曰大⿸广貝之饙盞

⿸广貝字張政烺先生釋府从貝謂即府庫之府見三版金文編府字下其說是也按大府為王治藏之長周禮大府鄭注

36. 應公鼎

銘文曰應公作寶尊彝

37. 婦鼎

銘文曰作冋婦尊彝

此鼎共有兩具前人著錄者與此異範吳大澂

曰□當即世字異體禮記曲禮去國三世釋文盧王云世歲也萬物以歲為世（窓齋集古錄三冊五頁。按窓齋原文未完自盧王以下十二字茲據釋文補足）邦懷按□乃歲字省文恐非世字異體古有世歲也之訓故此鼎銘借歲為世也字鼎彝中恒見舊釋為析子孫不確

38. 向鼎

銘文曰向作氒尊彝

39. 筡鼎

銘文曰筡一爰卅一家

邦懷按鼎文之荼為楚之與國即史記引詩荊荼是徵之荼亦即毛詩荊舒是懲之舒荼為舒之本字今本毛詩作舒乃同聲叚借字也史記建元以來侯者年表曰自詩書稱三代戎狄是應荊荼是徵司馬貞索隱曰荼音舒詩魯頌曰戎狄是膺荊舒是懲鄭箋曰僖公與齊桓舉義兵北當戎與狄南艾荊及羣舒孔疏曰楚一名荊羣舒又是楚之與國故連言荊舒又按太史公引用詩書多存本字荼為舒之本字徵侯者年表將無由知之矣今本史記作荼从艸頭乃

經後人傳寫之譌是猶莒國之莒原以竹作筥筥小子𣪘及漢石經殘碑可證也今本春秋經傳以艸作莒亦由後世傳譌耳

舒為楚之與國故詩連言荊舒孔氏疏詩已言之矣鄭懷謂荊荼二國命名之意亦可得而言焉說文解字林部曰楚叢木一名荊也是知楚國又名荊者以其國生產叢木故也說文解字竹部曰荼析竹筤也方言曰析竹謂之荼郭注曰今江東呼篾竹裹為荼亦名荼之也是知荼國所以名荼者蓋以其國生產竹篾故也

鼎文曰一爰卅一家者紀鼎之價值也爰是絲之數量之名詞乃子克鼎曰乃子克曆宣絲五十爰（商周金文錄遺88號）此爲丝之數量名爰之證也家與總同聲古韻同在東部此借家爲總說文解字絲部曰總聚束也此爲丝之數量名總之證也一爰卅一家　總言鼎之價值等於絲之一爰卅一總也周金文有紀器之價值者遽伯還殷曰遽伯還作寶尊彝用貝十朋又三朋（愙齋集古錄八卷十四頁）漢金文亦有紀器之價值者扶侯鍾曰直二千五百（漢金文錄二卷三頁）永和鍾曰直錢七千二百

（漢金文録二卷四頁）彼三器乃紀貝錢之價值而此鼎所紀為絲之等價蔡國殆以物相交易歟附誌於此以備研究古代史者之參考

40.

蔡侯鼾

銘文曰蔡侯[illegible]之飤鼾

邦懷按鼾从鼎干聲鼾為鼎之大者目驗此鼎乃蔡侯所鑄諸鼎之最大者也故名之曰鼾考干聲字多訓大爾雅釋詁訏大也詩大雅訏謨定命毛傳訏大也小雅君子攸芋毛傳芋大也說文解字芋大葉實根駭人故謂之芋也然大

鼎謂之鬲賴有此器益多聞也

41. 蔡侯鼎

銘文曰蔡侯䵼之飤鼎（器蓋同文）說文解字曰鼎和五味之寶器也此鼎名飤鼎者殆用以盛飯食而非為和五味之用也

42. 㜗作父庚鼒

銘文曰㜗作父庚鼒□冊

鼒字銘文作□从十（金文才字如此）即說文解字鼒字古文也金文又有鼑字容庚先生曰从卜从鼎說文从才殆傳寫之譌（三版金文編三九一頁）今以此鼎

鼒字證之知說文鼒从才非傳寫之譌

43. 𣅀作父辛鼎

銘文曰𣅀作父辛寶□彝

44. 子戌作母丁鼎

銘文曰子戌作母丁尊彝

45. 伯剛鼎

銘文曰伯剛作朿寶尊彝

46. 叔姬鼎

銘文曰叔姬作陽伯旅鼎永用

47. □仲鼎

48.

剌鼎

銘文曰□仲□□作鼎子孫永寶用

銘文曰剌叚宁用作父庚寶尊彝𦥑

此文剌叚宁與遂甗文遂叚宁見本書217號同例叚宁殆為周代成語[illegible]方彝有[illegible]啟卿宁百姓句于省吾先生曰啟卿蓋始有事會合也宁謂錫予百姓百官也雙劍誃吉金文選上三第二頁于氏說啟義訓始宁謂錫予甚是今明此鼎及遂甗之叚宁其義蓋為始受王命代行錫賞之事也𦥑字夾於銘文兩行之間惜不識為何字

49.

德鼎

銘文曰王益德貝廿朋用作寶尊彝

邦懷按金文中錫予之錫皆作易惟此鼎作益蓋字形異而聲義同者可通用也

50.

王之鼎

銘文曰隹正……亥擇□金……王之……尹……隹……余……鈋日……外吉□（疑姑字反文外姑亦見靜毀）……

此鼎篆勢頗似余冉鉦文惜磨泐太甚不能得作器人名第三行存有王之二字姑題為王之鼎云

51. 腷鼎

銘文曰乃腷子作氒文考尊彝其萬年用盛祀

邦懷按乃腷子三字不甚易懂以乃子克（乃子克鼎見商周金文錄遺88號）乃孫𪓐（乃孫𪓐罍見本書146號）例之似當作乃子腷始與金文詞例相合此作乃腷子其變例𣄰然為腷為作器人名可無疑也用盛祀者謂用此鼎盛黍稷以祀說文解字曰盛黍稷在器中以祀者也

52. 虢文公鼎

銘文曰虢文公子𣪘作叔妃鼎其萬年無疆子

孫孫永寶用亯

邦懷按此為虢文公鼎子𢼸乃文公之名奇觚室金文述（十六卷七十頁）名為虢公子鼎是誤以子字屬上讀也近年河南陝縣上村嶺古墓出現虢季氏鬲其文曰虢季氏子𢼸作寶鬲子子孫孫永寶用亯鬲亦虢文公所作不稱虢文公而稱虢季氏者蓋作鬲時子𢼸尚未即君位也史記周本紀曰宣王不修籍於千畝虢文公諫曰不可集解韋昭曰文公虢叔之後西虢也

53. 德鼎

见夹页一

銘文曰隹三月王在成周𢓊珷福自蒿咸王錫德貝廿朋用作寶尊彝

邦懷按鼎文之三月當為成王元年之三月尚書多士篇曰惟三月周公初于新邑洛用告商王士孔疏引鄭注曰成王元年三月周公自王城初往成周之邑用成王命告商之眾士以撫安之又按尚書大誥篇王若曰孔疏引鄭注曰王謂攝也周公居攝命大事則權代王也是知鼎文王在成周非謂成王乃指周公而言周公何以稱之為王鄭注所謂權命大事則權代王也

作字不可識以文義審之當是動詞珷是武王盂鼎及介伯毁矢毁（丹徒所出一器）武王皆作珷與此同禝字在周初金文中僅此一見殷虛卜辭則常見之但知為祭名不詳其音讀也周初而用殷之祭禮者周公制禮樂尚未成也尚書洛誥篇曰周公曰王肇稱殷禮祀于新邑孔疏引鄭注曰王者未制禮樂恒用先王之禮樂伐紂已來皆用殷之禮樂非始成王用之也周公制禮樂既成不使成王即用周禮仍令用殷禮者欲待明年即政告神受職然後班行周禮班訖始

得用周禮故告神且用殷禮也蒿邊成先生說疑即鎬京之鎬故云自蒿邊說是也按史記周本紀集解曰武王遷鎬·鎬京武王廟所在也自蒿成者（于省吾先生曰成猶事既也）謂告廟事既周公歸自鎬也

54. 寓鼎

銘文曰隹十又二月丁丑寓獻佩于王婦錫寓曼絲對揚王婦休用作父壬寶尊鼎

邦懷按另有一寓鼎見三代吉金文存（三卷五十一頁）殘泐存廿一字從書法觀之與此鼎相同知為

廿

一人所作之器彼鼎有作册寓□□□首對王休白知寓曾官作册也王國維先生謂尚書洛誥及金文中之作册係官名其說至確王姒蓋為王之母或為王之后猶他器之王姜也佩說文解字訓大帶佩也寓獻佩於王姒者殆為系於大帶之左右佩數㝵當是曼之古文說文解字曰㝵引也从又冒聲此㝵字从曰乃古文冒玉篇曰瑁古文作珇是其證曼訓長詩魯頌毛傳曼絲長絲也

55. 圅皇父鼎

銘文曰圅皇父作琱妘般盉尊器鼎𣪘具自豕

鼎降十又𣪘八兩罍兩壺𩰫嬇其萬年子子孫孫永寶用

簠齋舊函皇父𣪘與此鼎銘文相同余嘗以銘中記數之字不可理解遂不得句讀數年前家四弟直由西安寄贈函皇父匜（盤）銘拓本校對鼎𣪘銘文知鼎𣪘皆有脫字茲節錄盤文如下函皇父作𩰫嬇盤盉尊器、鼎（按𣪘文脫此鼎字）𣪘一（按鼎文𣪘文皆脫此一字）具、自豕鼎降十又一（按鼎文𣪘文皆脫此一字），𣪘八。兩罍、兩壺、所謂鼎𣪘一具者猶今語鼎𣪘一組也覩下句自豕鼎降十又一𣪘八。即明其為一組

56. 柳吴鼎

銘文五行字多磨滅約得五十字字多奇詭不能寫成釋文

此鼎出於新鄭余細審銘文是刻非鑄篆字纖細繁縟頗似晉邦盦文疑此為晉器非鄭器也

第二行可辨者有易 錫 □ 此字从糸左旁不明 常三字常从巾尚省聲 說文解字古文堂作坒岳鼎賞作賞皆从尚省聲可證也 常說文解字訓下襄也或从衣作裳此記錫絲裳之事惜文多剝蝕不得受錫賞之人名耳第三行可辨者有[illegible]吴二字上一字从[illegible]殆為[illegible] 說文[illegible]按也

之繁文所謂抑吳蓋逼止吳也此鼎不得主名
無以名之姑題為抑吳鼎云

甗

57. 雷甗

銘文曰靁作父癸寶尊彝

說文解字古文雷作靁此銘作畾从乙乃古文
申非从囘（回）也

鬲

58. 婦女鬲

銘文曰帚（婦）女馭

鬲文取字作[illegible]阮元吴式芬皆釋為彝非也許
瀚疑是取字而未能定（攈古錄金文卷一之二第三十三頁）今按
此字左从馬右从又為取字無疑

59. ⿰王氏鬲

銘文曰⿰王氏[illegible]冈作父乙彝

60 番妃鬲

銘文曰王作番妃齊鬲其萬年永寶用
齊鬲之齊當讀為𩱦據伯沇父鬲文知之

61 伯沇父鬲

銘文曰伯沇父作大姬𩱦鬲子子孫孫永寶用

62. 叔牙父鬲

銘文曰叔牙父作姞氏尊鬲子=孫=永寶用

此鬲之叔牙父未知與屢敦毀之子牙父是一人否

63. 虢季氏子組鬲

銘文曰虢季氏子組作鬲子=孫=永寶用亯

此鬲組字作[illegible]从旻與陳逆簠祖字作[illegible]从旻同為一例虢季氏子組与虢季氏子[illegible]（子[illegible]鬲銘文見考古通訊一九五八年十一期）皆為虢叔之後西虢也張開福考定虢季子伯為西虢（見攈古錄金文三卷之二第四十二頁虢季子

伯盤跋其說甚確邦懷謂虢季子伯之虢季即虢季氏之簡稱知者此禹稱虢季子氏組而卣文則稱虢季子組見本書185號虢季子組卣文是知虢季氏可簡稱虢季也

毁

64. 毁

銘文曰

王國維先生曰殷禮器銘屢有語其異文或作或作自宋以來均釋為析子孫三字余謂此乃一字象大人抱子置諸几閒之形

子者尸也曲禮曰君子抱孫不抱子此言孫可以爲王父尸子不可爲父尸曾子問孔子曰祭成喪者必有尸尸必以孫孫幼則使人抱之是古之爲尸者其年恒幼故作大人抱子之形其上或兩旁之非則周禮所謂左右玉几也觀堂集林三卷六頁十邦懷按王氏說解字之形義足正宋以來釋析子孫三字之非惟說非爲左右玉几尚有可商周禮鄭注曰玉几所以依神天子左右玉几余檢金文有圖象文者其器多爲貴族所作不盡爲天子之宗器也然則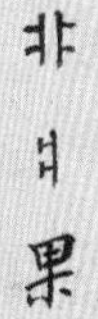果何

用乎余謂此几乃祭時陳設先祖之遺衣服者也禮記中庸篇曰春秋脩其祖廟陳其宗器設其裳衣薦其時食鄭注曰裳衣先祖之遺衣服也設之當以授尸也此乃祭時陳設遺衣服之證余謂几乃設先祖之遺衣服者以⿱仌八（此為古文裔見說文解字）字知之也⿱仌八以衣在几上象設先祖之遺衣服於几形是知非几為設裳衣之几非依神之玉几也此毁与王氏所舉第三字同皆無非形殆省文也

65. 車毁

銘文曰車

此車字作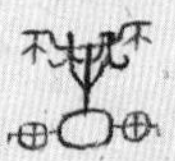上象車蓋形下象車箱及兩輪形

字在器外底部陽文極碩大傳世大字金文當

以此為冠

66. 嫚毁

銘文曰嫚

此亦陽文大字

67. 冄毁

銘文曰冄

此字自宋以來皆釋為舉不可信字為陽文大

苟

字余觀器之鑄陽文者皆為商器

68. 父乙冄毁

銘文曰父乙冄

69. 戈父丁毁

銘文曰戈父丁

戈字作象銅制之戈所謂戈頭是也下垂之丅蓋為飾戈之英詩魯頌毛傳曰朱英矛飾也矛以朱英為飾今知戈亦有英也象柲與鐏形

70. [illegible]父丁毁

銘文曰[illegible]父丁

71. 串父辛簋

銘文曰父辛

疑是串字說文解字有从串之患而無串字

廣韻曰串穿也今按象穿物形

72. 人執戈形祖辛簋

銘文曰祖辛

第一字象人蹲而執戈形人後有乙若另有人

以手撐支之者車鼎（見本書十六號）亦如此此在古

代必有其意義今則不可知矣

芸

73. □一父丁段

銘文曰□一父丁

釋

上雨象形文邦懷謂是侯甗說詳本書29號考

74. 女婦酉匚段

銘文曰女婦酉匚

此為商器字之行款尚屬僅見匚字亦見殷虛

卜辭乃祭名□象尊形乃古文酉

75. 戈罟段

銘文曰戈罟作乜

乜即妣之初字卜辭及金文常見之此銘文不完具乜下當有字殆為鏽掩未剔出耳

76. 中毁

銘文曰中作𣥠彝

𣥠為從之省文説文解字曰從隨行也余謂金文中之從彝與旅彝行器行壺等皆行旅時之用器也

77. 應公毁

銘文曰應公作𣄰彝

説文解字曰旅軍之五百人从㫃从从按金文

中有旅字从㫃从从與說文解字所說者同乃會意字金文中旅字有从車作⿱旅車者亦恒見之从旅車聲（旅車雙聲古韵同屬魚部）乃形聲字考⿱旅車从車聲聲中有義旅之本義為軍旅許慎說軍字从車之義曰車兵車也（說文解字軍字注）余謂⿱旅車从車亦兵車也

78.

逨父𣪘

銘文曰逨父作尊彝

79.

長甶𣪘（器蓋同文）

銘文曰長甶作寶尊𣪘

與此毁同坑出土者有長白盉銘文五十七字（商周金文錄遺293號）彼銘長字作𠤕實為異文或謂非長字此毁作𠂆可證𠤕為長之異文

80. 庚毁

銘文曰庚作乎妣尊彝

此毁銘質字為陽文殆是明器而非任器

81. 蔡侯毁 器蓋同文

銘文曰蔡侯[illegible]之[illegible]盤

82. 蔡侯毁 器蓋同文

銘文同上

此銘[illegible]字从冖从兩鬲相覆義与冂同說文解字曰冂覆也。古者覆巾謂之幎鼏蓋謂之鼏段玉裁說 此銘曰[illegible]盤者殆謂毁之有蓋者也盤字从皿亦見㞒盤舟盤

83. 叔𠂢父毁

銘文曰叔𠂢父作寶彝

84. [illegible]毁

銘文曰[illegible]作父辛尊彝

[illegible]从風手聲疑是奉之古文

85. 北伯毁

銘文曰北伯邑辛作寶尊彝

王國維先生跋北伯鼎曰北蓋古之邶國也觀堂集林十八卷第一頁

86. 冄𣪕

銘文曰作文父辛冄寶尊彝

冄字當在作字上父字反文辛字倒文

87. ⿰兄皇𣪕器蓋同文

銘文曰⿰兄皇作父主寶尊彝射

金文中有⿰兄生字从兄生聲說文解字曰生讀若

皇此𣪕⿰兄皇字从兄皇聲與他器⿰兄生字同聲當為

一字

88. □叔毁

銘文曰□叔[illegible]肇作彝用饗賓

第一字僅下截可辨爲从女其上截不明第三字与金文[illegible]（古文婚見盾卝多父盤）略近弨非一字也

89. 遹遯毁（器蓋同文）

銘文曰遹[illegible]作父癸寶彝（冊人）

[illegible]弨爲遯之古文[illegible]左从豕右从幺說文解字曰遯小豕也又曰幺小也[illegible]从豕幺會意乃豚之古文是知[illegible]从辵豚聲當釋爲遯

90. 叔喿父毀

銘文曰叔喿父作寶毀子〻孫〻其萬年用

91. 𤔲伯𫓧毀

銘文曰𤔲伯𫓧作寶羞䵼萬年孫子其永用

楊樹達先生曰按器為毀而銘文云羞者羞毀二字同隸見母羞古韻在豪部毀在幽部二部音最近銘文假羞為毀也（積微居金文說一九四頁）郝懷按此銘䵼〻瓦用典其同剌鼎銘云䵼孫〻子〻永寶用彼銘亦用䵼為其也

92. 漳伯毀

銘文曰湋伯作𧥣⿴𦥑牙尊殷其子=孫=永寶用

按說文解字水部曰湋回也一曰水名（此依小徐本大徐本無一曰水名四字非是）从水韋聲玉篇水部曰湋音韋水名漢書溝洫志曰關中靈軹成國湋渠引諸川如淳曰地理志盩厔有靈軹渠成國渠名在陳倉湋音韋水出韋谷然則此殷之湋伯其國以湋水得名其地當在今陝西省内𧥣字見說文解字言部訓快也从言中音於力切⿴𦥑牙字从⿴𦥑与从七牙聲當是與字初文漢與天相壽鏡銘作⿴𦥑与與天無極鏡銘作⿴𦥑与（金文續編三卷八頁）漢與無極

瓦當文作毀（上陶室車瓦文攈第四冊）从毀从牙皆与此毀同說文解字與作毀从与殆由後世傳寫而譌毀从毀牙者蓋謂工人以手製車之輪牙也考工記輪人曰牙也者以為固抱也鄭注曰謂輪輮也世間或謂之罔釋名釋車曰輞罔也謂罔羅周輪之外也是知牙之為物罔羅周輪之外即記文所云以為固抱也此毀䶧字从牙而又从匕者蓋謂牙与輪相比附也（說文解字曰匕相与比敘也是匕有比義）余謂䶧毀二字其本義為輪人製牙字从牙聲者詩祈父一章牙与居韵易大畜六五上

九牙与衙韵牙本音讀若吾屬魚部與字亦屬魚部也說文解字與字从与·字形既譌·訓黨與也亦非與字本義

93.

叔⿱救貝父毁 器蓋同文

銘文曰叔⿱救貝父作朕文母烈考尊毁子子孫孫永寶用

此銘文母烈考亦見詩經·詩周頌雝篇曰燕及皇天克昌厥後綏我眉壽介以繁祉既右烈考亦右文母鄭箋曰烈光也子孫所以得考壽與多福者乃以見右助於光明之考與文德之母

歸美焉。又按金文中父与母並稱者，皆先父而後母，此常例也。此銘先文母而後烈考，此變例也。然此例他器亦偶有之，即其卣曰：遣于妣丙彡日大乙奭，隸毁曰遣于妣戊武乙奭。

94. 㝬毁

銘文曰：㝬馭從王南征，伐楚荊，又（有）得，用作父戊寶尊彝。

唐蘭先生曰：左傳言昭王南征而不復（僖四年），而古本竹書紀年言昭王十六年伐楚荊……㝬毁云㝬馭從王南征伐楚荊，南征之諸與左傳

合伐楚荆之諸與紀年合其書法與盂鼎同派可見時代相近也詳見兩周金文辭大系考釋五四頁

95.

章叔將毁

銘文曰章叔將自作尊毁其用追孝于朕敵考其子子孫孫永寶用之

章蓋即鄣字金文鄭作奠⿰祭阝作祭邢作井鄶作會邶作北皆不从邑也春秋經莊公卅年曰齊人降鄣杜注曰鄣紀附庸國東平無鹽縣東北有鄣城此銘之鄣當即紀附庸國叔將人名將从⿱夕𠬞即説文解字𠬞部訓持弩拊之⿱夕𠬞字讀若達从爿

聲蓋讀與將同敵考買毁作啇考以聲義求之皆讀為嫡廣雅釋詁曰嫡君也廣韵二十三錫亦曰嫡君也嫡考當訓為君考爾雅釋親之君舅君姑是其比也或謂廣雅嫡訓君也爾雅皇訓君也此毁所稱之嫡考猶金文常見之皇考也

96. 應侯毁 器蓋同文

銘文曰隹正月初吉丁亥應侯作栻姜尊毁其萬年子=孫= 永寶用

97. 應侯毁 器蓋同文

銘文同上

生枤姜三字不易索解以召仲鬲之生妣推尋生枤之意當是生戴同聲叚借字蓋應國謂母為妣是猶江淮之間謂母為媞蜀人謂母曰姐（詳見說文解字媞字姐字下）皆方俗殊語也生妣姜謂生母姜姓金文中稱母姓者屢見之

98. 伯𢦏毀

銘文曰伯𢦏肇其作西宮寶隹用綏神褱虢前文人秉德韡純隹匀萬年子=孫=永寶

于省吾先生謂褱是鬼之借字（詳見雙劍誃古文雜釋一頁）

楊樹達先生謂唬从日与从口同玉篇云唬呼文切字在此蓋假為效唬前文人秉德共屯謂效法前人秉德共純也（積微居金文說一八九頁）邦懷按此銘兩寶字為韵人与年字為韵

99.

魯士商虘毁

銘文曰魯士商𠭯肇作朕皇考叔猒父尊毁商商虘其萬年眉壽子=孫=永寶用亯

此毁猒字作𤞷从肙毛公厝鼎沈子它毁亦从肙是知猒字本作猒从犬肙聲說文解字作猒左旁已稍譌變許君謂从甘肰實未確也又按

說文解字曰䭈猒也从食肙聲䭈訓猒猒訓飽其義同故其字均从肙得聲此可為余說猒从肙之旁證

100.

方𣪘

銘文曰樝侯作姜氏寶䵼彝方事姜氏作寶𣪘用永皇方身用作文母樝妊寶𣪘方其日受宜」銘首曰樝侯作姜氏寶䵼彝當係追叙之事非謂作此𣪘也方因作姜氏𣪘而受姜氏之嘉美遂作文母樝妊𣪘則此器是也方殆為樝侯之子以所稱文母樝妊知之其日受宜宜義同休

匜尊銘匜日受休可參證也

101. 穌毁

銘文曰隹十又一月初吉辛亥公令穌伐□伯=
穖穌曆賓□此當為穌字□山貝十朋穌對□□用
作祖癸寶□□

金文中賓貝帛之賓其義同贈

102. 汲其毁 器蓋同文

銘文曰善夫汲其作朕皇考惠仲皇母惠妣尊
毁用追亯孝用匄眉壽無疆百字千孫子=孫
孫永寶用亯

卅五

善夫官名即周禮天官所屬之膳夫掌王之食飲膳羞者也汈字从水刅聲蓋為水名橋梁字實从木汈聲說文解字曰梁水橋也从木水刅聲許君未見汈字不知梁从汈聲乃有从木水刅聲之說耳惠㚤之㚤為女姓詩鄘風美孟弋矣毛傳曰弋姓也此銘㚤字乃㚤姓之本字說文解字曰㚤婦官也許君以漢有鉤㚤夫人見廣韻故說㚤為婦官蓋不知弋姓字本作㚤也又按百子千孫為金文中之吉語亦見𩑋叔多父盤銘此毁作百字千孫借字為子也

103. 太師虘毁 器蓋同文

銘文曰正月既望甲午王在周師量宮旦王格太室即位王乎師晨召太師虘入門立中廷王手宰曶錫太師虘虎裘虘拜稽首敢對揚天子丕顯休用作寶毁虘其萬年永寶用隹十又二年

按此毁正月既望甲午及隹十又二年兩句以⿰黹虒毁證之知此毁作於周厲王十二年正月也⿰黹虒毁銘云隹王正月辰在甲午其正月日辰與此同兩周金文辭大系録編一〇四 |一〇五頁列⿰黹虒毁於

卅六

厲世可資左證今由此𣪘之紀年可證知𪓐𣪘亦作於厲王十二年也召太師虘之師晨與作師晨鼎者當為一人大系列師晨鼎於厲世可證也王呼宰曶錫太師虘虎裘此宰曶與蔡𣪘銘之宰曶亦係一人又按太師虘豆舊為吳榮光所藏筠清館金石（三卷一丨三頁）曾箸錄之其器殆數百年前出土者此𣪘聞歸上海博物館後列之𣪘聞歸北京故宮博物院此兩𣪘乃近數十年出土者其墨本乃從上海得來

104.

太師虘𣪘 器蓋同文

105.

鬲比毁

銘文同上

銘文曰隹卅又一年二月初吉壬辰王在周康宮徲太室鬲比以攸衛牧告于王曰汝覓我田牧弗能許鬲比王令省史南以即虢旅虢旅虢迺使攸衛牧誓曰敢弗具攸鬲比其祖射分田邑則殺攸衛牧則誓比作朕皇祖丁公皇考叀公尊毁比其萬年子孫=永寶用

按此毁與鬲比鼎銘文相同乃同時所作也此銘可校補鼎文缺蝕者三字鼎文曰汝覓我田

今按此銘汝下是𠬪字說文解字曰𠬪撮也从受乙聲（鼎文上截作𠬪確从乙此銘作𠬪从反乙）釋名釋姿容篇曰撮捽也暫捽取之也銘云汝𠬪我田者謂汝暫捽取我田也鼎文曰虢旅迺使攸衛牧誓曰□弗具付𩰫比其祖射分田邑則□今按此銘誓曰下是敢字則字下是𣪘乃古文殺字三體石經（尚書無逸篇及僖公二十八年春秋經）古文殺作𢼛可證也今辨明此殺字於考古代社會史料獲一證據可謂一字千金矣虢旅使攸衛牧誓如弗具付𩰫比田邑則殺与散氏盤銘所云我既付散氏田

器有爽傳棄之（傳棄謂殺亦）其事則無異也周代貴族與人爭土田人弗付以田則殺或傳棄之其生殺予奪之史實今日猶赫然紙上也

簋

106. 蔡侯簋　器蓋同文

銘文曰蔡侯𩰫之飤𠤱

107. 蔡侯簋

銘文同上

108. 尹氏叔緐簋

銘文曰吳王御士尹氏叔緐作旅匡

廿八

⿺辶卸為御之古文，从卸，與麥盉卸（御）字同，从辵與从彳義同，金文御字多从彳也。周禮夏官御僕下士十有二人，此銘御士殆即御僕所屬之下士歟？若然，則吳之官制與周室同也。匯从匚㞷聲，與叔家父匡字書法相同，而兩器之形制則皆為簋。此器近年發現於北京海淀，余檢西清續鑑甲編十三卷第一頁已見著錄，乃知曾為故府珍儲者也。

109.

叔朕簋

銘文曰□叔朕擇其吉金自作□匿以敹稻粱

萬□□疆叔朕眉壽□□[illegible]之寶

阮元曾藏一叔朕簠著錄於所著積古齋鐘鼎彝器款識卷七四頁彼銘六行共三十六字此銘四行約得二十八字首句末句與彼銘不同餘則無異文也

阮氏謂銘中梁字與疆字為韵今按此銘亦梁疆為韵又壽寶二字為韻此則與彼器異耳

110.

嘉子伯昜簠 器蓋同文

銘文曰隹九月初吉壬申嘉子伯昜□用其吉金自作寶匿子子孫孫永壽用之

器文嘉子伯昜盨文誤倒伯昜爲昜伯

盨

111. 伯太師釐盨 器蓋同文

銘文曰伯太師釐作旅⿰升頁其萬年永寶用

此器盨字作⿰升頁从升不詳其義蔡侯鼎銘鼎字

作⿰鼎升齊侯盂銘盂字作⿱⿰𢀜升皿師克盨銘盨字作⿱⿰升頁皿

皆从升其義亦不詳

112. 伯太師釐盨 器蓋同文

銘文同上

113. （大用）盨 器蓋同文

銘文曰□自作旅盨其萬年子=孫=永寶用」

□字不識或謂疑圃字異文不可信

114. □盨 器蓋同文

銘文同上

115. 食中走父盨 器蓋同文

銘文曰食中走父作旅盨永寶用走父以其子=孫=寶用 此釋器銘走父以其子=孫=寶用 蓋銘作中走父以其子孫寶用

按食姓中字走父名也爾雅釋宮曰中庭謂之走中走父名字相應之義本此又按以其子=孫=寶用之以字訓與

四十

116.

師克盨

銘文曰王若曰師克不顯文武膺受大命匍有
四方則隹氒先祖考又爵于周邦干害王身作
爪牙王曰克余隹（余）巠氒先祖考克黔臣先王昔余
既令汝今余隹醽𦎫氒令令女更氒祖考𤔲嗣左
右虎臣錫女秬鬯一卣赤市五黃赤舄□□駒
車賁較朱虢圅靳□冟熏裏畫轉畫輯金甬朱
旂馬四匹攸勒素戉敬夙夜勿廢朕令克敢對
揚天子不顯魯休用作旅盨克其萬年子子孫孫永
寶用

銘云匍有四方按盂鼎亦有匍有四方句王國維先生云書金縢云敷佑四方傳云布其德教以佑助四方案盂鼎云匍有四方知佑為有之假借非佑助之謂矣（觀堂集林二卷三頁）楊樹達先生云匍有義難通匍當讀為撫禮記文王世子云君王其終撫諸鄭注云撫猶有也撫與有義同故二文連用（積微居金文說六十三頁）王氏楊氏之說皆是也邦懷按撫有四方與詩周頌奄有四方句義相同奄讀為掩掩猶撫也爾雅釋訓云矜憐撫掩之也矜憐為同義連文撫掩亦為同義連文於

此可證匍有當讀為撫有周頌奄有當讀為掩有殆無疑矣

銘云則隹乃先祖考又[illegible]于周邦懷按[illegible]从艸[illegible]聲余所藏殷虛卜辭有[illegible]字（甲骨文零拾第十三片）與此上截所从者同乃从爵冖聲當讀為密知冂為冂者冋字金文或从冂作㝵可證也此銘[illegible]从艸當是繁文又爵讀為有密詩周頌昊天有成命云夙夜基命宥密毛傳云基始命信宥寬密寧也今按毛傳訓宥為寬失之宥乃有之借字此銘又字當讀為有又爵与詩宥密義同有

寍于周邦者謂師克之祖考嘗有安寧周邦之事也彔伯戜𣪘云自乃祖考有爵于周邦其語義與此銘同惟彼文省曰與此異耳銘云干害王身作叉牙邦懷援干害王身當讀為扞敔王身毛公鼎云以乃族干吾扞敔王身師訇𣪘云率以乃友干吾扞敔王身可證也此銘害字乃⿱丯吾字省文⿱丯吾从丯吾聲疑是吾之繁文旅虎簠銘簠字作⿱丯吾借吾為簠因吾簠二字同屬魚部得通假也叉為爪之本字說文解字又部云叉手足甲也从又象叉形此銘叉字象

指端有甲較說文作㕚形尤肖段玉裁云叉爪古今字古作叉今用爪段氏謂爪字古作叉今以此銘叉字證之其說是也作爪牙者言為爪牙之士以扞敔王身也詩小雅祈父二章云祈父予王之爪牙鄭箋云爪牙之士當為閑守之衛按師克之祖考嘗官左右虎臣故有扞敔王身作爪牙之句

銘云昔余既令女今余隹醽稾氒令按醽稾亾見大克鼎銘醽孫詒讓先生釋緟籀高述林七卷十五頁稾王國維先生釋京其說云緟益也京崇也克鼎

考释二頁又按醽稾氒令乃承上句既令而言若依王氏訓醽稾為益崇於文義似有未安余謂醽稾其義為繼續緟以糸重聲當是踵之借字踵訓繼離騷及前王之踵武王逸云踵繼也稾以亯京聲當是賡之假借京聲字庚聲字古韻並在陽部故可通假說文解字云續古文作賡按賡義為續故說文以賡為續之古文也今明緟稾當讀為踵賡其義為繼續緟稾氒令者即繼續氒令也

銘云錫女鬯一卣赤市五黃赤舄按五黃亦

見元年師兌毀考金文中有赤市幽黃（呂鼎 南宮柳鼎）伊毀朱市悤黃（毛公鼎 番生毀 彔伯戜毀）赤市朱黃（頌鼎 頌毀 師艅毀 師酉毀 寰盤 休盤）舊說幽黃悤黃朱黃之黃即禮記玉藻篇之衡鄭注云衡為佩玉之衡也幽衡悤衡朱衡皆言衡之色也赤市朱市皆言市之色也以此推知赤市五黃之五亦指衡色而言然此五字必係假借以聲義求之蓋讀為黸五黸二字古韻同屬魚部故借五為黸黸為黑色黸衡猶幽衡也禮記玉藻篇云一命緼韍幽衡再命赤韍幽衡三命赤韍悤衡今按師兌受王再命（銘云）

昔余既命女今余唯踵賡受錫赤市黸衡與玉厥命此為再命之證藻篇再命赤韍韍与市同幽衡之禮制正合銘云䋣戉按說文解字云䋣素屬从素𠬢聲居玉切此銘䋣字蓋用為素也說文解字云戉大斧也从戈乚聲司馬法曰夏執玄戉殷執白戚周左杖黃戉右把白髦此銘之素戉與殷之白戚殆皆為素柲耳賜戉之事金文再見此銘而外惟見於虢季子伯盤

師克作盨之時代可據此銘文與他器文比勘不難推尋得之此銘云王若曰師克不顯文武

應受大命與師訇毀銘王若曰師訇不顯文武膺受天命同並與毛公鼎銘王若曰父厝不顯文武……膺受大命同此銘云扞敔王身與毛公鼎銘以乃族扞敔王身及師訇毀銘率以乃友扞敔王身其事亦相同也根據上舉文字辭句相同之點推知此簋與毛公鼎師訇毀當為同一時期之器郭沫若先生考定毛公鼎及師訇毀皆為周宣王時物（大系考釋一三五頁又一三九頁）其說甚確余謂此簋當亦為宣王時物也

此銘謂師克之祖考扞敔王身作爪牙作爪牙

向與詩祈父予王之爪牙其事尤爲切合余疑師克之祖考殆即詩之祈父詩序云祈父刺宣王也此盨爲宣王時物又添一證矣

117. 師克盨 器蓋同文

銘文同上

錞

118. 𨺙公克錞

銘文曰𨺙公克鑄其餴鎾永寶用之

119. 荆公孫錞

銘文曰𠛬公孫鑄其善 膳 𦎧永壽用之大寶無

四十五

朞　期

□字當是荆之異文荆公孫蓋謂荆公之孫也

智君子智君子鑑謂智君之子是其比例又按此銘

乃有韻之文孫與辜為韻之與期為韻

方彝

120. 羲方彝

銘文曰羲

羲不識為何字或是羲之異文

121. 父辛方彝器蓋對文

銘文曰父辛

吾嘗觀商代銘文其器與蓋相同而有一為陽文者蓋也此方彝蓋為陽文器為陰文此乃陰陽對銘之定例

122. 小子□方彝 器蓋同文

銘文曰乙亥子錫小子□王商貝在□師□用作父己寶尊□

□字吳式芬方濬益並釋為射不確劉心源釋為羼較勝前說按羼說文訓引繒也术字从弓之義不合余疑此或為□之初字說文解字曰□持弩拊从廾肉聲讀若逵□正象人持弩拊

四十六

形說文[illegible]篆殆本从自省𠂤後乃譌从肉耳在
𠂤師者𠂤為地名師羅振玉先生釋為師次之
次本字
此器據古錄題為鼎綴遺齋彝器考釋題為尊
並未得其實余所收此器銘拓本裱冊有舊題
字云父已璉扁方蓋如屋形高七寸三分橫徑
九寸五分又廣八寸一分器高一寸（此寸字當是尺之誤）
零三分深七寸橫徑如蓋有八棱如翅通身夔
龍獸面紋以上乃集拓本者所題不詳為誰也
名之為璉亦未可信其所言扁方蓋如屋形有

见夹页二

八稜如翅實即考古家所称之方彝也吾因改

訂正器名為方彝

尊

123. 尊

銘文曰

124. 串尊

銘文曰串

125. 宁形尊

銘文曰

爾雅釋宮云門屏之間謂之宁孫炎注云門內

屏外人君視朝所宁立處也余謂□从□金文宁字如此其□形殆為屏此字疑即門屏之閒謂之宁之本字

126 □尊

銘文曰□

127 □尊

銘文曰□

桉卜辭□字从□□為余之古文□字上从尒下象絲緒形疑即檷之初字說文解字云檷絡絲檷也从木爾聲此□字乃尒聲也

128

父乙尊

銘文曰父乙

字金文恒見考释詳本書64號毁

129

父辛尊

銘文曰父辛

象俎几形蓋非丙字

130

人執刀形父壬尊

銘文曰父壬

131

杏見尊

銘文曰杏見冊

の十八

此銘杏字作□余近得杏見鼎文与此尊乃一人所作杏字作□从木从𠧪知此銘□从口乃从𠧪之省釋名云𠧪始也蓋杏於諸果中最先成熟最先成熟有始之義故杏字初文从𠧪會意也説文解字云杏·杏果也从木可省聲段玉裁改為向省聲亦非

132

作寶彝尊

銘文曰作寶彝

此為鳥尊蓋〻外花紋作鳥羽極精緻舊歲日照丁氏移林館近於都市見之

133

祖辛父丁尊

銘文曰祖辛父丁

作此尊乃用以祭祖辛與父丁者古人作一祭器追孝于祖若考者金文屢見之又如李宗岱藏卣其蓋文爲鳥形祖甲器文爲鳥形父甲（余得李氏拓本紙角鈐卣蓋卣器小印）即其一例三代吉金文存乃誤爲兩卣（蓋文見十二卷四十五器文見同卷四十七頁）殆未審一器不僅用以祭一祖先耳

134

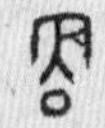大尊

銘文曰大作彝此文左讀

135 𠬝尊

銘文曰子𠬝用作父丁彝

136 葦尊

銘文曰葦作乜癸尊彝[illegible]

137 旃侯尊

銘文曰旃旃侯作父辛彝尊

旃字在亞中當為氏族之徽幟金文稱尊彝者恒見此云彝尊尚罕見

138 奪尊

銘文曰奪作父丁寶尊彝冊

此銘奪字作□从雀在衣中从又其義即方言
所云伏雞曰抱爵（按爵雀古通用）子者也此从衣蓋謂
羽蟲之卵殼也从又與孚从爪義同徐鍇曰鳥
裒恒以爪反覆其卵也徐氏之説更足明□
字之形義余謂雀子脱卵而出為奪之本義爭奪
脱落皆引申義也説文解字奪从又奞今據此
銘知从奞乃从□之省變耳

139 蔡侯尊
銘文曰蔡侯𪇴作大孟姬 尊

140 □尊

銘文曰屯作宗尊氐孫子永寶

金文中宗彝為祭器此云宗尊知亦為祭器也

然宗尊之名僅見於此

141 㝅尊

銘文曰㝅作父乙宗寶尊彝子=孫=其永寶

罍

142 [illegible]罍

銘文曰[illegible]

此為方罍

143 貯罍

銘文曰貯

144 戈罍 兩耳同文

銘文曰戈

此罍有兩耳異制也戈字即鑄於耳內故兩字相對

145 蘇罍

銘文曰蘇作祖己尊彝其子=孫=永寶戈

說文解字有蘇字此銘蘇从艸乃蘇之古文

146 [illegible]罍

銘文曰乃孫[illegible]作祖甲罍其儴旗弗永口貝其

作[illegible]

[illegible]字不識父己鼎[illegible]字左旁與此同从[illegible]即說文解字訓高平曰邍之邍史敖𣪘有邍字可以參證此字左旁省止右旁省田實為邍之簡筆字耳

壺

147 本壺

銘文曰本

此銘本字作[illegible]从木一在其下形義與說文解字無不合處段玉裁依六書故所引唐本說文

攷篆文本作朩今以此銘朩字證之知六書故未可信也

148 李瘣壺

銘文曰李瘣

149 粤斿壺

銘文曰粤斿壺

第一字與毛公鼎䨷當是一字殆即說文解字粤之古文此銘壺字與杞伯每壺盬字皆从皿當為器名然非壺字

150 獏父乙壺

銘文曰[illegible]父乙

三代吉金文存十二卷三頁所收者與此異範其字較小拓本亦不清晰也

151 隀[illegible]壺

銘文曰隀[illegible]月□

152 小[illegible]城壺

銘文曰小[illegible]城□

153 齊壺 器蓋同文

銘文曰齊作父乙尊彝

154 加壺 器蓋同文

銘文曰加作父戊寶尊彝用匄壽子孫其萬年
永寶其日口
此乃加為父戊所作之壺也又有加作父戊爵
二具與此壺為一人之物爵文見三代吉金文
存十六卷廿九頁其目錄三頁三行寫作右父戊爵誤矣

卣

155

卣 器蓋同文

銘文曰

156

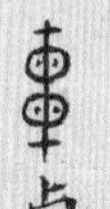卣 器蓋同文

銘文曰

157 亞䀠卣 器蓋同文

銘文曰亞䀠

158 鳳麟卣

蓋文為鳳之象形字器文為麟之象形字鳳首有日形麟首有▽形殆為標幟鳳麟為稀有之物數文鳳下麟下各有脉一

159 己𢧢卣

銘文曰己𢧢

𢧢疑賊字古文說文解字云賊敗也从戈則聲段玉裁注云此云則聲貝部今按當作攴部又云敗賊

皆从貝會意據从貝會意之云是賦字為用戈若刀毀貝會意而非形聲也今按段說甚確字从戈毀貝會意丨殆為毀貝落下之屑

160 父乙卣

銘文曰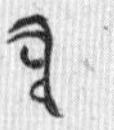父乙

161 父丁卣

銘文曰父丁

當為耒之古文說文解字曰耒手耕曲木也段玉裁注本刪手字實不可信此字上截象手耕曲木與許說合下截之象耜形知為耜者考工記匠人注

云今之耜歧頭兩金是其證也或問耒字之形既象手耕曲木何以更著耜形余曰古者斫木之斤其柄亦為曲木（見說文解字欘字下）耒字如不著耜形則耒義不顯且經典多云耒耜蓋以二物合而為一乃可使用說文解字云耜耒耑也（段玉裁云耜今經典之耜）禮記月令云季冬之月脩耒耜鄭注云耜者耒之金也許鄭言耜與耒相連之義尤可為[glyph]字下截之[glyph]形作注解矣

162

冂父己卣

銘文曰冂父己

冂象俎几形

163 几父己卣

銘文曰几父乙

164 父庚[illegible]卣 器蓋同文

銘文曰父庚[illegible]

165 父癸魚卣

銘文曰父癸魚

166 作旅[illegible]卣 器蓋同文

銘文曰作旅[illegible]

金文中作旅彝恆見之此卣云作旅[illegible]殊不可

五十子

解

167 作寶彝卣

銘文曰作寶彝

168 卝其父甲卣 器蓋同文

銘文曰卝其父甲

169 [illegible]父卣

銘文曰伯[illegible]父作

170 辛卣 器蓋同文

銘文曰辛作寶彝

171 彭女卣

銘文曰彭女彝冉

172 作寶尊彝卣

銘文曰作寶尊彝

173 臣辰卣 器蓋同文

銘文曰臣辰先父乙

174 □父甲卣

器銘曰□父甲蓋銘曰安義

175 中□卣 器蓋同文

銘文曰中□作寶尊彝

此卣與三代吉金文存十三卷十八頁所收者異範

176 盄弘卣

銘文曰盄弘作寶尊彝

177 伯矩卣

銘文曰伯矩作寶尊彝

伯矩二字為合文

178 北伯卣

銘文曰北伯殁作寶尊彝

此卣與三代吉金文存十三卷廿六頁所收者異範彼

文較小於此

179 史戉卣 器蓋同文

銘文曰史戍作父壬尊彝

商周金文録遺265號僅有蓋銘而無器銘

180 小夫卣 器蓋同文

銘文曰小夫作父丁宗尊彝

181 奪卣 器蓋同文

銘文曰奪作父丁寶尊彝冊

奪字銘文作奪說解見本書138號奪尊後

182 奪卣 器蓋同文

183 奪卣 此為蓋文

上二卣銘文並同前

184
渚伯逘卣 器蓋同文
銘文曰朋渚伯逘作氒考寶旅尊彝 蓋文無彝字
按渚伯逘與康侯啚為弟兄嘗為渚司徒其事
見渚司徒逘𣪘銘 商周金文錄遺157號 朋貂為氏族之徽
幟以𣪘銘列朋於文末推測知之

185
虢季子組卣
銘文曰虢季子組作寶彝其萬年子子孫孫永寶用」
此為西虢之器虢季乃虢季氏之簡稱 本書63
號虢季氏子組鬲銘可證也

186
□卣 器蓋同文

銘文曰唯九月在炎𠂤甲午伯懋父賜召白馬妦黃焇敚用朿不杯召多用追于炎不𦉜（蓋文作[illegible]）伯懋父召召萬年永光用作團宮旅彝于省吾先生云按妦黃與焇敚均係馬名說文髮之或體作焇字亦見焇鐘髮敚未詳其為何馬妦黃當即飛黃妦从丰聲丰飛雙聲……海外西經郭注周書曰白民乘黃似狐背上有兩角即飛黃也淮南子曰天下有道飛黃伏皁（雙劍誃古文雜釋三頁）于氏謂妦黃髮敚均係馬名其說可商邦懷按妦黃讀為玤璜妦玤同聲黃為璜之省

文玤璜者玤玉所製之璜即玉佩下之雙璜也
說文解字云玤石之次玉者以為系璧从玉丰
聲大戴禮曰佩玉下有雙璜皆半規似璜而小
此玤璜之說解也髮𢼸讀為戠維髮戠雙聲𢼸
維同聲故假借髮𢼸為戠維戠維者繫玉佩之
綬也說文解字云綬戠維也爾雅云繸綬也郭
注云即佩玉之組所以連繫瑞者因通謂之繸
段玉裁云佩玉之系謂之璲俗字為繸又謂之
綬今按爾雅訓繸綬也說文謂綬戠維也此乃
髮𢼸讀為戠維之說解也玤璜為佩玉戠維為

繫佩玉之綬物以類從銘文記事固秩然有序也

商周金文録遺所收之罍卣其蓋文與此同而器文與此異乃又一器非原偶也今余著録此本即于省吾先生贈我者于氏舊有員卣拓本遺失十餘年嘗語我以為憾事解放之初余於北京觀復齋見員卣拓本驗所鈐印章知為于氏物因購以歸之于先生忻然立檢罍卣為報

罕

187

冊罕

銘文曰冊

此為方斝有蓋字在器裏蓋無字

188 ⿱⿴口⿰止止⿰止止斝

銘文曰⿱⿴口⿰屮屮⿰屮屮

盉

189 康侯盉

銘文曰康侯

190 郐醻盉 器蓋同文

銘文曰鑄客為郐醻為之

191 西宮伯盉

蓋文曰伯匜作西宮伯寶尊彝器文曰匜作西宮

192 來父盉 器蓋同文

銘文曰來父作盉子=孫其永寶

此盉器銘兩行分列於鋬之左右亦屬僅見

觚

193 觚

銘文曰

194 木觚

銘文曰木

195 嗇觚

銘文曰

說文解字曰嗇愛濇也从来㐭来者㐭而藏之故田夫謂之嗇夫今按觚文从来从㐭者

196 果觚

銘文曰

殷虛卜辭果字作前編七卷廿六頁可與此參證按此果字右兩枝上無果實形者由於範鑄不足之故觀形未全可證知也

197 觚

銘文曰

198
觚
銘文曰

199
受觚
銘文曰受
此字在觚之部之外

200
貯觚
銘文曰貯

201
其觚
銘文曰其

五十一

202 車觚

銘文曰車

203 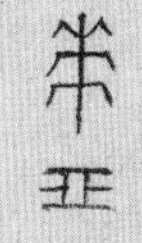觚

銘文曰

204 子觚

銘文曰子

第二字象多足蟲形當釋為蛷說文解字云𧖅多足蟲也从蚰求聲重文从虫作蛷段玉裁注𧖅字云今俗所謂蓑衣蟲也郝氏爾雅義疏云此蟲足長行駛其形鬖髿今棲霞人呼草鞵底

亦名穿錢繩揚州人呼蓑衣蟲順天人呼錢龍
是也

205
)(朩觚
銘文曰)(朩
說文解字云朩分枲莖皮也从屮八象枲皮今
按觚文朩當即麻枲之象形字)(象枲皮非八
字也

206
中得觚
銘文曰中得

207
祖癸觚

銘文曰祖癸

208

虎形父乙觚

銘文曰父乙

第一字爲虎形其頭有丫疑是虍之初文說文解字云虍委虒虎之有角者也蓋虎之角據丫形觀之殆如雈有毛角謂~~有~~虒蔟毛如角非若牛羊之角也

209

父乙觚

銘文曰□父乙

210

冄父辛觚

銘文曰父辛

211
父辛觚

銘文同上

以上兩觚皆陽文乃一人所作之器

212
父癸觚

銘文曰口父癸

213
斷首形父癸觚

銘文曰父癸

第一字金文中常見象以戉斷首

214
雙豕形觚

见夹页三

銘文曰
第二字象雙豕相從未知即説文解字訓二豕
也之豩字否

215 作從彝觚

銘文曰作從彝

216 或其觚

銘文曰或其甜作父口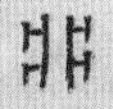彝
此觚文字半為銅鏽所掩就墨本諦視尚難詳
晰今所釋者恐有譌誤之處他日能得洗剔後
拓本則可據以訂正原銘彝字當在父口下

217
遂觚
銘文曰天冊遂叚宁用作父辛寶尊彝
此觚叚宁乃周人成語亦見於剌鼎（本書48號）叚宁
者蓋謂始受王命代行錫賞之事也代行錫賞
引為寵光故作祭器以為紀念焉
此觚曾藏南陵徐乃昌先生家徐氏藏鐘彝多
精品輯有隨庵吉金圖惜未印行
觶

218
斿觶
銘文曰斿

219
伐觶
銘文曰
説文解字曰伐擊也从人持戈此則从人荷戈
觀其所荷戈首向上者便於舉而擊刺之也

220
觶
銘文曰

221
⿱辰止觶
銘文曰⿱辰止
此字从辰止容庚先生釋辰

222
父庚觶

銘文曰父庚

223 戈辛觶

銘文曰戈辛

224 史犬觶

銘文曰史犬

225 史農觶

銘文曰史農

羅振玉先生云說文解字農耕田也从晨囟聲諆田鼎作農史農觶作農並从田知許書从囟者乃从田之譌矣

二十七

郭沫若先生云余以為辰實古之耕器其作貝殼形者蓋蜃器也淮南氾論訓曰古者剡耜而耕摩蜃而耨郭氏謂辰實古之耕器是也余謂農从辰田者辰義為耕耕田乃農夫之事也字从辰田會意

226

應公解

銘文曰應公

227

解

銘文曰

228

冕父乙解

銘文曰父乙

象冕形其中之丨乃冕之中縫也說文解字云克（按此即弁字）冕也是知冕弁實一物而異名耳周禮夏官弁師云王之皮弁會五采玉璂鄭注云會縫中也皮弁之縫中詩衛風淇奧篇云會弁如星鄭箋云會謂弁之縫今據鄭說可明字字之形義矣又按殷虛卜辭云貞一人（鄴中片羽三集下卷卅四頁八片）一人指殷王貞冕一人者貞卜殷王加冕之事也今引卜辭冕字以作此銘冕字之旁證

229

戣父乙觶

銘文曰□父乙

□字亦見於殷虚卜辭郭沫若先生曰□古戣字十干癸字作□即由此轉化

邦懷按說文解字曰戣周制侍臣立於東垂兵也尚書顧命篇鄭注曰戣瞿蓋今三鋒矛今觀□字上象三鋒下象柲與鐓也

230

萬父丁觶

銘文曰萬父丁

此銘與上列戣父乙觶銘按原行款皆當左讀

231 大父戊觶

銘文曰大父戊

232 斷首形父己觶

銘文曰父己

234 父己觶

銘文曰父己

第一字从㫃持不識何字按旅尊旅字作

其杠上之與所从者同當為一字（旅尊見錄遺187）

235 旅父辛觶

銘文曰旅父辛

236 父癸觶

銘文曰父癸

237 重屋形兄辛觶 器蓋同文

銘文曰兄辛

238 王七祀觶

銘文曰王七祀王鑄

此為觶蓋雖僅有五字以篆勢審之與作冊大

鼎文字最近乃周初器也

239 冊冊斷首形父己觶

銘文曰冊冊父己

240
諸兒觶
銘文曰者兒作寶尊彝
楊樹達先生云按春秋莊公八年云冬十有一月癸未齊無知弒其君諸兒諸兒為齊襄公之名此器銘文者兒豈齊襄公之器歟抑他人之器与襄公名偶同者歟今無由質言矣積微居金文說一五八頁

241
齊史逢解
銘文曰齊史逢作祖辛寶彝
此銘逢字與伯疑毀逢字並从辵丰聲丰古音

讀如疑故古文疑以之為聲符也吳大澂說段文[illegible]字曰古疑字从屮不从子說文古籀補九十頁蓋不知為形聲字也

242 㕣子旅觶

銘文曰㕣子旅作父戊寶彝

爵

243 人執皿形爵

銘文曰

244 若爵

銘文曰

此若字與殷虛卜辭字略同葉玉森先生曰契文若字並象一人跽而理髮使順形易有孚永若荀注若順也卜辭之若均含順意

245 爵

銘文曰

246 工爵

銘文曰工

247 矢爵

銘文曰矢

248 冕爵

銘文曰
此爲冕之象形字說見本書228號冕父乙觶

249
爵
銘文曰

250
爵
銘文曰

251
天豕爵
銘文曰天豕

252
甲爵
銘文曰甲

253
凷叾爵
銘文曰凷叾
第一字亦見殷虛卜辭羅振玉先生曰說文解字箙弩矢箙也从竹服聲周禮司弓矢鄭注箙盛矢器也卜辭諸字象盛矢在器中形

254
亳戈爵
銘文曰亳戈

255
虎父乙爵
銘文曰虎父乙
虎字說解見本書208號虎形父乙觚

256 重屋形父乙爵

銘文曰父乙

257 父乙爵

銘文曰父乙

258 魚父丁爵

銘文曰魚父丁

259 戈父丁爵

銘文曰戈父丁

260 作父丁爵

銘文曰作父丁

261

尊形父丁爵

銘文曰父丁

262

父辛爵

銘文曰父辛

263

父辛爵

銘文曰父辛

264

父辛魚爵

銘文曰父辛魚

265

父癸爻爵

銘文曰父癸爻

266 辛口口爵

銘文曰辛[illegible]

267 王冊父丁爵

銘文曰王冊父丁

268 [illegible]子父丁爵

銘文曰[illegible]子父丁

[illegible]疑即个字經傳多言个而說文解字佚个字

段玉裁謂六書故引唐本有之

269 [illegible]父癸爵

銘文曰[illegible]父癸[illegible]

270 父癸爵

銘文曰父癸

271 高帚爵

銘文曰作母癸

第三字當即說文解字帚部之高帚字此从乖殆

為帚之異體

272 古爵

銘文曰古作父丁尊彝

273 椃父辛角

角

銘文曰椃父辛

說文解字云號·號木也从木號省聲乎刀切集韻六豪云號·椃·說文·木也·或省·今按集韻謂椃為號之省可據此銘椃字補說文號字之重文矣

盤

274 八大盤

銘文曰八大

275 亞□盤

銘文曰亞□

□舊釋為疑

276
箙盤
銘文曰箙
此盤二字箙字在盤裏字係陽文在盤外商周金文録遺497號無盤外之陽文字

277
蔡侯盤
銘文曰蔡侯䌝之尊盥
此銘盥字从酉僅見

278
虢金氏孫盤
銘文曰金氏孫作寶般子=孫=永寶用
此盤出陝縣三門峡虢墓中第一字形與虢近

當是貌字異文金氏疑即金氏

279 奎母盤

銘文曰十月乙丑□孫奎母作盂□寶般用祈
眉壽萬年子孫永保用之

匜

280 伯鮮匜

銘文曰伯鮮作寶旅阤
說文解字曰阤小𡹈也从𨸏也聲此銘用阤為
匜蓋以聲近之故然捨本字不用而用假借知
古人寫字并不默守故常耳

281 蔡侯匜

銘文曰蔡侯䌛之盥⿱鉈皿

282 魯伯敢匜

銘文曰魯伯□作寶也其萬年永寶用金文敢字作□此銘作□从口當是敢字異文作此匜之魯伯敢余謂殆是魯伯御之字史記魯世家云懿公九年懿公兄括之子伯御與魯人攻弒懿公而立伯御為君伯御即位十一年周宣王伐魯殺其君伯御余謂伯敢是伯御字者說文解字云敢進取也詩小雅飲御諸友傳

七十四

云御進也御敢並有進義此其名字相應之證也銘不稱公者伯敢作此匜時尚未為魯君耳

雜器

283 成周王鈴

銘文曰成周王令

此鈴陽文成周二字為一行王令鈴二字為一行依行款當名成周王鈴三代吉金文存十八卷十一頁所收者與此為同時制作然彼為陰文左讀第一行王成周三字第二行鈴字其行款與此小異

见夹页四

284

□外卒鐸

銘文曰□外卒鐸背有刻字曰鍾予

此銘第一字舊爲金屬物塗掩故拓本不能辨爲何字據商承祚先生說渠曾就原器細看隱約似楚字

285

王句六室豆

銘文曰鑄客爲王句六室爲之

286

王句六室豆

銘文同上

以上兩豆均爲楚器出壽縣朱家集

287 若觓

銘文曰若

288 王生女觓

銘文曰王生女㣇

㣇疑即古㣇字說文解字曰㣇脩豪獸一曰河內名豕也从彑下象毛足讀若弟㣇古文今按說文㣇从又与此㣇右旁同从㣇与此左旁略同但有繁簡之別耳王生女㣇者周王生女命名曰㣇也古人用獸名命名經典常見之如召伯虎叔孫豹閔子馬等是其例證

289 冊父癸四甬彝

銘文曰冊父癸

290 □丙四甬彝

銘文曰□丙□□

四甬彝為小器不知何用

291 蔡侯鈚

銘文曰蔡侯鑘之鍳

此銘左讀按此器形似扁方鉼考之典籍鈚鐵也見玉篇鈚犁錧別名也一曰箭名也見集韻而扁壺名鈚今賴實物以知之可補文獻所未備

292

巍公銚

銘文曰巍公毗三斗二升取

此巍字从山其實即史記魏世家之魏也器形

似扁壺應名為銚作毗者同聲假借字也銘末

取字為人名史記魏世家索隱引世本曰獻子

生簡子取此器殆即魏簡子之物歟或謂取乃

工人所記之名月令所謂物勒工名者是此說

亦通因并存之

293

庚午盂

銘文曰隹正九月□吉庚午□子季□□□自

作鑄□盂萬年無疆子=孫=永寶用之此器據古録金文及綴遺齋彝器考釋並摹其文據古名為庚午□蓋不知何器也綴遺名為盦亦未覈實今按銘文第五行盂字上半雖泐其殘字作[illegible]猶可辨别是盂非盦也

294

攻吳王夫差鑑

銘文曰攻吳王夫差擇氒吉□自□□□

三代吉金文存十八卷廿四頁箸録之攻吳王夫差鑑其書法行字並與此同惟彼銘夫作[illegible]此作[illegible]固勝於彼也彼器聞久流海外此殘底亦可珍貴

见夹页五

295

吳王光鑑

銘文曰隹王五月既字白期吉日初庚吳王光擇其吉金玄銑白銑以作叔姬寺吁宗彝薦鑑用言用孝眉壽無疆往巳叔姬虔敬乃后孫勿忘

既字白期郭沫若先生釋為既子白期其說云既子白期當即既生霸子同孳或滋生也白乃古伯字與霸通郭氏謂既子白期當即既生霸甚是惟細辨拓本是既字白期按說文解字云孳級級生也段玉裁注云亦音字今知此銘借

字為孳也郭氏謂白乃古伯字與霸通邦懷謂魄从白聲此銘蓋用白為魄也既字白期猶既生魄耳郭氏考釋見考古學報總十一冊虔敬乃后孫勿忘郭沫若先生以虔敬乃后孫五字為一句說云虔敬乃后孫則叔姬當為蔡昭侯之孫聲侯妃邦懷謂虔敬乃后四字一句孫勿忘三字一句孫乃遜之假借字論語云孫以出之又云惡不孫以為勇者借孫為遜與此銘同說文解字云遜順也孟子云以順為正者妾婦之道也叔姬適蔡為蔡侯之妃其將行也吳王

光誠之曰虔敬乃后勿忘順之道也銘文作孫
勿忘爲倒文協韻耳

296 吳王光鑑
銘文同上
以上兩鑑與蔡侯銅器羣並出於壽縣西門內
古墓

297 蔡侯缶 器蓋同文
銘文曰蔡侯䌛之盥缶

298 蔡侯缶 器蓋同文
銘文曰蔡侯䌛之隮缶

299

蔡侯盧

銘文曰元年正月初吉辛亥蔡侯𤔲虔共大命
上下陟祜敱敬不惕肇□天子用詐大孟姬女
彝醴禋亯是祗盟嘗禘祐受毋已齋設整諳
𥬇亢王母穆穆亹亹悤□訢𣄻威儀遊遊霝頌
訖商康諧穆好敬配吳王不諱考壽子孫蕃昌
永保用之終歲無疆

此器似盤郭沫若先生名之曰盧今從之郭氏
所寫考釋見考古學報総十一冊
上下陟祜郭氏云祜疑福之異文即非福字否

聲亦在之部邦懷按毛公鼎云上下若否与此句例相同知此銘䄫為否聲字當非福之異文」

肇□天子用詐大孟姬嬃彝盨邦懷按肇下一字原銘已泐郭氏擬作輔字余以蔡侯鎜銘比勘（鎜銘与此盧銘相同）知是䡴字假借為佐詐字郭氏釋作是也此銘借詐為作猶邾王鍴銘借酢為作」

䈞亢王母郭氏釋䈞為節是也按節頵古韻同屬先部䈞亢葢用為頵頏

霝頌龏商邦懷按霝訓善也霝下一字細辨拓本是頌字說文解字頌古文从容作額是古頌

容通用之證霝頌其意即王肅說詩善容曰寵詩釋文引之善容商上一字審拓本作訢从音与从言同乇聲當是託字託訓寄商假借為章章商音近古韻同在陽部說文解字云章樂竟為一章段玉裁注云歌所止曰章此銘託商其意蓋即禮記檀弓篇久矣余之不託於音也之託音霝頌託商蓋謂叔姬善容而長於樂歌康諕穆好邦懷按諕即諕此銘从言之字皆从音諕婦同聲康諕猶安婦也

300 蔡侯盤

銘文與蔡侯盧相同

此器與蔡侯盧同一銘文惟銘中所書之器名異耳銘云用詐作大孟姬嬇彝⿰金⿱舍皿彝下一字其中間為銅銹所掩然細審之乃以金⿱舍皿聲字也按⿰金⿱舍皿⿱舍皿並為字書所無以聲義求之當與⿱社皿同舍社聲近古韻同屬魚部玉篇皿部云⿱社皿時夜切器也今驗此器形似尊有以尊名之者未核其實耳

301

辟大夫節

銘文曰辟大夫信節以上在虎腹又曰境坴牙嬰績

為口上在虎背
境坴當是地名嬰平未詳緽當是工人之名緽為
謂緽所造余觀戰國時器物勒工名者曰某為
漢器勒工名者則曰某造又按此銘坴字與丘
始石經春秋古文止作坴相同从𠆢𠆢象止形从
至聲也丘當是古文基說文解字期古文作丌
从丌是其比吾謂坴从基聲者止古音讀如欺
止基同屬之部也說文解字止字古文作坴脫
兩筆已失从丘之義矣
歷代符牌錄收此節僅有八字尚有三字為鏽

八十一

掩未經別出今則十一字字字皆清朗矣

302 陳共車飾

銘文曰侃聚夅𨻰共為之

此為楚器其形扁方而中空頂上有環可活動

字在側面余嘗於北京振寰閣見之蓋車飾也

303 親鐵銅鍵

銘文曰親鐵选床北首向句西首室同

床是古文户見說文解字

304 岊氏燈

銘文曰岊氏

說文解字云岊阪隅高山之卪也从山卪此燈岊字从山在卪上會意知即說文岊字燈銘岊氏殆以地名為氏者

305
富子燈

銘文曰富子之上官隻之畫釦鏝鉼十台□大⿺辶皮之從鉼登其弘吉弘吉二字為合文舊釋⿰歹舌恐未確

306
□□褱

307
□□褱

308
□□褱

309 □□褱

以上諸小器之褱字疑即鐶字省文鐶人之職見於周禮者有二夏官所屬之鐶人以勇力卲敵為任其職掌与此褱器似無關涉考秋官環人掌送逆邦國之通賓客以路節達諸四方舍則授館令聚欜有任器則令環之凡門關無幾送逆及疆注云鄭司農云門關不得苛留環人也余謂諸小褱器乃環人遠達四方出入門關佩之以為信者殆即路節歟又按以上諸器其文皆為某某褱褱上兩字當為環人姓名惟字草

率多不辨識，檢三代吉金文存著錄睘器其文有可識者曰辛□睘（十八卷四十頁後第二枚）曰方金睘（四十一頁後第三枚）曰辛國睘（四十二頁前第三枚）曰豐烝睘（四十二頁後第一枚）其為環人姓名題然。秋官目錄謂環人中士四人，史四人，胥四人，徒四十人，計環人所屬有五十餘人之多。昔年睘器出土者有廿餘枚，蓋人各一枚，記姓名於其上。此猶清代官府發給胥役胥牌，必書胥役姓名於牌也。

310

大攻銅器

銘文曰：大攻君月寅安長左邦國

311 右佐鑯

銘文曰右佐鑯

鑯字原文作𨯙乃列國時簡筆字器為銅鑯足

證其為鑯字無疑

312 大閔小器

銘文曰大閔迴𡳿亚

313 船字小銅人

銘文曰船

兵器

314 戈 面背同文

銘文曰

315 太公戈

銘文曰大公戈

316 艾用戈

銘文曰芇用（字在內）又曰足播（字在胡）

芇从艸丅聲丅即說文解字之屮字（讀若綏）廣韻

集韻並謂艾與荽同集韻又謂艾為葰之或文

注引說文葰薑屬可以香口是知艾即葰也戈

文艾字當是人名又按足播二字是鑿文播从

丑乃丑字象手之形（象手之形說本許書）在此用作手旁

此字當釋播足播乃人之姓名蓋此戈初為名芟者所有後又為足播所有

317 玄翏戈

銘文曰玄翏□□□

318 玄翏戈

銘文曰玄翏用呂□

玄翏讀為玄鏐說文解字曰鏐一曰黄金之美者考工記曰四分其金而錫居一謂之戈戟之齊據鄭注明齊為和金余疑戈文所謂玄鏐者殆和金之美者歟 用呂當為用鋁省文玉篇云

鋁同鑢說文解字云鑢錯銅鐵也尋繹戈文之意蓋謂用和金之美者鑄為戈再加工錯磨之耳

以上二戈皆為鳥篆皆出於湖南長沙余目驗古戈戟其文字作鳥篆者皆為楚物若劍格為鳥篆者則僅見為越之制作也

219

蔡侯戈

銘文曰蔡侯𨰻之用戈

此戈係1955年出於安徽壽縣西門古墓中檢三代吉金文存十九卷四十五頁著錄蔡侯戈其文曰蔡

侯䜌之行戈據此推知蔡侯䜌之銅器遠在二三十年前（羅氏印行吉金文存已廿餘年）已有發現除吉金文存所收一戈外不知尚有其他器物流落人間否

320 卭侯戈

銘文曰卭侯產之用戈

集韻曰卭鄉名此戈卭侯知卭為國名後乃夷為鄉

321 丞相觸戟

銘文曰□□年丞相觸造咸□市葉工又曰逵」

按史記穰侯傳云魏冉謝病免相以客卿壽燭為相其明年（按此為秦昭王十五年）燭免余謂此戟之丞相觸即史記所云之壽燭今本史記作燭者乃由字形近而譌又按史記六國年表秦昭王十五年欄內僅書魏冉免相未書壽燭為相以客卿壽燭為相頼穰傳記其事也

322

鏳戈

銘文曰鏳用戜大巢□作鑄其載戈

鏳从金曾聲疑與鐪同以文義觀之鏳為人名蓋非國名戜與師寰毀弗速我東馘之馘當為

八十六

一字毁文與此戈文並用為國也萬字亦見散氏盤乃古文嚚假借為狩戈文云鑄用戜大狩鑄其載戈者謂鑄以國有大狩之事乃鑄此載戈也大狩當指天子巡狩載戈謂乘車所用之戈（説文解字云載乘也）

323
亞矢矛（正背同文）

銘文曰亞矢

324
大于矛

銘文曰大于

原作夸商承祚先生釋大于容庚先生釋夸」

325 大于矛

銘文同上

326 行矛

銘文磨泐正背約為四字僅有一行字可辨

327 干

銘文曰

328 大于刀

銘文曰大于

329 平巨劍

銘文曰平巨

此剑面背各有虎纹一面文曰平背文曰巨按平巨者謂剑之直也說文解字曰巨規巨也或作榘剑文之巨即榘亦即今通用之矩字周髀筭經曰用矩之道平矩以正繩蓋繩欲其直故以平矩正之劍欲其直亦以平矩正之此劍作成經平矩正後乃於剑身鑿平巨二字以明其合於規率於是可覘古人考工之嚴格矣考工記曰築氏為削合六而成規此以規言者鄭氏注戈曰援矩則曲於磬折援長則倨於磬折鄭氏注戟曰胡中矩則援之外句磬折歟此以磬

折言者今余於劍文釋出平矩字說明古人作劍以合於平矩為準此可與戈戟削三物以磬折以規為準者觀其會通且可補考工記桃氏為劍及鄭注所未言焉

330 庚斧

銘文曰庚

331 岢个矢鏃

銘文曰岢个之矢

332 右攻劍格

銘文曰右攻三鉛

333
鄭右矤軍弩牙
文曰鄭右矤軍
說文解字曰矤、況詞也从矢引省聲从矢取詞
之所之如矢也余嘗疑許說矤字殆非本義今
以鄭右矤軍之矤證之可知矤之本義或與引
字相近

334
秦左攻距悍
銘文曰秦左攻省□近走□日□仁生攻卒佶」
此器名曰距悍前人所謂距末實未當也積古
齋鐘鼎彝器款識八卷著錄之周距末舊皆右讀

其文曰愕作距末用差商國故名其器為距末自馬衡先生發明左讀其文曰國差（此与國差𦉜同為齊之國佐）商賞末·用作距愕·始訂正其名曰距愕又按積古齋款識引沈心醇說云戰國策蘇秦說韓王曰谿子少府時力距來皆射六百步之外疑此為弩飭孔廣森亦以為飭弓箭者今按沈氏孔氏之說皆是也戰國策所云谿子少府時力距來謂時持距以來也舊說附會以距來為距末之誤失之遠矣

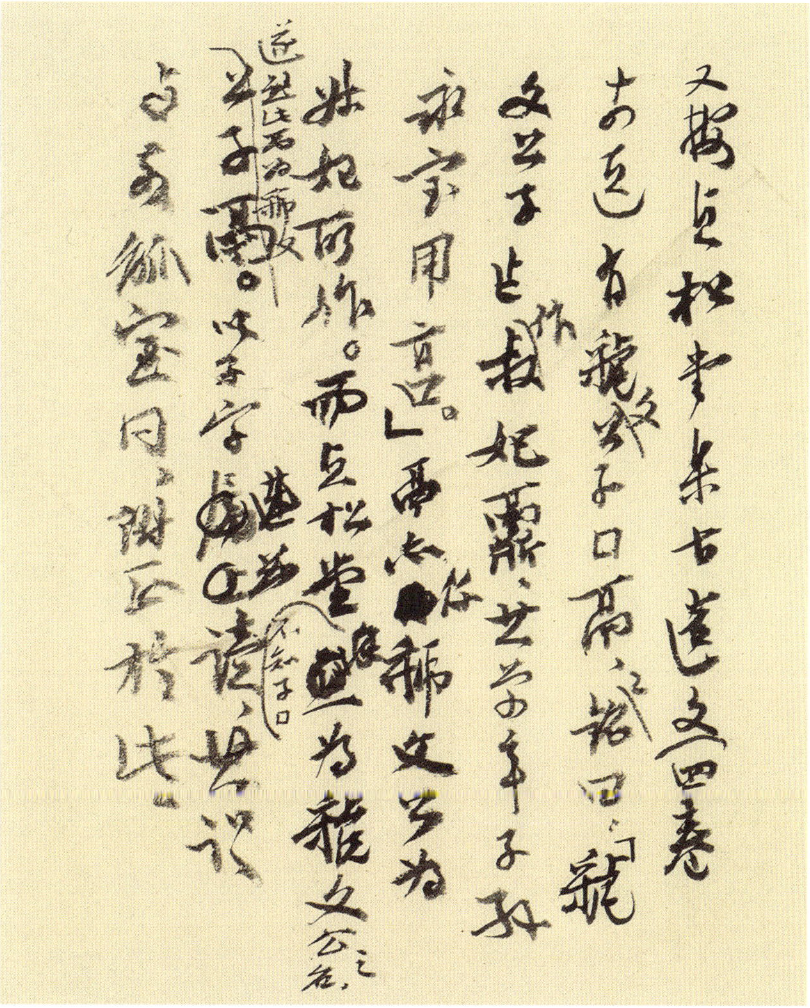

夹页一，横90毫米、纵110毫米，影印时略有缩放。

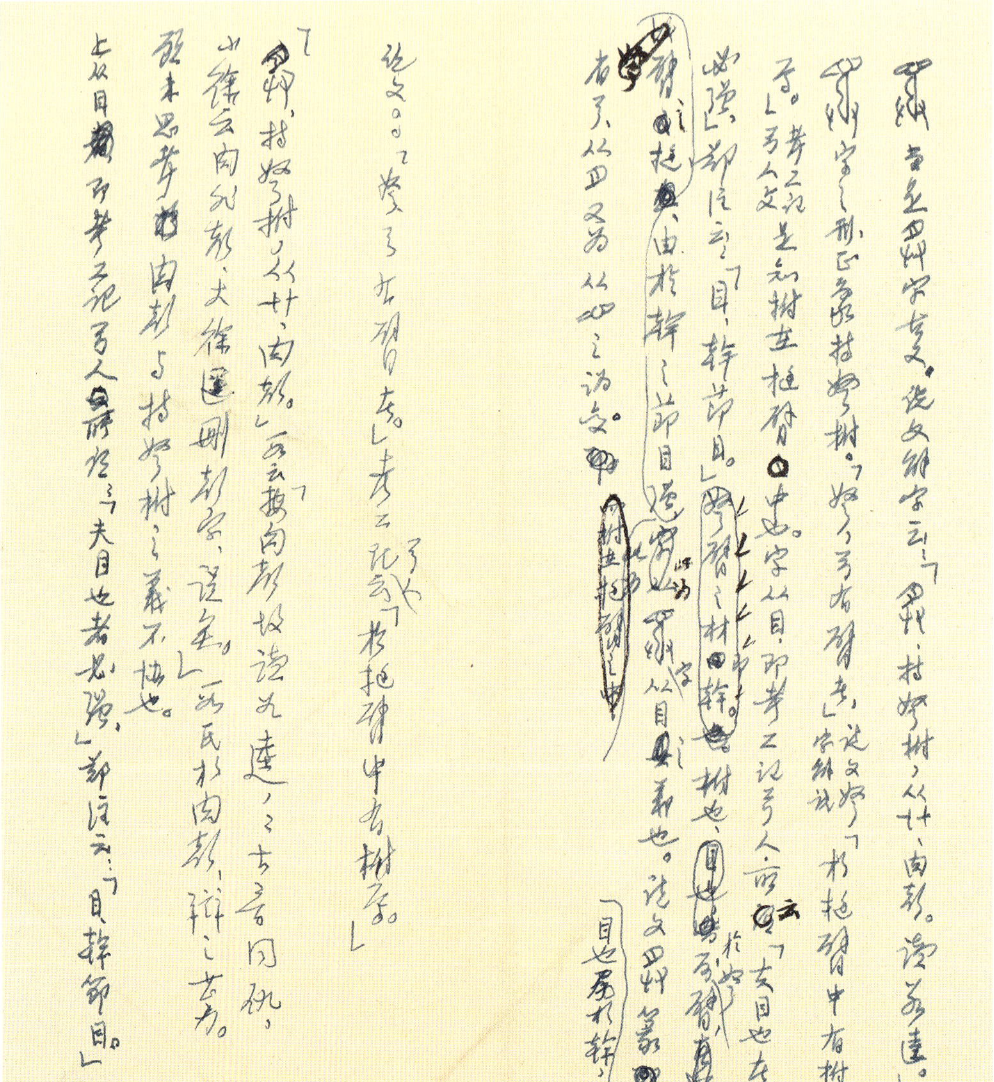

夹页二，横175毫米、纵180毫米，影印时略有缩放。

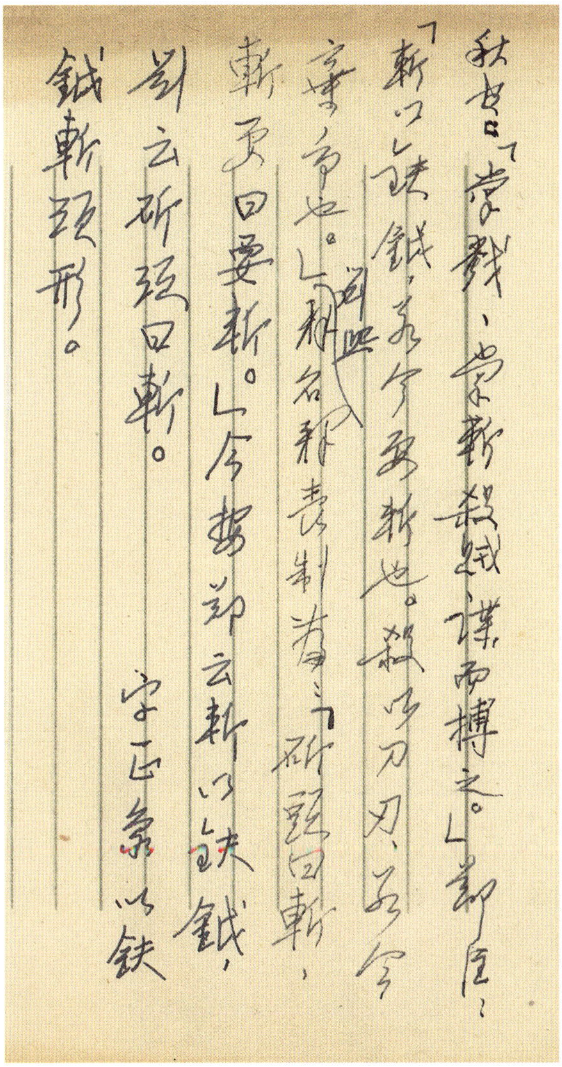
秋官「掌戮」：「掌斬殺賊諜而搏之。」鄭注：
「斬以鈇鉞，若今要斬也。殺以刀刃，若今
棄市也。」劉熙《釋名·釋喪制》：「斫頭曰斬，
斬要曰要斬。」今按：鄭云斬以鈇鉞，
劉云斫頭曰斬。　字正象以鈇
鉞斬頭形。

夹页三，横 74 毫米、纵 140 毫米，影印时略有缩放。

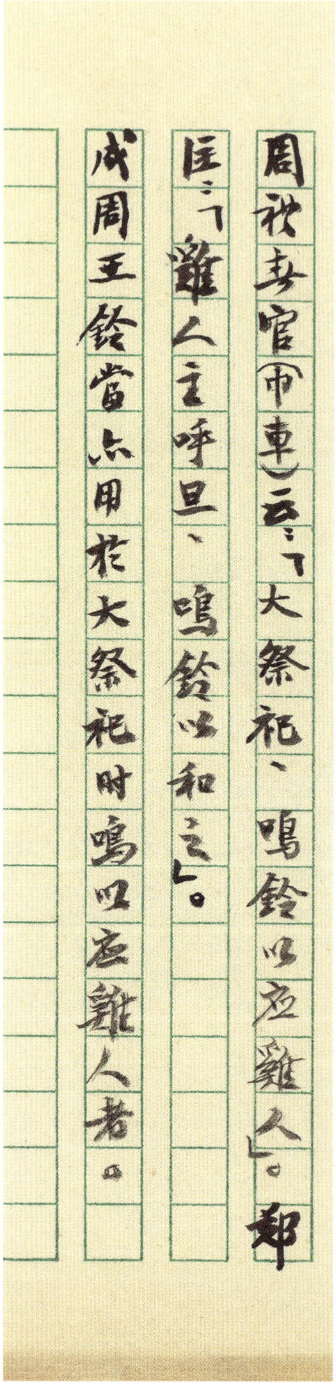

周禮春官（巾車）云：「大祭祀，鳴鈴以應雞人」。鄭注：「雞人主呼旦，鳴鈴以和之」。成周王鈴當亦用於大祭祀時鳴以應雞人者。

夹页四，横45毫米、纵190毫米，影印时略有缩放。

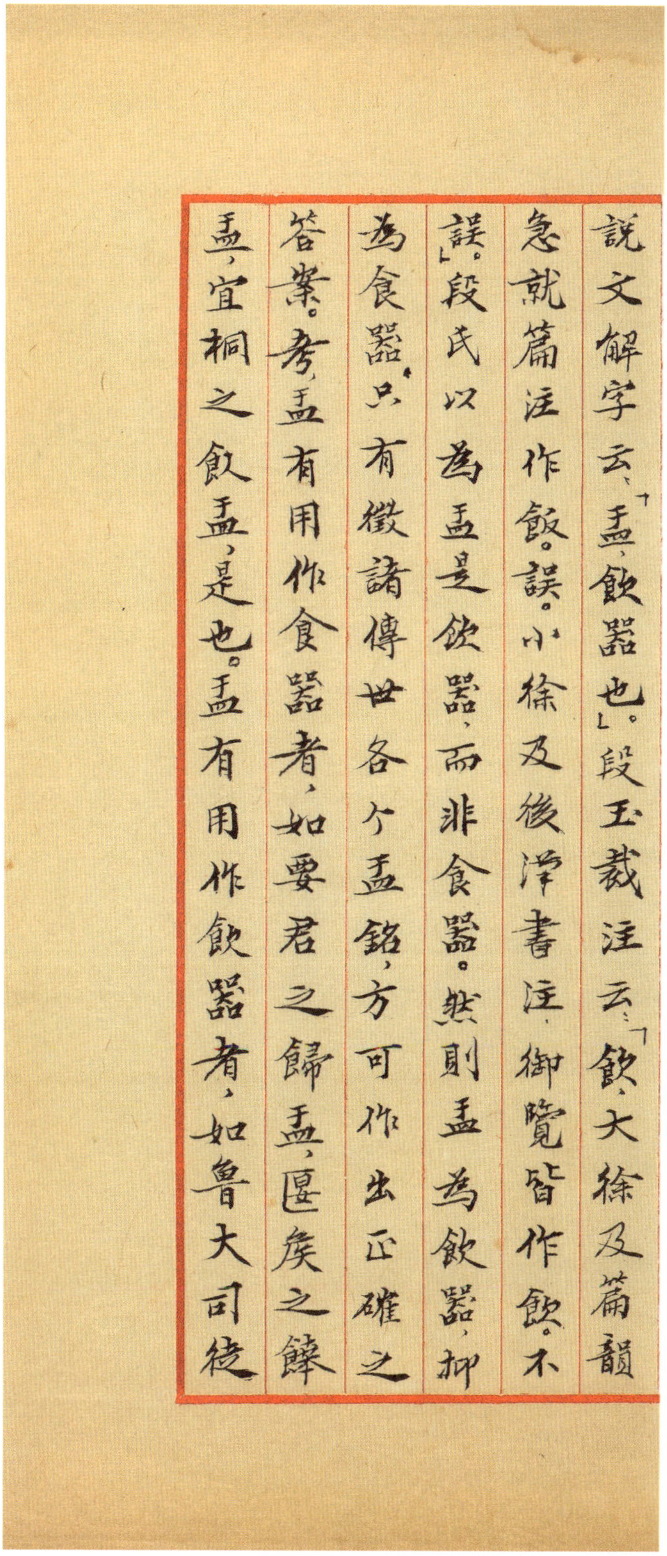
説文解字云「盂，飲器也。」段玉裁注云「飲，大徐及篇韻急就篇注作飯。誤。小徐及後漢書注、御覽皆作飲。不誤」。段氏以為盂是飲器，而非食器。然則盂為飲器，抑為食器，只有徵諸傳世各个盂銘，方可作出正確之答案。考盂有用作食器者，如要君之歸盂、匽侯之饙盂，宜桐之飤盂，是也。盂有用作飲器者，如魯大司徒

夹页五，横110毫米、纵256毫米，影印时略有缩放。

古器物古文字考释

手稿横205毫米、纵284毫米，共计122页，另有11张夹页，影印时略有缩放。原稿无题名，《古器物古文字考释》为编者根据内容所加。

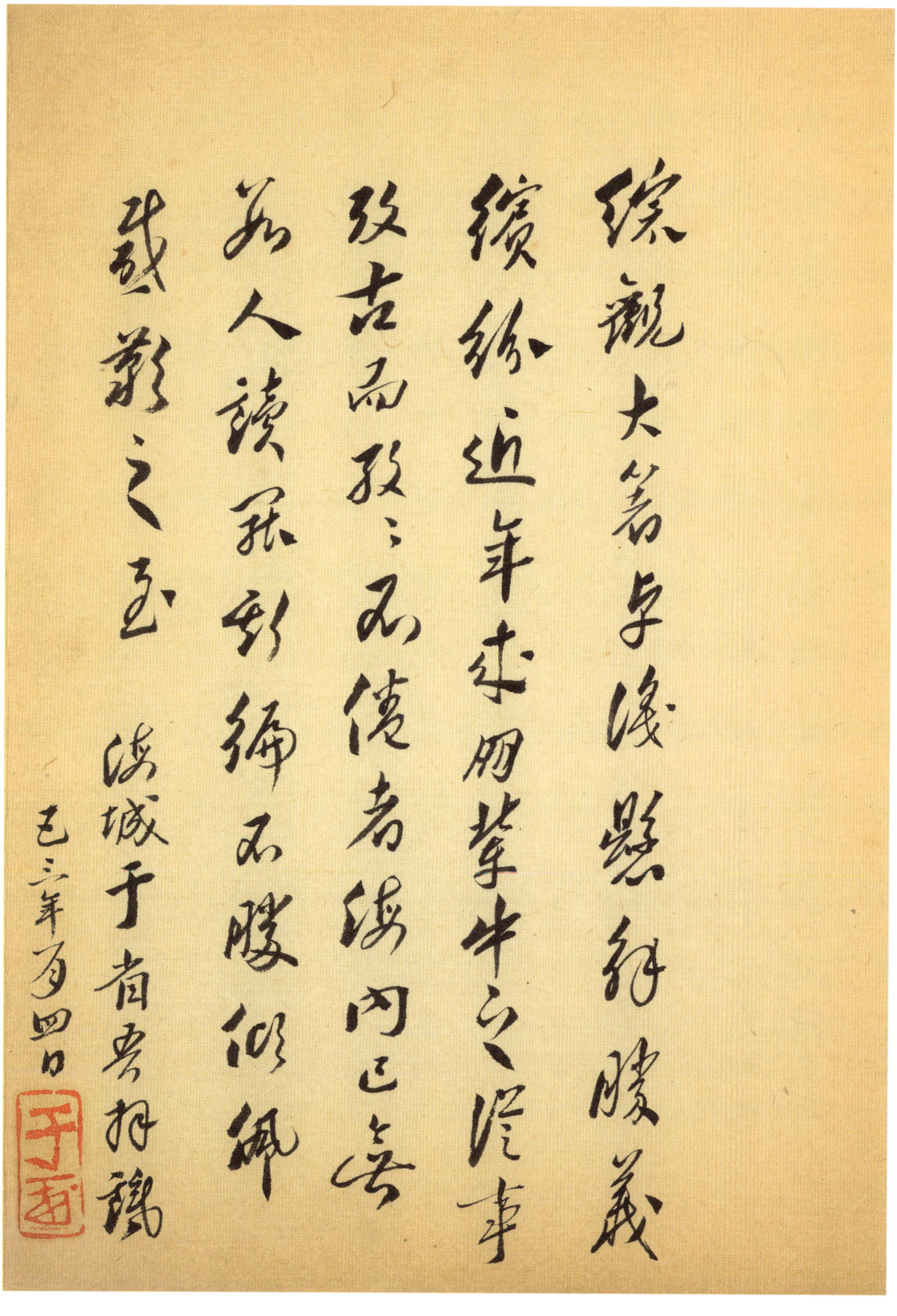
綜觀大著字體録勝義
續紛近年來朋輩中之從事
致古而孜孜不倦者海內已無
感歎之至
濱城于省吾拜識

自序

余整理舊稿附益新作屬於考釋古文字及考證古器物者凡六十篇分爲二卷乃序其端曰余研究古文字古器物之方法亦由分析綜合而有收穫而得结論今分述之：

①從古器物銘文以考古之史實以考古之工業

甲、關於古之史實者如鄦公華鐘銘曰子慎爲之聽元器其舊休𢦏余根據周語考釋鐘銘知鄦公華小心翼翼求爲善政此事春秋內外傳皆未紀載如史頌鼎王令史頌化誘穌之人民相率奔奏歸趨于成周此即後世之宣撫亦為古史所未言如小臣缶鼎王錫缶渴賚五年此与國語所謂制諸侯五年之制度有密切之關係惟王錫田禄以五年為度亦史所未言凡此皆研究古史之資料也如陳璋壺郭沫若氏及同時考金文者皆誤釋陳璋為陳騂余根據拓本細心審定始辨為陳璋即史記田敬仲世家所稱之陳法章也壺文曰隹王五年……陳璋入伐匽立邦……此寥寥十一言今以史記印證則皆為齊襄王陳法章復國之史實以上所舉各條即郭氏所謂「稽理全文以供治史之用」者也

乙、關於古之工業者雙

剑誃蔵虎剑有文曰平矩考周髀算經曰平矩以正繩蓋繩欲其直故以平矩正之是知剑欲其直亦以平矩正之此剑作成經平矩正後乃鑿字以明其合於規律格古人考古工制度之嚴可於此覘之延鴻閣曾蔵一甗有文曰米甗余謂上字象亦輻而無輪當為絡絲之篗車下字象絡絲架子架繫二糸作𢆶形者九家易所謂初宜繫二是也觀此圖象文字可知古代絡絲工具之完備矣

②余考證古器物之名稱因而探索其意義如鐘之小名（即一部分之名）凡十有二每一小名各有其意義与

其功用余已於說鐘篇詳言之矣更以兩小名比對非雙聲即疊韵如干之与鑾舞之与鼓攠之与枚鉦之与衡甬之与蟲旋之与篆是也古人名物之精義多類此而鐘爲尤詳且鐘脫胎於鉦賴干、鑾之形義及鉦之小名以考索得之此爲余研究鐘之结论而發人所未發者也劍之小名有五程瑤田段玉裁阮元說解其三余補充其二於是此五名者遂聯繫一氣顱也頸也鬣也脊也身也蓋無一不取譬於人體之名劍之小名取譬人體者以劍爲人所佩帶之兵器也此爲余研究劍之結論也

③研究古器物之形制可訂其名稱可考其功用海城于氏藏古石器一枚其體扁其形如履底而大考古家不知何名不審何用余以毛诗周禮考之知為周之乘石乃王后登車所履之石也余藏古銅笄二枚其端皆作雞形笄雞固為同聲蓋取意於雞鳴而夙興也此二笄一有孔一無孔余徵諸典籍稽諸實物考知珈繫於笄尊者加珈卑者無珈故笄有有孔与無孔之别焉雙劍誃藏古兵二其形作余以殷虛卜文斤字作知斤首如矢鏃但有小大之别耳因考定即古斤首世人但识古斧而不識古斤

故自宋以来金石書中未一見斤之名也

傳世之古器物与彝銘蓋亦夥矣研究方法約有二端考釋文字是為基礎明瞭假借始能貫通基礎未固則運用不閡假借不明則窒礙時生此一事也若夫考訂古器之名稱探索名物之意義必虛心以求之實证以説之如此庶有合於考古之規律此又一事也此為余歷年研究之经驗今書於雜文卷首冀与治斯學者共商推焉

一九五二年十二月陳邦懷寫於天津

說匜

余觀傳世之匜盦其器形侈口而長方其書器名作匜从匚古聲偶有从金作者為匜之變體百之一二而已或謂周之匜原於夏之瑚其說是也邦懷按匜為行旅所用之器匜銘有曰以征以行用盛稻粱者曾伯霥匜有曰從王征行用盛稻粱者史免匜有稱行匜或稱行器者曾子遵匜曾伯疆匜曾子口匜有稱旅匜者鄭子斯匜衛子井无匜伯口魚匜尹氏匜商丘井匜伯其父匜召山父匜曾伯霥匜此言匜之用也若夫匜之命名取意蓋与軲有關係軲匜皆古聲也廣韻十一模軲車也集韻十一模軲字下引博雅輅軲車也釋名釋舟車謂之輅

者言道路也古人行旅用車盛行旅之食用匚此行匚旅匚所由作也匚取義於軲而槤取義於輂（詳說槤）先民創物其命名之義殆如是與

說槤

余蔵舊拓金文一冊中有二器前人題曰璉一曰父已璉邦懷按此器自筠清館金文著録即误為鼎攈古録金文奇觚室金文述敔吾心室彝器款識三代吉金文存均沿筠清之误標題為鼎而不知為槤也今特揭出以告世之治金文学者於左側款識語云父已璉扁方蓋如屋形高七寸三分横徑九寸五分又廣八寸一分器高一寸按寸當為尺字之误零三分深七寸横徑如蓋有八棱如翅二曰帚璉識語云帚璉蓋如屋形高七寸三分横徑七寸三分又按又下原脱廣字六寸三分器高七寸六分深五寸横徑如蓋有八棱邦懷謂槤之蓋形如屋極亦象車蓋槤之取意

在此槤之特徵亦在此若夫槤之名取諸輂而車蓋之義取諸屋極段先生玉裁程先生瑤田嘗言之矣段氏注說文解字槤字曰苞注論語瑚璉黍稷器也夏曰瑚商曰璉周曰簠簋據明堂位音義本作四連周礼管子以連為輦韓勑礼器碑胡輦器用即胡連也疑胡輦皆取車為名程氏釋宮小記曰蓋極之言中也從其朔而論之是言四注屋之最高者為極故天之中曰北極義取諸此屋脊曰極乃順此名之說文云宙舟輿所極覆也舟所極覆余雖未聞其審若夫車之覆則車蓋是也按輪人為蓋〻斗曰部蓋橑

曰弓〻長六尺谓之庇軹五尺谓之庇輪四尺謂之庇軫鄭氏云庇覆也非所谓與極覆者歟谓之極者非言其蓋斗如屋極歟余融貫段氏程氏之说以闡明槤之名与義焉然不於霉爛冊子中得前人所记槤蓋如屋形一语則槤之形無由得知且於段氏程氏之说亦無由證其精確矣

說笄

余昔於北京廠肆見殷虛所出古笄或為象製或為骨製其端有作鳥形者乃女子用以安髮也有作圓形如笠或如泉者乃男子用以固冠也余藏銅笄二品其端均刻鳥形其一品鳥後有孔一以形制定之蓋周物也頃讀說文繫傳笄簪也从竹幵聲鍇曰女子十五而笄許嫁而笄也其端刻雞形余聞楚金之說始悟殷周之笄其端所刻者為雞而非鳥也笄端刻雞斯為古制楚金之說必有所受然笄端刻雞形何義乎此可舉經籍以說明之詩鄭風女曰雞鳴士

極有發明 容庚

曰昧旦箋云此夫婦相警覺以夙興言不留色也齊風雞既鳴矣傳云雞鳴而夫人作尚書大傳后夫人將侍君於房中釋朝服襲燕服然後入御於君雞鳴太師奏雞鳴于陛下夫人鳴佩玉於房中告去於是知笄端刻雞形者使夫人聞雞鳴而夙興古人創物其意義深且遠矣

又按詩鄘風副笄六珈傳云副者后夫人之首飾編髮為之笄衡笄也珈笄飾之最盛者所以別尊卑箋云珈之言加也副既笄而加飾如今步搖上飾古之制所有未聞余聞毛鄭之說始悟銅笄雞後之孔乃為

謦珈之用者意珈之飾殆与冕旒之旒相若毛傳珈笄飾之最盛者鄭箋珈之言加也均說明珈乃附隷於笄者也尊者加珈故用有孔之笄卑者不加珈故用無孔之笄今日目譣笄之形制之不同毛傳別尊卑之說益信而有徵矣

說柶

殷虛所出之柶骨者多牙者少角者柶有以角為之者詳士冠禮注則未嘗發現余所見者皆上圓下方形制如圭應劭曰圭自然之形陰陽之始也余謂柶取象於圭者順乎陰陽也柶从四得聲者順乎四時也原柶之名與義乃於其形制考索得之者也柶从木者初以木為之知之者古人於匕喪祭用桑為之吉祭用棘為之詳禮記雜記注匕可用木柶亦可用木為之矣余目驗殷虛骨柶其上圓之部署如今之鞋拔屈凹容物用與匕同考古之銅匕如匙而淺柶之上端似為鄭玄注禮

經曰柶狀如匕精且確矣許慎說柶曰匕也說匕曰一名柶蓋不辨柶匕為二物也段玉裁以鄭許異說乃辨之曰常用器曰匕禮器曰柶是知禮器用柶者所以順乎陰陽四時者也

說劍

清人說劍之形原劍之名者以程瑤田段玉裁阮元三家為善而阮氏根據實物發明新義為說尤精碩於原名尚有賸義未經闡發余嘗思之劍為人所帶之兵所以防檢非常者也故劍體諸名若身若脊（段玉裁曰脊在其身中隆處）若臘（即鬛之假借字阮元曰余門生錢塘陳均自秦中歸得古劍柄其莖上之臘作四出長鬛形如今梔子花蒂必如此則臘之所以名臘獵〻然如長鬛者乃可見也）皆取譬人體之名也或曰劍首曰鐔劍柄曰莖与人體之名略不相涉子將持何說以解之乎余曰鐔之為言顱也（鐔顱古音皆在七部）說文解字顱頂也觀阮氏所摹古

剑鐔臘图則知鐔乃隆起中空旁有一孔固為頤之象也莖之為言頸也說文解字頸頭莖也頤与頸亦皆屬於人體者也考工記借鐔為頤借莖為頸是猶借臘為鬣矣夫鐔頤也莖頸也臘鬣也身也脊也自剑首以至剑末諸名具矣而無一不符合於人體之名焉剑為人所帶之兵其名取譬於人體者豈無故哉

說商戈戟

商之戈戟三十年來出土者多矣世之考古家統名曰戈而不審商有戟也余考商之戈其內上平許君所謂戈平頭戟者是也而商之戟其內上作形許君所謂戟有枝兵者是也嘗觀商之戈戟文字皆鑄於內之上端玩其文之順逆始知內向上而援之直刃向下如形（文字偶有橫鑄於內上者極少見僅什之一耳）目驗實物乃恍然以悟許君所謂平頭者指戈內之上端也戈之異於戟在平頭然則戟非平頭明矣許許君所謂枝兵者其枝即在戟內之上端也許君說

戈戟不同之點今以商代实物證之知為商制許君葢承用先儒之舊说也清代若段氏玉裁之注說文解字程氏瑶田之撰考工小记於許说戈戟均不憭其旨余生也晚得見新出土之商戈戟數十百事乃根據实物參稽許書而為之說

又按商之戈戟有援有内而獨無胡此則異於周之戈戟者也商戈平頭周戈無以異也商戟有枝在内之上作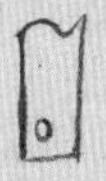形周戟於内之上作形而兩边有刃此其異也世之考古者如據周戟以證許書必鑿枘矣許君所说乃商制也

說斤

殷虛卜辭中有从[illegible]之字凡十有六如斲斯斫紤[illegible]炘昕肵斨斧新𣃁斷破斮是也唐蘭氏從偏旁辨識因釋為斤（見古文字學導論）至確顧於[illegible]之形義未嘗言也邦懷按[illegible]首與[illegible]（矢）首同如斤首與矢鏃無異僅有大小之別耳近見雙劍誃吉金圖錄兵器類有作[illegible]形者二（卷下第九頁及第十三頁）斤為斫木之斧（說本許書）而非直刺之兵故其首向側裝柄則為[illegible]形而與卜辭[illegible]字脗合據此余因審定雙劍誃所藏之[illegible]為斤蓋自宋以來考古家均不識斤為何形著錄吉金之書多至

數十種而卒未一見斤之名也余參稽卜辭結合實物始證明斤之象焉

𠂆之了為斤柄其形曲按說文解字木部欘斫也齊謂之茲箕一曰斤柄性自曲者段玉裁注曰此別一義謂斫木之斤与斫田之器其木首接金者生而内句不假煣治是之謂欘按段氏謂欘首接金者生而内句不假煣治可為𠂆柄之說明

𠂆為斤之象形字（亦有作𠂆者其首作丨形取刀筆契刻之便耳）商駇尊新字从𠂆尚存斤形周金文斤字已演變作𠂆（天君鼎）其从斤之字亦無作𠂆或𠂆者於是斤之形義湮矣

說雉鳴戟

上虞羅氏藏一戟三代吉金文存卷二十第六頁所著録者是也羅振玉先生曰考工記廬人鄭氏注戈今句孑也或謂之雞鳴或謂之擁頸余藏一戟其戟刺宛曲而鋭如雞之引頸長鳴狀所以得雞鳴与擁頸之名然戈但有内而無刺惟戟有刺雞鳴乃戟而非戈鄭注所云未為審也（見古器物識小録）邦懷按方言戟楚謂之釨東齊秦晉之間謂其大者曰鏝胡其曲者謂之鉤釨鏝胡郭注即今雞鳴鉤釨戟也郭氏謂雞鳴鉤釨為戟羅氏訂正鄭注雞鳴為戟而非戈皆是也

夫古人創物於形名義三者有相互之指為戟曰雞鳴其句頸之形似雞矣雞知時畜也戟何取義於雞乎此不可不辨也余謂戟刺作引頸長鳴狀者雉也說文解字雊雄雉鳴也雷始動雉乃鳴而句其頸从隹句〻亦聲今觀戟刺之形与許說雉鳴句頸相合周禮雉氏（段氏玉裁云今本周礼作薙者俗製也）掌殺艸此雉有殺義之證也古人制戟之句頸者其形象雉其義為殺既定戟之句頸者為雉其原名為雉鳴殆無可疑矣漢晉人名曰雞鳴乃語之轉雉古音同夷〻雞聲近也

鼄公華鐘跋

鐘銘曰子慎爲之聽元器其舊哉　邦懷按元器亦見秦公𣪘謂寶器也其舊哉爲其休哉之借字休訓善知借舊爲休者说文解字雈部舊下出鵂字許氏曰舊或从鳥休聲许氏说舊字曰雖舊，舊留也而爾雅舍人注作鵂鶹此皆舊休通用之证也又按诗大雅抑篇曰於乎小子告爾舊止聽用我謀庶無大悔余谓舊止之舊亦爲休之借字鄭箋訓舊爲久非是告尔休止故下云聽用我谋庶無大悔也鐘銘借舊爲休与诗大雅借舊爲休可以互爲证例周语曰夫鐘聲以為耳也耳所不及非鐘聲也……是故先王之制鐘也大不出鈞重不過石律度量衡於是乎生小大器用於是乎出故聖人慎之……夫政象樂樂從和和從平……人民龢利物備而樂成按此一節可与鐘銘子慎為之聽元器其休哉相發明子慎為之者言慎於為政也為政以德則人民龢利則鐘聲和平夫如是庶哉其休哉政以象樂聞其樂知其政故曰聽元器且鐘銘上句以安庶士下句鼄邦是保皆承子慎為之而言也鼄公華為此銘辭戒慎恐懼以自勉惕字字精光躍然紙上

王孫鐘跋

中韽戲揚 邦懷按沇兒鐘銘亦有此句其第二字作韽从音知此从言乃音之省也今（此字从音倝）隸寫定作聲釋𠦝為倝者厲羌鐘倝作𠦝（彼銘借倝為韓而省韋）其明证也今隸寫定為韽蓋鼓鐘而其音高者曰韽故其字从音是猶鳥鳴音之高者其名曰鶾蟲鳴音之高者其名曰螒也爾雅釋鳥鶾天雞釋蟲螒天雞説文解字鳥部鶾雞肥翰音者也禮記曲禮曰凡祭宗廟之禮雞曰翰音鄭玄曰翰猶長也易中孚翰音登于天虞翻曰翰高也余今從虞説訓韽為高也鶾螒為物名之

專字均見於經籍而此从音之韓字賴鐘銘以傳於今日焉中韓獻鞨者（舊釋獻鞨為且揚今從之）言鐘音既高且揚也此与詩代木終和且平句法相同（中終同聲）王念孫説詩曰終猶既也終和且平言既和且平也那曰既和且平是也（見經傳釋詞卷九）

畏嬰趩趩　邦懷按畏嬰當讀畏忌齊侯鎛銘曰少心（少小古通用此當讀小心）愄忌蓋畏忌為小心之形容詞也趩趩讀為翼翼畏嬰趩趩者其意即詩大雅之小心翼翼也

惠于政德憼于威儀　邦懷按惠訓謹許慎説叀字

曰小謹也段玉裁說惠字曰為惠者必謹也是惠有謹義之證也政德者論語曰為政以德是也惠于政德者言謹于政德也㦤為淑之借字爾雅釋詁淑善也淑于威儀者言善于威儀也詩蒸民鄭箋曰善威儀是其證也或曰惠說文訓仁也鐘銘惠于政德可作仁于政德解又孟子曰惠而不知為政此殆言為惠而合于政德也余曰不然考沇兒鐘之㦤于威儀惠于明祀亦為對文惠于明祀者言謹于明祀也以彼證此故知此鐘惠字以訓謹為協

龢□民人　邦懷按郭沫若氏釋□為㴱非是　此字从丂

沴聲殆讀為沴說文解字沴郎計切鐘銘殄借為利
同聲通假也龢利民人為周代之恒言國語周語曰
人民龢利物備而樂成是其證也

天尹鐘跋

鐘文曰天尹作元弄邦懷控天尹爲周代官名𠤳冊大鼎銘曰大揚皇天尹大保宣是其證也元弄當是永用之叚借字今就古金文舉例以證明之大師子大姜匜銘云以爲元寶此与召灷山父簠銘用爲永寶辭義相同秦子矛銘（知元宝即永宝矣）云公族元用攻敌王夫差剑銘云其自𠤳元用所謂元用皆永用之谓此爲元永通叚之證也𣏟氏壺銘云𠤳弄壺智君子鑑銘云𠤳弄鑑就文義審之弄皆爲用之叚借字此爲弄用通叚之證也據此知天尹鐘之元弄確爲永用之叚借矣

史頌鼎跋

銘曰王在宗周令史頌𢓊穌（史頌𣪘作徝从屮不从言舊釋為德非是）□友里君百生帥𨽥盩（鼎文作𢾊乃盩之省文此依史頌𣪘作盩）于成周休又成事邦懷接𢓊从言从𢓊殷虛文字有徝字葉玉森釋循是也𢓊今隸寫作𧭹以聲義求之當即𧭹字玉篇言部誘下出𧭹字知𧭹為誘之或體鼎銘之𧭹其意為化誘尚書大誥曰肆予大化誘我邦君蔡氏傳曰化其固滯誘其順從□吳大澂曰疑古瀀字異文不碻余謂乃澫之異文也澫友与偏友（佑）聲近（其意）即尚書之敷佑尚書金縢曰乃受命于帝庭敷佑四方王引之

曰敷者徧也言武王受命于帝庭以徧佑助四方之民也肆羅振玉釋陴其說曰說文解字陴籀文作𩫖史頌殷作肆借為俾其所从之畀亦卑字吳大澂以為變从畀非也按羅氏釋陴是也謂借為俾則非余謂譁盩与奔奏聲近而義同（鼎文師譁盩于成周為一句吳大澂讀為盩于成周誤甚）詩大雅予曰有奔奏毛傳曰喻德宣譽曰奔奏鄭箋曰奔奏使歸趨之令細繹鼎銘始言王令史頌化誘穌國順從周之政令次言史頌徧佑穌之里君百生（即百姓．百姓金文作百生）相率歸趨于成周故終之曰休．又（有）成事．休者善也言史頌能完成王之使命也王引之嘗曰凡字相通皆由於聲之相近不求諸聲而求諸字則窒矣詳見經義述聞卷三嗣字條下邦懷得王氏啟發用聲近之說以治金文蓋往往有左右逢源之樂焉如釋龜公華鐘王孫遺者鐘及此鼎則皆求諸聲而有所得者也今更就此鼎言之瀟㕛如依許書訓瀟為水至訓㕛為同志為㕛則窒矣韓盤如依許書訓韓為城上女牆俾倪訓盤為引擊也亦窒矣然則金文中之假借字欲求煥然冰釋而不窒者舍求諸聲焉能通其郵哉

缶乍太子乙家祀尊鼎跋

鼎歲故宫銘曰王錫小臣缶渪賚五年缶用乍亯太子乙家祀尊父乙 于氏省吾云王錫小臣缶渪賚五年言王以渪地所產薪米之屬錫小臣缶以五年為度也見論語新證二十三頁邦懷按于說是也此言錫缶渪地之田祿也禮記曲禮曰無田祿者不設祭器王錫缶以渪之田祿缶故乍亯太子乙家祀尊祀尊者祭器也特銘以識之此有田祿者設祭器之明證

于氏謂鼎文之五年言以五年為度其說亦碓邦懷按此殆与國語所謂先王制諸侯五年四王一朝有

之制度有關係於

余細繹鼎文知小臣缶為王孫鼎文第二句不逕稱父乙而稱太子乙者尊王也文末復書父乙者親也親也

周代封建制度之嚴亦可於此鼎以覘之焉

猒从肙聲可為定論　少雲

毛公鼎跋

鼎銘云皇天弘猒厥德邦𢘾按猒左从肙与沈子它𣪘及高虘𣪘猒字所从者同是知說文猒字當作猒从犬肙聲說文作猒稍有譌變許君謂从甘肰實未確也說文食部䬴猒也从食肙聲可為余說猒从肙聲之旁證䬴訓猒：訓飽其義同故其字均从肙得聲也鼎銘云毋顀于政顀疑顇之借字顀直追切顇秦醉切古音同在十三部此以聲近而段借也顀義同顦顇于虐政之顇下句勿雝逮庶人□毋敢龏橐迺敄鰥寡正承毋顀于政而言鼎銘云女毋𢊁用先

王作明刑帥作師从𠂤巿聲晋邦盦師亦从巿与此同帥与市古音同在十五部也又按師所从之市古金文即有者作巾者固不始於許書々々帥从𠂤則由𠂤而蛻變許君不知故有𠂤聲之說耳鼎銘云□圭鬲寶按□圭与鬲寶為二物也鬲寶之鬲當即⿱毄玉之同聲叚借字說文⿱毄玉玉也从玉毄聲讀若鬲鼎銘所謂鬲寶者殆以⿱毄玉玉所為之寶器歟

盂鼎跋

鼎銘曰有[illegible]烝祀邦悵按殷虘卜辭有[illegible]字戰後寧滬新獲甲骨集卷一第五〇〇片与鼎文所从者同凵即許書訓張口之凵字其兩旁之毛即許書君說須字所謂頤下毛也大人也[illegible]象人正立兩頤有毛之形此為須之初字金文作[illegible]許書作須皆象側視形也[illegible]从須此聲為古文頿鼎文段借為紫祭之紫

鼎銘曰〃　有四方邦悵按〃之不半因范鑄不足無筆蹟可辨矣疑是雀字而段借為截說文戈部截斷也从戈雀聲段注曰雀聲在二部於古音不合蓋當

於雙聲合韻求之邦㤈謂戠从雀得聲者蓋取義於雀鳴節節戠（雀鳴節節足足見說文爵字下）雀古讀爵蓋一讀戠也鼎銘雀戠有四方猶詩商頌九有有戠鄭箋云九州齊壹戠然詩之有戠即鼎文之戠有也

鼎銘曰錫女邦𤔲三百人鬲自馭至庶人六百又五十九夫錫夷𤔲王臣十又三百人鬲千又五十夫邦㤈按鼎文鬲若干夫之鬲為連接詞其義訓及鬲及聲相近也用鬲為連接詞亦見於矢作丁父毁毁曰姜商令貝十朋臣十家鬲百人是其證也又按𪓿毁曰令女𤔲成周里人眔諸侯大亞口訟𪓿毁之眔与

鼎文之禹語法正同亦可為鼎文禹训及之旁證矣

吳大澂嘗謂鼎銘之禹即獻之省人獻猶書言黎獻

吳氏昧於語法乃誤將人禹二字連讀為人獻耳

史喜鼎跋

鼎文曰史喜乍朕□考翟祭厥日隹乙□字金文習見皆用於考若祖之上舊釋為文考文祖未確邦懷釋為悫之古文周書曰在受德悫□从心在文之中者許君說悳字所謂内得於己者也此鼎之悫考以及他器之悫考若悫祖皆言其考若祖為受德之人也又按翟祭之名見禮記祭義乃羽舞之祭也厥日隹乙者王懿榮謂用干記祭日（詳翠墨國語）其說是也

頃者兒子治文從北京借來楊樹達氏積微居金文說七卷余窮三日之力通讀一過其解說

文字剖析缜密融貫閎通致為並世所稀覯也楊氏說史喜鼎之翟祭即禴祭与余說異此稿故仍存而不棄余嘗考齊侯鎛銘其配畢公之妣即爾雅釋親男子謂姊妹之子謂出之出鎛文之妣為本字爾雅作出乃借字也余考定諸兒觶為齊襄公自作之器今見楊氏書其說一一与余符合遂刪舊稿不復存云一九五三年一月五日邦懷記於天津寓所

杞伯每亡鼎跋

鼎銘曰杞伯每匕（杞伯毁作每刂）乍鼄婞寶鼎子子孫孫永寶用每刂吴大澂釋敏父郭沫若釋每刂劉體智釋每匕均不確邦懷按毁盧卜辭無巛無戋無尤無它之無書作匕或作刂據此知鼎文毁文之匕刂即亡字當同卜辭讀無而與說文訓逃異義余謂每亡為杞伯匄之字說文解字亾部匄气也段注引西域傳气匄亡所得此气求之義也今按杞伯名匄而字每亡者言每亡而有所匄也名字相因之義猶可尋繹說之倘亦言春秋名字解詁者所樂聞乎

鼎文所稱之鼄⿰女夆據余考之乃鼄叐父之女子也鼄叐父鬲銘曰鼄叐父媵其子旨⿰女夆寶鬲其眉壽永寶用鼄叐父當即春秋小邾國夷父顏之子友也友字叐父猶閔馬字馬父也鬲文之旨⿰女夆余釋勻說詳釋勻篇⿰女夆勻為杞伯勻⿰女夆即鼄⿰女夆古人以夫名妻者不僅為勻⿰女夆左傳昭元年武王邑姜是其例也

鼄叐父為女子臣媵器自稱字而不書名父之於子於義宜然杞伯勻為妻鼄⿰女夆作器亦自稱其字曰每亡而不書名者豈惑於夫為妻綱之說故有男尊女卑之意歟

考作旻父鼎跋

鼎文曰考作旻父尊彝邦懷按此鼉儀父為其子旻父所作之器也旻父為鼉旻之字余已於杞伯每亾鼎跋言之矣鼎文之考即鼉儀父所自稱自稱考猶後世自稱父也爾雅釋親父為考郭注云蒼頡篇曰考妣延年明此非生死之異稱矣按郭說是也儀禮士冠禮曰冠而字之此鼎蓋為鼉儀父於旻父行冠禮時所作故稱其字而不稱其名亦字辭所謂昭告爾字爰字孔嘉之意也或疑子為父作器事屬罕聞余曰鼉旻父曾為其子匄媵作媵器婚禮父既可為

子作器冠神父亾可為子作器矣

方孝傑曰左昭公四年傳叔孫為孟鐘曰爾未際饗大夫以落之即文為子作器之證見綴遺齋彝器考釋卷三第六頁

今逸寫方說於此以為余說左證

裏鼎跋

鼎曾藏潘氏攀古樓器蓋同文〻曰裏自乍飤⿰石鼎⿰鼎也其釁壽無期永保用之邦懷按此為春秋時鄖公辛之弟懷所乍之器也左傳定公四年鄖公辛之弟懷將弒王（楚昭王）曰平王殺吾父我殺其子不亦可乎辛曰君討臣誰敢讎之君命天也若死天命將誰讎或疑乍鼎之裏未必即為鄖公辛之弟余曰此無可疑今舉器之形制及銘文以證明之鼎銘所謂⿰石鼎⿰鼎也与楚王酓肯鼎文之鉇鼑相若酓肯鼎口有流故名鉇鼑此鼎名曰⿰石鼎⿰鼎也殆亦為鼎口之有流者鄖在漢水之

南為楚屬國其鼎之形制与夫鼎之名稱固与楚相同更就文字言之此鼎其釁壽無諆永保用之与王子申乍嘉嬭盞盂（王子申即楚公子申）銘文完全相同而篆書意態亦与盞盂如出一手鄎之文化受楚漸漬之深可於斯鼎辨之然則鼎為鄎襄所乍復何疑乎

楚王喬鼎跋

安徽壽縣朱家集出楚器數十百事其有文字者多已箸錄而考釋之此鼎歸定遠方伯常寶楚齋亦經箸錄考釋之一器也鼎文曰楚王酓恙戰獲兵銅正月吉日窒鑄喬鼎以共𢦏棠鼎文所記戰獲兵銅鑄喬鼎考釋者尚未言及之也邦懷按春秋時戰獲敵之兵銅以鑄大器為爾時之風尚不獨見於楚之喬鼎也[redacted]如季武子以所得於齊之兵作林鐘而銘魯功襄十九年左傳此經籍之所記載者比事觀之或不育於古矣又按喬鼎者大鼎也爾雅釋器大磬謂之毊大管謂之簥

夫管樂之大者其名皆諧喬聲吾故謂喬鼎爲大鼎
云

十一秊軍嗇夫鼎跋

此鼎為脫周器刻款一行曰十一秊軍沓夫肖不𢆶𠾑氏口口所為空二斗邦懷按沓為嗇之于省吾氏釋茲是也異文季木藏印第二冊有古鉨曰庫亙沓夫玉篇广部庫倉也是知鉨文為倉嗇夫此鼎為軍嗇夫可互證也王國維氏金文著錄表題此鼎為十一秊軍沓鼎將嗇夫二字割裂蓋不審沓為嗇字也又按空二斗之空字稽諸文義參驗他器知為容之叚借字漢鼎習見容斞斗或容斞斗斞升是其證也此鼎借空為容与脫周鼎文借庸為容同例如上官鼎之庸半

(C4)

梁鼎之庯四分卅二年鼎之庯四分梁鼎之庯厽分

是也

米爾甗跋

甗文曰米爾邦懷按爾象絡絲架子此為記事之繪畫說文解字檷字即從此出許慎說檷字曰絡絲檷也从木爾聲讀若柅爾之形与爾近其所繫者為二𢆶此可徵引典籍以說之九家易曰絲繫於柅猶女繫於男故以喻初宜繫二也今據爾形以說其義謂為檷所從出則可而不能讀檷也米象六輻而無輪蓋為絡絲之篗車此亦為記事之繪畫謂為篗字所從出則可而不能讀篗也篗与檷均為絡絲之工具古人記此二物於甗所謂物以類聚是也又按觶文有关

婦以篗絡絲亦婦人所有事也

鄭伯筍父甗跋

甗文曰溓伯筍父作寶甗永寶用邦懷按傳世鄭器鄭字皆書作奠此作溓為鄭之異文知之者鄭伯筍父作叔姬鬲鄭作奠是其證也溓从水者許慎所謂宗周之滅鄭徙潧洧之上今新鄭是也筍父殆為鄭伯睔（即鄭成公見左襄二年傳）之字說文解字目部睔大目也說文解字竹部筍竹胎也从竹旬聲今按筍諧旬聲不得其義當從甗文作筍說文解字目部旬目搖也筍从旬得聲者以竹為善搖之物也又按筍古通筠（段玉裁說）禮記禮器其在人也如竹箭之有筠也鄭注人之得

禮亦猶然也余謂鄭伯睔字筍文蓋兼取二義以筍筍竹箭有筠筍取譬人之得禮此一義也筍从旬旬與睔同屬於目之事也此又一義也

不壽𣪘跋

𣪘銘曰隹九月初吉戊辰王在大宫王姜錫不壽裘對揚王休用作寶邦懷按史記越王勾踐世家云勾踐卒子王鼫與立王鼫與卒子王不壽立司馬貞索隐引紀年云不壽立十年見殺考春秋時名壽者不一其人而名不壽者稽諸典籍僅見越王不壽此𣪘殆即其所作之器歟又按勾踐滅吴在周定王二年未久勾踐即卒鼫與立六年卒而不壽立十年見殺以年計之不壽立爲越王約在周定王十年以後然則𣪘銘所紀錫裘之王姜殆即周定王之妃歟

吴閶生氏吉金文録收此毁銘誤以為鼎附正於此

齊史趠毁跋

毁銘曰齊史趠乍寶毁其萬年用邦懷按此毁出土後史趠之上未見齊字故三代吉金文存著録作史趠毁不知爲齊史趠也毁後爲耿朝珍所得耿君於洗滌時始發現史趠之上隱約微露筆跡數剔久之則灼然一齊字也此紙即耿君手拓以贈我者按攈古録金文（二之一卅一頁）著録史趠卣与此爲一人所作之器卣銘史趠之上亦空一字地位（史字比第二行低一字）而字亦不可見今以此證彼知亦爲齊字未經剔出故也然史趠二器字字清晰而獨掩滅齊字者何也此可

徵諸典籍以說明之如齊人賂晉侯以宗器樂器見襄廿五年左傳又如楚淖齒與燕共分齊之侵地鹵器見史記田敬仲世家一則言賂一則言鹵此皆有關齊器之史實也然則齊史趠二器中之齊字均遭掩滅者非出於賂即出於鹵矣

叔向簋跋

簋文曰降余多福緐𢿌舊釋𢿌為釐不確釐訓福句中既云多福句末更言緐釐則辭義重複故知舊釋不可信也邦悵桵𢿌當釋孷當孷玉篇子部孷力辭切孷孖雙生也蓋古人有以後昆緐衍為貴者如翏生盨銘云其百男百女千孫又如盾叔多父盤銘云百子千孫凡此皆可為此簋緐釐之證例

陳璋壺跋

壺銘曰隹王五年奠□陳旻再立事歲孟冬戊辰大𩰫□□子陳𨾎内伐匽立邦之隻

邦懷按奠下一字為銹掩已不可見余藏古陶文墨本曰陳旻三奠易知壺文奠下當為易字古陶文孴録收一器曰平陵陳旻立事歲考平陵為齊地蓋奠易蓋亦齊地也壺文之陳𨾎舊釋陳騂誤矣今據余所藏精拓本審定為璋作𨾎者反文也考陳璋即齊湣王子陳法章也史記田敬仲完世家有云楚使淖齒將兵救齊因相齊湣王淖齒遂殺湣王而与燕共分

齊之侵地鹵器湣王之遇殺其子法章變姓名為莒太史敫家庸……淖齒既以去莒莒中人及齊亡臣相聚求湣王子欲立之法章懼其誅己也久之乃敢自言我湣王子也於是莒人共立法章是為襄王以保莒城而布告齊國中而王已立在莒矣……襄王在莒五年田單以即墨攻破燕軍迎襄王於莒入臨菑齊故地盡復屬齊今按壺文所云陳璋内（古金文内有与入通用者此即用為入）者指田單迎齊襄王於莒入臨菑也壺文所云伐匽者指田單以即墨攻破燕軍也壺文所云立邦者指齊故地盡復屬於齊也壺文所記陳璋復國之

事与史記一一脗合然則陳璋之為陳法章益信而有徵矣又按壺文所云之隻（訓為所獲）言代匽所獲之器也」按齊襄王在莒五年始復國此壺為復國時所獲之器據此可定壺文隹王五年即齊襄王之五年曹毅公謂為齊宣王五年（見山東金文集存陳騂壺銘附註）則未確也郭沫若謂此壺之陳旻即子禾子釜之陳旻大宰皆湣王末年之器（見陳騂壺考）此說是也余今考定此壺乃在齊襄王五年距湣王末年甚近故知郭氏之說為可信又按張政烺嘗攷平陵陳旻立事歲鄉公陶器以為陳旻即田乞少子惠子得与陳䳱壺子禾子釜之陳旻

為一人（見顧廷龍古陶文孴錄自序所引用）余考田乞少子惠子為春得為春秋末六國初人而此壺刻銘記事（齊襄王五年為周赧王卅二年）則在六國末年中間距離一百餘年然則此壺及子禾子釜暨古陶器之陳是係另一人而非田乞少子惠子得也

楚季咩乍嬭盤跋

说讀咸仿
乍字

盤銘左行凡三行銘曰楚季咩乍嬭障賸盥般其子子孫孫永寶用高邦悵按咩即芈字説文解字芈羊鳴也从羊象气上出与牟同意玉篇咩羊鳴也集韵芈下出咩字注云说文羊鳴也亦姓或作咩據此可證咩即芈矣季芈乃楚平王之女昭王之妹也春秋左氏定公四年傳楚子取其妹季芈畀我杜注畀我季芈之字以出涉雎中罯楚子涉雎濟江入于雲中王寢盜攻之以戈擊王王孫由于以背受之中肩王奔鄖鍾建杜注鍾建楚大夫負季芈以從又定公五年傳王將嫁季芈季芈辭曰所

以為女子遠丈夫也鍾建負我矣以妻鍾建此季芈之事蹟也又按盤文之嬭嬭母也廣韵嬭楚人呼母也此盤乃季芈為母而作古金文中女子為母作器不多覯也

王子适匜跋

匜銘曰：「王子适之遺嗌。」郝懷梅古金文中匜字有从皿作盥者（見𨚕上匜、匽公匜、曾子匜、楚嬴匜），此器書匜作嗌，為奇字。細剖析之，乃从皿遺省聲，留鼎遺作𧴪，其所从之𦥑可為此證。遺為會之繇文，蔡子匜曰「自會彝」，可證此。

會匜者，言有蓋之匜也（器之蓋曰會，見儀禮）。又按古器之蓋有書為會者，如陳肪毀蓋銘末一字書作鐈（會之繇文），上虞羅氏藏殘器蓋銘曰「𢊁氏𪫺作善鐈」是也。

余據此銘書法觀之，當為吳器。适為王子名，史無其人，以余考之，蓋即吳王壽夢之子餘昧也。史記吳太伯世家云：「壽夢有子四人：長曰諸樊，次曰餘祭，次曰餘昧，次曰季札。」左傳襄二十八年云：「齊慶封奔吳，吳句餘與之朱方。」杜注云：「句餘，吳子夷末也。」今按史記作餘昧，杜預作夷末，二字聲近，實為一人。然以末字為長。余謂遺是名，夷末是字，遺、栝同音，此用為栝。字夷末者，釋名釋兵云：「矢，指也……其末曰栝，」是其證也。

又按吳太伯世家索隱云：「春秋經書吳子遏，左傳稱諸樊，蓋遏是其名，諸樊是其號。」司馬貞謂遏是吳子之名，諸樊是其號，此說是也。郝懿按，遏爾雅釋詁訓止。詩小雅云：「止于樊。」遏義為止，故字曰諸樊。遏、遺是吳子二人之名，……余說遺即夷末，非鑿空矣。

艗艏可以

張組參

轉作寶艗跋

三代吉金文存卷十七盤類著録一器文曰轉作寶艗邦懷按史记吴太伯世家云禽處卒子轉立作器之轉即其人也艗从舟益聲當釋艗羅振玉先生误认艗為盤故收此器於盤類容庚氏重订本金文编亦误艗為盤沿羅误也玉篇艗舟頭為鷁首廣韻艗舟舟頭為鷁首廣雅艗首舟也方言舟首謂之閤閭或谓之艗艏郭注鷁鳥名也今江東貴人船前作青雀是其象也淮南鸿烈云龍舟鷁首高注鷁大鳥也畫其象著舡頭故曰鷁首也又按吴都賦云弘舸連舳巨檻接艫飛雲蓋海制非常模疊華楼而島

跱時髣髴於方壷比鷁首而有裕邁餘皇於往初李
注飛雲蓋海吳楼船之有名者皆彫鏤采畫有軒檻
華檻之船也左氏傳曰楚敗吳師獲其乘舟餘皇吳
子光請於衆曰喪先君之乘舟豈惟光罪衆亦有焉
今讀此賦想見飛雲蓋海之巨麗比鷁首而有裕故
左太沖譏吳子先為邁往初為然則轉之乘艦首出
而遊觀理固其所轉於所乘之艦乃鑄銅以識之曰
轉作寶艦僅此四言吾於作器之人及作器之用尋
繹得之亦快事也器明曰艦奈何考古家目之為盤哉

周虎劍跋

雙劍誃吉金圖録卷下第三十五頁著録古劍一面背各有虎紋因題曰虎劍面有文曰平背有文曰巨鑿欵細如毛髮以形制審之晚周物也平巨云者言劍之直也周髀筭經曰用矩之道平矩以正繩蓋繩欲其直故以平矩正之劍欲其直亦以平矩正之此劍作成經審驗中平矩乃鑿欵以明其合於規律於是可覘古人考工制度之周密矣按周禮考工記築氏爲削合六而成規此以規言者鄭氏注戈曰援短則曲於磬折援長則倨於磬折鄭氏注戟曰胡中矩

則援之外句磬折歟此以磬折言者今於劍文得平矩字始知古人為劍以中平矩為準此以平矩言者特記之以補考工記桃氏為劍及鄭氏注所未言焉

富奠剑跋

剑文曰富奠之⿰畫斤鐱邦懷按⿰畫斤从斤从畫知从畫者富子上官燈畫作𦘫是其證也此字今隸寫定作⿰畫斤即斲之或體說文解字斤部斲下出𣃔字許曰斲或从丮畫玉篇斤部斲下出⿰畫斤从斤与剑文同从畫為畫之譌當據剑文及說文正之今合說文玉篇之𣃔⿰畫斤二字考之可定剑文⿰畫斤字確為斲之或體矣又按說文斲訓斫也斫訓擊也漢書司馬相如傳曰少時好讀書學擊剑顔師古注曰擊剑者遂擊而中之非斬刺也剑文所謂⿰畫斤剑者殆為擊剑之所用歟

越王諸召於賜矛跋

矛為錯金書字奇詭不易識郭沫若氏釋曰戉王諸召於賜甚確至謂越王名四字「者旨於賜」見兩周金文辭大系考釋尚須商榷邦懷按於賜為諸召之字諸於雙聲疊韵然与名字相因之義無涉其關係則在召与賜也說文解字目部賜目疾視也段注曰韵會引鍇本作目急視毛晃增韵龍龕手鑑皆作急今按於賜之賜取意在急而非急視之義是猶說文解字眔訓目相及也而殷虚卜辭則用為及也諸召字於賜者魯論鄉黨篇曰君命召不俟駕行矣朱注急趨君命出召与

急相因之義也。亦召与賜相因之義也

左矢括跋

與文有其
左射獲
之謂
[illegible]

吴興沈次量先生爾於天津得矢括一枚有文曰左屬邦懷審定觀其篆書圖渾与彝器銘文相同乃周物也按诗秦風駟驖第二章曰奉時辰牡辰牡孔碩公曰左之舍拔則獲毛傳拔矢末也鄭箋左之者從禽之左射之也拔括也舍拔則獲言公善射小雅車攻第七章曰蕭蕭馬鳴悠悠旆旌徒御不驚大庖不盈毛傳一曰乾豆二曰賓客三曰充君子之庖故自左膘而射之達於右腢為上殺射鄭箋射當為達右耳本次之射左髀達於右髃為下殺面傷不獻踐毛不獻不成禽

不獻禽雖多擇取三十爲其餘以與大夫士以習射於澤宮據此知矢栝鑄左字者所以示君与大夫士於射時均應注意從禽之左射之也此爲習射於澤宮特製之器故異於普通獵射無文字之矢栝焉

周銅尺拓本跋

右銅尺二其一為美國福開森所藏墨本余得之北京慶雲堂碑帖鋪蓋未歸福氏時所傳拓者其二為廠友耿朝珍所鬻余曾見之色竊綠出長沙古墓中墨本即耿君手拓以贈我者此二尺形制相同尺為八寸考稽經籍乃周尺也尺之一端有孔蓋於此繫組近孔為半寸又一端亦為半寸中間七寸寸有界界中花紋作形其近孔半寸之花紋作形又一端半寸之花紋作个形此兩半寸皆不達於尺之兩端起點而銅有空餘之地遠觀之不知其八寸余就兩墨

本細心比勘始知之也按禮記王制古者以周尺八尺為步今以周尺六尺四寸為步鄭注周尺之數未詳聞也按禮制周猶以十寸尺蓋六國時多變亂法度或言周尺八寸則步更為八八六十四寸說文夫字下曰周制八寸為尺論衡正說篇曰周以八寸此二尺皆為八寸周尺之一證也又按說文尺字下曰周制寸尺咫尋常仞諸度量皆以人之體為法許君言周之度量始於寸而不始於分此二尺皆無分周尺之二證也福氏所藏者長六英吋又十六分之十五耿君所藏者中斷微損長六英吋又十六分之

十三當以福氏所蔵為準確周尺之長度今既審定如上更就篋中所蓄歷代古尺拓本較之知周尺比商尺（商骨尺）長十六英分之五秦尺比周尺長一英吋又十六分之一而強漢尺比周尺約長二英吋又十六分之一（此據漢銅尺另一漢骨尺及玉尺比漢銅尺長十六分之一又一漢骨尺比漢銅尺長十六分之二）若夫考古家所稱之周厲鐘尺長九英吋又十六分之一而強與漢尺相等[redacted]且尺為十寸並有一寸刻分度此非周尺之明證所謂周厲鐘尺者賈人之讕語耳而士夫信之其實為乃漢尺也明乎周尺之長度不獨可正厲

（C4）

鍾尺傳説之謬並可知自商逮漢四朝尺度之制為

商鞅量跋

量形長方左側刻文曰十八年齊𨑳□卿夫=眾來聘冬十二月乙酉大良造鞅爰積十六尊五分尊壹為升按史記商君列傳曰平斗桶權衡丈尺索隱於桶下注曰音統量器名也邦懷謂此量受一升乃根據桶獨山所受之數遞減以為準者唐寫本說文解字木部（莫氏刻本）桶木方器也受十六升今本說文桶下曰木方受六斗訛脫不可讀段玉裁謂秦時有此六斗斛其說未覈此量曰積十六者指桶之十六升也曰尊五分又曰尊壹為升此二尊字皆剸之段借字說文解字刀部剸減也从刀尊聲是其證也此量容積

(C4)

蓋兩經次之斠先從桶十六升中減出去非減五升所謂尊五分是也再從五升中減出去非減壹升所謂尊壹爲升是也此量經過兩斠故兩用尊字以明之斠者平斗斛量也商君傳平斗桶之平可於此量徵之矣

漢趙寬碑跋

碑額篆書二行曰三老趙掾之碑々文隸書二十三行々卅二字碑造於光和三年十一月趙掾名寬字伯然金城浩亹人官護羌校尉假司馬戰鬥第五大軍敗績後為三老卒於元嘉二年二月寬之事迹大畧如此惟碑中敘趙充國之世系有為充國傳所未詳者碑云迄漢文景有仲況者官至少府厥子聖為諫議大夫孫字翁仲新城長討羌有功拜關內侯弟君□碑文泐密靖內侍報怨禁中徙隴西上邽育生充國充國之先其三世之名字職官賴此碑而傳焉碑云

抗戰期間青海出土馬林年兄生前為此拓本以寄

元子卬為右曹中郎將與充國並征按充國傳云充
國子右曹中郎將卬而不言其為元子也亦賴碑文
以知之碑云元始二年復封曾孫纂為侯按充國傳
元始中修功臣後復封充國曾孫伋為營平侯碑云蕃當
得其实傳作假恐误復封充國曾孫為營平侯事在元始二年
碑文詳於傳矣又按漢書平帝紀元始二年封故大
司馬博陸侯霍光從父昆弟曾孫陽宣平侯張敖玄
孫慶绛侯周勃玄孫共舞陽侯樊噲玄孫之子章皆
為列侯復爵顧班書於平帝紀元始二年獨不書
復封充國曾孫伋為營平侯不得謂非疏也

漢六寸符跋

居延所出漢簡有一簡曰始元七年閏月甲辰居延與金關為出入六寸符券齒百從第一至千左居官右移金關符合以從事第八（又有言出入六寸符者三事因文不完具兹不錄）邦懷按漢書文帝紀二年九月初與郡守為銅虎符竹使符應劭注曰銅虎符第一至第五國家當發兵遣使者至郡合符〻合乃聽受之竹使符皆以竹箭五枚長五寸鐫刻篆書第一至第五又按說文解字竹部符信也漢制以竹長六寸分而相合今驗居延之出入符為民所用與漢書竹使符為發兵所用

者雖異而符長六寸之制則從同也倘不得地下發現之吏科又烏能決定許應二說之是非哉

説金文中之易字

金文中有言易某人貝若干朋者，有言易某人市舄或車馬等物者，舊釋易為錫，皆謂上賜下之文，自宋以來無異說也。余近得⿰亻凶鼎拓本，其文曰：王益⿰亻凶貝廿朋，用作寶尊彝。（此鼎未見著錄，拓本乃厰友耿朝琛所贈。）鼎文之益与周易「或益之十朋之龜弗克違」之益字義正同。據此乃知金文中易某人貝或易某人某物之易皆為益之同聲通用字也。前人不知易讀益，故讀為錫耳。鬲作父甲尊曰：鬲易貝于王，用作父甲寶尊彝。王國維氏亦讀易為錫，以鬲無錫貝于王之理，遂疑尊銘為偽今以周易及伯鼎益字證之明易即益字通假則於義無扞格矣又按𢦏叔𣪘云𢦏叔受福于西宮嗌益貝十朋此亦下益貝于上之證也綜之上與貝於下曰益可據伯鼎證之或書作易可據恒見之彝器證之下與貝於上曰益可據𢦏叔𣪘證之或書作易可據禹作父甲尊證之是知益者與之通稱上與下曰益下與上亦可曰益易者益之同聲通用字也

此稿寫就檢篋中金文復得數事可為前說左證者卯其壺曰己酉王在梌卯其易貝保侃母𣪘曰

保侃母易貝于南宮此皆借易為益而為下益貝于上之證也伯其父慶簠曰唯伯其父慶作旅簠用易釁壽萬年鄭義伯作季姜𦉜曰我以畣獸〔守〕用易釁壽此亦借易為益而讀為用益眉壽也

(C4)

說蛷

說文解字蚰部𧒂多足蟲也从蚰求聲重文从虫作蛷按从求得聲之字有訓急者詩魯頌角弓其觩鄭箋云角弓觩然言持弦急也傳訓觩為弛貌不如箋能得詩意其證一詩商頌不競不絿毛傳絿急也其證二說文解字糸部絿急也从糸求聲其證三是知蛷从求得聲其義亦訓急也段氏注說文蛷字曰今俗所謂蓑衣蟲也爾雅釋蟲蛪肌繼英郝氏義疏曰或說此蟲即肌求也通俗文之蚑蛷即肌求聲之轉也此蟲足長行駛其形鬖髿今棲霞人呼草鞵底亦名穿錢繩揚州

(C4)

人呼蓑衣蟲順天人呼錢龍是也郝懷目驗蓑衣蟲緣壁而行其行至急郝氏所謂行駛者駛訓急也吾故曰蛷諧求聲其義在急

古壺图形文字有作形者（三代吉金文存卷十二第一頁）又爵文有作形者（三代吉金文存卷十五第十四頁）余謂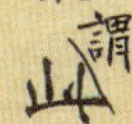图形文字當分析觀之其中多足而屈曲其身者象緣壁而行之蛷也蛷兩旁之非象屋壁坼裂形按古觚文有作形者（三代吉金文存卷十四第十八頁）余謂上象土凷竝列古人壘凷為牆屋也下象屋壁坼裂周禮所謂隙屋是也壺文爵文之非与觚文同蛷生屋隙故於蛷外僅圖非

形於義已足不必若觚文於卄上更作■■形矣至蛷与屋隙相鬩之義則詳見周禮按周禮秋官赤犮氏凡隙屋除其貍蟲鄭注曰貍蟲䗪肌求之屬又按䗪為地鼈蟲肌求為多足蟲均見本草經多足蟲即蛷也夫壺与爵圏繢蛷形並續屋壁坼裂形今人視之多不識為何物余引周禮及鄭注以説之

(C4)

釋[爪卒]

正始石經左傳殘石狄字古文作[爪卒]从爪卒聲審其聲義乃狄之叚借字也按从爪与从手同意即說文解字手部之捽字許君曰捽持頭髮也从手卒聲余謂捽从手卒聲者持士卒之頭髮俘虜是也古時俘虜持其頭髮於載籍有徵為殷虛卜辭奚作[glyph]于省吾氏曰奚字上象以手提髮辮之形當非繩索之類（殷契駢枝第廿二頁）于說極確按左哀公十一年傳曰公孫揮命其徒曰人尋約吳髮短杜注約繩也八尺曰尋吳人髮短欲以繩貫其首是知古人戰爭對於俘虜恒持

(C4)

其鬚而防逃逸此可為余說捽乃持士卒之頭鬚作左證矣

又按詩魯頌桓〻于征狄彼東南鄭箋曰狄當作剔剔治也東南斥淮夷邦怯按鄭箋狄當作剔〻治也其說未確今以正始石經借捽為狄例之知魯頌狄彼東南之狄蓋為捽之借字捽彼東南者謂征伐淮夷克其軍卒而俘虜其士衆也

釋卂

說文解字卂疾飛也从飛而羽不見邦懷嘗以許君所說於形義未協而苦無證明以說解之厰友耿朝琢近以手拓彝器文字數十種贈余其中有卂伯敦一紙卂作卂按此字从十為古文才殷卜辭及周金文皆如此作也从乁為古文及說文解字及古文作乁可證也十艸木初生也故冒於一上者短此敦十字直筆貫於一上者較金文中習見之十為長所以長者言艸木滋長之迅疾也从乁為意符許說卂為疾飛雖未確然卂有疾義知之者爾雅釋詁迅疾也

(C4)

說文解字辵部迅疾也是其證據此以知卂之形義為艸木滋長之迅疾而非鳥之疾飛於是證明許君之說未為得也

釋世

世字師晨鼎作□師遽毁作□陳侯午錞作□下从立今隸定作壵蓋為世之叚借一作□下从皿今隸定作壵蓋為世之叚借邦懷按古世字从止象艸木出有阯。从•象艸木萌芽而未外達之形知之者可引說文及金文以證明也說文解字民眾萌也克鼎作□盂鼎作□所从之•象萌形也說文解字屯象艸木之初生屯然而難古金文作□此字習見不舉器名所从之•亦象萌也是知艸木萌芽為世之本義萌芽有滋長之義有生生不盡之義故詩曰本支百世此世之孳乳義也

诗商頌昔在中葉毛傳曰葉世也考金文中亦有用
枼、葉為世者如柏鼎蓋曰永枼毋出獻伯彝曰十枻
不諲趩尊曰枻孫子毋敢彖祖日庚毁曰用世孝亯
是也由上舉諸字觀之則知世与枼若葉之關係乃
在枼葉之萌芽也
金文中世字亦有省・者如同毁作止吳尊作止伯
尊作止是也而獻伯彝之枻趩尊之枻所从之世亦
皆省・
邵鐘世變三・為三一已開小篆之風許慎不審小
篆世由古文世演變之跡故有从卉而曳長之亦取其聲

之說耳

(C4)

釋妻

殷契粹編第一一五七八片有卜辭曰在𡚬卜𡚬余釋妻按说文解字女部妻古文作𡚬許君曰从肖女肖古文𧶠字卜辭𡚬字所从之肖即许君所云古文𧶠字其下所从之𡚬乃古文妾字卜辭中妾字固如此也作𡚬从𧶠妾者謂妻乃貴於妾者也此爲會意字说文所收古文妻从女不从妾已不若卜辭之存初意矣

殷契粹編第一一五四〇片卜辭曰其桒年□奜于小火𡚬豚邦懷按𡚬即貴之古文而叚借爲廿宰饋禮

(C4)

之饋字此爲殷代祭禮之一附誌於此亦以[redacted]證嘗从
尚碓爲古文嘗矣

釋箙

癸卣有□字邦懷按此古箙字也說文解字玨部𤥝車笭間皮匧也古者使奉玉所以盛之从車玨讀与服同殷虛卜文从玨之字作II知□中之II即玨字□即許君所謂皮匧是也皮匧即箙也說文𤥝从車為□之後起字余根據許說讀与服同一語始審釋□為古箙字也

父乙斝有□父丁盉有□並見壺𨖍尊父乙鼎文有□並見父乙甗父丁爵鼎文有□父丁毁有□爵文有□邦懷按以上所舉諸文皆古箙字也說文解字竹部箙弩矢

箙也周禮司弓矢曰中秋獻矢箙鄭注曰箙盛矢器也以獸皮為之漢書輿服志顏注曰璊弩皮箙盛弩也

綜觀上列諸字以說文解字及周禮鄭注漢書顏注考之知箙之形如皮箙箙之用可盛玉可盛弩可盛矢更由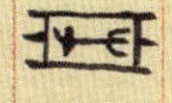觀之知箙亦可盛戈於是審識皆為箙箙體修狹而兩端作三出形余謂凡从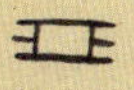之字皆讀箙曾不以其中所盛之物或其旁所置之物有所不同而異其讀也

精義不刊

存参

釋⿴衣几

説文解字衣部裔古文作⿴衣几段氏注曰几聲是也⿴衣几从衣从几何義此為治許書者所未嘗言也邦懷按周禮春官守祧掌先王先公之廟祧其遺衣服藏焉若將祭則各以其服授尸禮記中庸春秋修其祖廟陳其宗器設其裳衣薦其時食鄭注裳衣先祖之遺衣服也設之當以授尸也⿴衣几象陳設先祖遺衣服於几故方言有裔祖也之訓又按禮記曲禮君子抱孫不抱子此言孫可為王父尸子不可為父尸記謂孫可為王父尸鄭君謂先祖之遺衣服設之當以授尸故

裔又有苗裔後裔之義許君説篆文裔曰衣裙也恐非朔義

釋平

說文解字平古文作[illegible]邦懷按此字从水从二从水者考工記輪人水之以視其平沈之均也匠人建國水地以縣鄭注於四角立植而縣以水望其高下高下既定乃為位而平地周髀算經曰即平地二十一步周六十三步令其平矩以水正趙注如定水之平故曰平矩以水正也許君說灋字从水之義曰平之如水也釋名釋天曰水準也準平物段氏玉裁注說文準字曰天下莫平於水古人言平皆以水為喻此古文平字从水之義也从二者許君曰二地之數也

孟子曰水由地中行此平字从二之義也

釋⿶凵刀

說文解字亾部匃气也亾人為匃逯安說邦懷按殷卜辭有⿶凵刀字周吉文有⿶凵刀字治古文字學者釋匃是也頗未嘗言⿶凵刀⿶凵刀右所从者為刀蓋以許書匃从勹而逯安又有亾人為匃之說耳匃字今人均讀古害切而豈有讀古曷切者玉篇勹部匃有古曷古害二切廣韵十四泰收匃字十二曷亦收匃字此為匃有丐割兩讀之證也匃讀割可據以說⿶凵刀⿶凵刀从刀之義玉篇刀部刀字下曰所以割也禮記禮器割刀之用左傳襄三十一年猶未能操刀而使割也此皆言刀

之用在割故𠛱⟨?⟩𠚬⟨?⟩从刀會意而有割聲之一讀蓋人有所亾（讀有無之無不讀逃亾之亾）而乞於人人割所有以与之此匄之義也今人乞人心愛之物曰割愛猶存匄字古音古義為古文匄作𠛱⟨?⟩𠚬⟨?⟩从亾从刀今隸寫定作匄𪓰⟨?⟩叜父鬲有𠚬⟨?⟩字當為匄之繁文其下从肉者刀所以割肉也魯論割不正不食亦其證矣又按古金文中恒用以匄眉壽句無叀鼎作以割眉壽者割匄同聲假借字也

釋□

殷虛卜辭有□前編卷二第三十頁□同上卷第廿頁□前編卷八第十一頁□同上卷第十四頁字羅振玉釋噩見殷虛書契考釋未確于省吾據釋噩卜辭及金文之詞義考之謂即喪之初文金文加亡為聲符作䘮者為後起字說文从哭乃形之譌見雙劍誃殷契駢枝三編于說是也邦懷按卜辭喪字變化甚多所从之口自二口以至五口而所从之木形枝條猗儺或繁或簡且木本亦有欹側者其變化尤無定形以上所列四字乃較清朗可資分析以說解者余審釋喪之初文以从四口為正體即說文解字讀若戢之㗊

(C4)

字其从二口或三口者㗊之省文也其从五口者㗊之繁文也所从之木當為桑之初文猗儺其枝象桑桑之形變化繁簡雖不一致然可視而識焉卜辭有前編卷四第四十一頁後編卷下第十一頁羅振玉釋桑是其左證喪之初文今隸定作[㗊/桑]从㗊者㗊之為言泣也㗊泣聲近古音皆在七部从桑者桑之為言喪也本儀禮鄭注喪亡而泣是其義从桑以為聲也喪之初文所从之初桑因書法變化無定其形漸晦[redacted]故周金文中喪字有加亡為聲符作[㗊/亡]者矣昜鼎弗敢喪作[㗊/止止]从[止止]二當為古文[㗊/止止]蓋以[止止]㗊音

近（歰器古音皆在七部）而通假歟素問借泣為歰（泣歰古音皆在七部）是其比也

(C4)

釋聞

説文解字耳部聞知聞也从耳門聲邦懷按聞訓知聞也非本義何以言之許君説門聞也是知聞之本義當訓為聞呼門也且聞字从門得聲其義在門尤為灼然許君説闇字曰常以昏閉門隸也是知古人閉門以昏而呼門者亦以昏也許君説問字曰訊也从口門聲蓋呼者在門之外而問者在門之内問字从門得聲其義亦在門也許君説名字曰自命也从口从夕夕者冥也冥不相見故以口自名許君所謂冥不相見以口自名者蓋以昏時閉門故也或問曰説文

解字聞之古文作𦖞从昏子依言其義乎余曰許君
說昏日冥也是知冥不相見故以耳聞丩与冥不相
見以口自名其義一也
余因昏日冥也之說检許書从昏之字包有冥義及
讀若閔者凡數事
說文解字車部⿰車𢡟从車𢡟聲𢡟古文婚字讀若閔
說文解字手部捪撫也从手昏聲一曰摹也按摹从
莫聲莫有冥義许說莫日且冥也
說文解字口部吻口邊也从口勿聲或體作脗许云
或从月从昏按昏勿固屬雙聲然勿字亦有冥義许

說昒尚冥也

說文解字巾部𢅮墀地也以巾撋之夒聲讀若水溫𩞀段注曰撋蓋即手部㨯字即今之抆字

上舉从昏或从夒（古婚字）之字凡四或包有冥義或讀同閔聲考昏字古音同文而閔从文聲閔冥又同聲也茲以解說𦖞字从昏為冥不相見故以耳聞更就昏冥聲義相聯者推闡言之

釋畞

說文解字田部畮下出畞字許君曰晦或从十久段注十者阡陌之制久聲也邦懷按久聲無義段說未確竊謂了為中（中字見說文解字第五部）字之譌中象人脛形畞从文者古人以步計畞也許君所謂六尺為步步百為晦秦田二百四十步為晦者也从十者許君所謂一為東西丨為南北（詳說文解字十字下）者也畞以步計故須自東而西自南而北也畞从田从十从文為會意字段氏以為形聲字非也

釋邍

說文解字辵部邍高平曰邍人所登从辵备彔闕段玉裁注曰當作从辵从略省从彔人所登也人所登蒙高解从辵之意也略者土地可經略也彔者土地如刻木彔彔然蓋从三字會意邦懷按段氏說备為从略省甚確又謂彔者土地此說則未免望文生訓蓋不知邍所从之彔為譌字也陳公子甗邍字从辵从备从㣇㣇象獸形實非彔字以聲義求之當即說文解字九篇之㣇字許君曰脩豪獸一曰河內名豕讀若弟今按邍从㣇者地之同聲假借字也从备略

(C4)

㣇讀曰地者左傳所謂吾將略地是也从辵即許說人所登也蓋略地者登於高平之⿺辶㣇是其義也說文解字土部地籀文作墬从𨸏土彖聲段氏注曰小徐作彖非其聲也今正作彖邦懷按彖字讀若弛段改作彖聲雖勝於小徐作彖然彖聲亦不得其義段說猶未確也余謂當从㣇得聲今隸定作⿰阝⿱㣇土=以㣇為聲不但可訂墬字傳寫之譌並可作⿺辶㣇从㣇之左證矣

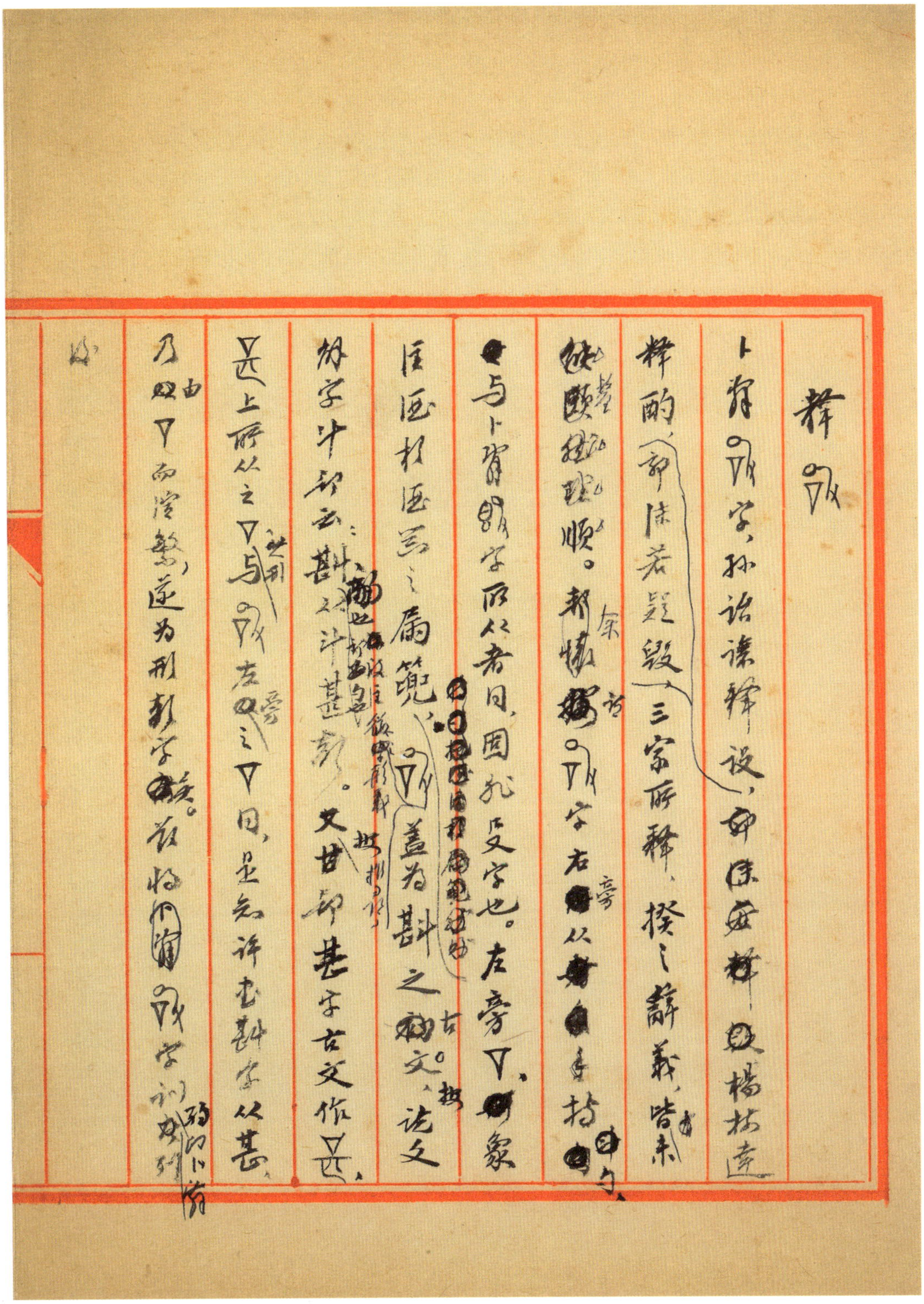

释𠬝

卜辞𠬝字，孙诒让释设，叶[illegible]释[illegible]，杨树达

释酌，郭沫若疑𣪘。三家所释，揆之辞义，皆未

[illegible]顺。[illegible]𠬝字右旁[illegible]从[illegible]

与卜辞𣪘字所从者同，固非文字也。左旁▽，[illegible]象

匜形，匜字作[illegible]，▽盖为斟之初文。说文

斗部云：斟，[illegible]甚声。文甘即甚字，古文作▽

▽上所从之▽与𠬝左从之▽同，是知许书斟字从甚

乃由▽而讹变，遂为形声字矣。故将卜辞𠬝字[illegible]

夹页一至夹页四，横200毫米、纵265毫米，影印时略有缩放。

甲骨缀存第廿七片云：「辛未卜，□貞酒新鬯。」郭沫若释新鬯

粉他賓鬯之新醴也。鬯，即用秬天灰酒正為鬯之鬯，鄭注

云：「謂鬯者無每有祭祀，以度量節作之。」禮記郊特牲篇云：

「祭齊加明水。」鄭注云：「齊，五齊也。加明水，以三酒加玄酒也。」此

謂有其若由用作備，備料新鬯者，主加明水於新鬯

以備神也。

殷虛書契前編四卷廿七頁八片云：「壬辰卜，貞：鬯用于宗。」此

言料理酒于某宗之倍祭祀事也。

殷虛文字乙編四八二一片云：「貞：王眉文乙。」此言王料理酒

以祭文乙也。

以上殷華表皆𢀛字之本義也，然又有用𢀛為徵者

言近稱，此亦華例ゑ下：

古籀七卷の十三頁二片云「□□允出有𢀛，明□出有𢀛云雨□昃

亦出有の𢀛徵，出有出虹自□□□」據本義所云有𢀛雲，有

出虹，皆為天象之异，而非有𢀛雲的上之允有徵兆者出虹

的上之之𢀛徵兆，並化此二者皆有徵兆也。

殷虛文字綴合の六一片□面有一徵云「丙申卜，貞□已酉卜，

王固曰酒，佳出有求，艱，出出有𢀛乙巳明雨，伐既雨，咸伐亦

雨，𢀛，卯□星。」本義之有徵矣，皆之有雨之徵兆也。

□宮殷契徵文典禮□一〇〇五片云「庚子出有の𢀛，吉」

夹页三

殷虚文字綴合八九片云「□寅卜，出貞：翌不往，囚。」又云「□其囚。」此之徵兆不發與矣？
徵兆發矣。朕

受又祐。廿往壬，不吉。」卅背□□方□日吉，□壬日不吉。」徵兆 朕

龜甲獸骨文字一卷廿六頁六片云「壬午卜，大貞：翌□六人。」□□徵人之制

即周禮之所因也。或謂古不从微為徵，故王卜貞「徵六人」，即徵罰

六人，無說亦通。

疑字說

說文子部疑惑也从子止匕矢聲段氏注云此六字有誤匕矢皆在十五部非聲疑止皆在一部止可為疑聲匕部有𠤕未定也當作从子𠤕省止聲以子𠤕會意也邦懷案疑當作从子𠤕聲段謂止聲未信說文疑字从止乃匕之譌始皇詔版及權量刻辭疑字皆作[illegible]則塙从匕可證也說文

夹页五至夹页八，横200毫米、纵265毫米，影印时略有缩放。

匕部𠤕未定也从匕𥏻聲𥏻古文矢字大徐注𠤕字云語期切段氏云此音誤也當同儀禮魚乙切今以疑字从𠤕證之則大徐於𠤕字注語期切不誤而段說轉失之矣又案殷虛卜辭有字羅參事說殆即疑字象人仰首旁顧形疑之象也詳殷虛書契考釋卜辭疑字又有作者詳簠室殷契類纂古金文中有丁未伐商角

鼎

字邦懷以為亦疑字古文也竊謂卜辭字即說文𠤕字所从之矣字而小篆稍變耳許君說矣古文矢字矢殆疑之壞字不然矣篆下何無古文矣字也竊又以丁未伐商角字从卜推之卜辭字之丨蓋亦為卜字之省羅參事謂象人仰首旁顧形疑之象也其說至塙而字又或从卜者所謂卜以決疑不疑何卜者也

疑字古文篆文變易之跡其可搜討者如
此

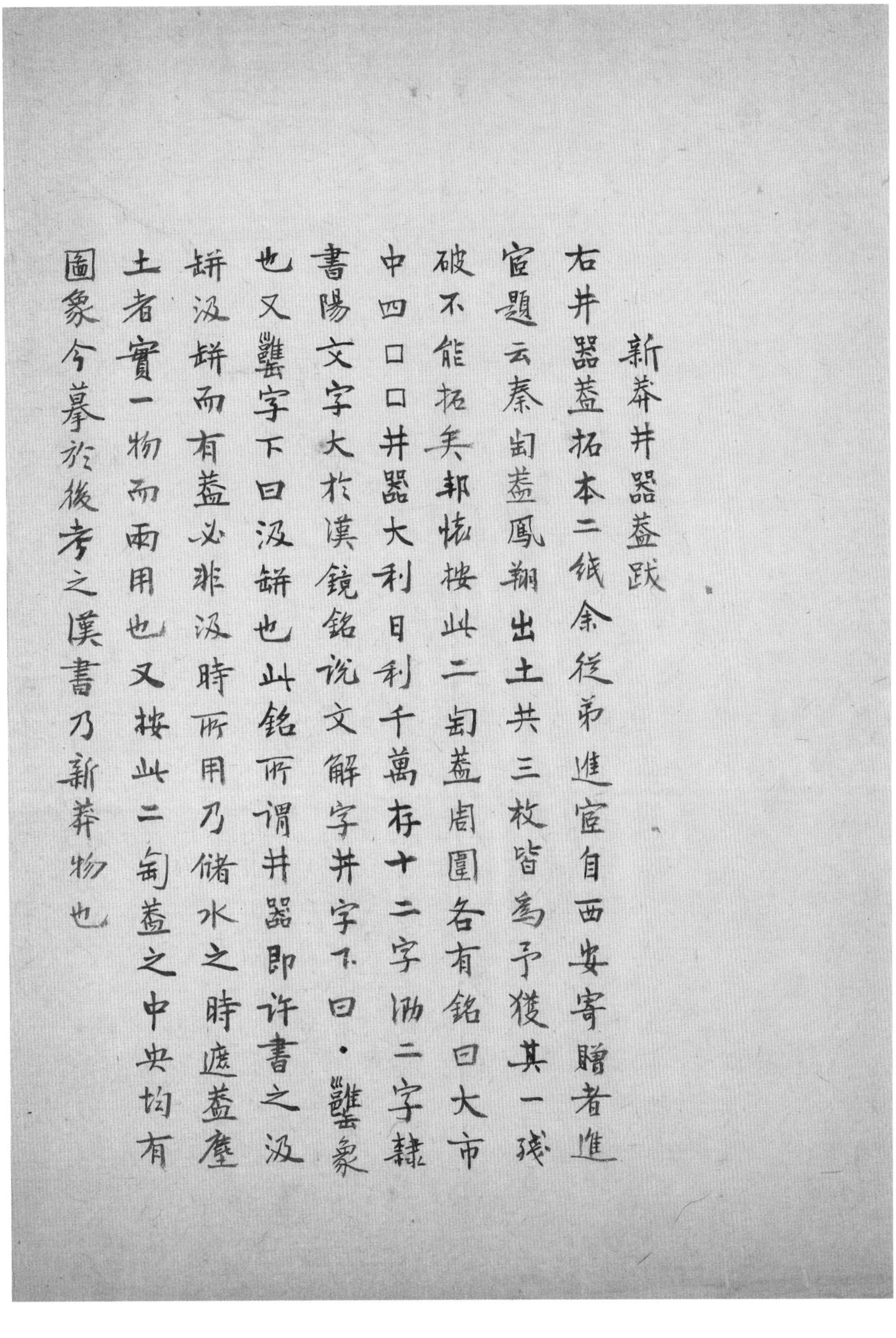

新莽井器蓋跋

右井器蓋拓本二纸余從弟進宧自西安寄贈者進宧題云秦匋蓋鳳翔出土共三枚皆為予獲其一殘破不能拓矣邦懷按此二匋蓋圓各有銘曰大市中四口口井器大利日利千萬存十二字泐二字隸書陽文字大於漢鏡銘说文解字井字下曰·罋象也又罋字下曰汲缾也此銘所谓井器即许書之汲缾汲缾而有蓋必非汲時所用乃储水之時遮蓋塵土者實一物而兩用也又按此二匋蓋之中央均有圖象今摹於後考之漢書乃新莽物也

夹页九至夹页十一，横200毫米、纵275毫米，影印时略有缩放。

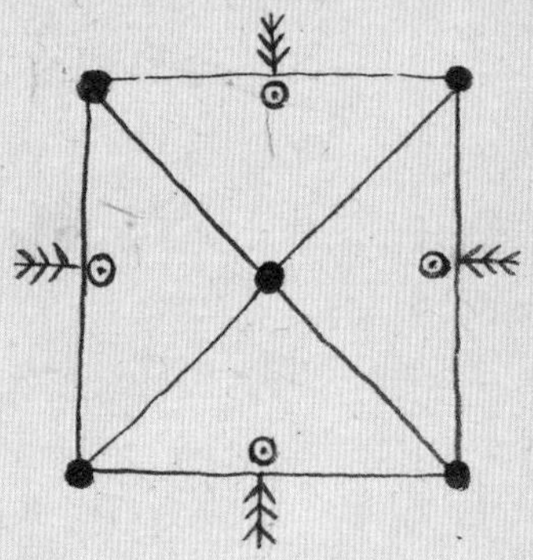

漢書卷九十九中王莽傳莽曰古者設廬井八家一夫一婦田百畝什一而稅……秦為無道廢井田漢氏減輕田租三十而稅一……厥名三十稅一實什稅五也……予在大麓始令天下公田口井……今更名天下田曰王田……敢有非井田聖制無法惑眾者投諸四裔

夹页十

以禦魑魅據此知井器實為莽時之制作矣今驗此
圖中央之●井也四周之●及⊙其數凡八即八家
也介於●●中之⊙其數凡四即銘文所謂中四中
四者謂八家以內之中四家也此井器當為中四家
所使用者也說文作字市字下曰市有垣此器所繢
之□垣象也垣中之╳象溝論語鄭注曰方里為井
井間有溝是其證也垣外之丰象木孟子趙注所謂
樹桑牆下者是也新莽市井方位賴此器所圖以傳
千載之後而井器之名亦為載籍所未載云

夹页十一

珍藏百年手稿出版工程

蘧廬集

（中）

陆文郁 著

天津出版传媒集团
天津人民出版社

食事杂谈

手稿横190毫米、纵267毫米，共计144页，另有14张夹页，影印时略有缩放。

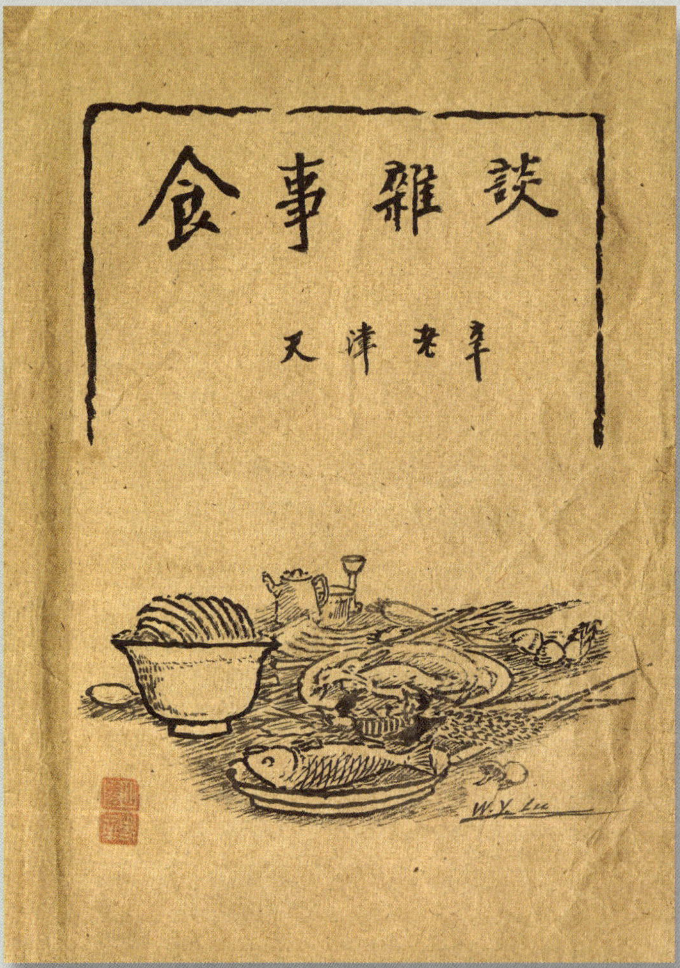

食事雜談 目錄

橡樹子
封齋節
美洲吃人的種族
關於蔬菜
雞
蛇
柑橘
椰子
扇芭蕉
咖啡
矮人
烤茶
住居極北的人
祁紅
食事抄今補一
綠蜥
瑪梯茶
羊肉和企鵝蛋
薏米
沸池和汽洞
玉蜀黍
西瓜
淡雞蛋變鹹蛋
兩種不通常的米飯
用人極少的小食館
天津市属十四縣一般民食
火腿二
竹筍

食事抄今補二

澳洲沙漠人

南非

約翰內斯堡

剛果

盧安達—烏隆的

赤道非洲 摩拉

加蓬

尼日利亞

利比里亞

(最初亦是)最后一次飯

和帕夏的一次宴會

哥普特大齋節

食事抄今補三

原色原形花果

哈密瓜

海南島的椰子

斑肝湯

黄橋燒餅

狰大狰

羊腿酸奶青稞饢

黄魚青鹽

斑肝燴蟹

宋嫂魚

長魚菜

裹蒸糉

中國的食單 北京—蘇—福—川廣

再寫湟魚

河豚魚白

臭豆腐詩
腊腸
白血
壽司.辨當.天麩羅蕎麥
仡佬族
香蕉的熱帶水果
三茶一飯 ← 前進

圖引：

中華人民共和國天津的新食目
：新食單 — 新席面
天合居一部分食目
可解釋的食物通名的古字例

廣州樓

小菜三品：雲南大頭菜
常州佛手蘿卜
甜醬人参蘿卜

森記火腿
粽子
天津五月鮮

菜單（一例）

天和玉菜單　登瀛樓菜品介紹

食之源

食

1

天津食事雜談一

天津這塊地方在未建衛以前，是從古以來許多河流港汊交匯入海的地方。这裏有豐富的水草，有豐富的蛤螺魚鼈……，可以對人類生活上有最起碼的食料供給，只是沒有山林。當人類進到可以構造簡陋住居的時候，是不能望過这適於攫獲食物較方便的地方的。料想这裏有人居住，總要在殷周以前或殷周之際。

按人類生活發展的沿革說，人類為食物的要求，當然多居住有河流的地方。捕撈水產物如蛤、螺、魚、鼈、水藻等，以及挖掘野菜，採摘野生瓜果為食。進一步是狩獵，再進一步是簡單的初步農作，而且由生食、淡食，以至懂得了用火進到熟食，進到加味、調製，这要經過很長距離的一段時期。至於能作簡單的烹調，當又在一大段了。

天津這塊地方，原住人群既然不見史書記載，任其自生自死，無關國家大事，當然對於當時有"生殺予奪"大權的大頭目政法所及的領域是沒有甚麼牽涉的。文化享用向前發展的影響，亦不會到此。生活食用當是十分簡陋，但由人類智慧對環境的影響，是自然而然的向前演進着。一方面是烹鳳烹龍，一方面是挖菜根，嚥藜藿。不用說"伊尹以割烹要湯"的時候，就是到了唐宋以後，文字上關於食事的記載，亦絕聞不到（天津）这方面號稱為"苦海沿邊"的氣息的。可是這一帶沿海地區由貝殼的大量堆積（民國初年在北塘河口附近還有大片蛤沙）可以肯定这是往古居人食餘棄置的垃圾堆。但這裏煮鹽倒是較早，東晉時石勒使王述[illegible]這裏煮過鹽，這地方當名[illegible]古塔右角飛城，總像當時旧居民在這成村落時搭過土圍子以保安全。這裏離渤海太近，不知道古往積[illegible]經過多少次海嘯，所以在漢時有過大面積的雍奴水，可是亦有過上片林[illegible]。

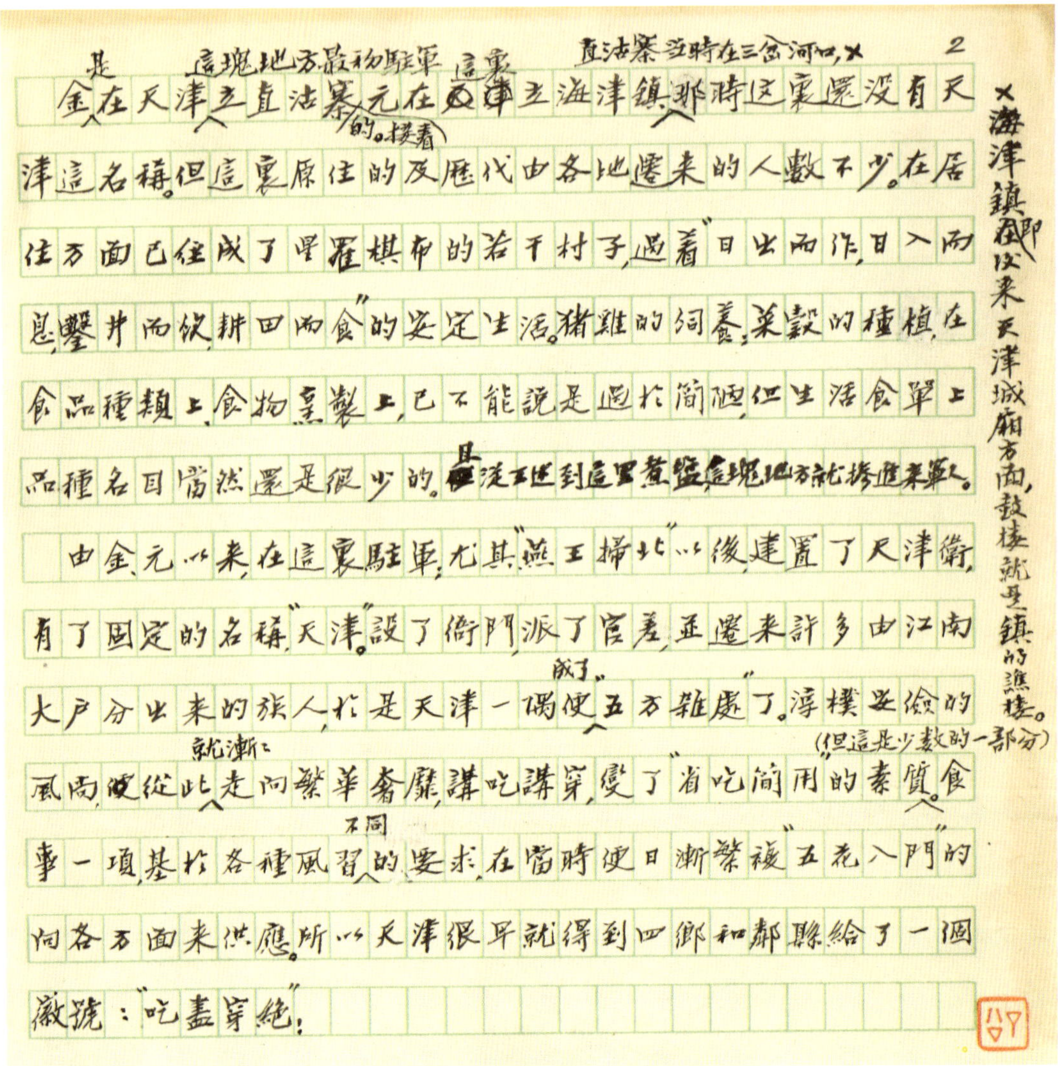

是　這塊地方最初駐軍　這裏　直沽寨当時在三岔河口，×　2

金在天津之直沽寨元在天津立海津鎮，那時这裏還没有天

的。接着

津這名稱。但這裏原住的及歷代由各地遷来的人數不少。在居

住方面已经成了星羅棋布的若干村子，過着"日出而作，日入而

息，鑿井而飲，耕田而食"的安定生活。猪雞的飼養，菜穀的種植，在

食品種類上、食物烹製上，已不能說是過於簡陋，但生活食單上

品種名目當然還是很少的。是漁工送到這里煮鹽，這塊地方就擠進来人。

由金、元以来在這裏駐軍，尤其"燕王掃北"以後建置了天津衛，

有了固定的名稱"天津"。設了衙門，派了官差，并遷来許多由江南

成了

大户分出来的旅人，於是天津一隅便"五方雜處"了。淳樸儉的

就漸漸　(但這是少數的一部分)

風尚，便從此走向繁華奢靡，講吃講穿，變了"省吃簡用"的素質。食

不同

事一項，基於各種風習的要求，在當時便日漸繁複，"五花八門"的

向各方面来供應。所以天津很早就得到四鄉和鄰縣給了一個

徽號："吃盡穿絕"。

×海津鎮位即從来天津城廂方面，鼓樓就是鎮的譙樓。

1

~~天津食事雜談~~

雖然"这個吃盡穿絕"的徽號，追溯不出確實年代，想来總該在清初天津有鹽商時候起。那時監管鹽務的官所謂"長蘆鹽運使"由滄州移駐天津，天津以"苦海沿邊"地方，一躍而為"遍地黃金"的寶地，誰不喜歡遷居到这個地方来呢！何況这是"京口門兒"，"辦鹽務"是給當時大地主皇上家作買賣，是發財致富的事。所以從江南大户遷来之後，又不斷的有外籍遷入定居，尤其在天津興辦鹽務的初期。最突出的是隨着天津鹽務開展的動態，山西人在这裏大開"票莊"，與鹽務家、衙門口，互相勾手，交接来往，宴會請客無虚日。接着天津開為通商口岸，有了英法租界，於是廣東人"作洋事"的又大批的遷進来，其餘各省隨着作生意的，亦都源源不斷的来客居或定居。作官的、跟官的更是"趨炎附勢"的以天津接近帝都，来攢集在天津的熱鬧場所！由此天津變成了"小上海"。城廂方面是封建勢力活動區；紫竹林、小白樓一帶的租界，則成了殖民地的"十里洋場"！及至一九〇〇年以後，基於人口的加繁，房屋街道的興築開展，交通日益便利，有了電車、馬車，完全改变了從前城廂、租界"各自為政"的閥門主義。於是食事一項又較前複雜了，多社會上供應一日三餐的組合，尤其是飯館，中式的、西式的，真是"飛潛動靜""海錯山珍"，百種烹調，千般風味，一生亦不能吃全。現在先看看天津一帶这烹調技法上的專名，竟有二十多項，

标准稿纸 500格 (20×25)

2

如：炒(煼)、熬、炸(煠)、炮(爆)、熘、烹、燜、燴、蒸、燒、烤、扒、川、熗、熥、烓、熏、煎、燼、焗、炆、烙、涮、煨、煮、貼、熬等等，而且技法並不全如此單純，且多有以炸、烹、煎、煮等為烹調技法上之第一步的。例如天津最普通的熬魚，在從前（約百年前以）指的是普通人家）僅是一道手，把魚剖洗淨以和菜夾層的擺在鍋裏，加上簡單佐料和鹽，蓋鍋來燜；以來技法加精，用了兩道手，是先煎、以煨菜、再燜，於是成了天津特殊的家常名菜，到現在凡是久住天津的差不多都用這兩道手的做法了。其餘家庭應用的烹調技法，亦只限於炸、烹、煎、煮、熬、貼幾種，當然比不上館子。俗稱："南甜、北鹹、東辣、西酸"，南指的是江南，北指的是大河以北，東指的是山東及蘇北一帶，西是特指山西。其實亦不能如此固定，大江以南喜食辣的亦很多；北方人亦不盡然愛吃鹹，而且調味亦要看做甚麼菜。不過家庭裏做菜總比館子口味重一些；但不如菜館、南味坊、醬肉舖以至小賣等的口味考較。就是主婦善於烹調，當然亦比不上專業的"勤行"老師傅們整日以此為業。所以家庭有家庭的風味，而且各家不同，有優有劣。不如專業者有一定的傳統技法，且隨時迎合着社會上需要時有新的發展。

天津食事雜談 二

天津飯菜館在一九〇〇年以前，種類不多。熱鬧場所在城廂方面數城北，即北門內外到侯家后一帶，只有些本地館、清真館、山東館。城西所謂"西頭"一帶只有清真館。紫竹林方面有三五處西

标准稿纸 500格 (20×25)

3

餐館和小白樓一帶的廣東館。及至一九〇〇年以後，天津飯菜館種類隨着市場的畸形發展加多起来，新闢的河北大胡同以北的大經路（現中山路）接上當時僅有的鐵路現所謂的天津北站一帶，便都有了飯館，大胡同亦日漸熱鬧，接上城北城東。租界方面因有了日本租界，連上城東南的南市，飯館裏便有了寧波館、福建館，廣東館亦加多了。清末民初更是大大小小甚麽樣的都有，到現在大致說來，如：廣東館、江蘇館（包括上海、寧波、淮揚一帶）、四川館、福建館、山東館、山西館、本地館、清真館、西餐館等，真是應有盡有。清末民初前後著名的飯館如廣隆泰、北安利、顯記（廣），泰豐樓、聚豐園、村酒香、小食堂（滬寧），玉華臺（淮揚），蜀通、美麗、菜根香（川），聚福樓（閩），登瀛樓、同福樓、全聚德、天和玉、山泉湧、太白樓（山東），晉陽樓、西來香（山西），義和成、聚和成、先得月、燕春坊（本地），月明樓、會芳樓、燕春樓（清真），利順德、皇后飯店、德義樓（西餐），這些飯菜館都是名震一時的，當然還有許多，這僅是舉例。以上所述，有些在解放前早就絕跡的，有的在解放後由黨的支持培養繁榮進步，成為天津食道上先進的表帥。更有許許多多、新興起来的，真是筆難盡述。

上面所說，全指的是大館子，此處再略說說小的館子。從前小白樓方面，有專賣"叉燒麵"的小廣東館，除備幾樣現成做好的酒菜外，沒有炒菜。有專賣湯麵、餛飩及各種夾餡燒餅的，俗叫"麵館"，

4

這是蘇常式的，多開設在現濱江道一帶。有專賣雞絲湯麪、雞絲

餛飩，俗叫"雞絲館"，他備有一種雞油大灼和幾種熟菜，如：薰雞、

薰肉、臘腸之類，這是小山東館，過去多開設北門外一帶。至於本

菜品的多樣和

地館次於大館子的，叫"二葷館"，設備排場雖不如大館子，但做菜

這類多在北门外，或城裏

的精緻、風味却差不多。再小的是飯鋪，有的專賣包子、鍋貼；有的

專賣熬魚、熬肉，或亦備些酒菜或幾種炒菜。再次有酒館。又有類

應　　這類城廂附近有館

似早點鋪而延長為整日供等於飯館的。又有一種不賣客座的

這類沒有門臉，亦沒有向人，只掛個牌子在某某街的門口。有事時臨時有人。

酒席處，專包辦紅白喜壽事的酒席的（俗叫"搭外櫃子"）。清真小館，

多是專賣清熬牛肉、乾飯，俗叫牛肉館；亦有兼備幾種熟菜或炒

北門外亦有，南北亦有

菜的，亦有專賣羊肉包子的，這類小館城西較多。館子不論大小，

大多數都有幾味拿手好菜。

津門雜記本書三卷，是1871清光绪十年錢塘張燾赤山氏所輯，已刊。卷上有慶雲崔旭念堂詩，有句："百貨懋遷通薊北，萬家粒食仰關東。市聲若沸魚蝦賤，人影如雲巷陌通。"天津當時主食方面，完全由外地供給，大豆、高粱、豆油等，皆從關東輸進，如胡麻即脂麻，由河南大量来，花生由本直隸（河北）各縣来，麥麪由西河一帶来，大米由南省来……，可以說，天津本地出產只是魚蝦、食盐。而繁華情景却一天一天的逐步加級，所以武進米岷尊江詩有："薊北繁華第一城。"又"水邊魚蠏逐潮蟶。"形容情景同於崔詩。卷下述天津食品："津沽出產，海物俱全，味美而價廉。春月最著者有蜆、蟶、河豚、海蟹等類。秋令螃蠏肥美甲天下。冬令則鐵雀、銀魚，馳名遠近。黄芽白菜，嫩於春筍，雉雞、鹿脯，野味可餐。而青鯽、白蝦，四季不絕，鮮美無比。至於梨、棗、桃、杏、蘋果、葡萄各品，亦以北產為佳。"此段所述，不盡是天津出產，蜆、指麻蛤出產渤海沿岸，大部分是寧河豐南一帶。蟶是鮮蟶，大部分出寧河蟶頭沽一帶，當地

文字描寫到天津食事的書誌有

标准稿纸　500格　（20×25）

2

天津沿海大沽方面亦有些。河豚、海蟹亦不是天津專有。螃蟹指河蟹，大宗出東西兩淀，即舊時文安縣屬勝芳鎮的東淀，俗叫西大泊，及任邱縣屬的西淀，即白洋淀。天津沿海河的水田裏雖亦有，但供不上食用。雉雞指野雞、山雞，向於冬令到春節來自東北，鹿脯指鹿肉、黃羊肉（即麅子肉）自東北和蒙古草地來，黃羊來的較多。蘋果、梨、杏，多來自北山；棗則來自慶雲、寧津及鄰省山東樂陵一帶。桃的所謂"深州蜜"來自深縣，即外地稱為"天津水蜜桃"，實不過在豐產時由天津出口。天津葛沽有小桃稱"葛沽桃"，肉硬脆並不見佳。至於葡萄大部分由西北來，清末時天津只梁家嘴沿南運河岸一帶有些家栽種的，民國後南運河裁彎取直，梁家嘴葡萄遂行絕跡。

本書卷下又有咏詩，如楊映祖、米人詩："朝來能嗽西施舌"，指的是蟶。崔旭凍豆腐詩："切來巧露蜂窠密，煮出渾同羊肚看"，這確是天津冬日常食的土物。唐尊恆芝九詩："樹上彈來多鐵雀，冰中釣出是銀魚"，這真是笑話，鐵雀是在雪地用網捕的，並非用彈，銀魚是在衛河指海河上游即舊三岔河口一帶用罾搬的，並非用釣。

《津門紀略》本書一卷，是1898清光緒二十四年影印本，著者自稱羊城舊客，他序裏又說他是天津人，當是一位寓公。他書裏對天津食事，詳於《津門雜記》。茲引它所載略加管見於下。

一　楊映祖比目魚詩："傍（臨）水人家對（傍）岸居，門前綠（秋）水

标准稿纸　500格　（20×25）

3

朕芙蕖臨流新（結）結（浮）千絲網，網得雙雙比目魚。”

這詩所寫，過於不合實際。比目魚是近海的底層魚，不是淡水魚，與芙蕖真是風馬牛，全拍合不上；再則比目被網得時，不是成雙成對。比目之義，是因雙目同在體的一側，所以叫比目，並非如爾雅荒唐之說。

一　巨羅魚詩。原注：“一名鰳香，細鱗多刺，出天津，見畿輔通志。”“春網家家薦巨羅，鰣魚風味可同科，樽前也有淵才數，纔說鰳香恨刺多。”

這說的是快魚，快魚正名鰳，因它腹下有硬刺，能勒手，所以叫快魚，又叫勒魚，在灤縣豐潤一帶叫刻勒魚，刻勒仍是勒義。巨羅二字是刻勒音轉。爾雅：“鮥（音洛）當魱（音胡）”，疏說：“登萊人呼魬鮥魚為何洛魚”，由此可徵何洛就是刻勒。在[redacted]鮮食，天津多用熬，仿江南風味者則用清蒸，甚鮮美，類清蒸鰣魚，但不如鰣魚肥，而肉較粗硬。大部分多鹽醃為鮝，所以又叫鮝魚，可油炸蘸滾蝦子，所謂“蝦子鮝魚”，很好吃，下飯下酒均佳。

一　河豚詩：“清河上壩到津門，野菹堆盤酒滿樽。直得東坡甘一死，大家拚命喫河豚。”

河豚魚白，名西施乳，從古為食用名品。梅聖俞詩：“春洲生荻芽，春岸飛楊花。河豚當是時，貴不數魚蝦。”東坡謂食河魨值得一死。舊時是攪碎成姜汁，佐以荻芽，最能下飯。清咸同間北門裏馬泰的胡十，創為熘魚白，以整對登盤清蒸後，再以油鍋微炙熘之，佐以韭菜，

4

風味殊絕。由馬泰的胡十創興後，天津的二葷館、清真館皆擅作此品，如：薛記館（城内鼓樓西），月明樓（侯家後的清真館），會賓樓（現濱江道，舊法租界清真館）。河豚有毒，来城廂賣魚的多掏出魚白供食，其餘魚及内臟扔於髒土堆，貧窶者不識，撿去煮食，往往至死。富人圖口腹，窮人丢性命！所以解放之後，魚市上不供給此品。外如對蝦、螃蟹、銀魚等，此處不再複引。

一、"肉市—北門外迤東。菜市—海關道署前。果市—估衣街口。魚市—大儀門口，分府署前，南大寺前，津道署前，天后宫前。西瓜市—西頭老店。香瓜市—大紅橋。"

以上各市，由来已久。肉市、果市的貨品集合，皆在清晨鋪家未開門以前，畫地為攤，發躉給零售的。肉指豬肉，大批發給豬肉鋪。果品皆分售攤販或小販。乾鮮果店皆整宗轉運，不在此添貨。及各鋪家開門時，果市已罷，爛枝爛葉皆已掃除乾淨。肉市还早，每夜三更後，便齊集北門東城根，拆城後已修電車道，該處猶然。鮮肉頭蹄下水，一堆堆的佔滿電車道上，一時躉發變方，稱抬車載，熱鬧非常，及至清早五點多，電車將出車時，完全售盡。躉發鮮魚蝦的所謂"魚鍋伙"，在河東陳家溝子一帶，整包發歸城裏外各魚市攤販。至於沿街售賣的，皆係拆包零售。菜蔬、西瓜、香瓜等皆整發，同於肉市，後再分歸零售。糖果類亦部分的由果市分發小販。這種風尚直延長

标准稿纸　500格　（20×25）

到解放前。

一、"著名食物：元宵—户部街祥德齋。月餅—毛賈夥巷勝蘭齋。小菜—毛賈夥巷東全居。醬肉—西門內牌坊內復有順。切麵—毛賈夥巷東全號。細糖—白家胡同。大糖—金聲園旁。皮糖—大豐巷趙家。鹹花生—鼓樓下張二。雞油火燒—大胡同雞樓。燒麥—甘露寺前。大包子—侯家後狗不理。小包子—鼓樓東小車。小蒸食—查家胡同。牛肉—小夥巷旁牛肉鋪。炸螞蚱—鼓樓北于十。肉火燒—襪子胡同。熬魚—西頭穆家飯鋪。滷煮野鴨—鴨子王。"

以上所述情形，至~~民國~~1912後還差不多，各有接班繼起者，但皆有量的擴展。以天津人口之日漸增多，供應加大，早打破了舊框框的"只此一家"。流動小賣，更無法指數。以我所知六七十年前，祥德齋元宵有至大者，二寸直徑茶杯，一杯僅盛一個，價津錢五十文，實為制錢二十五枚，內裝十錦糖餡，然必正月十五日元宵節前後才做，平常沒有。穿街擔挑打梆子賣元宵的，分江米、秫米兩種，大如核桃，江米白糖餡每枚二文，即一個制錢。秫米紅糖餡每枚一文，即一個制錢兩枚。後來發展有元宵鋪專賣，可以當餐。月餅必八月中秋前才做，平常沒有。當勝蘭齋時，除與之抗衡的祥德

标准稿纸　500格　（20×25）

6

齋外，另有多家，誰家的"酥盒子"好，誰家的"糖麻花"好，皆各有專長。小菜指的是醬菜，東全居"八寶醬盒"最佳，次來鼓樓西百川居全有。醬肉復有順者稱"牌坊裏醬肉"，同時歸賈胡同明順昌醬肉，與之齊名，稱"歸賈胡同醬肉"。切麵那時全是人工壓的，所謂"壓切麵"。東全號的成色，據說較別家高，便是質緊，條細而禁煮，不斷，食時柔滑爽口而不鬆黏，當時購買者皆須早定。大糖是麥芽糖熬製，外蘸白脂麻，或內加十錦糖餡，不必鼓樓北金聲園一地，秋涼時沿街巷叫賣者大喊"大糖好餡"。雞油火燒是山東雞絲館的名品，館裏不備炒菜，只有熏臘幾品，如熏雞、熏肉、熏肚、臘腸等。雞油火燒是長扁圓的，俗叫"夯打"。另備雞絲湯麵、雞絲餛飩。這種小館那一時發展極多，大部分在北門外，延展到河北大經路，即現中山路。後來加添了家常餅、脂油餅等。"狗不理"包子現發展到全國各地，現已除掉了"狗不理"三字，稱為"天津包子"，以與"常州包子""四川包子"齊名。牛肉在小影巷口的一家，稱"張官兒牛肉"。穆家飯鋪在太平街，原稱"穆奶奶熬魚"。"鴨子王"在西門裏鹽店胡同以與大水溝中間橫街路南胡同裏坐西第一門，春秋兩季有野鴨時，尤其是秋季，每日只煮百十來隻，不豐發，只供應知味者及各大宅門，在出鍋以向來是片刻罄淨。購鴨油鴨湯者，以拌麵條最佳（現該處稱鴨子王胡同）。以來以上各項，皆成普通食品，信者日衆，談不到甚廣獨特稱奇了。

《津門見聞錄》本書六卷，未刊本。不詳年代，津人郝樹森東園編，未見

标准稿纸　500格　（20×25）

全書僅見所載周楚良津門竹枝詞，茲摘引關於食事方面的弍章並加管見如下：

“糖蠏糟魚列上筵，江南風味代庖傳。估衣街裏趙洪遠，一飯尋常費萬錢。” 154

糖蟹即“五柳川沙紫蟹”，川沙或書酸沙。糟魚指“糟醉青魚”、“糟醉鰲魚”之類。趙洪遠當是天津最早的江浙館子之一。

“明慶清烹縴版魛，鬆肥全仗奏鸞刀。詎知作腐尤鮮美，竈上出名手藝高。” 15

明慶館在北門外水閣附近，是本地二葷館。魛魚以如船上拉縴的縴版寬的大條為最鮮肥，俗叫縴板刀魚，以入河口淡水網獲的稱“河口魛魚”，無海腥氣。所以每當魛魚北來之時，多在大沽口海河入海上游，以網截獲。出海網得者稱“海魛魚”，其味便次。做法有“清烹魛魚”。以魛魚做魚腐，味勝於普通魚腐。

“熘筋燒腦又炰腰，鑲餡加沙尾炸焦。羊肉不羶劉老濟，河清 158

[redacted]

館靠北浮橋。”

這是說清真館名菜。熘筋即“烹蹄筋”，燒腦即“熘腦”，當時有“燒三樣兒”即“燒脊髓腦眼”。炰腰即“爆腰花”。次句指炸羊尾“加豆沙餡，味香肥爽口而不膩，皆劉老濟拿手好菜。北浮橋即今北大關金華橋處。

“精奇鑪食製多佳，天后宮南恩立齋。遠近皆知劉八爸（把），回回老鋪掛招牌。” 219

清真素果鋪（稱素果房以別於漢民糕點鋪有的糕點用豬油和麵）向以鑪食著名，如“鑪桃”、“鑪櫻子”之類最佳。

标准稿纸　500格　（20×25）

8

"沿巷支鐺占一方，油煎炸烙韭芽黄。深秋惟有郭文煥，餡餅出名請試嘗"。 221

現仍叫"乾烙餡餅"。乾烙用煎，如火灼形，薄皮大餡，以豬肉餡加韭黄，油鍋兩面煎透。清真館的則羊肉白菜餡，煎法同。解放後北門外恩德元的最好。餡餅狀如門釘，用油鍋貼，多半屬清真。夏日西葫蘆下来的時候，清真小館便黄紙招貼新添"西葫羊肉餡餅"。漢人後来改作水餃式而瘦彎插貼油鍋裏，貼出焦黄脆痂，豬肉韭菜作餡，名作"鍋貼兒"，又叫"老虎爪兒"。油貼時油中加葷油丁，焦痂食時酥而香。一九三七年前鍋店街東有二葷館燕春坊，俗叫"餃子孫"，就是以鍋貼兒著名發展成館子的。

"玉皇閣齋好登高，以食家家棗作糕。早飯偕来萬慶館，怯呼菊酒醉酕醄"。 45

切糕精製的叫"盆糕"。舊聞老年人云："萬慶館在天后宮前"。

詩裏於風俗上，亦說到"三和餡盒子"、"水磨小豆腐"等。詩裏描述的當時著名賣家字號人名，與津門紀略無一重者。又由其所述畫家，提到張湖錦波，是津門雜記所載畫家張樾蔭若村的父親，可徵津門見聞錄當比津門雜記像早一些。基於三種記載，得識清同光間天津食事一部分真實資料。

~~1966.8.寫~~

标准稿纸 500格 （20×25）

八四

天津食事補

以上所據記載有不甚詳的，如西頭穆家飯鋪；及小彩巷牛肉鋪。如"鴨子王"。如醬肉僅說了西門內的優有順沒說明順昌。其餘還有沒說的，亦許在他記載。以後姑為蛇足，亦組成韻語，下加詳注。

太平街上多人讚，小彩巷邊衆口傳，熬大鯽魚稱"穆奶"；燒肥牛肉數"張官"。

太平街為天津西北城角文昌宮街以北的一條東西街，街東頭偏現大豐路東些，針市街西口相對，街西直通驢市口。街上有一小食館穆家飯鋪，群稱"穆奶奶熬魚"，非常美味，無間春秋，均選近尺的大肥活鯽魚，煎透煨爛，凡吃過的無不盛誇。這是清光緒年間在西頭伊斯蘭教民間特出的清真小食館。我小時未曾得到機會去品嘗。張官兒燒牛肉的鋪子在舊小彩巷口，即太平街東口，因小彩巷係南北橫街，牛肉鋪便在小彩巷的南口路西，現因開大豐路，小彩巷南頭拆去了一大截，已無確址。光緒年間天津西頭回民聚居地方賣燒牛肉的小鋪無慮二三十家，以"張官兒燒牛肉"首屈一指。一九〇〇年以後，天津漢民亦都大食牛肉，牛肉館普遍津埠各地，大率燒煮牛肉都是由張官兒技法傳來的。據老年人說張官兒以前燒牛肉的味道，遠不如張官兒的純、爛、肥、香。

野鶩成群宿葦塘，驚鎗飛墮滿池潢，小舟快載供饞吻，滷煮爭誇"鴨子王"。

滷煮野鴨是季節性的食品，祇春秋兩季鴨群由津往過，春由南向北去；秋由北向南去。舊時天津周近蘆葦坑非常之多，為鴨群往過時棲止之所。津民多用鎗排裝鐵砂，沖夜出獵，一次可獲千數百隻，供給市上雞鴨店。鴨不一種，有"大紅腿""巴鴨"等，除供給各飯館外，多歸醬肉鋪煮賣。市上有時在雞鴨店買宰好生的，小者十個一把，大的五個一把。那時在飯館著名做法有"瑪瑙野鴨"，係鴨塊調味做好後，另鍋炸豆皮，就熱登盤，趕即以鴨塊帶汁澆上，作成爆聲為佳。醬肉鋪以野鴨整身入豬雜碎鍋裏和煮，不如"鴨子王"單鍋專一加佐料來煮，佐料齊全，不失本味，既爛且香。"鴨子王"住處前文提過，此處不再複述。這專業春秋兩季，每季不過月餘，秋季有時可至兩月。所煮鴨皆選肥嫩鴨種，每天只煮一鍋，數不過百十来隻，出鍋在下午，約現在三、四點鐘時，每天出鍋後不久即賣淨，買者向早集門外等候。煮鍋中撇出的鴨油及鴨湯亦可單買。我小時住西門裏羅底鋪胡同以及後來的鹽店胡同，以距離"鴨子王"很近，每每攜小瓶去買鴨油鴨湯，熬白菜、燴豆腐或拌麵條味甚鮮美。民國後街上有提盒賣滷煮野鴨的，多是"鴨子王"傳授的徒弟。

醬肉羣推明順昌，堪稱魯衛有牌坊，周永順前酥火灼，"夾来香美異尋常。

明順昌醬肉鋪在北門外估衣街鍋店街中間路北的歸賈胡同裏路西。歸賈胡同是南北向的寬胡同，北通侯家後。舊日清嘉（慶）道（光）年間侯家後是天津最繁華的"銷金窟"，明順昌的買賣，遠盛過西門內牌坊裏的復有順，當時稱"歸賈胡同醬肉"，復有順的稱"牌坊裏醬肉"，兩家齊名。但明順昌是一百多年的老字號，復有順後改起順有，兩家都選料極精，調製上非常考較，尤其片切極薄，肥瘦適中，真是香嫩鬆軟，以之夾入新出爐的酥火灼食之，真是朶頤適口。我小時牌坊裏便是起順有了。其時西門裏張走堯胡同後有周永順米麵鋪，在他對面有一個切麵鋪，并做吊爐大火燒很有名，這鋪子沒字號，俗叫"周永順前大火燒"，層多酥大，許多賣大火燒的都賣不過他，一天由早到晚做多少都賣淨。張志堯胡同距西門內牌坊很近，每每買主在起順有買來醬肉便到周永順對面切麵鋪買大酥火燒。俗稱"大火燒夾醬肉"，實多年來與"貼餑餑熬魚"為天津最普遍的民間美味常食。

竹竿巷口會仙居，冬盡時鮮衆不如，最是高湯川紫蟹，伴從火釜涮銀魚。

竹竿巷在北門外大街路西，會仙居是清光緒三十年前後的天津所謂"二葷館"，很有幾個拿手好菜，他是北門裏馬泰出來的人幹的。尤其冬令以高湯（雞鴨豬肘調的湯）入火鍋川涮紫蟹銀魚著名。

"醬酥鐵雀"老君堂，"糟蟹"應推異味坊，大嚼屠門真興會，持螯把酒快同嘗。

鐵雀為冬日時鮮，市上賣的每十隻一把。普通館子有"炸鐵雀"，有"軟硬兩會"；山東館有"醬牲口"。侯家後老君堂附近靠單街子方面有一家小山東雞鴨樓，他的"醬酥鐵雀"最好，味鹹而酥，入口微嚼便化。每到冬天有鐵雀時，他便貼出"醬酥牲口"小條，去吃的客人相約時，每說："咱今個老君堂吧"。……"糟蟹"是南味的"糟蟹糊"，最合宜是佐酒；如入火鍋川食，湯分外鮮。異味坊在鍋店街東口，所賣皆南味，櫃上掛有金字"陸稿薦"的牌子。懸着板鴨火腿等。吃"醬酥鐵雀"的每每在這買些"糟蟹糊"用小碗帶到雞鴨樓；或由雞鴨樓的人給去買，這般大多是愛喝酒的。

講嘴由來說北平，滿蒙佳味到沽城，永元德烤牛羊肉，煮酒圍爐興最濃。

永元德是一九〇〇年後在天津開的第一個京式的清真小館。

在洛南市牌坊裏大街中間路南。冬日以烤牛羊肉著稱。館裏特闢一大室，中間設大烤爐，爐中火力甚猛，時時加入松枝，爐上為大鐵箅，號稱“支子”，或說應叫“炙子”。其形箅條寬箅縫窄，便於以箸夾牛羊肉片蘸佐料在上滚烤，就熱來吃。圍爐可立七八個人，每碟牛肉片或羊肉片二三兩，隨吃隨添。肉皆切極薄片，吃肥吃瘦，皆隨客便，且烤且食，佐以脂麻燒餅，興味之濃，不減北京天橋之“吃烤肉宛”。

天津旧日沒有關於燒烤的食品，但是大一些飯館招牌上早就誇張備做“滿漢酒席”等。究竟所謂滿漢是甚麼樣做法的菜呢？有人說滿席以燒烤涮為主，或說就是全羊席，而到底如何，同勤行的人們亦說不出。天津在一九〇〇年前後才有“全聚德烤鴨子”，在北门外第一個鴨子樓，是一八九九年開的，北京醬肘鋪帶賣皮蛋（松花）亦是一八九九年。天津過去要吃到烤鴨和皮蛋必須上京，或由北京來津的帶來皮蛋……。北京六必居醬菜亦是一九〇〇以後天津醬園才代賣。

上述明順昌、復有順（後改起順有）兩號醬肉鋪，除早晨賣生肉晚上賣醬肉及雜樣等外，在夏天備有“攢盒”，冬天備有“火鍋”。门前上楣支有紅漆橫杠，懸有長牌，上書“七美香腸”“八寶攢盒”“十錦火鍋”等，當门挂着大紙燈籠，上有兩大字“豬肉”。攢盒為尺五直徑圓盒，內分九格，中央圓的，周圍八個扇面形的，可放入醬肉肝肚等九樣熟菜；火鍋則於粉條及大丸子墊底，上亦攢滿熟菜十數樣，此種考究，在一九〇〇年以後天津有了烤鴨、醬肘、响皮肉、清醬肉等，“攢盒”“火鍋”都較前更豐富了。

天津　　　　第 1 頁

附錄（天津）食事上舊席面一例

八八上席

八乾：

黑瓜子，白瓜子，花生（炒或糖醃），杏仁（大扁），桃仁（糖醃或琥珀），白果（或糖藕片，糖蓮子），瓜條（或蜜煎青梅），熏棗（或金絲蜜棗）。

八鮮：

京糕（或炒海棠果，炒紅果），蜜橘（整四个，食時剝），平果（四个，同前），香蕉（剝皮，切段，積高），南薺（同上），果藕（同上），甘蔗（同香蕉样），蔔萄。

（以上乾鮮統名叫乾鮮碟。

八冷葷：

熏刀魚，拌海蜇，葱絲羊肉絲，拌肚絲，松花，大腿，臘腸，肉鬆。

八點心：

粉團　江米糕　一品燒餅　酥盒子　小燒賣

三皮蒸盒子　江米藕（或蒸芋艿）　甜小包（或小點心）

八大：

魚翅（或翅面四絲）　燕菜（或魚唇）　雞　鴨　魚　海參　銀耳　肘子

八小：

櫻桃肉　雞鴨肫　小南北（或鮮蘑）　魚丁　金銀絲　小魚腐　蝦仁　蟮黄

（以上舉例，品類大致如此，做法配搭，变化多樣。）

另外四湯菜：川鴨肝　川魚捲（或川雙脆）　川裏脊片　川魚肚

~~甜菜，點心，四湯菜，四壓桌，皆随時酌配。~~

四壓桌：全家福　元寶肉　燴大腸　十錦丁　亦合成八數。

五一制66.　　　　16×20＝400

第 2 頁

六六上席，準八八折成六六數。

四四席，準上減成四四數。

常席：

八大碗粗細不同 [redacted]

（細八大碗：半桌碟（兩乾兩鮮四冷葷兩湯）
海參 燜燒肉 拆燴雞 魚腐 全家福 燴燴魚片
生爆肉絲 白汁大腸（或紅燒）。

粗八大碗 不帶半桌碟
滑魚 髮肉 丸子 麵筋 清湯雞 燴肉絲 羊肉
燴南北。

用席面時，如係夏令，多配湯菜，以能下飯而爽

口為宜。

行常素八大碗：

素什錦絲 燒茄子 麩筋 南北 清燴腐

皮 栗子白菜 炸鶩脖 燴藕仙米。

以上亦有變換。

素席葷做：

完全由菜肴的技巧上，以素擬葷，色味彷彿，完

全擺譜，這是金錢勢力下別開生面的一種怪

相。

細的 六小碗 四冷葷 一湯
櫻桃肉、雞鴨肤外些八小席的拆奪。

六小碗，~~四大盤，如前述。又有五碗四盤一式，準前。~~

四大盤：四大盤 四冷葷 一湯
大燜燒肉（或扒肉） 盤臥雞 海參 脆熘大鯉魚
以上亦有拆奪

四扒：

扒肉 扒雞 扒海參 扒麩筋（或扒雞蛋）

以上從八大碗起，每項都有一個湯，冬天用火

鍋上。又有五碗四盤 菜品照上拆搭。

天津周近的鄉村裏，旧日有“八大豆”的席面，現舉

一例如下：

五一制66.56811（一） 16开 20×20=400

第3頁

八大豆：

（型如八大碗，或四盤四碗，全菜以豆製品為主）

红烩腐皮　炸素捲圈　炸熘豆腐　燜腐乾

脆炸素捲（如素雞样）　烩腐丝　燉豆腐條加

白菜（或菠菜）　素丸子

粉條湯（或白菜粉條湯）

以上随價值增減粗细，無一定程式。主食每用饅頭。

尚有豆腐席，八品皆以豆腐和雞蛋变换行之，亦能煎、炸、炒、煮，挂汁、勾滷，红、白配列，味亦甚鲜美。主食多用饅頭。

又，素菜有一品叫羅漢齋（是江南各館子尤其是廣東館的有名素菜。）配材料必十八样，以敷羅漢之數計：

冬笋　腐竹　麵筋　硬麵筋　冬菇　龍鬚菜

蓮子　馬蹄（南薺）　桃仁　髮菜　棗　栗子

白果　豌豆　竹蓀　木耳　紫菜　葛仙米

本應稱為素雜烩，第一不必一定十八樣，而且現今做法上多用雞湯煨，已不是素菜了。

~~1966. 8.~~ ~~寫畢~~

五一制66.56841（一）　16开 20×20=400

烹調示例

炸扒熘爆、烹炒㸆煎、燒蒸醬烤、漬燜熬川、焅塌熗燴、敲斬涮醃、熏熬煮臘、煨烙貼煸、桂花瑪瑙、芙蓉金錢、糟醉糖醋、高麗神仙。烹調示例，法有簡繁，熟能生巧，技要鑽研。千變萬化，火候為先。

炸胗、扒肉、熘魚片、爆肚、烹大蝦、炒肉絲、㸆三樣、煎刀魚、燒雞坐、蒸三泥、醬撥肉、烤鴨子、漬白菜、黃燜羊肉、清熬牛肉、川雙脆、乾焅魚、鍋塌三樣、熗青蝦、拆燴雞、生敲鱔背、白斬雞、涮羊肉、暴醃散旦、熏肉、熬魚、滷煮野鴨、臘肉、煨鴨肝、乾烙、鍋貼、煸炒生雞絲、桂花魚頭、瑪瑙野鴨、芙蓉雞片、金錢鹿脯、糟醉鰣魚、糖醋丸塊、高麗蝦仁、神仙鴨子……。

清末天津的早點、晚餐零食

清光（绪）宣（统）间天津的小賣大致分早點、晚餐及零食三項，有鋪（甲）有攤（乙）有穿街叫賣（丙）現分項錄如下。

有人說：這是人人皆知的何用記錄？我說一切事隨着時代而有進展，新的產生，舊的绝跡，若不及時記出，造成遺忘，十之八九，所以歷代掌故，有許多後人無法詳知者以此。我本身八十多年中，幼時的事便強半遺忘，現就生命尚存，不嫌瑣碎，还是把它追錄出的寫下来为是。

一、早點

果子（甲、乙、丙）式樣有多種：

果子一又叫長批兒，即油條，這是最平常的：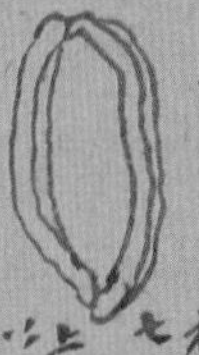

花料辮：

四股頭兒：

鍋篦：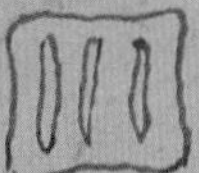

不魯粗：

糖果子：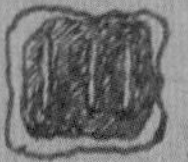

果子頭：

以上七種樣雖不同，麪一樣多，糖果子麪加糖亦同等分量，旧時全是三個老錢（制錢）一個（這是未鑄銅元以前的價），麪案上及炸鍋的都有特殊手藝。大鍋篦：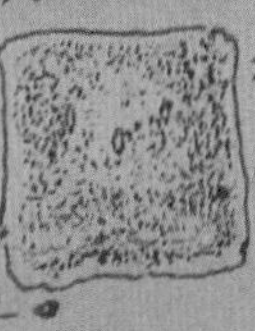 糖皮：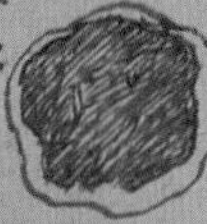 每種六個老錢，麪量比上七種加倍，一種極薄極脆，一種糖多肉厚，都炸的極透。

（甲、乙）全是現炸現賣。（丙）是趸賣穿街，便不是現炸的，而且祗有長批兒、糖皮等便不全，但是叫賣着送上门来，买着方便。這多種果子，是由古"寒具"發展来的。

燒餅（甲、丙）

脂麻燒餅，是圓扁形的，這種做法傳自古，古稱"胡餅"。另一種做時用手抻長，前是死麪的加酥層多，後是發麪的亦加酥層少，面上亦有脂麻，形狀像旗裝兩把頭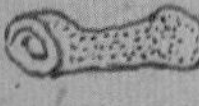。酥火灼，酥特大，不加黏脂麻。（甲）現做現賣，（丙）加入果子籃中叫賣。

大餅、鍋盔（甲）

由大餅鋪切賣。鍋盔比大餅特厚，是發麪的，同大餅一樣的一鐺一個。這兩種都不趸發。都是由古所謂"薄持"、"前起溲"一改發展来的。

蒸食（甲、丙）

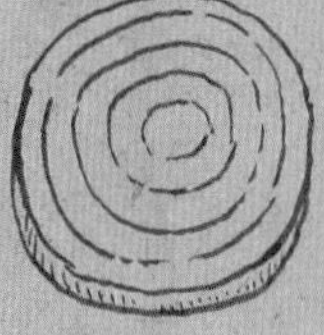

鍋盔

豬肉包——俗叫包子。餡包子——素豆沙餡，~~精圓形不摺折~~。圓形上有摺紋，不摺折。豆沙包——豆沙餡裏加脂油丁，精圓形。水晶包——白糖脂油丁，圓形，頂有小尖。糖饅頭——紅糖，圓形，頂印紅點∴。饅頭，圓形實心無餡。千層餅——扁長方形，層多。鑲子蒸餅——甜鹹，扁圓模子印花。棗捲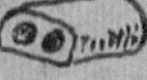——扁長方兩端露棗。……這些全是豬肉包子鋪賣，小販亦蓮穿街叫賣。羊肉包——形如豬肉包不摺多折，只頂上捏扁長形，這是羊肉鋪早點時蒸賣，亦蓮發車行叫賣。素包是宮南小素館蒸賣，蓮發穿街吆喝"石頭門坎大素包"。石頭門坎在天后宮南，那裏舊時有幾個著名素館，到光宣時還存在一兩個，稱為真素，實際所做菜品，多是所謂"素席葷做"，在行常样品又不多，價錢有時與葷菜等或尤過之，自然要日漸沒落。素包除信佛吃齋的買食外，偶爾換換口，自然素不過豬羊肉包。這些樣全是由上古所謂"餅"所謂"籠上牢丸"發展而來的。古所謂"饅頭"由無餡發展如此多樣，亦是與時代向前俱進的。……

漿子豆腐（甲）

俗叫豆腐房的，在舊時屋裏有大炕，上放小桌，炕連長灶，灶上連卧兩鍋一小一大，小的漿子不純，內有豆腐，賣時時盛時添豆腐；大的滿鍋純漿，時時用扇子扇豆皮。炕下屋裏另放有幾排桌櫈，內間便是磨豆子做豆腐的工作室，門外有舊式壓豆腐絲的壓榨器具。有的豆腐房就連着燒餅大餅鋪，連帶着炸果子。去吃漿子豆腐的人每帶着小孩，便把他放大炕上小桌來吃，在冬天特別暖和。在大鍋扇出的腐皮，或捲果子吃，或買去作菜品上附加物皆滿好。漿子豆腐是"早點"，豆腐及豆腐絲多供兩餐之需。

鍋巴菜（甲、丙）

有鋪，有挑。

麪茶（甲、丙）

有鋪，有挑。

以上由果子起至麪茶，為天津正當早點所需。

其次有以下諸種。

茶湯（乙、丙）

有攤，有推車穿巷的，多為回民專賣。

切糕（丙）

推車叫賣，有素、餡兩種。麪有江米麪、糙米，又有粘秫米麪、粘黄米（黍）麪的，以兩種麪中摻有雲豆或紅豆這是素的。推車，回民賣。

煎粘糕（丙）

江米麪豆餡，推車且煎且賣，回民。

豆腐腦（丙）

挑，回民。

攤煎餅果子（丙）

推車現攤現捲，可攤入雞蛋，但果子是涼的，可臨時抹麪醬加生葱花。回民。

煎餅單有出鋪的來攤，供給果子鋪、豆腐房及攤煎餅果子的。但以前往往自備煎餅的綠豆粉汁自攤。另有單賣小米煎餅，多係鄉村來的，捲果子亦香。

元宵（甲、丙）

有鋪、有挑，以前穿街不叫喝，敲梆子。元宵分江米麪、秫米麪兩種，前者白糖，後者紅糖。鋪賣座。

燒賣（丙）

推車，現做現蒸。餡有豬肉、羊肉兩種。當亦是籠上蒸丸發展而來的。

炸糕（甲、乙）

有鋪，有攤，現炸現賣，豆沙餡。回民。鋪賣座。

另有一種江米麪的，餡有糖、有豆沙、有山查，亦多回民賣。

餛飩（甲、丙）

有鋪、有挑。鋪的賣一整天，可當午、晚飯。鋪中備有果子、燒餅、雞蛋、賣座。餛飩隨去便有。

粉湯（丙）

挑，回民。

烏豆香豆（丙）

沿街叫賣。回民。“烏豆”即北京所謂“爛蠶豆”，五香料煮爛的；“香豆”是青黄豆，亦是五香料煮的。

黄金塔（丙）

黍黄米麪蒸的，有棗有餡兩種，形像蒸食裏的豆沙包，顏色嬌黄，吃着很宣濃。回民賣。吆喝僅一字：“塔”。

二、晚餐

醬肉（甲、丙）

肉鋪白天賣生肉，晚間賣醬肉及豬雜碎等等，另備有燻魚炸蝦燻麪筋……等供晚餐。另有豐發提盒沿街叫賣的，向吆喝“腸子肉”。

燒羊肉羊雜碎（甲、丙）

羊肉鋪白天賣生羊肉，晚間賣羊雜碎、羊骨頭及燒羊肉。另有串子穿街，吆喝“羊肉羊雜碎”。鋪有煮、賣牛雜碎的，串上每煮、吆喝“還有大牛蹄呀”。

燻雞（丙）

提盒穿街。回民。走一定的路線，因他了解那裏多買主。

捲圈（乙）

擺攤現炸現賣。分葷素兩種，都用豆腐皮捲餡，葷的餡於豆芽菜外加炒熟的豬肉絲，每個切成墩子形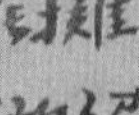兩頭抹麪糊來炸。素的照例是另攤，用豆腐皮捲餡若棍棒形，餡於豆芽菜外加粉皮抹入醬豆腐汁每個來炸，多回民賣。兩者各有喜吃的。

乾烙、肉火燒、老虎爪、一鍋貼兒（乙）

這三種是個攤串賣。全是油貼，現做。餡是豬肉。

煎素餃(丙)

小車。現煎、現賣，穿街。回民。以預先煮熟的水餃

素麵筋(丙)

挑，穿街。回民。賣時帶湯。吆喝"油炸素麵筋"。

煎悶子，煎豆腐乾(丙)

各挑，穿街。現煎現賣，都是澆麻醬汁，備蒜泥。

蠶豆瓣素辣子醬(丙)

挑。回民。

胗肝翅膀(丙)

挎籃，所賣是滷煮的雞翅膀及雞什件。向來買滷煮雞、燻雞、醬雞身上都沒有翅膀，雞肚中都掏去什件，這是許多年的慣例。這兩種向來單煮單賣，在天津是最美的下酒物。所以賣者多是由晚飯前賣到深夜，挎着籃子，提着燈籠，而且穿街有一定的路線。

爆肚(丙)

挑，水爆肚，現買現爆，吆喝"爆肚開鍋"。回民。其實所爆全是羊散旦，滿好吃。

豆腐絲(丙)

挎籃，穿街。

滷煮野鴨(丙)

提盒，穿街，有一定的路線，而且穿到一個確有買主的地方，只吆喝一聲"滷煮的野鴨"，聲調是拉長了很悠揚的，買的家裏人隨着聲音便出來，整潔亮瓷盤上擺三五隻端進去，選留後端着價錢出來，因每隻有定價。據老年人說，真"鴨子王"當初穿街，吆喝就是這聲調。後來死了，"鴨子王"的老伴仍繼她丈夫事業，才在家裏煮賣。我小時去"鴨子王"家買鴨子湯，煮鍋前炕上戴眼鏡的老婆，據說那是"鴨子王"女兒(有說是兒媳的)?

炸螞蚱(乙、丙)

有攤，有穿街的，吆喝"三大一包"。三大是三個當十銅元。這是

通行銅元以後，老制錢已廢止不用了）。

餡餅（甲丙）

羊肉鋪在夏日不煮羊雜碎時，每於天夕賣有餡餅，餡是西葫羊肉，最為時鮮。貼的皮薄餡大，焦脆流油。亦有小販擔賣穿街。

韭菜花麻豆腐（丙）

這項只秋末冬初才有，可賣到年底。担挑，韭菜花是醃的，用它拌麻豆腐，特有味道。亦可用它拌鮮豆腐。麻豆腐炒着亦很下飯，這是貧寒人家冬日的常食。如有豆芽，炒時放入些，吃着更香。

辣疙瘩菜（丙）

這亦是冬天才有賣的，挑，穿街。這是芥菜頭或蔓菁頭蒸熟切大片，拌生紅蘿卜頭（即胡蘿卜）絲，醬醋油調拌，極爽口。

臭豆腐（丙）

挑，叫喝"北京臭豆腐"。賣者多係北鄉或武清縣人。

上述之外，當然還有，筆不勝書。如果子鋪有的天夕又炸一次，供給晚餐，但沒有那多花樣，大致是長批。南關大街口有個"豬頭會"，專煮豬頭肉，零切着賣，非常肥美。這是那時一般醬肉鋪不預備的。醬肉鋪有時備豬口條、豬蹄，但不賣豬頭肉。另外小館賣的"素帽"、"肉帽"，牛羊肉小館賣的清燉牛肉，以及醬肉鋪的老湯等，都可供晚餐之需。

三、零食

這類在當時由早到晚，大街小巷吆喝之聲可喧鬧到晚睡時，這是說城裏，在北門外侯家後一帶完全一夜不停。其類大致如下所記，無法記全。

糖墩、糖（糖塊有桃仁、果仁、脂麻、薄荷、酸梅等），麻花、繖子（就是古所謂"寒具"），杏仁茶，江米涼果、麻團、江米藕，豆糁糕，栗子糕、梅花糕、熟栗糕、鴨子白糖的（糖人子式的糖皮做成的小鴨、小茶壺等，裏邊是脂麻），酥豆、蘭花豆（實際四樣，還有嘎巴花、糖豆），（以上這些大都是回民各專賣）。

仁果（帶皮），果仁（去皮），大糖好餡，大米粥，蹦豆、蘿卜，

梨膏 糖椰膏 雜貨擔（一大擔子零食，少者亦五十六样。由仁果、瓜子、蹦豆、灌卜，一直到江米團、酸棗抹糕等，凡是小孩由一個老錢（以来是一分的銅元）所買的全有），仁果酪 杏乾……。

此外有挎號筐子賣驢肉的，吆喝"好肥驢肉"，既非早點，又非晚餐，僅供喝酒的佐酒。據聞天津確有狗肉鍋，在當時禁止宰狗，如果被捕去，治罪很重？但天津有些習武（以来叫武術或國術）的人，都吃狗肉。學徒的初入門先得開戒吃狗肉，舊時多信佛不吃狗肉。我至今（一九七二）始終不知狗肉鍋旧時在天津那裏？驢肉雖沒有明文不許宰，但賣的在我幼小時只見過一兩個人。

又有賣硬麵餑餑的，多是山西籍的小販，像硬皮糕點，有很多样。賣硬麵饅頭的，多是山東籍的小販。

當時又有以賣精製糖墩及卧桃仁糖堆的及賣酥香蹦豆和酥脆真賽鴨梨的甜灌卜（青蘿卜）出名的，雖屬零食，但皆各有殊藝，不同凡近，所謂"糖堆糖墩丁伯鈺，蘿蔔蹦豆陸三爺"。這丁、陸兩位的吆喝與賣硬麵餑餑、賣脍肝翅膀等的尤其在秋冬兩季是北門外至侯家後一帶頗含有詩意的"夜聲"之一。

……。

1

茶及邊茶—普洱茶

用茶作飲料，起源很早。最先是晏子春秋管茶叫"茗菜"。爾雅"檟苦茶"郭璞注說："冬生葉可煮作羹飲"。郝懿行爾雅義疏說："諸書說茶處，其字作荼。至唐陸羽著茶經，始減一畫作茶。"茶經說茶名有五："茶、檟、蔎、茗、荈。"今俗秖知茶、茗二名。雲溪友議說："陸羽造茶具二十四事。"其中有風爐，有碾，可知古人飲茶是用煮。所謂"烹茶""煎茶"。茶碾成末，所以用碾。成末浸水，或原茶芽浸水，用模子製成餅或片，李禎（宋仁宗）時造"團茶"用模子，壓有龍鳳花紋，稱"龍鳳茶"，這是當時福建轉運使丁謂對他主子進貢的。盧仝詩："手閱月團三百片"，大觀茶論所說的"龍團""鳳餅"等，便是模子造成的。唐書陸贄傳，說是當陸贄幼時任見壽州刺史張鎰，回來時"受茶一串"，是茶餅或片又可成串攜帶。東坡試院煎茶詩說："蟹眼已過魚眼生，颼颼欲作松風鳴"，是茶烹時對火候及水沸發泡情形都有許多講究。而且煮茶用甚麼泉水或江水，才得到茶的真味。所以有"揚子江心水、蒙山頂上茶"的具體說法。

現在南省有些地方對茶還多用烹。我在上海時，便是用小銅爐裡大炭塊，爐上溫着宜興小砂壺的一壺濃豔豔的煮好紅茶，無論白天夜裏，飲時總是溫的。北省多用泡，亦叫沏，尤其是天津。沏茶，須用滾開的水來沖。講究些要用蓋碗，或宜興紫砂小壺或瓷壺。沏後急蓋嚴，悶一會，須茶葉完全落下。不然，茶葉不落，便是水不開，茶便不香。天津用的多是芽茶散品，很少用磚茶。

標准稿紙 500格 （20×25）

2

潛確類書說：“歷代貢茶，皆碾末作餅。國朝（清?）始用芽茶，曰探春，先春，曰次春。”羣芳譜說：“太和山騫林茶，初泡極苦，至三、四泡，清香特異。”又宣和北苑貢茶錄說：“茶芽最上曰小芽，如雀舌、鷹爪，號芽茶；次曰揀芽，一芽帶一葉，號一鎗一旗；次曰中芽，一芽帶兩葉，號一鎗兩旗。宣和庚子始創銀絲水芽，將已揀熟芽再剔去，取其心一縷，用珍器貯清泉漬之，光明瑩潔若銀線，以制方寸新銙，有小龍蜿蜒其上，號龍團勝雪……。”這些品種名目實多，但全是供給封建主子及大官僚大地主們享用的。製茶工藝屬之民間勞動成果，不知當時民間是否亦得受用些徑自手製成的粗茶？若按“漢宮傳蠟燭”的故事，恐怕當時飲茶，民間是無分的！

現在茶葉品種較古時的多，大致分為“紅茶”、“綠茶”及加熏製的“花茶”。天津茶莊有名的如：正興德、泉祥及後起的成興、廣裕等若干家。以正興德茶葉品種來說：在解放前“红茶系”有四十品，“綠茶系”有四十品，“花茶系”有五十品，外加“珠蘭系”九品，實在亦是“花茶”。現略述一二如下：

红茶系：有福建崇安武夷産的：大葉崇安红茶的“頂上烏龍”、“鐵觀音”、“鐵羅漢”等。鐵山産葉有顯着细红茸毛的：鐵山白毫的“雲貢白毫”、“老君眉”等。

安徽祁門産的：小葉红茶的“極品小種”、“光春墨玉”等。

3

雲南普洱產的：普洱茶的“頂谷普洱”等。

綠茶係：有杭州西湖龍井產出：龍井茶的“密雲龍”“獅峯龍牙”“獅峯玉英”等。

蘇州太湖洞庭山產的：碧蘿春茶的“洞庭碧蘿”等。

安徽婺源產的：珍眉茶類的“婺東珍眉”“松蘿蛾眉”等。徽州產的：黃山素茶類的“天都雲霧”“明前毛峯”等。六安產的：六安素茶類的“霍山上瓜片”“大前春”等。

花茶係：係用福建茉莉花窨製的茶葉。小葉花茶有：興國岩茶“龍渚紫筍”等。大葉花茶有：“玉葉長春”“竹嶺大方”等。

珠蘭係：係用福州或徽州產金粟蘭（珠蘭）窨製的茶葉。有：“蘭窨天字毛峯”“珠清明”等。

近幾百年來，人〻都習慣飲茶了，但是與上面所述的貴品茶類相同，價錢較高，一般是喝不起的，只能喝些茶葉末。於是茶末對勞動階級供應很普遍，如“明前末”“高末”及近年才有的“花三角”及與以名之的幾等茶葉末來供一般飲用。

天津人大部分喜用“花茶”，尤其是體力勞動者。有的人每〻晨起以前，便要飲一大宜興壺。老年無事者還有先空腹喝一大壺說：“先沖〻”然後好吃點心。所用的茶品，多半是“香片”“明前末”一類。天津喝红茶的較少。又有人終生不喝茶，說喝茶勾溼氣。"普洱茶"在天津特别要熬（煮）着用，當藥，說它"剋食"。

茶莊於正宗茶葉外，又備有"茶菊"、"代代花"、"玫瑰花"等，并稱為"雜品茶類"。另有採大批的野生"茶葉科子"，製好後，摻入"花茶"裏作假的。不論大小茶莊，這種摻假雖不公開，但是人人皆知，而"司空見慣"，亦不為怪。所好喝"花茶"是喝的茉莉花香，及至剩餘茶根變作褐條色，又有甚麼關係！花茶於加茉莉花外，又常加入棒兒蘭花瓣，香味更濃，摻些"茶葉科子"的假，更是沒啥。其實"茶葉科子"可單作飲料用。外鄉用黃芩葉、棗葉等許多種都當茶喝。山海關一帶沿海居民，常用秫米剩飯在乾鍋裏焙胡，當茶沏着喝，很香的，比水能解渴。他們說喝"香片"茶剮肚子，這能暖臍不拉稀。

"品茶"的"品"字，能理解的不多，天津的大壺沏，大碗喝，當然更談不到"品"。舊友沈銳格在福建時，某縣的鄉老請他飲茶，用托盤放着兩個像北方喝白酒的小杯子，茶是濃褐色的红茶。鄉老持杯細飲，沈渴極一飲而盡。向主人再索要，鄉老很吃驚，勉强又給斟了半杯。并笑說不應多飲，更不應一飲而盡，須細細的品嘗，才能得其真味。并說沈要困不好覺了。沈果然展轉反側了一夜，至轉天過午還不渴。沈回来對朋友說："我太怯（外行）了！我到福建，才懂了'品茶'的這個'品'字。"

我平生對茶，品嘗過些，無論精粗高次，是要得到認識的。如：

5

“先春墨玉”“蓮蕊紅梅”“鐵觀音”“鐵羅漢”“先春普洱”“霍山上瓜片”“洞庭碧螺”“獅峯玉尖”“獅峯雲葉”“松蘿蛾眉”“黃山第一峯”“六安馬上鮮”“西山白露”“瑞草大方”“雙窨雀舌”“重窨露芽”“竹嶺”“蘭窨天字毛峯”“花碧蘿春”“花龍井”“毛尖蕊”“明前末”“花三角”等。

我在四十餘年前，曾品嘗過上海的“枸櫞茶”，是用枸櫞薰窨的。在蘇州虎邱喝過用憨憨泉水烹的“虎邱茶”。又嘗過長方錫匣裝的“錫蘭紅茶”，日本“銘茶”一種的“川柳”。又喝過南美洲巴西和巴拉圭出產的“瑪梯茶”。也喝過“黃芩葉”“棗葉”“茶葉科子”。亦單沏過“玳玳花”“玫瑰花”及“武林貢菊”。尤其在豐潤大神堂（靠海邊的沒有淡水的村子）三順號雜貨莊裏喝到由缸裏存的雨水沏的茶。現在我費了四元一角二分買到四錢“鐵山白毫”，為的是認識它。在一個午後沏了一瓷茶杯，痛飲了兩小碗，口中津潤，至晚睡時不再思飲，心神皆為之舒快。轉天剝看沏過的殘芽，正是一槍兩旗，惟因芽背毛茸較密，咀嚼着不似“龍井”柔嫩，而香味卻不次於“龍井”。我曾吃過“鮮龍井炒生鴨片”，在食品中恐“白毫”似不能分“龍井”一席的。日本又有一種“豆茶”亦叫“濱茶”，是用山扁豆的嫩莖葉和嫩莢製成，用為茶的代用品，我亦沏着喝過，色香亦很好。另外還有“磚茶”及雲貴產的“茶餅”等，大致全是屬於“紅茶”類的粗品，供一般少數民族飲用或輸出。西洋各國人飲紅茶加牛奶加糖等，於飲咖啡、可可，更談不上“品茶”了。

6

以上約畧所述，大部分屬於"茶"的本種。是山茶科的常綠灌木。學名：Camellia thea Link。"普洱茶"是同科同屬的另一種，學名：Camellia racimica。"茶葉科子"，亦叫茶葉花。是屬於夾竹桃科一種野生植物，學名：Trachomitum venetum Woodson。"瑪梯茶"是屬於冬青科的常綠喬木，亦叫"巴拉圭茶"，學名：Ilex paraguayensis St. Hil.。山扁豆是豆科草本植物，學名：Cassia mimosoides L.。李時珍本草綱目對山扁豆便說："嫩苗及花與角子，皆可瀹茹及點茶食。"如此這山扁豆製成茶作飲料，不始於日本。

~~1962.5.寫~~

附

近来讀到一本講食物營養的小冊子，裏邊有三段講到"哪種茶葉營養份好？"和"沏茶須知"一、二，應該摘取些附在"茶"後，俾知茶與人生真關係。飲茶並不是專講"擺譜"。

"茶葉主要可分紅茶和青茶(綠茶)兩大類。閩粵一帶還有一類介於紅茶、青茶之間的烏龍茶。如從食品營養立場来說，則大概要以青茶最好，烏龍茶中等，紅茶最差。茶葉含有維生素丙，以製成後的綠茶含量較多(因紅茶製時，使其發酵，把茶中原含有的維生素丙大部分破壞)。維生素丙只要對它的溫度超過50°C(攝氏50度)就會開始遭到破壞，所以用100°C的

标准稿纸 500格 (20×25)

沸水去沏茶，維生素丙自然難免損失於無形之中。若用火煮，當然破壞得更加嚴重，甚至有時是會損失到幾乎一些不剩的。合理的沏茶法，把從火上取下的沸水放一放再沏就對了；或者運用熱水瓶的熱水來沏，還可得到一半維生素丙"。

"青茶紅茶不同處，即在製茶時使之發酵與否。營養價值的高下，主要隨着曾否發酵而決定。因為發酵，維生素丙便大量的被破壞，紅茶是必經發酵才製成的，再用煮或沸水由火上取下便沏，維生素丙便全破壞，只剩有多量鞣質和苦味"。

"茶中使人有澀感的東西，就是鞣質。它有一個特性，就是可使蛋白質沉澱凝固，所謂收斂性的便是。蛋白質遇見它就變成凝固物而不易消化，而且鞣質還會妨礙到鐵的吸收"。

"根據實驗，沏茶後如果只經五分鐘便將茶水倒在另一壺內不再繼續浸泡，這樣可溶的咖啡鹼等已絕大部分均已浸出，而鞣質和一種苦味質則尚少溶解，有香氣的揮發油亦尚少揮發。然而為了有益物質不致有所浪費，先用熱水把壺燙熱再沏卻是必要的"。

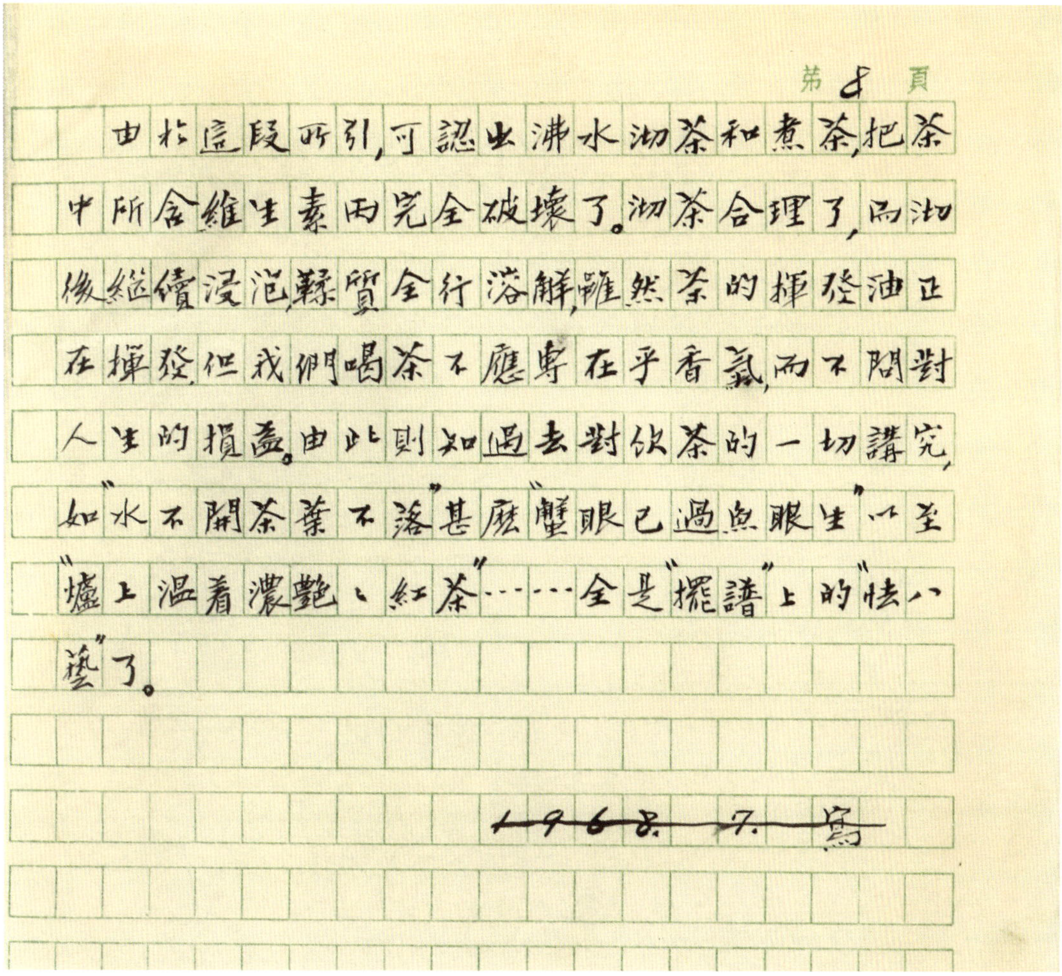

第 8 頁

由於這段所引，可認出沸水沏茶和煮茶，把茶中所含維生素丙完全破壞了。沏茶合理了，而沏後繼續浸泡，鞣質全行溶解，雖然茶的揮發油正在揮發，但我們喝茶不應專在乎香氣，而不問對人生的損益。由此則知過去對飲茶的一切講究，如"水不開茶葉不落"甚麽"蟹眼已過魚眼生"以至"爐上溫着濃艷、紅茶"……全是"擺譜"上的"怯八藝"了。

~~1968.7.寫~~

現在再談“邊茶”

康藏地勢高寒，農業生產在舊日是談不上的。牧畜業是很發達的，於是民食方面，日常是乳和肉的畜產品，為了解油膩"習慣上演成了必須大量喝茶，每每一人在一日中須喝數十大碗"。"茶於是成了藏胞重要生活的必需品。但康藏不產茶，所需全靠內地供應。這就是所謂邊茶。廣義的邊茶包括內地銷到邊疆來的各種茶，主要的是川康交界處雅安附近所產的雅茶，湖南的黑茶和老青茶，雲南的緊茶和沱茶。狹義的邊茶，也就是一般所稱的邊茶則指專銷康藏的雅茶"。

"茶入康藏據說在唐朝文成公主通婚吐番之後。雅屬邊茶的種植就是應此需要而興起的。至今已有一千三百多年的歷史了。康藏居民原是向四方都有購茶，而千百年來特別重視雅屬邊茶，因邊茶香味勝於滇茶和印度茶，世代相傳，已成習慣"。

"邊茶的生產對於雅屬農民來說是極重要的副業。茶的運輸和銷售對川康一帶人民來說是極重要的貿易活動。由於交換茶而引起康藏土產出口，這是雙方面的有益動象。

"茶的生長環境要暖和多雨，而且排水方便，最好是雲霧迷漫的山地，因水汽的滋潤，茶葉不致硬化，而且香和味都較平地所產為高。雅安年平均溫度為17.8°C，年雨量1708公厘，附近淺邱坡地是茶樹生長的理想境地（川西一帶自然條件和雅安相若，茶樹種植亦很普遍，以產量論，雅屬各縣比較最主要）。川康茶樹發葉後茶農採製為紅茶，早摘的葉細嫩，遲摘的葉粗。大凡三四月間收的都是作上等茶毛尖的原料；四五月間收的都作磚茶；端陽以後收的都作次等茶的金尖、金玉、金倉"。

一般說來印茶茶性有別於邊茶，前者性熱而後者性涼，藏胞飲茶習尚喜涼不喜熱，因此首尚邊茶，其次是滇茶，再次才是印茶"。

據聞一般飲用的多以磚茶為主。

一九一七天津博物院展覽會上在河北公園中央臨時陳列一蒙古包，約來外蒙內蒙的蒙胞各一人，開會日我同正副會長嚴華二人訪問蒙胞時在彼此獻哈達後，蒙胞請我們喝的奶茶就是茶磚熬的。

按：本段大部分援引的吳傳鈞供銷康藏的邊茶，最末一節是我個人對奶茶的淺嘗。

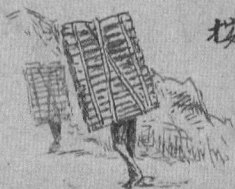

舊川康道上揹茶工人

普洱茶是與茶同屬不同種一種名茶。它的家鄉是現在的西雙版納。因為這裡前清時屬普洱府所以稱普洱茶。

根據唐西民寫的美麗豐饒的西雙版納,他說:"在江內方面—即瀾滄江右岸地區:版納易武的易武山區、版納勐旺的依邦山區和版納勐養的攸樂山區,在江外方面—即瀾滄江左岸地區:版納勐海的勐海壩、版納勐遮的勐遮壩和景真壩、版納勐混的勐混壩和勐板山、版納勐往的勐往壩勐阿壩和勐元壩、格朗和愛尼族自治區的南糯山,以及版納曼別布朗族拉祜族自治區的密苋山(完全是普洱茶生長良好的產地)許多茶樹多少年來一直就野生在那裏。"

"過去,茶葉生產極盛時代,僅知年出口總數最高曾達四萬二千市担以上,一般的常年產量平均也在二萬五千市担到三萬市担之間。"

"在全自治區的各個茶葉產地當中,茶樹栽種面積最廣、茶葉產量最多的,是版納勐海的勐海壩和格朗和愛尼族自治區的南糯山。如果再把與勐海壩毗連的景真壩勐混壩和勐宋山區也合併在內,那就是全國聞名的勐海茶區了。"

"勐海壩子的茶樹,多半都是和樟腦樹生長在一起,成為一片一片的茶樟混合林,分佈在壩子周圍的那些丘陵和山坡上。走出勐海城子—即原佛海城,不管你沿着哪一條道路向四下裏走去,當你快要走到環繞着這個壩子的那些小山跟前時,你就可以看到,在這些道路兩旁的丘陵和山坡上,遍地都是一片一片接連不斷的茂密的茶樟混合林;一株株略帶灰白色的大葉種茶樹,均勻地分散在高大的樟腦樹中間,樹枝上掛滿了長有白色細毛的鮮嫩的茶芽放散出一陣陣清香。"

"如果是正在採摘春茶、二水茶或秋茶的季節,在每一片茶樹林裏,你還會看到,三五合群的傣族婦女,正在緊張地採摘着茶芽。(並傳送出)悠揚的歌聲:

你看那太陽有多亮喲!
你看那茶園好風光,
採茶的姑娘有多少喲,
在這遼闊的平壩子上。
呵!河水清哪井水更涼,美麗的姑娘!
你的心比月還亮。增產呀為了國家興旺,
美麗的茶園叫人歡喜欲狂。"

食事談古一

八珍

周禮天官："膳夫珍用八物"。

注："珍謂淳熬、淳毋、炮豚、炮牂、擣珍、漬、熬、肝膋也"。（烹飪之法，有此八種，見禮記內則。）

1."淳熬"

禮："煎醢加于陸稻上，沃之以膏"。

按："淳"沃也，就是澆。"醢"音海 hǎi，肉醬。"陸稻"，六書故："稻性宜水，亦有同類而陸種者，謂之陸稻"。現在種在旱田的稻，俗叫稉子，稉亦寫粳。粳米不如水稻香軟，油性大。在河北省的豐灤樂一帶多種稉子。"膏"是濃厚的肉汁。"淳熬"，就是把肉醬加蓋粳米飯上，再澆汁。

（何以在珍肴上不用水稻而用陸稻，是否上古我國之建立在大河以北，稻皆陸種？）

2."淳毋"

禮："煎醢加于黍食上，沃之以膏"。

按：禮"淳毋"注：毋讀曰模，模，象也，作此象淳熬。"黍"是黍米，就是黏黄米，

"淳毋"就是把肉醬加蓋黍米飯上，再澆汁。

3."炮豚"

禮："炮取豚若將"。注："炮者，以塗燒之為名也"。

按："若"有小嫩義。這是燒小豬，就是烤小嫩的小豬。

4."炮牂"

按：牂音臧 zang。說文："牡羊也"。爾雅："羊，牡羒，牝牂"。牂究竟是公是母，古人都說不清，現在不管它。郝懿行說："牂，言肥盛也"。反正用來肉食的羊，一定要肥的。這是烤的肥羊。

5."擣珍"

禮："取牛羊麋鹿麕之肉必脄"。注："脄，脊側肉也"。

年　月　日　第　頁

按："脄"音枚ㄇㄟˊ，"脊側肉"，就是脊上嫩肉，"裏脊"。"擣"之義為捶為舂，這是把牛羊麋鹿麕的"裏脊"，在選用某種時擣為泥，調味做的菜肴。如小的丸子，大的肉圓，或是最大的獅子頭。（推想不會重複的再做成肉醬的醢。）

6."漬"

按：說文："漬，漚也；漚，久漬也。""漬"就是醃，"久漬"就是老醃。如鹽漬、糖漬、蜜漬、醬漬。又有爆醃，就是熗。現在火腿、清醬肉等是老醃；熗蝦、熗肤片是爆醃，各有殊味。

7."熬"

按：說文："熬，乾煎也。"準之現在，如乾攔肉絲、乾燒牛肉絲、乾煎鱸子魚之類，天津家家會做的熬魚，亦是先乾煎，然後燜。

8."肝膋"

禮："取狗肝一，幪之以其膋，濡炙之。"

按："膋"音聊liáo，廣韻："腸間脂也。"辭源："肝膋"下注："蓋以網油冪其上而炙之也。"是把狗肝用它的腸間網油膜包上來熏烤，塗汁，當然是很香美。

以上八項，是兩個蓋澆飯、兩個燒烤、一個丸子或肉圓或獅子頭、一個老醃或爆醃的菜品、一個乾煎的菜品、一個熏烤的狗肝。

（周禮的"膳用六牲"，是馬、牛、羊、豕、犬、雞。何以"珍用八物"不見馬雞，是否這兩品漬、熬裏有？）

"珍用八物"以外，另有"八珍"和"迤北八珍"，並見類函。

這"八珍"是："龍肝、鳳髓、豹胎、鯉尾、鴞炙、猩唇、熊掌、酥酪蟬"。我認為這是文人侈言誇富，輝事增華的舊套。既有這麼一套，亦可以談談。

"龍肝"，古對於龍多用馬代，馬肝是可吃。"鳳髓"，鳳古用野雞代，今用

胜利制 70.2.

见夹页一

雞代。現食品中如红烧鳳翅是雞膀子，鳳足冬菇是雞爪子，但“鳳髓”怎麽說呢？牛羊豬的骨髓是好吃，雞骨裏能有多少髓呢？這只是文字上與“龍肝”配着好聽，在真理上通不過去。“豹胎”不知，我吃過貓肉，想来豹是能吃，至於“豹胎”自然等於胎羊之嫩而且不羶。“鯉尾”鯉魚按季節是冬吃頭夏吃尾，滿好吃，何以専說尾？這仍是文字上配搭着好聽。“鴞炙”古人五月吃“鴞羹”，這是“鴞炙”是烤的，當像烧白鴿的香酥，勝於羹。“猩唇”呂氏春秋：“肉之美者，猩猩之唇”，我没聞過這口味，料想編這“八珍”者亦没吃過吧？“熊掌”川菜裏便有，有時用駱駝脚下的肉墊代，很膩滑。“酥酪蟬”酥酪是乳製酪，何以加“蟬”字不懂。（酥酪蟬是用羊脂為之）

“遼北八珍”是：醍醐、麈吭、野駝蹄、鹿唇、駞乳、天鵝炙、紫雲漿、玄玉漿。

“醍醐”，涅盤經：“從乳出酪，從酪出生酥，從生酥出熟酥，從熟酥出醍醐”。醍醐當是奶油。“麈吭”，麈音助 Zhu，是麕的一类，吭是脖子，當更肥嫩。“野駝蹄”就是駝蹄肉墊，野的家的没有兩樣。“鹿唇”，清真館同志每說“羊的嘴唇能作多樣好吃的菜”。我吃羊頭肉時，咀嚼上不斷領會羊唇的香，“鹿唇”自不例外，但為甚不說鹿舌呢？牛舌羊舌都另有風味，鹿舌亦一定好吃。駞乳没啥，但與醍醐似不能并列。“天鵝炙”是烤天鵝，同烤鴨、烤火雞一样肥美。“紫雲漿”不知。“玄玉漿”，陶宗儀輟耕録說是馬奶。如此則“紫雲漿”當亦是奶類？

按：周禮的“膳夫珍用八物”，物不僅八項，並述出菜品做法。後傳的這兩珍，僅指出資料，無做法；尤其遼北八樣東西有四種奶類，還重了一樣東西身上的兩樣如“駞蹄”又“駞乳”，遼北亦否僅便如此減色，踵事增華者本欲誇富，乃竟示窮。

食事談古二

一、九歌

東皇太一：

蕙肴蒸兮蘭藉，奠桂酒兮椒漿。

王逸注（下寫王）：“蕙肴，以蕙草蒸肉也。藉，所以藉飯食也”。

年 月 日 第 页

"桂酒，切桂置酒中也。椒漿，以椒置漿中也。言已供待彌敬，乃以蕙草蒸肴，芳蘭為藉，進桂酒、椒漿，以備五味也"。

洪興祖補注（下寫洪）："說文：奠，置祭也。

按："蕙"是薰草，一名羅勒，天津俗叫矮康，是一種香草。"肴"是魚肉之類，如蒸魚蒸肉，加入兩三個薰草的葉，蒸熟後去葉，魚或肉便特佳香。與現今蒸荷葉肉等相同。

二、招魂

1. "和酸若苦，陳吳羹些"

王："吳人工作羹，和調甘酸，其味若苦而復甘也"。

洪："淮南曰，荊吳芳馨，以嚂其口"。

按："若"當或講。"和酸若苦"句，應解調和不同味的各種羹，不應死扣字面來講。"嚂"音濫ㄌㄢˋ，玉篇：貪也。由此得知自古江南人便貪饞口腹，善於調和五味，來做各式羹湯。

2. "稻粢穱麥，挐黃粱些"。

王："稻，稌。粢，稷。穱，擇也，擇麥中先熟者也。"挐"，糅也。言飯則秔稻糅稷，擇新麥糅以黃粱，和而柔嬬且香滑也。

洪："穱音捉ㄓㄨㄛˊ，稻處種麥也"。

按："穱"集韻音爵ㄐㄩㄝˊ。王、洪所釋誤。穱是燕麥，亦叫雀麥，從古便有栽種。韓愈納涼聯句"汲冷漬香穱"。現在口北多種，叫鈴鐺麥，亦是主食之一。張衡南都賦"冬稌夏穱"，左思吳都賦"穱秀菰穗"，可證自古南方是有燕麥的。而且甚麼叫作"稻處種麥"？簡直胡說。黃粱是黍米。"挐"是加入，即還有，這兩句是：稻、稷、燕麥、小麥，還有黍米，都能做成很香美的主食，是承上文的"室家遂宗，食多方些"。既是"食多方"，遂先說主食種種，以啟下文的種種肴饌。那能像王洪所說成了雜和飯呢。

3. "肥牛之腱，嬬若芳些"。

五一制 72.5

王：“腱，筋頭也。臑若，爛也。言取肥牛之腱，爛熟之，則肥濡臑美也”。

洪：“脊腱肉也”。

按：這是熟肥牛腱子，很爛而且香。

4.“胹鱉炮羔，有柘漿些”。

王：“胹，釋文作臑，而朱切ㄖㄨˊ，五臣云，濡煮也。柘，藷蔗也。言復以飴蜜胹鱉炮羔，令之爛熟，取藷蔗之汁為漿飲也”。

洪：“相如賦云，諸柘巴苴。注云柘，甘柘也”。“烹肉和涾也”。

按：“涾”音注ㄊㄚˋ，就是煮爛。藷蔗是甘蔗。柘漿指糖汁，這是說煮鱉，炮小羊，皆加糖汁。

5.“鵠酸臇鳧，煎鴻鶬些”

王：“臇，小臛也。鴻，鴻雁也。鶬，鶬鶴也。言復以酸酢烹鵠為羹，小臇臛鳧，煎熬鴻鶬，令之肥美也”。

洪：“臇，子兗切ㄐㄩㄢˇ。臛，少汁也。此言以酢漿烹鵠鳧為羹，用膏煎鴻鶬也”。

按：本草“鵠”大於雁，羽毛白澤，其翔極高，而善步，一名天鵝。鴻是比雁大的一種雁。鶬一名鶬雞，一名麥雞，就是灰鶴。這些種可吃的禽類和鳧，野鴨，在下廚時，都要用醋烹一下去腥氣，然後再熬或熬。臇是小臛，就是熬或熬的使它“一焅湯”。“煎”，說文，熬也。

6.“露雞臛蠵，厲而不爽些”。

王：“露雞，露棲之雞也。有菜曰羹，無菜曰臛。蠵，大龜之屬也。厲，烈也。爽，敗也。楚人名羹敗曰爽。言乃復烹露棲之肥雞，臛蠵龜之肉，則其味清烈不敗也”。

洪：“鹽鐵論曰，煎魚，切肝，羊淹，雞寒。臛，肉羹也”。

按：蠵音攜ㄒㄧ，是海裏大龜。“露雞”的露與“臛蠵”之“臛”，皆係動詞，便是“露”的“雞”與“臛”的“蠵”。露，說文，“潤澤也”；玉篇，“天之津液，下所潤萬物也”。又前漢鼂錯傳，覆露萬民注，

五一制 72.5

如淳曰："臛，羹也。露，膏澤也。"如此則知"露雞"是走油的雞，等於現在的油雞或脆皮雞。"臛"，曹植七啓"臛江東之潛鼉"，臛有燻一講，史記刺客列傳，"乃臛其目"，注："以馬矢燻令失明"，由此可知"臛蠵"是燻製的大龜肉，而且"雞""蠵"都做的香美，非常新鮮而不壞。

7."粔籹蜜餌，有餦餭些"。

王：餦餭，餳也。言以蜜和米麪熬煎作粔，擣黍作餌，又有美餳，衆味甘美也。

洪："粔音巨[illegible]，籹音汝[illegible]，粔籹，蜜餌也，吳謂之膏環。餭，粉餅也。"

按："膏環"，齊民要術："膏環，秫稻米（糯米即江米）屑（麪），水蜜溲之，強澤如湯餅麪，手搦團可長八寸許。注"一名粔籹，屈令兩頭相就，膏油煮之。"康熙字典於"粔籹"下引齊民要術"粔籹，名環餅，象環釧形（直似天津早點所謂長拐果子，但是甜的）。廣雅謂之粰糀，今通名饊子。又引招魂注，於上述"吳謂之膏環"下有"亦名寒具"四字。又引劉禹錫寒具詩："纖手搓來玉數尋，碧油煎出嫩黃深。夜來春睡無輕重，壓扁佳人纏臂金。"周禮籩人注："清朝未食，先進寒具。"又"饊"，說文："熬稻粻餭也。"粻餭即"餦餭"，即"餳"。以餳和江米麪做成油炸的饊子，亦就是蜜餌。此所謂"蜜"，所謂"有餦餭"就是說做的"粔籹"（寒具）有（是）糖的。（博雅於寒具又稱稽饊。尚有麰麳、餢頭二名。可知餦餭於江米和糖做外，早就有麥麪和糖做的。王注"擣黍作餌"未聞。）

三、大招

1."內鶬鴿鵠，味豺羹只"。

王：（鶬鵠前已述，鴿常見，此處不再複引。下有同前者不再引。）"內一作胹。豺似狗，言宰夫巧於調和，先定甘酸，乃內鶬鴿黃鵠，重以豺肉，故羹味尤美也。"

年　月　日　第　页

洪："内與納同，肭，肥也。"

按：内既同肭，當肥解是。味應當有滋味解。原句八字是肥的鶴、鴿、鵠，和有滋味的豺肉羹。觀下二句"魂兮歸來，恣所嘗只"，其意是"你回來吧，這種種是預備由你隨意品嘗的呢"！那能如王注洪補說成"大鍋熬"呢。

2."鮮蠵甘雞，和楚酪只"。

王："生潔為鮮。酪，酢酨也。言取鮮潔大龜，烹之作羹，調以飴蜜，復用肥雞之肉，和以酢酪，其味清烈也"。

洪："酪，乳漿也。酨音載 zài，漿也"。

按："酪"此處釋乳漿是。應如牛馬乳，便不是酢酨（醋）。王與洪的注有矛盾。我認為"蠵和雞"加"酪"是兩種加入乳漿（奶汁）的食品。"楚"雖有酸楚一義，但在原句上的楚酪，是針對着"招魂"上的"吳羹"而言的。由此可知大招是模擬着招魂作的。"鮮"是生鮮，"甘"是甘美。王既釋"酪"為醋，亦覺着調味僅是放醋怪酸的，遂主動的加入飴蜜，太滑稽了！

3."醢豚苦狗，膾苴蓴只"。

王："醢，肉醬也。苦，以膽和醬也。世所謂膽和者也。苴蓴，蘘荷也。言以肉醬啗烝豚，以膽和醬啗狗肉，雜用膾炙，切蘘荷以為香，備眾味也"。

洪："苴即魚切 zū，蓴，普各、匹沃二切 pò，博雅云，蓴苴，蘘荷也。"

按：本句的"醢"和"苦"全是動詞。如禮："使者曰，醢之矣"，左傳："取子之醢之"可証。苦是五味之一，此處當加味講，書洪範"炎上作苦"。又醋古名苦酒，烹狗肉先用醋烹一下，熬出特香，此之"苦狗"當是此意。豚或狗調製時切入蘘荷，等於上"九歌"的"蕙肴"，取其香也。

4."吳酸蒿蔞，不沾薄只"。

王："蒿，蘩草也。蔞，香草也。……言吳人善為羹，其菜若蔞，味無沾薄，言其調也。沾，多汁也。薄，無味也。言吳人工調醎（鹹）酸，爚蒿蔞以

五一制 72.5

為醔，其味不濃不薄，適甘美也。或曰，吳酸，醔𨡮醬也。一云吳酢，醔𨡮。

洪："爾雅云：蘩，皤蒿，即白蒿也，可以為葅。陸機云：春生，秋乃香美可食。又，蔞，蒿也，葉似艾，生水中（邊），脆美可食。醔音模 máo，𨡮音途 tú。

按："醔𨡮"，玉篇"榆醬也"。是用榆錢做的醬，亦叫榆仁醬。用大果榆或白榆的嫩榆錢做的最好。這是說用香蒿類膾肉。香蒿嫩梗，開水漬一下，油醋拌食，搭飯亦佳。榆仁醬單食外，可作調味料。

5."炙鴰烝鳧，煔鶉敶只"。

王："鴰一作鵠，鳧一作梟。煔，爚也。言復炙鶬鴰，烝鳧雁，煔爚鶉鷃，敶（陳）列眾味，無所不具也"。

洪："鴰，麋鴰也，古活切 kuò。煔音潛 qián，沈肉於湯也"。

按："鴰"一名"麋鴰"，就是麥雞，亦就是灰鶴。"爚"音藥 yào，"煔爚"當燒菜的燒字講。"鶉鷃"是鵪鶉。"鷃"音晏 yàn。這是說烤麥雞，蒸野鴨，燒鵪鶉，都做好擺上了。

6."煎鰿膗雀，遽爽存只"。

王："鰿，鮒。膗一作臛。遽，趣也。爽，差也。存，前也。言乃復煎鮒魚，臛黃雀，勅趣宰人差次眾味，持之而前也"。

按："鰿"音積 jī；鮒音付 fù，就是鯽魚。膗念焅 kào，就是熬。雀類有好多種，都可吃，不必一定黃雀。

食事談古三

餅賦

晉束皙有餅賦，裏邊說：

"春饅頭、夏薄持、秋起溲、冬湯餅，四時皆宜，惟牢丸乎"。

宋歐陽修歸田錄說："惟饅頭至今名存。而起溲、牢九（丸之誤）皆莫曉為何物。薄持，荀氏又謂之薄夜，亦莫知何物也"。

年　月　日　第　頁

按：食品今分主食品、副食品兩大類。主食品在古分為"餅"和"飯"。而"餅"的做法非常繁多，早不完全是單純的主食，有時摻入副食品便成了主副合成的複食品。

所謂之"餅"的基本質為麥麵（多數）和米麵（少數）。又隨着時代文化的前進，勞動人民的智慧日增，技術日巧，於是原先有定型的許多食物，自然打破陳規，成為多種多樣。而且持筆的人們，舊時各居一隅，因着交通隔閡、方言風俗全不同，遂致專家曾無，連篇累牘，搜集參校時，再加上死扣字面及各人主觀不求實際的以為如何，遂致無法說明。現在以我求真而又淺陋的認識來談一下。

從餅的開始做法上說，在水麵和成柔軟的麵胚後，造型上能做成三種基本樣子，便是圓的、扁的、條的。圓的、扁的又可夾餡變形，尤其扁的變形更多。據此來認識束賦所說，及可為注解的一部分說法如下：

1."春饅頭"。

宋高承撰事物紀原："諸葛亮南征渡瀘水，土俗殺人首祭神。亮令以羊豕代，取麵畫人頭祭之，饅頭名始此。"宋王楙燕翼貽謀錄上有包子的名稱，并說即饅頭別名。今俗屑麵發酵，或有餡、或無餡蒸食者謂之饅頭。"宋丁度集韻："饅頭，餅也"。今天津普通用發麵蒸饅頭，家家全會做，有實着的，有棗的，糖的，種種。山東方面多於發麵裏再揣生麵，揉勻後蒸食，另有香味，叫硬麵饅頭。上海方面加入肉餡的叫饅頭。此種做法，四季皆有。束賦上說：

"三春之初，陰陽交至，于時宴享，則饅頭宜設"。

按：束賦夏秋冬三名相比，"秋起溲"是發麵（詳後），則這所謂饅頭應不是發麵做的？照王楙說用發麵做是對的，則束之"起溲"與"饅頭"不春秋重複了嗎？何又說當春宜設呢？束的全篇"餅賦"原載文選，現我的胡刻文選沒有這篇，我無由讀到整文，不能莽撞從事，只可姑按王楙所說與現今相合的饅頭是發

五一制 72.5

年 月 日 第 页

麪做的羅。束說"于時宴享，饅頭宜設"，則這饅頭用来佐佳肴美味當然是饗着的。但現在以饅頭佐副食品，是隨時变換着吃，做，不必三春之動那様的擺譜了。

2.“夏薄持”。

辭源引束賦為"夏薄扞"。扞音翰 ㄏㄢˋ，張也。"薄"當然不是圓體而是扁片。"持"是拿起来，"扞"不问它是張開引開，總是抻義，在食品上說是片形的，如此正與現在各種成張的餅類相同。這種大致全是烙的。至於歐陽修歸田録的"薄夜"，是否"夜"是頁之訛？束賦上"薄持"說：

“弱似春綿，薄若秋練”。

按：上兩句的形容，是燙麪的薄合頁餅，這種對炒菜捲食最為有味。這種在夏天吃最爽口。但現在做法很多，大小厚薄發展的品類不勝枚舉。

3.“秋起溲”。

說文"溲，浸沃也。一曰溲麪"。"溲麪"就是發麪，即上述"屑麪發酵"。現在發麪做的主食品，様子極多，不勝枚舉。正字通是明張自烈著的，上邊有"餢飳"一辭，說"餢飳，起麪也。發酵使麪輕高浮起，炊之為餅"。餢音布 ㄅㄨˋ，飳音妥 ㄊㄨㄛˇ，餢飳同音義的名字很多，如：不托 餑飥 餺飥 麬䴵 䴺飥 餺飥 餺麬 䴺麬 䴺麬……這些特寫，雜見玉篇廣韻集韻等典書上，實際就是發麪的餅類。又有"餴餛"一辭，說文"餴，古文飽字"，餛音匯ㄏㄨㄟˋ，康熙字典餴字下引："賈公彥以餴餛為泡起，即草巨源食單之婆羅門輕高麪，齊書之起膠餅，今俗籠蒸饅頭，發酵浮起者是也。"起膠餅又或稱"起麪餅"。發麪做的餅類，從古便有帶餡的，餡自然可甜可鹹。束賦上說：

“肴饌尚溫，則起溲可施”。

按：在席面上，飯食吃到半截，吃點兒蒸食如糖包、門丁之類，至今如此。

4.“冬湯餅”。

宋陶穀清異錄載"釋鑾與天台山居頌，湯玉入甌，糟雲上筯，謂湯餅與糟薑耳。"辭源："生兒三日會客，名湯餅筵。蘇軾詩：甚欲去為湯餅客。"趙克宜增輯類腋輯覽引倦遊雜錄："今人呼煮麵為湯餅。"又引黃庭堅詩："湯餅一杯銀線亂。"陳造詩："湯餅徒誇銀線高。"由此可証湯餅是煮的麵條，或湯麵或撈麵。現在此類食品吃法做法亦比古來多了。亦不必一定冬天吃，隨時都可做。

5."四時皆宜，惟牢丸乎"。

東賦又有：

"終日飽食其牢丸乎。"

"牢丸"一辭，在段成式酉陽雜俎上，又有"籠上牢丸，湯中牢丸"之說。歐陽修誤"丸"為"九"，又說或作"牢久"是錯中錯。辭源："牢丸，食品，粉糰之屬。宋人訛為牢九。蘇軾詩：豈惟牢九薦古味，要從真一流仙漿。""粉糰"或稱粉果，在南省尤其廣東用江米麵皮包肉餡，籠蒸。解放前天津的廣東館亦樂園用江米麵皮包三鮮餡——豬肉、蝦仁、雞蛋，稱粉果，籠蒸，極有名，如使東坡生於今日食之，豈只他釀的真一酒流仙漿，這牢九(丸)亦吃的滿口流油哩，但是他還沒薦過今味。"牢"有太牢一牛，有少牢一羊，若按齊語所說："環山於有牢"的注："牛羊豕也"，是豬亦稱牢，如此則可知"牢丸"是圓形的麵皮，內中肉餡的食品，按粉果之類不問江米麵、麥麵，亦可不問是發麵是燙麵，而圓形的，便是"籠上牢丸"了。宋時李禎(仁宗)生日，"賜羣臣包子，即饅頭也"。那當是有餡的，像上海的"肉饅頭"，亦是"籠上牢丸"，當時的蒸餅因蒸字與李禎的禎字同音，因避諱改稱炊餅，以來水滸上武大郎賣的炊餅，便是蒸餅，想還是圓形的，亦是"籠上牢丸"一種。正字通說："今餛飩即餃餌別名，俗屑米麵為末，空中裹餡，類彈丸形，籠蒸食之"。顏之推說："今之餛飩，形如偃月"，則又類似現在蒸餃，總之"籠上牢丸"，亦早發展的不必一定圓形，擧凡今一切籠上所蒸，為麵皮包餡的全是起始於"籠上牢丸"就是了。自然"湯中牢丸"只是用煮，朱淑真"圓子"詩有句："輕圓純勝雞頭肉，滑膩偏宜蟹眼湯"。看情形這許是高湯煮的，倘更有味。如此則今之圓宵、湯元、水餃等皆是由湯中牢丸發展来的,即不必一定"牢",亦更不必一定"丸"了。

又食物志說:"餛飩亦作餫飩,象其圜形"。今早存其名,而不是圜形的了。又淮揚一帶對餛飩稱"雲吞",四川對餛飩稱"抄手"。

又正字通引束賦,有:

"湯⿰食兑薄餅,以湯沃之,宜冬食"。

按:⿰食兑音稅shuì,這所說居然是現在的所謂片兒湯。但由此又發展出来如山西麪食中貓耳朵一類的食品。

束皙是元城人。元城是漢置的縣,清時與大名同為直隸(河北)大名府治,辛亥革命後於一九二八廢大名縣。束是北人,對麪食是知味的,麪食之美,多為南人不解。束作餅賦料是針對南人珍視米食而言。

食事談吉四

一 周禮天官醢人

1、"五齊"。

原注說"齊當為齏",就是"凡醯醬所和,細切為齏"。"一曰搗辛物薑蒜之類"就是醃漬加味的小菜,凡有五種:"昌本、脾析、蜃、豚拍、深蒲"。

甲、"昌本"是菖蒲莖下嫩白部分,切碎醃食,很香脆。

乙、"脾析"舊說"牛百葉"。就是牛胃部像羊散旦那樣部分醃漬的。

丙、"蜃"是蛤螺類做的醬。現上海醃製的黃泥螺,頗能下酒下飯。蜃醬當必如是。

丁、"豚拍"是小豬上肘肥嫩部分做成的肉醬,如徵調辛物,當更香美。

戊、"深蒲"是香蒲。就是用它近下部的蒲白(亦叫蒲菜、蒲筍)碎切醃製的。

按:這五種小菜,兩素三葷,至今仍是進餐時小菜碟裏俗叫作"搭嘴"的小食。能飲酒的這是最美的酒菜。

年　月　日　第　页

2."朝事之豆"。

"朝事之豆，其實韭菹、酖醢、昌本、麋臡"。

"豆"是木製的用於祭祀或燕享上盛菜傢具。

甲"韭菹"切碎醃製的韭菜。

乙."酖醢""酖"音丹dan，說文："樂酒也"；廣韻："嗜酒"。如此，則"酖醢"便是佐酒的肉醬。

丙."昌本"見前。

丁."麋臡""臡"釋名："臡，胒也，骨肉相搏胒無汁也"。"臡、胒"皆音泥ni，就是帶骨頭的肉醬。這是用麋肉做的。現在蘇浙館子的芋艿雞骨醬，廣東糟製的蟹糊，前是雞肉，後是蟹肉，都帶有骨頭，食時在咀嚼上另有快感，吐嗾之際，不同肉醢。料麋肉所做當更有殊味。這四種兩蔬兩肉，仍與上五齊同，是所謂"搭嘴"的"小食"，不是正餐。

二 周禮天官籩人

1."朝事之籩"。

"朝事之籩，其實麷蕡"。

"籩"是竹編的用於祭祀或燕享上盛主食的傢具。

甲"麷蕡""麷"說文："煮麥也"。"蕡"詩周南："有蕡其實"。如此則"麷蕡"即是麥仁煮的粥。即今俗稱的"大麥仁子粥"。在吃早點上，佐一些如上的鹹韭菜或是些別的醃漬的"小食"，是太好了。由此溯想古時朝食，以清香的麥仁粥佐以如上豐盛"小食"，一定更為佳美。（麷蕡注說"蕡，麻實"。禮記月令說"天子食麻"，實誤。麻不是"穀"，詳後。）

食事談古五

一 周禮天官酒正

1."醴齊"。

"酒正"裏又有"五齊"来說酒。此處單談"五齊"之一的"醴齊"。

"醴齊"注："醴猶體也，成而汁滓相將，如今恬酒矣。"辭源："當是今

五一制 72.5

之酒釀。"又"酒膠"，漢書師古注："膠，汁滓酒也。"世本："儀狄始作酒膠變五味。"當是把單純的五味，加點酒膠一調和味更香美。易牙以烹調精美被齊桓寵幸，當是不斷在調味上使用酒膠教滋味更芳鮮，所以享用上比不加酒膠的風味尤妙。"悟酒"說汁滓相將，"酒膠"說汁滓酒，實即一種，即等於今之酒釀，在五味的調用上，真是萬綠叢中紅一點，動人春色不須多也。

二 周禮天官庖人

1."夏宜"。

"夏宜腒鱐，膳膏臊"。

腒音居ju，鱐音搜so，"腒，乾雉也"見原注。儀禮的士相見禮："夏用腒"注："夏用腒備腐臭也"，意是如用鮮的怕它腐臭，所以吃乾臘的。正字通引戴侗說："夏暑不可奏新殺，故行腒鱐為常。腒為獸乾腊也。""鱐"玉篇："乾魚也。""膏臊"原注："豕膏也，又犬膏也"。總之，因夏天酷熱，鮮生肉類因宰殺後吃不完要腐臭，所以僅吃乾腊東西，加上些豬油或狗油，但油膏取之動物身上的在夏天亦易變腐臭？周禮天官有掌冰之官叫凌人，而且"凌人共冰，秋刷冰室，冬藏春啟夏頒冰"。竟不知冰可鎮肉鮮可以不壞？為甚脂膏也取之動物呢？或是國產中沒有如此来可食用的胡麻油落花生油等，但豬油犬膏亦必時時加熱才能不壞，這在當日庖人總該懂得的罷。

如此，在當日新鮮肉類只能秋冬春三季吃，夏天暑熱天天吃乾腊東西，雖亦可以變換多樣，如同今日的飲食比起来是太差了。

三 儀禮 公食大夫禮

1."鉶芼"。

"鉶芼，牛藿羊苦豕薇，皆有滑"。

"鉶"音刑xing，玉篇："羹器也。"芼音冒mo，五音集韻："用菜雜肉為羹也"。如此則"鉶芼"就是等於現今用碗盛的燴肉菜，就是"碗菜"。"滑"按周禮"調以滑甘"疏："滑者通利往来，所以調和五味"。辭源："滑，利也，謂不停滯也"。如此"有滑"就是燴肉菜有湯汁。

五一制 72.5

年　月　日　第　页

甲、"牛藿""藿"是豆葉。詩經采菽疏："采菽藿則筥盛之，筥盛之，以爲牛羹汁之菜"。這是用野生豆類的嫩葉燴帶汁的牛肉。

乙、"羊苦"苦是苦菜，就是荼。詩經："誰謂荼苦，其甘如薺"。又："采苦采苦，首陽之下"。陸璣云："生田及山澤中(壟)，得霜甜脆而肥"。這是用苦菜嫩葉燴帶汁的羊肉。

丙、"豕薇""薇"亦是野生豆類，如大巢菜、小巢菜等。玉篇："菜也"。本草綱目："野豌豆"。救荒野譜："野菉豆"。這是用巢菜等的嫩葉燴帶汁的豬肉。

按："藿、苦、薇"都是可吃的野菜，都不是一種。荼雖是專名，但與荼相似的都可採食。

食事談古六

一 禮內則

1. "麕爲辟雞，野豕爲軒"。

原注："此皆菹類也。軒，聶而不切；辟雞，聶而切之"。

甲、"麕"是比鹿小的食草獸，就是麞子，它的肉嫩細，可以由切片再切成絲。"聶"是薄切肉(片)，"辟雞"是由薄肉片再切成絲。所以說"聶而切之"。

乙、"野豕"是野豬。它不像家豬有肥膘而肉軟嫩，它周身是粗而較老的瘦肉，只宜切大片。"軒"是大肉片，所以說"聶而不切"。

此處沒說做法，僅注中說"菹類"。"菹"在此處不能專說醃漬義，須推而廣之爲菜肴，上兩種僅說切法，是預備出來尚未經調製的材料。

2. "膷臐膮醢"。

釋文："膷，牛臛也，臐，羊臛也，膮，豕臛也"。

甲、"膷"，膷音香xiāng，博雅："香也"。"臛"有二義，一當肉羹講，一當熏講。此是熏，是熏牛肉。

乙、"臐"，臐音熏xūn，博雅："香也"。這是熏羊肉。

丙、"膮"，膮音消xiāo，博雅："香也"。這是熏豬肉。

五一制 72.5

年　月　日　第　页

以上三種熏的牛、羊、豬肉，再把它們各醢成了熏肉的醬，當然這複製的比一直手製的肉醬是特有濃厚的滋味。

3.“腶脩、蚳醢”。

甲.“腶脩”“腶”音段 duan 集韻：“腶脩，捶脯施薑桂也”。“脩”就是“脯”是乾肉。禮：“欲乾肉則捶而食之”。這是把乾肉捶鬆，再以薑桂加味，當然更好吃。

乙.“蚳醢”“蚳”是水蟻草，一名蚍蜉酒草，一名鼠耳即鼠麴草。“蚳醢”，就是采鼠麴草嫩葉製的醬。植物名實圖考：“江西、湖南皆呼（鼠麴草）為水蟻草。……鼠麴染糯作餈，色深綠。湘中春時粥（鬻）於市。五溪尚尤重之，清明時必採製，以祀其先名之曰青其（齏）。湖南野生飼料一書上說：“鼠麴草別名水蟻子……采此草與大米磨漿做成湯元或米粑或糕點，味美可口。”廣州植物志：（鼠麴草）莖葉和米粉搗作粢粑食。”“餈”即“粢”，“粑”音巴 Ba，據周禮天官醢人”注文上已引過的所謂凡醢醬所和，細切為齏”的製法上發展到由鹹食到甜食是可以的，例如饊子、麻環吃甜的，改麻葉、油條便吃鹹的。由“蚳醢”演出“粢粑”，並不稀奇。而舊日文人竟轉展傳為“蚳醢”是用螞蟻的子（即卵）做成的醬，卻真稀奇了，茲抄各書上云云如下：

“蚳”音遲 chi，玉篇：“蟻卵也”。這是正解，不錯。請看下抄：

1.“腶脩、蚳醢”注：“蚍蜉子也”。周禮天官鼈人，“蚳醢疏”：“謂蟻之子，取白者以為醢”。

2.大戴禮：“蚳，蟻卵也，為祭醢也”。

3.嶺表述異：“蟻卵醬”。……“交廣溪洞間酋長收蟻卵，淘澤令淨，鹵以為醬”。

4.北户錄：“廣人於山間掘取大蟻卵為醬”。

5.辭源：“蚳，蟻卵也。古以為食品”。

這五段與上乙.“蚳醢”的釋詞一參照，誰便解了。

五一制 72.5

年　月　日　第　页

食事談丛七

五穀、六穀、九穀

古時對主食品的穀類有"五穀""六穀""九穀"三種說法，現就我所知談如下：

一、"五穀"。

甲、周禮鄭注："稻、黍、稷、麥、菽"。

乙、禮月令："麻、黍、稷、麥、豆"。

丙、管子："黍、秫、菽、麥、稻"。

丁、素問："麥、黍、稷、稻、豆"。

戊、楚辭王逸注："稻、稷、麥、豆、麻"。

二、"六穀"。

甲、周禮"食用六穀"注："黍、稷、粱、麥、苽、稌"。

乙、三字經："稻、粱、菽、麥、黍、稷"。

三、"九穀"。

甲、周禮"三農生九穀"："稷、秫、黍、稻、麻、大豆、小豆、大麥、小麥"。

乙、酉陽雜俎："黍、稷、稻、粱、三豆、二麥"。

按：實際"穀"在吾國古時大類是五項：黍、稷、稻、粱、麥，各在培種上都不是一個品種。而舊籍各書原文及注釋，大有出入，簡直不可爬梳。茲舉一例：周禮天官籩人的"朝事之籩，其實麷蕡"注："蕡，枲實也"。鄭司農云："熬麥曰麷，麻曰蕡"。即定了蕡是麻(枲)實(仁)。禮記月令則說："仲秋之月，天子食麻"。麻指大麻。除此之外，凡說到麻都是漚麻、績麻，指的是用，與桑同功。雖然詩經有麻麥同說，是指食用兩項，所以五穀裏不應加入麻。蕡字有二義，麻蕡固是麻實，若單說蕡，則應解為實(仁)，所以"麷蕡"即是麥仁，不然，食麥粥佐以麻仁，未免太滑稽了。

豆不能歸穀類，古嘗以豆葉燴肉菜，足見不是主食品。至今大豆(菽)為油料植物，偶爾煮些或生黄豆芽，亦是副食品。小豆(荅)雖有時加入米飯裏，但亦不是真正主食品。

五一制 72.5

年　月　日　第　页

"秫"，爾雅衆秫，疏："謂黏粟也"。這是黍。管子五穀有"黍"有"秫"是重了。

"稌"是稻的一名，六穀有"稌"無"稻"，"稌"就是"稻"，一樣。

"苽"是菰米，一名雕胡，就是茭，亦叫蔣。杜甫詩："波飄菰米沉雲黑"，雖稱"菰米"，亦稱"雕胡之飯"（見宋玉賦），"安胡之飯"（見枚乘七發），究不能稱穀與稻麥相比。幾千年來，沒見有苽田，可証。

所以真正古來用為主食者是"黍"（黍米、黃米、黃粱、黍子，亦叫黏古黃米，可為飯，可磨麵蒸饝……），"稷"（糜子。磨麵蒸饝……），稻（可為飯，可磨麵蒸饝……），粱（小米。可為飯，可磨麵蒸饝……），麥（可為飯—大麥，可磨麵做種種食品—小麥）。五種中黍、稻又能造酒。黍、稷、粱三種籽粒大小差不多，老農以外，文人是認不清的，所以各書注釋，混亂實甚。尤其粱字、粟字、秫字，在本字注解上由文人引據典故，是愈校對愈弄不清。又加上後來由外地或外國輸入的品種之多，注書的人以現所見而注古，如不真加一番詳察，浮而操觚，簡直可說是"放轟"！

再補談一些：蜀黍是高粱，因其比"粱"高大，這是種來自"蜀"，它有黏的像"黍"，故借名為"秫"為"黍"，中原古無有，用它造酒，是白酒，與古來用今亦還用造的酒是黃酒完全兩樣。周書"酒誥"與陶淵明飲的"酒"，全指的是黍米造的，即是現在的山東黃（亦叫"老酒"）的，不是高粱（秫米）造的。爾雅釋草的"虋、秬、芑"，郭璞注"赤粱粟、白粱粟"等，全說的是"黍"的品種，與"粱"（小米原種，有芒）、"粟"（小米變種，無芒）無關。

舊典籍上有的把蜀黍、黍、粱、高粱、秫、秫秫（秫米）混在一起，所以這裏談的不能不拉雜些，否則簡直弄不清楚。

現在我們主食品上的"穀"，算真正有了七項，於"黍、稷、稻、粱、麥"五項外，加入蜀黍（秫米、高粱）及最後輸入的玉蜀黍（玉米、玉茭、苞米、棒子）兩項。

五一制 72.5

食事談古 雜載

所載隨得隨錄，未分時代先後。

宋玉賦

"主人之女，為臣炊彫胡之飯"。(1)

韓策

"民之所食，大抵豆飯藿羹"。

內典

"言飲食之後曰：炮鳳烹龍，彫蚶鏤蛤"。

玉篇

"饆饠，餅屬，用麵為之，中有餡"。

楊惲傳

"田家作苦，歲時伏臘，烹羊炰羔，斗酒自勞"。

七發

"安胡之飯，(注)安胡即彫胡"。（孫未羊）

越語

"觥飯不如壺飧，(注)觥，大也。大飯謂盛饌未具，不如壺飧之救飢疾也"。

晉書石崇傳

"崇為客作豆粥，咄嗟便辦"。

齊明帝紀

"太官進御食有裹蒸，帝曰，可四片破之，餘充晚食"。(2)

隋唐嘉話

"劉晏五鼓入朝，時寒中，路見賣胡餅家熱氣，使人買之，以袍袖裹啖，謂同列曰，美不可言"。(3)

四民月令

"四月可以作棗糒，以待賓客。(注)糒，乾飯也"。

白居易胡餅詩

"胡麻新樣學京都，麵脆油香新出爐"。

韋絢劉賓客嘉話錄

"諸葛武侯所止，令兵士種蔓菁……纔出甲可生食，一也。葉舒可煮食，二也。久居隨以滋長，三也。棄去不惜，四也。回則易尋而采之，五也。冬有根，可劚食，六也。……蜀人今呼蔓菁為諸葛菜"。

皮日休茶具十詠

"（其題）茶塢、茶人、茶筍、茶籯、茶舍、茶竈、茶焙、茶鼎、茶甌、煮茶"。

雲溪友議

"陸羽造茶具二十四事：一風爐，二筥，三炭檛，四火筴，五鍑，六交床，支鍑者，七夾，以夾茶，八紙囊，貯所炙茶，九碾，十羅合，十一則，以準茶，十二水方，十三漉水囊，十四瓢，十五竹夾，十六鹺簋，十七熟盂，以貯熟水，十八盌，十九畚，以貯盌，二十札，二十一滌方，二十二滓方，二十三巾，二十四具列，以悉斂諸器。

潛確類書

"（七椀）一椀喉吻潤，二椀破孤悶，三椀搜枯腸，四椀發輕汗，五椀肌骨輕，六椀通仙靈，七椀喫不得，惟覺兩腋習習清風生"。

歸田錄

"晏元獻公……每折半餅，以筯卷之，抽筯就，內捻頭一莖食之"。(4)

清異錄

"食之儉曰三戈五卯；食之奢曰四簋八瑚；食之美曰山膚水豢"。

"糖䭔，今之元宵子也"。

"裹蒸，今之角黍也"。

朝野僉載

"侯思止食籠餅，令縮葱加肉，號縮葱侍御。"

清異錄

"豆腐為小宰羊。"

"齏為百歲羹。"

"江右多菘菜，粥筍者惡之，罵曰心子菜。"

"陳喬食蒸豚，曰，此糟糠氏面目殊乖，而風味不淺。"

食譜

"巨勝奴，(5)酥蜜寒具，(6)貴妃紅，加味紅酥，見風消，油浴餅，水晶龍鳳糕，(7)玉露團，賜緋含香，糉子湯，浴繡丸"。(8)

東坡書薛能茶詩

唐人煎茶用薑，故薛能詩云，'鹽損添常誡，薑宜著更誇'。據此則又有用鹽者矣。近世有用二物者，輒大笑之。然茶之中用薑煎信佳也，鹽則不可。(9)

蘇軾記

"課奴婢舂大麥以為飯，有西北村落氣味。復令雜小豆作飯，尤有味。老妻大笑曰，此新樣二紅飯也"。（豆飯 李）

高齋漫錄

"東坡嘗謂錢穆父曰，尋常往來，必知稱家有無，不必過為具。穆父一日折簡召坡食皛飯，及至，設飯一盂，蘿蔔一碟，白湯一盞，蓋以三白為皛也。坡復召穆父食毳飯，穆父至，日晏不設食，穆父餒甚，坡曰，蘿蔔、湯、飯俱毛也。俗謂無曰毛"。（毳飯 李）

陸游南唐書

"御厨食味有鷺鷥餅，(10)天喜餅，駝蹄餤，(11)春分餤，(12)蜜雲餅，瓏璁餤，紅頭簽，五色餛飩，子母饅頭"。

王烈之安成記

"安成郡田疇膏腴，厥稻馨香，飯若凝脂"。（精米 李）

食物志

"餛飩或作餫飩，象其圜形"。（今則名是形非 李）

陸游詩

"洗鬴煮黎祁（注）蜀人名豆腐为黎祁。"（又書来其条）

"烹栗煨芋魁，味美敵熊蹯。"

"拭盤堆連展（注）連展，淮人以名麥餌。"（13）

"白白粢筒美，青青米果新（注）蜀人名糉為粢筒；吳人名粔籹為米果。"（14）

風俗通

"（百里奚婦琴歌）百里奚，五羊皮，憶別時，烹伏雌，炊扊扅，今日富貴忘我為。"（15）

遼史禮志

"重九賜臣僚飲菊花酒，兔肝為臡，鹿舌為醬。"（16）

疏食譜

"玉埶方切，椒鹽糝之。（注）玉埶，炊餅也。"（穰子蒸餅条）

釋名

"餅，并也。溲麪使合并也。胡餅，言以胡麻着上也。"

餅餌閒談

"入爐熬者名熬餅，亦曰燒餅；入籠蒸者名蒸餅；入湯烹者名湯餅。其他豆屑雜餹為之曰環餅；和乳為之曰乳餅。"

吳均餅說

"細如華山玉屑，薄如梁甫銀泥。"（薄持条）

武林舊事

"蒸作從食，月餅、春餅、又荷葉餅、芙蓉餅、金花餅。"

夢溪筆談

"吳人多謂梅子為曹公，以其嘗望梅止渴也。又謂鵝為右軍，有士人遺人醋梅與燖鵝，作書云，'醋浸曹公一甏，湯燖右軍兩隻，聊供一饌'。"

荆楚歲時記

"三月三日取鼠麴汁,蜜和粉,謂之龍舌粄,以厭時氣。鼠麴即鼠耳草,俗呼茸母。"(17)

齊民要術

"糉:用秫稻米末,絹羅,水蜜溲之,長尺餘,廣二寸餘,以棗栗肉上下著之,油塗,用竹箬裹,爛蒸。"(18)

名義考

"京師人謂餅曰饝饝,當為毋毋。禮八珍,淳毋,煎醢加黍上,沃以膏者是也。"(饃、卒)

升庵外集

"北人呼為波波,南人訛為磨磨。"(饃、餑、卒)

錢塘縣志

"淡乾者為玉版筍、明筍、火筍;鹽曝者為鹽筍,並可蔬食。"

古夫于亭雜錄

"越中筍脯,俗名素火腿,食之有肉味。"

冷齋夜話

"王中令入一村寺,主僧饋蒸豬頭,食之甚美。僧賦詩曰:嘴長毛短淺含膘,久向山中食藥苗。又曰:紅鮮雅稱金盤薦,軟熟真堪玉筯挑。"

元德明謝張使君饋春肉詩

"牙豬肋厚一尺玉,鹽花入深蒸脫骨,韭芽蓼甲春滿盤,來從茅齋慰幽獨。"

吳錫麒暖鍋詩

"平鋪層疊多冷饌,酒酣脫帽,一座生春,可以命為熱客矣。器以原非鼎,金銷亦此鍋(武林舊事:西湖有銷金鍋兒之號),例教員外置(數圖),偏覺熱中多,水火煩頻給,鹽梅必早和,春盤羅左右,居正不如他。"

學圃雜疏

"菜曰晚菘，竟無定說。大都今之冬菜，如郡城箭桿菜，皆可稱菘。箭桿雖佳，終不敵燕地黃芽菜，可名菜中神品。(宜案)黃芽菜種出安肅縣，名安肅菜"。(19)

王士禛居易錄

"今京師以安肅白菜爲珍品，其肥美香嫩，南方士大夫以爲渡江所無"。

全芳備祖

"楊誠齋名白菜爲水晶菜"。

金芥舟詩

"(食黃芽菜)園圃秋來有異香，輕盈菜把正堪嘗，嫩如少婦肌猶膩，色比幽人面更黃，獨對瓦鐺誇饌玉，絕勝氈帳進羔羊，幸存幾箇殘牙齒，飽嚼西風一筋霜"。

"豆腐六味，豆腐一類派系頗繁，余飫之有年矣，因各贈一詩以誌美。(腐)滋味深長體質方，膩如脂玉白如霜，中含徹骨無人覺，不許金樽玉箸嘗。(漿)新汲雲漿出玉池，此中清味少人知，一盂寧待初澆後，真是醍醐灌頂時。(皮)湯鎔翠釜氣蒸雲，羅縠初成水上紋，素手當鑪新揭起，臨波截取水仙裙。(乳)桂醑椒花點雪膚，山家清供出齋廚，漫言妃子胸前乳，突過胡兒塞上酥。(渣)瓦盆飛屑築銀沙，點點還同六出花，到此方言臣力竭，可憐粉骨爲貧家。(20)(乾)賦質輕柔漸化剛，雲根高壓出寒漿，椒蘭蔥韭兼芳桂，長占騷人五種香"。

蘇星橋之鑾凍豆腐詩和鹹菜詩

"來其(21)風味偏家鄉，時在嚴冬凍不妨，莫謂腐名加冷眼，好同寒具待光腸，雪霏點點珠穿細，冰剖層層玉切方，大嚼老饕情不厭，恰宜佐以菜根香"。菜食情甘不厭嫌，盤中常雜水晶鹽，願同下體對菲采，何羨光腸品味兼。為學三冬今日蓄，慣餐百甕舊時醃，寒酸饜飫應如許，遑恤旁觀謂矯廉。

張玉栽同書石榴魚詩

“丸橋一別三載餘，歸來動歎食無魚，今朝我忽嘗異味，譬諸張翰思蓴鱸。我聞此魚生易水，土人名之曰山蛆，大者僅盈三寸許，紋多體滑口有鬚。每年山洪暴發後，紛紛競向東海趨，丸橋間南烟水塞，衝以遠近為中途，此魚遂成故鄉產，蕃息約在七月初，但與天災相表裏，全堤不潰終年無（每年夏季河決後方產此魚，否則終歲不見也），實雖不祥味甚美，登盤勝摘園中蔬……一朝入網陳諸肆，味美豈慮無人沽，況我盤飧少兼味，每飯直欲作庖廚，故鄉之魚信美矣，滔天巨浸將何如”。（22）

雜載注

能認出的或疑似的皆注，以着加？號。

(1) 雕胡即菰米。參照“兩種不通常的米飯”條。

(2) 裹蒸即糉子。現廣東有“裹蒸糉”是鹹肉的，參照食事抄今補三。

(3) 胡餅即脂麻燒餅。

(4) 捻頭應是饊子。文裏說一茎，便証明當時已由盤成花形的饊子進為省工的油條了。

(5) 巨勝是胡麻，巨勝奴像是帶脂麻的糕點？

(6) 酥蜜寒具，類似蜜麻環？

(7) 水晶龍鳳糕，像似加豬脂丁用模印有龍鳳紋的糕點？

(8) 浴繡丸，或是“湯中牢丸”“圓子”之類？

(9) 煎茶用鹽，參照雲溪友議所述茶具中鹺簋？

(10) 鷺鷥餅是不是像千層餅、銀絲捲，因鷺鷥色白毛細，以此形容層多鬆軟？

(11) 駝蹄餤像是馬蹄燒餅？

(12) 春分餤是否像合頁餅（荷葉餅）或近於春餅的薄餅，即東北所說的“薄持”？

(13) 連展俗叫碾轉子，訛入吉語叫"年年賺"或"年賺子"，是大麥麵加入榆樹皮麵，取其黏合，捻成條蒸熟來吃，亦可醋油拌。

(14) 粔籹、米果即饊子。

(15) 伏雌，母雞。扊扅，門插棍。

(16) 臡音泥，應為帶骨醬。既是兔肝所製，當然無骨，應該是醢。

(17) 粄音板。現翻作拌，可與"食事談十五"的"甑醢"參照。

(18) 糦音直。秫稻是江米。這做法用竹葉裹來蒸，吃時的味道，想很像粽子或盆糕。

(19) 安肅白菜，俗叫"北方冬笋"。在當地原先產量不豐，以發展到各地，尤其是山東成為江北名物。
"宜崇"的宜是增輯類腋輯覽的丹徒趙小樓克宜。

(20) 豆腐渣是兩種，做豆腐出的渣叫"豆腐渣"；做豆腐乾出的渣叫"豆腐乾渣"。以前在清末時，一到冬天，門口上就有賣的，吆喝"豆腐乾渣好大團呀"。用它調入小蝦皮子油鹽再加點碎豆瓣辣炒食或包大餃子，或再拌菜子包團子滿好吃。這是貧家普遍冬食。至於"豆腐渣"多數喂豬，有時亦可摻入棒子麵做餑餑吃。

(21) 來其就是豆腐，見虞集文，他說"鄉語謂豆腐為來其"，實在來其與黎祁為音轉，可參照陸游詩跋。

(22) 石榴魚即沙鰍，為鰍科一種小魚。它喜居山澗河流的水底。鬧水時候被大水沖出。我小時吃過不多幾次，是薊運河發水沖來的，屆時天津便有賣，價很賤。天津方面亦叫山蛆，全是爐着吃，很肥美。 辛

黃六吉謙安肅白菜詩

"我愛安肅菜，黃芽嫩如韭，細理無寒筋，水土之德厚，當其淡碧滋，民色何雨有濯以清、波擣以纖纖手，盤飧競芳鮮，一嚼香生口，何物差堪擬，白蓮花下藕。

食事談古 諧語

"薦罕九，飲真一。"降滕六，偕嚴四。侶蘇三，來巽二。調尺八，延秦七。召錢五，引胡十。迎東坡，陪魯直。接幽棲，迓東哲。約歐梅，會禹錫。時風送，段公至。文星聚，詞客集。泯今古，同一席。暢高懷，酬嘉志。觀下言，自可意。再詮注，更適義。

下言：

罕九，罕丸之訛。真一，東坡自釀酒。滕六，瑞雪。嚴四、蘇三掌節候遞易之神，前者居東海，後者居南海。巽二為風。風雪迎春，清明節届，好春三月，百物昭蘇。"荻芽"茁壯，"河豚"正美。調羹斫膾，煎切齊施。自應"饅頭""薄持"同時可設；"起溲""湯餅"無待"秋冬"。籠上湯中，罕丸序列。蘇黃秦輩，攜手而來，米媛東翁，連翩繼至。永叔偕聖俞入座，賓客與柯古聯肩。錢五為清季餃子孫之大師；胡十乃同光間燴魚白之聖手。會萃一堂，各顯殊技。割烹既篤乎遙古，飲宴乃昭乎來茲。暢飫唇舌之饜，申展磊落之才。疑為之釋，難為之解，皆大歡喜，猗歟盛哉！下走搖筆於後，微同附驥，心神俱適，不禁起舞！

詮注：

秦少游、黃山谷向稱秦七黃九。秦於蘇黃，為師友，坡公赤壁之遊，兩次皆偕有秦，吹洞簫及網魚者皆少游也，秦既知音且亦知味，此番盛會，自必懷納尺八，攜來自釀之酒與自網之魚，無待言矣。

幽棲，朱淑真號幽棲居士。喜食"團子"，蒸餌之時，敲箸咏詩，當然知味。

賓客為劉禹錫，曾為太子賓客，自必太子宴客時，少不了他，或者調配席面，由他提調，不只知味，當亦老饕。惟以不敢題糕，必須使他來開開饞眼。

柯古，段成式字。不僅於"罕丸"指出有蒸有煮，而且駁醢之訛，設非有其大著酉陽雜俎之證，幾成不解之迷，故嘉筵之設，必須有他。且也是對大蘇當面指出"罕九"之訛，六一自亦撫膺知誤。至於東翁所賦，席上俱陳，更不待稽考矣。

更有進者，斯宴之美，得錢、胡兩師之增益，實踐之功，尤不可沒。於以知垂空文之無當焉。 辛

食事談古補

詩經上所述可食的植物而為其前食事上所未收的擇說於此。其普通而至今用為食物而習知者部分除外。

荇菜

荇菜，本草綱目稱荇絲菜，野菜譜稱醫子菜，救荒本草稱藕蔬菜，河北安新稱黃花兒菜。遠古供食用。陸機詩疏說"其莖以苦酒（醋）浸之，脆美可按酒"。河北安新白洋淀一帶舊有賣的，把莖葉捆綑以把，吃時以水淘去其皮，醋油拌食，很爽口。

卷耳

卷耳，本草經稱地葵，陶弘景稱常思菜，本草綱目稱喝起菜，鄭康成稱白胡荽，記事珠稱進賢菜。陸機詩疏說"可煮為茹，滑而少味"。東坡雜記說"花葉根實皆可食"。救荒本草說"嫩苗煠（炸）熟，水浸，淘拌食可救饑。其子煼（炒）去皮，研為麵，可作燒餅食"。今有採實榨油的稱蒼子油，炸油條的油裏摻入些，油條至涼後可仍脆不皮。

芣苢

芣苢，救荒本草稱車輪菜。嫩葉遠古供食用。陸機詩疏說"可鬻（煮）為茹"。可証古時曾當鮮菜吃。

蔞

蔞，爾雅注稱蔞蒿。舊供食用。陸機詩疏說"正月根芽生旁莖，正白，生食之香而脆美；其葉可蒸為茹"。今為救荒植物。

蘩

蘩，爾雅注稱白蒿。古用以為食。陸機詩疏說"秋（時）香美可生食；又可蒸"。今為救荒植物。

蕨

蕨即蕨菜。熱河對它新出的嫩葉叫如意菜。廣東叫龍頭菜。今為時鮮野菜之一。尤其吃雞素燒，與松蘑同調，味極鮮美。

蘋

蘋本草拾遺稱芣菜,俗叫四葉菜,卮言稱四葉菜。陸璣詩疏說"可糝蒸為茹;又可以苦酒(醋)淹之按酒"。

藻

藻,詩傳稱聚藻。陸璣詩疏說"熟挼去腥氣,米麪糝蒸為茹"。

白茅

白茅地下莖嫩白味甘可食。春生苗亦柔嫩,可用救荒。

葭

葭就是蘆子。根莖上的嫩芽叫蘆筍,可食。

梓

梓俗叫楸豇豆子。果實是長莢,嫩時可代豇豆角,供蔬菜用。

芄蘭

芄蘭救荒本草稱羊角菜。陶弘景說"人家多種之,葉厚而大,可生啖;亦可蒸食。

艾

艾的嫩葉可茹,摻麥麪蒸食,古叫艾餅,草餅。

舜

舜就是木槿。它的嫩葉可茹;又可揉作飲料,用以代茶。

莫

莫是酸模。食物本草稱蓂菜。嫩葉可茹古時栽培供蔬菜用。

葽

葽本草經稱王瓜。根與嫩芽可為蔬。果實亦可食。

葵

葵是冬葵。嫩苗蔬食,頗滑美,從古用為主要蔬用植物。李時珍說"古者葵為五菜之主,古人種為常食"。王維詩"松下清齋折露葵",露葵就是冬葵,可知唐人還種食。

莱

莱就是落藜。嫩葉可茹，古為常蔬。今僅為救荒植物。

枸

枸就是金鉤李，河南俗叫拐棗。花梗於花後肥大成肉質，有甜味。

莪

莪是蘆蒿，本草綱目稱抱娘蒿，救荒本草稱抪娘蒿。陸璣詩疏說"莖可生食，又可蒸，香美，味頗似蔞蒿"。古人似常食。

穀

穀就是楮，俗叫假楊梅。它是喬木，但嫩葉芽可當蔬用，果實亦可食，甚甜美。

蓫

蓫是牛舌菜。陸璣詩疏說"根似蘆菔，莖赤，亦可瀹為茹，滑美"。

葍

葍俗叫燕葍苗。又叫葍根藤兒。地下莖蒸食有甜味。前清末年近村小童常挖掘來天津叫賣，吆喝燕葍苗根兒。

栲

栲是厚葉錐栗。李時珍稱苦櫧。種子磨作豆腐食之，即"苦櫧豆腐"。

蓼

蓼，救荒本草稱蓼芽菜。古人多採為常蔬。李時珍引禮記說"烹雞、豚、魚、鱉，皆實蓼於其腹中，而和羹亦須切蓼也"。又以蓼實生芽於春節時，供五辛盤（葱、蒜、韭、蓼、芥）。

爾雅上亦有為詩经所無的，據爾雅義疏補收於此。

藿山韭，茖山葱，葝山䪥，蒚山蒜

"此釋菜也。說文云菜，草之可食者。"（郭注）"今山中多有此菜，皆如人家所種者。"

葥，王蔧

"繫傳云今落帚草，初生時可食。"即掃帚菜。

鷹，黍蓬

"楊慎卮言……黍蓬乃旱蓬，青科是也。"即青稞麥。

荍，蚍衃

"阮芸臺云古人常食……揚州人以為常蔬，清油淡炱（炒），味極甘滑。"即小麥熟。

柱夫，搖車

"陸璣疏云蔓葉可生啖，如小豆藿。"（郭注）"細葉紫華可食，今俗呼曰翹搖車。"即紫雲英。

蔆，蕨攈

"說文云蔆，芰也。"（郭注）"蔆今水中芰。"即菱角。

薚，石衣

"釋文薚徒南切，薚與苔音相轉。說文云菭水衣，菭即苔也，水衣即石衣，一曰魚衣。醢人云，加籩之實，有菭菹。"即石髮，可醃食。

葥，山莓

"陳藏器所謂懸鉤子者也。"

茥，蒛葐

"類篇即覆盆也。"（郭注）"實似莓而小，可食。"

櫠，椵

桂海虞衡志云廣南臭柚大如瓜，可食。其皮甚厚，染墨打碑，可代氈刷且不損紙。

杭櫱梅

"唐本草名羊梂，宋圖經名棠梂。"即山查子。

楔、荆桃

"月令羞以含桃。鄭注含桃，櫻桃也。"

植物名實圖考所載關於可食的野生植物，由圖記方面為我所知者，擇收若干，作為"食事談古補"之煞尾（該著有許多種圖，並非寫真，係由舊籍展轉摹寫，並不合於名稱上名實之"實"，欺世之處，流毒不淺，這是應該指出的）。

東廧

"相如賦東廧雕胡。廣志東廧子粒如葵子，苗似蓬，色青黑，出幽、涼、并、烏丸地。一名沙米，沙蓬米（即）登相子。作為粥，滑膩可食；或為米，可充餅餌茶湯之需。"

鴉葱

救荒本草鴉葱生田野中，……採苗葉煠（炸）熟，油鹽調食。（這所謂炸，並非用油，係沸水中一冒。荒年採野食辦法）

柳葉菜

"救荒本草……開四瓣深紅花，結細長角兒，其葉味甜，採苗葉煠（炸）熟，油鹽調食。"

焊菜

"俗呼辣米子，田野自有。……摘（葉）而醃之為蔬，殊清辛耐嚼。"

冬蟲夏草

"西藏多有，羊城中採以饌，云鮮美，蓋與吳禾蟲同。"

按：四川為冬蟲夏草名產地，採得後以數十莖為小捆，供川菜館用；或為土物贈人。至今四川名菜有蟲草鴨子；舊時天津有廣東食館菜牌上便有清蒸冬蟲夏草和冬蟲夏草燉鴨。廣州名菜有燉禾蟲。

款冬

"救荒本草款冬……嫩葉可食。"

雁来红

"救荒本草，……雁来紅葉似人莧葉，中心紅色，又有黃色相間，亦有通身紅色者……採苗葉煠熟，水浸淘淨，油鹽調食；晒乾煠食尤佳"。

按：通身紅色者在繪畫上叫胭脂，嫩葉舊菜市有賣的，叫紅莧菜，用它漬湯與莧菜同。

米布袋

"救荒本草，米布袋生田野中，……梢頭攢結三四角，中有子如黍粒大，微匾，味甘，採角取子，水淘淨，下鍋煮食。苗葉煠熟，油鹽調食亦可"。

菽嫂根

"救荒本草菽嫂根俗名麫碌碡。生水邊下濕地，……其根如鷹爪黃連樣，味甘，採根揩去皴及毛，用水淘淨蒸熟食。或晒乾炒熟食；或磨作麫蒸食，皆可"。

馬尿花

"馬尿花一名水旋覆。……（葉）沸湯過，去苦涎，須薑醋，宜作乾菜，根甚肥美"。

按：即白蘋花。

鮎魚鬚

"救荒本草鮎魚鬚初生發筍，其後延蔓生莖發葉，……採嫩筍葉煠熟，油鹽調食"。

欒華

"救荒本草木欒葉味淡甜，可煠食"。（又）"通志：葉可染皁，晉人叫黑葉子；春初採芽作茹，名木蘭芽"。

第 1 頁

食事抄今

▲ 摩洛哥的茶和糖

“茶葉和糖在摩洛哥人民生活中的重要性，是我们所很難理解的。摩洛哥的穆斯林，幾乎人人都愛喝極甜的加上新鮮薄荷葉的綠茶。……(在)社交生活中，加糖的茶是一種必須的飲料。摩洛哥蘇丹在游園會上用摩洛哥式的甜茶(一份茶葉約加十份糖)招待各國使節；在鷄尾酒會式的招待會裏，用甜茶代酒招待客人，就像請客吃飯那隆重；飯後也要請客人飲茶三道”。

“普通摩洛哥人，一日三餐，除了摩洛哥式麵包以外，就是幾杯甜茶和幾粒鹽漬(洋)橄欖。在這乾旱的地方，蔬菜是極珍貴的食品，牛、羊肉不是一般人所能普通食用，茶和糖就成了廉價的副食品”。

“就是這樣，九百萬摩洛哥人每年要消耗一千五百萬公斤的綠茶和一億四千萬公斤的白糖”。

“摩洛哥人……特别愛好中國綠茶，因為滋味好、香氣濃。摩洛哥人幾乎都是評茶專家，把茶葉用鼻子一聞，就能辨别好壞。……摩洛哥人愛好中國綠茶，……是從經濟觀點出發，(因)中國綠茶味濃，每份

五一制66.56881 (一)　　16开 20×20=400

可以沖泡三次，日本綠茶味淡，只能沖泡一次，所以他們用七百法郎買一公斤中國綠茶要比用三百法郎買一公斤日本綠茶經濟實惠得多。"

節抄陳舜年"摩洛哥五十天"。

2. 金絲蜜棗

"金絲蜜棗是我國著名的土特產。……製法是……將棗外皮切開，并在上面切數十道刀紋，然後在每斤青棗中加蜂蜜或白糖七八十斤，入鍋煎製一小時，再投入篾製焙籠中烘焙三晝夜，等完全乾燥後，即成為蜂糖和白糖二種"蜜棗"了。沿用這種方法煎製出來的蜜棗，質地最好……聞名全國(外)，在國際市場上也享有盛譽。……"

節抄葛芳"蘭溪金絲蜜棗"。

3. 可食的蝴蝶

"在澳大利亞和伊里安可以見到很大的蝴蝶，翅膀有二十六厘米長，身體又重又粗。它們飛得很高，在空中一次可飛一小時左右。研究這種蝴蝶的昆蟲學家遇到了難以置信的困難，因為在叢林地帶用網捕捉這樣大的東西是不可能的，所以學者們只好用一些特製的武器裝上沙塊把它們擊落。"

五一制66.56881（一）　16开 20×20=400

"在澳大利亞北部和伊里安，一般是用弓和輕巧的箭捕獲這種蝴蝶的，它們的肉可供食用。"

抄李械編譯"巨大的蝴蝶"。

4、紙草　駱駝刺

"非洲熱帶草原的沼澤中有一種植物，名叫紙草……莖可造紙，……莖汁甜，可煮食。……"

"我國西北、內蒙古……沙漠地區有一種叫駱駝刺的矮生灌木，……是駱駝的好食物。駱駝刺的(嫩)莖液很甜(旅行沙漠者可用它潤喉止渴)。"

節抄徐進濱"奇異的植物"。

5、火腿

"浙江的金華、江蘇的如皋和雲南的騰沖是我國火腿工業的三大中心地。但以金華火腿的名氣最大，它已有八百多年的歷史。……"

"金華火腿品種繁多，其中以"蔣腿"、"竹葉熏腿"、"戌腿"、"船腿"、"甜腿"、"茶腿"和"深山腿"等較著名。而東陽上蔣村所產的"蔣腿"是質量最好的一種。俗語說："金華火腿出東陽，東陽火腿出上蔣"。過去，金華縣為火腿主要集散地，故通稱"金華火腿"……實際上金華專區十七個縣都有出產。"

五一制66.56881（一）　16开 20×20=400

"上蒋村的猪多以糠渣瓜果飼養，猪頭小、脚细、皮層白薄，選其十斤重的後腿，於冬至到清明期間加工，俗稱"正冬腿"……這種腿是每百斤敷椒鹽七斤、硝石一兩，經華氏一百度的倉溫洗晒發酵，所以製成後可以貯存三、五年不壞。"

"竹葉熏腿"是浦江縣曹源口的特產。曹源口是一個山村，距城三十多里，因山高天寒，所淹的腿，雖然用鹽極少，也不會霉腐。這裏山多竹茂，居民平時煮飯炒菜，多用竹葉作燃料。"竹葉熏腿"是將半成品的腿野挂在灶間，經竹烟熏蒸，竹葉的清香被火腿吸收，因而别具風味，質地與蒋腿相仿。"

"船腿"是茅船漁户把自己所養的猪製成的火腿，味香肉细，以東陽、浦江所產的較佳。"深山腿"是用野猪腿做成……此外"茶腿"味淡，"戌腿"色、香、味特異，為廣東、上海人所喜愛；"甜腿"用糖與鹽合製，為夏令暢銷品。"

抄云笠"金華火腿"。

6. 取覓不盡的野食

"……我們在蛇島上也過着和魯濱遜相似的生活。雖然我們的母艦——木帆船每天從大陸上給我們運来淡水和食物，但我們每天在捕蛇完了後，仍然想法去找一些可吃的東西。蛇島附近是旅大區水產最豐富的地方，每天下午，我們總要乘船到島的四周釣魚。魚的種類是很多的，有鮁魚、加吉魚、黃魚、黑魚……每次我們總是滿載而歸，有時是五六斤，有時是十幾斤，足夠我們飽餐一頓。在淺海的礁石上，有數不清的味道鮮美的海蠣子、海紅（裏面有時還有珍珠）；還有飯碗大的海膽，長着一身刺，樣子像刺蝟，肚裏一肚籽，把籽掏出來下麵條，味道是再鮮美不過的。透過碧綠的海水，還常常能看到水下的礁石上，一個個海參在緩慢的爬行。我們用網兜去捕撈它們，一下就是一個。"

"有趣的是撿取海猫蛋……有成千上萬的海猫子遷居在蛇島的西北方，有一天下午，我們划船到那裏的海面，攀登上筆直的懸崖，就發現所有的岩洞和石縫都成了它的窩。現在正是海猫子產卵的時候，每窩都有一個到三個蛋，形狀與鴨蛋相仿。我們見了就揀，一共揀了五百個。這時候被我們從窩裏驚走的海猫子，飛到頭頂上嘎嘎地呼叫，一下就招來了一大羣海猫子，都在我們頭上飛着叫着，威脅我們。但我們不理它們，它們也無可如何。我們把海猫蛋带回做菜吃，味道跟鸭蛋差不多。"

抄雪雍"蛇島捕蛇記"裏"取覓不盡的野食"一段。

↓ 橡樹子

"酒是人們生活中一種重要的飲料，而酒精則是重要的工業與醫藥用品。我國人口衆多，工業逐漸發展，每年對於酒與酒精的消耗數量是巨大的。通常我國釀酒都用糧食。但在目前粮食需要日益增多的情况下，發展代用品釀酒以節約糧食是十分必要的。我國各地可以利用的釀酒代用品很豐富。其中有不少產量大、出酒率高的品種，如橡子、廢棄果、蔗渣、糖蜜（糖滷水）、糖泡、糠餅、紅薯節等。據估算以上七種代用品如能利用一半来釀酒，一年即可產酒九十萬噸，大約相當於一九五七年全國酒的產量。這七種代用品中，以橡子最為重要……據初步調查，估計全國年產橡子約四百六十萬噸。只須使用此數的百分之九，即可全部代替目前製酒精的糧食（約計十四萬噸）。我國利用橡子釀酒以河南南陽酒精廠為最早，該廠在一九五三年即進行了研究，到一九五四年投入生產，現已獲得橡子淀粉利用率百分之七十三點七八的成績。此外在四川、湖北、湖南、安徽等地試驗用橡子製酒也獲得成功。橡子酒的色、香、味與高粱酒無大差別。"

"據十七個省的不完全統計，每年可產橡子一百多萬噸，但以我國橡樹種類之多，分布之廣來估計，橡子的產量應遠遠超過此數。"

"我國橡樹(類)有數百種之多，照最新分類計有櫧櫟屬、石柯屬、櫧屬、櫟屬等四屬……都是喬木，多生於暖溫帶與亞熱帶，木材堅硬，用途很廣。如石櫟、豬櫟，果可生食。其他果含單寧稍多，可取其淀粉釀酒。"……廣東、雲南產的石栗也可作乾果。……鐵櫧與甜櫧(又名苦櫧)分布最廣。勞動人民一貫將它們的果磨粉做豆腐，成品因含有少量單寧，有些澀味(辛按：即所謂"苦櫧豆腐"。我國少數民族頗多在過去以橡子為主食者。北美印地安人居西部者以玉蜀黍為主食，居東部者大都以橡子為主食)。……位於栗與櫧、櫟等屬之間的一個重要屬是錐栗屬，又名栲樹，我國有六十多種，(其中)有多種的果可食。過去自雲南南部往泰國貿易的騾馱往往數日不帶糧食，人與牲畜全靠森林中橡栗充飢。……"

第 8 頁

節抄胡光驌"橡子與橡樹"。

8. 封齋節

"當人們在封齋節(辛按：天津回民叫"把齋")裏拉瑪旦·卡里姆(阿拉伯語,即慷慨的封齋節)向你問候時,你應當用阿拉胡·阿克拉姆(意即真主是最慷慨的)来回答。"

"封齋節是伊斯蘭教的一個大節日,每年在回教曆九月一日起開始為期一月的封齋節,今年(1957)的封齋節相當於陽曆四月一日到五月一日。……在齋月里人們從破曉開始禁忌飲食,到了傍晚(在阿聯)開羅的沙拉丁城堡的炮一響,餓齋就宣告結束(辛按：天津叫"開齋")……"

"開羅的家庭主婦在齋月裏做的傳統菜肴有："阿瑪瑞丁"、"庫夏夫"、"庫那發"和"阿梯菲"。阿瑪瑞丁是先把杏乾加水和糖煮爛,再磨成一種糖漿。一杯這樣的糖漿,幾乎是人們在黄昏開始飲食時最普通的飲料。"庫夏夫"是用棗椰子、無花果、梅子、葡萄、杏等乾果雜拌後,把它煮開,最後放上一層碎胡桃仁,冰鎮了吃。"庫那發"是一種最鮮美的甜菜,由一種非常細的洋麪(天津俗叫飛羅麪)做的,拌匀後,用奶油稍煎一下就拿起来放

五一制66.56881(一)　16开 20×20=400

在牛油鍋裏拌以碎胡桃仁和葡萄乾，再放在爐灶上烘或煎，最後在上面澆一層玫瑰汁的糖漿。"（辛按：最後的"阿梯菲"没說是甚麽樣好吃的東西？天津回民節日夜裏，一夜不斷有賣食品的，如：羊肉包、煎餅餜子、攤雞蛋、糖堆兒、烏豆……，舊日還有賣燒賣的、賣元宵的……）

節抄一本編譯"封齋節在埃及"。

8 美洲吃人的種族

"我一生中最大一次冒險要算是和巴西亞馬遜的種族——可能是美洲僅有的吃人種族——在一起的那些日子了。"

"在（玻利維亞起身）坐牛車走了八天，最後甚麽樣的路也沒有了；我們（四人，一位阿根廷植物學家、一位阿根廷女醫生馬利和著者）又雇馬走了十二天，野地溼濡，馬容易陷入泥淖，於是換牛，這樣又走了十天。接着乘獨木舟又航行了一個月。經過了玻利維亞和巴西交界的瓜波累以後便進入巴西境內，最後這段路程最艱苦，因是逆着巨流上駛……"

"一天早晨駛入了一個大河灣，水上面盡是"維克多利亞·利吉亞"（辛按：即王蓮）花，……（在途中）我們

第10頁

從一個種族到另一個種族,常常跟十來個土著在一起。他們替我們挑行李,作我們叢林中的嚮導。……一路上沒有遇到困難。但當我們一走近吃人的圖帕利族時,我們的同行者就把行李扔在地下,准備逃走,他們說:"如果你們不怕被吃掉,你們再向前去好了。我們是不願意給他們吃掉的。"我好容易才說服他們停留下来。最後他們說,要是看見我們被圖帕利族吃掉,再逃也不遲。"

"我們悄悄地走近公社的村舍,沒有被圖帕利人發覺。我們偷偷地到了圍繞着這座大村舍院子的一行灌木叢中。院子裏約有二十個人,其中有婦女和兒童。他們在一點也不介意的談笑着。我們提心吊膽地在看他們。我們認為這是我們一生中千載難逢的機會,但又想要是一遇到他們,我們還能活嗎。我曾讀過很多探險記,并研究了其中一些人被殺的原因,往往是因為他們自己的過錯:他們表現自己有威力,並且惊吓了土著。即使我們稱他們為"野人"的土著,他們也只因為怕自己被殺,而後才殺人的。但是我們又怎能肯定他們不怕我們呢?我想了一個辦法,同志們也贊成,不妨試試,現在正是

五一制66.56881(一)　　16开 20×20=400

考驗的時候了。”

“我作了手勢，同志们一齊跳出了灌木，站在這些受惊的土著面前，把我们的来福槍和左輪扔在地上，用他们的語言喊道：‘我们是朋友！’這是才學會的唯一的話。這些受惊的人，有的連忙拿起弓箭對准我们的胸膛，但是我们若無其事地面帶着笑容(當時保持笑容是很不容易的)走近他们。我们從口袋裏掏出我们早已准備好的小禮物，分給他们，每人一個，放在他们手裏。土著放下弓箭，接受一面小鏡子或一條好看的手巾。過了一分鐘，這些印地安人解除了武裝，他们像我们一樣把武器放在地上。我们用手緊緊抱住他们，又說：‘我们是朋友！’他们奇怪我们突然的出現，特别是想不到我们對他们這樣友善，會扔下武器，這使他们感到奇怪。”

“他们的戒備漸漸消失了，而我们的恐懼也逐漸解除了。……又過了半個鐘頭，气氛開始平静。這時從村舍裏出来一位身體結實的中年人，頭戴虎皮帽飾，他慢慢地却很威武的走来，我立刻認出他是酋長，我將一把木刀送給他，做禮物，他把木刀交給他的助手。随後他很有禮地對我說：‘托阿普’(是請着者同他去一小河洗澡)……"

"在和圖帕利相處日子裏……我已成為吃人種族的首領之一老塔吉里之的朋友。我冒昧地問他：'告訴我，塔吉里之，你們真有吃人肉的習慣？'

"噢，不，我們没有吃人肉的習慣……不過曾經吃過。"他告訴我他們吃人的故事：首先，他們吃過被他們殺死的敵人，也吃過自己族裏被人仇殺的人。其實叢林中有很多食物，而是為了"心靈"上的緣故。他們相信吃了人肉同時亦吃了人的靈魂，吃了人的好靈魂来增强自己的靈魂。"

"……看来人肉對他們引誘力很大，因這些"心靈"宴會經常舉行。遠在1925年，圖帕利族有二千人，散居在九個村落。但是在以後的二十年中，由於殺人過多，圖帕利族減少到一百八十個人，百分之九十以上是被吃掉的。"

"於是阿貝托(著者初見的酋長名字)就出来了，當時他是其中一個村的村長。他召集各村之長和男巫們，向他們説明他們的人數現在少了，要是他們保持吃人的習慣，往後，會輪到他們頭上，他們亦會被人殺死吃掉的。不僅如此，如果仍繼續吃人，那麼這個

第13頁

族會有消滅的危险。……他建議停止吃人肉，經過討論，這個建議通過了。他歡迎所有的幸存者到他的村上来住。"

"這是前五年在園帕利族中發生的变化，幸虧我們是在這变化後五年来的，否則我懷疑我是否還有機會来寫這篇文章了。"

節抄徐家霸譯的南斯拉夫探险家帖波尔·西克尔"我的冒险生活"裏"訪吃人的種族"一段。

四、關於蔬菜

"這里（莫斯科郊區）特意為我們這些遠客布置了一個蔬菜展覽會，陳列了甘藍、球莖甘藍、抱子甘藍、花椰菜、根芹菜，以及瓜類、茄類、豆類等蔬菜的各個品種。由於他們的艱苦努力，已經選育了二百多個品種。其中有最早熟的"甘藍一號"，有中熟甘藍品種"莫斯科女兒"，有能貯藏六個月不爛的甘藍品種"白俄羅斯"。他們還育成了含糖量最高、又適於機械采收的甜豌豆，也育成了比哈密瓜個大味甜的甜瓜。還應用野生番茄来改進原有番茄；提早甜菜播種，並能防止其抽苔……"

"又參觀了蔬菜科學研究所，所長是甫拉索夫。在

五一制66.56881（一）　　16开 20×20=400

他所裏選出的蔬菜優良品種，也超過了二百多種。……最近正研究在蔬菜的栽培上利用示踪原子。……甫拉索夫同志對中國蔬菜工作十分關心，他說中國蔬菜栽培是早已聞名的，只要到過中國的專家莫不同聲贊譽。有些蘇聯學者曾這樣說：我們重視中國蔬菜如同重視中國中醫一樣。不過在俄文的文獻上，常有中醫方面的報道材料，而中國蔬菜栽培，介紹得實在太少了。”

“是的，我們祖先在數千年的勞動中，確實有一些光輝成就，例如：中國柔嫩可口的大白菜，鮮艷脆甜的蘿卜，一丈多長一條的黃瓜，斤把重一棵的大蔥，我們不稀奇，人家就特別珍視。又如：鮮美的韭黃，細膩的芋頭，拔絲用的山藥，做冬瓜盅的冬瓜，我們也是司空見慣的，人家看來卻特別新奇。再如：屬於禾本的竹筍，由真菌寄生所形成的茭白，生於水中的蓮藕、慈菇和荸薺，散見於田野的小蒜、薺菜、金花菜和枸杞，以及加工製造專用的北京甘露，四川榨菜，雲南大頭菜，甚至鮮麗的金針花，大喬木的香椿芽等等，真是形形色色，為中國人民所利用，已有數百年或數千年的歷史，而在別的國家，卻可能只有些臘葉標本，也可能只栽培於植物園，只供植物學家研究之用。”（本按：上述之外，尚有許多如：香蒲的蒲笋、菌草裏的竹蓀、冬蟲夏草，胡盧科的絲瓜、苦瓜、瓠子，念珠藻科的髮菜、葛仙米，睡蓮科的蓴菜，蘘荷科的蘘荷花穗及嫩芽，豆科的豌豆苗、豆芽菜，十字花科的紫菜薹、雪裏蕻，菊科俗稱蒿子桿的茼蒿，蕨科的蕨的嫩莖叫如意菜等，更是有多年歷史的著名蔬食，為別國所不知。）

節抄蔣名川“莫斯科郊區蔬菜參觀記”。

11. 雞

“江蘇南通的狼山黑雞，是我國雞中上品，也是世界上著名的雞種。雞的體型巨大，一般公雞重在九斤左右，母雞亦有七八斤，性情溫順，抵抗病害力很強，母雞生蛋每年一百餘枚。十九世紀初，狼山雞種自上海輸入英國，聲譽一躍而起，舉世聞名。現今狼山雞已分布於世界各地，著名的澳洲黑雞及其他改良的兼用種雞大都含有狼山雞的血統。一九五七年在北京舉行的全國農業展覽會上，狼山雞被列為突出的國產優良禽畜。”

“浦東雞產於江蘇黃浦江以東的南滙、川沙、奉賢等沿海一带，也是我國杰出的優良雞種之一。浦東母雞一般重七斤至九斤，而公雞重達九斤至十斤，個別的達到十四斤左右，一只大公雞抬起頭来往往有四、五歲的孩子高。浦東雞雄偉壯大，母雞肥嫩，脂肪多，雞肉鮮美，是今日江蘇著名的農副業之一。……一九五七年全國農業展覽會上，推薦我國六個最優良的雞、鴨、鵝品種，浦東雞列為第一位。”

抄尤新“狼山雞和浦東雞”

四、蛇

“食在廣州”這句話，說明廣州人對吃食的講究。他們對食料的采取，是跟着季節而變化的：一到風高露凝的時候，‘蛇酌’便應時上市了。”

“一般‘蛇酌’以蛇肉為主體，就中用三種蛇合起来烹調的，稱‘三蛇會’：一種名飯匙頭，又叫飯鏟頭，是因為這種蛇在發怒的時候，頭部會作扁平狀，像飯鏟的樣子，它是蛇的正宗，肉味最美，為‘蛇酌’中不可缺少的佳品。一種叫金腳帶，全身黃黑相間，一種叫過樹龍，不易捕捉，所以比較名貴（辛按：飯鏟頭即眼鏡蛇，俗叫烏肉，金腳帶即金環蛇，過樹龍亦叫過樹榕）。此外另有所謂‘五蛇會’的，是在前三蛇之外，再

五一制66.56881（一）　　16开 20×20=400

加入别種多肉的水蛇、谷蛇之類(辛按：中國名菜譜"五蛇羹"的另二種為：白花蛇和三索線蛇)以求質量豐富，味美可口。

"所謂"龍鳳會"和"龍虎會"的"蛇酌"係於三蛇五蛇之外，配合雞肉或猫狸之肉一同烹製，藉以增加滋養。按照習俗龍象徵蛇，鳳象徵雞，猫狸象徵虎，所以用蛇肉和雞肉配製的叫"龍鳳會"，蛇肉和猫狸肉配製的叫"龍虎會"……老於吃蛇的人，都徵喜吃蛇膽。他們認為蛇有辟疫、袪風、除濕之功，而蛇胆的功效更大。但食蛇胆也以三蛇胆同時進食為宜。"

抄李星孫"廣州的食蛇風味"

43. 柑橘

"我國是一個盛產柑橘的國家，我種柑橘的歷史也最悠久，遠在古代，我們祖先便把柑橘寫上了歷史，至今，栽種面積之廣，種類之多，推首世界。柑橘是各種柑子、橘子、橙子、柚子及檸檬等的總稱。我國柑橘種類比較著名的有：福建厦門的"蘆柑"，福州的"红橘"，四川的"廣柑"，廣東新會的"(新會)橙"，潮汕的"潮州蜜橘"等等。廣東、福建兩省，气溫终年溫暖，絶少見霜，全年平均气溫在攝氏十八度以上，且熱季很長，可達五六個月。大部分地區年雨量在一千五百毫米以上，雨量季節分配比較平均，特別適合柑橘的生長。而潮汕平原的紅壤土，疏鬆透氣，大部地區水位較低，且終年不見霜害，尤宜柑橘的種植。故潮汕一帶所產的“潮州蜜橘”成為聞名全國、馳譽世界的佳果。”

“潮州蜜橘”亦叫“汕頭蜜橘”，其質之優超越其他任何柑橘類，有“柑橘之王”之稱。“潮州蜜橘”分“椪柑”、“蕉柑”的主要兩種。“椪柑”果實是柚子以外最大的，每只重近一斤，果皮鬆寬易剝，核少汁多，滋味甜美香郁。“蕉柑”又叫“招柑”，每只重五兩左右，果皮亦容易剝開，果肉柔軟多汁，味甜可口，品質尤佳，也耐貯藏。”

“潮州蜜橘”含有甲種維生素和乙種維生素，鐵質含量更為豐富，營養價值極高。又含有果酸（檸檬酸等）能幫助消化，增進食慾。橘皮也含有多種維生素，製成中藥的廣皮，或提取甘油。解放後“潮州蜜橘”年有千百萬箱遠銷國外，為祖國換得了不少外匯，支援我國社會主義工業化的建設。”

抄張小榮“潮州蜜橘”。

14. 椰子

“踏上海南島時，最先吸引你的是高聳的椰子樹，

第19頁

……在野外工作的勘測隊員，被這热帶的太陽熬煉之後，喝點清甜可口的椰子水，吃點鮮嫩味美的椰子肉，就又會精神煥發，渾身是勁。這裏不論城市還是鄉村，幾乎家家户户都用椰壳做成瓢椀等日用品。……椰子果實可榨油，椰油供食用，(又)可製高級肥皂，作機械潤滑油；椰壳乾餾後是最好的供國防工業上用的活性碳。椰棕制毛刷、繩索；椰花汁可製糖，或發酵製酒精和醋酸。椰根可作藥用，椰壳(又可)製成别具風格的工藝品。……"

節抄鍾震"椰子樹和椰子"。

附 扇芭蕉

"你知道嗎，這種属於香蕉科植物的樹，只是生長在馬尔加什和留尼汪島。當地居民用它的葉子蓋屋頂，縫衣服，做食具。樹名叫拉云羅里(辛按：學名為 *Ravenala madajascariensis*)葉子裏儲有水分，是一種有用的飲料。在灼热的陽光下旅行於热帶樹林裏的人們，(可吸飲它來解渴)因此叫它"旅行樹"(旅人木)。它的果實可以吃，它的外形與黄瓜相似"(辛按：這樹在热帶地方多種植供觀賞，種子亦可食)。

抄童心等"旅行樹"。

五一制66.56881（一）　16开 20×20=400

第20頁

16. 咖啡

"来到海南县澄邁縣的第二天，縣裏的馮副部長就同我们下鄉看咖啡去。……這热带植物，長的不很高，綠油油的枝葉，潔白芬芳的花朵，紅艷艷的果子，嬌貴美麗。(我们)翻過幾個山坡野嶺，我们便鑽進了蒼綠的山林，忽然一幢幢白色小屋，出人不意地呈現在眼前，就是出產咖啡最多的大吉村。我们先看見一片綠林，叢叢密密的延伸到遠方，荔枝樹正在開花，菠蘿蜜樹已然結果，那朴素不惹人注意的是油茶樹。在這些樹下面，才是一行行排列着的是咖啡樹。……咖啡樹種植二三年後就開花，頭年開花，次年結果，每年三四月和七八月，是開花的季節，也是采果的季節。六年到十年是樹的旺期，二十年樹衰老了，便砍掉樹身，讓它再出新的主幹。"

節抄竟明"訪咖啡村"。

17. 矮人

"非洲剛果及赤道非洲一部分原始森林裏住居着一種他們自稱巴姆菩梯的矮人。……他們有五六千年的歷史。人們可用中部非洲的主要語言同他們通語。他們采集可吃的野生植物，用大片樹葉包上，放在灼熱的岩石中間或放在火熱的泥土裏蒸煮。如果獵到一些肉食，便是豐富的飯菜。武器是弓箭和梭標。

五一制66.56881 (一)　16开 20×20=400

第21頁

如果獵到一隻象，則須合幾個部落的人才能辦，先用箭射象的後踝，等象倒下，再射瞎象眼，割下象鼻，再來分肉……"（辛按：非洲長頸鹿的近親霍加披Okapi產於剛果北部烏班吉Ubangi一帶，幾千年來當為矮人狩獵的對象。至今因霍加披太少，不易得，所以許多動物學者至今對牠習性全無所知。矮人祖居至今未遷，即尼羅河發源地。霍加披產地烏班吉正是尼羅河發源處大部分的原始森林中。）

節抄吳德融"非洲矮人"

48. 烤茶

"在雲南西部一帶，人們習慣把茶"烤"來喝，名之曰"烤茶"。"

"用來烤茶的是一種砂質土罐（瓦的也行），先把砂罐放在火上烤熱（以茶葉放進去不致焦黃為度），然後把茶葉（一般都用比較粗的茶葉）放進去繼續烤，并不斷地輕輕翻騰，使茶葉均勻地烤透。等茶葉發出一種焦香，就可以取出放在杯子裏用開水沖飲了。""烤茶是一種藝術，烤得不到火候，顯不出烤茶的焦香，烤得時間過長了，茶葉變黑，一股焦炭味，難以下咽。要烤得恰到好處，需要多次實驗。""也有人喜歡拿開水直接沖進砂罐裏，聽到"滋"的一聲後，再倒出來喝，美其名曰"雷響茶"，不過這種辦法會減短砂罐的壽命。愛喝茶的人，不妨自己試着烤烤看，嘗嘗滇西"烤茶"的味道"。

抄許襄儒"滇西的烤茶"。

五一制66.56881（一）　　16开 20×20=400

第22頁

19 住居極北的人

"在北極的靜穆中一從阿拉斯加海岸一直到格林蘭陡峭的冰山一星羅棋布地散列着極北的民族愛斯基摩人的住家。(他們的生活)和海洋休戚相關。海洋供給了他們大量生活資料:海狗、海象和魚類成羣地為愛斯基摩提供了豐富的口糧。(過去他們的)獵人駕駛着(叫)"卡雅克"(格林蘭人用的單人乘坐用海狗皮綳在木架上的小艇)打獵,(是很危險的)。現在已用摩托汽艇代替了原始式的小皮船。用火器進行狩獵,不用先前的魚叉了。"

"加拿大的愛斯基摩人,他們獵取水禽和加拿大鹿,婦女們收集苔原的鮮苔用作調製海狗肉和魚類或禽類的佐料。"

錯綜節抄家駒譯"今日的愛斯基摩人"。

20. 祁紅

"祁門茶區的春茶,一般都在穀雨前後開園采摘。"

"我由蕪湖搭乘長途客車往屯溪。屯溪是綠茶的集中地,市區座落在一個山區的盆地上,在茶季裏也很熱鬧。我第二天就搭上開往江西景德鎮的客車,當天抵達祁門茶區的中心一祁門。祁門縣城倚山而立,從車站出來,走過一條長街便能看到城後的茶山。茶山上一道道翠綠的茶樹,像公園裏整齊的護道冬青一樣,從山下一直綿延到山上。繞過這座茶山,便是國營祁門茶廠。它分初製和精制二廠。這天正趕上精製廠第一天開工,我由該廠技

五一制66.56881(一)　16开 20×20=400

術員引導，参观了這兩個廠的每一道工序。……初製廠萎彫室架帘上滿攤着鮮葉，進行二十四小時萎彫後，送到揉茶機上揉製，再由皮帶運輸機送到解塊車間的解塊篩上進行解塊，然后送到發酵室去發酵。發酵後送到乾燥室的鼓風乾燥機裏進行乾燥。至此，紅茶的初製過程便全部完了。……把初製"祁紅"做成出口的精製品，還有十二道工序：用圓筒滾篩機来分粗細，圓筒式滾切機来切長短，平圓分篩機分長短（短的好），緊門機再分粗細，圓片切茶機把粗茶切細做成條形，平圓撩篩機分成長短，揀梗機揀掉粗梗長梗和雜物，以後由風扇分選輕重（重的好）再經人工檢選，分成七級二十四個號頭。分過號頭的茶葉，還必須經過自動乾燥機進行補火，由均堆機進行拼和。末了一道工序便是裝箱以待供給國內外市場。"在参观化驗室時，他们向我介绍了"祁紅"的特點。有位評茶師還特地抓了一撮一級"祁紅"為我開了湯。開湯是很好看的，茶水棕紅鮮明，葉底嫩匀，茶味香而無雜味，甘而不醉人，確是名不虛傳"（辛按：從前天津正興德賣的祁門小葉紅茶"先春墨玉"當就是現在的一級"祁紅"）。

節抄方又方"祁門茶區記行"。

五一制66.56881（一）　　16开 20×20=400

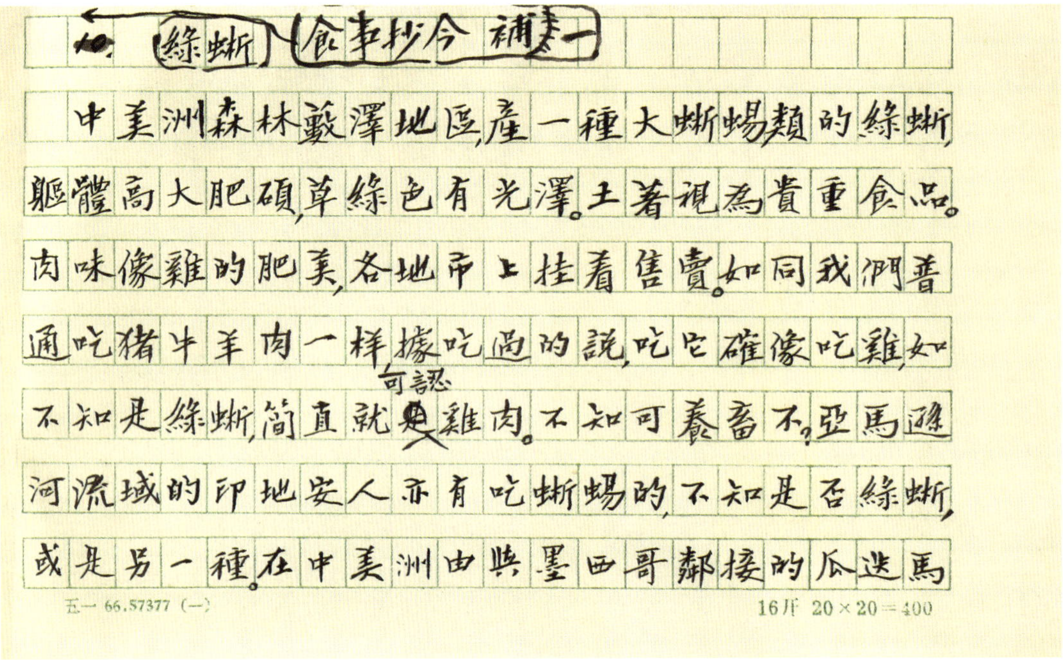
10. 綠蜥　食事抄今補遺一

中美洲森林藪澤地區，產一種大蜥蜴類的綠蜥，軀體高大肥碩，草綠色有光澤。土著視為貴重食品。肉味像雞的肥美，各地市上挂着售賣。如同我們普通吃豬牛羊肉一樣。據吃過的說，吃它確像吃雞，如不知是綠蜥，簡直就可認是雞肉。不知可養畜不？亞馬遜河流域的印地安人亦有吃蜥蜴的，不知是否綠蜥，或是另一種。在中美洲由與墨西哥鄰接的瓜迭馬

五一 66.57377（一）　16开 20×20=400

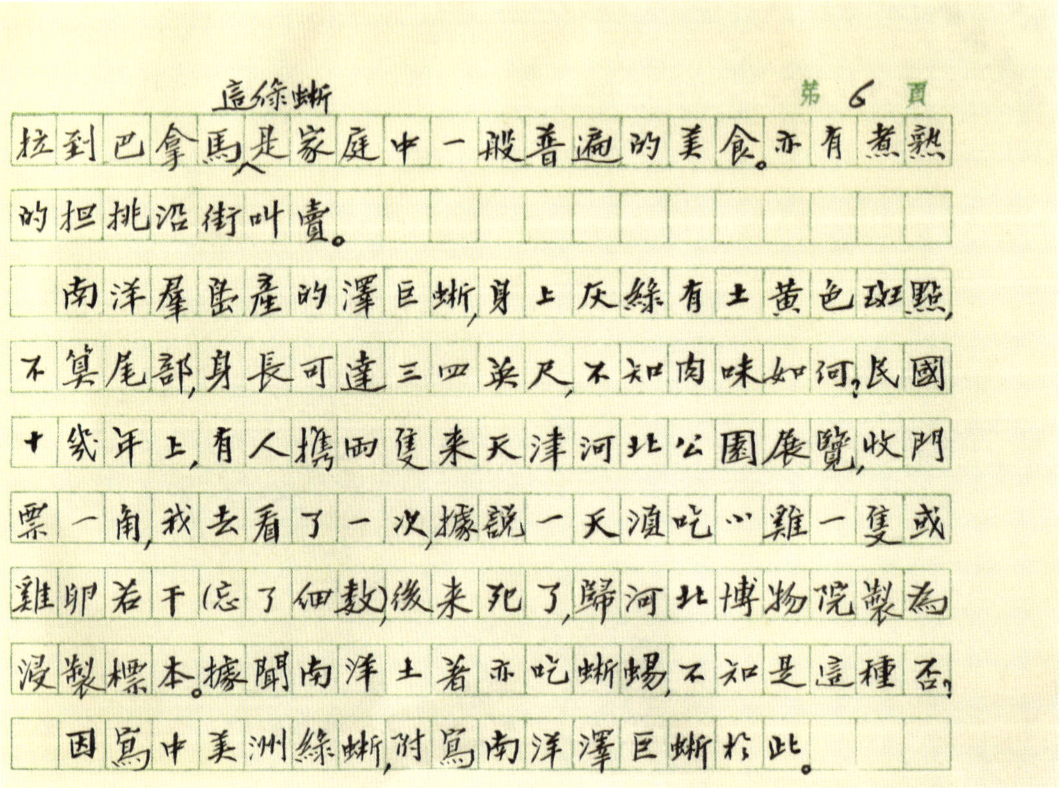
第 6 頁

拉到巴拿馬，這綠蜥是家庭中一般普遍的美食。亦有煮熟的担挑沿街叫賣。

南洋群島產的澤巨蜥，身上灰綠有土黃色斑點，不算尾部，身長可達三四英尺，不知肉味如何？民國十幾年上，有人攜兩隻來天津河北公園展覽，收門票一角，我去看了一次。據說一天須吃小雞一隻或雞卵若干（忘了細數）。後來死了，歸河北博物院製為浸製標本。據聞南洋土著亦吃蜥蜴，不知是這種否？

因寫中美洲綠蜥，附寫南洋澤巨蜥於此。

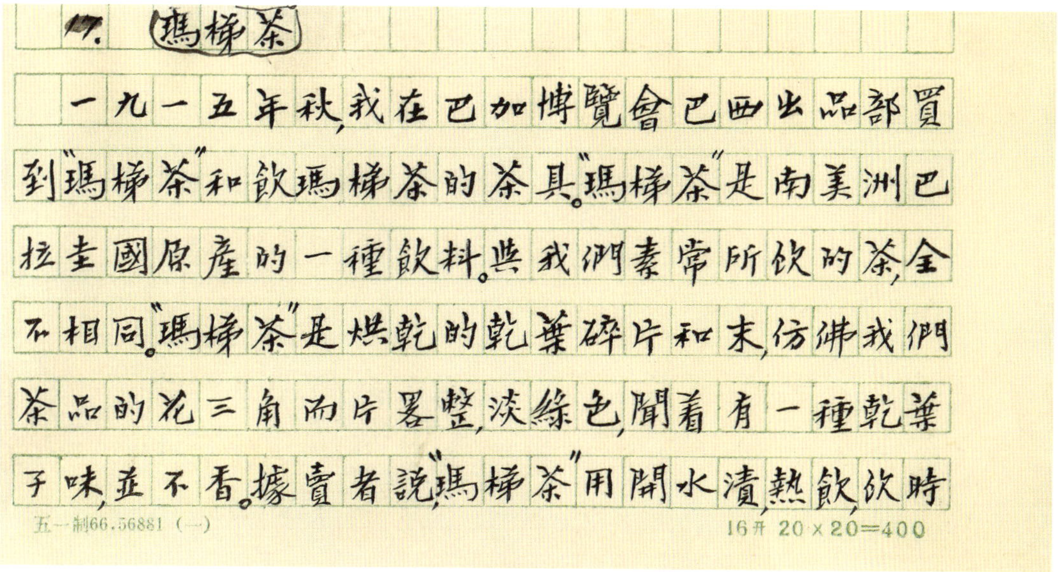

17. 瑪梯茶

一九一五年秋，我在巴加博覽會巴西出品部買到"瑪梯茶"和飲瑪梯茶的茶具。"瑪梯茶"是南美洲巴拉圭國原產的一種飲料。與我們素常所飲的茶，全不相同。"瑪梯茶"是烘乾的乾葉碎片和末，彷彿我們茶品的花三角而片畧整，淡綠色，聞着有一種乾葉子味，並不香。據賣者說"瑪梯茶"用開水漬，熱飲，飲時

五一制66.56881（一）　16开 20×20=400

第4頁

應用茶具。茶具有二種：一種是兩件，為匏樣的大口壺（並不像壺，黑色，像匏製或椰瓢製）及銀質吸管，管形微扁，長不及一英尺，作拉長S字形，伸入大口壺的一端，為漲大扁圓形，上有多數細孔，備飲時茶葉碎片不致吸入口中，口含的一端為一個扁口。茶經漬後，統倒入大口壺，用銀管就熱吸飲。另一種一件，為竹篾編成的長把小漏斗，茶漬後，用碗飲，茶汁經漏斗倒入碗時，葉片皆遲漏斗裏。“瑪梯茶”可漬三四次。這是當時我給商品陳列所蒐集的陳列品，歸國後，按“瑪梯茶”漬的法子，飲過一次，不像茶，微香而帶有青杏子味，但很提神，像是含有如咖啡精的激素。這種亦叫“巴拉圭茶”，是冬青科常綠小喬木，阿根廷、巴西亦產。俗名亞巴瑪梯Yerba mate。這是哥倫布未發見美洲前，南美洲印地安土著沿古自用的一種飲料。飲它可不饑餓，所以至今不僅土著，連僑居那邊的歐籍工人都晨起不食，只飲一杯“瑪梯”，到中午再吃飯。而且現在這幾個國家對飲熱“瑪梯茶”已相習成風。尤其“瑪梯茶”輸入歐洲之後，頗為一般人嗜飲。第一次世界大戰時，德人的兵士每早喝一杯熱的“瑪梯茶”，既省軍糧又增勇氣，戰後成了當時的趣聞。至於歐

第5頁

籍傳教師說他們到巴拉圭時，教土人種這種樹，創製出來這種茶，是純粹造謠。

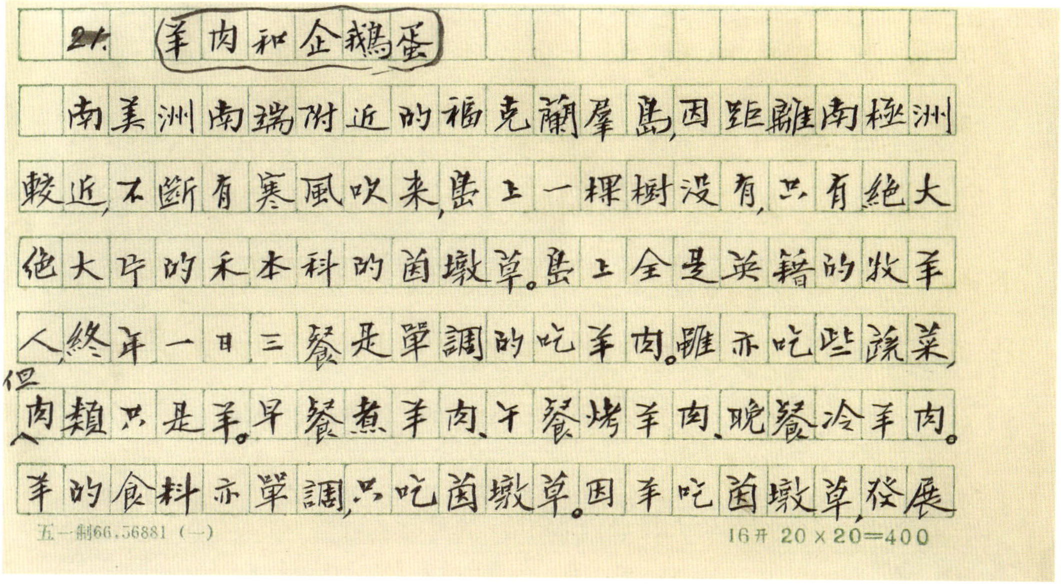

21. 羊肉和企鵝蛋

南美洲南端附近的福克蘭羣島，因距離南極洲較近，不斷有寒風吹来，島上一棵樹沒有，只有絶大絶大部的禾本科的茵墩草。島上全是英籍的牧羊人，終年一日三餐是單調的吃羊肉。雖亦吃些蔬菜，但肉類只是羊。早餐煮羊肉、午餐烤羊肉、晚餐冷羊肉。羊的食料亦單調，只吃茵墩草。因羊吃茵墩草，發展

五一制66.56881（一）　　16开 20×20=400

的快而且毛、肉皆好，所以英籍人拚命佔据這島大量移民来養羊，成績極優。麵粉和别種食料都得從外地供應，最近是南美洲極南端的火地（提厄拉、得、斐哥），較遠是烏拉圭的蒙得維地亞（烏的京城）和阿根廷的拉巴拉他，按航期輸送。福克蘭島上棲息的企鵝很多，企鵝蛋是很好吃的，所以牧羊人吃羊肉外，亦不時收些企鵝蛋来換換口味。

22. 薺米

薺米在過去是文安縣勝芳鎮的名產之一（藕粉、水松花、大螃蟹、薺米為"勝芳四寶"）。據說它有補性，宜於老年人服食。這是屬於五刺菱科的植物，並且五刺菱就是它。它亦叫茶菱，亦叫鐵菱角。它的果實細長，頭上有五刺三長二短，種仁像細的綫香頭樣乳白色，頂端褐色，又像小蟲，用乾鍋焙作胡麻香，很好吃，簡直就像脂麻。這是水生植物，在淀泊池沼中常與菱科植物雜生。勝芳方面過去有培養的，便在東淀（俗叫西大泊）圈上一大部分水面，把它由野菱角、睡蓮及各種水雜交糾裏清擇出来，歸到圈入的部分，至秋結實後收穫時，除留小部分，餘全撈出曬乾，鋪蓆上，用小棍拍打，種仁便完全脫下，當然一果得一種

五一制66.56881（一）　16开 20×20=400

第4頁

仁，產量不大，所以裝錦盒（一斤）出賣，較藕粉價高。蒣米產地在我國西南部、東部、東北部，河北省東西兩淀皆有。我在東淀及白洋淀一帶採過正開花的備製標本，船家驚訝我能認得蒣米。我轉問他，他說"勝芳雖有這種名產，但對它花葉甚麼樣子不認識的多。"這種本草綱目不載，植物名實圖考卷十七載此種說："蒣米生陂塘。直隸（河北）謂之蒣米，固始（縣名，在河南）謂之茶菱，江西義寧（修水縣）謂之藻心蔓，生水中，……俗亦呼三叉箭子，內實如蓮……以（當是如字之訛）芝麻拌燴（炒），香氣撲鼻，可以飣盤，亦用為茶素，潔馨頗宜脾胃。"由這段可知民間就早認它為食用植物了。我曾在勝芳買過錦盒裝一盒一斤的，用時以乾鍋烘焙，如炒芝麻辦法，到香味噴溢時，立即盛入盤裏，點茶極有滋味。如此名物，而許多植物學家雖在他們著作中收入它（概稱五剌菱）但都不知它可食而且是早就供食的食用植物！如：著種子植物分類學講義的胡先驌，中國植物圖鑑的賈祖璋，華東水生維管束植物的……中國種子植物科屬辭典的侯寬昭等全沒在五剌菱條說到種子可食。由此得知他們全是"洋本事"不是歐美便是日本（因為歐日方面始終不知道五剌菱種子可食）於自己國產的認識上缺畧竟到如此地步！我有一次對靜生生物調查所來

五一制66.56881（一）　16开 20×20=400

第 5 頁

天津的人(何奇,靜生的研究員)說,你回去可於開會時提出河北省的東西兩淀可以派人調查採集一下。"但這人兩次回信答說"在會上提出沒通過。"當時如果去東西兩淀一次,就不會不知道"五刺菱"還叫"薢米",是一種食用植物了(歐洲植物學家哈欽松,日本著植大圖鑑的村越三千男都不知道 *Trapella sinensis* Oliv. 五刺菱的種子能吃;如此可斷定起學名的 Daniel Oliver 就沒認出它——五刺菱的種子能吃)。——胡著的書很多,凡是可吃的植物,必指出"可食"二字。獨菱米沒說"種子可食"。

23. 沸池和汽洞

新西蘭於火山間歇泉之外,有些地方有"沸池"又有"汽洞"。所以土著毛利人對於做飯烹飪非常省事,不用柴草或煤去生火。做飯時僅用一個木箱把底部用鐵條釘牢,應煮的食物放在箱裏,蓋上箱蓋,放在"汽洞"上,不久工夫,食物便煮熟了。薯蕷類則裝麻袋裏,袋上有繩,投入"沸池"中,繩的另端繫在岸上的木樁上,不用多久工夫,薯蕷便熟了。肉類自然亦用這法做熟。"汽洞"是天然汽爐子,"沸池"是天然的湯鍋。住居新西蘭的僑民亦常用這法做各種菜和糕點。我們四川隆昌縣聖燈山一帶有這種像汽洞的天然汽,現已利用生產質量優良的"碳黑"。

玉蜀黍

玉蜀黍在過去的吾國通常看来，是極普通而在華北又極普遍的一種民食，大部分地方用作主食品。有的地方如涼城縣當零食吃，又有些地方如東北吃高粱米的方面說包米（玉蜀黍）不解饱。更有些人認為它是粗食，非常藐視它。即便以它為主食的地方，也說它只能做饽饽、團子、或做粥，無論如何，它是粗食。甚有說它沒有養料，那更錯了。實際它是原產美洲的一種沒有親緣的植物，至今亦找不到它的野生種。有的說它起源於墨西哥高原（耿以禮），有的說它原產中美和南美（侯寬昭等），有的說它產熱帶美洲（哈欽松），有的說產北美及秘魯、又墨國（村越三十男）……。玉蜀黍究竟怎样来到我國而且成為主要的主食品之一，找不到確實記載。李時珍本草綱目是最先記述玉蜀黍的，他說"玉蜀黍出西土，

五一制66.56881（一）　16开 20×20=400

種者亦罕"，當時雖說"罕"是已有種的了，那時是明萬曆年間(公曆一千五百幾十年)可知國人尚未在華北普遍種為民食。徐光啟的農政全書成於明崇禎時，(公曆一千六百幾十年)對玉蜀黍說亦極簡。前清廣羣芳譜"穀部"引王象晉羣芳譜及徐的所述，大致說："以其曾經進御，故名御麥。出西番，舊名番麥，按農政全書又作玉米。玄扈先生(即徐)曰：玉米或稱玉麥，或稱玉蜀秫，從他方得種，其曰米、麥、秫，皆借名之"。廣群芳譜是清玄燁(康熙)使他手下大臣們據羣芳譜增廣的，時公曆一千七百多年，如果民間已普遍食用，不能不於鈔原文後，加有[增]的一段。此則仍僅原文，廣羣是當時嫌羣缺略，皇上命大臣們增輯的，如有可增，一定增進在增進條上有一[增]字。由此可知一千七百多年時，玉蜀黍仍未普遍種植。清吳其濬的植物名實圖考，是第一個寫出玉蜀黍種為民食的，他說："玉蜀黍，本草綱目始入穀部，川、陝、兩湖凡山田皆種之，俗呼包穀。山農之糧，視其豐歉，釀酒磨粉，用均米麥；穌熟以飼豕，稈乾以供炊，無棄物"。吳生於一千七百八十九年，是清弘曆(乾隆)五十四年，圖考之成，當在十九世紀，如此則可知玉蜀黍成為普遍民食，不過三百年上

五一制66.56881(一)　　16开 20×20=400

下。在美洲印地安人尤其是秘魯、智利一帶土著約在上古兩千年時便種植玉蜀黍為主要食物。公曆一千四百九十二年，哥倫布到新大陸時，是歐洲人初次見到成行的玉蜀黍種在田裏。玉蜀黍由那時傳到歐洲，傳到亞洲，料想傳到我國，當是由海路而來。至今在美洲不止是由極南到極北為該處土著普遍的主食，而且歐美方面培植出（尤其美國）多數優良品種，不僅供製糕點、裝罐頭、作飼料，於工業上用途之廣，價值之高，在農作物中是首屈一指的。我們國裏從解放後玉蜀黍亦翻了身，十幾年來由党的領導下，在培植上已產出優異品種如遼寧的"英粒籽""白頭霜""白鶴""白馬牙"，吉林的"大金頂"，黑龍江的"火苞米"，陝西的"野鶴紅"，山西河北的"金皇后""小粒紅""大粒紅""黃馬牙""華農二號"，浙江的"南橋黃玉米"，四川彭縣的"金黃包穀"，貴州的"貴陽黃"等。不僅玉蜀黍在食用上較前量高質美，而且快速的已走上工業戰線去服務；醫藥方面它亦盡力不少了（用玉蜀黍液汁培養產青霉素的霉菌）。

~~1968.7.18寫~~

西瓜

舊時有人畫豳風圖於"七月食瓜"一幅畫為西瓜，實誤。這與耶教徒畫耶穌故事，於配景上畫仙人掌的錯誤一樣。仙人掌是西半球上產物，耶穌時候仙人掌還未傳到亞洲。西瓜是非洲原產，"太王居豳"時西瓜亦未傳到中國。不想這兩號錯誤竟延到今天未改。最近崔友文著的華北經濟植物誌要，於西瓜條下，指明西瓜屬是產熱帶非洲，而於西瓜本種文裏又說"所謂七月食瓜"，崔既不知這是詩經裏豳風上說甜瓜的一句話（甜瓜原產吾國，現甘肅安西為古瓜州地，產美瓜，就是甜瓜），~~的一句話~~而又不知周的"七月"不同於現在陰陽二曆的七月，真是笑話。這裏我是專說說西瓜。

西瓜一名，最初見元吳瑞著的日用本草。據李時珍說："胡嶠陷虜記言，嶠征回紇得此種歸，名曰西瓜。則西瓜自五代時始入中國，今則南北皆有……其瓤或白或紅，其味有甘有淡有酸……蓋五代之先，瓜種已入浙東，但無西瓜之名，未遍中國爾。"李說："瓜瓤甘淡寒無毒。"吳瑞說："有小毒，多食作吐利，胃弱者不可食。"李時珍又引延壽書云："北人稟厚，食之猶慣，南人稟薄，多食易至霍亂冷病，終身也。"清吳其濬著的植物名實圖考卷三十一西瓜條下，竟把西瓜甜瓜雜說在一起，并未辨出西瓜甜瓜所以不同的實跡。而又另有甜瓜條，亦胡說一氣，亦有拉上西瓜的話。由元吳瑞、明李時珍至清吳其濬相距差不多五百年，由醫家至學者對西瓜、甜瓜始終是恍惚迷離。廣羣芳譜雖西瓜條大部分據本草綱目，但是談到了南宋范成大有西瓜園。對甜瓜條引“七月食瓜”是對西瓜甜瓜的認識較為詳明的。現在正西瓜上市，普遍購食，實為夏日解渴妙品。而且供藥用。據廣州植物誌西瓜條下說：“皮和瓤均為利尿劑，治腎臟炎浮腫，糖尿病，黄疸，並能解酒毒；西瓜汁膏用於糖尿病腎臟炎功效更著。”[redacted]由此可証日用本草、本草綱目、延壽書等的“有小毒”“多食易至霍亂”甚麼“稟厚、稟薄”完全是“捕風捉影”的瞎說。

34. 淡雞蛋變鹹蛋

乘船在紅海上，如在船上擘一個淡煮的雞蛋来吃，當你把皮擘掉後吃時，不用放盐便變成鹹蛋。因紅海蒸發很多盐分在空氣裏，人在紅海上，便被含極濃盐分空氣所包圍，所以脸上手上衣服一摸都是鹹的。

第2頁

子乐"之叹。

两種不通常的米飯

民國二年秋，我在霸縣吃過两種在天津吃不到的飯。一是"雞頭米飯"，一是"王子米飯"。"雞頭米"就是"芡實"，它的米粒很圓大，煮飯極黏滑鬆柔，但是淡而無味。由吃到這飯，才真認識了"淡而無味"這句成語的意義。如吃"花生米"，它是淡而香的，咀嚼後"饒有餘味"。"雞頭米"咀嚼後僅是淡而不香，亦就是無餘味。惟其不香無餘味，遂把那黏滑鬆柔的好處，便比不上"糯米飯"了。至於吃飯佐菜，飯與菜在咀嚼有味上，是"相得益彰"的，而用"雞頭米飯"佐菜，在咀嚼上，飯與菜是两不相干的。"雞頭米"成熟時，天津有零賣的，小孩們常買来放竈火裏燒着吃，外邊的果皮成灰，裏邊的大粒種子亦多半焦、胡，擘着吃便覺香了。由此又認識到如芝麻、蘇米等必經焙炒才放出香味，是"雞頭米"宜於焙炒後吃，不宜於煮飯。"王子米"亦寫"芒子米"，原植物是禾草，彷佛蘆葦，俗叫"嗝嗜草"，嗝嗜是菰蔣二字轉音，就是"菰蔣草"，亦單叫"菰"叫"蔣"（又叫"彫胡"）。杜甫《秋興》詩："波飄菰米沉雲黑"，"菰米"便是"王子米"。這米是細瘦灰黑色的，煮飯滑膩而香，想老杜總該是吃過"菰"亦就

（其实不僅唐的老杜，楚的宋玉早就吃过（宋玉《讽赋》说：主人之女为臣炊雕胡之饭））

五一制66.5688] (一)　16开 20×20=400

是"茭"，它的茎下部常有一種菌類寄生，使它色白而膨大，就是"茭白"，為一著名的時菜，如"炒茭白"。"茭白"切片，有時片內有黑斑點，那就是寄生菌的胞子成熟，這菌是無害的。每每茭白中斑點多了，使整部分成為灰粉，便叫"烏鬱"，"烏鬱"就是這菌的名字，這菌是屬於黑穗菌科的，是一種無毒菌。因談"王子米飯"，遂說到茭白。

35. 用人極少的小食館

舊金山有一種小食館，[redacted]用人極少，不過三四個人，全是三十多到四十多歲的婦女。於館的進門處設長檯，上列多盤冷葷、蔬菜、點心（如"苹果排"等）、黃油麪包之類，旁堆刀、叉、勺、巾、盛盤、持盤諸物。檯側有鍋鐺在爐火上，內為魚、肉各熟食品，旁立一二人管理。食客入門，先自取持盤，撿刀叉勺巾等，再撿喜食的冷葷一二盤，或再取一盤麪包，去放到自擇的食桌上，然後持空持盤到檯前撿一空盛盤，到鍋鐺前，指索某種熟食品，這管理的人便用鏟或大勺把所索的品種準量的裝入盛盤，食者自端着歸座，圍上食巾再坐下喫。館裏如此可坐二十餘客。有一婦輪流到各座前按所吃的樣數以小紙畫價放各客前。食者食畢把食具等統歸婦持盤送交櫃上，按所畫價付款，條亦交去。這館來吃飯的多屬勞動羣衆，一餐至多不過三五角錢，菜亦滿可口。

天津市屬十四縣一般民食

我曾寫過天津市十四縣史料，裏邊曾描述一九〇〇年前後天津所屬各縣（天津除外）的民食（主食）茲記於此：

1. 靜海（青縣、大城一部歸入） 食料主要是小米、棒子，補助是秫米。

青縣 食料主要及補助皆同上。

大城 食料主要是小米、秫米、棒子，補助是白麵。

2. 滄縣 食料主要是白秫米，補助是小米。

3. 盤山（慶雲） 食料主要是小米棒子，補助是白秫米。

慶雲 食料主要同上，補助是秫米。

4. 吳橋（景縣、故城入） 食料主要是小米棒子，補助是白秫米。

景縣 食料主要是小米、棒子，補助是紅秫米。

第5頁

故城　食料主要是小米棒子白秫米　補助是紅秫米。

5. 交河（阜城、東光、泊頭市、南皮入）食料主要是棒子，補助是秫米。

阜城　食料主要是小米、棒子，補助是秫米。

東光　食料主要同上，補助是白秫米。

泊頭市及南皮　食料主要是小米、棒子，補助是白秫米。

6. 河間（肅寧入）食料主要是小米、棒子，補助是秫米。

肅寧　食料主要是小米，補助是秫米。

7. 寶坻　食料主要是小米、秫米，補助是白麪。

8. 武清（安次入）食料主要是棒子、秫米、小米，補助是白麪。

安次　食料主要是棒子、秫米、小米，補助是白麪。

9. 黄驊　食料主要是秫米，補助是小米。

10. 任邱（文安、大城一部分入）食料主要是小米，補助是棒子。

五一制66.56881（一）　　16开 20×20=400

第6頁

文安　食料主要是棒子、秫米、小米，補助是白麵。

大城　食料主要是小米、秫米、棒子，補助是白麵。

11.霸縣（永清、固安入）　食料主要是棒子、小米，補助是白麵。

永清　食料主要是棒子、秫米、小米，補助是白麵。

固安　食料主要是棒子、小米，補助是白麵。

12.寧津（東光、南皮各一部分入）　食料主要是小米、棒子，補助是秫米。

東光、南皮見上交河下。

13.獻縣（武強、饒陽入）　食料主要是棒子，補助是小米。

武強　食料主要是小米、秫米，補助是棒子、糜子、綠豆、白麵。

饒陽　食料主要是小米、秫米、綠豆，補助是棒子、糜子、白麵。

14.薊縣　食料主要是小米、秫米、棒子、雜豆，補

五一制6G.56881（一）　16开 20×20=400

第 7 頁

助是紅梂米、白麪。

以上十四縣外,寧河一部分入天津市。食料主要是小米、梂米,補助是棒子、白麪。

主食一切如上述,大部分皆由本地自產,不足的則由外縣補給。至於副食品等,與河道淀泊近的,可吃到淡水魚,距海近的如寧河一部分,可吃到海魚。一般行常的則多是比較價廉的醃製品及本縣自有的蔬食品或再採摘些野生的馬齒莧、黃蓿等搭着佐飯。肉類偶有,一般民家大部分是吃不到。但以上各縣各有對食事上的名產,但都希望外銷,如:靜海獨流鎮的名醋和白酒,鹽山的魚鮮,故城的掛麪,泊頭的"平果梨",交河的洋梨,武清楊村的茯苓糕乾,文安勝芳的白蓮藕、白鴨薺米、大螃蟹,薊縣的山貨,核桃、栗子,寧河的海魚、蝦油……。又沿內地各河流,產有團魚不少,捕獲後全歸天津菜市

42. 火腿二

1914民國三年日本東京開他所謂"萬世一系"的大正博覽會,本是內國博覧性質,雖會場設有外國館,應是他(日本)自己蒐購國外各項產品,對本國工商業的觀摩上"借助他山",不應向外國徵集物品。而日本浪人由他政府授意,竟以口頭上向我駐日公使說"你們應該出品參加展覧的"後因口頭說說無效,這幾個浪人遂非正式的(当然日政府給路費来支持)跑到北京責備袁世凱,袁遂電飭各省對大博參加出品。當時浙江出品有我們名產"金華火腿"在外國館開箱點查時,該館日人當事者對火腿一面縐着眉頭點數,一面極藐視的口中罵着"バカ",及至浙江出品人把火腿裝潢陳列後加上說明標籤時外國館裏幾個小鬼竟

五一制66.56841(一)　16开 20×20=400

撿着抄火腿製造法。及至中國参加大博賽會監督請各省代表及會場外國館當事人吃飯時，外國館日人當事者正坐在浙江代表傍邊。席上小菜碟便有"金華火腿"片切的極薄，擺的亦精緻，這日人當事者不斷用箸夾食。及至上清蒸白鴨時，鴨池裏亦附有火腿大片，日人當事者又於夾鴨肉時，不斷夾火腿大片。浙江代表對他（日人）指告，這就是你撿查時罵着バカ的那東西，日人當事者臉紅到耳後，答不出話……。聽說後来大博閉會時，"金華火腿"除一部分為華僑買去外，其餘掃數賣歸日本料理及日人開的西洋料理。

~~1968. 8. 18~~寫

量採製，專輸出吾國。當時歐美植物學家對竹蓀叫一種"Phalloids."日本舊叫"虛無僧蕈"，謂是毒菌，但又没驗出毒来。茲述日本植物學家齋田功太郎一段可笑文字如下：

齋田氏普通植物誌下等植物篇370頁：

"ともそらたけ一名きぬかさたけ一名しけたけ(Dictyophora phalloidea Desv.)柄條ハ通常雪白色ヲ呈シ。網襦袢樣ノ被膜モ亦白色ニシテ鐘狀ナリ。此菌ハ惡臭ヲ發ス食スベカラズ"。

齋田這段，就是由西洋傳統說法来的。後来由吾國食用上証明，才知道是一種美味的菌類，而且日本料理及西餐方面都加入這新食料了。由竹蓀的這段就可知白種人對食事上的知識是如何的短淺。

竹蓀

竹蓀在我國原是一種著名的食用蕈類。日本及歐美各國皆不識，且認為有毒。一九〇〇前後日本才知其可食，遂大[illegible]今

五一制66.56841（一）　　16开 20×20=400

過去吾國淪為半封建半殖民地，不只西洋，便是日本整年的以海參、魚翅、銀耳、竹蓀等大量輸出吾國撈去大批錢財，而附和歐美，揶揄吾國吃他們所不吃的怪東西，是"古老""蠻野""不文明"。其實在李鴻章當日宴外賓時，他們對海參、燕窩、魚翅等早吃到了，而且認為好吃，只是繙譯的人僅以"雜碎"答之，他們白人遂多胡塗了半個世紀。所以所謂"歐美大菜"，比之我們食料之多，烹調之美，實差的遠了。

食事抄今補二

澳洲沙漠人

"自從澳洲發現之後，当地土人由白人殖民侵略，土人日益減少，由三十万人減少到五万。直到最近這裏的一些種族，還很少被人注意。在澳洲中部沙漠裏，有一個叫布什瑪尼的落後種族，不久以前，一個外國記者前往參观，這樣寫道：布什瑪尼族甚麼農作物亦不種，甚麼亦不栽培，根本不進行生產。他們生活得像數千年人類祖先生活一樣，吃住完全靠自然界賜與"。

"此外澳大利亞科學考察團最近在中部沙漠地區又發現一個非常落後的種族，名叫皮琪布族，這族直到現在還在磨擦取火。平日除披戴編織帶(?)外，是不穿衣服的，頭上戴着人骨製的頭圈，吃的是老鼠、壁虎、昆蟲和青草，炒食蜥蜴、牛青蟲等。表面看来還很健康，但是人人都患嚴重的砂眼"。

抄：振川節譯一九五八年蘇聯環球旅行

南非

"比列托里亞（比勒陀利亞 Pretoria）上等旅館有一種叫徽波尔累華斯的美味香腸，可以用来佐餐"。

按：此城是德蘭士瓦的名城，在约翰内斯堡北。這香腸是專供南非白人吃的。

约翰内斯堡

"（在）约翰内斯堡……特定區……我們看到幾個可口可樂的廣告牌，甚至還看到招貼着魚和炸馬鈴薯片廣告的破爛小飯館。可是這已経表明（非洲人）大大向前邁進了一步。因為一直到最近以前，這裏還没有開過諸如"可口可樂"飯館之類的洋葷。同時在這一整片地區裏的非洲人，都認為魚很像蛇，而且代表着一個最忌諱的東西，連碰也不要碰它"。

按：約城的"特定區"是南非白人極不合理的"種族隔離"上劃歸非洲人居住的"貧民窟"。土著大部分是蘇嚕人，是班圖族的一支。蘇嚕人在從前曾建立過一個大國，有着名的壺華（非洲内幕裏稱為嗜戰的查卡）為其大酋，查革一生殺人至多。一八三六年歐洲荷蘭人一族所稱布爾人向南非大移民，對蘇嚕發生戰事，以来布爾人吞併蘇嚕，在這裏建立了特蘭斯法勒國，簡稱特國。一八九九年因特國發現金礦、鑽石礦等，英人大力爭奪，與特人打仗，英滅了特，同時英方大招華工去南非挖礦，天津去的華工不少，那年我才十二歲。一九〇〇年以後有從南非逃回的華工某說："南非矿地上，華工住的方面，裏邊吃喝玩樂都有，只不許喝酒，並有賭場，每月工資如用着不敷可向管矿的英國頭頭那裏去支。華工吃喝裏有魚有肉，當地土人苦力多不吃魚，只給他們蔬菜。華工亦叫苦力，比土人高一些，但都不許出礦地，外有鐵絲網圍着，有英兵站崗。"某以来當了華工頭，在英人方面很被信任，又會说英語，給英管某作了買辦，办事出入不禁，但不時加受檢查，好不容易才逃回的，僅僅帶回幾個小金鐲子。特蘭斯法勒現在地圖上寫德蘭士瓦Transvaal，蘇嚕寫蘇路蘭Zulu Land。

英國文學家哈葛德著鬼山狼俠傳叙查革事，於其序文中述蘇嚕大酋查革嗜殺，以國力之偉，殺人不止一百兆。一八二八年查革死於其手足安黎根那、鄧革（非洲内幕譯丁剛）與其奴摩波矛下。方其未死時，東南非洲各部族悉在查革裁制之下。注中又說此百年中東南非洲人絕多，竇查革一人屠戮殆盡。又哈著斐洲烟水愁城録其中有蘇嚕人不吃魚事。

"（在約翰内斯堡非洲人）他們自己（喝的）卡佛啤酒是一種卡佛玉米製成，含有百分之二的酒精，外（非洲白人）是不准（非洲人）飲其他任何酒的。但是成千的（非洲人）都私自光顧那些秘密酒店……。"在大旅館中茶房頭都是白種人，茶房是印度人……在混雜的旅館中，印度人或有色人假使在大門口由一個白種的客人接待，到一個單獨的餐廳裏去，是可以在那里用膳的。"

剛果

"布溫達鎮市（在）科基尔哈特维尔直線距離約九十里（無大路可通）。在赤道附近的特舒阿帕河上（住着）巴庫圖人……為數達四万……他們大都把牙齒銼得整齊。……這些部族人民每天只吃一頓，時間在太陽落山以后，男人和女人分開吃。他們靠棕櫚油（食物的基礎）、木薯、甘蔗、和玉蜀黍過活。他們是用矛、弓箭，特别是用網打獵的能手。他們善於模仿野獸的聲音，躲在森林裏用這種聲音把野獸引誘到陷阱中来。他們喜歡吃猴子。”

“基夫湖（附近）貝尼和伊魯穆之間的森林深處（住着）矮人……成年的男矮人不到五呎長，有的也許最多只有四點八呎，大家牙齒都銼的整整齊齊，突出在鮮紅的牙齦上，像白色的圖釘。他們性情愉快，和藹可親。身上甚麽亦不穿，只在腰部繫一片樹皮或藤葉，臉上有像用煤灰塗上的黑紋。矮人實行一夫一妻制。女人上嘴唇鑽一個孔，插着一束向外突出的蘆草。兒童們腹部膨脹，肚臍眼挺出，幾乎像一個小梨。”“他們食肉，但不吃人。有時他們到村落裏用肉交换糖、鹽和蔬菜。如果一群人打死一只象，就在象身上挖一個洞，從裏面吃到外面来”。

按：矮人可參照前食事抄今“矮人”段。他們用肉换糖、鹽、蔬菜，此處没提是甚麽肉？想是狩獵来的獸肉。文中指出矮人“但不吃人”，足見附近有吃人肉的種族。據余所知，非洲中部還有吃死人肉的。往前見過一本談世界人種風俗的書，説到葬儀於天葬、地（土）葬、水葬、火葬外，有腹葬，就是把死的親人吃了。那大约在風俗上説，還算是很盡禮盡孝呢。 辛

蘆安達—烏隆的

“蘆安達的國王被稱為姆丸密……姆丸密請我們（约翰根室夫婦等）吃午餐，這是我（约翰）有生以来所吃過的一頓最了不起的飯。比利時人是结實的食客，姆丸密采用了他們的烹飪術，第一批開胃的菜是龍蝦、小蝦、阿富涅火腿、雞蛋和冬筍，非常豐盛，然後是热气騰騰的濃湯，然後是奶油蘑菇雞，然後是烤豬肉，配的六七種蔬菜，然後是奶油蛋糕，最後是兩塊异常豐富的點心，其中之一上面有橘子冰淇淋做的玫瑰形装飾……這頓飯吃了好幾個鐘頭”。

按：午餐湯菜等的序窩，是在歐美大餐上最禮貌的排場。龍蝦等是喝湯以前的所謂“小吃”。 辛

“（在）布蘭達維尔有一家了不起的旅館……我們（约翰一）吃到了幾個月来住旅館所吃到的最好的一頓午餐。對面坐着一個穿的很

體面的年輕黑人，那天晚上我们還注意到一個漂亮非洲女孩有兩個白種男友在一起吃晚餐……這是我們見非洲所見到的白人與黑人文雅而自然地在一處進餐”。

赤道非洲 摩拉

“我们（约翰一）坐在一個潮濕腐朽的茅屋裏的泥地上，在这裏吃午飯……第一道開胃口的菜，是進口的意大利香腸，還有青豆和胡蘿卜做的色拉，和羅馬的艾尔弗莱多做的一样好的餛飩，牛排，熟得恰到好處，龐內斐格，加上大量的一九四七年釀造的穆朗納方酒。……”

按：色拉即沙拉子，其他不知。辛

加蓬

“蘭巴瑞內附近每一寸土適合居住的土地都是從巨大的森林中開闢出来的。當地土人在不久以前，還有吃人的習慣。稠密的森林裏充滿着像蟒蛇和大猩猩之類的猛獸，河裏到處是鱷魚和河馬”。“亞尔伯特·施維策爾（在這里主有）醫院，每天打幾次鐘，早上六點起床，七点半吃早飯，十二点半吃中飯，（夕刻）七点半吃晚飯。餐桌很長可以坐二十多人吃飯。餐桌上點着一排煤油燈。施維策爾的廚師是一個瑞士女人，飯菜很簡單，但是豐富味美。到吃早飯的時候，茶和咖啡就早擺好了，还有烤麵包和幾样當地水果做的果醬；午飯可能是一样煮、蔬菜或是燜水果（例如胡蘿卜燜蕃瓜），清煮馬鈴薯，雞蛋麵，果餡油炸餅，棕仁，新鮮色拉，清蒸香蕉。有一次我们（约翰一）還有肉，是附近教區送来的羊肉。每天都可以吃到雞蛋或魚，有時候一天吃兩次。在吃晚飯大家到齊時候，營養豐富的湯擺在桌上，接着送上来飯或通心粉，其他蔬菜和一大碗一大碗的切成塊的水果。施維策爾坐在長桌中間……客人們坐在他的對面……（蔬菜是從菜園摘来的蘿卜，蚕豆；色拉是雜拌色拉……”

尼日利亞

“有一種夹雜着土語和英語的混合語言。當地人夹雜着土語講英語，就像中國人講洋涇濱英语一樣，而且来源也相同，都是僕人向主人學了幾句英語，然後經過特別的增減而形成的。巧得很，有幾個中國語音在西岸普遍應用。例如：Chop意思是食物，或者說，這個音甚至混進了法語。在布蘭薩維爾人們說：今晚到我家吃(Chopper)晚飯好嗎？或是你吃過(Chop)飯沒有？

按："洋涇濵英語"是我國上海有英法租界時中國人給外國當奴役的說夹雜上海話在内的英語。Chop的来源是前清李鴻章使英美時，每以"豐盛的中餐宴外賓，外賓吃着味美，向中國繙譯官询問菜品名稱，無法應付，遂用廣東語音"雜碎"二字答之。從此在外國開中國飯館的全標榜所做的菜有如李鴻章請客的"雜碎"。以美洲舊金山為例，家家中國飯館都高懸電燈廣告，大書Chop Suey，Chop是廣東語音的"雜"；Suey是廣東語音的"碎"。Chop Suey不能算中國官話，亦不能算上海的洋涇濵英語，上海是說寧波話夹雜着蘇州語音的，绝沒有廣東字眼。最趣的是日本方面的中國館，菜牌上標寫着"李鴻章雜碎"或"李鴻章"、"紅燒李鴻章"、"清燉李鴻章"。　李

利比里亞

"杜伯曼(總统)先生殷勤地招待我們(约翰—)……杜伯曼先生喝巴斯啤酒，并且請我們喝大杯的威士忌来開胃。午飯開出来真是豐富而精美，我們喝了雪利酒、紅酒和香檳，還吃了五六道菜包括整根的玉蜀黍。……這餐吃了數小時……"

由"南非"段起抄约翰根室非洲内幕下

(最初亦是)最后一次飯

"西属摩洛哥首都得士安附近有一个山村叫肖恩，那里……摩尔人的婚礼(上的)婚宴，可能是(最初亦是)新娘一生中同她丈夫一起吃的最后一次飯。因為按照伊斯蘭教的嚴格習俗，男人幾乎一定要單獨吃飯；家庭中的婦女則在后来吃他剩下的東西。這位青年婦女(十三四歲)今后的一生實際上是她丈夫的奴隸"。

和帕夏的一次宴會

"馬拉喀什帕夏格拉維，他有别的稱呼一阿特拉斯大君、黑蘇丹、色斯的羚羊。他的全名是漢志·台米·格拉維·米來尔里（他是摩洛哥的國君）。我（约翰根室）訪問時（在宴會上）吃的方面……在一个典型的宴會上，先是一個僕人拿着銅壺把水倒過每一客人手上而流到碗裏一在宴會終了時再來一次，並預備膳皂。接着上来濃而粘的薄荷茶。然後一盤盤菜上来；每盤都是單獨的一道菜。食物是用很大的盤子或砂鍋盛来的，上面有蓋子蓋着保暖，然後你伸手到大家共吃的這盤菜中找一塊你愛吃的東西。家中的婦女是從来不参加宴會的。……現在叙述在帕夏家裏的宴會……首先是一盤淡綠色的湯，由杏仁、豌豆和白魚片做的（這是向歐美客人添加的，我们可用羹匙和盤子来喝）。其次是一整隻烤羊，這是盛大的摩尔宴席上主要一道菜，名叫'米朝味'。格拉维極其熟練的撕開熟而脆的皮，從下面撕下特别嫩的肉，用手指遞给我的妻子。客人們競相從最下面又肥又嫩的肋骨那裏撕下肉来。第三个菜是'帕斯蒂拉'，做這菜需要四十八小時，這是摩尔廚師驕傲的一味菜。它是一个直徑差不多有三英尺的餡餅，餅皮是極细極酥的薄片，上面是用细糖粉所做的花樣。在一个大胆的客人把皮剝開（這樣做容易燙手）以後，底下就是各種各樣東西，有小蝦、肚子、膵臟、橄欖、肝、腦髓、貽貝和煎蛋。這是真正的寶庫，味道的鮮美無法形容。接連又上来四道主要的菜一用一种我没吃過的佐料做的小鴿子，是熱的流質的乳白色酸辣醬；一些整烤小雞，裏面填有橄欖，上面塗有檸檬；羊肉、洋葱、茄子和煮老的雞蛋所做的燉菜；另一个不同的燉菜，在上面一些豌豆和杏仁上蓋着薄羊肉片。然後一盤糖蜜調和形狀奇怪的卷餅，它是一个甜菜。下一道菜是'考斯克斯'。這是摩洛哥貧富都吃的基本食物，用麥粉做的粉團，裏边有剝皮的葡萄、大頭菜、胡蘿卜、榛子，一直到大片羊肉。最後是冰凍無花果和橘子製成的餅糕。结尾又喝了薄荷茶。"

哥普特大齋節

"埃塞俄比亞(人)在哥普特大齋節的兩個月裏，不吃肉類、牛乳、牛油、乾酪。他們可以吃魚。……（他們）在烹飪方面有一些有名的食品，例如'特書'即一種用蜂蜜釀成的蜂蜜酒；還有'瓦特'辣醬油。他們的麵包的形狀像舊輪的内胎。"

以上三段節抄约翰根室非洲内幕上

食事抄今 補三

原色原形花果

"萍鄉特產原色原形花果，(為)江西省萍鄉市食品廠出品(係用蔬菜中冬瓜、蓮藕、荸薺、圓蘿蔔、長蘿蔔、白菜、豆角、辣椒等，除辣椒紅綠兩種為整形、豆角一面刻花外，餘皆切片擺成扇形或大片雕鏤如白玉佩物，滾蘸以糖。製成後，有紅有白，以及青緋赤橙，配置擺入玻璃盒內。盒面糊有彩圖及說明)。原色原形花果，是富有藝術性和含有多種維生素的食品。其特點是營養豐富，風味良好，藝術卓越，品種繁多，色澤鮮艷，形態美觀，清潔衛生，儲存耐久等獨特風格。用於送禮待客，宴會茶點，均甚適宜。""存儲須知：本品須放乾燥處。如潮濕，可開盒蓋於烈日下晒至乾燥；或放石灰缸內數天可復原。"

抄原色原形花果盒上說明

哈密瓜

"哈密的農作物種類達三十種，主要作物有春小麥、高粱、玉米、糜子、胡麻、油菜，……在水果中甜瓜和西瓜占絕對優勢。哈密是新疆甜瓜質量最佳的地區之一，又是已往新疆向內地輸出甜瓜的集散地，所以甜瓜被稱為哈密瓜。"

抄沈道齊的哈密一小節

海南島的椰子

"海南島椰子究竟起於何時……據南越筆記，瓊州多椰子葉，昔在漢成帝時(公元前二十年)趙飛燕立為后，其妹合德獻諸珍物，中有椰葉席。見重於世，即在漢時。可見那時海南島已有椰樹。到北宋蘇東坡來海南時，島上遍山遍野都是椰林。如從漢代算起，海南椰業已有二千年以上的歷史。椰子是海南島主要物產，一向被人們稱為寶樹，因為它全身無廢物，不管那一部分，都有經濟價值。……李調元粵東筆記說，唐代李德裕謫居海南時(公元八百四十九年)愛用椰子殼鋸開做成碗子，杯子，帶在身上端東西吃喝。避免水土不服的疾病。明朝以后，椰子的用途更廣。丘濬在《海南奇甸賦》裏說："椰一物而十用其宜。"近代椰樹經濟價值更大了。……今食用上椰子也是多種多樣的，新鮮的椰子水有一種特別的椰子香，當地居民把它當汽水飲用，是暑天清涼解渴的好飲料。椰子除榨油和普通食用外，還可製成椰茸，用以放在蛋糕、麵包或糖果裏。" 抄雅鴻文黃良猷海南島的椰子一節

斑肝湯

"(有一種)巴魚是蘇州特產，生長於太湖，魚肉鮮美，魚肝肥嫩，每年夏秋季上市，桂花開時最(美)。魚頭大尾小，背上有花斑，又名斑魚。(斑肝湯是剖魚時取出魚肝，大的切成兩片，小的則原片，加上魚肉片和香菇、火腿、筍片等佐料用雞湯做成的湯菜。原名(以改為巴肺湯)為蘇州木瀆鎮石家飯店創製(的菜)。當時有李某食後贊賞不已，作詩云：老桂花開天下香，看花走遍太湖旁，歸舟木瀆猶堪記，多謝石家巴肺湯。始將斑肝湯改為巴肺湯，流傳至今。 抄組蘇州市名菜說明

按：原菜名已改為"巴肺湯"實誤。原說明中取魚肝時說"摘去肝邊的苦膽"，由此可確知是肝不是肺。在多水之區的魚，不會有肺。這是舊文人的胡說，一直自充明公，流毒不淺。

黃橋燒餅

黃橋燒餅首創於泰興縣黃橋鎮，在1939年，新四軍東進開闢抗日根據地時，在黃橋戰役中，黃橋人民日夜做餅慰勞新四軍，當時有一支廣為流傳的民歌："黃橋燒餅黃又黃，黃黃的燒餅慰勞忙，燒餅要用熱火烤，軍隊要把老百姓幫，同志們呀吃個飽，多打勝仗多繳槍……"從此黃橋燒餅就越發出名了。黃橋燒餅的餡心種類很多：火腿、葱油、肉鬆、香腸、蝦仁、乾菜、蟹黃、糖油(水晶)、細沙……" 抄揚州市林素紅表有華製作經驗說明一節

(我國的南方菜點，向來比北方考較，而且過去便會宣傳，北方人性格保守，便有出色的亦不會向外說，如灤縣去治鎮的肉燒餅(係葱油)，唐山的"熏雞"，錦州的"蝦油小菜"，保定和天津的"醬菜"(如八寶醬、金什錦醬瓜)，甚至從前胡十的"熘魚白"，山海關的"脂麻麥花"……，名聲都不會向外發展，殊為憾事。還有"樂亭的雞腸"，非常酥香，勝於保定，亦不懂向外推銷，日子久了，淹沒而已。如"安肅黃芽白菜"是現今河北及山

束而發展最良品種的老祖奶奶家，而當地人雖亦自知是自己地方的特產，而不設法多種及向外介紹。民國初年天津商品陳列所組織全省大調查時，於"安肅大白菜"在調查表上僅填："城東北各鄉年產四千萬斤，每斤京錢十文，重大著每顆約二十餘斤，相傳名為白菜王，肉肥大，品質佳良，為吾直一邦時稱直隸之一特產。銷本境及鄰縣"而已。"黃芽白"最早傳到上海，每棵都圍着紅紙籤，寫着"天津黃芽白"，賣價很貴。這情形不只安肅人不知，就是天津人在當日亦僅調查完從農事試驗場試種了兩次，寫了一篇官樣文章的報告，仍舊以"而已"二字作結而已。辛注）

犴大犴

鄂倫春（人）就住在大興安嶺裏……剛開始他們不大習慣吃我們的飯，日子一長亦就喜歡吃了。我們帶的有酒，在森林裏喝酒可以御寒。鄂倫春族更喜歡酒，喝了酒便出去打獵。他們真是神槍手，出去不到一兩小時，就獵回許多鳥獸。在森林裏我們吃不到蔬菜，但卻從來沒斷過吃肉。有一天我們的民族是第一次獵回一隻犴大犴。犴大犴是興安嶺裏特有的動物，與牛相似，腳和尾巴卻像馬，很兇猛，很傻氣，獵人很少遇到它，一遇到就得全部獵回。這次我們全隊二百多人足吃了一個多星期的犴大犴肉。犴大犴的鼻子是和熊掌相媲美的名菜。鄂倫春族的頭目把兩個犴大犴的鼻子交給政委，託他捎給住在北京的首長。

按："犴大犴"舊寫"懸搭懸"，是滿洲語的譯音。係偶蹄類的駝鹿，皮製衣服用，角為雕刻器用，質細白不減於象牙，前清時多用它做搬指。

抄冷超、張振富大興安嶺勘測記裏一小節

羊腿酸奶青稞饢

七月（間）我們去帕米爾高原拍攝（電影），同時要深入沒有人煙的地區去拍攝這世界屋脊的奇蹟。我們（由）南疆的疏勒（起身）的第二天正好是八一建軍節……柯爾克孜老鄉拎了兩隻山羊腿和一盆酸牛奶來慰問我們，兩個小娃娃還幫我們撿來一堆乾牛糞，我們把香烟、火柴贈給他們。（我們）便拔了幾簇駱駝刺把牛糞引燃，大家圍着火堆喝酸奶，吃烤羊肉。……八月十四日我们順着葉爾羌河沿岸的草原到達塔什庫爾干。路上每過一所蒙古包，塔吉克老鄉便出来攔住我们的馬，讓到他的房子裏，請我们喝酸奶、奶茶，吃青稞饢。我们走了三十里路做了七次客人……。 摘抄白辛帕米爾高原歷險記

黄魚青鹽

"青海湖中盛產黄（?）魚，這種魚沒有鱗，味道很美，但是藏民沒有吃魚的習慣，很少有人捕魚"。著名的茶卡鹽池，就在這座山嶺（拜生圖嶺——海拔3800公尺）的谷地中。茶卡鹽池東西長約六十里，南北寬四十里，池内有現成的鹽的結晶，品質純淨，顆粒大如冰糖。只要敲開表層的鹽蓋，就可以用鐵鍬把鹽鏟在麻袋裏運到外地去。這種鹽不用加工就可食用，因稍帶青色，所以叫青鹽。 抄孔繁祉到柴達木盆地去二小節

按："黄魚"是否應寫"湟魚"？青海湖附近有湟水，湟水中產湟魚甚肥鮮，而藏人不食。解放初期，天津来過一次湟魚，是熏製的，由誰家賣的早忘記，但我家裏買過，我吃過，魚肉細嫩，味道很好，我却未忘記。並記得某雜誌上說，這魚因久無人捕獲，充滿河流，人騎馬渡湟水一次便踏死許許多多，想来上述就或是它？

斑肝燴蟹

"活斑魚（河豚魚幼魚）、蟹肉，製作方法：斑魚活殺，去皮剮下兩片肉（我在山海關小南海時同漁夫吃過斑魚脊上左右兩片白肉，鮮嫩無比，那在春夏之交，不敢吃腹部的肉，因靠内臟恐怕受毒。眼看着雪白魚白及魚晒乾作肥料），摘去胆，取出肝，用尖刀劃破肝尖，擠去餘血，放入清水中洗淨，再用潔布吸去魚肉魚肝的水，……魚肝放入開水鍋中燙透撈起，……（以下做法到與蟹肉煎炒等等到登盤）。特色：斑魚肉嫩肝肥，蟹肉味鮮美，烹熟後，色香味俱佳，最適合秋季食用"。 抄中國名菜譜名菜

按：這是揚州名菜之一，名廚師王春林、戴立芝等。斑魚就是普通出魚白的河豚魚。由此可認出河豚在婚姻期血液中才有毒，尤其是肝臟裏。東坡說吃河豚值得一死；梅聖俞作河豚詩，遂至天津吃魚白等，皆說的是河豚正在將交配時，所以雄魚精囊才那樣肥滿，血中有毒亦正是那時。由這段"魚肝"描述，指出河豚幼魚未到婚姻期肝裏無毒，所以才能食用。因此回考上抄的"斑肝湯"的魚，亦有"斑魚"一名，亦說的是吃魚肝，而且是同省不遠的蘇州；並說魚頭

大尾小"當時由"斑魚"一名及頭大尾小"我便疑到河豚，但那文中說"生長於太湖"，現一深思魚部分的種類習性每有鹹淡兩水遷移的，有的幼時居淡水，交配產卵入海，有的交配產卵來淡水，幼魚居海，前者如白鱔（鰻鱺）後者如鮭魚，準此斑魚是幼魚居淡水了，所以太湖有它，至長成到婚姻期入海，我們吃魚白捕它正是在它們將交配以前，可是那時有毒，一般（漁民除外）便只知它有毒了（而不知幼魚無毒，肝還是美味）。過去買乾海蝦裏邊有時摻有小墨斗小河豚魚我把小河豚檢出扔掉，還埋怨漁民晒蝦乾太不仔細，由於這段才明白是我不認識。並由此得知"斑肝湯"的巴魚又名斑魚，八成九是小河豚，但仍有待于魚類學家由實踐上証明。

宋嫂魚

"宋嫂魚又名西湖醋魚。相傳在很久以前，杭州靈隱地方，有一宋姓居民，叔嫂二人捕魚為生，宋叔……患病，……宋嫂將從湖中捕獲的鮮魚，加上醬醋燒製，供叔食之，味極鮮美，食后病愈，人傳為美談。后當地菜館如法燒製，並逐步在烹製和配料上加以改進，口味更加鮮美……流傳至今。……西湖邊樓外樓菜館壁上尚留有（題詩）：裙屐聯翩買醉來，綠楊影裏上樓台，門前多少游湖艇，半自三潭印月回。何必歸尋張翰鱸，美魚風味說西湖，虧君有此調和手，識得當年宋嫂無？（做菜用草魚）草魚原名鯇魚，生長於西湖及市郊湖塘中，以青草作飼料，故俗稱草魚"。

抄杭州名菜西湖醋魚注

按：草魚即白鯇，亦叫鯇魚，鯇減寫混——混子。

長魚菜

"清江的長魚（黃鱔），當地的人辦菜請客時，總是少不了它。……烹調方法，得到不斷改進和提高，（因而）可以做成（整桌席面，所謂）八大碗、八小碗、十六個碟子、四個點心。八大碗：一、龍鳳呈祥（雞與長魚製成），二、二龍搶珠（長魚和雞蛋，或名烏龍抱蛋，三、叉燒鱔魚，四、高麗長魚，五、長魚圓，六、雜素魚，七、米粉魚，八、大燒馬鞍橋。八小碗：一、熗狀元，二、鍋貼長魚，三、鈴鐺魚，四、銀絲長魚，五、一聲雷，六、龍鳳川，七、龍戲珠，八、長魚羹。十六個碟子：一、軟兜魚，二、熗龍尾，三、溜長魚，四、桂花魚，五、白炒長魚片，六、小長魚圓，七、炸脆魚，八、長魚絲，九、熗斑腸，十、子蓋長魚，十一、長魚丁，十二、長魚干，十三、熗胡椒魚，十四、月宮魚，十五、長魚吐絲，十六、蝴蝶魚。四個點心：一、鱔魚三翻餅，

二、燒賣，三、酥合子，四、銀絲炒麵"。

按：這種排場是舊時官家點綴，使勞動人民去攪腦筋來供應而得出的智慧結晶，這種技法上的成績，是不應淹沒了，所是抄出它來，不要像過去許多記載使後人僅能注以"未詳"二字或臆來附會。文中所謂"高麗"是一種軟炸，如山東館的高麗蝦仁、高麗豆沙。所謂"馬鞍橋"是將魚由腹剖開去骨後，再翻過背朝上橫斷成寬節，製成登盤，斷斷如馬鞍橋式即如下圖 。"一聲雷"像是炸後登盤澆汁作響。據聞天津所謂"常席、上席、八八六"，皆按價值不同，材料不一，各有一定名稱，惜我太陋，沒搜採到詳載；又據一回族勤行老鄉談到"清真豆腐席"可做三十二種，至今只記得幾種豆腐盒、鵪鶉豆腐、雞刮豆腐、鍋貼豆腐、豆腐丁……。全羊席面名稱、製品更多。

裹蒸粽

"裹蒸粽在廣州已有悠久的歷史，每年端午節日，各個家庭一般均行制作，小食店則經常制售。肇慶作此粽有盛名，廣州制法與肇慶也款式不同。一般食品店制售此粽多以肥豬肉為主，濃香可口，入口溶化，家庭制作亦有加入火腿、叉燒、燒鴨、雞肉等類，着食時可在粽上加以豬油醬油調味"。"（廣州梁英記的裹蒸粽）原料是糯米、肥豬肉、咸鴨蛋、烤肉（肺）、綠豆、香草……（調味後）……外層蓮葉，內層竹葉（把原料按一定方法放入紮牢）用水煮五小時，再停火焗二小時即成"。

廣州裹蒸粽

抄自廣州小食品說明

按："裹蒸"之名，出齊明帝紀。而廣州"裹蒸"之式不必一定合於古，但由此可了然"帝曰，可四片破之，餘充晚食"一語。不然以平常粽子，一頓可吃好幾個，便無法懂得"可破充晚食"之義。

中國的食單 北京一

我们中國的食單同全世界上各國的食單對比起來，想是在品類的豐富上、特殊上、奇異上是數第一的。過去我國在倒楣的時代，歐美方面自稱為文明的國家，譏笑他們厭棄不入口的東西中國全吃，如燕窩、海參、魚翅、魚唇之類。其實在李鴻章用中國高貴席面優美的烹調沒少請他們，只沒指出都是甚麼。如果指出都是甚麼，或者如陳仲子談蛙食嘔出而嗟之，那是他們缺乏實踐上的真認識。現在中國站起來了，中國一切物事都高明了，菜品亦都在他們未品嘗之先就如同"過屠門大嚼"的揣想着就口流涎了吧？現在閒話少說，且把我國名菜的材料，所謂山珍海錯集中的開出單來，真是豐富、特殊、奇異，洋洋大觀！從北京方面食品寫起，像是沒甚麼殊、沒甚麼異，只不過是豬、牛、羊、雞、鴨，以及燕窩、魚翅、河蟹、海蟹、魚（青魚、鯉魚、鯽魚、草魚、鱖魚、鰱魚……）蝦（晃蝦、青蝦、對蝦）、烏魚、甲魚、魷魚、鮮蟶、鮑魚、山雞、野雞、鴿子……。雖然品類沒有殊異的，可是烹調方法真說的起是千差萬別，五光十色。天津同北京差不多，前有專寫，此處可不複述。山西、陝西、甘肅，麵食做的糕點有出品的，菜品各種材料十之八九等於京津。這以上幾處對於鹿、黃羊、鱉、鵪鶉、鱔、鰻（白鱔）、銀耳、冬筍、髮菜、竹蓀、茭白、香菇、口蘑、蒲菜、黃花等亦是烹調上常用的材料。山東就除了以上品種之外，有特殊或奇異的了，加吉魚（鯛，俗叫大頭魚，北京山東館有）、鯧魚（俗叫平魚，亦叫鏡子魚，肉細嫩）、帶魚（章魚）、蚵蟥（牡蠣）、猴頭（猴頭蘑）、西施舌（一種大蛤蜊）、海螺、回徊魚、偏口魚、鱉魚（鮸魚肚最大，工業上用的膘以鱉魚的最好）、猴子魚、海腸子等。最末這兩種，就又特又奇了。猴子魚不識，海腸子在山東青島飯館裏有這菜，是韭青炒海腸子，山東名菜譜注："海腸子是生長在烟台附近渤海內的海生動物。形狀像蚯蚓，長約一尺左右，有手指粗細，只能活吃，因死后身变長至二尺左右，只剩下一層皮，失去鮮味且不脆"。做法裏說"把海腸子兩頭剪去……在沸水中稍燙之即撈出空乾水……炒……"（吃時）海腸子肉特別鮮脆"，像是一種蠕蠕形動物的圓形動物，究竟不知。還有赤鱗魚，吃法有乾炸，有青汆，注說"赤鱗魚又名石鱗魚，分水翅上有紅邊，魚鱗閃閃發金光為金赤鱗，質量最佳；顏色發青、黑者為青赤鱗，質量較次，此魚僅產泰山上深泉塘石崖中，……（魚身）脂肪特多，長（僅）三寸，不易捕捉，有鋼筆桿般粗（細）產量少"。由產山塘深處及體僅三寸情形之吃喜靜止，由做菜方法上僅把魚腹破小口取出內臟，不說去鱗，像是魚身滑膩而且多脂，由這幾方面揣度，像是近乎爬岩魚秋或沙魚秋一類的小淡水魚。回徊魚僅說產黃河，不知。（原說赤鱗魚"鱗閃閃發光"，收割魚又不去鱗，當是身上顏色發光？） 山西太原菜有猴頭、哈什瑪、葛仙桌另有个綿魚，没有説明。僅在做法上説"綿魚一條重一斤，用刀把魚脖子拉開將皮剝去，切成方一寸長條塊，當中用刀切開，用水粉蛋青調起，和魚塊拌勻，下油鍋炸……（改用）葱蒜醬油糖醋水粉芶對成汁，把魚塊倒入一番翻即成。"去在特點只説"酸甜適口，吃酒下飯皆宜"。究竟是甚麽魚？去皮不要，不説頭、骨、刺，魚身切寸長條塊，這魚當是細長的鱔去皮，既稱綿，當然不是鱔，長條塊又當中用刀切開，這樣像是無骨？又没説去頭去尾？只能姑寫不知二字。至於做法只是一項糖醋綿魚塊。再胡猜一下，鯊魚體長無刺是軟骨可不剔骨，沿海漁民吃時是將皮剝去，但太原有紅燒沙魚皮（晉通對鯊魚叫沙魚）當然這綿魚不是鯊。用音切來説，綿鰻音彷彿，是不是鰻魚？鰻魚即鰻鱺俗叫白鱔，體細長，食用時切寸長塊，再當中用刀切開，如做馬鞍鱔的辦法，但不像吃鱔魚的剝皮，而且皮好吃，我在天津清真館吃過清蒸的，在日本吃過紅燒的，都是切段又當中切開而不去皮？算了，等着再領教實見過的人吧。此處把紅燒沙魚皮抄下來，亦可見我們對吃上真不怕麻煩。"沙魚皮六兩，將魚皮在熱到九十度的油内炸上十秒鐘，隨后用開水泡一小時半，剔去爛肉，片成二寸長的片，用水煮過，用椒油把魚皮、玉蘭片、香菇、肉蔣燒起，加上醬油、味精、料酒、高湯（再）燒三分鐘，加粉芶构起即成。"還有一菜叫清湯魚耳，主料是魚筋，全製法裏不見魚耳二字，只説"魚筋上籠乾蒸軟，横切小薄片，用開水泡上（再）上籠蒸軟"……又是薄片經開水泡，做卷象耳？魚筋又是甚麽魚的呢？未説。以上由北京到晉、陝、甘、魯還有些小吃，大致是如意卷、芸豆卷、一品燒餅、炒肉末、炒疙瘩、碟砂豆腐、核桃酪……（京）。肉壯饃、太師餅……（晉）。云云饃（又叫眼鏡饃）、茶酥……（陝）。鴨髮菜、金錢髮菜……（甘）。濟南米粉、八批果子（作法炸法同於天津早點的花料餜）、萊蕪香腸……（魯）。以上各地外，東北方面供食用的資料我手下缺乏，然哈什瑪、熊掌，以及鹿、黄羊、野雞、山雞、鮑魚、海參……等或乾或鮮食用方法，當亦與京津晉陝甘魯差不多，另外亦必有不同物類不同吃法的。按：黄渤海習見魚類圖説，有食用魚產烟台一帶，叫海猴，是否猴子魚？

中國的食單 蘇一

這段説説蘇浙方面。先由江蘇起，著名為一般人所稱道的燕窩魚翅等及通常的牛羊雞鴨豬（地方性的在內）不談。但以上抄過的鮰肺湯（上段寫過）需要再說一下。江蘇名菜名點介紹上說它（魚）"將魚拿到手裏它肺部鼓氣，腹部膨脹突出，但放入水后又恢復原狀"，這几句更証明這魚是河豚了。可參照上抄的"斑肝湯"和"斑肝燴蟹"。"海底松芙蓉蛋"，海底松就是海蜇。"將軍過橋"，就是黑魚兩吃，魚肉做菜，魚頭、皮、骨、肚襠、魚腸做湯。"蛼螯豆腐湯"，蛼螯注說"系蛤屬，其殼色紫，璀璨如玉，斑點如花，海濱漁民常以火炙開其殼，取肉食之"。紅燒鮰魚，鮰是否回鯛魚？ 拆燴鰱魚頭，"白鰱魚頭半只重五斤"，製作方法說"選十斤重的白鰱頭，用刀劈成兩片，取其一片"。白鰱長成三四十斤，肉一樣嫩白，頭最肥美。"鯊魚菜羹"，這鯊魚注說虎頭魚，在做一個菜用十條才重一斤半，又說"去魚皮，剔去肚旁細刺"，想不是軟骨魚的鯊，待查。上紅燒鮰魚下說"鮰魚肉嫩無刺"，為三月間時鮮，並於一菜指出"鮰魚二斤"，未說条，當然是一條。山東的回鯛魚指出"一条，一斤半"，割魚時亦沒說到鱗，特點處說魚肉肥嫩，雖然如此對比，仍然有待審証。這段重談是基於鮰字是新造字來的。莼菜川湯片，莼菜就是蓴菜，湯指的一種"湯鯉魚"。菜後注"湯鯉魚是蘇州名產，是春令佳肴"。在上海名菜點裏有燒塘鯉魚，特點下題出"塘鯉魚在蘇錫等地俗稱土婆魚，色黑體小頭大嘴闊，除頭脊骨外，渾身是肉，冬末春初最肥，……是無錫名而不貴的地方菜"。蘇浙兩省名菜上對湯鯉魚下用括弧注"湯是指活水塘"。由此可知湯塘二字雖不同，確是一種很肥美的小魚，它俗稱土婆魚，土婆二字實為渡父二字音轉，本草綱目有渡父魚生溪澗中，長二三寸，大頭闊口，其色黃黑，就是這湯（塘）鯉魚，三才圖會上又名杜父魚。又上叫鯊的虎頭魚，本草綱目亦有，叫鮀魚，三才圖會叫鯊，又叫沙鰛，黃渤海習見魚類圖說叫紋縞鰕虎魚，地方名叫虎頭魚，為常見的小形鰕虎魚。魚頭湯，注裏說"包頭魚產於西湖及西郊淡水河中，頭大尾小，肉肥嫩，故又名淡水包頭魚，（在吃上）選用三斤半重一尾者最適宜"。這是湯菜，做好用品鍋盛，注說"品鍋即盛湯的大瓷盆"。江蘇名菜名點介紹裏有砂鍋魚頭，用的是鰱魚。鰱魚有兩種，一白鰱，一花鰱。南方通常說鰱就是白鰱；花鰱一名鱅，俗叫胖頭魚，胖包又是音轉，這包頭魚八成就是胖頭魚，它頭的肥嫩同白鱸一樣。象牙鯵魚，注裏說"鯵魚身呈黑色，略帶灰白斑點，眼小頭大，體長三四寸左右，多飼養於塘內，喜沿塘邊游來游去。鯵魚閉目過冬，春節前後尚未開眼，正是捕食期間，如開眼後肉老而不鮮。"斬魚圓，原料是鯇魚，一條（重）二斤半。這是杭州名菜。鯇魚就是草魚，又叫白鯇，又叫混子，這是混字去水旁加上魚旁，當然還是念混音，不應念昆。川四腮鱸，特點說"四腮鱸魚為江蘇松江名產，狀似塘鱧魚，而黑者頭扁，頂中有紅斑王利刺丁，背色棕黃，腹色大黃……。"黃燜着甲，注說"着甲又名鱘龍魚，是海產，在夏秋兩季游入長江，背黑青，腹蒼黃，目細，嘴尖，身披五道硬片甲骨，它頭骨軟嫩，稱為明骨（即所謂魚頭），大的每條二百餘斤，小的數十斤，肉味與豬肉相似，既鮮且香，燻燜皆可。"實即鱘鰉魚。苔菜炸花生米，注說"苔菜又名乾苔、海苔，為翠綠細管狀植物，形似絲綿，產淺海岩石上，冬春采集晒乾，浙江寧波附近海面所產最有名。是綠藻我采過製標本，所食用的不純是一種。炒梅蛤，特點說"梅蛤產於寧波鎮海、龍山一帶，在黃梅季節最為肥嫩，故稱梅蛤。又因其形狀似瓜子，又名海瓜子。"製作方法說"盆中放水五兩和精鹽調成鹹水，將梅蛤放入浸一小時左右，浸到梅蛤的觸鬚伸至殼外吐出泥后，撈出換水洗淨……炒勺放在旺火上……放入梅蛤炒，……用手勺把梅蛤撥平使厚薄均勻，同時不停晃轉勺，……但不可用手勺攪翻或顛勺，否則梅蛤殼肉脫離。炒約一分鐘左右，見梅蛤殼泛淡紅并張開殼……。"由這幾句看出殼是扁薄的，有觸鬚伸出殼外，不像蛤類，形似瓜子，是否是海豆芽類的一種？不知。至於名點則有常州大麻糕、蘇州豬油糕、鬆糕、無錫奶油蔥粉包、南翔饅頭、上海桂花糖藕、寧波湯團、吳山酥油餅……。種類是太多了。

中國的食單 福一

此段寫福建江西安徽方面的食事。第一個福壽全，這是等於北地的全家福，而所用材料除去鴨子與蝦外，可說是席面上大會神仙，太豐富了。然而不特殊不奇異。仍照前寫比較殊異的。雞湯汆海蚌，注說"海蚌每個重四兩，最大的不超過半斤，……閩江口淡水與鹹水交界處產，而盛產於七八月間颱風季節，當地居民稱為颱風蚌，故非常名貴。還有一種大海蚌叫蚌蠘，每個有一二斤重（參照上食單蘇一的蚌蠘豆腐湯）。注油鰻魚，原料說"海鰻魚"，"三斤重約一條"。海鰻又叫狼牙鱔，又叫勾魚，它終生在海中，不到淡水裏來，沒有鱗，嘴裏牙很大。全折瓜，原料是"長朱港黃瓜魚"。注中沒說魚的形態。張春霖魚類圖說有黃瓜魚，是淡水產，當然不對。是否即黃姑魚，亦叫銅魚、銅羅魚？待考。淡糟炒鮮竹蟶，福建產的竹蟶特大。提菜蝦排，原料"提菜（頭髮菜）"，這是海產的紅藻類，一名江蘺。不是陝甘方面的髮菜。桔汁加力魚，製作方法說"大加力魚一尾約重十斤左右（此魚愈大肉質愈好）"。不知。醉燒紅蟳，蟳是蝤蛑，即海蟹，但原料說"二只重三斤半"。三絲炒面綫，面綫即掛麵，原料中有"鮮九蝦"，注"即紅色蝦"。九蝦為廈門特產，產于秋末至春季之間，最大不過三寸，味鮮美"。沙茶烤豬肉片，沙茶粉是用蝦肉、魚頭、蔥頭等用花生油炸紅後，加辣椒再炒後研成粉，以焙乾的花生醬拌入，即是沙茶粉。蚵煎，原料海蚵，注僅說"蚵，音河，即蠣蚵"。鞠繼武著南沙群島說南沙群島出產的其它重要的海生動物，有鐘螺、大蚵、海參……，這大蚵或即是蠣蚵？它與螺也當是貝類。蚵煎是用蚵肉同雞蛋、豬肉等做的煎餅樣菜品。包心魚丸，製作方法說"鰻魚、鯊魚或九母魚"，鰻是海鰻，鯊是沙鰛，九母魚是甚麼魚呢？由九母音轉，疑到與沙鰛同科的光魚，光音用九母二字收唇音讀，可以是光，而且光魚是一樣同沙鰛的食用魚。如不是，還有一個不同科的海鯽魚亦是食用魚，它俗名叫九九魚或九九子，九九急讀而成九母，亦似乎可能？如亦不是，便只能等待實見。以下是南昌名菜，白椒熊魚頭，原料說"活熊魚頭一個約二斤"，製作方法說"將熊魚頭挖去腮洗淨，對中劃成兩片，眼珠向上并排擺在盤內（如圖）"。圖不清楚，前有白熊魚圖，亦不清楚，彷佛肥胖象有短腳？另一菜燒腳魚，原料說"腳魚兩尾重三斤"，製作方法說"把腳魚宰殺后，破開腹除去內臟洗淨，剁去頭爪……"。這魚是真有腳，所以叫腳魚，有腳的魚是否鯢魚，鯢是兩棲類，肉可食，江西是產有鯢魚的。魚叫熊亦象是形容它體肥腳短？這兩種都待考吧，由此可見我知識太淺。炸石雞，這品菜有注"石雞是江西廬山特產，狀如田雞，盛產在夏季，皮黑色，每隻約重半斤"。石魚炒蛋，石魚注說"石魚是江西廬山特產，生長於泉水中，白色，無鱗，形狀像小銀魚，……每年六七八月出現於泉邊"。

石魚在原料說是"乾石魚"，在製作方法說"將石魚放在冷開水浸一分鐘，用以篩撈起瀝乾，揀去雜物……"如此像吃蝦乾一樣了。安徽名菜不少，但原料多是普通名物，不殊不異，就此帶住。

中國的食單 川

四川名菜是很有特殊奇異的。一開場在烤酥方(豬)肉，就是紅燒雪豬，"雪豬俗名土撥鼠，產於四川高原和西藏地區。肉白嫩，故當地居民稱為雪豬。"但是製作方面還搭上火腿、冬筍、雞肉、香菇等許多好材料，四川和廣東比我們北省太講究吃了，但是雪豬如果單做單吃，究竟是甚麼味道呢？對於吃，固然要調和五味，我認為必須品到本味，如完全烘托，只是炫富，所以燕窩魚翅用白水來煮，不如大白菜。川廣對吃就大都是炫富炫奇，那麼你反對麼？不是反對，是對於認識上，應該認識到這一層，不要被它迷了你的眼睛。接著是清燉鹿沖，注上說"鹿沖係公鹿的生殖器。"在一般看到這裏，當不能不認為奇異，實際過去吃河豚魚白是吃精，這是吃勢，燉雙腸是吃子宮，本是都可以吃的，指出來就覺著奇了，實在沒啥。看他製作方法又等於看戲法了。"一、鹿沖刮去粗皮和雜質，再破開刮淨裏面的粗皮和雜質，用清水洗刷乾淨，切成一寸半長的段。肥母雞切成七分長四分厚的條方塊。豬肘子肉刮洗乾淨。大姜切成四塊，拍鬆。二、鍋中倒入清水五斤，再放入大姜一塊、大葱四錢、料酒六錢和鹿沖段，上爐用旺火煮十五分鐘，將鹿沖撈出，其他各料倒去不用。按上述用料和作法再繼續煮兩次，撈出鹿沖，倒去鍋中其他各料。三、砂鍋中放入清水四斤，再一起放入豬肘子、雞塊和鹿沖，上爐用旺火燒開，撇去泡沫，加入料酒七錢、大葱八錢、大姜一塊和花椒，用大微火燉一點半鐘，撿去大姜、大葱不用，將肘子撈出另作他用。再將精鹽、胡椒麵、味之素放入鍋中，改用旺火燉，燉至肉爛湯釅(淨湯重約一斤半左右)即成。四、用一大湯碗，先將鍋中雞塊墊於碗底，再撈出砂鍋中鹿沖，有次序地擺在雞塊上，隨后倒入砂鍋中的原湯上席。"特點"此菜肥而味濃，富於營養。"你看他多麼絡索！實際只是一吃。三菌燉雞，注說"三菌屬於菌科，其形如傘，白色細嫩，味極鮮美。盛產於成都附近山崖中。"蟲草鴨子。黃燜大鰱魚頭，注說"這裏實際是指鮎魚，而不是一般池塘養的鰱魚。"原料說"一個(頭)約四五斤。"涼拌鹿肉，原料說是"醃麂腿肉”。乾燒岩鯉，特點說“岩鯉產嘉陵江石岩中，乃四川名產”。張春霖魚類圖說有東坡魚，又叫東坡鯉，產四川山澗河流中，是否就是岩鯉？枸杞牛鞭湯，原料說“黃牛牛鞭”，注說“牛鞭即公牛生殖器”。這個做法不像鹿沖麻煩，但亦同雞燉，需十小時，吃時不要雞。這菜我在天津廣東飯館吃，不是湯，是紅燒牛鞭，彷彿吃脆骨，味道平平常常，我是好奇去吃的。四川舊時席面亦有八大碗，又有三九碗，做法以蒸或扣為主，俗叫“三蒸九扣”。如清蒸雜燴、紅糟肉、扣雞、粉蒸鯽魚等，扣就天津所謂“合碗子”。四川名小吃，有陳麻婆豆腐，龍抄手，抄手就是餛飩，賴湯元，鍾水餃（紅油水餃），紅油是油裏放入辣椒麵，吃水餃帶湯放入紅油。宋嫂麵，亦名宋嫂魚羹，是鮮鯉魚羹澆麵條。……。

中國的食單 廣

過去俗說“吃在廣州”，以廣州在全國是最講究吃，實際有些食事方面比較特別，重點在吃毒蛇。所以中國食單我把廣州排到煞尾，等於戲臺上的壓場大軸子。生炒鱘龍片，製作方法說“鱘龍又名鱘鰉魚”，即鱘鰉，參照中國的食單蘇一的黃燜着甲。但這用的是小的一斤左右的，連頭帶脊骨切片來炒，注說“入口爽脆，為佐酒佳品”。一九三幾年時，天津中原公司五樓餐廳有名菜“紅燒龍薑皮”，並在一大玻璃櫥陳列整張龍薑乾皮，大約就是很大的鱘鰉魚皮，我吃過一次，但詢問不出真名，服務員只說是大魚皮。生炒鮎魚腩，原料說“鮎魚腩在七八斤的鮎魚中取下腩肉”，由此可知這魚很大。鮎魚當是鱤，亦叫竹竿魚，最大的可到七八十斤，肉味鮮美，即黃鑽。腩是兩肋最肥嫩的肉。這菜與上炒鱘龍調味裏都有大地魚末，上品原料只在“大地魚”下注“（大地魚）用油炸焦研末”。大地魚不知。蒜茸炒水魚，注說“水魚公母之分別是看其尾部，如尾突出于硬殼軟邊外便是水魚公，反之則是水魚母”。製作方法說“用手抓住水魚尾部和尾近邊處提起，使其頭伸出來，在其頸部斬落”。水魚即甲魚，亦叫元魚，蘇州叫元菜，廣東叫山瑞。魚頭煲，原料“鱅魚”，即花鰱。糟汁炒玄光，玄光即牛肚。五彩炒黃猄，無注，

究竟龍薑是否鱘龍？辛文記

黄猄

有圖，像似麂，是否麂猄又是青麞？但麂是小角？生燴老貓公，原料注“要飼養四年以上的貓”。製作時亦要配上雞、豬，都切絲，調味中又加檸檬絲，好吃是當然嘍，但貓肉本味朦混了。我吃過燉貓肉，是一位鄰居廣東人，好吃。冬菇清燉狗肉，這品好，是原味，而且是[illegible]。我吃

過瘾的蒜泥，想到魯智深"毋怪他饞"，是真香。但南省人不吃生葱生蒜，他們是蘸檸檬絲和海鮮醬或辣椒絲"。還有上頭焖狗肉。燉禾蟲，原料說"禾蟲一斤"，製作方法"把禾蟲放入冷水中，用水草一根條、把禾蟲取出，這样連洗三次，以去其泥味，再用布吸去禾蟲的水分，放入丸鉢裏。然後倒入植物油，過五分鐘使禾蟲吃入一些油，再把蒜頭略用刀拍爛，料酒、精鹽放入，禾蟲是從背部爆裂出漿，即用剪刀把禾蟲略剪幾下，再放入雞蛋、豬肥肉切塊、馬欖角切塊、炸油條切片、濕陳皮絲、胡椒粉攪勻。原鉢放入蒸籠屜裏用旺火蒸三十分鐘后取出原鉢，放在一小炭爐上，用筷子略把禾蟲捅十餘捅，再放入豬油，用慢火燒三十分鐘，燒乾水即成。吃時蘸以浙醋。其味鮮甜，香氣撲鼻"。豉汁塘唎球，原料"塘唎魚，又名塘虱魚"（是不是塘鱧魚？此次由抄稿上得知有些不同飯館像是故意寫不同的字，叫不同的名，像是藉此招致好奇的食客。試舉一例，廣州的利水福海鮮飯店對甲魚叫"水魚公"，而廣州的大同酒家對甲魚叫山瑞，真是努力向出奇致勝上走，"甚矣！人之好怪也"！油浸筍殼魚，原料說"越大越好"？清蒸土鯪魚，廣東有鰱頭鯪魚我吃過味很好，許就是這土鯪魚，這是淡水魚產廣東。山斑豆腐，原料"山斑魚肉"？雞腳炖山瑞。紅燒果子狸，在大同酒家的三蛇龍虎鳳大會的說明裏說"狸有豹狸、果狸、七間狸、狗狸、鼠狸等種類甚多。豹狸、果狸產於廣東西北江，其他多產於廣西"。這些都是貓科的，在吃上比作虎。果子狸即果狸。燕窩鵪鶉粥。焗釀禾花雀，注說"禾花雀是海洋中小島上的一種候鳥"。這是小鳥，一菜用十只。竹絲雞燴五蛇羹，竹絲雞是不是竹雞？五蛇原料注說"(1)烏肉蛇（眼鏡蛇又名飯鏟頭）、(2)白花蛇、(3)金腳帶蛇、(4)過樹榕蛇、(5)三索綫蛇"。這在廣州有預先定好的，一副煮熟净肉六兩。蛇的吃法是切成段用手撕成絲再做。大同三蛇龍虎鳳大會，這是廣州最着名的大菜，當然在大同酒家一大前就有蛇羹，經大同名技師再精心研考踵事增華自然勝過前人，名聞中外了。三蛇是上述的(1)、(3)、(4)三種，亦有成副的。蛇就是龍，虎從前用貓，現用豹狸，鳳是雞。在製作太麻煩，作羹時配合的材料是鮑魚、木耳、北菇、菊花、新鮮檸檬葉、陳皮絲、瘦豬肉、瘦大腿、桂圓肉、竹蔗，有的煮蛇時用，大部分羹用都切成細絲。如此大雜燴當然是好吃，並且吃前須先喝蛇胆酒。我認為在製作技法上是賣弄手藝；在吃上是裝腔擺譜！究竟蛇與狸的真味在哪裡，請問？名點有娥姐粉果、荷葉飯、山查奶皮卷、黄糖鬆糕、倫教糕……。

再寫湟魚

前寫的黄魚青盐，黄確應是湟。解放後可不是從前那樣閉塞了，真是改天换地！青海湖上有了"漁工和漁民駕駛着機帆船駛向海心，去捕撈那大群大群肥美的湟魚。""湟魚紅脊梁，金尾巴，銀肚皮，也有的身上有黑灰色花紋，很像黄河鯉魚，就是沒有鱗甲。湟魚肉肥美，細嫩，魚頭含有丰富的油質。"（現在青海湖已成了"高原魚庫"。"公路上運魚車晝夜不停。西海（當地来建設的漢人把它叫做西海）裏捕魚船晨出晚歸，……海濱遍扎捕魚者的營帳。""丰富的魚藏量，在夏秋（是）旺季。"（現在已有了"熏魚、魚鬆、魚味精和湟魚罐頭"。"藏族的小伙子（們亦）竭盡全力（跟着拖網捕魚了）"。想来已破除了舊習慣吃到鮮魚了。

抄組富饒美麗的新西海的一節

河豚魚白

這是我最後一次吃魚白。是我的學生俞嘉禾約我去會芳樓吃的。我作的三首流水體。一、桃水早逐東流水，今日肥腴上市饒。也是採懷出膏玉，不勞典褲易鯸鮐。登盤鮟膩為參比，下箸鮮濃白墮語。莫笑東坡值一死，我曾遊戲死中來。二、西施乳貴誇吳江，肥腯充盈大體雙。四月晴和看潮過，一番活脫駭鱗龍。穿甘賭死空前味，不豔欺人益壽鄉。多謝饒君好意炙，千金一醉勝雞腔。三、六一先生信亦饒，聖俞詩好鎮相傳。荻芽未必新茶美，羹汁何如豔體便。席上雙陳誇大侯，酒邊大嚼傲屋緣。老妻曾是調羹手，不為嘗鮮死不還（內子龐紉秋善治河豚魚白）。

臭豆腐詩

天津賣臭豆腐的多来自鄰縣武清，賣者穿巷吆喝"北京王致和臭豆腐"。過去詩人沒有咏它的，我来補作。一、味過鮑魚臭，形同豆腐方。調油来佐食，香本竟生香。二、不諱色味惡，直呼臭豆腐。嗜食為垂涎，朵頤勝庖俎。三、應與榴蓮友，居然臭味同（榴蓮南洋名果，征東運時全街為臭，如食過一次後聞其味則口流涎）。美有濤黛北，佳果豔南中。色擬烏檀潤，調如羊奶融。莫談窮措大，飽饜興偏濃。

盤腸

我十一二歲時，住西門裏羅底鋪胡同後，胡同前截向南周永順米鋪東拐的橫街上有一個豬肉鋪，常在鋪前宰豬。他的醬肉亦很好，他有薰的盤腸，是用豬勢（俗叫九道彎）的皮肉刮淨後和香料等緊填在腸皮裏按灌腸方法填塞的極緊，薰製後切片極薄，吃着很香。但一口豬只一條，在賣豬雜樣每每包裏放進兩三片。雜樣天天賣，不能多有，當時在那附近有愛喝酒的每專買盬腸，後來竟有在鋪門口剛宰豬時，喝酒的便來說熏好了給我留着，并先交定錢。這肉鋪還有一種熏肥腸，腸皮裏裝脂油，味道更好，肥嫩不膩。這種單賣，一出鍋就完，每每在未出鍋時去等可能買到。歸賈胡同及牌坊裏都沒有這種熏肥腸。但這號不出名，掌刀的像是姓惠。盬腸在別家亦沒看過。

白血

前談賣驢肉的，雖吆喝好肥驢肉，實際全是瘦的，切成薄片吃着是真香。偶有帶有肥的，大塊雪白，不單賣，要時賣者切下一部分挾在瘦肉上同切，如此每片就有些肥的了。賣者對那肥的叫"白血"，亦叫"腋子"。往往賣者帶有"驢腸"，像大灌腸，有一次我買他的驢肉，看見他筐裏另有布捲着，我要買，他說"你是孩子，不喝酒不賣"。過後才看見他給一個喝酒的老頭子切，我已買完驢肉，停住了看，那老頭子對我說"你走吧，看麼"。我因生氣，越法要知道，後來才知道是"驢腸"。今寫川廣名菜乃鹿冲、牛鞭，更都是名貴菜品，而天津的羊變腸、驢腸、豬九道彎都如此落伍，還是不如南方開明。天津若不是有廣東飯館，牛鞭是絕對吃不到的。

壽司、辨當、天數羅蕎麥

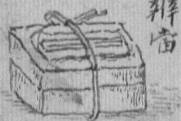

日本食品有所謂"壽司"，大致是一碗精米飯，上放有生魚片、生蝦片，魚蝦都治的很潔淨、很漂亮。魚大致是鰹、鯖、鮪、鰤之類，全是海產的上等魚，蝦是對蝦。最趣的有一種叫筒壽司，用一黑漆木筒紅漆裏，裝飯及魚蝦生片，筒當然洗刷很潔，但與小孩矢筒並不兩樣。我吃壽司時故意要筒壽司，飯極熱，上放大的魚蝦生片各二片，足夠用的，同時一碟上等濃醬油，一碟芥末，一碗濃豔熱紅茶，魚蝦片蘸醬油芥末吃着絕不腥，佐着熱茶，真是另有風味。在日本旅行途中有賣"辨當"的，兩個薄木片長方匣，一飯一菜，菜為各種小菜及冷魚、雞肉等，匣外附有木條劈成之筋及一方薄紙，束以繩，飯量不大的滿夠吃，吃完匣筋紙皆拋却。小飯館有專賣"天數羅蕎麥"的（天亦寫田），大碗湯麵上有油炸大蝦，熱騰騰的很有滋味。我在東京見勞動日人如人力車夫或負重工作的都吃的不多，如蓋澆飯（一碗米飯不過三兩，上敷攪拌的雞蛋汁）一碗，不像我們大飯量的一頓大餅七八兩或還多。日本小飯館門口每每有很漂亮的少女對過客喊着"伊拉下伊"（向裏邊請），同我們小飯館向客人讓座一樣。

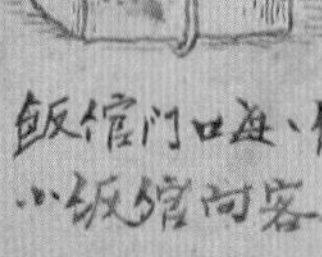
辨當

佧佤族

佧佤族的老鄉，在解放前的舊社會裏生活是刀耕火種。集體在地裏中午吃飯，一人一木碗，用手抓着吃。他們流行着一首歌謠：一年辛苦兩月飽，春夏秋冬褲一條。吃的山菜、芭蕉心，夜晚睡在火塘腳。他們過去的頭人很富裕，以往原始公社向私有制上過渡，剽牛祭鬼，誰家擺在屋簷下或穀倉壘牛頭骨角

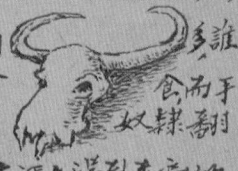

多，誰
家就是富有。想来富有的人，既然剽牛，一定祭完鬼分
食而手
下的隸屬勞动人民卻吃山菜、吃芭蕉心！解放以
奴隸翻
了身，當家作主，在溫暖的大家庭裡，佧佤族的老鄉生活上得到普遍的改善。　抄〈民族畫報〉上佧佤族一小節

香美的熱帶水果

"在西雙版納的旅行途中，沿路都可買到各種香美的熱帶水果，這也是令人永遠難以忘懷的。差不多在大路旁邊的每個村頭，在那高大葉密的菩提樹下，經常都有兩三個傣族婦女擺着小攤出賣水果、米綫和熟雞等零星食物。在這些小攤上，不但有木瓜、香蕉、甘蔗、檸檬、荔枝、菠蘿等普通的熱帶水果，有時還可買到幾種熱帶水果中的珍品，如只有中指大小的美人指香蕉，肉多而味甜的菠蘿蜜（俗稱打鑼錘），果汁清涼的椰子和滋味比"熱帶水果之王"的檬果更香美的要每隔三年才能结果一次的檬果变種瑪孟三比。這裏還有一種酸角（即羅望子）和以糖水的清涼飲料，它的味道也要比酸梅湯或果子露可口得多。當人們在路上走得又熱又累的時候，在這些菩提樹下坐下来休息片刻，痛痛快快地吃上一頓如此香美的水果，馬上就會把旅途的疲勞倦倦都給忘掉了。

抄唐西民〈美麗豐饒的西雙版納〉一節

三茶一飯

甘肃西部，祁連山北麓是少數民族裕固族的家鄉。他們過着逐水草而居的生活。住着帳房；亦有的定居在放牧的地方，住着土房。飲食以糧食為主；以肉類為輔。牧民最喜喝淡茶，喝時茶內調以酥油、牛奶、炒麵等。一般一日是三茶一飯。他們信仰喇嘛教，生活習慣有些像藏族，但不喜吃牛羊肉。

煎堆

"煎堆"亦叫"麻蛋"。據文章游戲的編者繆蓮仙說："煎堆一名麻蛋，以麪作團，炸油鑊中，空其內，與麻毬相似，大者如瓜，粵中年節及婚禮皆用之"。民國初年（191幾）我在山海關時，那有一廣東飯館在南門外，名叫廣香居，年時便有麻團出賣，外面油炸的很焦，我買過一個，像是江米麪的，問名字，館人說叫麻團，吃着並不甜，很費牙齒齩開它，裏面是空的。今由文章游戲的佘欽"煎堆"詩後注上才知道叫"煎堆"叫"麻蛋"。天津的廣東食品不少，由舊時的廣隆泰、簡泗合盛到後來許多家，只見有"老婆餅"軟酥皮包糖餡的，向未見過"麻蛋"。在山海關吃那"麻團"不甚有味道，亦沒向廣香居問詳細。現鈔佘欽咏詩，在食事雜談又補進一項。

"笑捋輕薄驗鄉風，一派油腔到處同，安得規模如許大，不堪滿腹竟全空，煎來轆轆工何巧，堆就團圞禮亦豐，却遇賣柑人覷破，并無敗絮實其中。""一丸藕粉雜飴餹，鼎鑊無端沃沸湯，形較繹羅輸肉美，品齊餺飥欠中藏，浮漚作體原無質，吹氣成毬別有方，任爾盤匜盛纍纍，早知聲勢總虛張" 我在山海關所吃並不甜。

佘的詩共八首，上鈔二首，已對"麻團"形容盡致。但第七首頭兩句："命名强欲借胡麻，作俑無疑自蛋家"，按"蛋"為蛋戶亦稱龍戶，即淮南子"使但吹竽"的"但人"，即今少數民族的瑤族或是黎族？這麼，"麻團"即麻蛋是由少數民族瑤或黎傳來的食品？細情待考。

寶坻銀魚

寶坻銀魚都下所珍，北人稱為麪條魚，形似東吳鱠殘而倍大，出海中蛤山下，秋深霜降，以泝流而上，甫至諸淀中（舊有夏霧淀），映日望之，波浪皆成銀色，人每候其至網之。縣因設銀魚廠，屆期中官下廠，督捕進貢。

（長安客話）

餅

水瀹而食者皆為湯餅。今蝴蝶麪、水滑麪、托掌麪、切麪、掛麪、餺飥、餛飩、合絡、撥魚、冷淘、溫淘、秃秃麻失之類是也。水滑麪、切麪、掛麪亦名索餅。籠而食者皆為籠餅，亦曰炊餅，今畢羅、蒸餅、蒸卷、饅頭、包子、兜子之類是也。鑪熟而食者皆為胡餅。今燒餅、麻餅、薄脆、酥餅、髓餅、火燒之類是也。

（長安客話）

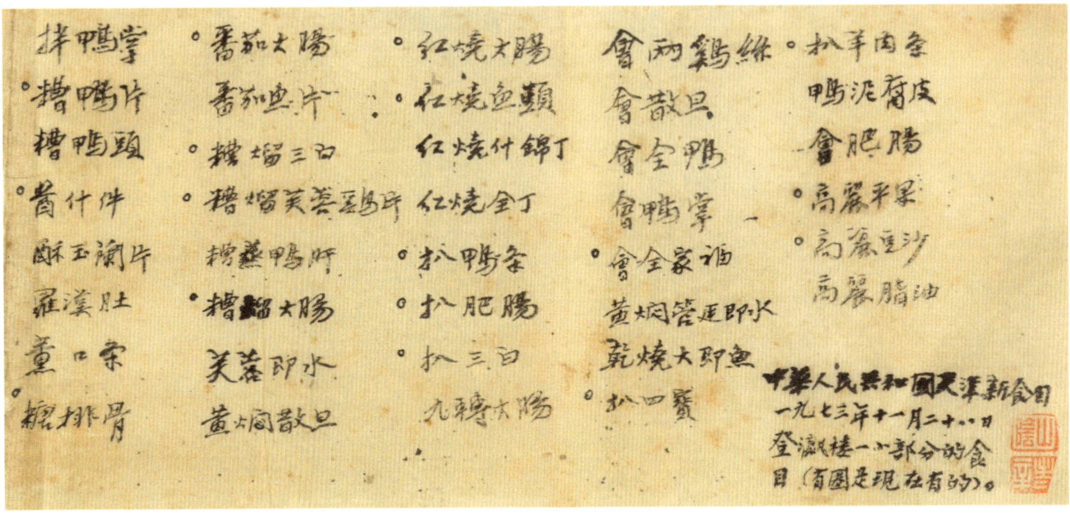
拌鴨掌
糟鴨片
糟鴨頭
醬什件
酥玉蘭片
羅漢肚
熏口条
糖排骨
番茄大腸
番茄魚片
糟熘三白
糟熘芙蓉雞片
糟蒸鴨肝
糟熘大腸
芙蓉即水
黄焖散旦
红燒大腸
红燒魚頭
红燒什錦丁
红燒全丁
扒鴨条
扒肥腸
扒三白
九轉大腸
會兩雞絲
會散旦
會全鴨
會鴨掌
會全家福
黄焖管廷即火
乾燒大即魚
扒四寶
扒羊肉条
鴨泥腐皮
會肥腸
高麗平果
高麗豆沙
高麗脂油
中華人民共和國天津新食目
一九七三年十一月二十八日
登瀛樓一小部分的食目（有圈是現在有的）。

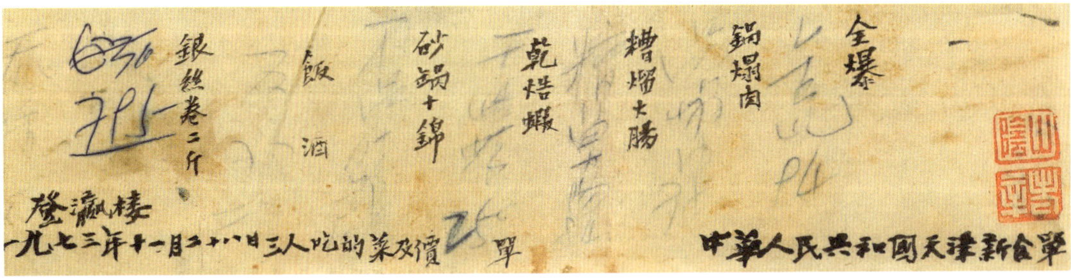
全爆
鍋塌肉
糟熘大腸
乾㸆蝦
砂鍋什錦
飯
酒
銀絲卷二斤
登瀛樓
一九七三年十一月二十八日三人吃的菜及價單
中華人民共和國天津新食單

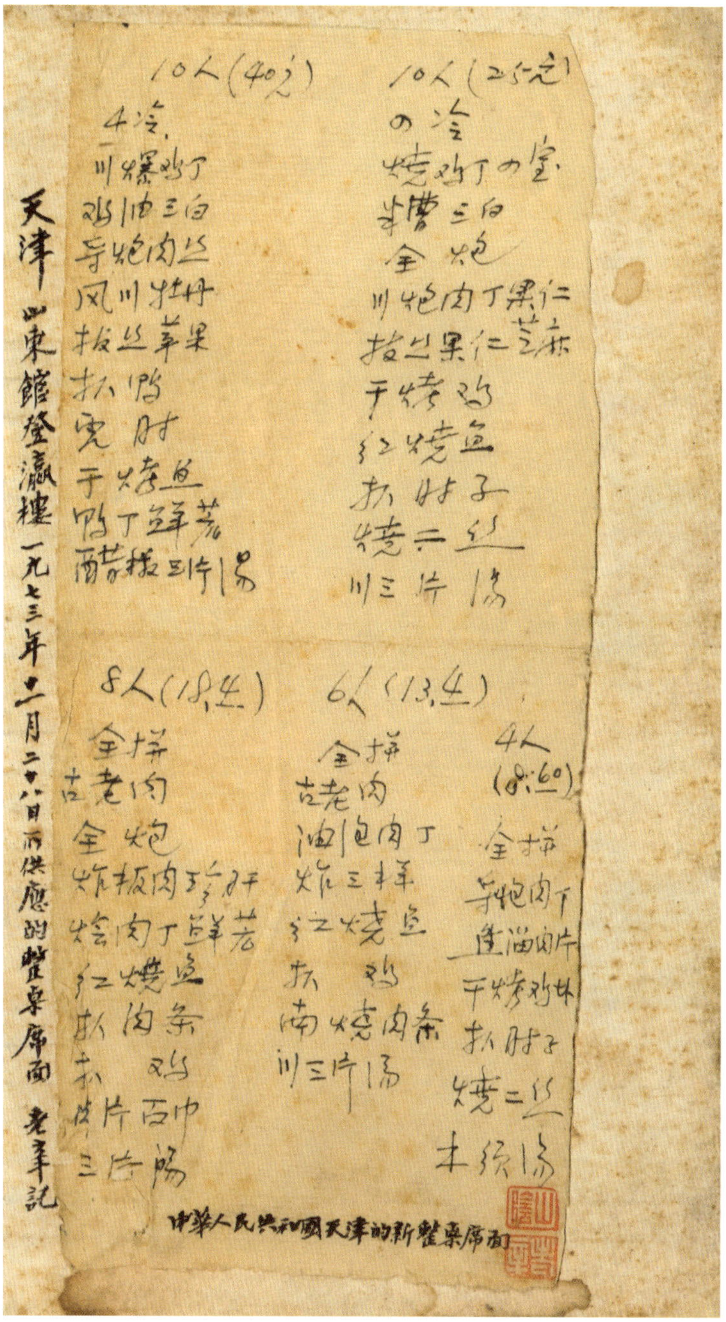

天津山東館登瀛樓一九七三年十一月二十八日所供應的整桌席面 老革記

10人（40元）
4冷
川爆鸡丁
鸡油三白
芽炮肉丝
风川牡丹
拔丝苹果
扒鸭
兜肘
干烧鱼
鸭丁鲜蘑
醋椒三片汤

10人（25元）
四冷
烧鸡丁四宝
糟三白
全炮
川炮肉丁果仁
拔丝果仁芝麻
干烧鸡
红烧鱼
扒肘子
烧二丝
川三片汤

8人（18.5）
全拼
古老肉
全炮
炸板肉珍肝
烩肉丁鲜蘑
红烧鱼
扒肉条
扒鸡
皮片西巾
三片汤

6人（13.5）
全拼
古老肉
油泡肉丁
炸三样
红烧鱼
扒鸡
南烧肉条
川三片汤

4人（8.60）
全拼
芽炮肉丁
鱼溜肉片
干烧鸡块
扒肘子
烧二丝
木须汤

中華人民共和國天津的新整桌席面

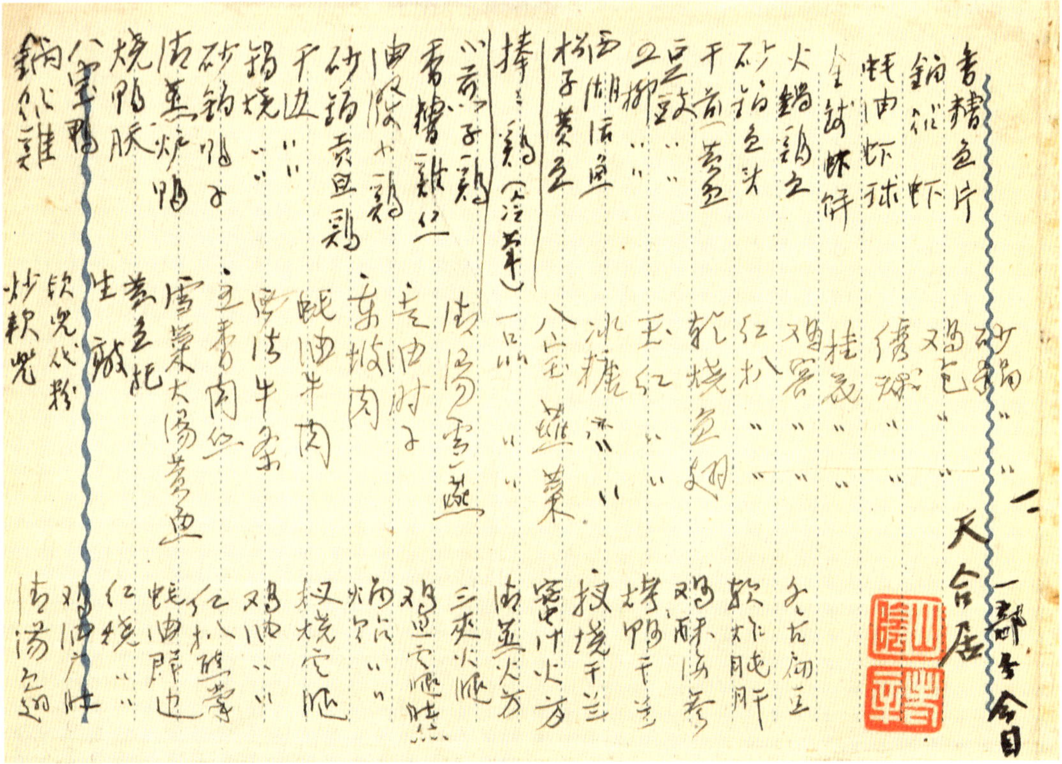

二

一部今日

天合居

香糟鱼片　砂锅〃

锅塌虾　鸡包〃

蚝油虾球　传拨〃

金钱虾饼　挂炉〃　冬菇扁豆

火锅鸡丝　鸡蓉〃

砂锅鱼头　红扒〃　软炸腰肝

干煎黄鱼　干烧鱼翅　鸡酥海参

豆豉〃　玉红〃　烤鸭干丝

五柳〃　冰糖〃　拔丝干丝

西湖醋鱼　八宝燕菜　蜜汁火方

松子黄鱼　一品〃　清蒸火方

棒棒鸡（以上冷荤）

八宝子鸡　清汤雪燕　三夹火腿

香糟鸡红　红油肘子　鸡豆花

油淋小鸡　东坡肉　焖红〃

砂锅黄豆鸡　蚝油牛肉　叉烧火腿

干边〃　清炖牛条　鸡腿〃

锅烧〃　青椒肉丝　红扒熊掌

砂锅鸭子　雪菜大汤黄鱼　蚝油鸭边

清蒸炉鸭　黄鱼托　红烧〃

烧鸭肽　生鱿　鸡油广肚

八宝鸭　软兜代粉

锅塌鸡　炒软兜　清汤鱼翅

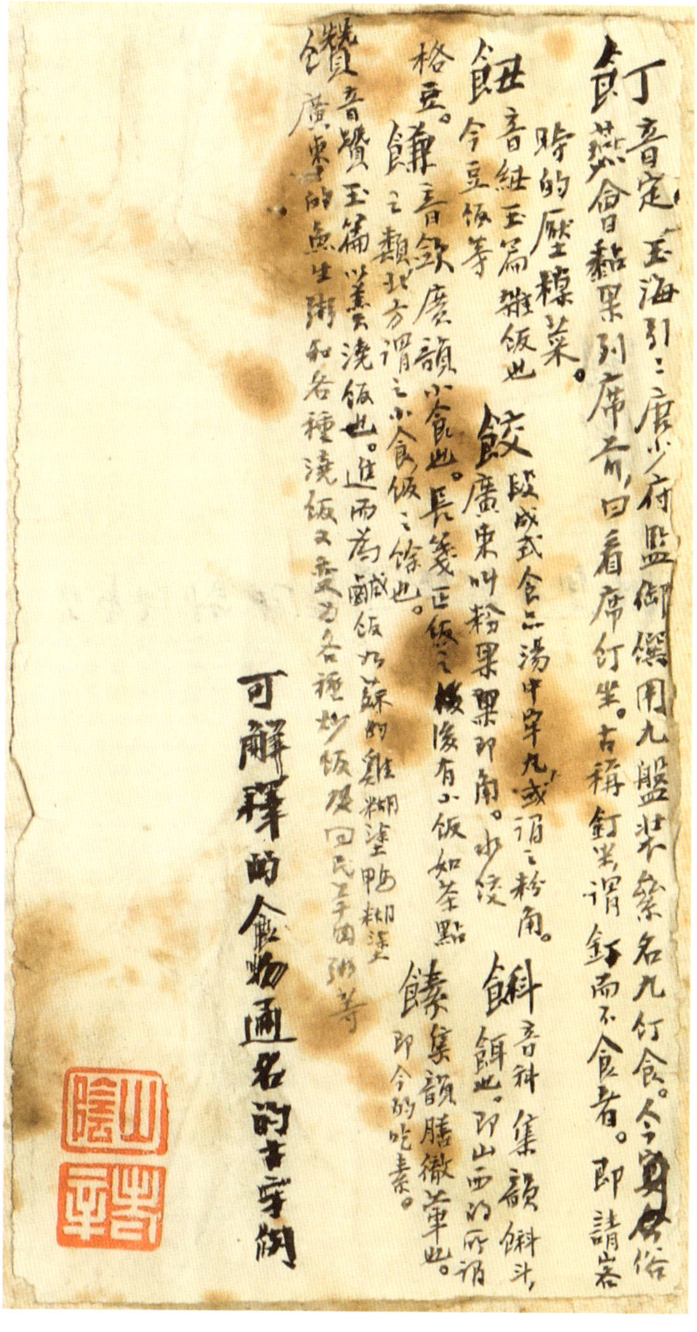

飣 丁音定。玉海引之唐少府監御饌用九盤裝纍，名九飣食。今寧俗燕會黏果列席前，曰看席飣坐。古稱飣坐，謂飣而不食者。即請客時的壓桌菜。

餖 音紐 玉篇 雜飯也 今豆飯等格豆。

餑 音欽 廣韻 小食也。長箋 正飯之後有小飯如茶點之類，北方謂之小食，飯之餘也。

餃 段成式食品湯中牢丸，或謂之粉角。廣東叫粉果，粿即角。北餃

餜 音科 集韻 餜斗，餜也。即山西的所謂

餸 集韻 膳徹葷也。即今所吃素。

饡 音贊 玉篇 以羹澆飯也。進而為鹹飯，如蘇州的雞粥塗鴨粥塗，廣東的魚生粥和各種澆飯，又變為各種炒飯，及回民羊肉粥等

可解釋的食物通名的古字例

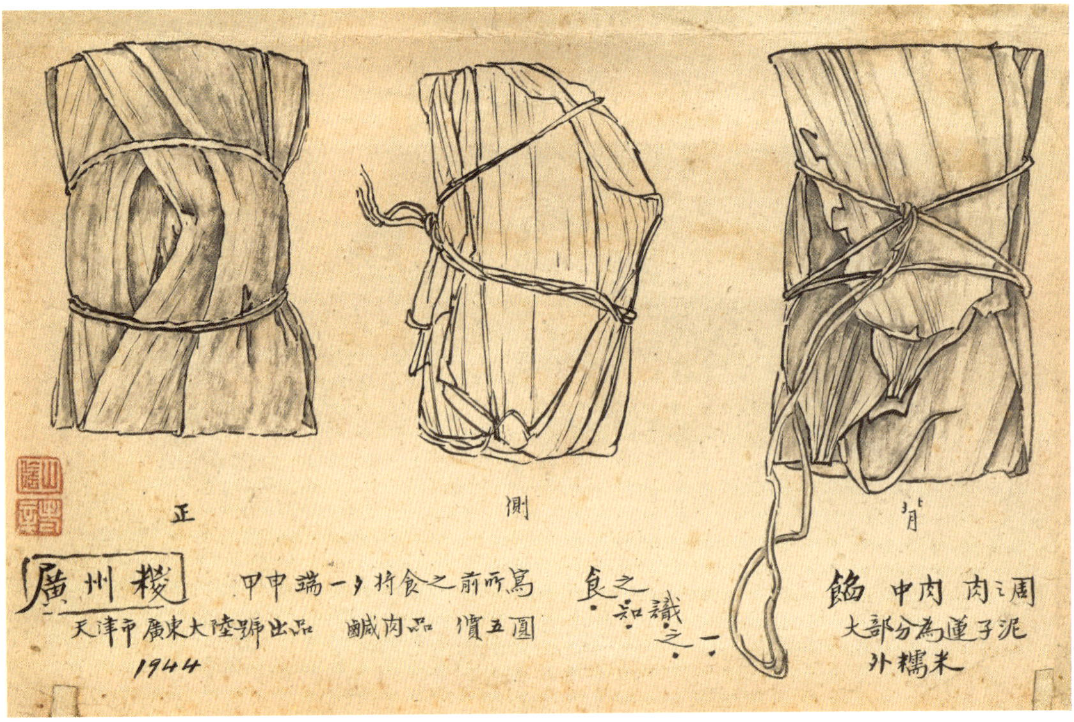
正
側
背
廣州粽
甲申端一夕將食之前所寫
食之知識之一
天津市廣東大陸號出品 鹹肉品 價五圓
1944
餡 中肉 肉之周 大部分為蓮子泥
外糯米

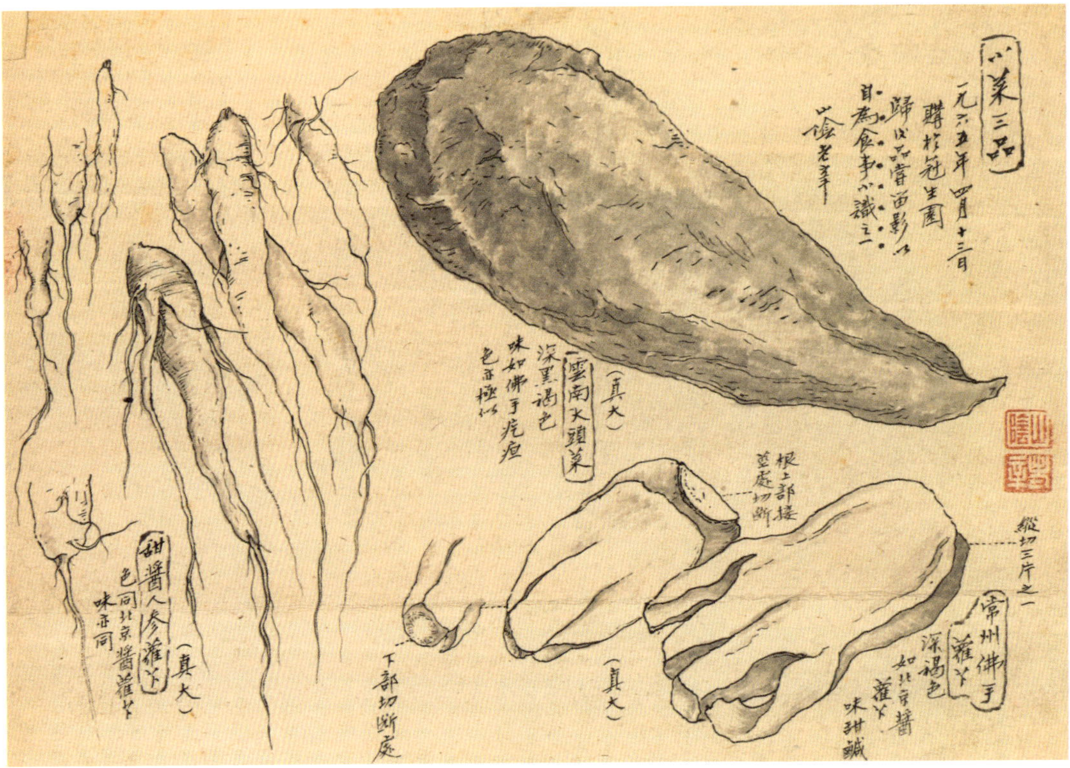
小菜三品
一九六五年四月十三日
購於冠生園
歸以此寫留影乃
自為食事小識之一
雲南大頭菜
(真大)
深黑褐色
味如佛手疙瘩
色亦極似
根上部接
莖處切斷
縱切三片之一
常州佛手蘿卜
深褐色
如北京醬
蘿卜
味甜鹹
(真大)
下部切斷處
甜醬人參蘿卜
(真大)
色同北京醬蘿卜
味亦同

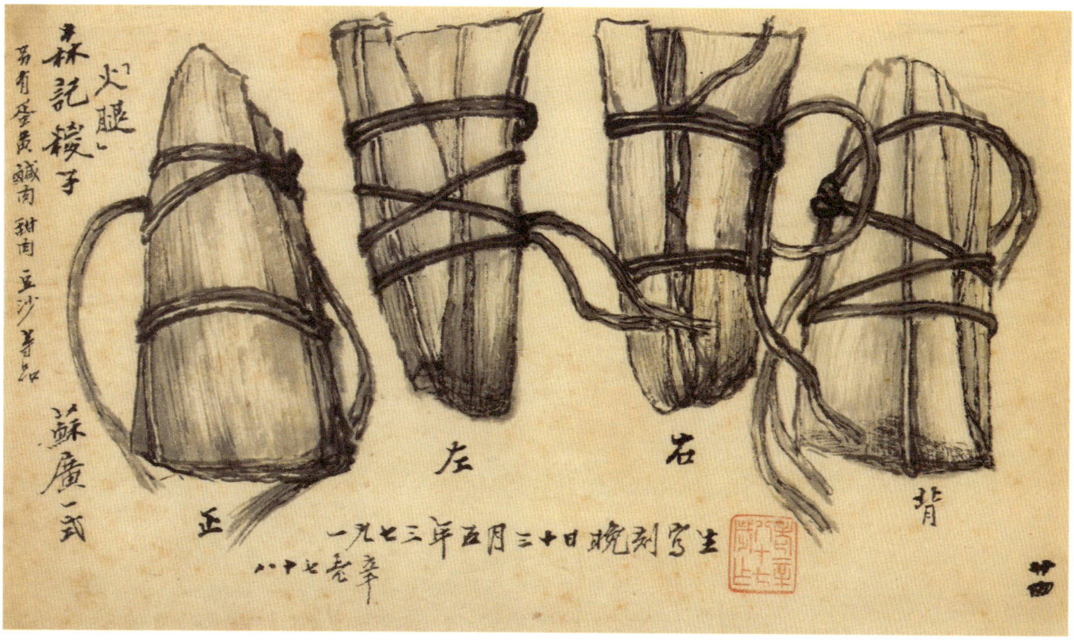
森記粽子
火腿
蘇廬一試
正
左
右
背
一九七三年五月三十日晚刻寫生

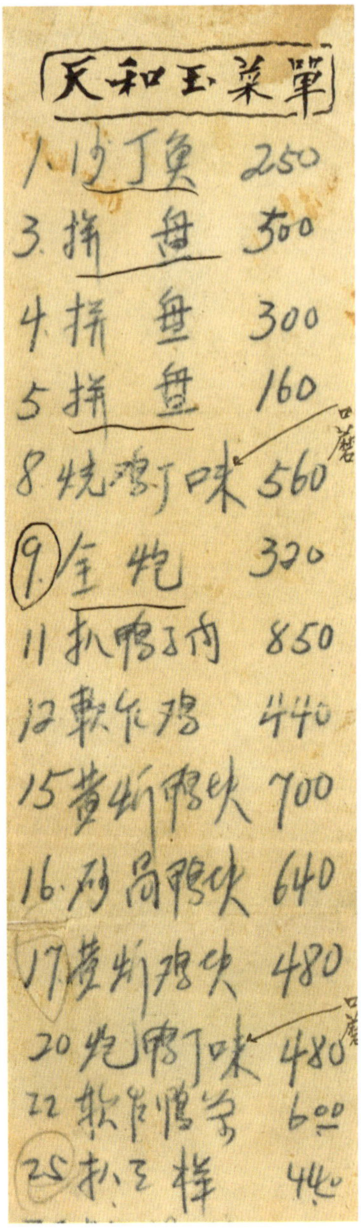
天和玉菜單
1. [illegible]丁鱼 250
3. 拼盘 500
4. 拼盘 300
5 拼盘 160
口蘑
8. 烧鸭丁口味 560
9. 全[illegible] 320
11 扒鸭子肉 850
12 软炸鸡 440
15 黄焖鸭块 700
16. 砂锅鸭块 640
17. 黄焖鸡块 480
口蘑
20 炮鸭丁口味 480
22 软炸鸭条 600
25 扒三样 440

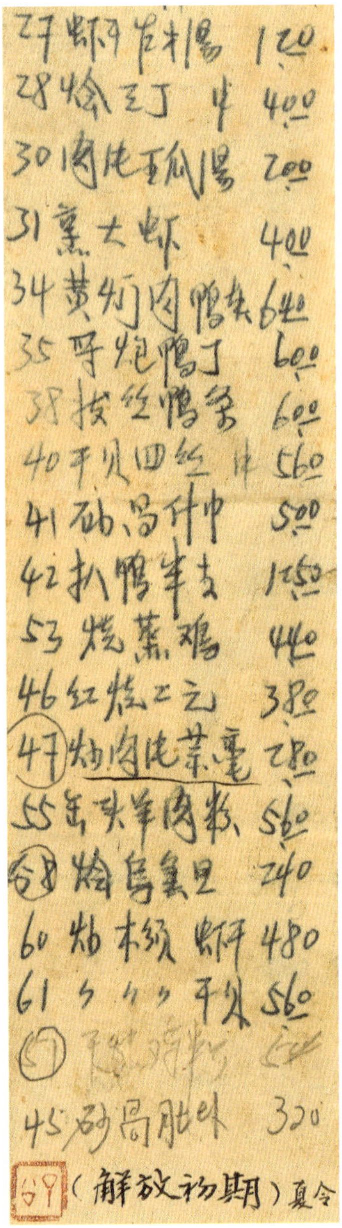
27 虾[illegible]汤 120
28 烩三丁 半 400
30 肉[illegible]汤 200
31 熏大虾 400
34 黄焖肉鸭条 640
35 [illegible]炮鸭丁 600
38 拔丝鸭条 600
40 干贝四丝 中 560
41 砂锅什锦 500
42 扒鸭半支 1050
53 烧蒸鸡 440
46 红烧[illegible] 380
47 [illegible] 280
55 [illegible]羊肉[illegible] 560
58 烩乌鱼蛋 240
60 炸木须虾 480
61 〃〃〃干贝 560
45 砂锅肚丝 320
（解放初期）夏令

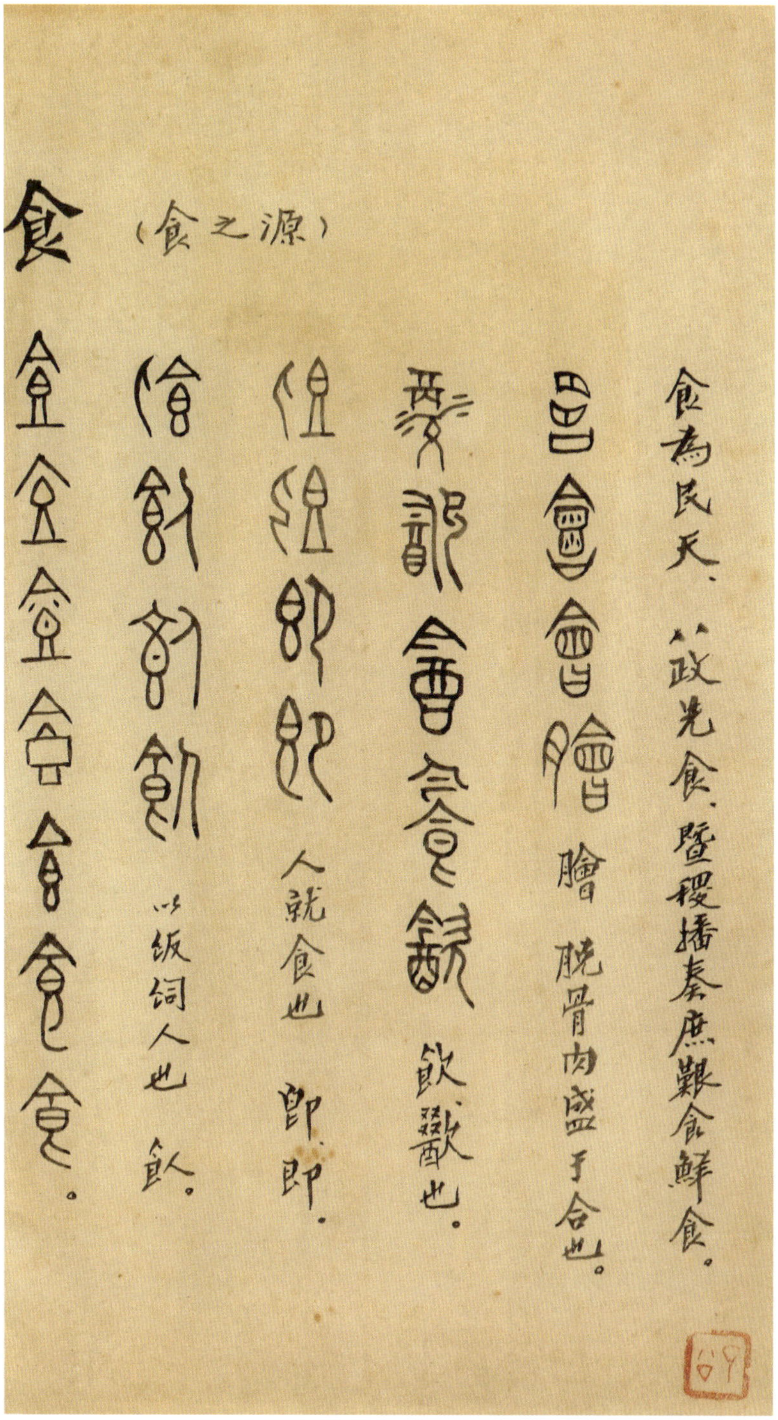
食（食之源）
食為民天。
政先食。暨稷播奏庶艱食鮮食。
膾
飲、歠也。
人就食也
即、即。
以飯飼人也
飤。

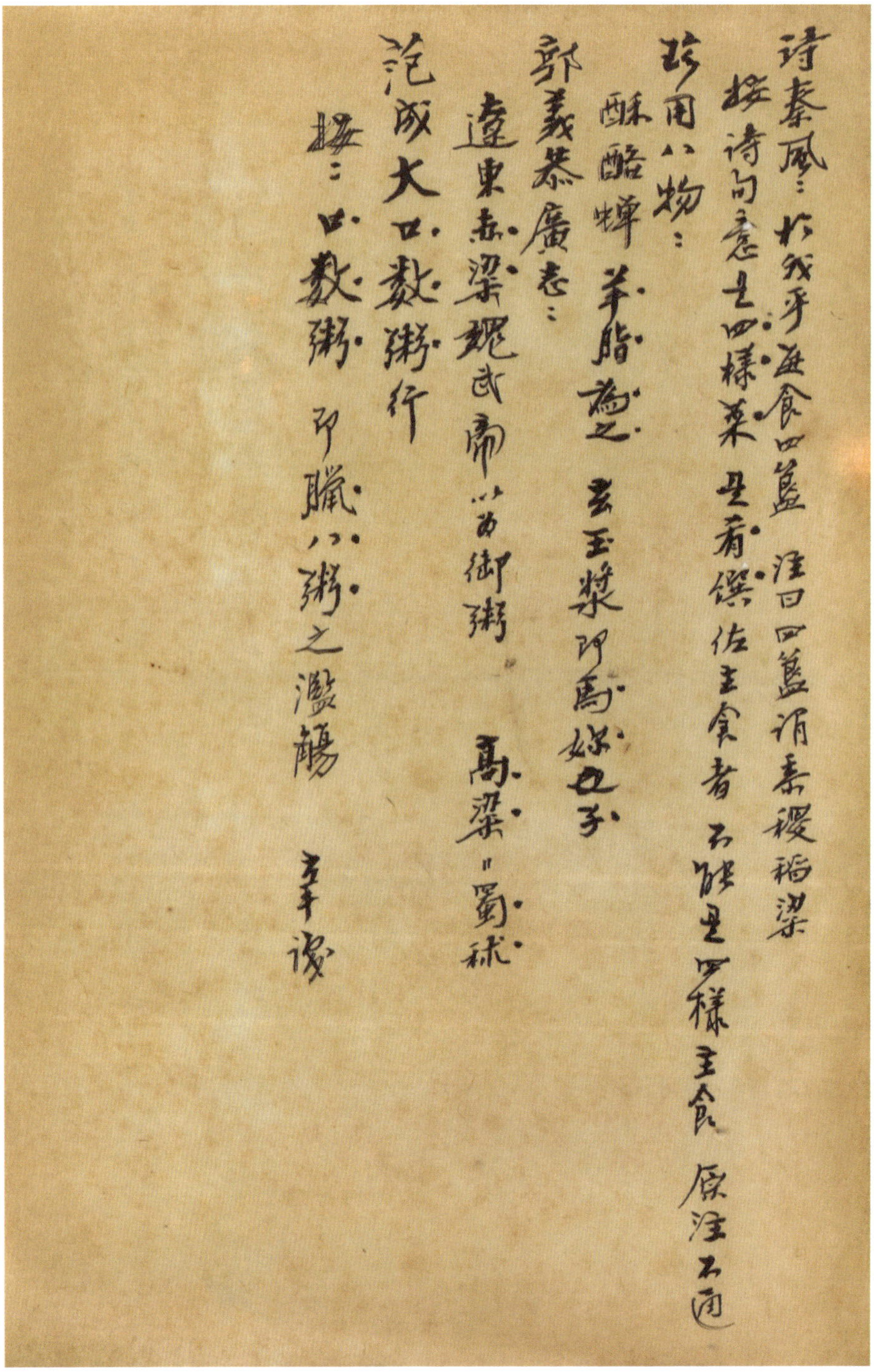
诗秦风：於我乎每食四簋　注曰四簋谓黍稷稻粱
按诗句意是四样菜　是肴馔佐主食者　不能是四样主食　原注不通
珍用八物：
酥酪蝉　羊脂鳖之　玄玉浆　即马奶子
郭义恭广志：
辽东赤粱　魏武帝以为御粥　高粱、蜀秫
范成大口数粥行
按：口数粥　即腊八粥之滥觞

夹页一，横169毫米，纵109毫米，影印时略有缩放。

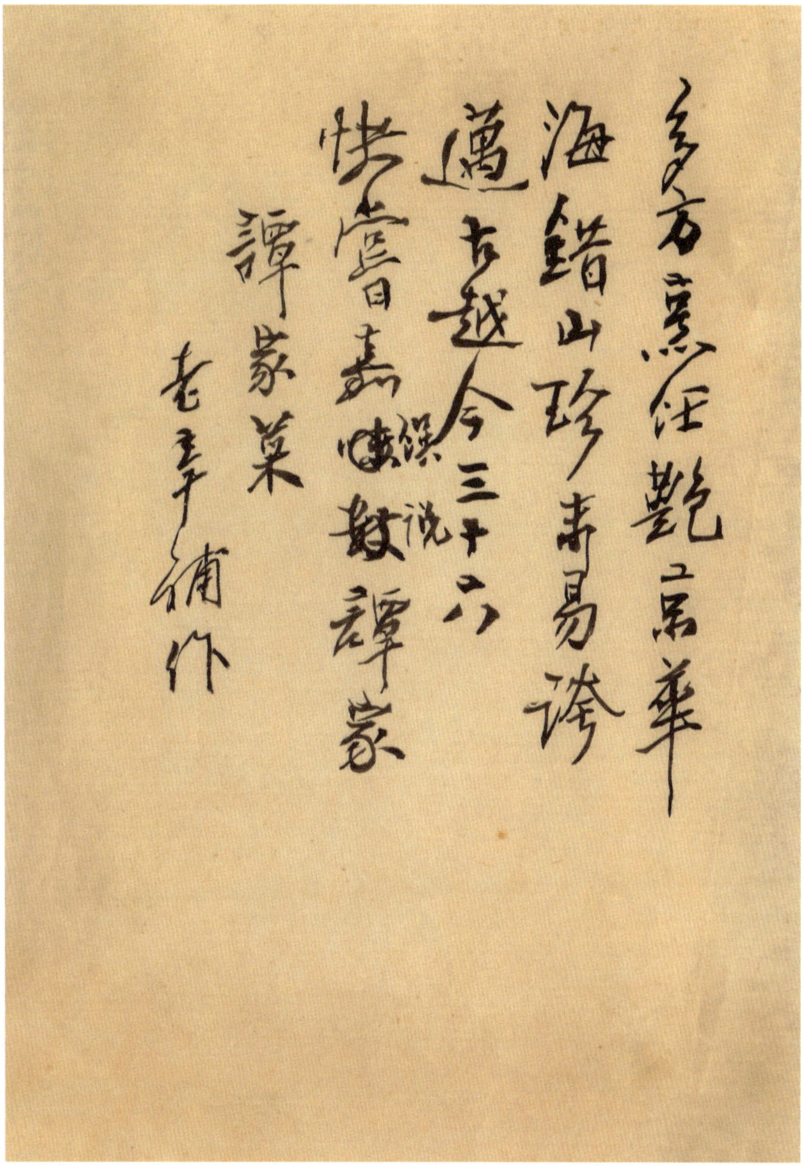

夹页二，横139毫米，纵98毫米，影印时略有缩放。

食事杂诗

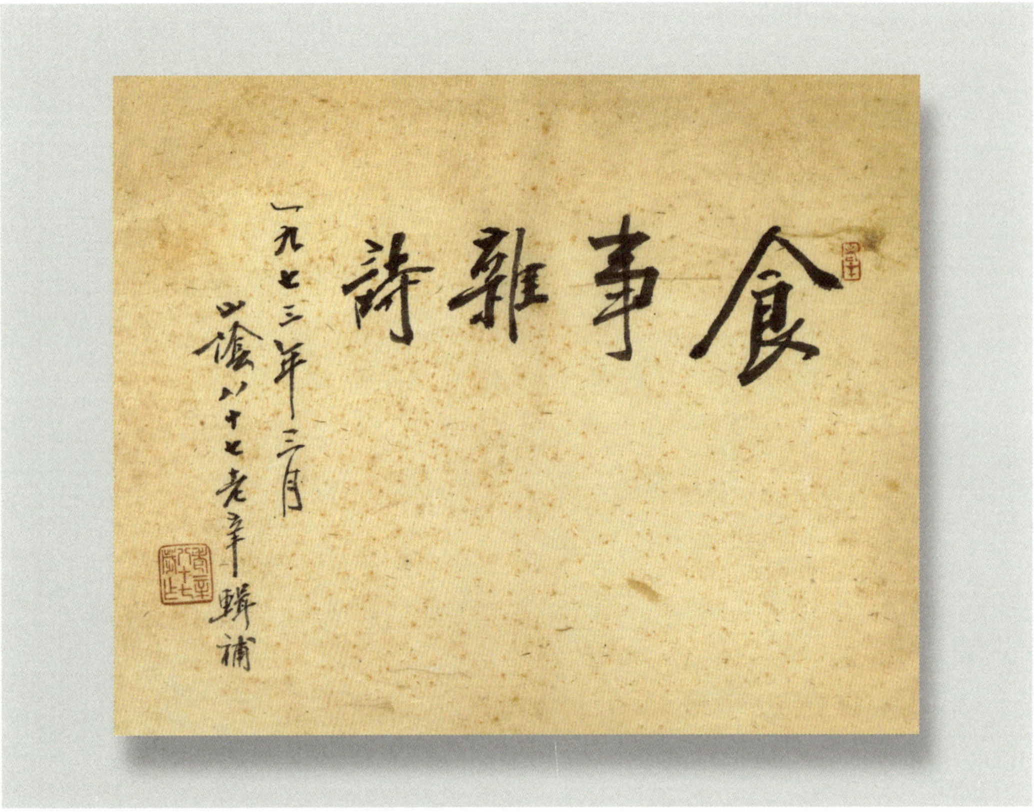

手稿横261毫米、纵202毫米，共计51页，影印时略有缩放。

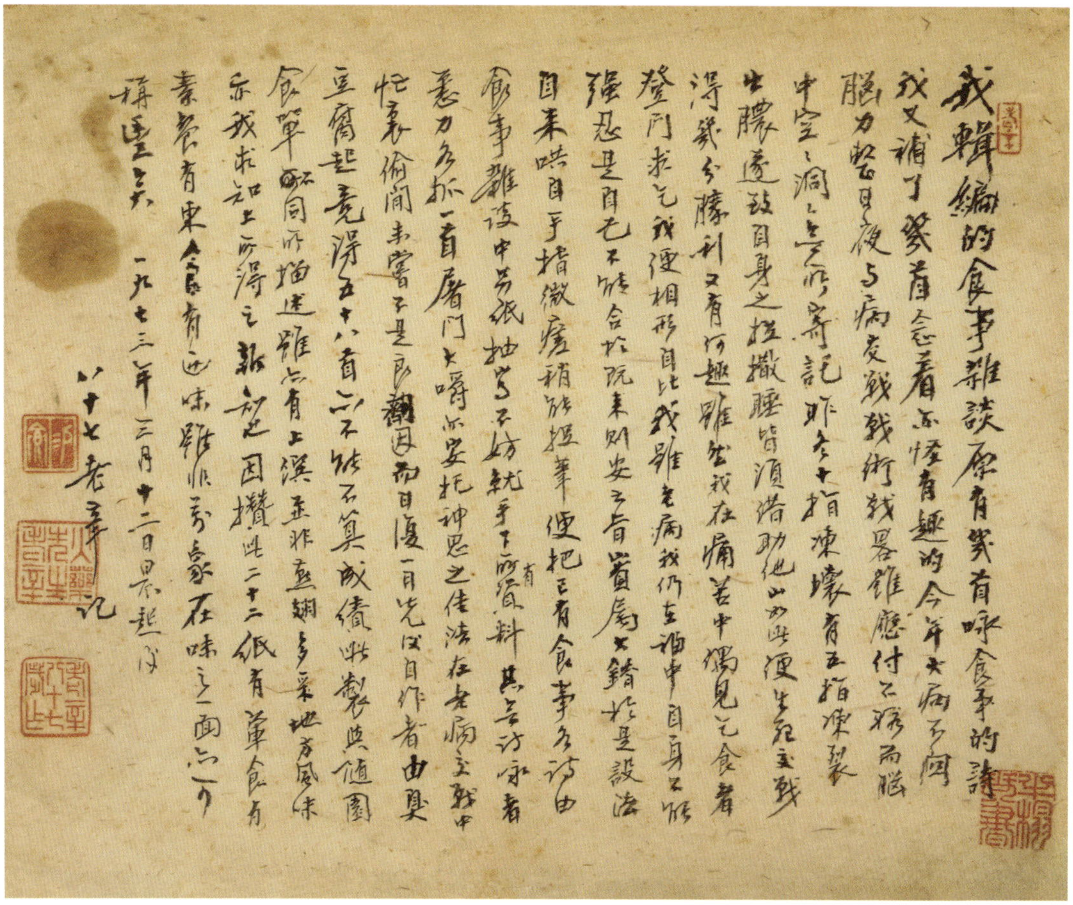

我輯編的食事雜談原有幾首咏食事的詩
我又補了幾首念着亦怪有趣的今年大病之間
腦力整日夜與病爭我戰術戰略雖應付不孫而腦
中空空洞洞無所寄託昨今十指凍壞有五指凍裂
出膿遂致自身之起坐臥睡皆須借助他人如此便生死交戰
得幾分勝利又有何趣雖然我在痛苦中獨見乞食者
登門求乞我便相形自比我雖老病我仍在福中自身不能
強忍是自己不能合於既來則安之旨實屬大錯於是設法
自來哄自手指微癒稍能握筆便把已有食事各詩由
食事雜談中另紙抽寫不妨就手下所有資料其無詩咏者
慕力多拆一首屠門大嚼亦安托神思之佳法在老病交戰中
忙裏偷閒未嘗不是良劑因而日復一日先從自作者由奠
豆腐起竟得五十八首亦不能不算成績然製與隨園
食單所同所描述雖亦有上選並非盡蝴多采地方風味
亦我求知上所得之新知因攢此二十二紙有葷食有
素食有東今各有迹味雖非寫家在味之一面亦可
稱還之矣 一九七三年三月十二日晨起以
八十七老辛記

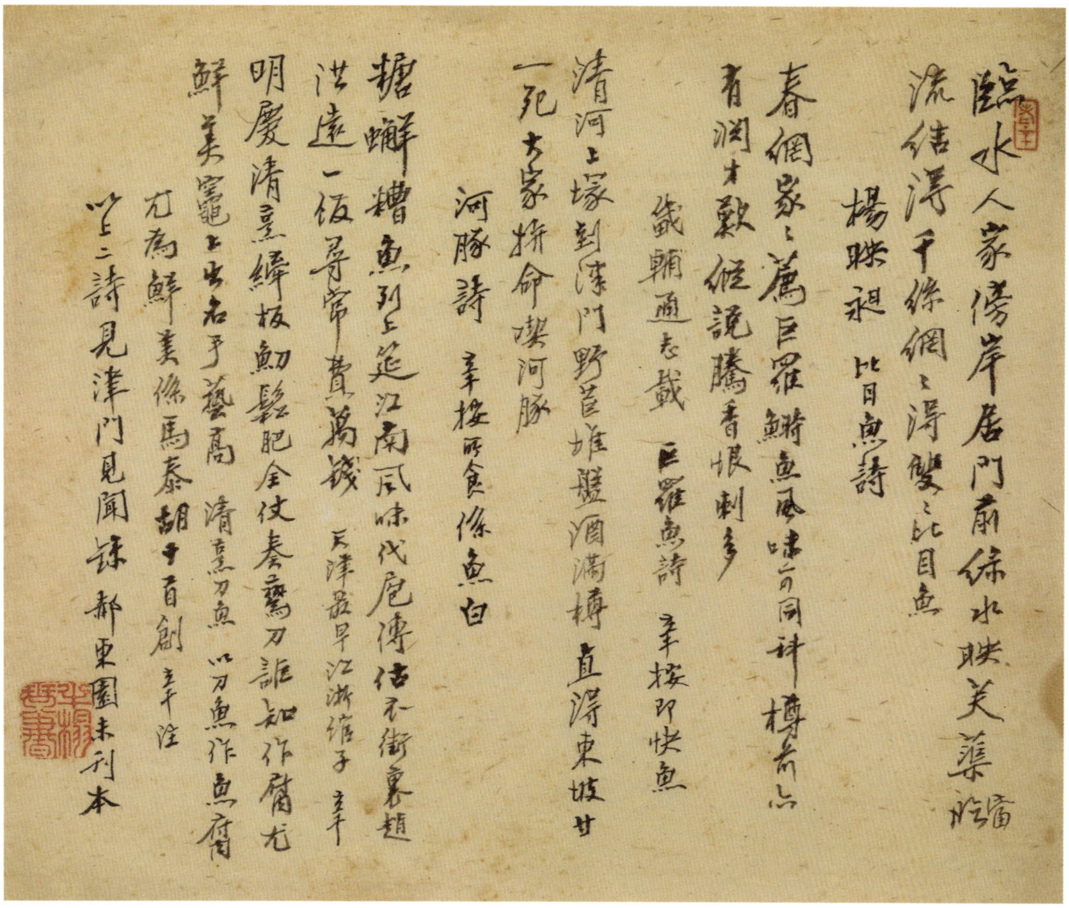

臨水人家傍岸居門前綠水映芙蕖
流結得千絲網網網得雙雙比目魚
楊聯祖 比目魚詩
春網家家薦巨羅鯽魚風味亦同科樽前亦
有淵才歎縱說騰香恨刺多
錢輔通志載 巨羅魚詩 辛按即快魚
清河上塚到津門野菌堆盤酒滿樽直得東坡甘
一死大家拼命喫河豚
河豚詩 辛按所食係魚白
糟鯽糟魚列上筵江南風味代庖傳估衣街裏趙
洪遠一飯尋常費萬錢 天津最早江浙館子 辛
明慶清烹鱘板鮰鬆肥全仗奏鸞刀誰知作膾尤
鮮美饞亦名手藝高 清烹刀魚 以刀魚作魚膾
尤為鮮美係馬泰胡十首創 辛注
以上二詩見津門見聞錄 郝東園未刊本

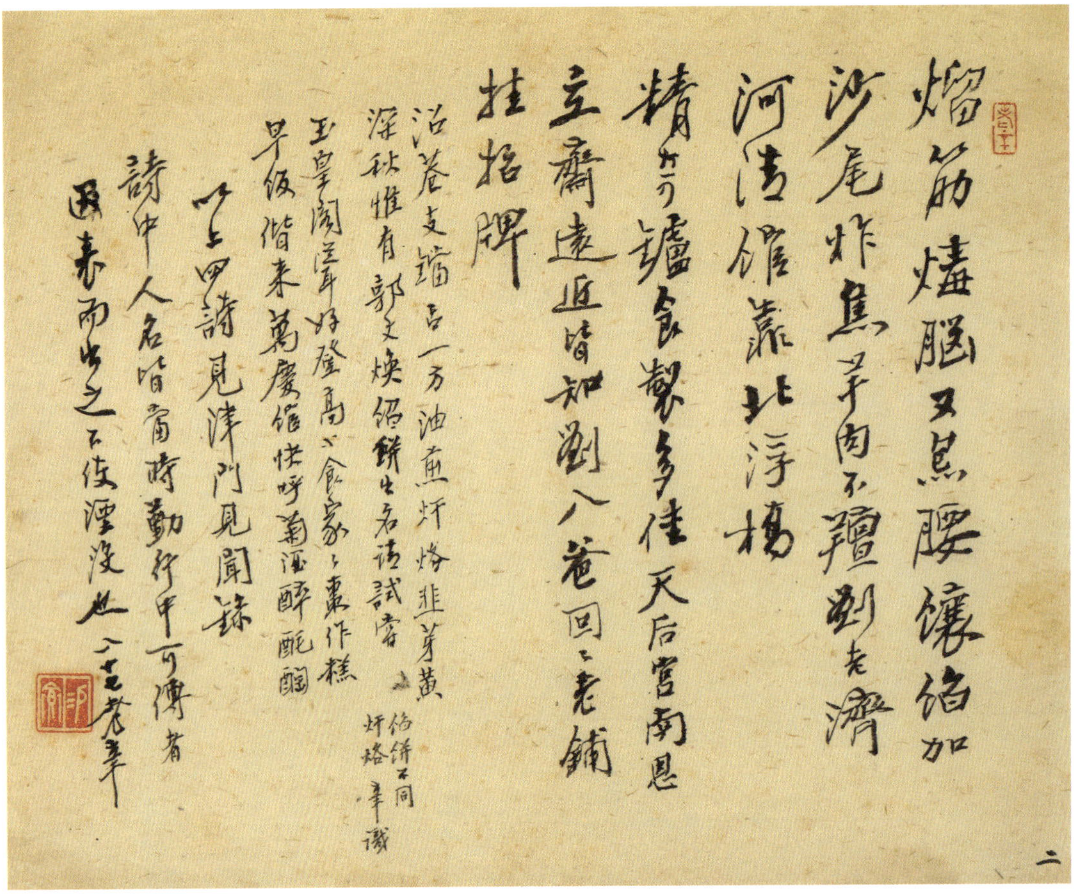

熘筋燒腦又燕腰鑲餡加
沙尾炸焦羊肉不羶劉老濟
河清館靠北浮橋
精於鑪食製多佳 天后宮南恩
立齋遠近皆知劉八爺回回老鋪
桂招牌
沾蒼支鑪占一方油煎炸烙韭芽黄
深秋惟有郭文煥餡餅出名請試嘗 餡餅不同炸烙 羊識
玉皇閣酒年年好登高高食家家棗作糕
早飯皆來萬慶館快呼蒲酒醉酕醄
以上四詩見津門見聞錄
詩中人名皆當時勤行中可傳者
逐表而出之不使湮沒也 八十七老人羊
二

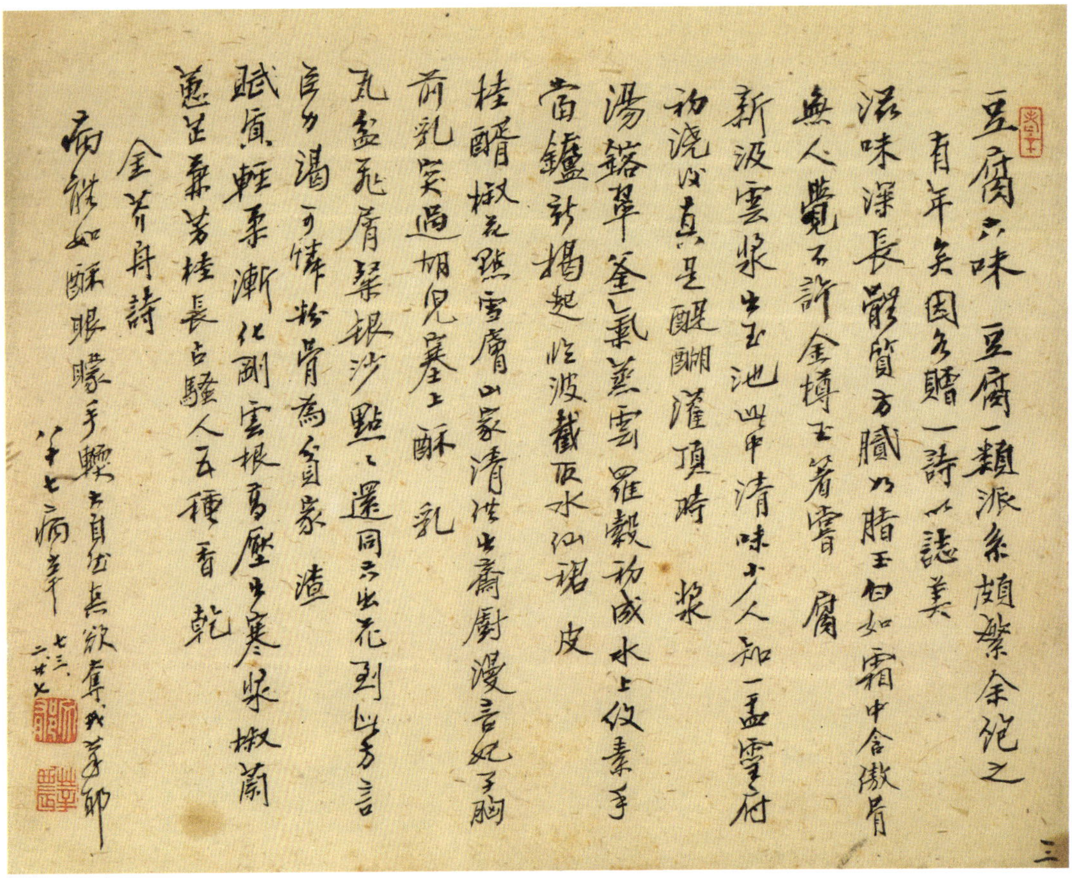

豆腐六味 豆腐一類派系頗繁余飽之
有年矣因各贈一詩以誌美
滋味深長嚴質方臓乃腊玉白如霜中含傲骨
無人覺不許金樽玉箸嘗 腐
新汲雲漿出玉池此中清味少人知一盂雪府
初澆似真是醍醐灌頂時 漿
湯鎔翠釜氣蒸雲羅縠初成水上紋素手
當鑪新揭起恰波截取水仙裙 皮
桂醑椒花點雪膚山家清供出齋廚漫言妃子胸
前乳突過胡兒塞上酥 乳
瓦盞飛層翠銀沙點點還同六出花到口方言
廣多渴可憐粉骨為貧家 渣
賦質輕柔漸化剛雲根高壓出寒漿椒蘭
蕙芷兼芳桂長占騷人五種香 乾
金芥舟詩
病餘如酥眼朦手顫未自知其欲奪我芳卿
八十七病羊 七三、二廿七
三

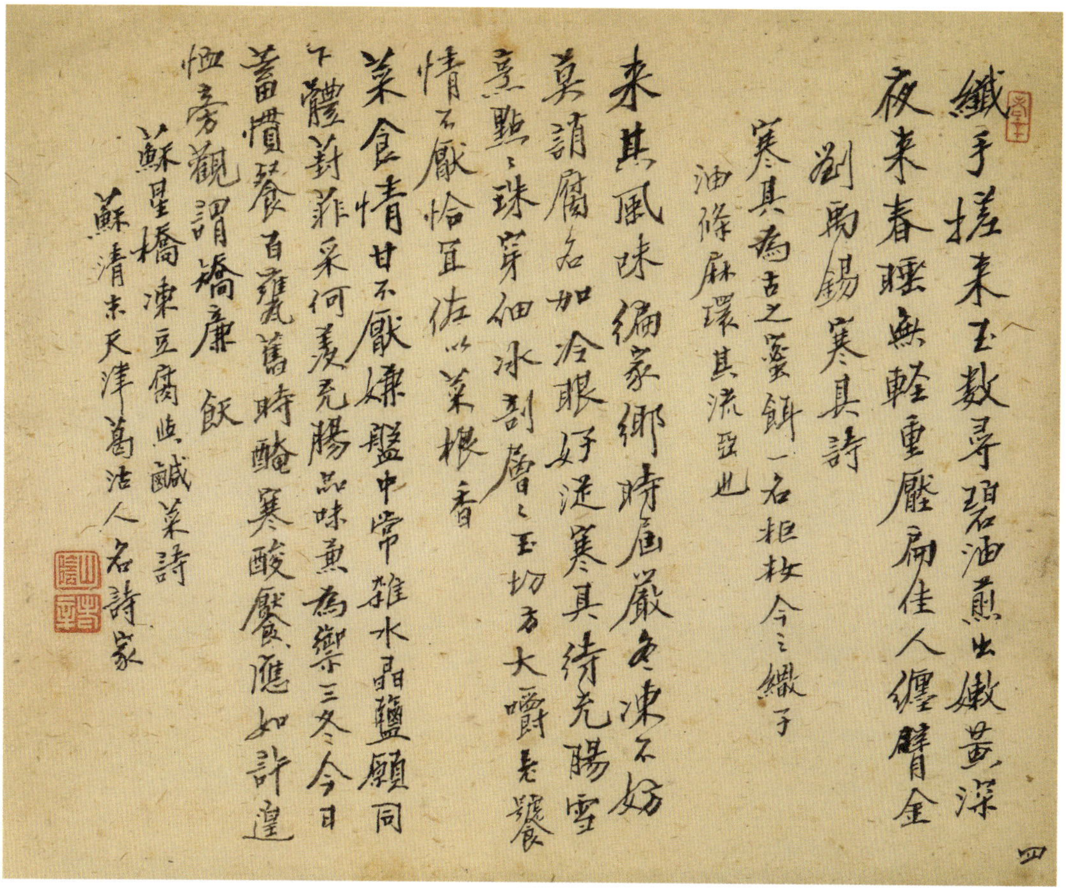

纖手搓來玉數尋，碧油煎出嫩黃深。夜來春睡無輕重，壓扁佳人纏臂金。

劉禹錫寒具詩

寒具為古之蜜餌，一名粔籹，今之饊子、油條、麻環，其流亞也。

來其風味徧家鄉，時屆嚴冬凍不妨。莫謂腐名加冷眼，好從寒具侍羌腸。雪豆點點珠穿細，冰剖層層玉切方。大嚼足饕情不厭，恰宜佐以菜根香。

菜食情甘不厭嫌，盤中常雜水晶鹽。顧同下體葑菲采，何羨羌腸品味兼。為禦三冬今日蓄，慣登食百甕舊時醃。寒酸饜飽應如許，遑恤旁觀謂矯廉。

蘇星橋凍豆腐與鹹菜詩

蘇清末天津葛沽人，名詩家

四

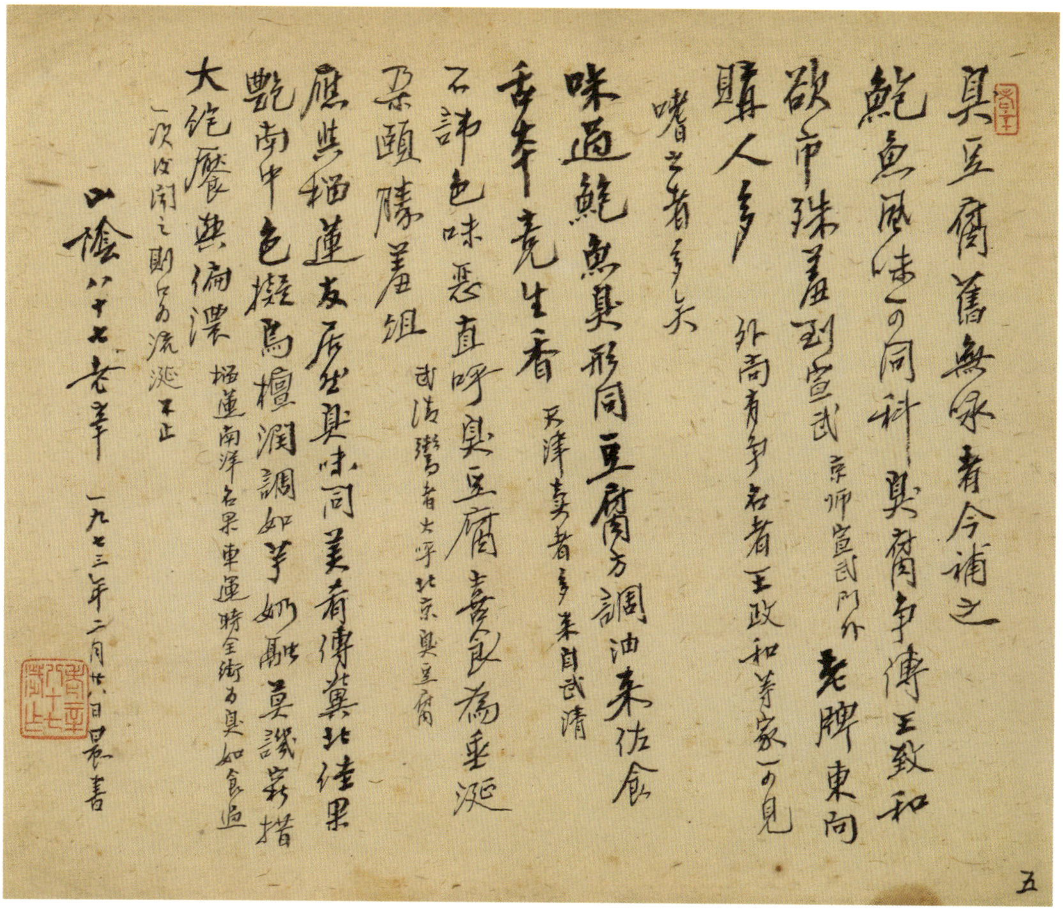

臭豆腐舊無咏者今補之

鮀魚風味正同科，臭腐爭傳王致和。欲市殊羞到宣武（京師宣武門外），老牌東向購人多。

外商有爭名者王致和等家可見

嗜之者多矣

味過鮀魚臭，形同豆腐方。調油來佐食，香奪羌生香（天津嗜者多來自武清）。不論色味惡，直呼臭豆腐，嘉良為垂涎（武清嗜者大呼北京臭豆腐）。朵頤勝羞俎。

應與榴蓮友，居然臭味同。羨看傳冀北，佳果豔南中。色擬烏檀潤，調如羊奶融。莫譏窮措大，饞饜興偏濃（榴蓮南洋名果，車運時全街為臭，如食過一次，後聞之則口為流涎不止）。

山陰八十七老峯

一九七三年二月廿六日晨書

五

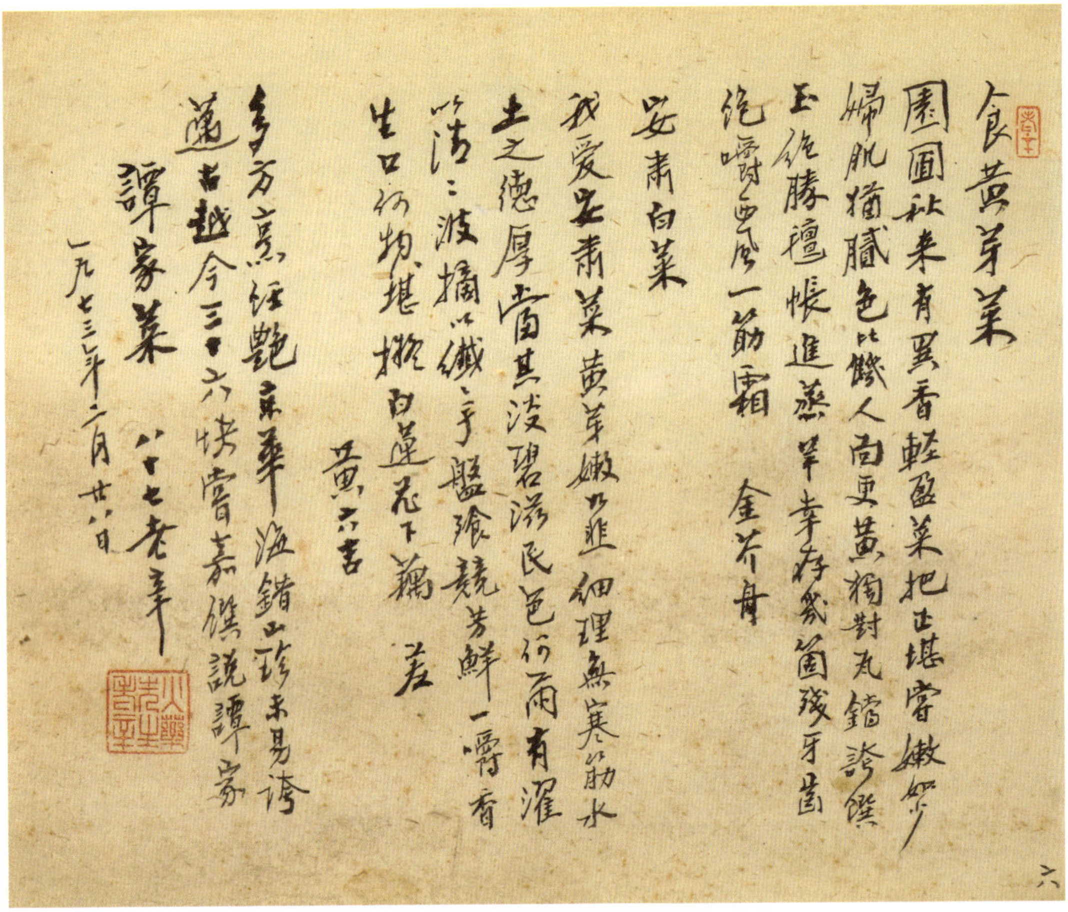
食黃芽菜
園圃秋來有異香輕盈菜把正堪嘗嫩如
婦肌猶膩色比餳人尚更黃獨對丸鐺誇饌
玉絕勝氈帳進蒸羊年來存幾箇殘牙齒
絕嚼西風一筋霜 金芥舟
安肅白菜
我愛安肅菜黃芽嫩如韭細理無寒筋水
土之德厚當其淡碧滋民色何兩有濯
以清清波摘以纖纖手盤飧競芳鮮一嚼香
生口何物堪擬白蓮花下藕 差
苗子書
多方烹飪艷京華海錯山珍未易誇
邁古越今三十六快嘗嘉饌說譚家
譚家菜 八十七老年
一九七三年二月廿八日
六

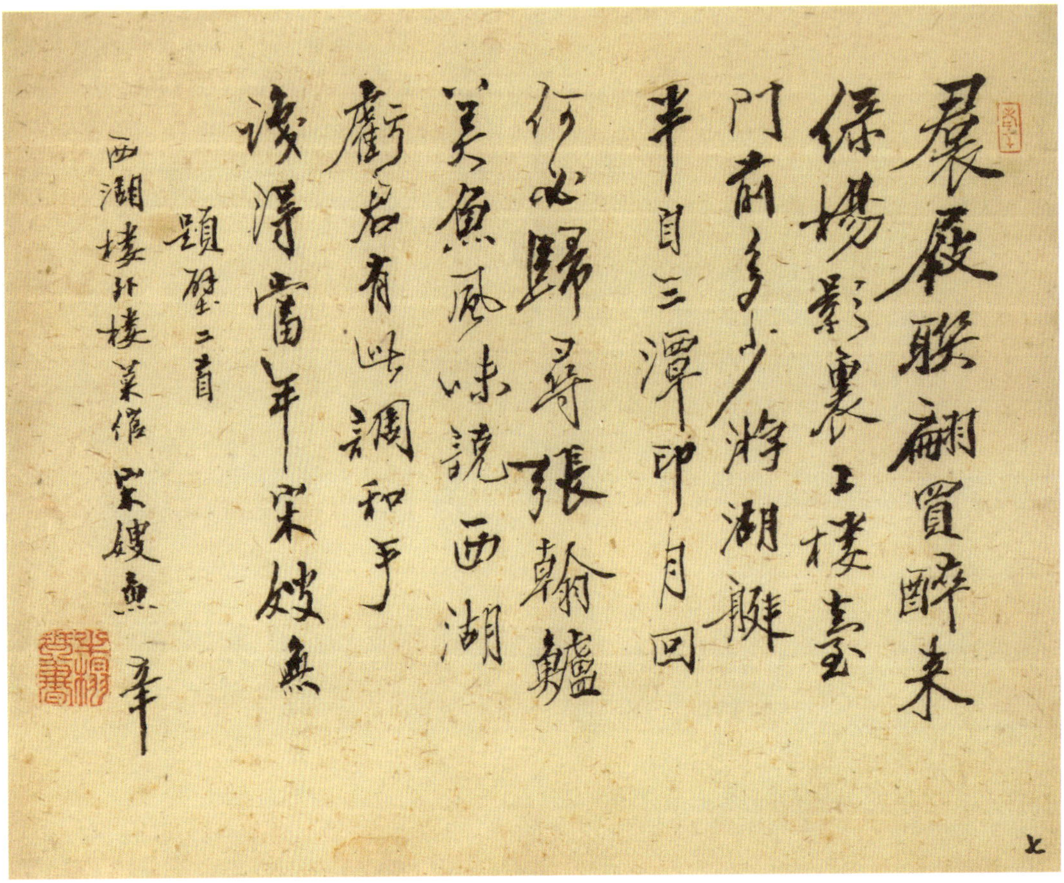
晨履聯翩買醉來
綠楊影裏上樓臺
門前多少游湖艇
半自三潭印月回
何必歸尋張翰鱸
美魚風味說西湖
虧君有此調和手
識得當年宋嫂無
題壁二首
西湖樓外樓菜館 宋嫂魚 年
七

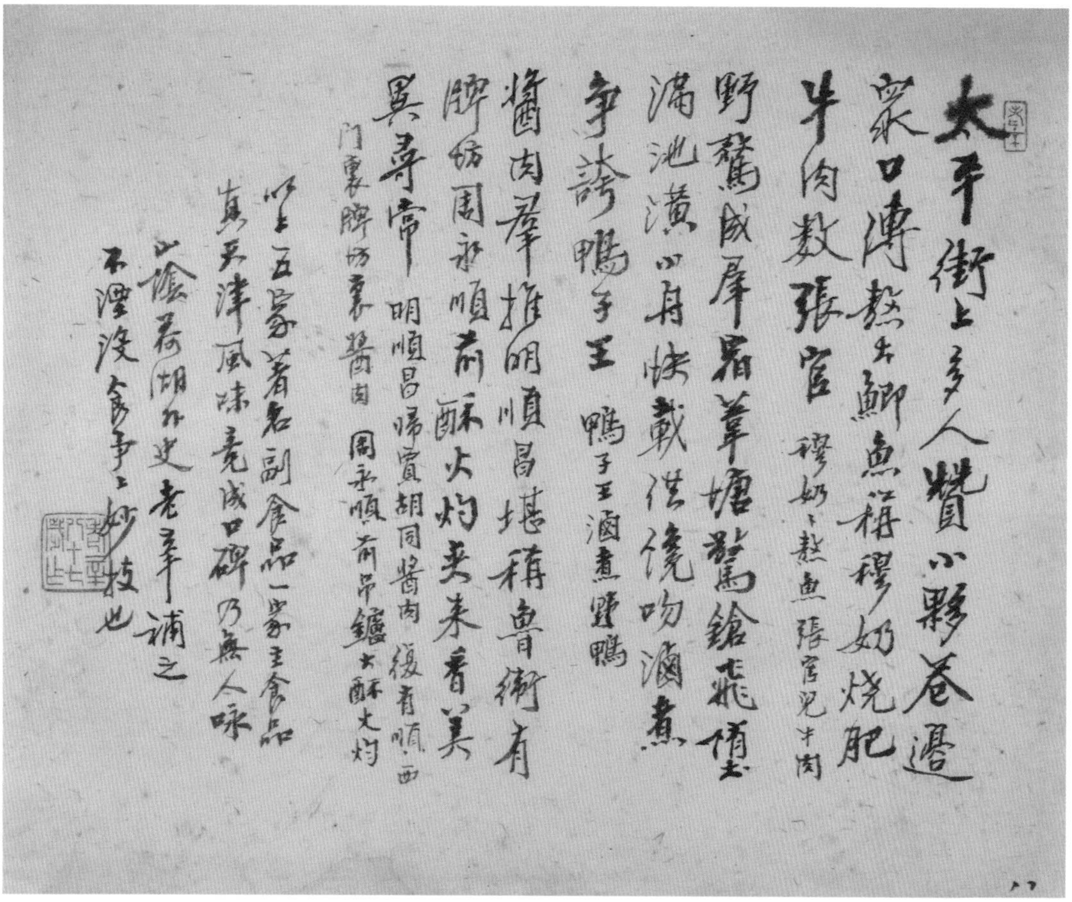
太平街上多人贊，小彩巷邊
衆口傳。熬小鯽魚稱穆奶，燒肥
牛肉數張官。穆奶奶熬魚 張官兒牛肉
野鶩成群眉草塘，鶩鶬飛墮
滿池潢。小舟快載供饒吻，鹵煮
爭誇鴨子王。鴨子王鹵煮野鴨
醬肉群推明順昌，堪稱鼓街有
牌坊。周永順荷酥火灼，來看異
異尋常。明順昌歸賈胡同醬肉 復有順西
門裏牌坊裏醬肉 周永順荷包鑪火酥火灼
以上五家著名副食品（一家主食品）
真天津風味，竟成口碑，乃無人咏
山陰荷湖外史老年補之
不湮沒食手之妙技也

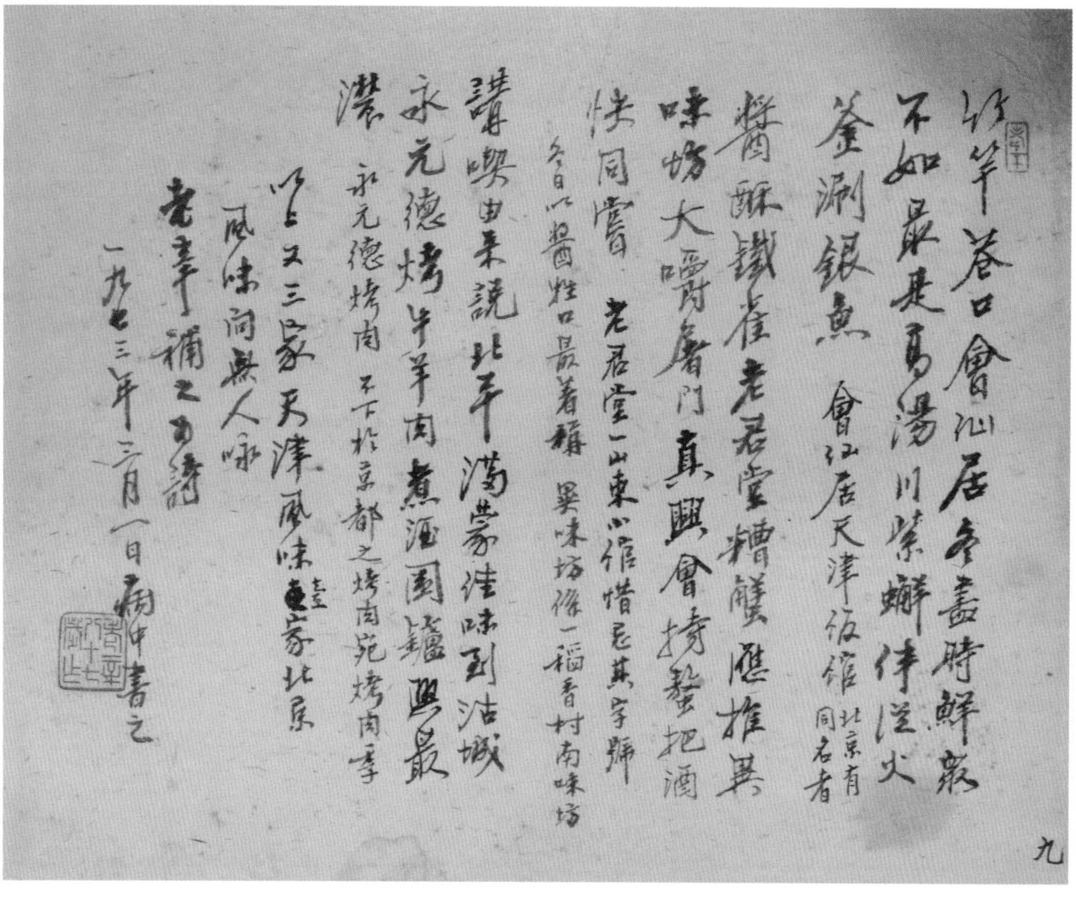
竹竿巷口會仙居，今盡時鮮衆
不如。最是高湯川紫蟹，佳從火
釜涮銀魚。會仙居天津飯館 北京有同名者
醬酥鐵雀老君堂，糟蟹堪推異
味坊。大嚼屠門真興會，擠盤把酒
快同嘗。老君堂一山東小館，惜忘其字號 異味坊係一稻香村南味坊
今日以醬牲口最著稱
講嘜由來說北平，滿蒙佳味到沽城。
永元德烤牛羊肉，煮酒圍爐興最
濃。永元德烤肉 不下於京都之烤肉宛烤肉季
以上又三家天津風味（一家北京
風味），向無人咏
老年補之而續詩
一九七三年三月一日病中書之

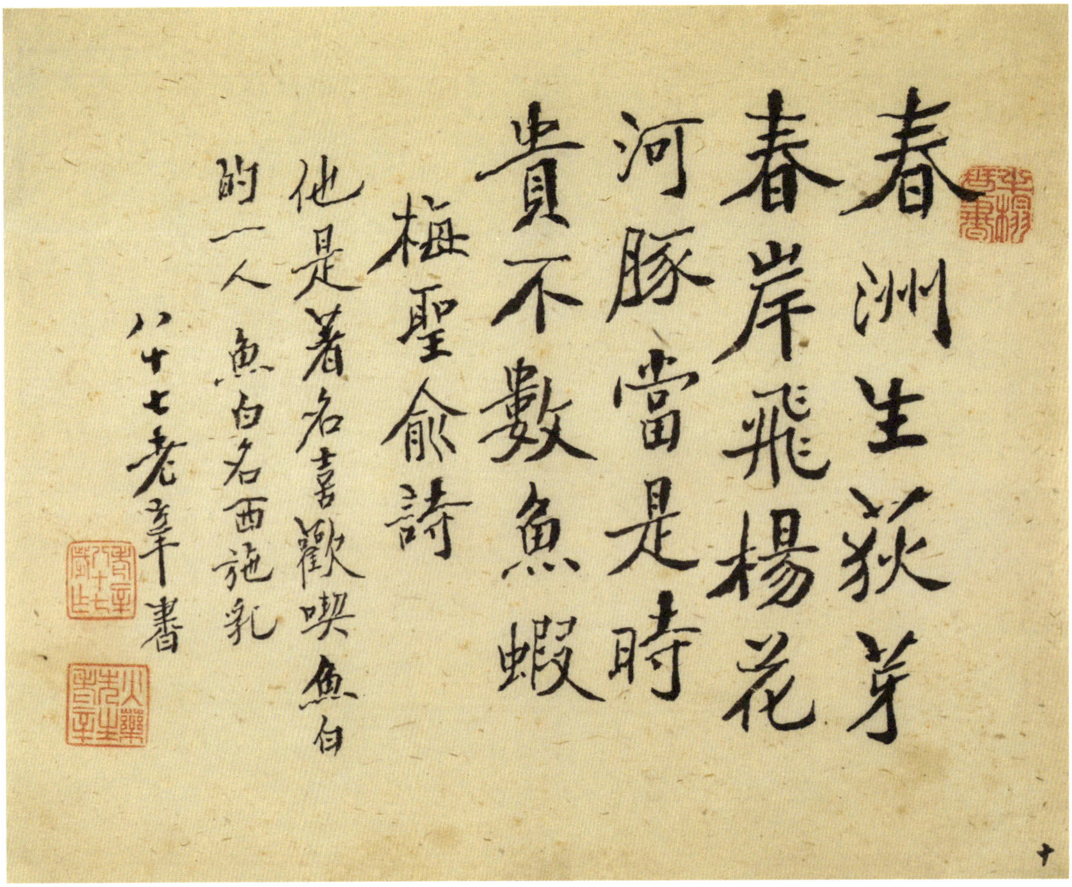
春洲生荻芽
春岸飛楊花
河豚當是時
貴不數魚蝦
梅聖俞詩
他是著名喜歡喫魚白
的一人　魚白名西施乳
八十七老辛書
十

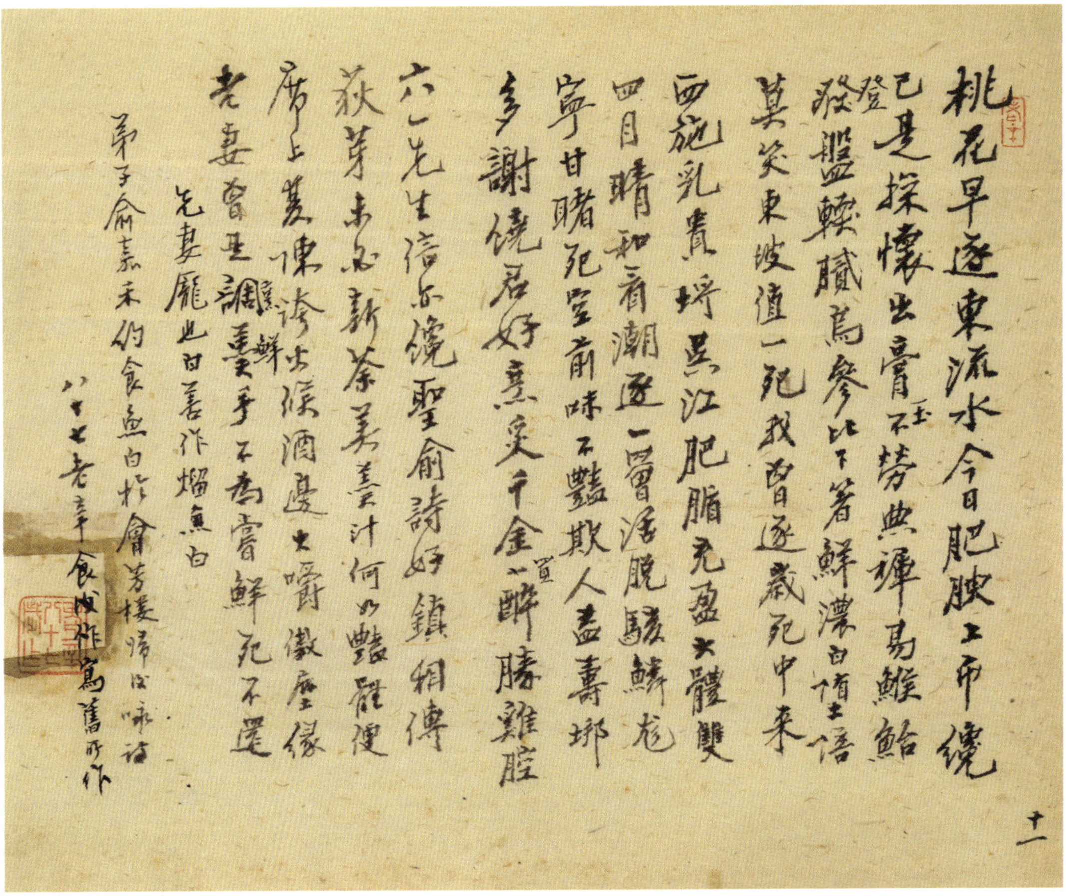
桃花早逐東流水今日肥腴上市饒
已登是探懷出膏乳不勞典褌易鯸鮐
豬盤鰾臟爲參比下箸鮮濃白首吾
莫笑東坡值一死我曾逐歲死中來
西施乳貴坍黑江肥腯充盈大體雙
四月晴和看潮逐一嘗活脫駭鱗龙
寧甘賭死空前味不豔欺人盡壽埗
多謝饒君好烹炙千金一醉勝雞腔
六一先生信可饒聖俞詩好鎮相傳
荻芽未有新茶美姜汁何如醋醬便
席上羨陳誇出撰酒邊大嚼傲塵緣
老妻嘗且調鮮手不爲嘗鮮死不還
先妻麗也甘善作燴魚白
弟子俞嘉禾約食魚白於會芳樓歸以咏詩
八十七老辛食後作寫舊所作
十一

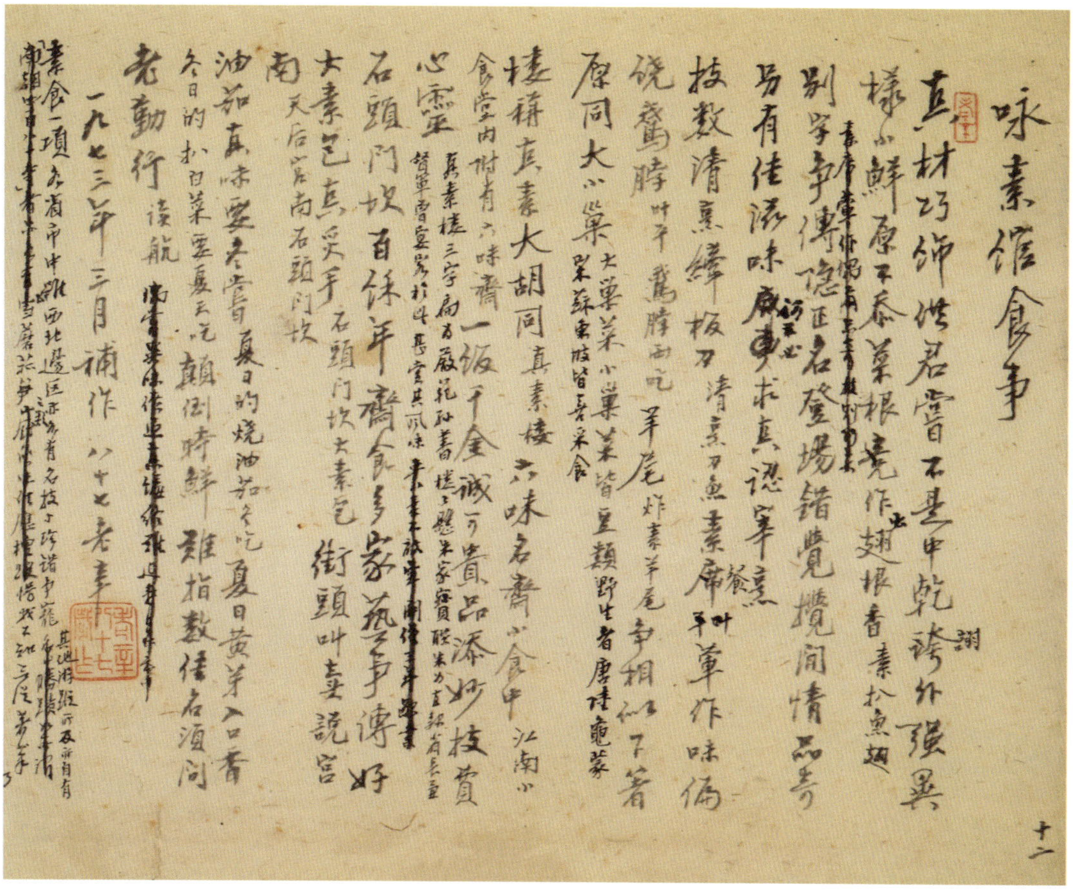
咏素馆食事

真材巧饰供君尝，不是中乾诩外张。异样小鲜原不忝，菜根竟作翅根香。（素扒鱼翅）

别号争传隐正名，登场错觉揽闲情。品芳有佳滋味，厨事必求真总辛烹。

技数清烹缚板刀（清烹刀鱼），素席（素餐）华作味偏饶。鸾脖（叶年鸾脖两吃）羊尾（炸素羊尾）争相似，下箸原同大小巢。（大巢菜、小巢菜皆豆类野生者，唐陆龟蒙、宋苏东坡皆喜采食）

榛称真素大胡同（真素楼），六味名斋小食中（江南小食堂内附有六味斋）。一饭千金诚可贵，品添妙技贵心灵。（真素楼三字为石[illegible]所书，[illegible]）

石头门坎百余年，斋食多家竞手传。好大素包真妥手（石头门坎大素包），街头叫卖说宫南。（天后宫南石头门坎）

油茄真味要冬尝（夏日的烧油茄冬吃），夏日黄芽入口香（冬日的扒白菜要夏天吃）。颠倒时鲜难指数，佳名酒阁老勤行。（读航）

[illegible]

素食一项，为津市中心西北边区[illegible]

一九七三年三月补作 八十七老人

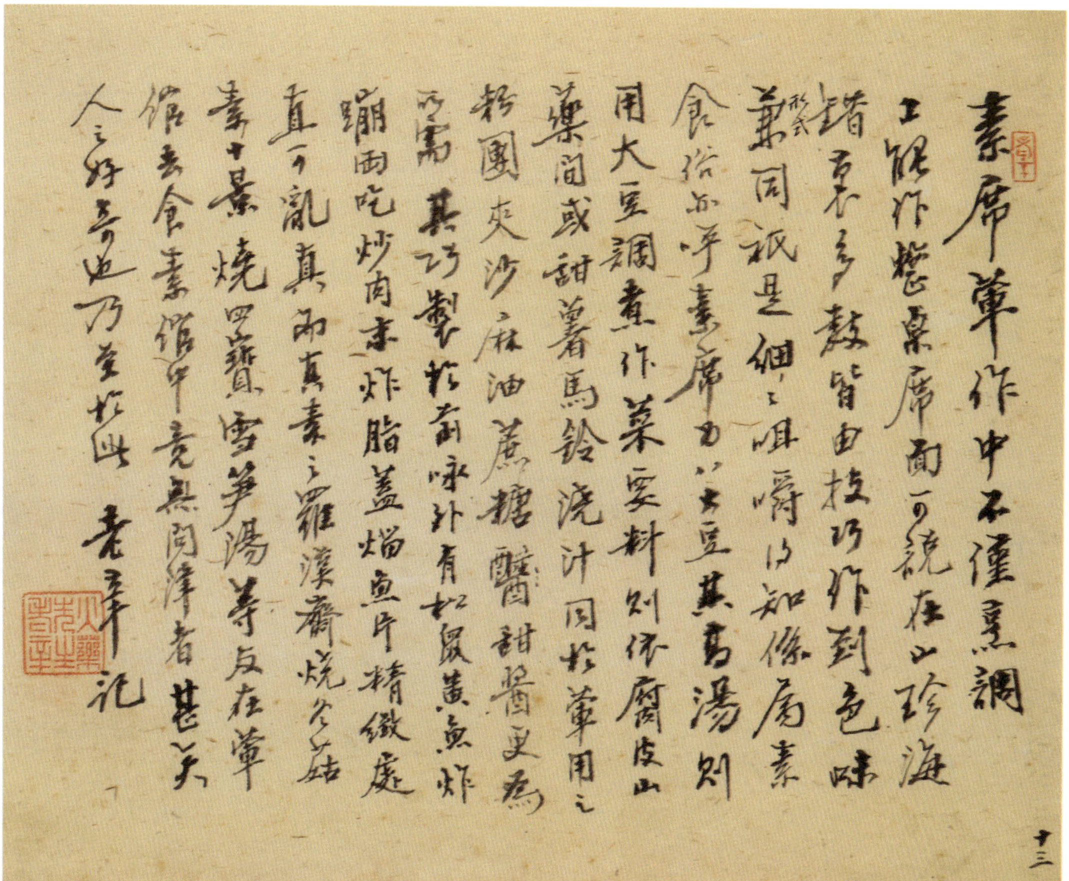
素席华作中，不仅烹调工，能作整桌席面，可说在山珍海错，京名多数，皆由技巧作到色味（形式）兼同，只是细细咀嚼，乃知系属素食。俗称为素席曰大豆，其为汤则用大豆调煮，作菜要料则依腐皮、山药，间或甜薯、马铃薯，浇汁同于华用之粉团，夹沙麻油、蔗糖、酱、甜酱更为所需。其巧制于前咏外，有松鼠黄鱼、炸蹦两吃、炒肉末、炸脂盖、烩鱼片，精致处真可乱真。而真素之罗汉斋、烧冬菇、素什景、烧四宝、雪笋汤等，反在华馆去食，素馆中竟无问津者，甚矣人之好奇，追乃至于此。

老人记

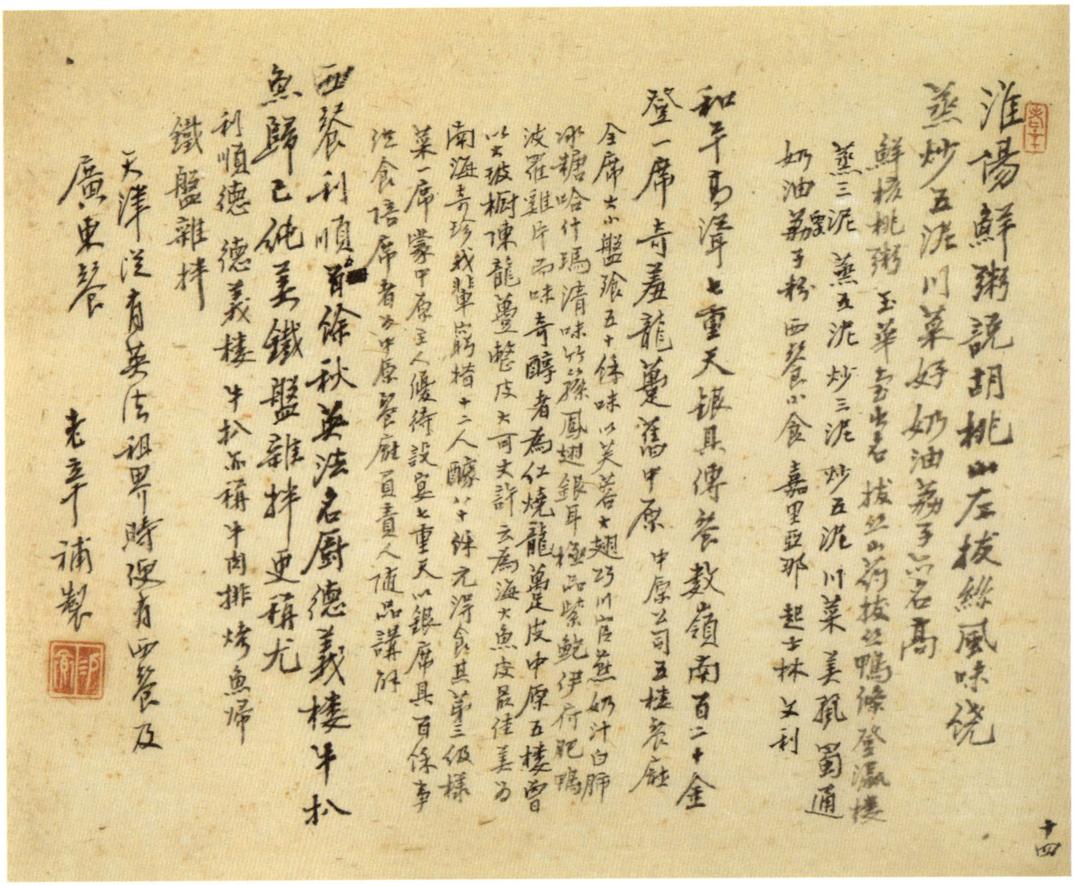

淮陽鮮粥説胡桃山左拔絲風味饒
燕炒五泥川菜好奶油荔子品名高
鮮核桃粥 玉華台出名 拔絲山药拔絲鴨條 登瀛樓
燕三泥 燕五泥 炒三泥 炒五泥 川菜 美麗 蜀通
奶油荔子粉 西餐小食 嘉里亞那 起士林 义利
和平高澤七重天銀具傳餐數嶺南 百二十金
登一席奇羞龍蠆舊中原 中原公司五樓餐廳
全席大小盤碗五十件 味以芙蓉大翅 巧川白燕 奶汁白肺
冰糖哈什瑪 清味竹蓀 鳳翅銀耳 極品紫鮑 伊府肥鴨
波羅雞片 西味奇醇者為紅燒龍蠆 蠆皮中原五樓曾
以大玻櫥陳龍蠆整皮大可丈許 云為海大魚皮 最佳美 为
南海奇珍 我輩[illegible]椅十二人 酥八十件 元得食其第三級樣
菜一席 蒙中原主人優待 設宴七重天以銀席具百餘事
佐食語席者本中原餐廳首責人 隨品講解
西餐利順前餘秋英法名廚德義樓牛扒
魚歸已飽美鐵盤雜拌更稱尤
利順德 德義樓 牛扒亦稱牛肉排 烤魚歸
鐵盤雜拌
天津從前英法租界時俱有西餐及
廣東餐
老辛補製

十四

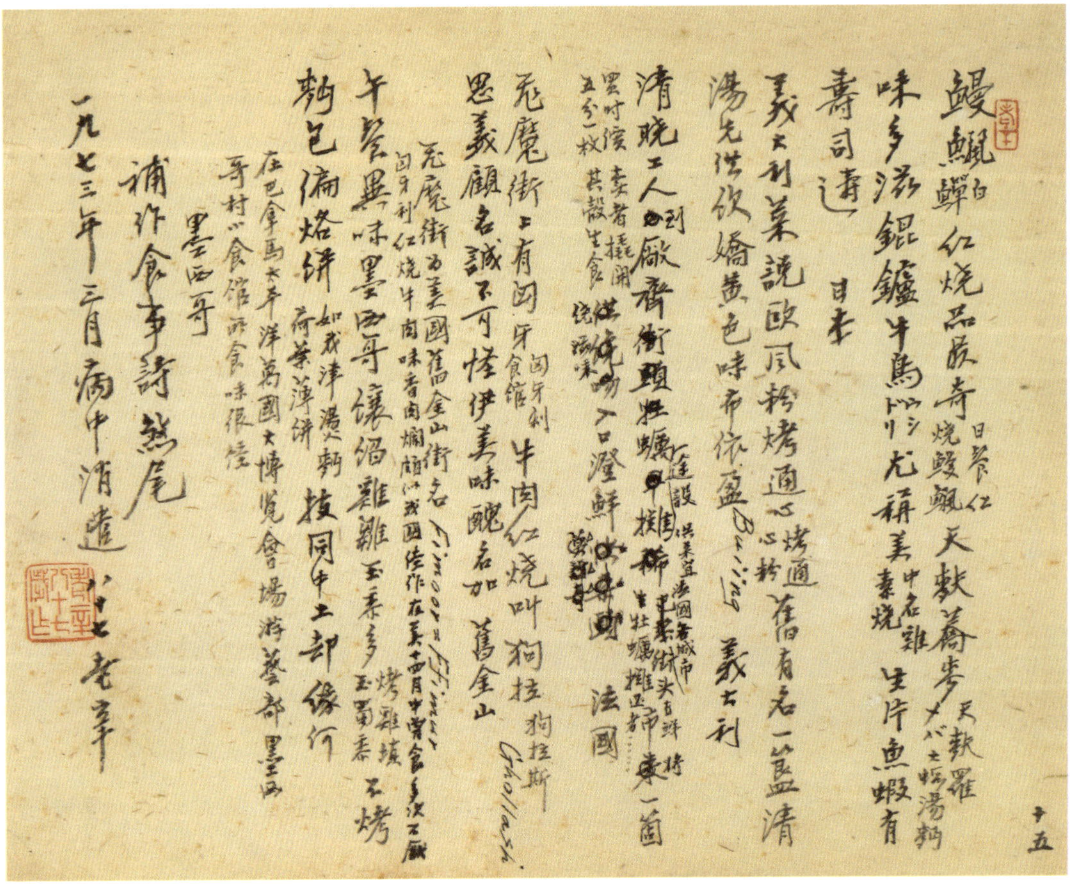

鰻鱺鱓白紅燒品最奇 日餐紅燒鰻鱺 天麸蕎麥 天麸羅 メバ大蝦湯麵
味多滋鋸鑪牛馬 ドンシドリ 尤稱美 中名雞素燒 生片魚蝦有
壽司達 日本
義大利菜説歐風 粉烤通心 烤通心粉 舊有名一盅清
湯先供飲 嬌黃色味布依盈 Buiing 義大利
清曉工人到廠齋 街頭牡蠣 [illegible] 攤 [illegible] 一箇 法國
[illegible] 入口澄鮮 [illegible] 法國
黑時價五分一枚 賣者攤開其殼生食 [illegible]
范魔街上有匈牙食館 匈牙利 牛肉紅燒叫狗拉 狗拉斯 Ghollash
思義顧名誠不可 怪伊美味醜名加 舊金山
范魔街為美國舊金山街名 Fimoo [illegible] 匈牙利紅燒牛肉 味香肉爛 頗似我國 佳作 在美十四月中常食多次不厭
午餐異味墨西哥 讓餡雞雞玉黍多 烤雞填玉蜀黍 不烤
麪包偏烙餅 如我津湯麪 荷葉薄餅 技同中土部緣何
在巴拿馬太平洋萬國大博覽會場遊藝部 墨西哥村小食館所食 味很佳
墨西哥
補作食事詩煞尾
一九七三年三月病中消遣 八十七老辛

十五

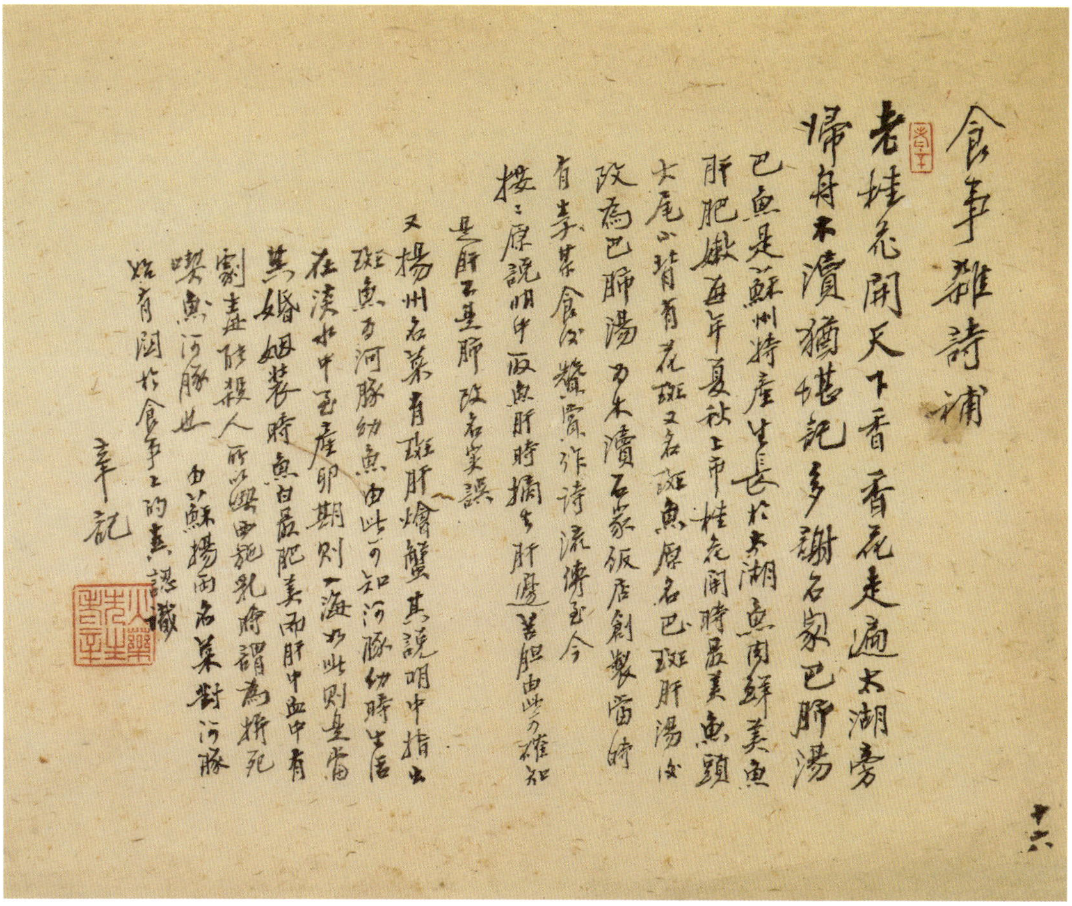

食事雜詩補

老娃花開天下香，香花走遍太湖旁。
歸舟木瀆猶堪記，多謝石家巴肺湯。

巴魚是蘇州特產，生長於太湖，魚肉鮮美，魚肝肥嫩，每年夏秋上市，桂花開時最美。魚頭大尾小，背有花斑，又名斑魚，原名巴斑肝湯，後改為巴肺湯，乃木瀆石家飯店創製，當時有李某食後贊賞作詩流傳至今。按之原說明中，取魚肝時摘去肝邊苦膽，由此乃確知是肝不是肺，改名實誤。

又揚州名菜有斑肝燴蟹，其說明中指出斑魚乃河豚幼魚，由此可知河豚幼時生活在淡水中，至產卵期則入海，如此則是當其婚姻裝時，魚白最肥美，而肝中血中有劇毒，能殺人，所以稱西施乳時謂為拼死喫河豚也。由蘇揚兩名菜對河豚始有關於食事上的真認識。

韋記

十六

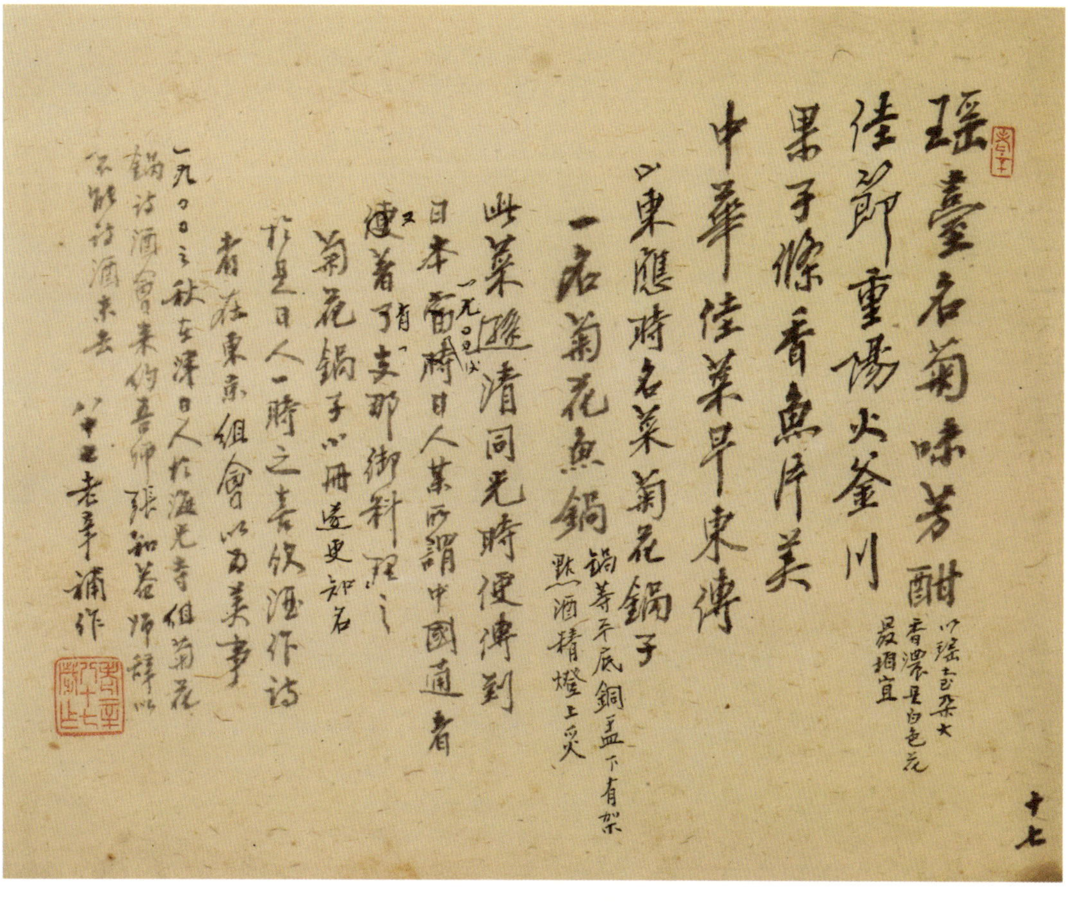

瑤臺名菊味芳酣，以瑤臺菊朵大香濃是白色花最相宜
佳節重陽火釜川。
果子膠香魚片美，
中華佳菜早東傳。

以東興樓名菜菊花鍋子，一名菊花魚鍋。鍋著平底銅盂，下有架，點酒精燈上火。

此菜遜清同光時便傳到日本，一九〇〇以前時日人某所謂中國通者，又邊著有支那御料理之，菊花鍋子以冊遞更知名。於是日人一時之喜飲酒作詩者在東京組會以為美事。一九〇〇之秋在津日人於海光寺俱菊花鍋詩酒會，柬約吾鄉張和菴師，辭以不能詩酒未去。

八十七老韋補作

十七

十八

峨嵋風味酒家樓 伍氏名厨 眞寡儔 莫道腐渣稱下品 居然上用到豬頭
北京西單商場峨嵋酒家名菜豆渣豬頭 名厨師伍鈺盛

嘉陵蝦油出錦州 北塘沽寨上 兩地 鎮相侔 北塘、寨上皆有著名蝦油味不減錦州
醃菜 小菜 稱十景 拌入銀絲夏最優 蝦油十錦小菜 夏日蝦油涼拌粉絲 廣東蠔油涼拌粉絲亦美

鮮蠔炸出品嬌 炸鮮生蠔 粥飲魚生味最高 魚生粥 油淋 叶 脆皮鷄更美 脆皮鷄 引人山瑞是紅燒 廣東稱團魚為山瑞

手抓飯亦食多方 回民手抓飯有多樣品味 西北名饌出烤饢 烤饢可為旅行粉食
羊味最稱羊肉串 烤羊肉串 肉串高加索比來同芳 烤羊肉串與小鮮俄之高加索烤羊肉法同
兩宗串之串不同 選肉皆用裏脊鮮嫩異常

蝦 作 醬而今有對蝦 從前蝦孫子為貧家常食 紅鮮多味饷万家
菜心豆腐烹來美 不數山珍海味誇
名產 對蝦醬

漪瀾仿膳御厨香 肉末夾來燒餅黄 燒餅 肉末 黄醬肉末夾燒餅 別有
保陽甜麵醬 菜傳八寶不尋常 甜麵醬八寶小菜

肥醇排骨留閩侯 福建名製排骨 福南市聚福樓 海蠣成酥味特優 炸蠣酥 糯鴨 糯米燒鴨
糟鯉 糟竹 東坡肉美姓傳周 周家食堂

一九七三年三月三八婦女節
山陰八十七老年補製

十九

川中佳饌味多醇 名貴紅燒到鹿筋 紅燒鹿筋 小吃陳家麻辣燙 陳麻婆豆腐 魯龍抄手是餛飩 魯錫忠龍抄手

馳名燒煮說符離 安徽宿縣符離集燒雞 特味徐州薑末雞 徐州市薑末雞燒
餅葱油稱古冶 河北灤縣古冶葱油燒餅 吳淞小食有黄泥 上海黄泥螺佐酒佐水飯皆佳

雞腿名葱燒海參 葱燒海參 蒜香全爆有蝦仁 全爆兩品皆山東名菜
般菜偏長處 莫忘南人說厥閩

辣椒 油 拌食數江南 麵食山西却愛酸 芥末雞絲涼 雞絲拉皮拌入芥末
拌好咖喱炒飯來洋餐 咖喱雞飯或蝦飯

淮揚鱔背炖生敲 炖生敲 扁大枯酥脆又焦 扁大枯酥係豬肉鍋巴作成之菜
松鼠魚香 松鼠黄魚 肝味美 薑味鴨肝係鴨腰 鷄筍製成名菜 鎮江醋蘸蟹黄包 蟹黄湯包

早餐常食有咖巴 嘎巴菜亦寫咖巴 果子麻花香佐麵茶 油條 麵茶 或糖
胡盧糖墩 糖堆 丁侶鈺 香酥崩豆 三種早點 四種零食

西葫羊肉時饈不數京都餡餅周 更有清鮮炸螞蚱 西葫羊肉餡餅 油炸螞蚱
斷珠龍 南州 廣州五香龍蝨

病來 數來真愧余孤陋無多識 謁參才能耳食為宜

一九七三年三月九日
病中老年

艷色金黃羅漢錢（豬肉魚肉圓片油炸 羅漢錢）雞湯海蚌

燕來鮮（羊雞湯汆）聚春園饌應稱最（大會）

舉仙福壽全（魚翅層鎮泉海鮮大菜 福壽全）福建

蠏肉鮮香炒桂花（炒桂花螃蟹）鮭魚風味贛州誇

（白椒熊魚頭）家鄉豆腐南昌市 下飯真宜不厭她

（家鄉豆腐）（江西 福建）

名馳歙鴿說黃山（黃山燉鴿）元子徽州糯米熏

（徽州元子）最是兔腰香辣味（香辣兔腰）更饒鯤鯉耆非三

鮮（鯤魚或鯉魚 耆三鮮）安徽

蘿蔔雞脯清真好（天津會芳樓）油醃黃花脆又

焦村（江南又一村）蒲菜奶湯誇山左（山東登瀛樓）燒芝白

是聚豐高（寧波聚豐園）皆在天津（四種時鮮 第二品炸鮮黃花 甜菜）

一九七三年三月十日

八十七老𧒠病中補稱

二十

資料紛繁廿種調 粉絲羊血味真高（細） 西安自有家鄉菜（亦）

旅陝應嘗要記牢（粉絲羊血 西安市南中市巷口王記）

漢貞風乾脆又黃（蒲城風乾饃貞）糍糕佳製儘先嘗（西安董建春糍糕味酥香）西

來亦有江南味 雞炸香酥一食堂（西安一食堂香酥雞）

三原明德白封肉（三原明德亭白封肉冷食 豬肋肉豬蹄肉作成）二食西安

紅燜牛（西安二食堂紅燜牛肉）更有奶湯扒廣肚 手抓羊肉味同稠

（兩品皆西安清真菜 清雅食堂）

西安大肉水盆調（水盆大肉）同樂涼台饜老饕（每當六月西安騾馬市同樂

春食堂涼台上吃水盆大肉泡饃者座客常滿）當日東公誇賦餅（東坡賦餅）惜他未識泡饃高

以上陝西

撒香薄薄炙黃皮 殊味蘭州老技師（飲食業公司王治國）鴿

手拼成形最有一層 髮菜一鵝泥（和羊髮菜）

金魚豆豉要乾蒸（乾蒸豆豉魚 蘭州陶樂春餐廳）蘭州咖喱嫩切丁 新蘭

食堂咖喱魚丁 更有炸鮮排盆蓋（同福居食堂炸魚排盆）糟熘鬆軟說京風（悅賓樓京菜館糟熘魚片）

蘭州魚製名菜四味 以上甘肅

蒙人好義最堪誇 客到先酒遞[illegible] 奶菓茶罐上香噴烤羊

腿自將片割醃塩花（蒙人待客吃烤羊腿並宿歇）

第一紙

廿一

廿二

、甜菜鲜新記太原捞糟佳釀煮糖圓更須加入葛仙米

夹草台師説姓韓　夹草坪飯店韓兆祥　仙米捞糟糖圓鍋子

、名餐十大太原城　太原十大名餐　佳味華洋記劉烹　名種名菜

是過油肉、頭腦—羊肉頭腦湯入山药蓮菜、稍梅—麵蒸餃羊肉餡、

桂花元宵—什錦餡、糖醋鯉魚、葱花烙餅、葱花脂油餅、蒸餃子、

捞糟、豌豆糕、蝦子雲頭脑羊荷葉肉　荷葉羊肉　皆林記飯店　兩般滋味不平

恒　山西太原

、豐産湟魚青海湖肥鮮味美勝江鱸　津居

我竟嘗新味比食唐僧不老無　我竟想不到我能食湟魚亦以未曾調訊

一笑　津中只來一次我居然曾到味勝於黃魚而產

地之多少民族皆不食魚無捕捞者今已大量捕捞作成多種食品　津尚

未見

一九七三年三月十一日　八十七老人於病中

又補入山西太原陝西西安蒲城甘肅蘭州蒙古

青海各有關食味

東三省雲南貴州廣西新疆以及湖南北河南

寧夏等處食事我皆未見記載竟無所知仍感

缺憾　老人注

第二紙

廿七

食事雜詩補

、春及生詩—天津　康堯衢　達夫

海户群來散網船　角旗城外得魚鮮　最憐石首佳風

味　但欲嘗鮮不計錢

鹹水沽頭水未鹹　曾思此地换征衫　甘泉無復誇房豹

一盞茶香雨半帆（鹹水沽去城五十里水頗可飲）

绿樹沿村曲路邊　高粱燒酒最炊烟　朝來直沽中肩

海户争酤酒網船

東西遊遍大三沽　海霧迷漫村有無　紛紛起家惟竈户

魚鹽生計换門閭

蜀鹽出井閩年華　吳地熬波費覺[illegible]大　奢只有長蘆推

首事一灘風日飄銀沙

朝朝引水海之濱　蓬子輕浮試又頻　待得澄沙收玉粒

可憐辛苦曬灘人

漁人三月未應遲　海錯從來網得奇　鼓棹滿船牽水母

蔽餘破浪是螃鲫

春暮風和渡待舟人　撒網逐波涂一年時序嘗鮮味

遍尝黄花箬葉魚

葉如馬齒子堪嘗　荆棘盈枝更足芳　鹵地不生生海椹　偶

逢歉歲好充糧（近海生椹子可以備荒）

一九七三、六、二五夕　八十七老人抄

廿八

蓮芋凝酥敵少城，土藷割玉勝南京。合和二物歸
藜糝，新法儂家骨董羹。
范成大 素羹詩

莫辨蟲魚族，休疑草木名。但將滋味補，勿藥養餘生。
自注：海參產登萊海中 吳梅村偉業海參詩

我曾海上識魚羣，浪湧濤翻識別真。翠尾應嗤渾不似，
海鰻佳美老饕新。
食海鰻作

產黃、渤海及相近淺水中，有不同科之鰻類三，其一海底之海鰻，
其二鹹淡兩水之鰻鱺，其三淺水之黃鱔。本生長於其二於沽上清
真之清蒸鰻鱺，於日本橫濱見琳作之紅燒鰻鱺，及川廣蘇浙
之燒黃鱔朵頭，佳味知之審矣。一九四三初夏，沽渤海濱觀察水產
於海鰻竟未真知。今春病起，孫女蓮元以廣值於塘沽得新出
水之海鰻一尾，歸並詢沽濱海無案之者，余曰當是食不中程，可以
豬肉同熟。及熟嘗之，味乃佳絕，遂寵之以詩，且識余究
寡識也。
八十七老人補作 一九七三、六、夏至后一日

重振聲名為素包 石頭門坎素包絕跡五十餘年矣 一時佳製竟傾銷 餅者
人如堵牆 可憐俗厭非久，不肉何能饜老饕。
八十七老人

近日一清真早點鋪蒸售素包，極佳，初時戶限幾為之穿，不二月竟
冷落矣。詩以捧之

廿九

一杯齏餺飥，老子腹膨脝。坐擁茅簷日，山茶未用烹。
一杯齏餺飥，未著芼油蔥。天上蘇陀供，懸知未易同。
朝飢食齏麪甚美詩 陸游
按：齏醬所和，細切為齏。餺飥應為包餡煮水角或餛飩。
局 老人

餅品應推東賦首，千年承遞時新。嘆他未食無多樣，
麪型繁讓北人。
餅品甚型雖備，而手技上之變化多端，實非東所能及也。 自注

附：
晉束晳餅賦
若夫三春之初，陰陽交際，寒氣既除，溫不至熱，於時享宴，則
曼頭宜設。吉律方回，純陽布暢，服絺飲冰，隨陰而涼，此時
為餅，莫若薄壯。商風既厲，大火西移，鳥獸氄毛，樹木疏枝，
肴饌尚溫，則起溲可施。玄冬猛寒，清晨之會，涕凍鼻中，霜
凝口外，充虛解戰，湯餅為最。然皆用之有時，所適者便，苟錯
其次，則不能斯善。其可以通冬達夏，終歲常施，四時從用，無
所不宜，惟牢丸乎。爾乃重羅之麪，塵飛白雪，膠黏筋韌，溔液
濡澤。肉則羊膀豕脅，脂膚相半，臠如蠅首，珠連礫散。薑枝
蔥本，萃縷切判，辛桂剉末，椒蘭是灑，和鹽漉豉，攪和
膠亂。於是火盛湯湧，猛氣蒸作，振衣振裳，握搦拊搏。麪
彌於指端，手縈回而交錯。紛紛駁駁，星分雹落，籠無迸肉

三十

衍無流麵姝媮冽軟薄而不綻弱如春綿白若秋練氣
勃鬱以揚布香飛散而遠遍行人垂涎于下風童僕空噍
而斜眄擎器者舐唇立侍者乾咽

誰屑瓌瑶事青飿舊傳名品出華陽應宜仙子胡麻伴
因送劉郎與阮郎
張賁以青飿飯送龔美魯望詩
按：青飿飯即青精飯

傳得三元飿飯名大宛聞說有仙卿分泉過屋舂青稻拂霧
影衣折紫莖蒸處不教雙鶴見服來惟怕五雲生草堂空坐無飢
色時把金津漱一聲
答張賁　皮日休　龔美

舊聞香積金仙食今見青精玉斧餐自笑鏡中無骨保
可能飛上紫霞端
答張賁　陸龜蒙　魯望

粥香餳白杏花天省對流鶯坐綺筵今日寄來春已老鳳
樓迢遞憶鞦韆
寄賜餳粥詩　李商隱
按：餳粥，五大麥糖粥　辛注

世人箇箇學長年不悟長年在目前我得宛丘平易法只將
食粥致神仙
食粥詩　陸游

薄粥枝梧未死身飢腸且免轉車輪注書不解周公意義
老常渲說餽人
薄粥詩　陸游

一九七三年六月廿四日夕刻　八十七老辛鈔

卅一

君不見滹沱流澌車折軸公孫倉皇奉豆粥濕薪破竈
自燎衣飢寒頓解劉文叔又不見金谷敲冰草木春帳下烹
煎皆美人萍虀豆粥不傳法咄嗟而辦石季倫干戈未解
身如寄聲色相纏心已醉身心顛倒自不知更識人間有真
味豈如江頭千頃雪色蘆茅簷出沒晨烟孤地碓舂秔光似玉
沙瓶煮豆軟如酥我老此身無著處賣書來問東家住卧聽
雞鳴粥熟時蓬頭曳屨君家去
豆粥詩　蘇軾

家家臘月二十五淅米如珠和豆煮大杓轑鐺分口數疫鬼聞
香走無處鏤薑屑桂澆蔗糖滑甘無比勝黃粱全家團欒
罷晚飯在遠行人亦留分襁中孩子強教嘗餘波遍沾獲與臧新
元協氣調玉燭天行已過來萬福物無疵癘年穀熟長向臘
殘分豆粥
口數粥行　范成大

若夫安乾粔籹之倫豚耳狗舌之屬劍帶案成餢飳髓燭或名
生於里巷或法出乎殊俗
餅賦
充虛解戰湯餅為最濯以玄醢鈔以象箸
餅賦
按：所引餅賦前後割裂不全　老辛

膩滑津津色未乾那因佳節助杯盤畫圖莫使依寒具書信
何勞送月團曾見范公登雜記獨逢吳客勸加餐當筵一嚼
誇甘美老去無成憶煨丸
明　吳寬　沙餅詩

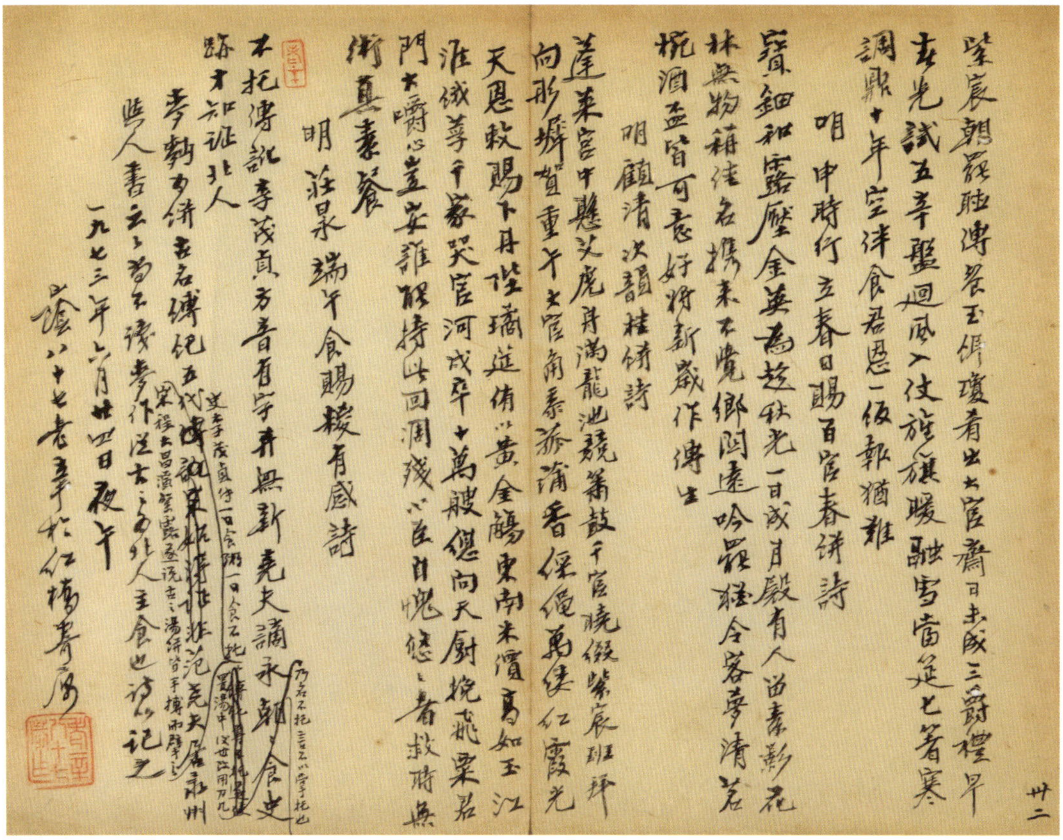

紫宸朝罷賜傳餐，玉饌瓊肴出大官。齋日未成三爵禮，早
春先試五辛盤。迴風入仗旌旗暖，融雪當筵匕箸寒。
調鼎十年空伴食，君恩一飯報猶難。
明 申時行 立春日賜百官春餅詩
賓細和露壓金英，為趁秋光一日成。月殿有人留素影，花
林無物藉佳名。攜來不覺鄉關遠，吟罷猶令客夢清。若
挖酒盃皆可喜，好將新歲作傳生。
明 顧清 次韻桂餅詩
蓬萊宮中懸艾虎，身滿龍池競簫鼓。千官曉綴紫宸班，拜
向彤墀賀重午。大官角黍菰蒲香，綵纏萬縷紅霞光。
天恩敕賜下丹墀，琉璃筵俯以黃金觴。東南米價高如玉，江
淮饑莩千家哭。官河戍卒十萬艘，總向天廚挽飛粟。君
門大嚼心豈安，雖醉持此回凋殘。心在自愧悠悠者，救時無
術真素餐。
明 莊杲 端午食賜糭有感詩
不托傳訛李茂貞，方音省字弄無新。堯夫議永龍食史
跡，才知證北人。
麥麵方餅古名餺飥，五代……范堯夫居永州
與人書云云，蜀人……作湯古云云，北人主食也，詩以記之。
史李茂貞侍一日食，明一日食不托
宋程大昌演繁露丞說古之湯餅皆手搏而擘之
置湯中……以刀几
乃名不托，言不以掌托也
一九七三年六月廿四日夜午
遂盦八十七老率于紅樓寄廬

廿二

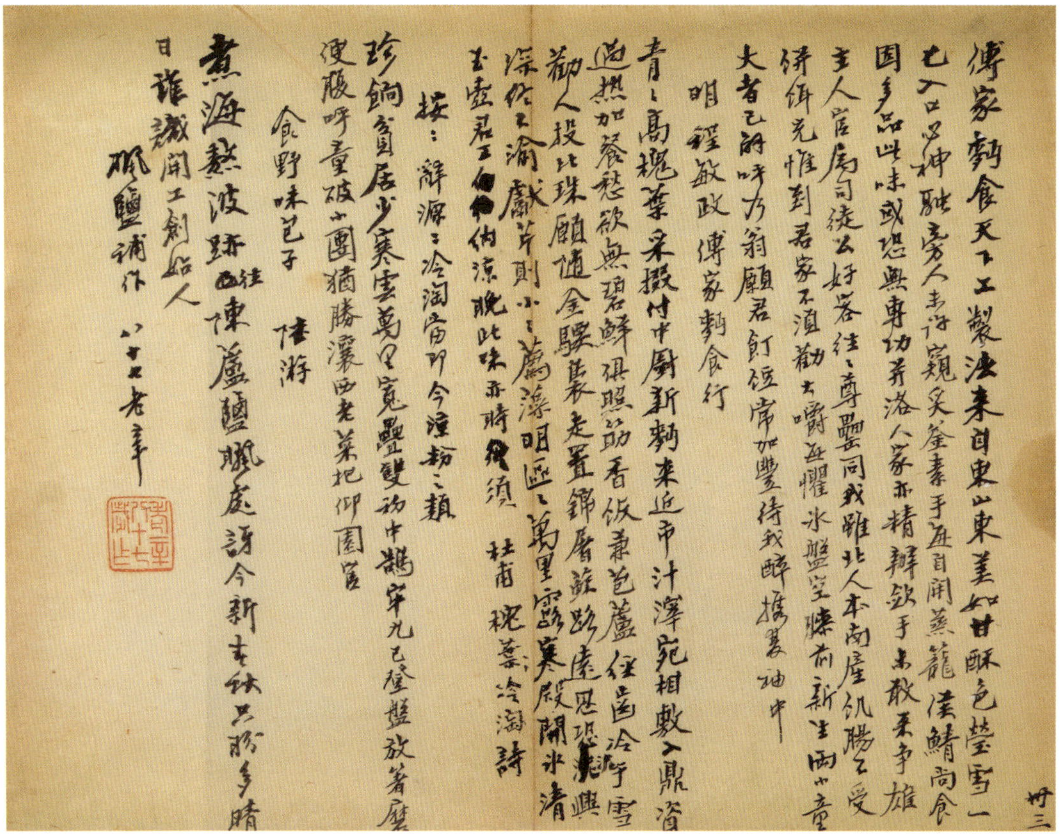

傅家麵食天下工，製法來自東山東。美如甘酥色瑩雪，一
一入口心神融。旁人未許窺美釜，素手每自開蒸籠。侯鯖尚食
固多品，此味或恐無專功。并洛人家亦精辨，斂手未敢來爭雄。
主人官居司徒公，好客往往尊罍同。我雖北人本南產，饑腸亦受
餅餌充。惟到君家不須勸，大嚼無懼冰盤空。膝前新生兩小童，
大者已解呼阿翁。願君飣餖常加豐，待我醉攜裝袖中。
明 程敏政 傅家麵食行
青青高槐葉，采掇付中廚。新麵來近市，汁滓宛相俱。入鼎資
過熟，加餐愁欲無。碧鮮俱照箸，香飯兼苞蘆。經齒冷於雪，
勸人投比珠。願隨金騕褭，走置錦屠蘇。路遠思恐泥，興
深終不渝。獻芹則小小，薦藻明區區。萬里露寒殿，開冰清
玉壺。君王納涼晚，此味亦時須。 杜甫 槐葉冷淘詩
按：辭源云冷淘當即今涼麵之類
珍餉貧居少，寒雲萬里寬。疊雙初中鵠，穿九已登盤。放箸摩
便腹，呼童破小團。猶勝瀼西老，菜把仰園官。
食野味包子 陸游
煮海熬波跡亦往陳，盧鹽臚庭詩今新。去秋只盼多晴
日，誰識開工創始人。
臘鹽補作 八十七老率

廿三

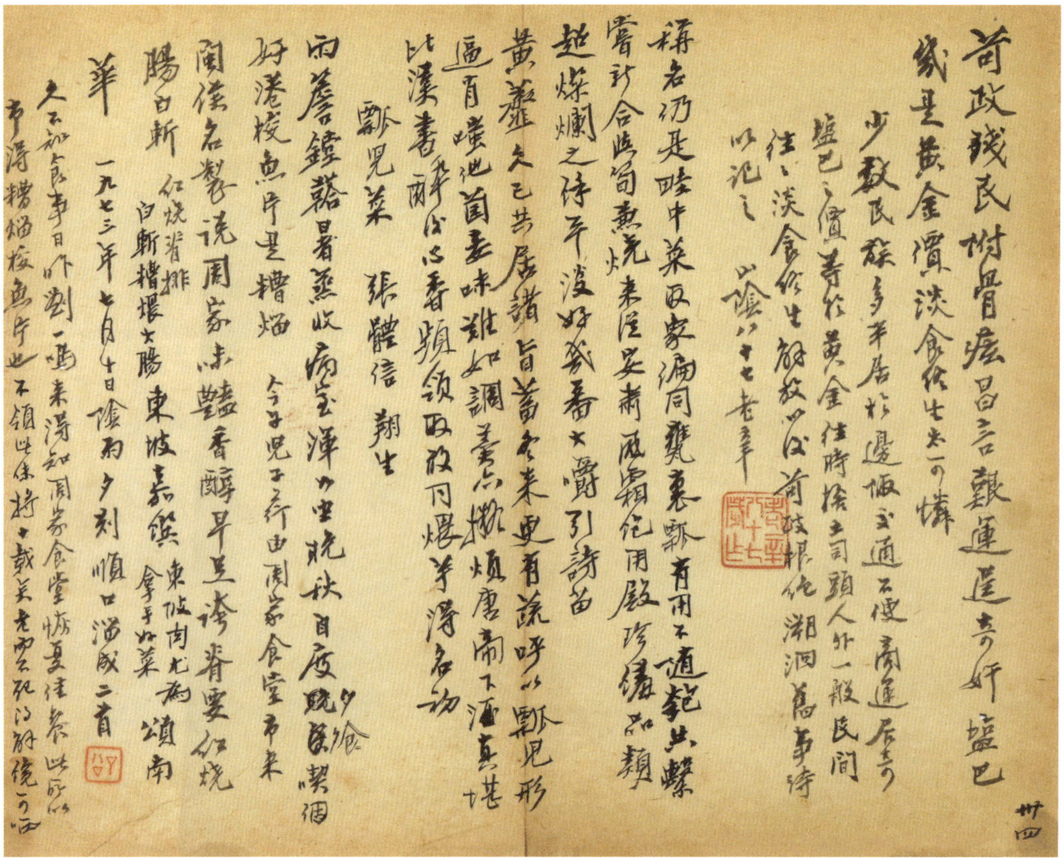
苛政殘民樹骨癌，昌言艱運匡其奸。鹽巴幾是黃金價，淡食終生六一嫌。
少數民族多年居於邊陲，交通不便，商運居奇，鹽巴之價等於黃金，往時除土司頭人外，一般民間往往淡食終生。解放以後，苛政根絕，湖洄舊事，詩以記之。
山翁八十七老年
稱名仍是睦中菜，取家偏同甕裏鄉。有用不適能共賞，於今合與筍煮燒。未經安肅風霜絕，用啟珍饈品類超。燦爛之詩乎沒好，蔡番大嚼引詩苗。
黃齏久已共居諸，旨蓄冬來更有蔬。呼以甌兒形逼肖，嘗池菌姜味雖如。調羹亦撒煩唐帝，下酒真堪比漢書。醉後以春頻領取，殺同爆竹得名初。
甌兒菜　張體信　翔生
雨蓄鐘鎔暑蒸收，病宜津中生晚秋。自度既醞媒酒
夕食
今子兒子行由周家食堂市來
好港按魚片是糟熘
閩儂名製說周家，味鹽香醇早至誇。脊要紅燒腸白斬，東坡嘉饌頌南華。
紅燒脊排　白斬糟爆大腸　東坡肉尤為拿手好菜
一九七三年七月十日陰雨夕刻順口溜成二首
久不知食事，日昨劉一鳴來，得知周家食堂恢復佳餚，此所以市得糟熘桜魚片也。……
卅四

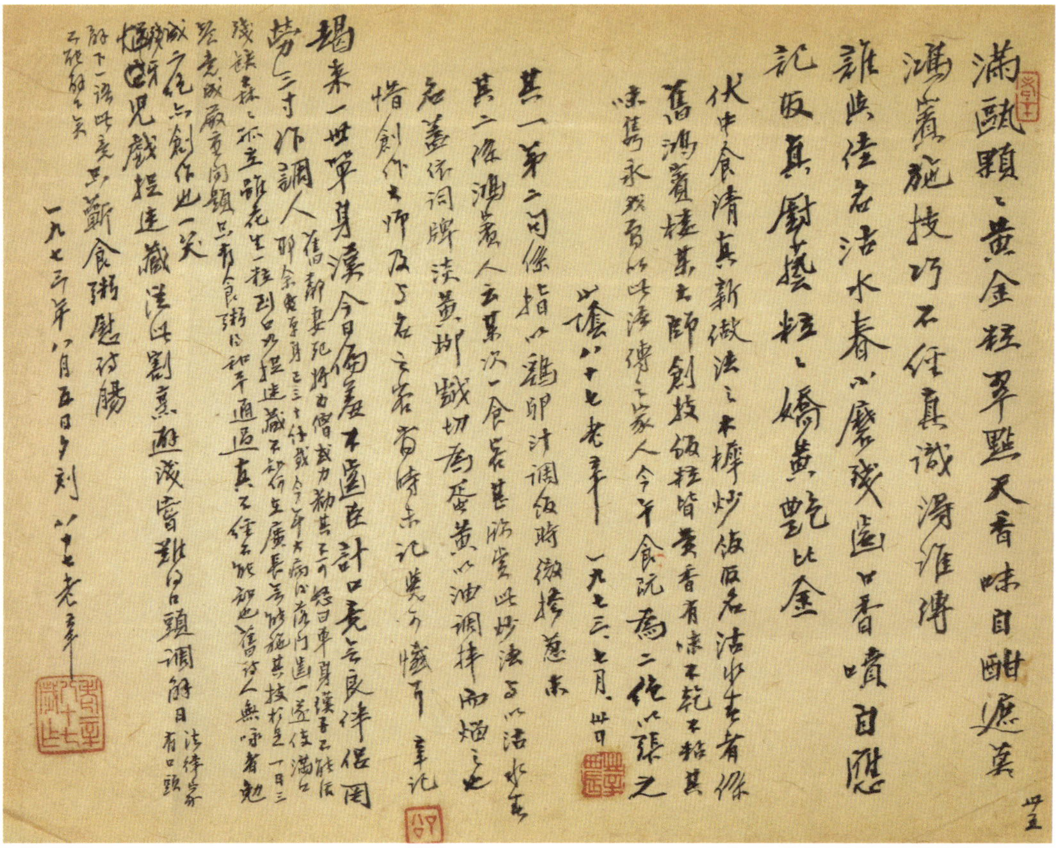
滿甌顆顆黃金粒，翠點天香味自酣。遮莫鴻賓施技巧，不經真識浮誰傳。
誰與佳名活水春，以磨殘齒口香噴。自慚記取真廚藝，粒粒嬌黃艷比金。
伏中食清真新徵法之木樨炒飯，取名活水春，有係舊鴻賓樓業主師劍技，飯粒皆黃香，有味不乾不粘，其味雋永，成為此店傳家人，今年食記為二絕以張之。
山翁八十七老年　一九七三、七月、廿四
其一第二句係指以雞卵汁調飯時微撒蔥末。其二係鴻賓人云某次一食客甚贊此妙法，乃以活水春名之，蓋依詞牌法萬斯戲切為蛋黃以油調拌而炒之也。惜創作大師及其名字皆待未記，奠分懷耳。年記
揭來一世草身漢，今日偏存不適宜。計口竟亡良伴侶，勞三寸作調人。……
一九七三年八月五日夕刻　八十七老年
卅五

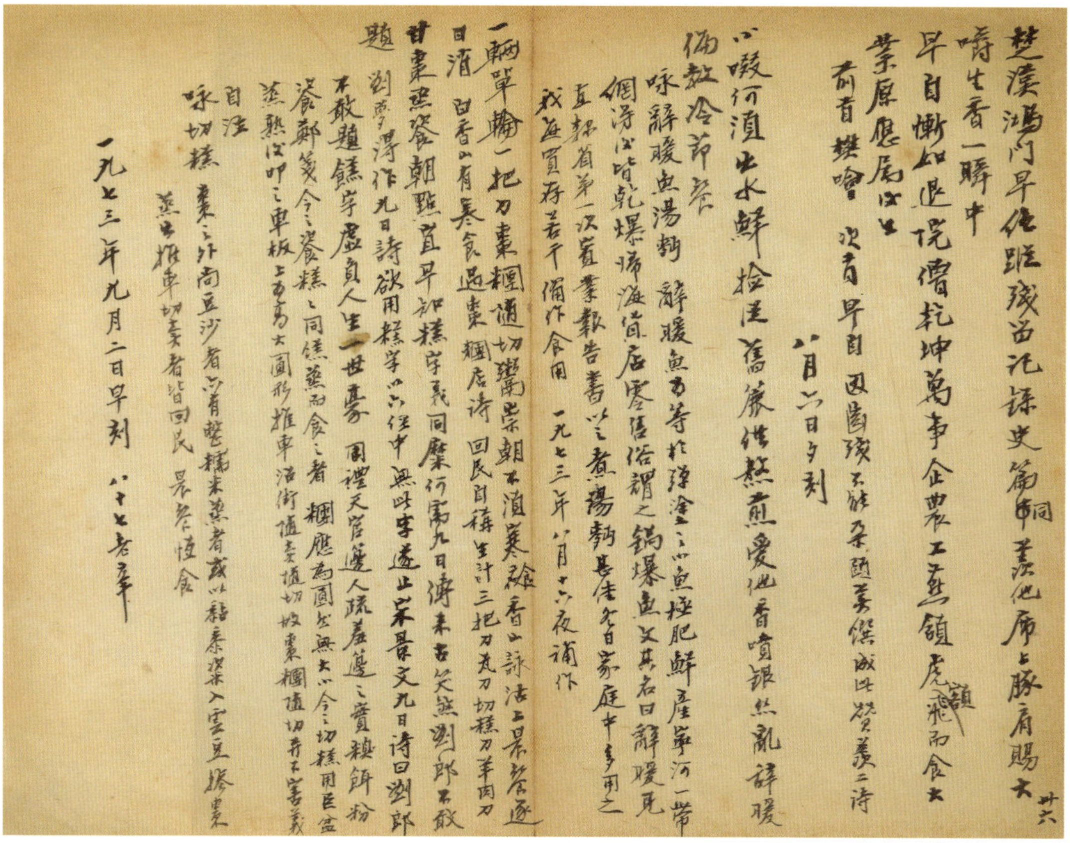
楚漢鴻门早絶蹤殘留汜録史篇章同 蒸他厝上豚肩賜大
嚼生香一瞬中
早自慚如退悦儕乾坤萬事企衆工燕領虎頷飛而食大
業原思屠以上
前首樊噲　次首　早自　因圖殘不能深題茲僎成此贊羡二诗
八月六日夕刻
以媛何須出水鮮捡從舊篋借熬煎愛他香噴银丝亂辟暖
偏教冷節尝
咏辟暖鱼湯麪　辟暖鱼为等於淡塗上之鱼極肥鲜産津沽一带
個浮以皆乾爆稀海貨店零售俗謂之鍋爆鱼又其名曰辟暖兑
直報首第一次宣業數告書以之煮湯麪甚佳冬日家庭中多用之
我海買存若干備作食用　一九七三年八月十六夜補作
一輛單輪一把刀棗糰通切粥崇朝不須寒棕香山詠法上景登遂
日酒　白香山有秦食過棗糰店诗　回民自稱生計三把刀丸刀切糕刀羊肉刀
甘棗黑豬朝點宜早知糕字義同糜何處九日傳來古笑煞劉郎不敢
題　劉夢得作九日詩欲用糕字以六經中無此字遂止宋景文九日詩曰劉郎
不敢題糕字虛負人生一世豪　周禮天官籩人疏羞籩之實糗餌粉
餈鄭箋今之餈糕之同饞蒸而食之者　糰應為圓又無大小今之切糕用巨盆
蒸熟以叩之車板上爲大圓形推車沿街擔賣隨切故棗糰隨切亦不害義
咏切糕　棗之外尚豆沙者亦有豐糯米蒸者或以黏黍米入雲豆摻棗
自注　蒸出推車切賣者皆回民　昰冬恒食
一九七三年九月二日早刻　八十七老年

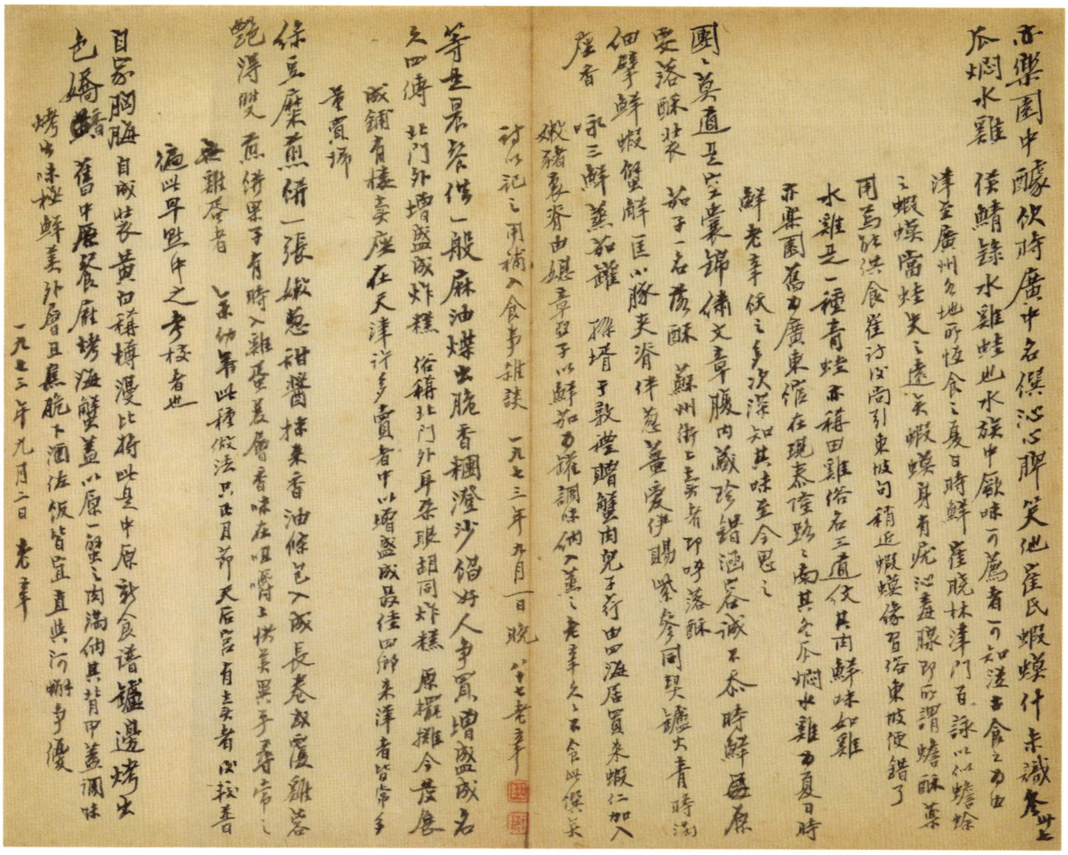
正樂園中釀伏時廣中名僎沁心脾笑他崔氏蝦蟆什未識登
瓜燜水雞
僎鯖録水雞蛙也水族中厥味可爲者可知注者食之自由
津至廣州各地所恆食之夏日時鮮崔曉林津门百詠以似蟾蜍
之蝦蟆當蛙矣之遠矣蝦蟆身有疣沁毒腺即所謂蟾酥藥
用焉詩洪食崔詩以尚引東坡句稍近蝦蟆係習俗東坡便錯了
水雞是一種青蛙亦稱田雞俗名三直伙其肉鲜味如雞
正樂園舊为廣東館在現泰隆路之南其名瓜燜水雞为夏日時
鮮老年飫之多次深知其味至今思之
團團莫道是空囊錦繡文章腹内藏珍錯涵容誠不忝時鮮慶原
要落酥裝　茄子一名落酥　蘇州街上賣者即呼落酥
佃擘鮮蝦蟹鮮匡以豚夾脊佛葱薑愛伊賜紫參同契纏大青時滿
詠三鮮蒸茄罐　將增子散裡贈蟹肉兒子行由四海居買來蝦仁加入
座香　嫩豬裹脊由媳婦孫子以鮮茄為罐調味俩人羹之老年久之不食此僎矣
詩作記之用補入食事雜談　一九七三年九月一日晚　八十七老年
等是晨餐備一般麻油煠出脆香糰澄沙餡好人爭買增盛成名
久四傳　北门外增盛成炸糕　俗稱北门外耳朵眼胡同炸糕　原攞攤今发展
成鋪有樓臺座在天津許多賣者中以增盛成最佳四鄉來津者皆常手
黃賣掃
條豆糜煎餅一張嫩葱甜醬抹来香油條卷入成長卷或窩雞蛋
艷溥嘜　煎餅果子有時入雞蛋羹層香味在咀嚼上殊異乎尋常之
無雞蛋者　上系仰第此種做法只正月節天后宫有之來者皆稱善
適以早點中之考校者也
自家胸腦自成裝黃白稱搏漫比狩此是中原新食譜爐邊烤出
色嬌鮮　舊日中原餐廳烤海蟹蓋以原一蟹之肉滿俩其背甲蓋調味
烤出味極鮮美外層且甚脆下酒佐飯皆宜直與河蟹爭優
一九七三年九月二日　老年

廿八

趙禎（宋仁宗）誕日賜羣臣包子稱名此著文已盈早成民所食今傳國外日譏天津

燕翼詒謀録宋仁宗誕日賜羣臣包子 包子之名又見鶴林玉露 蓋自宋便有此物 今日本商業團體來我國觀光者臣嗛天津包子甚多攜去東瀛

舊在侯家后有名 好稱狗肉入籠蒸 不因醜諡貽人笑 反借嘲傳艷得名

天津狗不理包子舊日原歸在侯家后 他家所制比之不如 因罵其樣有狗肉為狗所不理 今改稱天津包子 發展到全國各大都市

詠天津包子二首

南轅花雕記宋家 軒來腴膾燜蒸佳 薄淺鹽漬纖絲切 脆燃酥香巨片誇

詠豚饌四型

一、宋肉 亦稱鬆肉 稱宋者謂係出自前清宋姓家 徵法整塊帶皮蒸熟 炙炸微透 上面刻壽字或囍字或花紋 澆汁合碗蒸出 扣在盤中上席 舊日為祖八大碗中一品 與溜魚 四丸子等為伍

二、燜燒肉 亦稱蒸燒肉 燒肉擇肥瘦成多層者帶皮大塊炸透 改斬切成片 厚薄約（分許） 加熏合碗蒸出 肉皮皺而微起 偶捺入雞蛋率切者 二汁口致 扣入花瓷盤 在下肉在上成半圓形 多片極整齊 稱元寶肉 蓋以捺底雞蛋稱元寶 亦此元寶捺底 入細八大碗 於有海參者為第二品 與值價同係 如無海參便以此領桌 其次者則以豬排骨捺底 亦同雞蛋 為上席之（以一二三等者） 以上一、二皆天津二葷館在外擡若干桌席而上用之

三、鹹肉 所謂薄醃鹹肉 舊天津醬肉鋪 如明順昌 起順 育等皆備有此品 通行老錢時 每斤人多買十二文 即六個銅板錢一包者 鋪中為切細絲 下酒 或夾入熱油酥火燒 或燒餅食之 易有濃味 香而不膩

四、醬皮肉 亦稱脆皮肉 擇軟膀 即豚腹部軟者 為五花三層 加熟食則是最貴 於分如此大塊 不調味 燒烤其皮面深黃色起泡而酥脆 恰到好處 時冷之使硬 整銷之 賣時計價切為大薄片 蘸高醬油食之 脆酥香軟 真所謂同其所長以醜為好者 京式醬肘鋪中真品之一也 一九〇〇年天津北門外第一醬肘鋪中也有之

一九七三年九月二日 八十七老人

廿九

蓮葉包將醅自高 米粟蒸出味偏饒 一方醬肉漬香而晏 幾載叉燒香也消

詠豚饌又四型

一、荷葉肉 二、米粉肉 三、醬汁肉 川蘇 四、叉燒肉 廣東

炙青蒸來風味美 豚肩（入）烘出特腴香 丁家蹄髈陪陳伯 陸氏金華伴玉泉

詠豚饌又四型

一、炙青 即豬頭 見郭天錫客杭日記 呼酒（萬樓）煮炙青 二、八肘子 三、丁蹄 係一兩種丁（陸）蹄髈 選製皆佳 名曰丁蹄 四、陸藁薦製火腿 陳伯 伯與酒 玉泉 白酒以消燒刀子

快切濃香記粵風 整豚烤出脆皮紅 應須利園方知味 大嚼傳聲若嚼冰

詠廣東烤豬 皮厚而酥脆 嚼時有聲 蘸高醬油食之 極香

銅壺長頸北平推 早起茶湯上市來 糊米一甌甜入口 招牌高挂老回回

茶湯 副食有雜麵糊 炒米 鴨糊炒米 皆來經細 此是麋子麪 沸湯漬撒紅糖之 均為回民所賣 常上挂招牌書西域回回 銅壺極高大 流頸極高而長

依然棒子麪波波 蔥碎豚腸玉手和 貼出一鍋糕點似 酥香滋味讓他多

張景山家曾以豬脂蔥碎 花椒入玉蜀黍麪中揉勻於熱鄉魚鍋之四周貼為餑餑 佐以嘗以此待客 天津所謂熬魚貼餑餑也 但一般餑餑以水和 此則如肥鄉 美不可言 詩以記之 玉蜀黍麪天津稱棒子麪 貼餑餑係家庭恆食 為都人所識 而南人尚稻重米 另為非人所食 張家此製 倒南人薄視 波波見於廚外集 北人呼為波波 南人訛為磨磨 名義考 京師人謂餅曰餐餐 餐當為餑餑 與此禮以珍淳母 天津俗亦稱棒子麪餅子 或簡稱餅子 餑見玉篇

玉蜀由來出美洲 美洲主食數他優 全由累豎澆糖露 何事中華認食羞

大河以北一般栽種玉蜀黍以為主食之一 而津之顯族無以食此為可羞 一次津名士王君石景豎時 予波波一方 赴豆腐房入門見余在座 急怵之而出 怪訝是何故 波波之為羞 其人嘗可羞也 玉蜀黍原產美洲 傳來吾國當在明朝前後 美國大旅館早豎有玉蜀黍所製甜糕之澆糖漿食之甚美

一九七三年九月五日 八十七老人

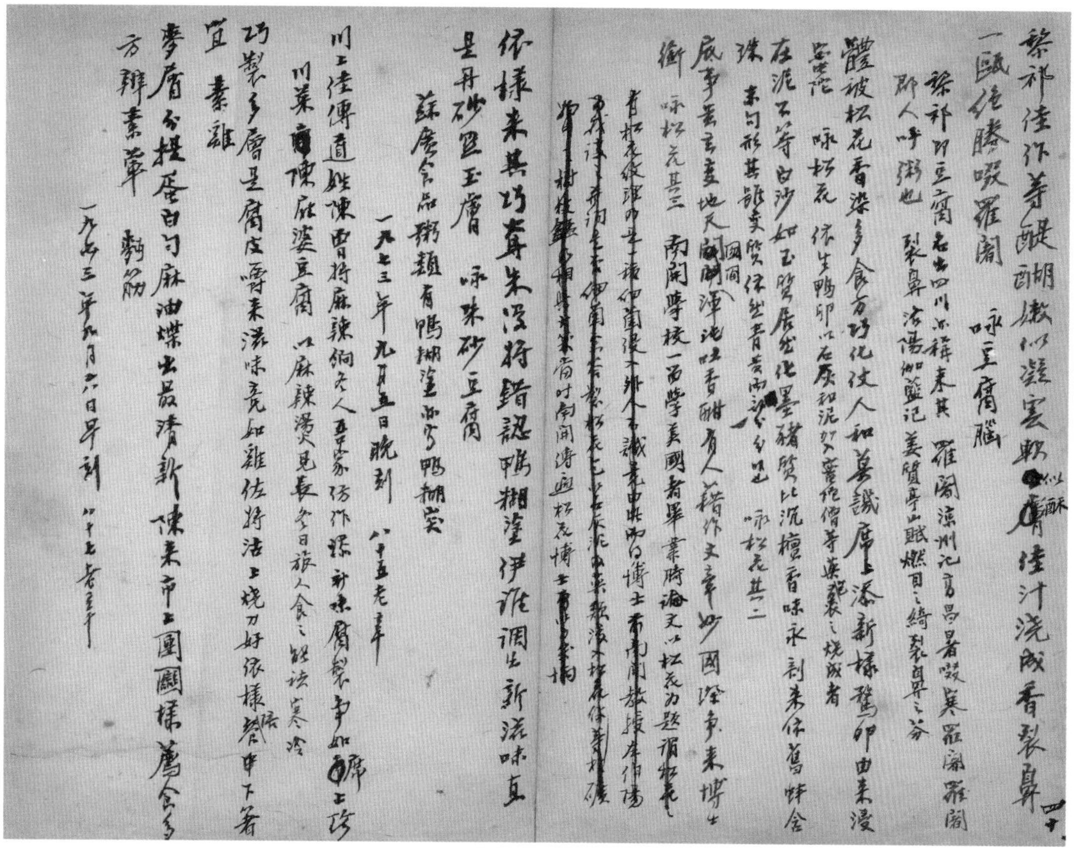

蔡祁佳作等醍醐，嫩似凝蜜軟似酥。佳汁浇成香裂鼻，四十

一甌絶勝啜羅闍。　咏豆腐腦

蔡祁即豆腐，名出四川，亦稱素其。羅闍，滦州记：高昌署啜莫羅闍。羅闍，

郎人呼粥也。裂鼻，洛陽伽藍记姜質亭山賦：燃目之綺，裂鼻之芬。

體被松花香染多，食方巧化仗人和。莫識席上添新樣，鸞卵由来漫

安世陀。　咏松花　依生鴨卵以石灰和泥加以蜜絶僧等藥裹之烧成者

在泥不等白沙，如玉質，居然化墨豬。質比沉檀香味永，剥来依舊蚌含

珠。　末句形其能変質，依然青黄兩色也。　咏松花其二

底事云喜地天國同渾沌，吐香酣。有人藉作文章妙，國際争来博士

銜。　咏松花其三　南開學校一留學美國者畢業時論文以松花為題，獲博士

[illegible]

[illegible]

[illegible]

依樣来其巧奪朱，没將錯認鴨糊塗。伊誰調出新滋味，直

是丹砂豎玉膚。　咏朱砂豆腐

蘇廣食品粥類有鴨糊塗，亦名鴨糊突

一九七三年九月五日晚到　八十五老年

川上佳傳道姓陳，曾將麻辣餉人人。至今家家仿作踪，新味層製争如席上珍

川菜有陳麻婆豆腐，以麻辣湯見長，冬日旅人食之，能祛寒冷

巧製多層是腐皮，層来滋味竟如雞。佐將法上燒刀好，依樣儘盤中下箸

宜。　素雞

夢層分提蛋白勻，麻油煤出最清新。陳来市上團圞樣，薦食多

方辨素葷。　麪筋

一九七三年九月六日早到　八十五老年

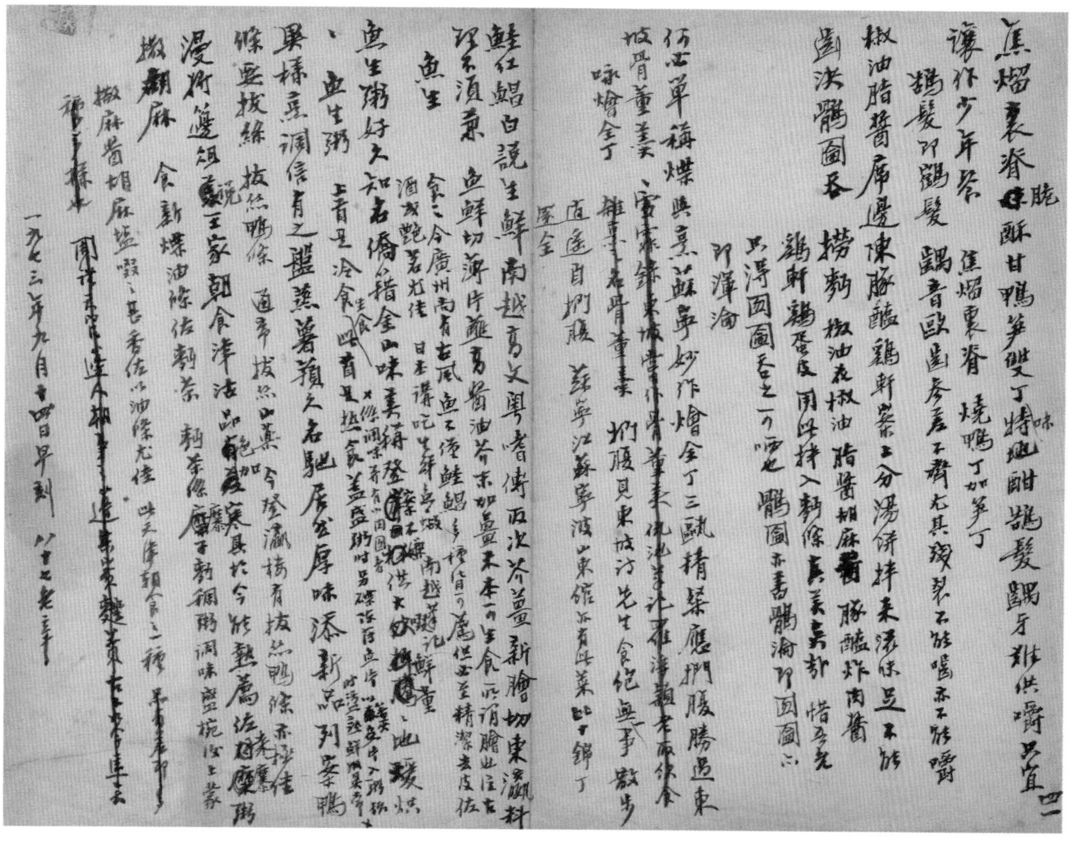

焦熘裹脊脆酥甘，鴨笋雙丁特味醋。鵝髮鵝牙雖供嚼，只宜　四一

讓作少年餐。　焦熘裹脊　烧鴨丁加笋丁

鵝髮即鵝髮，鵝音歐，齒参差不齊，尤其殘裂不能嚼，亦不能嚼

椒油脂醬席邊陳，豚醢鷄斯索上分。湯餅拌来滋味足，不能

齒決鶻圖吞。　撈麪　椒油，花椒油；脂醬，胡麻醬；豚醢，炸肉醬；

鷄斯，雞蛋皮，用以拌入麪條，真美真韵。惜予老

只得囫圇吞之，一口吞也。鶻圖亦書鶻淪，即囫圇

即渾淪

何必单稱煤與烹，蘇亭妙作燴全丁。三甌精築鷹燜腹，勝過東

坡骨董羹。　[illegible]

雜燴　骨董羹

咏燴全丁　燜腹見東坡詩：先生食飽無一事，散步

直逐自燜腹。蘇亭，江蘇亭，渡山東館，亦有此菜，曰十錦丁

鮭紅鯧白說生鮮，南越高文粤嗜傳。酒次芥薑新膾切，東瀛料

理亦須兼。　魚生

魚鮮切薄片，蘸高醬油芥末，加薑末，本一日生食，所謂膾也，注古

食之，今廣州尚有古風，魚不僅鮭鯧多種，精潔去皮佐

酒，或艷若尤佳。日本講吃生鮮魚

魚生粥好久知名，僑譜金山味美精。[illegible]

、魚生粥　上有是冷食生食，[illegible]

異樣魚調信有之，鑑蒸薯蕷久名馳。居然厚味添新品，列案鴨

條要拔絲。　拔絲鴨條　通常拔絲山藥，今登瀛樓有拔絲鴨條，亦極佳

漫將篾組說王家，朝食津沽品艷加。[illegible]

撒翻麻　食新煤油條佐麪茶　麪茶條[illegible]麪稠粥，調味盛椀，上撒

撒麻醬胡麻鹽，蝦之甚香，佐以油條尤佳。此天津朝食之一種

[illegible]

一九七三年九月十四日早到　八十五老年

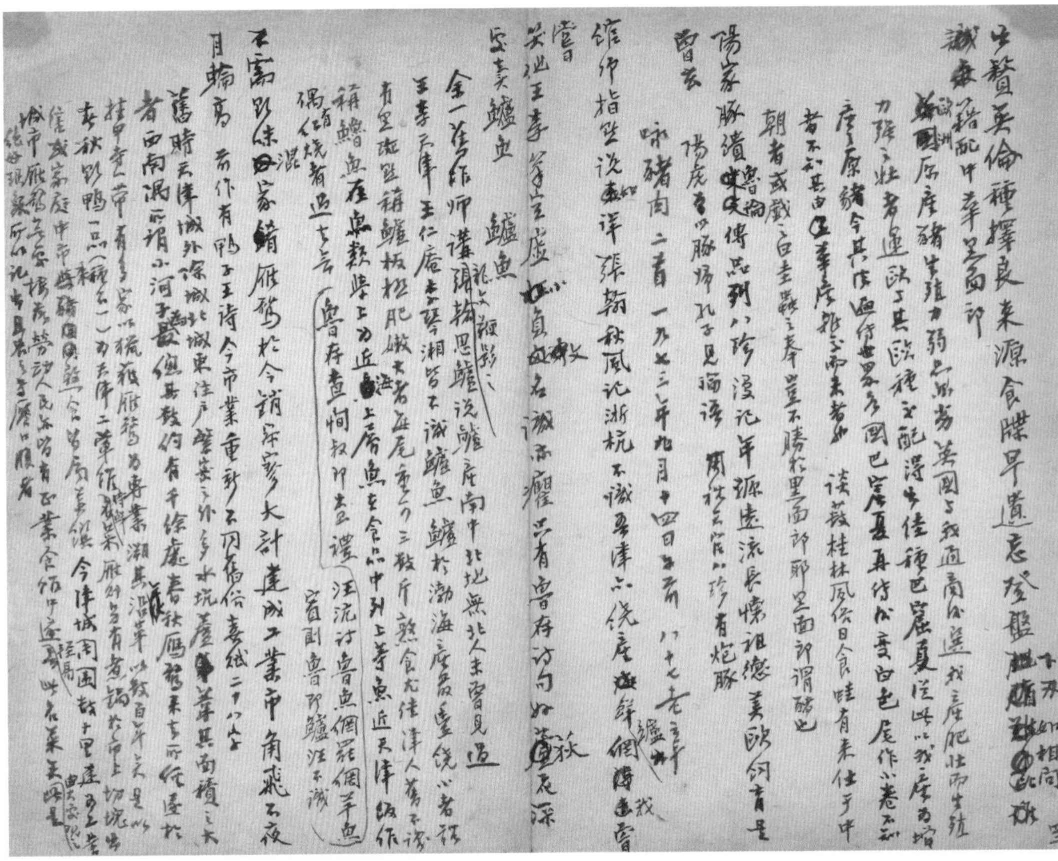

此贊英倫種擇良，來源食牒早遺忘，登盤……

陽家豚饋傳思到，八珍漫記年源遠，流長懷祖德，美歐……

館仰指望說詳，張翰秋風記浙杭，不識吾津江佬底……

嘗笑他王李掌宦……

鱸魚

不需照依家鋪雁鶩，於今……大計建成工業市，角飛不夜

月輪高

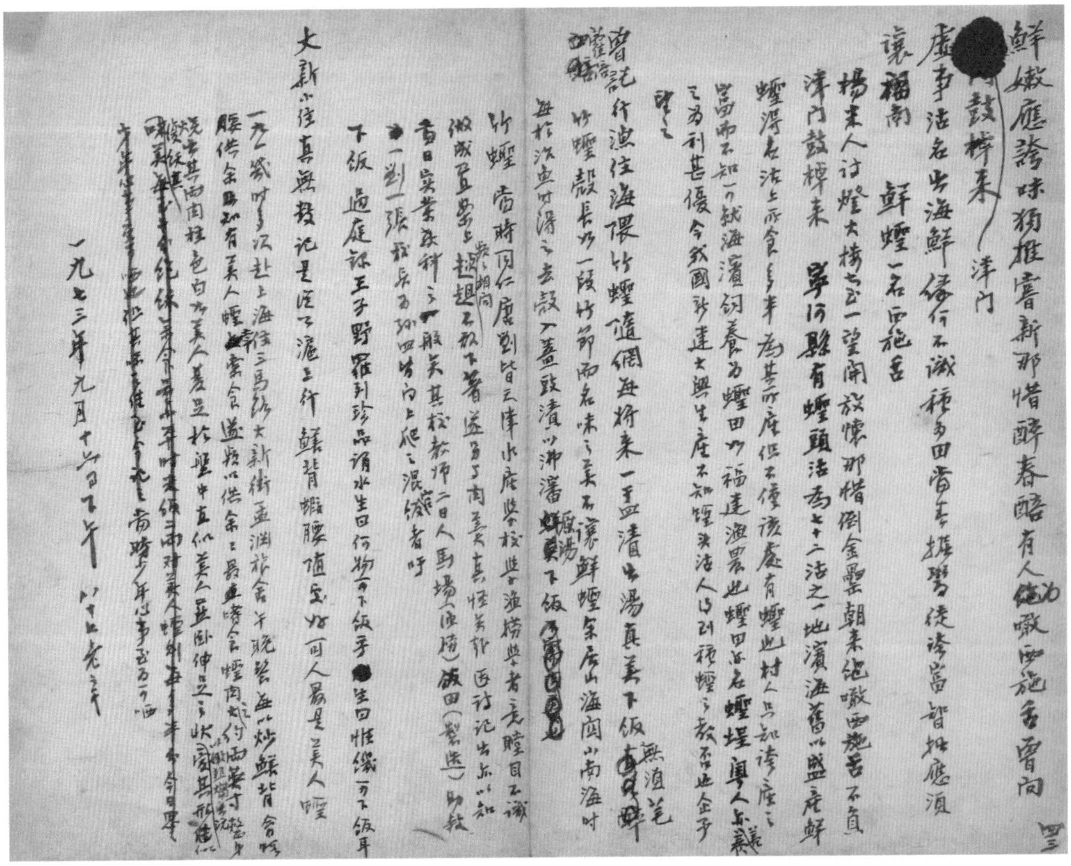

鮮嫩應誇味獨推，嘗新那惜醉春醅，有人……

虛事法名出海鮮……

讓福南　鮮蟶一名西施舌

嘗記作漁住海濱……

竹蟶……

大新小住喜……

一九七三年九月十六日下午　八十七老人

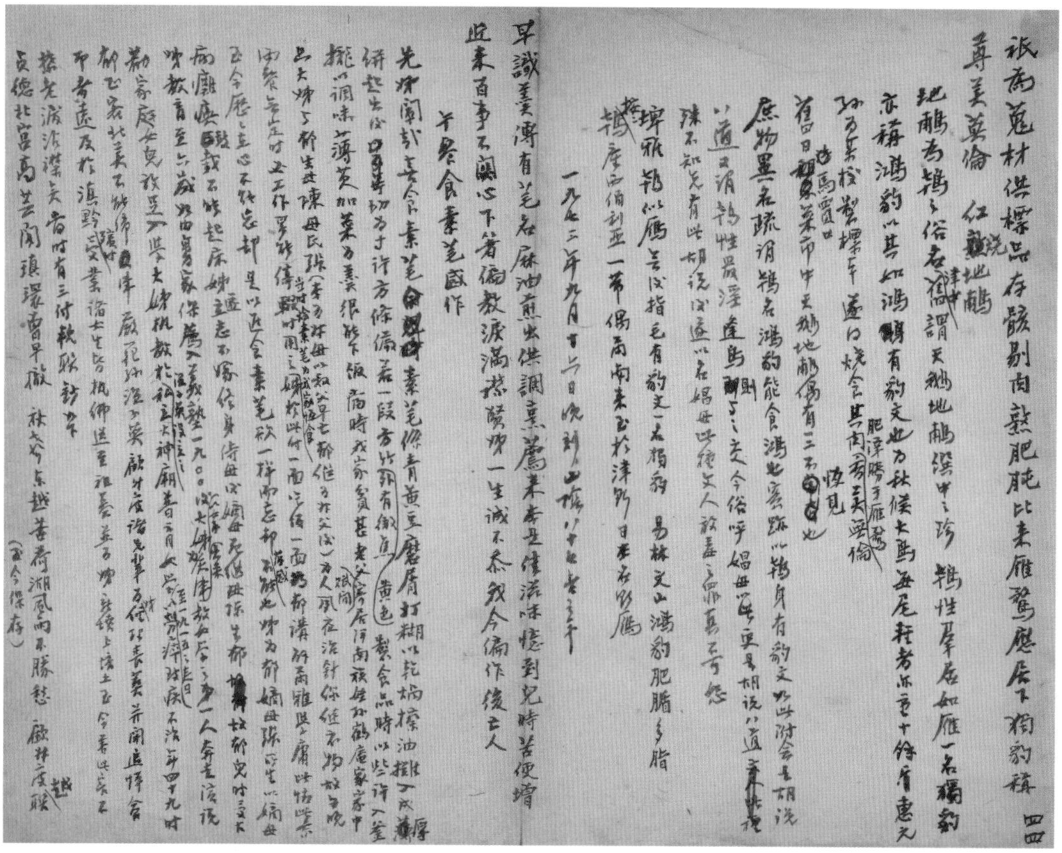

四四

祇為菟材供標品，存骸剔肉煞肥肫。比來雁鶩歷層下，獨豹稱尊美莫倫。　紅燒地鵏

地鵏為鴇，俗名津中謂天鵝。地鵏係中之珍，鴇性羣居如雁，一名獨豹，京稱鴻豹，以其如鴻，鴇有豹文也。為秋候大鳥，無尾，軒者亦重十餘斤。

一九七三年九月廿六日晚

早識羹濟有芼名，麻油煎出供調烹。薦來香且佳滋味，憶到兒時苦便增。

近來百事不關心，下箸偏教淚滿襟。饞嘴一生誠不忝，我今偏作後亡人。

早餐食素芼感作

先妣聞氏之言，余……素芼係青黃豆磨屑打糊，以乾焙搽油攤之成薄餅……

（至今保存）

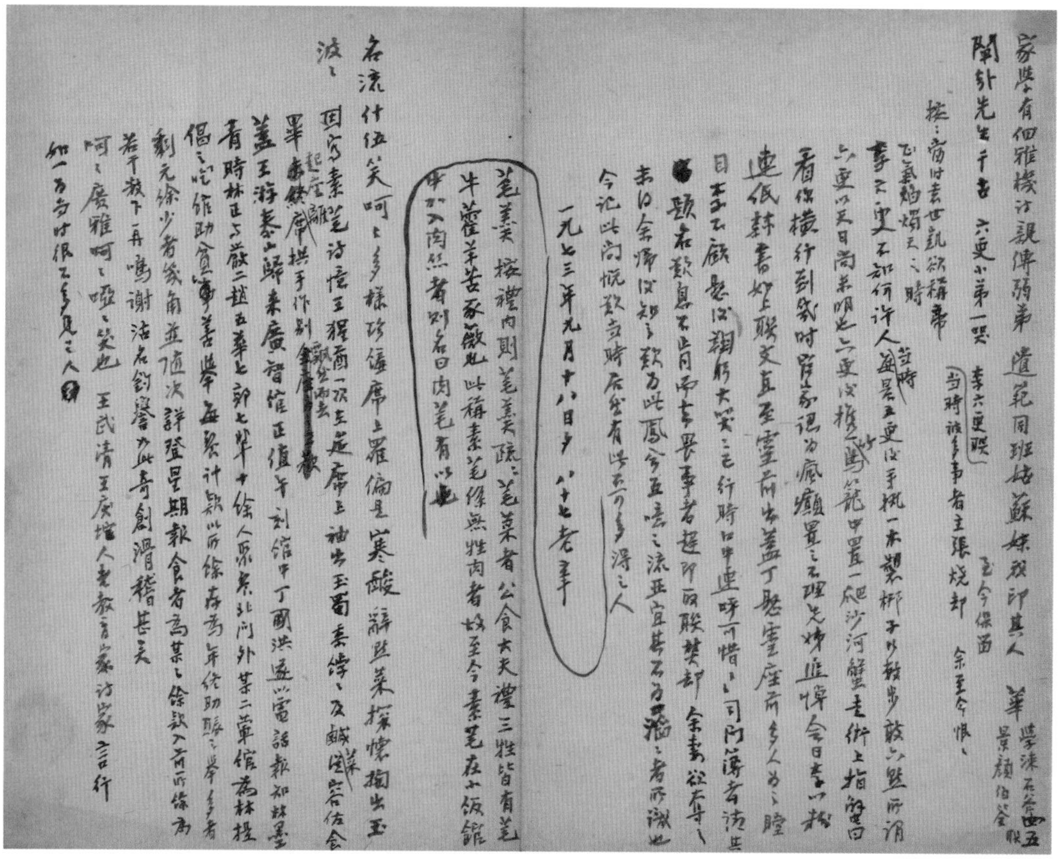

家學有佃雅，機計親傳弱弟。遺範同班姑蘇妹，殺印其人

閨外先生千古　六吏小弟一哭

（當時誰事者主張燒却）　至今保留　余至今恨之

一九七三年九月十八日　八十七老人

芼羹　按禮內則芼羹疏：芼菜者，公食大夫禮三牲皆有芼，牛藿羊苦豕薇也。此稱素芼，係無牲肉者也，至今素芼在小飯館中加入肉絲者則名曰肉芼，有以也。

名流什伍笑呵呵，多樣珍饈席上羅。偏是寒酸辭然菜，搽懷掏出玉波波。

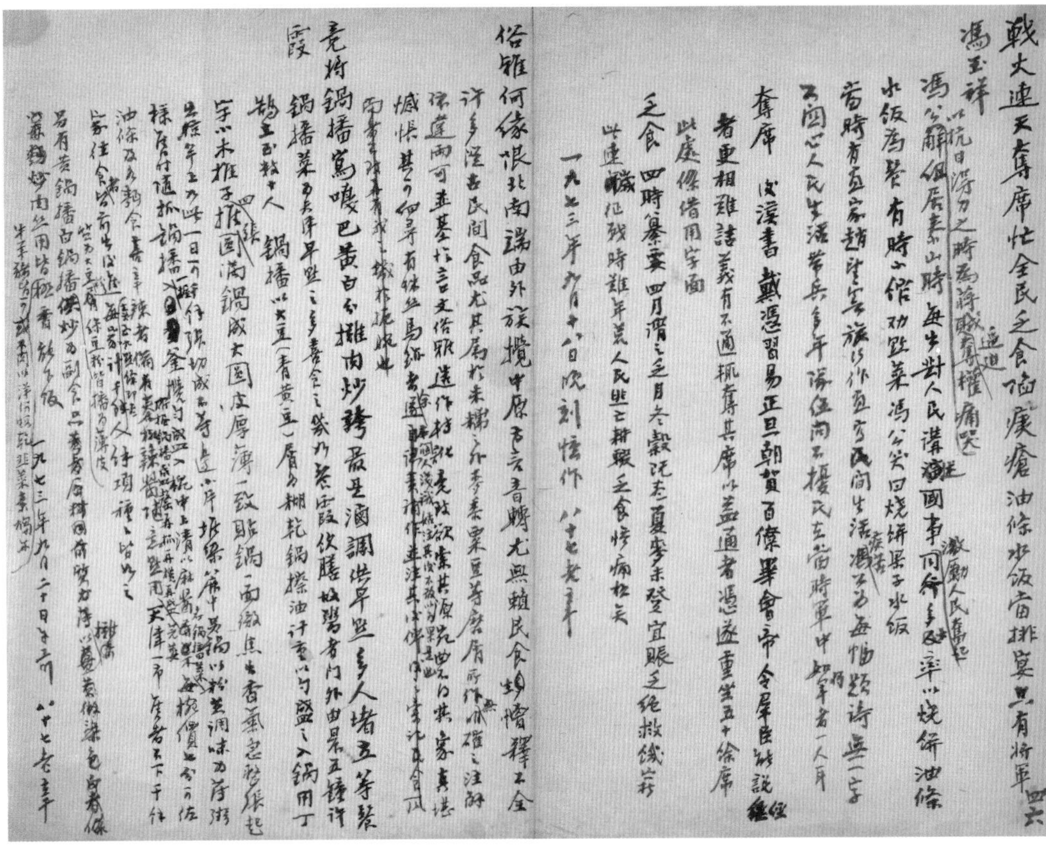

戰火連天奪席忙，全民乏食餡糠饞。油條炒飯當排宴，只有將軍 四六

馮玉祥

[illegible]

一九七三年九月十八日晚刻，愴作 八十七老人

俗雅何緣限北南，端由外族攪中原。[illegible]

[illegible]

一九七三年九月二十日午刻 八十七老人

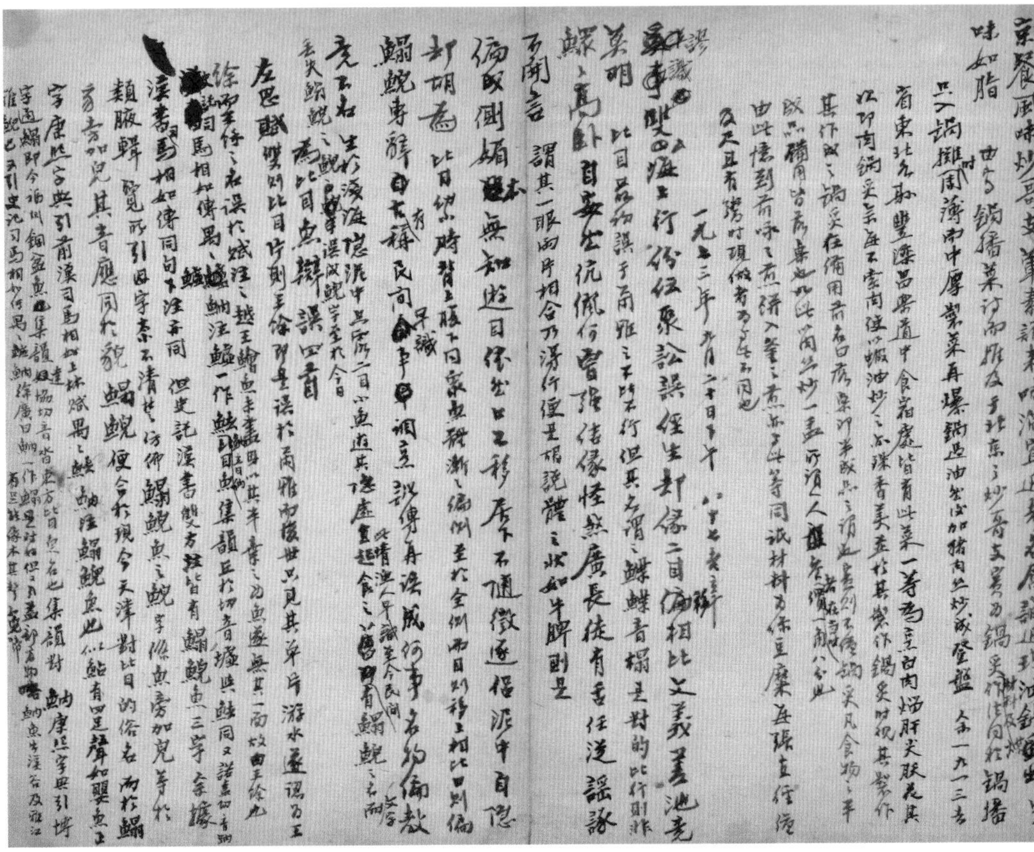

京餐風味炒哥支，筆素調來味滿宜。近考名原識近理，油鍋[illegible] 四七

味如脂

[illegible]

一九七三年九月二十日下午 八十七老人

[illegible]

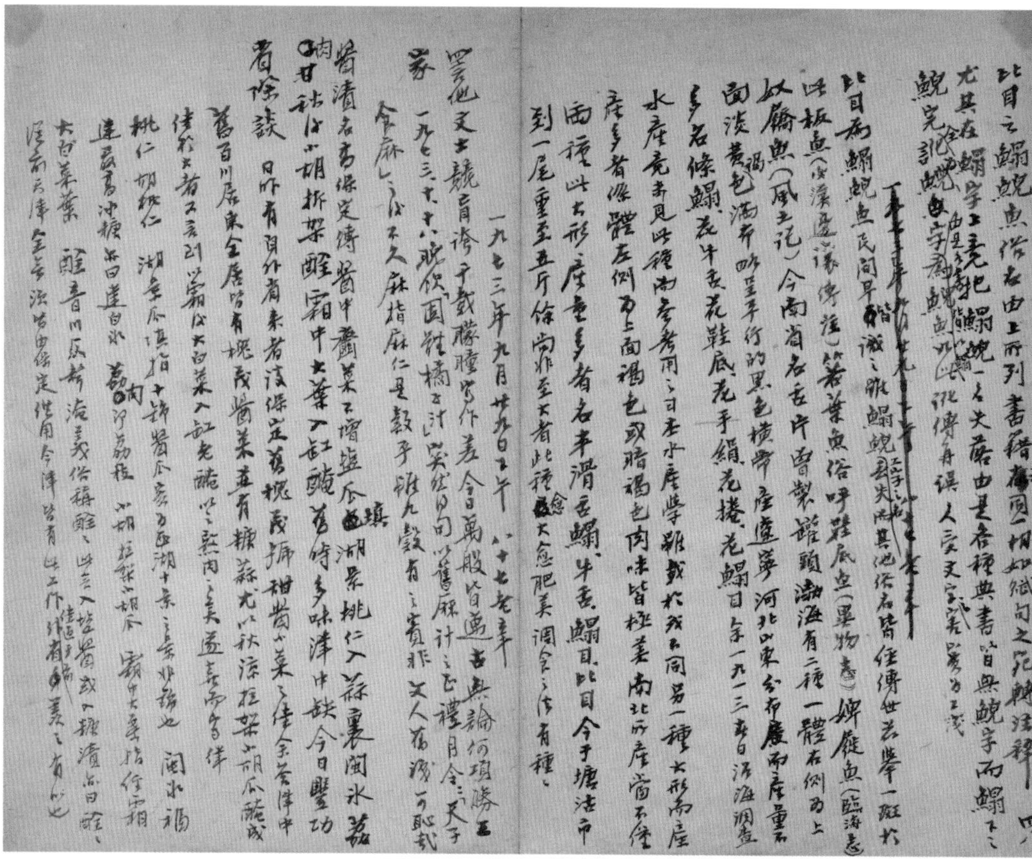

比目之鰨鮑魚俗名由上所列書籍在圈一相如賦句之范轉注釋　四八
尤其在鰨字上竟把鰨鮑一名失落由是各種典書皆無鮑字而鰨下之
鮑完訛鮑魚字為鰨魚以訛傳訛誤人[illegible]
比目為鰨鮑魚民間早皆識之鰨鮑[illegible]其他俗名皆任傳世若舉一斑於
呼板魚（安溪邊俗傳注）箬葉魚俗呼鞋底魚（異物志）婢簁魚（臨海志）
奴屩魚（風土記）今南省名舌片魯繫鞋頭渤海有二種一體右側為上
面淡黃色滿布砂星平行的黑色橫帶產遼寧河北山東分布廣而產量不
多名條鰨為牛舌花鞋底花手絹花捲花鰨日本一九一三年白沼海洞查
水產竟未見此種而多考用之日本水產學雜誌於我不同另一種大形而產
產多者條體左側為上面褐色或暗褐色肉味皆極美南北所產當不僅
兩種此大形之產量多者名牛滑舌鰨牛舌鰨且比目今于塘沽市
到一尾重至五斤餘嘗作至大者此種愈大愈肥美調食之法有種種

一九七三年九月廿九日下午　八十七老年
四他又士競肓誇于戴滕瞳所作羹今日萬般皆遜古典論何項滕王
家
一九七三[illegible]國雜橘之汁[illegible]舊麻計之[illegible]禮月令之天子
食麻[illegible]不久麻指麻仁是穀乎[illegible]文人[illegible]
醬漬名為條定傳醬中齎菜不增鹽瓜填湖景桃仁入蒜裹閩冰荔
肉甘秋以小胡折架醒霜中大葉入缸醃舊時多味津中缺今日豐功
者除談　日作有自作有來者該條定舊槐武扁甜醬小菜之佳今[illegible]津中
舊日川居東全居皆有槐成醬菜並有糠蒜尤以秋涼[illegible]小胡瓜醃成
佳於大者不言[illegible]大白菜入缸先醃[illegible]熟肉之美[illegible]
桃仁切桃仁　湖[illegible]醬瓜[illegible]湖十景之[illegible]　閩冰福
達荔肉沙糖[illegible]　[illegible]小胡[illegible]
大白菜葉　醃音[illegible]
[illegible]

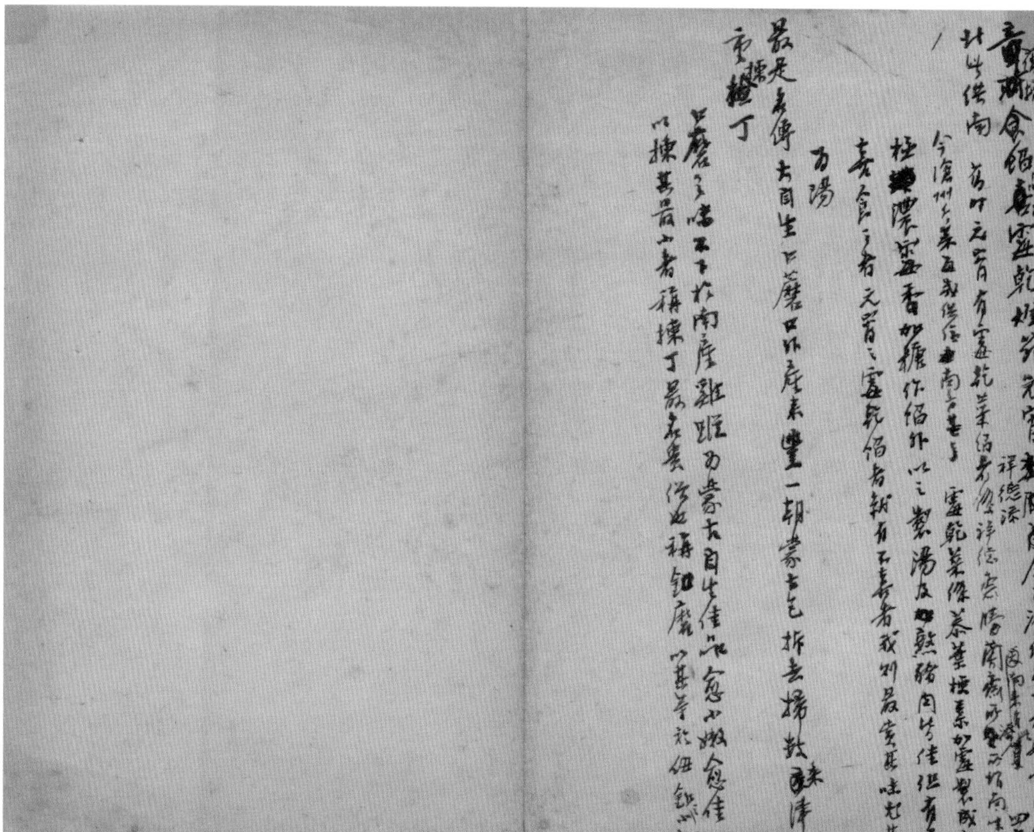

章[illegible]食錔乾[illegible]元宵[illegible]今日滄州各菜好[illegible]　四九
此[illegible]南　[illegible]元宵[illegible]乾菜[illegible]
今滄州[illegible]
極濃[illegible]香加糖作錔外以之[illegible]湯及[illegible]豬肉皆佳[illegible]
嘗食之者元宵之[illegible]乾錔者新有不嘗者我们最愛其味尤其
為湯
最是多傳古自生[illegible]產來[illegible]一胡[illegible]折去[illegible]
柬[illegible]丁
[illegible]不下於南產雞[illegible]自生佳[illegible]
[illegible]者[illegible]丁最[illegible]

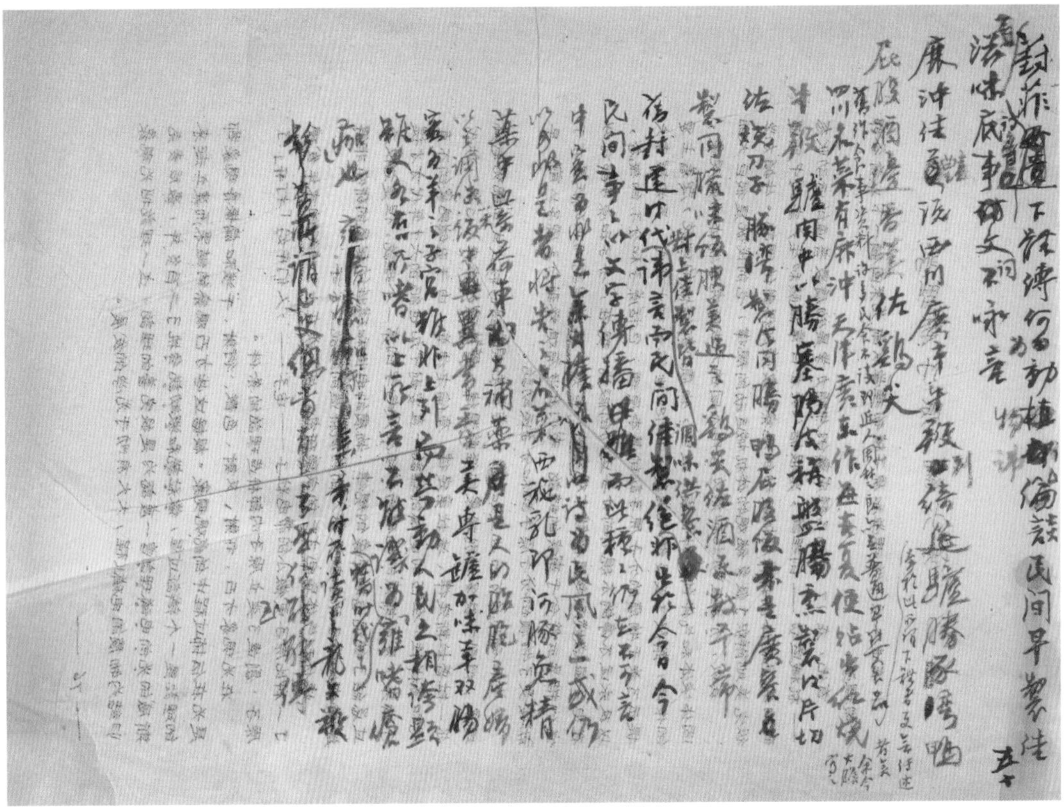

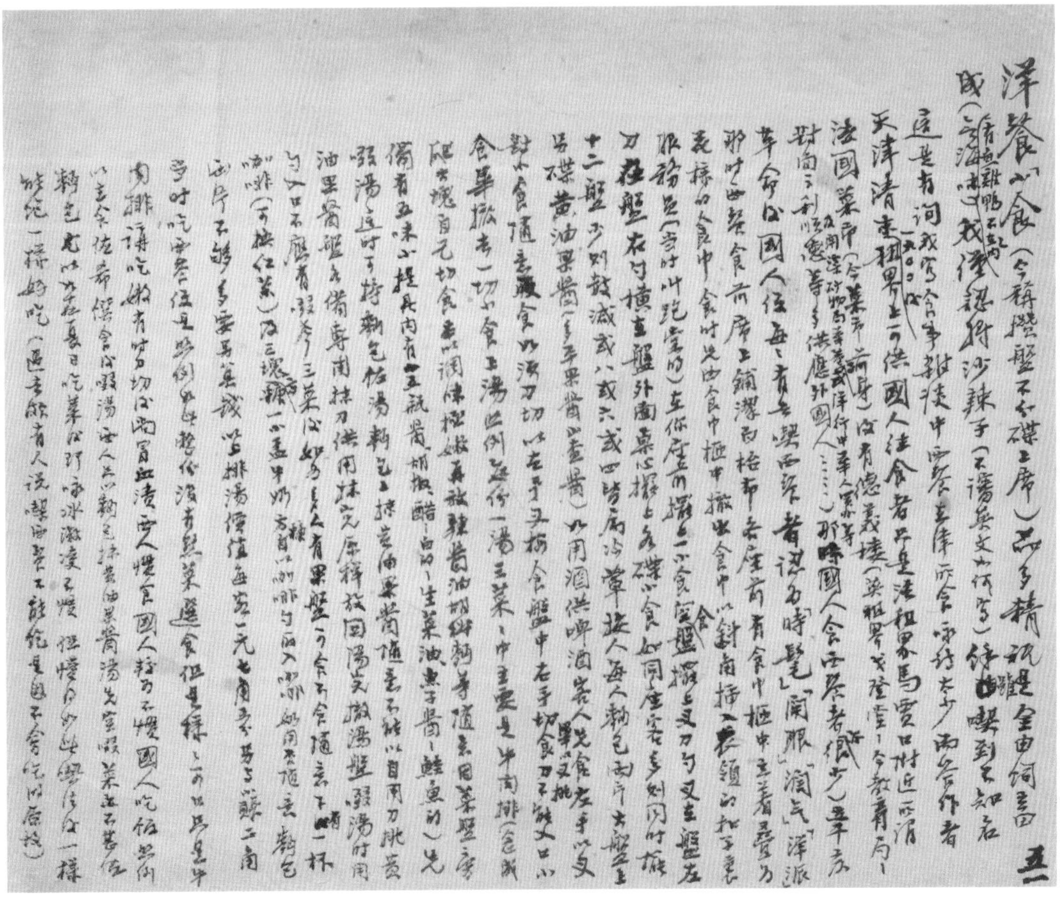

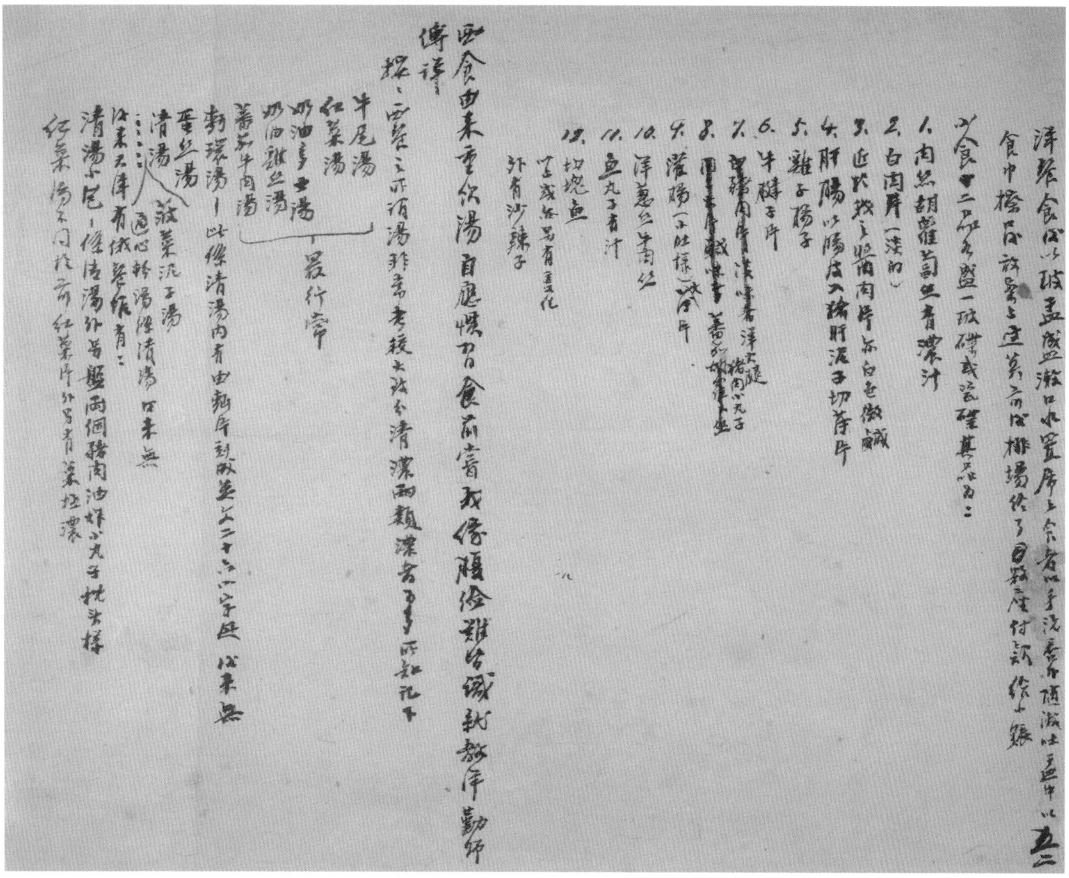

洋餐食後以玻盃盛溫漱口水置席上，食者以手洗，盃內漱口吐盃中。以
食巾揩口放案上，迨菜而後排場終了，自起座付款，給小賬 五二
以食單二三分置盤一玻碟或瓷碟，其品為：
1. 肉絲胡蘿蔔絲青濃汁
2. 白肉片（淡的）
3. 近於我之醬肉片，亦白色微鹹
4. 肝腸，以腸衣入豬肝泥子，切薄片
5. 雞子腸子
6. 牛髓子片
7. 豬肉片濃味者 洋大腿
8. 豬肉小丸子
9. 灌腸（下吐糠）切薄片
10. 洋蔥絲牛肉絲
11. 魚丸子煮汁
12. 切塊魚
生或熟另有主化
外有沙辣子

西食由來重飲湯，自應慣習食前嘗。我儕腹儉難含識，熱飲偏能勸歸飧。

傳譯

探之西餐之所謂湯，非我等老較大，致分清濃兩類，濃者可另所知記下

牛尾湯
紅菜湯
奶油多西湯
奶油雞絲湯
番茄牛肉湯 —— 最行常
動環湯—此係清湯內有由麵片刻成英文二十六個字母 他來無
蛋絲湯
清湯 —— 菠菜泥子湯
通心粉湯係清湯 他來無
他來只有俄餐館有之
清湯小包—係清湯外另盤兩個豬肉油炸小丸子枕頭樣
紅菜湯不同於前，紅菜片外另有菜極濃

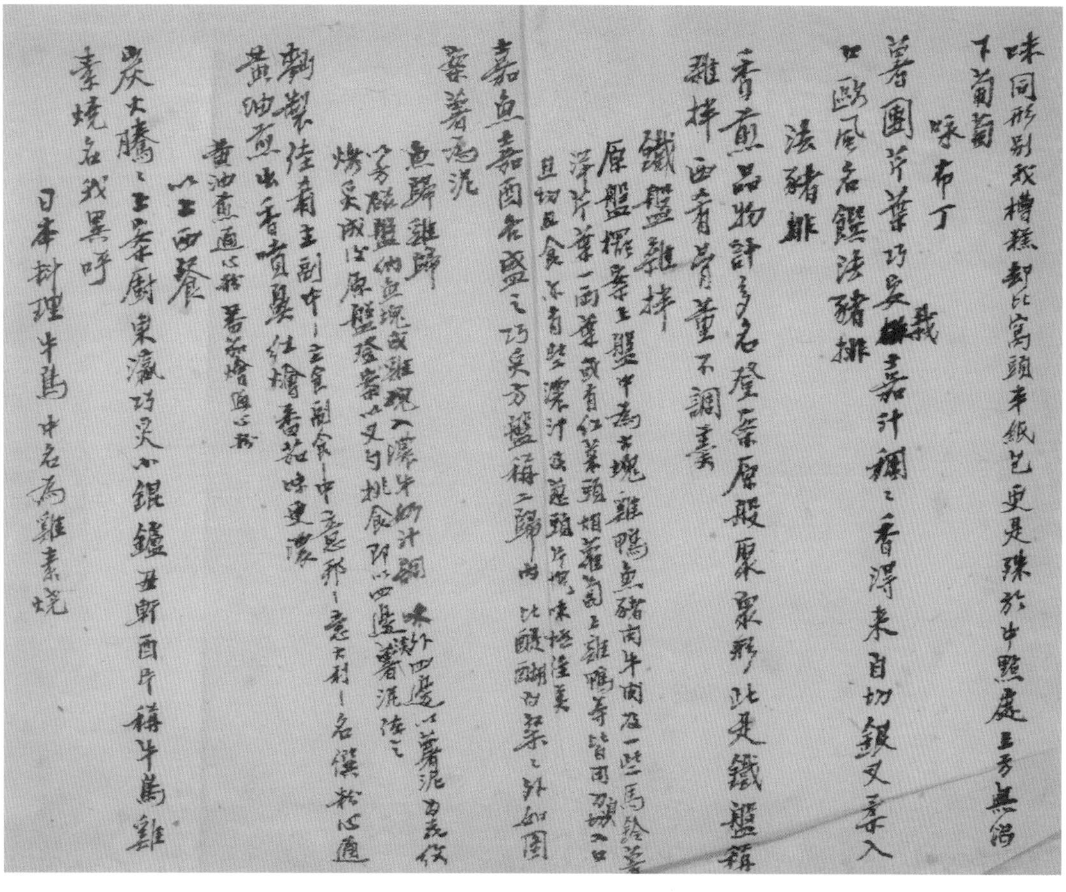

味同形別我槽糕，卻比窩頭本紙包。更是殊於中點處，三分無餡
下葡萄

咪布丁

番園芹葉巧安栽，番茄汁稠稠香浮。來自切銀叉柔入口，歐風名饌法豬排。

法豬排

香煎品物許多名，登一盤原殷聚眾形。此是鐵盤雞伴西，青黃董不調羹。

鐵盤雞排

原盤擺菜上盤中，為大塊雞鴨魚豬肉牛肉及一些馬鈴薯、洋芹葉一兩葉或有紅菜頭胡蘿蔔，上雞鴨等皆用刀切入口，且切且食，亦有些濃汁及蔥頭片等，味極佳美

番茄魚番茄西名，盛之巧更方，盤稱二歸的，比醍醐與菜之外加圍。番薯為泥

魚歸雞歸

以方瓷盤內魚塊或雞塊入濃牛奶汁稠，味外四邊以薯泥為花紋，烤煎成後原盤登桌之，又勻排食，即以四邊薯泥諸之

劉製佳肴主副中，黃油煎出香噴噴，紅燴番茄味更濃。

主食—副食—中主意邪—意大利—名撰粉心通

黃油煎通心粉 番茄燴通心粉

以上西餐

炭火騰騰上案廚，東瀛巧製小銀爐。生新西片稱牛萬，雞素燒名我異呼。

日本料理牛肉 中名為雞素燒

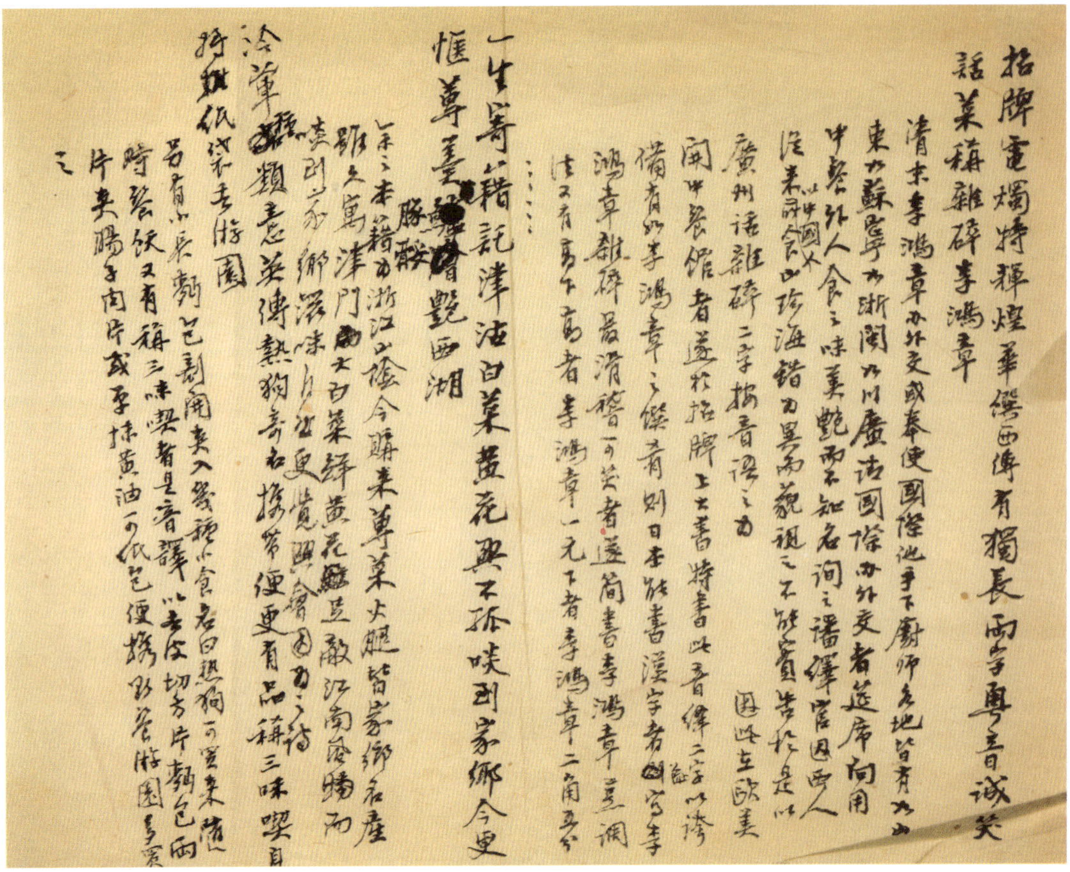
招牌重燭特輝煌，華饌西傳有獨長。兩字粵音誠笑話，菜稱雜碎李鴻章。

清末李鴻章為外交或奉使國際，池手下廚師各地皆有，為山東為蘇皖為浙閩為川廣。諸國際為外交者，筵席向用中餐。外人食之，味美艷而不知名，詢之譯官，因西人從未嘗食以中國人以山珍海錯為異而藐視之，不能實告，於是以廣州話雜碎二字按音譯之為。因此在歐美開中餐館者，遂於招牌上大書特書此音譯二字以誇飴。備有以李鴻章之傑肴，則日本能書漢字者，寫李鴻章雜碎，最滑稽可笑者。遂簡書李鴻章，並謂店又有高下，高者李鴻章一元，下者李鴻章二角五分。

一生寄籍託津沽，白菜黃花與不孤。喫到家鄉今更憶，蓴羹鱸膾艷西湖。

余之本籍為浙江山陰，今雖來寄津門，而大白菜黃花魚豆敵江南蓴鱸，而到家鄉滋味則更覺與會稽圖為之詩。

冷葷類意英傳，熱狗壽名接節便，更有品稱三味喫，自將紙袋走游園。

若有小長麵包，剖開夾入腸，稱小食名曰熱狗，可買來隨時啖飲。又有稱三味喫者是音譯，以吉切方片麵包兩片夾腸子肉片或李抹黃油，可紙包便攜，於遊園亦宜之。

食事杂诗辑补续

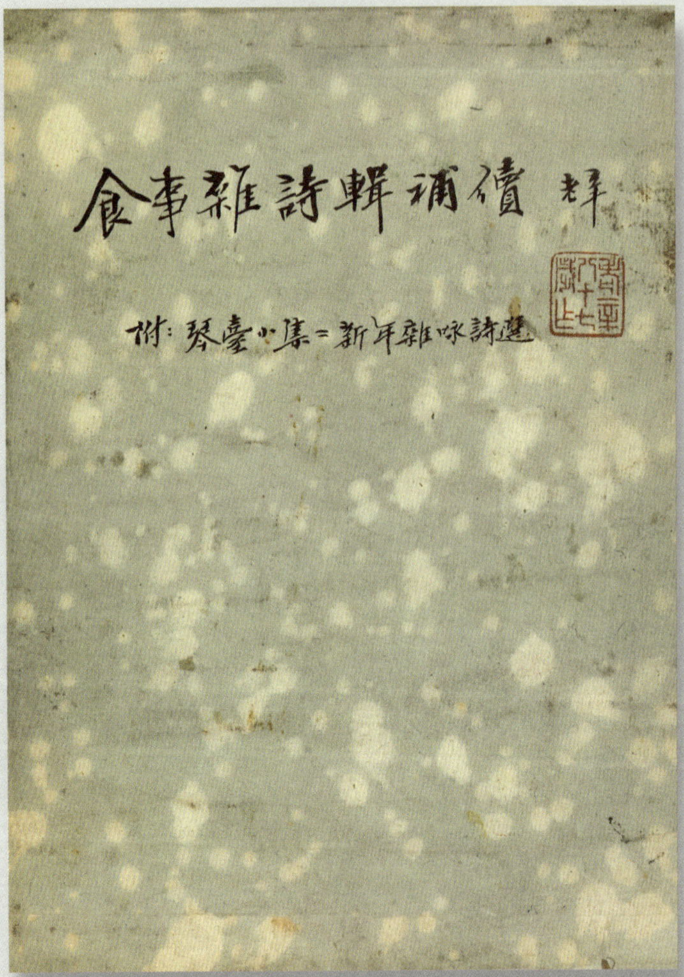

手稿横149毫米、纵205毫米，共计50页，另有2张夹页，影印时略有缩放。

食事雜詩輯補續 老辛

一九七三，九月

前言

近来在病中居然把多年叢殘未丢失的一一集成本子偶尔翻翻湖想當日比較一下今天我這一生遭遇亦確有一種說不出的趣味

現在又沒事可搞了但脑子不能閒着所好近又得到些材料又在病難受時用攪開它一些痛苦時作了幾首食事的詩由此遂索性再作下去到枯竭時如還不死再想别的主意

好吧還按原樣不論古人已有的或是我補作的有了便鈔不分先後有多少便是多少不拘數目

仍旧例名为食事雜詩輯補添上一個續字

一九七三年九月九日是舊中秋節的前兩天燈下

老病安閒不死人八十七老辛

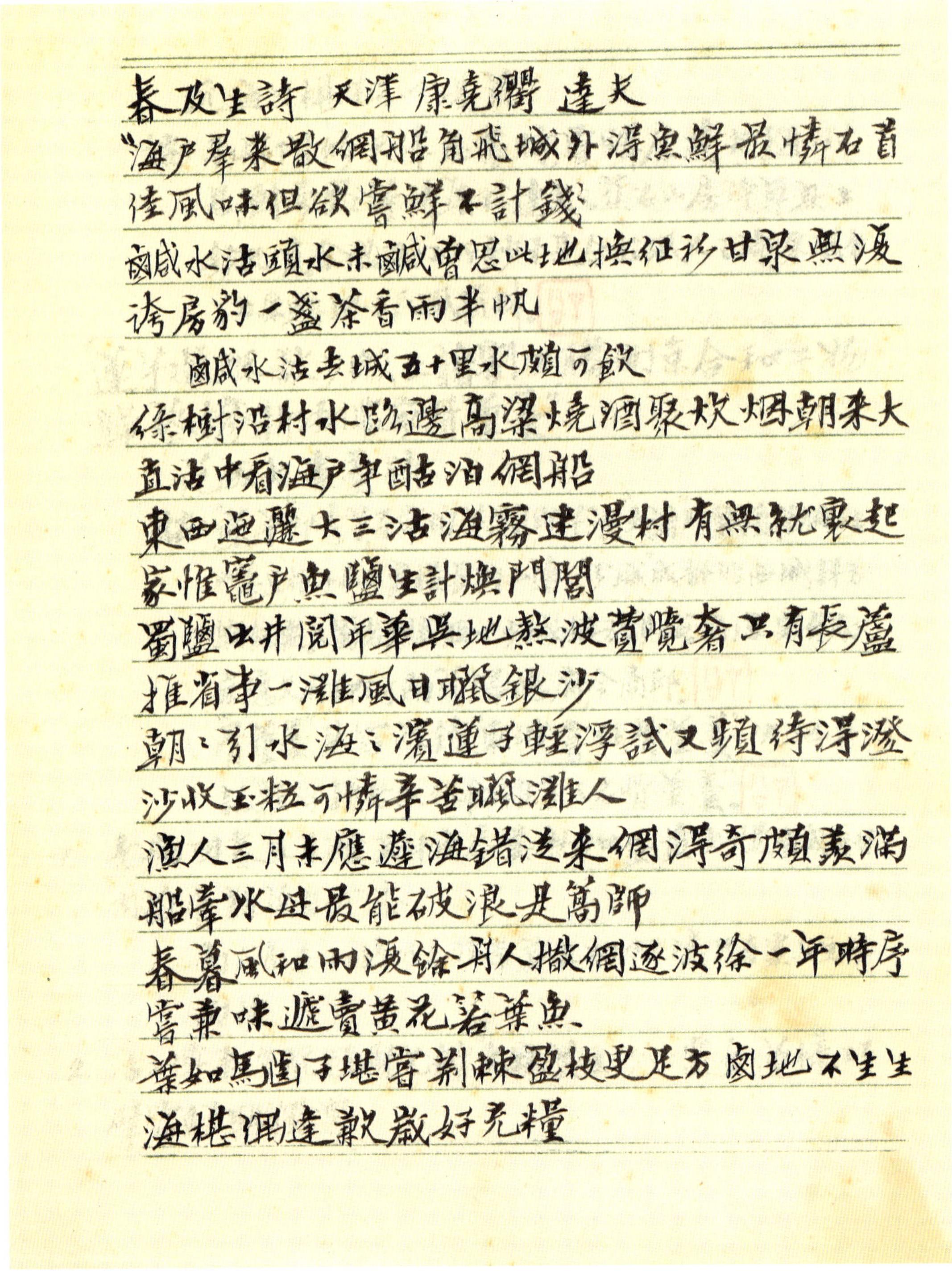
春及生詩 天津 康堯衢 達夫
"海户羣来散網船角飛城外得魚鮮最憐石首
佳風味但欲嘗鮮不計錢
鹹水沽頭水未鹹曾思此地換征衫甘泉無復
誇房豹一盞茶香雨半帆
鹹水沽去城五十里水頗可飲
綠樹沿村水路邊高粱燒酒聚炊烟朝來大
直沽中看海户爭酤泊網船
東西泥灘大三沽海霧迷漫村有無紛聚起
家惟竈户魚鹽生計燠門閭
蜀鹽出井閩汗華與地熬波費噴奢只有長蘆
推省事一灘風日曬銀沙
朝朝引水海之濱蓮子輕浮試又頻待得滋
沙收玉粒可憐辛苦曬灘人
漁人三月未應遲海錯從來網得奇頗羨滿
船羣水母最能破浪是篙師
春暮風和雨漠餘舟人撒網逐波徐一年時序
嘗兼味遮賣黃花箬葉魚
葉如馬齒子堪嘗荆棘盈枝更足方鹵地不生生
海椹偶逢歉歲好充糧

近海生椹手可以備荒”

按：高彤階修天津志書時，曾輯康達夫、梅樹君、劉夢齡等詩集於達夫之蕉石山房詩草與上鈔九首。余認為上所鈔才是合於風人之詩，采風者可以采輯地方民風資料。

“蓮芋凝酥敵少城，土藷割玉勝南京。合和二物歸藜糝，新法儂家骨董羹”

范成大素羹詩

按：“蓮芋”即青芋，平常的芋頭即芋艿。“土藷”即薯蕷，兼賅佳山藥豆，根下在土裏橫長的山藥。“少城”成都的西城，詳方輿紀要。又蜀都賦：“亞以少城，接於其西。”南京宋有南京應天府，即河南舊歸德府，今商邱。

“骨董羹”見雪浪錄：“東坡嘗作骨董羹”。仇池筆記：羅浮穎老取飲食雜烹之，名骨董羹。

1. 老病回春五月賒，天中角黍美無加。蛋黄火腿鹹甜肉，蘇廣新蒸自可誇

南式角黍如詩所云，非常美味，不似天津只有棗与豆沙兩種

2. 沽上傳來俏風稱，繫包糉葉束麻茸豆沙。小棗金蓮樣巧，擘嘗鮮興獨濃

南式閘泰為森記稻香村（現改為前進食品店）所賣包裹式樣不如天津的俏靚緊稱　一九七三、五、卅夜半作

"莫辨蟲魚族休疑草木名但將滋味補勿藥養餘生
自注：海參產登萊海中" 吳梅村偉業海參詩

3. 我曾海上認魚羣浪湧波翻識別真畢竟應嗤渾不似海鰻佳炙老饕新　食海鰻作

產黃渤海及相近淡水中有不同科鰻類三：一海產之海鰻其二鹹淡兩水之鰻鱺其三淡水之黃鱔予生只識其二於津上清真之清蒸鰻鱺（白鱔）於日本橫濱光琳館之紅燒鰻鱺及川廣蘇浙之燒黃鱔（鱔魚）朵頤佳味知之審矣一九一三初夏余沿渤海濱觀察水產於海鰻竟未真知今春病起孫女蓮元以廉值於塘沽得新出水之海鰻一尾歸並未沾濱海與索之者余曰當是食本中程可以豬肉與之同熟及熟嘗之味乃佳絕遂寵之以詩且識余究寡識也　一九七三、六、夏至後一日

4. 重振聲名薦素包一時佳製竟暢銷可憐矯俗應難久不肉何能饜老饕

石頭門坎素包絕跡五十餘年矣近西北城隅一家新作購者人如堵墻今春夏間開張不二月既冷落詩以

情〻宗齋膳食其餡以豆芽菜為主摻有麵筋以醬豆腐調味居然豐腴正長到現九月宗又為〻喜豈可見味〻方面在嗜好上并非必肉至所謂胎裏素終生不近肉者不在此例其非清真專食羊而不食豬肉者亦不在此例 一九七三、九、十一 晚剡記

“一杯齏餺飥老子腹膨脝坐擁茅簷日山茶未用烹
一杯齏餺飥未著芼油葱天上蘇陀供懸知未易同
朝飢食齏麪甚美詩” 放翁

按：“醯醬所和細切為齏”餺飥是麪 詩題〻麪不能即認為天津以麪條為麪〻麪 “齏”又一義雜菜末為〻亦曰齏 “齏餺飥”總像是包餡的煮的能是素的麼推而廣〻亦許是葷的如水角或餛飩〻類 餡裏有葱便有好滋味 “蘇陀”不知待考

5. 餅品應從束賦分百千展示逐時新嚐他未食無多樣麪上型繁讓北人

餅品基型雖僅面條體而手技上變化多端實非余所能及也

附：

晉束皙餅賦

“若夫三春之初陰陽交際寒氣既除溫不至熱

於時享宴則曼頭宜設吳律方回純陽布暢服
絺飲冰隨陰而涼此時為餅莫若薄壯商風
既厲大火西移鳥獸氄毛樹木疏枝肴饌
尚溫則起溲可施玄冬猛寒清晨之會涕凍
鼻中霜凝口外充虛解戰湯餅為最然皆用之
有時所適者也苟錯其次則不能斯善其可以
通冬達夏終歲常施四時從用無所不宜惟
牢丸乎爾乃重羅之麵塵飛白雪膠黏筋䊈溔
液濡澤肉則羊膀豕脅脂膚相半臠如蜿首珠
連礫散薑枝蔥本萃縷切判辛桂挫末椒蘭
是灑和鹽漉豉攪和膠亂于是火盛湯湧猛
氣蒸作振衣振裳握搦拊搏麵彌離於指
端手縈迴而交錯紛紛駁駁星分雹落籠無迸
肉餅無流麵姝媮咧敕薄而不綻弱如春
綿白若秋練氣勃鬱以揚布香飛散而遠遍
行人垂涎于下風童僕空噍而斜盼擎器者舐
唇立侍者乾咽”

按：此大段由淵鑑類函鈔出由前後讀之似不全。僅
擇要收入者。前說四時所食各有所宜。由其可以通
冬達夏起指出牢丸。爾乃以下和麵。肉則以下指餡

的材料調味。于是以下添水煮鍋，用麪皮包
餡為丸。"紛紛駁駁，星分雹落"，是所作的水煮。"籠
無迸肉，餅無流麪"，是所作的籠蒸。即酉陽雜俎
"籠上牢丸，湯中牢丸"，按現在說，湯中是餃子，籠上亦是
餃子（因不是發麪）。但兩方全是近於圓的，所以稱丸。且
湯中者絕不是糯米的湯元，籠上者亦不能如現在式的燒
賣。但這種食品一方傳來自古，絕不是在北方由東晉起。
只是以前沒有人用文字描述。不問這篇文字是傳鈔
或是板刻，把"丸"字誤為丸，注唐之段成式為山東
臨淄人，雖在大河以南，屬山東省，亦是從來吃麪食
的地方，亦不知牢丸誤為牢丸，更無怪歐陽修是
廬陵人，是江西省大江以南，從古吃米的地方，不
會認識牢丸了。至於蘇軾是眉山人，眉山屬四川，他
的詩"豈惟牢丸薦古味，要使真一流仙釀"，只是以
丸對一，究竟沒指出是湯中還是籠上。我想，他連
甚麼樣盡不知，當然并未吃過。這裏有一絕大問題
應注意，即是用麪皮包餡的吃法。束皙賦牢丸及以湯
煮籠蒸，確指出是包餡。玉篇饆饠餅屬，用麪為之，
中有餡。玉篇梁顧野王撰，有餡字。還指來以麪皮
包餡。又顏之推曰："今之餛飩……天下通食者也。"

顏南北朝時臨沂人。臨沂屬山東，又是一位家鄉吃麵食的人。"餛飩"是麵皮包餡的，足可證麵皮包餡法晉以前便有。不問這餡是甜的還是鹹的，材料單純的，還是多樣調和的，在人的智慧發展中，自然食品一項亦是日漸增進，樣子和吃法加多起來的。束賦的春"饅頭"不是發麵的，究竟是實的是餡的？按他說"於時享宴，曼頭宜設"，享宴有講饌曼頭，或係實心無餡的。宋仁宗生日賜群臣包子，注"即饅頭也"，當然是有餡的，由包子之名可知。如是，則推料當時豪貴人家輕易不吃到餡，雖然唐時段成式指出"湯中籠中"亦是覺着新奇，不識，錯為牢丸的滋味。至宋歐蘇更不足怪。蘇是仁宗末年生人，可推知那時麵食加以肉餡在民間尚未普遍。又束賦"起溲"是發麵，則春之"饅頭"不是發麵，或是以來我們用燙麵方法作的，想很渲騰，不能像死麵包子，當然亦不能有層次如今天的蒸捲。又歸田錄說夏天的名字"薄持"，又說"荀氏又謂之薄夜"，正字通於荀氏四時列饌傳"夏祀以薄夜代饅頭"，薄夜即薄餅，但束賦據上由淵鑑類函所收是"薄壯"，與其上句韻合，當是對的，這又是從何而說轉說被吹，真是

越引越不知如何還是从此的書如此字通一

語破的別管是淨甚麼是淨餅

"誰屑瓊瑤事青飿舊傳名品出華陽應宜仙子胡麻伴因送劉郎與阮郎

張賁《以青飿飯送襲美魯望詩》"

按："青飿飯"即"青精飯"用南天燭又名黑飯草者把飯染黑係道家服食者

"傳得三元飿飯名大宛聞說有仙卿分泉過屋舂青稻拂露影衣折紫莖蒸處不教雙鶴見服来惟怕五雲生草堂空坐無饑色時把金津漱一聲 《答張賁》"

皮日休 襲美

"舊聞香積金仙食今見青精玉斧餐自笑鏡中無骨錄可能飛上紫霞端 《答張賁》" 陸龜蒙 魯望

"粥香餳白杏花天省對流鶯坐綺筵今日寄来春已老鳳樓迢遞憶秋韆 《答寄賜餳粥詩》"

李商隱

按："餳粥"是大麥糖粥 華注

"世人個個學長年不悟長年在目前我得宛丘平易法只將食粥致神仙 《食粥詩》" 放翁

薄粥枝梧未死身饑腸且免轉車輪從来不解圍

公言養老常須祝鯁人　薄粥詩” 放翁

按：“祝噎祝鯁，將護老人，欲其食時無鯁噎也”《漢書》：

“祝餲在前，祝鯁在後”注：餲，古噎字” 李

“君不見滹沱流澌車折軸，公孫倉皇奉豆粥。濕薪破竈自燎衣，饑寒頓解劉文叔。又不見金谷敲冰草木春，帳下烹煎皆美人。萍齏豆粥不傳法，咄嗟而辦石季倫。干戈未解身如寄，聲色相纏心已醉。身心顛倒自不知，更識人間有真味。豈如江頭千頃雪色蘆，茅簷出沒晨烟孤。地碓舂秔光似玉，沙瓶煮豆軟如酥。我老此身無著處，賣書來問東家住。卧聽鷄鳴粥熟時，蓬頭曳履君家去。　豆粥詩” 蘇軾

“家〻臘月二十五，淅米如珠和豆煮。大杓轑鐺分口數，疫鬼聞香走無處。鑊薑屑桂澆蔗糖，滑甘無比勝黃粱。全家團欒罷晚飯，在遠行人亦留分。襁中孩子強教嘗，餘波徧沾獲與臧。新元協氣調玉燭，天行已過來萬福。物無疵癘年穀熟，長向臘殘分豆粥。　口數粥行” 范成大

按：范成大詩引“臘月二十五日煮赤豆作糜，暮夜闔家同饗，云能解瘟氣，雖遠出未歸者亦留貯口分，至襁褓小兒及僮僕皆預，故名”

附：

束晳餅賦

"若夫安乾粔籹之倫豚耳狗舌之屬劍帶案成餢飳

髓燭或名生於里巷或法出乎殊俗

充虛解戰湯餅為最" "濯以玄醢鈔以象箸"

按："粔籹"是寒具現在油條"餢飳"亦寫"䴵𪍿"集韻"餅也"我

認為在這賦文裏如此寫法絕不是一般的餅但束先生

不加注解別人是無法明白的這不僅是文言白話關係

一地上的風物不加詳注是無法揣料的所以上所云

云有甚麽用處真是白費筆墨

"膩滑津津色未乾聊因佳節助杯盤畫圖莫使依寒具

書信何勞送月團曾見范公登雜記獨逢吳客勸加餐

當筵一嚼誇甘美老大無成憶胆丸　油餅詩"明吳寬

按："月團"是名墨又是茶前見清異錄條見盧仝詩我以

為此是指茶既喫油餅自然要喝茶"胆丸"不知

"紫宸朝罷聽傳餐玉餅瓊肴出大官齋日未成三爵禮早春

先試五辛盤迴風入仗旌旗暖融雪當筵匕箸寒調鼎

十年空伴食君恩一飯報猶難　立春日賜百官春餅詩"

申時行　"五辛"有好多說法是五種辛辣菜蔬：1.葱

薤韭蒜興渠(阿魏)，2.大蒜 茖葱 慈葱 蘭葱 興渠，

3.大蒜 小蒜 興渠 慈蒜 茖葱，4.韭 蒜 芸薹 胡荽 薤

见夹页一至夹页二

現在五年即五輩 恩班 趙濂(光遠)詠

寶鈿和露壓金英為趁秋光一日成月殿有人留素影花林
無物稱佳名携来不覺鄉關遠吟罷猶令客夢清若椀酒
盃皆可意好將新歲作傳々 "次韻桂餅詩" 明 顧清

蓬萊宮中懸艾虎舟滿龍池競簫鼓千官曉綴紫宸班拜
向彤墀賀重午大官角黍飯蒲香綵絛萬縷紅霞光天恩敕
賜下丹陛瑠璃筵侑以黃金觴東南米價高如玉江淮餓莩千
家哭官河戍卒十萬艘人々向天廚挽飛粟君門大嚼心豈
安誰能持此回凋瘵々々臣目愧徒々着救時無術直素餐
"端午食賜粽有感詩" 明 莊昶

6. 不托傳說李茂貞方音有字并無新堯夫譏永朝々食史跡
才知誑北人　麥麪為餅古名餺飥"五代史李茂貞傳"一日食粥
一日食不托"宋程大昌演繁露上說"古々湯餅皆
手搏而擘置湯中後世改用刀几乃名不托言不以掌
托也"如此最初是拊片後來才擀薄片切成細條才是湯
餅即今湯麪范堯夫居永州與人書云々尚不識麥作湯去
々為北人主食也詩以記之 八十七老年

"博家麪食天下工製法來自東山東美如甘酥色瑩雪
一七入口心神融此方人未許窺炙釜秦手每自開蒸籠倚
鯖高食圖多品此味或恐無專功并洛人家亦精辦斂手

未敢來爭雄主人宮詹司徒公好客往往尊罍同我雖北人
本南產飢腸不受餅餌充惟到君家不須勸大嚼爵匜
懼冰盤堂膝前新生兩小童大者已解呼乃翁願君飣
餖常加豐待我醉攜雙袖中

傳家麪食行" 明 程敏政

"青青高槐葉采掇付中廚新麪來近市汁滓宛相俱入
鼎資過熟加餐愁欲無碧鮮俱照箸香飯兼苞蘆
經齒冷于雪勸人投此珠願隨金騕褭走置錦屠
蘇路遠思恐泥興深終不渝獻芹則小小薦藻明區區
萬里露寒殿開冰清玉壺君王納涼晚此味亦時須

槐葉冷淘詩" 杜甫

按：辭源："冷淘"當即今"涼粉"之類

"苞蘆""苞"集韻同"匏"、"瓠"也 "騕褭""褭"應為"裊"良馬見呂氏

春秋"屠蘇"屋名"錦屠蘇"金屋也

"珍餉貧居少寒雲萬里寬疊雙初中鵠穿九已登盤放
箸摩便腹呼童破小團猶勝瀼西老菜把仰園官

食野菜包子" 放翁

新
7. 煮海熬波跡往陳盧鹽曬處詠今詩春秋只聆多晴日
誰識開工創始人

曬鹽補作　八十七老華

8. 苛政殘民徹骨痛昌言艱運逞奇奸鹽巴從是
黃金價淡食終生太可憐

淡食　少數民族多半居於邊城交通不便商運
居奇鹽巴之價等於黃金往時除土司頭人外一般
民間往往淡食終生解放以後苛政根絕人民首
得免於淡食溯洄舊事詩以記之　山陰老年

"稱名仍是畦中菜取象偏同甕裏虀有用不隨匏共
繫嘗新合與筍煎燒來從安肅風霜飽用嚴珍饈品
類超燦爛之餘平淡好幾番大嚼引詩苗
黃齏久已共居諸旨蓄冬來更有蔬呼以黜兒形遜
肖嘆他菌妾味難如調羹亦擬攢唐帶下酒真堪比漢
書醉後心香頻領取敢同煨芋浮名物　黜兒菜"

張體信　翔生

按："黜兒菜"舊稱白菜見汝南圃史實非今之白菜今
我輩所食者勝於黜兒菜多多由園藝培養進步
葉質肉厚筋少全芳備祖稱"水晶菜"所以王士禎
稱"今京師以安肅白菜為珍品其肥美香嫩南方士大
夫以為渡江所無""安肅菜"見園圃雜疏實即白菜非
"黜兒菜"也"菌妾"清異錄"江右多菘菜鬻筍者惡
之罵曰心子菜蓋筍奴菌妾也""唐帶"不知"下酒"

“蘇子美豪放飲酒時讀漢書至張良與客狙擊秦
始皇事撫案曰惜乎擊之不中遂滿飲一大白……
正獻見之大笑曰有如此下酒物一斗誠不為多也”見
中吳紀聞 “煨芋”係“懶殘煨芋”事見鄴侯外傳

9. 雨簷鐙豁暑蒸收病室渾如坐晚秋自度夕飧喫個
好港梭魚片是糟熘　今晚子行于刻由周家食堂市來
梭魚本海魚以入鹹淡兩水混合之港灣中網得者
為鮮美

10. 閩溪名廚說周家味豐香醇早足誇脊要紅燒腸白
斬—紅燒脊排 白斬糟煨大腸—東坡嘉饌—東坡肉尤
為拿手好菜—頌南華　一九七三年七月十日飧兩夕刻順口
溜成二首 久不知食事日非 劉一鳴來得知周家食堂恢
復佳餐此所以市得糟油梭魚片也 不領此味將十載
矣老而不死得解饞可哂

11. 滿甌顆顆黃金粒翠點天香味自甜遮莫鴻賓施
技巧不經真識得來難

12. 誰與佳名沽水春以磨殘齒口香噴自應記取真廚
藝粒粒嬌黃艷比金
伏中食清真新做法之木樨炒飯取名沽上春
者係舊鴻賓樓某大師創技飯粒皆黃香有味

不乾不粘其味隽永我曾以此法饌家家人今年食
既為二绝以張之 以僉八十七老羊 一九七三、七、廿
其一第二句係指以雞卵汁調飯時微摻葱末
其二係鴻賓人出某次一食客甚欣賞此炒法然
以沽水春名蓋依詞牌淡黄柳戲切為蛋黄
以油調拌而熠之也惜創作大師及其名之客
當時未記為可憾耳 羊記

13. 蹉来一世單身漢今日偏羞不齒臨計口竟無良伴侶閑
勞三寸作調人
舊鄰妻死將為續弦力勸其不可娶曰"單身漢子
不能活耶"今單身已三十餘載今年大病後落門齒一遂使
滿口殘缺森森孤立雖花生一粒到口如捉迷藏不知何
在廣長無能施其技於是一日三餐竟成嚴重問題只
有食粥得和平通過真不經不能知也舊詩人無
咏者勉成二绝亦創作也一笑 舊以三十年為一世

14. 殘牙兒戲捉迷藏從此割烹避淺嘗難得口頭調解
目一法律家都"口頭解下"一語此竟不能解下矣一笑 薪食粥餓詩
腸 一九七三年八月廿日刻 八十七老羊

"鶯脰湖春水生澄波千畝琉璃明明魚洋洋銀函
盆蛛絲密網收晶瑩疑是自古藍田地種玉往往有

芽萌一寸二寸浮水面天工游戲予物情又疑冰柱久不消東風作意久成形不然龍宮水晶筆年深破碎堆滿盈偶隨長流飄風蕩出黑痕兩點為其睛呼僮買取供晨饌鮮姜嫩潔映且清我來江南四十日泥螺蟛蜞皆虛名嗚呼虎邱山闔閭城何嫌卒坐平鼓棹今又西湖去湖邊再訪五嫂羹"

"平望食銀魚" 清 馮相棻

按：詩描述者實為銀魚之幼小者即天津之麵條魚

五嫂羹

"五月堆盤連展香田家風味得先嘗飽餘不讀名山記臥聽新蟬噪夕陽

食連展" 喬耿甫

"認得河干結網家日供魚蝦與魚爺今朝食品稱佳絶兼味堆盤生熟鰕

右軍鶩與大蘇羊今古相傳翰墨光聞說剡溪新釀碧銀瓶未送老夫嘗

得鮮鰕值送酒肴未至戲成二絶句" 喬耿甫

按："連展"為秫米麵摻榆樹皮麵捻皮條蒸熟後拌以椒油或微點醋食甚香俗稱碾轉子 六十年前津郊小村兒童有來津叫賣榆樹皮麵者或兼賣燕萬筍根即

旋花(野喇叭花)地下莖蒸食微有甘味即詩經
"言采其葍"之葍清宋次王耀成詩"游人不怕東風妒
陌上行看艷婦苗"
"雨前雀舌采新茶石鼎寒泉煮露芽一卷道書林下讀竹烟
驚散滿林鴉
啜茗" 杜兆斗
"四鰓鱸魚躍錦鱗聲聞遠地作奇珍烹來不過尋常
味莫把虛名誑比人
食鱸魚" 欒立本母氏王
"飲食由來嗜欲深幽人轉得寄芳心挑來野菜和根煮至味
還從淡處尋
十畝菘花隴外芳田家況味勝膏粱誰知一入高人手別有山
風野露香、
題菜羹圖" 湯承功
15. 楚漢鴻門早絕蹤殘留記錄史篇開羨他席上豚肩賜
大嚼生香一瞬中
樊噲
16. 早自慚如退虎僧乾坤萬事企農工燕頷虎頸飛而食
大業原應屬後生
因圖殘不能盡臨摹撰成此贊美之詩 八、六

17. 小小嬎何須出水鮮撿涎舊簏供熬煎愛他香噴銀
絲亂辭暖偏教冷節餐

詠辭暖魚湯麪 辭暖魚為等於彈塗之小魚
極肥鮮產寧河一帶網得後皆乾爆歸海貨店
零售俗謂之鍋爆魚文其名曰辭暖見直隸省商
品陳列所第一次實業報告書以之煮湯麪甚佳
冬日家庭中多用之我每買存若干備作食用 一九七
三年八月十六夜補作

18. 一輛單輪一把刀棗糰隨切鬻崇朝不須寒食香
山詠法上晨餐遂日消 白香山有"寒食過棗糰店"詩
回民自稱"生計三把刀：瓦刀、切糕刀、羊肉刀"

19. 甘棗蒸餈朝點宜早知糕字義同糜何須九日傳來
古笑煞劉郎不敢題 劉夢得作九日詩欲用糕字以六經
中無此字遂止宋景文九日詩曰"劉郎不敢題餻字
虛負人生一世豪" 周禮天官籩人疏"羞籩之實
糗餌粉餈"鄭箋"今之餈糕之同餻蒸而食之者"糰"
應為圓然無大小今之切糕用巨盆蒸熟後叩之
車板上為高大圓形推車沿街隨賣隨切故棗
糰隨切并不害義 自注

詠切糕 棗之外尚有豆沙者亦有整糯米蒸者

或以黏黍瓷入雲豆摻棗蒸出推車切賣者皆回民晨餐恆食 一九七三年九月二日早刻八十七老華

20. 亦樂園中啣豪飲時廣中名饌沁心脾笑他崔氏蝦蟆什未識冬瓜燜水雞 侯鯖錄"水雞蛙也水族中厥味可薦者"可知送古食之為由津至廣州各地所恆食之夏日時鮮崔曉林津門百咏以仙蟾蜍之蝦蟆當蛙失之遠矣蝦蟆身有疣泌毒腺即所謂蟾酥藥用焉能供食崔詩後尚引東坡句"稍近蝦蟆緣習俗"東坡便錯了 水雞是一種青蛙亦稱田雞俗名三道紋其肉鮮味如雞 亦樂園舊為廣東館在現泰隆路之南其冬瓜燜水雞為夏日時鮮老華飫之多次深知其味至今思之

21. 團團莫道是空囊錦繡文章腹內藏珍錯遜容誠不忝時鮮原要落酥裝 茄子一名落酥 蘇州街上賣者即呼落酥

22. 細擘鮮蝦蟹解匡小豚夾脊伴蔥薑愛伊賜紫參同契鑪火青時滿座香

咏三鮮蒸茄罐 孫塉子款禮贈蟹肉兜子將由四海居買來蝦仁加入嫩豬裏脊由媳章亞子以鮮茄為罐調味納入蒸之老華久之不食此饌矣詩以記之

補入食事雜談茄嵘色人數三味三故調侃借用"賜嵘"借用"參同契"云云一笑 一九七三年九月一日晚八十七老羊

23. 等是晨餐供一般麻油煠出脆香糰澄沙餡好人爭買增盛成名久四傳

北門外增盛成炸糕 俗稱北门外耳朵眼胡同炸糕 原擺攤今發展成鋪有樓壹座在天津許多賣者中以增盛成最佳 四鄉来津者皆常多量買歸

24. 綠豆糜煎餅一張嫩葱甜醬抹来香油條包入成長卷或覆雞蓉艷得雙 咏煎餅果子

煎餅果子有時入雞蛋雙層香味在咀嚼上特美異常 余幼年此種作法只正月節天后宫有賣者後較普編此早點中之考校者也

25. 自家胸脯自成裝黄白稱樽漫比將此是中原新食譜鑪邊烤出色嬌香

烤海蟹蓋 此是舊中原餐廳食品以原一蟹之肉滿納其背甲蓋調味烤出味極鮮美外層且焦脆下酒佐飯皆宜直與河蟹爭優 一九七三年九月二日 老羊

26. 趙禎誕日賜羣臣包子稱名此著文今已早成民所食且傳
國外自天津 燕翼貽謀錄"宋仁宗誕日賜羣臣包子"包子之名
又見鶴林玉露 蓋自宋便有此製 今日本商業團来
我國觀光者定購"天津包子"甚多攜去東瀛"天津
包子"即最有名之"狗不理包子"

27. 舊在侯家以有名妒稱狗肉入糜蒸不因惡謚貽人笑反
借哄傳艷得名 "天津狗不理包子"舊日原號在侯家
后他家所製比之不如因罵其摻有狗肉為狗所
不理"今改稱"天津包子"發展到全國各大都市
詠"天津包子"二首

28. 面軟花雕記宋家軒来腴膂燜烝佳薄涎鹽漬
纖絲切脆擬酥香巨片誇 詠豚饌四型
一、宋肉、亦稱髮肉、稱宋者謂係出自前清宋犖
家做法整塊去皮蒙藕粉炸微透上面
刻壽字或囍字或花紋微澆汁合椀蒸出
扣花瓷中上席舊日為粗八大椀中一品與
滑魚肉丸子等為伍
二、燜燒肉、亦稱蒸燒肉、燒肉擇肥瘦成多
層者帶皮大塊炸透後車干切成片厚薄約分
許加熏合椀蒸出肉皮軟而微起綯摺入

雞蛋半切者二計十四數扣入花瓷中蛋在下肉
在上成半圓形多片極整齊稱元寶肉蓋以搭底
雞肉稱元寶亦叫元寶搭底入細八大碗於有海
參者為第二品與值價關係如無海參便以此領
桌其次者則以豬排骨搭底不用雞蛋為上席之次.
"軒"見周禮醢人"野豕為軒"即切大片
以上一、二、皆天津二葷館及在外檯包若干桌席
面上用之

三、鹵鹹肉所謂滷醃鹵鹹肉舊天津醬肉鋪如明順
昌起順有等皆備有此品通行老錢時老年人多
買十二文即六個制錢一包者鋪中為切細絲下
酒或夾入熱油酥火灼或燒餅食之另有滋味
香而不膩

四、醬皮肉亦稱脆皮肉擇軟肋即豚腹部軟者
為五花三層如熟食則是最劣部分如此大塊不
調味淡烤其皮面深黃色起泡而酥脆恰到好
處時冷之使硬懸鈎上賣時計價切為大薄片
切時皮在下刀須極利每一刀下及皮則按之使作
脆聲蘸高醬油食之脆酥香軟真所謂用其所
長以醜為妍者京式醬肘鋪中善品之一也 一八

九九年天津北門外第一醬肘鋪中始有之以前
津人直不知有此味 一九七三年九月二日 八
十七老年

29. 蓮葉包將韻自高米粱蒸出味偏饒一方醬漬柔而
曼幾截叉燒意也消 咏豚饌又四型
一、荷葉肉 二、米粉肉 三、醬汁肉 川蘇 四、叉
燒肉 廣東

30. 亥首蒸來風味美豚肩炊出特腴香丁家蹄髈陪陳紹
陸氏金華伴玉漿 咏豚饌又四型
一、亥首即豬頭見郭天錫客杭日記"寓樓
呼酒薦亥首" 二、炊肘子指前肘後肘尤
肥大為東坡肉佳材 三、丁蹄係一南籍丁
姓所製蹄髈選製皆佳名曰丁蹄 四、陸
稿薦製大腿 陳紹 紹興酒 玉漿白酒
所謂燒刀子

31. 快切濃香記粵風整豚烤出脆皮紅應須利齒方知味
大嚼傳聲若嚼冰 咏廣東烤豬 無首整豚烤透使
其皮酥脆而清香切須利刃嚼須利齒切時
聲如鑿冰嚼時聲如裊玉齒弱者年老者無
能為也舊廣隆泰大陸號皆烤出整挂門外

買者来到就其上斫下一部分於砧上剁〻嚓〻有聲香氣四溢烤不加味離高醬油食之

32. 銅壺長頸小車推早點茶湯上市来糊突一甌甜入口招牌高挂老回〻 茶湯 蘇廣粥類有鷄糊突鴨糊突皆糯米所熬極稠此是以糜子麪沸湯澆如糊突之稠上撒布紅糖為甜粥天津早餐之一種也鬻者回民壺極高大內為沸滾市時現澆蓋壺下部即爐旺火熊〻溫度極高

33. 依然棒子麪波〻葱碎豚丁玉手和貼出一鍋糕點似〻酥香滋味讓他多 張景山家設中原餐廳法貼波〻同在一鍋熬大鯽魚嘗以此待客託之以詩 波〻見升庵外集"北人呼為波〻南人訛為磨〻"名義考"京師人謂餅曰餑〻當為毋〻典出禮八珍淳毋"天津以玉蜀黍麪做者曰餑〻玉篇"麪餑"

34. 玉蜀由来出美洲美洲主食數他優金山晨點澆糖蜜何事中華認食羞 大河以北大部分種棒子以為主食一種但津之頭族每以食以為羞一次津名士王君在晨點時手波〻一方赴豆腐房入門見余在座急懷之而出怪哉 玉蜀黍原產美洲傳来我國年分很淺南人

亦賤視之以為少養料之粗糧實非 金山美國大旅

館早點有玉蜀黍作甜糕上澆糖蜜 一九七三九月五日

八十七老筆

35. 黎祁佳作等醍醐嫩似凝雲軟似酥佳汁澆成香

裂鼻一甌絕勝啜羅闍 詠豆腐腦 黎祁即豆腐名出

四川亦稱來其 羅闍涼州記高昌暑啜寒羅闍羅

闍郡人呼粥也" 裂鼻洛陽伽藍記"姜質亭山賦燃

目之綺裂鼻之芬"

36. 體被松花香染多食方巧化仗人和莫識席上添新樣鴨卵

由來浸蜜陀 詠松花 係生鴨卵以石灰和泥加入蜜陀僧等藥

包裹之燒成者

37. 在泥不等白沙如玉質居然化墨豬質比沉檀香味永剖來依舊蚌

含珠 末句形其雖變質依然青黃部分分明也 詠松花其二

38. 底事玄黃變地天囫圇渾沌吐香甜有人藉作文章妙國際

爭來博士銜 南開學校一留學美國者畢業時論文以松花為題

而得博士當時南開傳遍此事 詠松花其三

39. 依樣來其巧奪朱漫將錯認鴨糊塗伊誰調出新滋味直是丹

砂點玉膚 詠米砂豆腐 一九七三年九月五日晚刻八十

七老筆

40. 川上佳傳道姓陳曾將麻辣餉冬人吾家仿作添新味

腐製爭如席上珍 川菜陳麻婆豆腐以麻辣燙見長冬日旅人食之能祛寒冷吾家仿作極能下飯

41. 巧製多嚐是腐皮嚼來滋味竟如雞佐將沽上燒刀好依樣陪餐下箸宜 素雞

42. 麥屑分提蛋白勻麻油煠出最清新陳來市上團圞樣厭食多方辨素葷 麪筋 一九七三年九月六日午刻 八七老人老辛

43. 焦熘裹脊脆酥甘鴨笋雙丁味特酣鶴髮齵牙難供嚼只宜讓作少年餐 焦熘裹脊 燒鴨笋丁 鸖髮即鶴髮 齵音歐齒參差不齊 尤其殘缺不能嗑更不能嚼

44. 椒油脂醬席邊陳豚醢雞軒葉上分湯汁拌來滋味足不能學洪鶻圇吞 拌麪 脂醬胡麻醬 豚醢炸肉醬 雞軒雞蛋片 用此拌麪真美矣哉 只得囫圇吞之可嗎 鶻圇亦書鶻淪即囫圇亦即渾淪

45. 何必單稱煠與烹蘇寧妙作燴全丁三甌精琢應捫腹勝過東坡骨董羹 咏燴全丁 捫腹見東坡詩先生食飽無一事散步逍遙自捫腹 蘇寧江蘇寧波 山東館亦有此菜係燴三丁燴十錦丁之進級者珍錯時鮮勝過十種

46. 鱸仁鯧白說生鮮南越高文學嗜傳取次芥薑

新膾切東瀛料理不滇熏　魚生　魚鮮切薄片蘸高醬
油芥末加薑末本可生食所謂膾也從古食之今則偶
一薦之確有別味天津尚有"生吃魚活吃蝦"之諺廣州至今
尚嗜如醉蟹鎗青蝦諸法上亦僅有但南人食之余本
籍山陰故自少便有此偏好魚則並不僅鯪鯧多種可
薦但必割洗至精潔棄皮除首以背肉最佳佐酒或熱
艷之若美不可階　日本講食"寿司"佐精米飯為名料理
之一　"日本講吃生鮮魚蝦"載南越筆記

47. 魚生粥好久知味僑籍金山味美稍登筵不嫌供大啜
鮮量之地煨烘之　魚生粥　余初啜於金山回國後嘗於
宏業食之另以盤生魚片及油條就粥熱時入之立變熟
嫩粥納豚肉小圓及豬肝薄片味鮮且美清而不濁

48. 異樣烹調信有之盤蒸薯蕷久名馳居然厚味添
新品列案鴨條要拔絲　拔絲鴨條　今登瀛樓
有此品亦極佳我曾與兒子符嘗過　過去只有山藥
蓮子苹果等叫拔絲

49. 漫將蓮組説江家朝食津沽品色加塞具於今能熱薦
佐菜糜粥撒胡麻　食新煠油條佐麵茶　麵茶係糜
子麵稠粥調味盛碗後上蒙撒胡麻醬胡麻鹽
啜之極香再佐以熱油條尤佳　此天津朝食之一

種也 一九七三年九月十四日早刻 八十七老辛

50. 出聲英倫種釋良來源食牒早遺忘登盤卞及如相問
籍配中華黑面郎 咏豬肉其一 歐洲原產豬生殖力
弱品亦劣英選我國產佳者與歐產雌者交得佳種
也盛夏洋以我產為佳種之原豬

51. 陽家豚饋魯論傳品列八珍漫記年源遠流長懷祖德
美歐飼育是曾玄 咏豬肉其二 陽虎以豚歸孔子事見論語
八珍有炮豚 九月十四日午前 八十七老辛

52. 館師指點說如詳張翰秋風記浙杭不識吾津亦饒
產鮮鱸出網我曾嘗

53. 笑他王李筆空虛以負文名識亦癯只有魯存詩句好
"荻花深處賣鱸魚" 鱸魚二首 王李津門詩家王
仁菴李琴湘皆不識鱸魚以為只產南中 魯存
查禮 鱸於渤海產最豐饒以者體有黑斑點
名鱸板大者可重三數斤熟食極佳為上等魚近
津飯館偶有紅燒者鮮與 汪沆詩"魯魚網罷
網羊魚"魯即鱸汪即不識

54. 不需野味混家肴雁鵝於今鎮船參大計達成工業市
蘭飛城外月輪高 前作有鳴乎王詩當時人多無正業
遂有自謀以獵雁鵝為生而無組織事以個人

所取供市潮其沿革料不止百餘年矣野鴨有鴨子王鴨剖煮而切塊擺售於市或生鮮賣於人家供饌今津地無閒棄勞工皆有正業人人有飯何需此哉喜賦二十八字

55. 鮮嫩應誇味獨推嘗新那惜醉春醅有人為啖西施舌齊向津門鼓棹來

56. 虛事爭名出海鮮緣何不識種為田當春掘蠲徒誇富智拙應須讓福南 鮮蟶一名西施舌 楊米人有啖西施舌詩 福建濱海漁人種蟶 寧河縣有蟶頭沽沽上所食多年為其所產但不僅該處有蟶也村人只知誇產之富而不知可飼養為蟶田且每春掘搞務盡恐將來只成村名矣 今漁業大興或可改善企予望之 粵人亦善養蟶為利甚優 蟶田亦名蟶埕

57. 曾記行漁住海壖竹蟶隨網每將來一盂清出湯真美下飯無須羨蓴鱸 竹蟶 竹蟶殼長如一段竹節而名味之美不讓鮮蟶余居山海關小南海灘時嘗撈之去殼入薑豉漬以沸湯原湯下飯 當時同仁唐劉二君皆天津水產學校學漁撈者瞠目不識不敢下箸遂易與肉羹為該校講師二皆

日人一飯田一馬場助教一張一劉校長為孫四本時皆混官飯者吁

58. 大新小住真無數，說是從公滬上行。鱔背蝦腰隨處好，可人最是美人蟶。

美人蟶　一九一幾年多次赴上海，住三馬路大新街孟淵旅社，午晚餐每以爛鱔背、燴蝦腰供余。知有美人蟶，常索食。蟶肉肉大約二寸，其兩肉柱色白，如美人雙足，於盤中直似美人橫臥伸足之狀，以嫩脆爛出。既愛其形似，復欲其味美。當時少年心事，至為可哂。　一九七三年九月十六日下午　八十七老華

59. 祇為藥材供標品，存骸剔肉熟肥肫。比來膳饈應居下，獨豹稱尊美莫倫。

紅燒地鵏　地鵏為鴇之俗名，津中舊謂天鵝地鵏，饌中之珍。鴇性羣居如雁，一名獨豹，亦稱鳵豹，以其如鴻，身有豹紋也。為秋候鳥，每尾輕者亦重十餘斤。忠元孫為某學校製標本，遂得分其肉燒食，肥澤勝於雁鵝。舊日馬家口菜市中天鵝地鵏偶有一二，不怪見也。

庶物異名疏謂"鴇名鴻豹，能食鴻也"。嘗疑以鴇身有豹文如此附會，是胡說八道。又謂"鴇性最淫，逢鳥則與之交，今俗呼娼母以此"，更是胡說八道。殊不知先有此胡說，後遂以名娼母。此種文人放毒之

罪直不可恕　埤雅鴇似雁無後指毛有豹紋一名鴻豹
易林文山鴻豹肥腯多脂　按：鴇產西伯利亞一帶
偶爾南來至於津野日本名野雁足無後指　一九七
三年九月十六日晚刻　止盦八十七老萃

60. 早識羹傳有羔名麻油煎出供調烹薦來本是佳滋味
憶到兒時苦便增

61. 近來百事不關心下箸偏教淚滿襟賢姊一生誠不忝我
今偏作後亡人　午餐食素羔感作　素羔係青黃豆磨屑
一　打稠以乾鍋擦油攤厚餅煎成熟後起出切為寸
許方條色焦黃調作副食品時計量入鍋調澆並加
菜（菠菜或豆芽菜等）起鍋此為貧家高級下飯之物
富家偶亦御之多加豬肉則稱肉羔我家貧欲得味蓋
以葱花點少許蝦油用之姊不食葱喜素食後姊出教
女學余賣畫生活以裕猶常食姊以教學積勞死
時年僅四十有九今食素羔深有感焉蓋此為姊喜食
之物　姊死時普育女學為開會追悼顧林度輓
聯：直德北宮高益同瑱環曾早撤秋聲東越苦
荷湖風雨不勝愁華石斧伯筌輓聯：家學有伯
雅機詩親傳弱弟遺範同班姑蘇妹我印其人
李六更先生輓聯：闌哉先生千古六更以弟一哭

前二聯道出我姊生平郁三歲提筆識字姊以爾雅
講郁聰機佃確為先祖……二聯郁保留至今姊
死時正袁世凱醞釀稱帝時郁正客北美李正以梆
子戲六更天劇時來弔姊自聽聯大哭哭已行時口
中連呼可惜可惜司門簿者請其題名欲息不肯而
去喪事者趨即取聯焚却余妻欲奪之未得余至
今慨歎當時居然有此不可多得之人　芼羹　按：
禮內則芼羹疏"芼菜者公食大夫禮三牲皆有芼
牛藿羊苦豕薇也"至今川館有素芼或肉芼

62. 名流什伍笑呵呵，多様珍饈席上羅。偏是寒酸難點
菜，探懷掏出玉波波。　因爲素芼詩憶王猩酋筵上喫玉蜀
黍餑餑事　蓋王游泰山歸來廣智館正值于劉館中
丁國洪遂以電話報知館長林墨青時林正與嚴二趙
五華七郭七輩十餘人聚餐於北門外某二葷館為提
倡"喫館助賑"善舉每餐計款數定為若干以所
餘存於年終助賑之用多者剩元餘少者幾角並隨
次詳登星期報"食者為某某餘款積入前數為若干
云登報鳴謝"云云活名如此奇創滑稽甚矣會聞
猩公來遂邀入席羣讓首座飯館中侍役者來請點
菜公從容由懷中掏出玉蜀黍餑餑及鹹菜自食畢

舉起座離席拱手飄然而去 按：座上林外為嚴範孫趙幼梅華壁臣郭芸夫等 庸雅呵呵啞啞笑也 王公武清王慶坨人老教育家詩家言行如一為清季民初不可多見之人

63. 戰火連天奪席忙全民乏食啗糠瘡油條水飯當排宴只有將軍馮玉祥 油條水飯：馮公以抗日得力之時為蔣賊逼迫奪權痛哭辭職居泰山時每出對人民講述國事激勵人民奮起同行多士卒以油條燒餅水飯為餐有時館人備點菜馮公笑曰燒餅果子（油條）水飯 當時畫家趙望雲旅行作畫寫民間疾苦公題詩無一字不關心人民生活帶兵多年係伍向不擾民之當時軍人中如將軍者一人耳 奪席：以漢書戴憑習易正旦朝賀百僚畢會帝令群臣能說經者更相難詰義有不通輒奪其席以益通者憑遂重坐五十餘席此處借用字面 乏食：四時纂要“四月謂之乏月冬穀既盡夏麥未登宜賑乏絕救饑窮”此連歲征戰時雖非荒人民逃亡耕輟乏食慘痛極矣” 一九七二.九.八晚刻憶作 八十七老年

64. 俗雅何緣限北南端由外族攪中原方言音轉尤無賴

民食生憎釋不全　民食　許多從古民間食品尤其屬於米
糯之外者如麥黍粟豆等磨屑以作無明確注解依違
兩可並基於言文俗雅造作轉訛竟致欲索其源究曲
不得其家而又一方隨心炫奇一方習非勝是顛倒誤謬
不可爬梳真堪憾悵其可細尋有蛛絲馬跡者余遂本
個人淺識姑注其後不敢以為果是也

65. 竟將鍋播寫嘎巴黃白分攤肉燴誇最是滷調供早
點多人堵立等餐霞　鍋播菜　天津早點多人喜食然如
餐霞飲瀣驚者門前多人排立由晨五鐘許輒立
數十人至六鐘後上班時走者補者無有間斷　早點
所用鍋播係於乾鍋以大豆屑稠糊攤薄成一大皮
微焦起出切丁塊另以深鍋調粥樣稀汁加味以碎
切鍋播一部分入內攪和盛約十餘碗上澆麻醬汁香
菜再入再和再盛……　黃白者黃大豆粉白綠豆粉皆可
以牛羊和豬肉絲燴供副食品或不肉以洋河蝦乾
韭菜燴亦極香　一九七三年九月二十日午前　八十七老年

66. 京餐風味燜哥支葷素調來味滿宜近考名原誠近理
油鍋煤出味如脂　咯吱　應為鍋炸　炸轉音成炙炙說
文肉在火上即燻煤之義或稱鍋炙亦合　作法同於
鍋播只較厚而柔製菜時再過油加肉絲登盤咀

嚼之外焦内嫩 余一九一三去省東北各路豐灤昌樂道中食宿處皆有此菜余使無肉之蝦油焗之亦殊香美適中之佐一窩絲餅之作法一二一盤一盤一捆外貌如大灼而尤厚油烙有圓細紋一箸挑而上揚盤旋為細絲而不斷入口酥極等於都之香酥餅也

一九七三年九月二十日下午 八十七老華

67. 謬識雙雙海上行紛紛聚訟誤任生卻因二目移相比文義差離竟莫明 比目魚辨誤其一

比目最初誤于爾雅之"不比不行"但"其名謂之鰈"鰈音榻則是比行則非

68. 鰈鰈高臥自安然倘儻何曾強結緣怪煞廣長徒有舌任從謠諑不開言 比目魚辨誤其二

謂其"一眼相片相合乃得行"便是胡謅背豐之狀如牛脾"則是

69. 偏成側媚本無知遊目依然口不移居下不適徵逐倔泥中自隱卻胡為 比目魚辨誤之三

比目幼小時背上腹下眾魚胥豐漸漸偏側至於全側而目則旋移上與上側之目相比口則偏歪

70. 鰨鯢專辭古有稱民間早識事調烹訛傳再誤成何事名物偏教竟不名 比目魚辨誤之四

生於淺海隱泥中只露二目小魚游其隱處直起
食之此情漁人早有所知舊俗即稱為鰨鯢魚兒
字魚旁加睨字之兒像臼下加儿不從兒之臼下加儿
而後傳誤為加兒成鯢遂使典書至今無鯢字只有鯢
字鰨鯢之名民間呼之字書去失而鰨鯢之名誤至今日
左思賦"雙則比目片則王餘"前句誤承爾雅以句是
也見到比目在水中一片即是鰈魚而又因顏色不同另誤
為王餘說"越王鱠魚未盡因以其半棄之為魚"文人
承訛誇張乃至於此　至於鰨鯢之鯢誤從兒為
鯢則見於司馬相如傳上一句而傳為一是一誤現
正之於是：史記漢書於司馬相如傳均"禺禺鱋魶"
注"鱋一作魼魶俗稱鰨鯢魚"康熙字典依據各典
書引漢司馬相如上林賦"禺禺魼魶注鰨〔字下注引同句為"魼魶鰨之〕鯢魚也似
鮎有四足聲如嬰兒"如此遂去掉鯢字以各典書皆
無鯢字祇在有典書前即把鯢字失去遂至民間有
音而文方無字至於今日　比目異名板魚（后漢書邊讓
傳注）箬葉魚鞋底魚（異物志）婢屣魚（臨海志）
奴屩魚（風土記）今南省名舌片曾製罐頭　渤
海有二種體右側在上面淡黃褐色滿布略呈平
行黑橫帶紋產遼冀魯分布廣而不豐名條鰨一即

鰨鯢上種俗名甚多此則越士起肥今由塘沽
得五斤重者一尾尚非至大調食有種〻如红燒乾
燒醬燒炸川等红燒二軍乾燒川菜家庭則多用熟
買時賣者問去皮否如然賣者則為之去皮其實皮亦極美去
皮者多以之蒙以瓦皺俟既具蓋食館調製皆去皮也他
魚為饌向不去皮此則何因不識　一九七三年九月廿九
日下午　八十七老筆

71. 譽他文士竟盲誇千載矇瞳寫作差今日萬般皆逆
古典論何須勝王家　一九七三、十、十八晚飲"國體橘子
汁"突然得句　以舊曆計之正從月令"又学食麻"之
汉不久麻指麻仁是穀乎雖无穀"及王逸注楚辭
之"五穀"有麻皆非是麻仁能食而只是胡麻 胡麻
入中國在秦以後文人胡說可恥哉

72. 醬漬名高保定傳醬中齋菜十增瓜填湖景桃仁入餡
裹闌冰荔肉甘秋後小胡拆架醃霜中大葉進罈醃舊時
佳品津門缺今日多無省際談　咏醬菜糖蒜齋品
日昨有自外省来者談保定舊槐茂號甜醬小
菜之佳余答津中舊有川居東全居皆有槐醬茂
醬菜並有糖蒜尤以秋涼拉架小胡瓜醃成佳
於大者又言到以霜後大白菜入缸老醃以之熟肉之美

遂壽而寫律

瓜填湖景 舊稱西湖十景津稱十錦醬瓜即十景係以十品茄丁擘藍丁萵筍丁銀條菜丁瓜仁桃仁杏仁胡麻薑絲甜瓜丁填入甜瓜整個剜空中心裝醃瓜口醃入甜麪醬中成以淡味咀嚼香美異常或以擘藍片入十景同緣以棉線縫緊醃之亦佳 桃仁胡桃仁 蒜裹閩冰糖漬之蒜以福建最高冰糖稱閩冰或建白冰造者最佳 荔肉荔枝 以胡拉架以胡瓜 醛音川反聲醃義滿漬俗稱醛之即此 霜葉霜後大白菜葉醃老以淘去鹹味以之熬肉至佳 舊津皆由外供應今則自力生產 更有醬漬果仁薑芽藕片蘿菔等而以胡瓜尤以蝦油淹者爲多

73. 舊增餡品有霉乾燈節元宵餡裹添今日滄州冬菜好當時供北此供南

舊日勝蘭齋祥德齋等於元宵有霉乾菜餡者所謂南式余喜食 霉乾菜係蕓菜梗菜霉醃以有霉香作餡入糖以之作湯煨肉或與筍同炒皆佳妙冬菜現南去的甚多 前有作者提原料冬菜係白菜加以蒜少鹽調製者

74. 最是名傳大自生口蘑口外産来豐一朝蒙古包拆去掃數来津重揀丁 咏口蘑

口蘑味之美不下於香蕈雞蹤為內蒙自生佳品愈
小嫩愈佳以揀其最小者稱揀丁最名貴以其僅如
小銅紐釦俗也稱釦蘑熬湯味艷美和羊肉製湯
麪至佳或為滷拌麪條或與精米為粥可比之雞鴨
所作糊塗　一九七三年十一月一日　八十七老辜

75 蔬菲詩習下饌傳何為動物諱無談民間早製佳滋味
底事文詞不咏言
鹿沖佳豔說西川廣市牛鞭列綺筵驢腸豚宮鴨
屁股酒邊香美佐雞尖

舊有食事資料許多民食不談即最近清末周楚良
詩中亦無著適早點食品至於此所謂下饌更無傳
述者矣余今大膽寫之識我罵我任其自便
鹿沖見中國名菜譜川菜中　牛鞭見同上譜廣菜中
而且津廣東館在春夏之交便貼出新添紅燒牛鞭
余曾食過多次　驢肉中以腸塞入腸皮稱驢腸熏
製片切佐燒刀子極美但買驢腸時不要問賣者問
之亦承認蓋在不言中　豚宮製法同腸亦然　鴨屁股
飯即填鴨之尖蒸飯肥香無比余食過亦廣東餐　雞
尖佐酒更屬平常余家年節偶有熟雞之尖向歸余佐飲。
舊封建時代對上佳製皆諱言而民間調味供餐

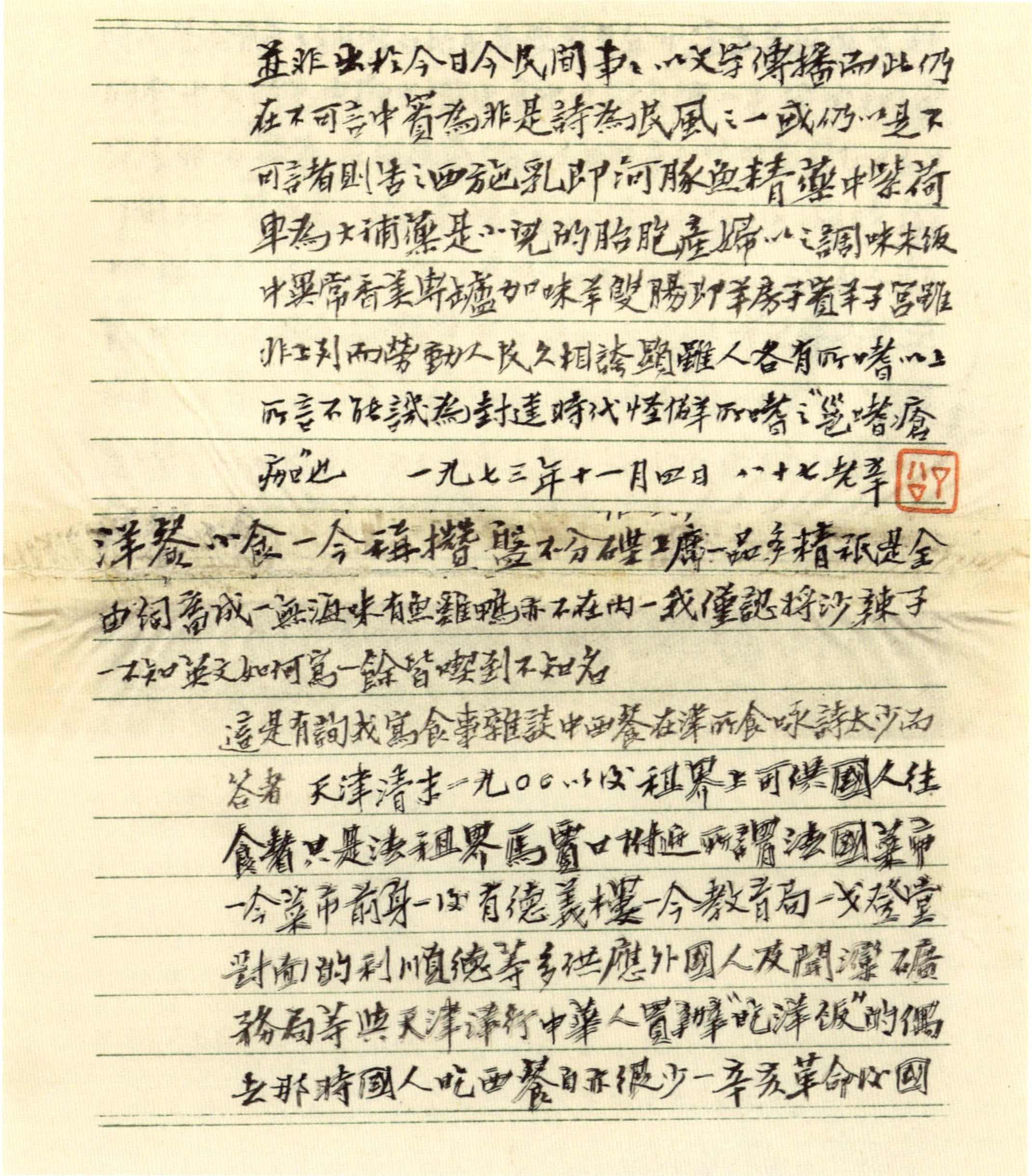

並非出於今日今民間事事以文字傳播而此仍
在不可言中習為非是詩為民風之一或仍以是不
可言者則舌之西施乳即河豚魚精囊中藥紫河
車為大補藥是以說的胎胞產婦以之調味米飯
中異常香美廚爐加味羊雙腸即羊房子羊子宮雖
非上列而勞動人民久相誇讚雖人各有所嗜以上
所言不能謂為封建時代怪僻所嗜之嗜嗜痂
痂也 一九七三年十一月四日 八十七老羊

洋餐之食一今稱掛盤不分碟上盤一品多精瓶是全
由調配成一無海味有魚雞鴨亦不在內一我僅認得沙辣子
一不知英文如何寫一餘皆嘍囉不知名

這是有詢我寫食事雜談中西餐在津所食味詩太少而
答者 天津清末一九〇〇以後租界上可供國人往
食者只是法租界馬家口附近所謂法國菜市
一今菜市前身一後有德義樓一今教育局一及登瀛
樓對面的利順德等多供應外國人及開灤礦
務局等與天津洋行中華人買辦"吃洋飯"的偶
去那時國人吃西餐自亦很少一辛亥革命後國

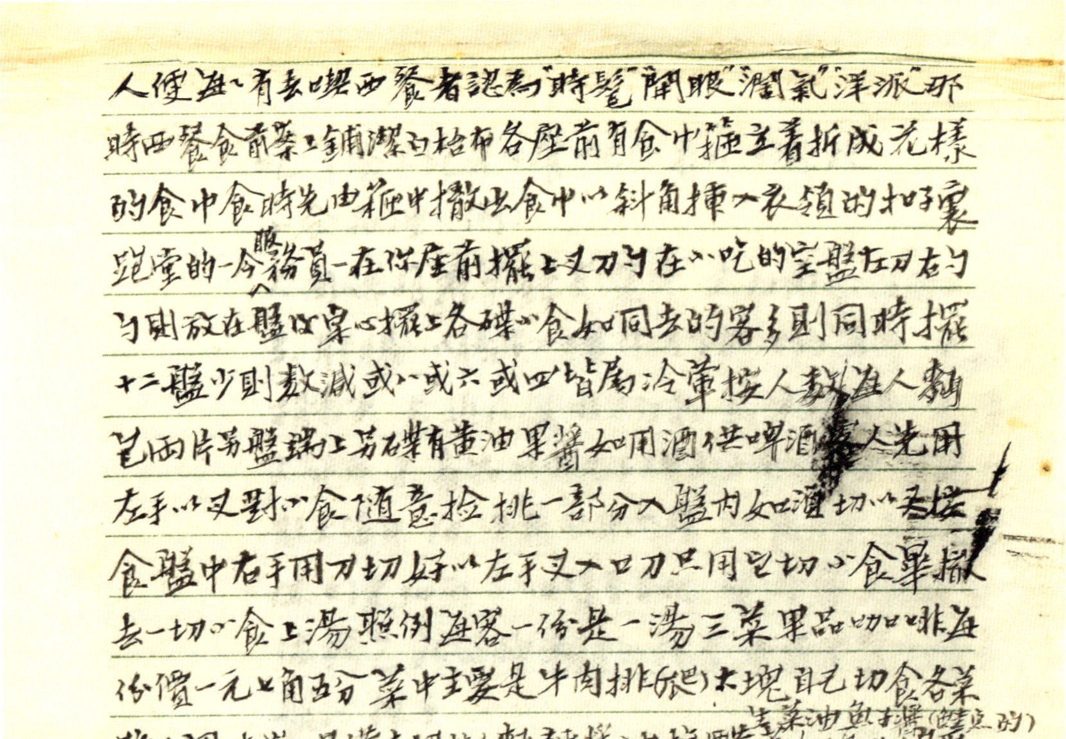

人便每每有去吃西餐者認為"時髦""開眼""闊氣""洋派"那
時西餐食前桌上鋪潔白檯布各座前有食巾插立着折成花樣
的食巾食時先由杯中撤出食巾以斜角掉入衣領的扣子裏
遮蓋的一个服務員一在你座前擺上叉刀勺在小吃的空盤左刀右勺
勺則放在盤頭桌心擺上各碟小食如同去的客多則同時擺
十二盤少則數減或八或六或四皆屬冷葷按人數每人麵
包兩片另盤端上另碟有黃油果醬如用酒供啤酒客人先用
左手以叉對小食隨意檢挑一部分入盤內如須切小者
食盤中右手用刀切好以左手叉入口刀只用它切小食畢撤
去一切小食上湯照例每客一份是一湯三菜果品咖啡每
份價一元七角五分菜中主要是牛肉排(很)大塊自己切食各菜
雖已調味桌上早備有胡椒麵、辣醬油、鹽、醋、生菜油魚子醬(鰉魚的)等如再加自取
湯畢撤去上食品喝湯時用匙入口不應有啜聲咖啡杯
旁有方糖牛奶自己加入咖啡中麵包多要另算錢每客飯價
外另有小費二角當時整份皆定品沒有"點菜"三菜中必有牛肉排
另為魚或蝦魚淡水產的鮭鱒每菜一段旁放檸檬一片如用自
己擠汁入魚至於蝦則偶為對蝦炸成通常是蝦餅或煎
腸子豬肉餅……如係夏日吃完飯即吃冰激凌　牛肉排
應時吃嫩些刀切後尚有血漬　後來因錢行市不穩定便不
能按原排場改為如中餐的點菜算價錢了但還有定份
的菜是一湯一菜一咖啡價若干小吃攢盤另有三五七樣要那
種那種那價麵包不外叫了甚至黃油果醬皆外叫算價　有人說

吃洋餐不饱是不會配合着吃的原故

小食品種一例：

1.肉絲胡蘿蔔絲青濃汁、2.白肉片（淡的）、
3.肝腸（小腸皮入豬肝泥子熟後切薄片）4.雞
肝腸子 5.近於醬肉片白色 6.牛腱子片 7.洋
火腿片 8.番茄小肉丸子豬或牛肉的 9.灌腸心
肚大薄片 10.洋葱丝牛肉絲 11.魚片或魚丸青汁
12.大塊切魚 以上皆有變化 皆冷葷 喫時或
佐麵包或同時麵包上抹黄油或果醬 外有大
盤沙辣子

西食由來重飲湯，自應慣習食前嘗。我緣腹減益難
皆識，就教洋廚師傅詳。

按：西餐大致合歐美諸國言之，以英法意的
做法在國際上是大普通，分清濃二種，以濃的
最適行路所喫，选者言之於此：
牛尾湯 紅菜湯 奶油多士湯 奶油雞
丝湯 番茄牛肉湯 蛋絲湯 菠菜泥子湯
通心粉湯 麵環湯——以麵刻成二十六字母
小片入清湯，此品今無。清湯只是一條俄餐
所有一碗清湯外另盤端來兩個小枕頭樣
酥炸肉圓 紅菜湯一菜多不同，前品湯極濃味厚

味同形別我糟糕卻像窩頭半紙包更是殊於
中點處上方無鍋下葡萄一迸底處有葡萄乾幾粒

詠布丁

薯團芹葉巧安栽嘉汁稠稠香浮來自切銀叉牽入
口歐風名饌法豬排一樽自法國山藥蛋去皮整球
配盤中或另加紅菜等上蓋一片洋芹菜葉

法豬排

香煎品塊計多名一雞魚甲鴨豬牛肉及一些馬鈴薯
洋芹葉紅菜頭胡蘿蔔等一登案原股東家形一烤成
收原鐵烤盤端上一此是鐵盤稱雜拌西肴骨董不
需羹

鐵盤雜拌

此品自切配食非常美滿

嘉魚嘉酉一雞一各盛之巧具方盤稱二歸一各為一品內
比配是西湖白菜之外如圖案薯為泥

魚歸 雞歸

以方盤塊盛奶油濃汁糊之面上及盤四邊
蓋馬鈴薯泥印花如圖案原盤烤具面上成
焦痂原盤上席 外有罐牛肉煎腸子皆原器
登案不再詠詩

麵點佳肴主副中一指如主食又如副食一意邦一意大利一名選粉心通黃油煎出香噴鼻紅燴番茄味更濃 黃油煎通心粉 番茄燴通心粉

冷葷種類竟英傳熱狗奇名攜帶便更有品稱三味嚶自將紙袋去游園

熱狗 三味嚶(Sandwich.)

按：前是譯名 以另製小長麵包剖開夾入冷葷腸子片沙辣子等可攜回植時嚶此名是音譯 普通大麵包去皮切成四方厚片（英二寸方）以兩片夾入冷葷或單抹黃油或果醬同時買多方合一人食以硬紙袋裝入多於游園野餐食用非常便利 ——以上西餐

炭火騰騰上案廚東瀛巧製以鋸爐世軒＝牛肉片＝豬片一雞片一稱牛馬雞素燒名我異呼

日本名料理"牛馬" 日餐另有壽司之味 尚有天麩羅蕎麥一湯麵上一大蝦 及便當一行旅多用一份兩盒一米飯一菜品價有等第最佳者有雞片 不再咏

招牌電燭特輝煌華饌西傳有特長西崇粵音誠笑

話菜積雜碎李鴻章

咏李鴻章雜碎

按：清末李鴻章办外交或奉使國際他手下厨師各地皆有用中國筵席招待外賓外人食之味美問諸譯官因西人從未以中國人食山珍海錯如異而竊視之不能實告於是以廣州話雜碎二字按音告之

因此在歐美開中餐館者遂於招牌上大書特書此音譯二字以誇備有如李鴻章之饌肴則日本能書漢字者遂寫李鴻章雜碎最滑稽者簡書李鴻章並調材料又有高次於是高者李鴻章一元下者至李鴻章二角五分

一生寄籍託津沽白菜黃花興不孤嗅到家鄉今更愜蓴羹豚髈艷西湖

余之本籍為浙江山陰今購來蓴菜火腿皆家鄉名產雖久寓津門大白菜黃花等足敵南方風味而嗅到家鄉滋味自覺更為興會因為之詩

琴臺小集——新年雜咏詩選

這是前清六個作的自己家鄉過年的詩 三個錢塘人三個仁和人 我選的是關於主要食事的：

豬頭肉 黄模（錢塘人）

歲終祀神尚豬首至年外猶足充饌范石湖祭竈詞豬頭爛熟雙魚鮮已見於吟咏矣定買豬頭在冬至前選皺紋如壽字者謂之壽字豬頭屠人肩送至門曰送元寶來于是醃透風乾以備敬神之用

隔歲留神惠含臙笑嘴長使君能壽考肉食遂連鄉取作元陽臠誰誇黑面郎郭公曾薦酒風味紀吾杭

冷齋夜話王中令入一村寺主僧餽蒸豬頭食之甚美僧賦詩曰嘴長毛短淺含臙久向山中食藥苗又曰紅鮮雅稱金盤薦軟熟真堪玉筯挑 清異錄浣花張美手家元日賣元陽臠 談藪桂林風俗日食蛙有來仕于中朝者或戲之曰圭蝦之奉豈不勝於黑首郎耶黑面郎謂豬也 郭天錫客杭日記寓樓呼酒薦亥首

其二 吴錫麟（錢塘人）

鹽浸蒸豚骨春肉乍登盤自識糟糠味誰將面目看紅鮮詩裡味香軟老人餐蔘甲芹芽外從頭議食單

元德明謝張使君餽春肉詩豕豬肋厚一尺玉鹽花入深蒸脫骨韭芽蓼甲春滿盤走送茅齋慰凄獨 清異錄陳喬食蒸豚曰此糟糠氏面目殊乖而風味不淺

果子茶　黃模

以果代茶其品不一五色錯落泛動茶杯中用以銀匙攪飲謂之點茶

繡茶多簇飣龍鳳攢成形舊入乾淳紀新翻陸羽經
棗花銀杏肉梨片綠橙丁荷葉行杯處香留客滿廳

乾淳歲時記禁中大慶會用大鍍金㲄以五色韻果簇飣龍謂之繡茶 荷葉茶楪子見賞暇錄

其二　項朝棻（仁和人）

松子核桃肉清泉白石茶流傳清閟閣壓倒玉川家
雜事今誰尚珠囊只自誇何如烹雀舌一泛蜜蘭花

雲林遺事倪元鎮好飲茶在惠山中用核桃松子肉和真粉成小塊如石狀置茶中名曰清泉白石茶 蔬食譜瓊珠讚曰汲金井水煮瓊珠羹蚌胎的皪龍目精熒注圓眼乾荔也擘開取實煮以清泉 閩小記建寧人家蜜漬蘭花冬月以之點茗一花泛之鮮如初擷正如湘女凌波不止壓倒昔人清泉白石也

燒菜　吳錫麒（錢塘人）

燒紫芥入甕澆醋晉名芥辣菜 呂重實詩執中有醋

堪燒菜

翠釜看新漉醯蔬滋味長都忘烟火意能助齒牙香風趣宜殘醉清饞素屢嘗别餘辛辣在纖手試廚娘

俗有試々辣菜段之語

元覽臨安有酸甬之醯蔬 徐天池菘臺醋詩孟公紫菘賽黄獨綠薹大挺抽肥玉一澆一段宮徵生陽在春甕餉醉人

按：泡菜或漬辣白菜或天津辣疙瘩菜一類的菜冬天食之可以敗火減肉熱

菜笋 舒紹言（仁和人）

硯銅廬縣志佳者曰明笋 錢塘縣志云淡乾者為玉版笋明笋火笋鹽曝者為鹽笋可蔬食

辨色何曾綠淇園署舊銜緗韈排灡綽一〻兩佳者名緗韈底〻玉版切纖摻淡見枯禪性肥充老守饞阿誰知肉味定未解韶咸

顧桐村元旦即事詩紫萁香可摘玉版味能珍 吉夫子亭雜錄越中笋脯俗名素火腿食之有肉味

按：近南味中淡者有青笋天鹽者有油燜笋另有豆皮裹成捲壓者或加一些許蝦子亦名素火腿食之美愈嚼愈妙

八寶菜 姚思勤（仁和人）

雜炒羞品糁以芝麻味殊八珍數溢七寶

新正點十廟香喫三官素者尚之

七種挑春菜今傳八寶名琳瑯生邊幅駁犖聚盈罌潔比伊蒲饌珍同骨董羹隔年留款乳風味一般清一隔年豆腐除夕所儲者以備用者

荆楚歲時記人日採七種菜作羹

按：七種或是芹菜綠蘿蔔、黃芽白菜心、胡蘿蔔、冬笋、茶笋、蘑，但後兩種如非，在天津應是芥菜、旱蘿蔔或紫水蘿蔔，入芝麻則為八種。

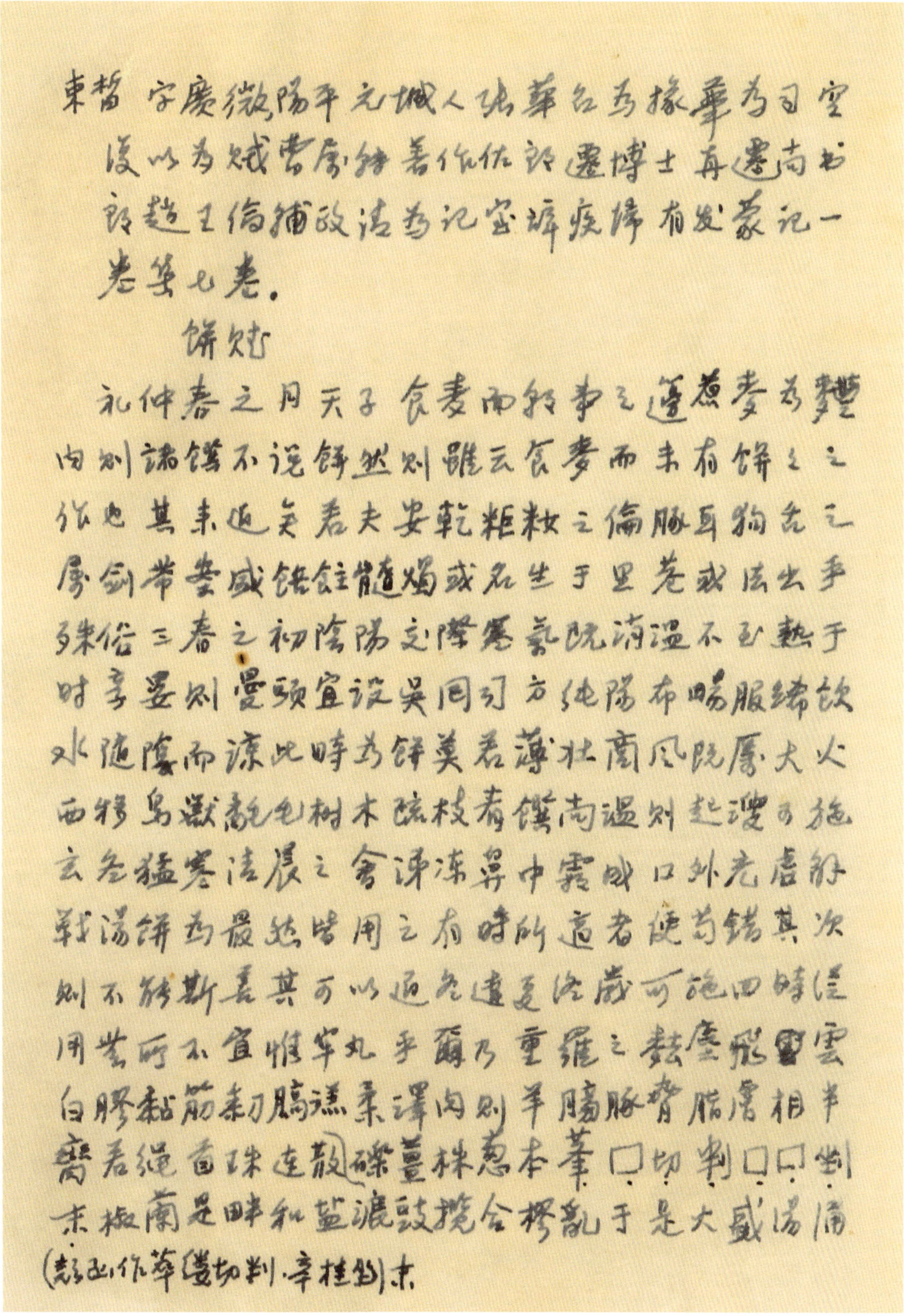
束皙 字廣微陽平元城人張華召為掾華為司空復以為賊曹屬轉著作佐郎遷博士再遷尚書郎趙王倫輔政請為記室掾疾歸有發蒙記一卷等七卷。

餅賦

禮仲春之月天子食麥而朝事之籩煮麥為麷內則諸饌不說餅然則雖云食麥而未有餅餅之作也其來近矣若夫安乾粔籹之倫豚耳狗舌之屬劍帶案盛餢飳髓燭或名生于里巷或法出乎殊俗三春之初陰陽交際寒氣既消溫不至熱于時享宴則曼頭宜設吳回司方純陽布暢服絺飲水隨陰而涼此時為餅莫若薄壯商風既厲大火西移鳥獸氄毛樹木疏枝肴饌尚溫則起溲可施玄冬猛寒清晨之會涕凍鼻中霜成口外充虛解戰湯餅為最然皆用之有時所適者便苟錯其次則不能斯善其可以通冬達夏終歲可施四時從用無所不宜惟牢丸乎爾乃重羅之麩塵飛雪雲白膠黏筋韌臑濡柔澤肉則羊膀豕脅脂膚相半臠若繩首珠連散礫薑株蔥本萋□切判□□剉末椒蘭是畔和鹽漉豉攪合樛亂于是火盛湯涌

(藝文作萋蓼切判·辛桂剉末

夹页一与夹页二原为一页，横249毫米，纵175毫米，影印时略有缩放。

夹页二

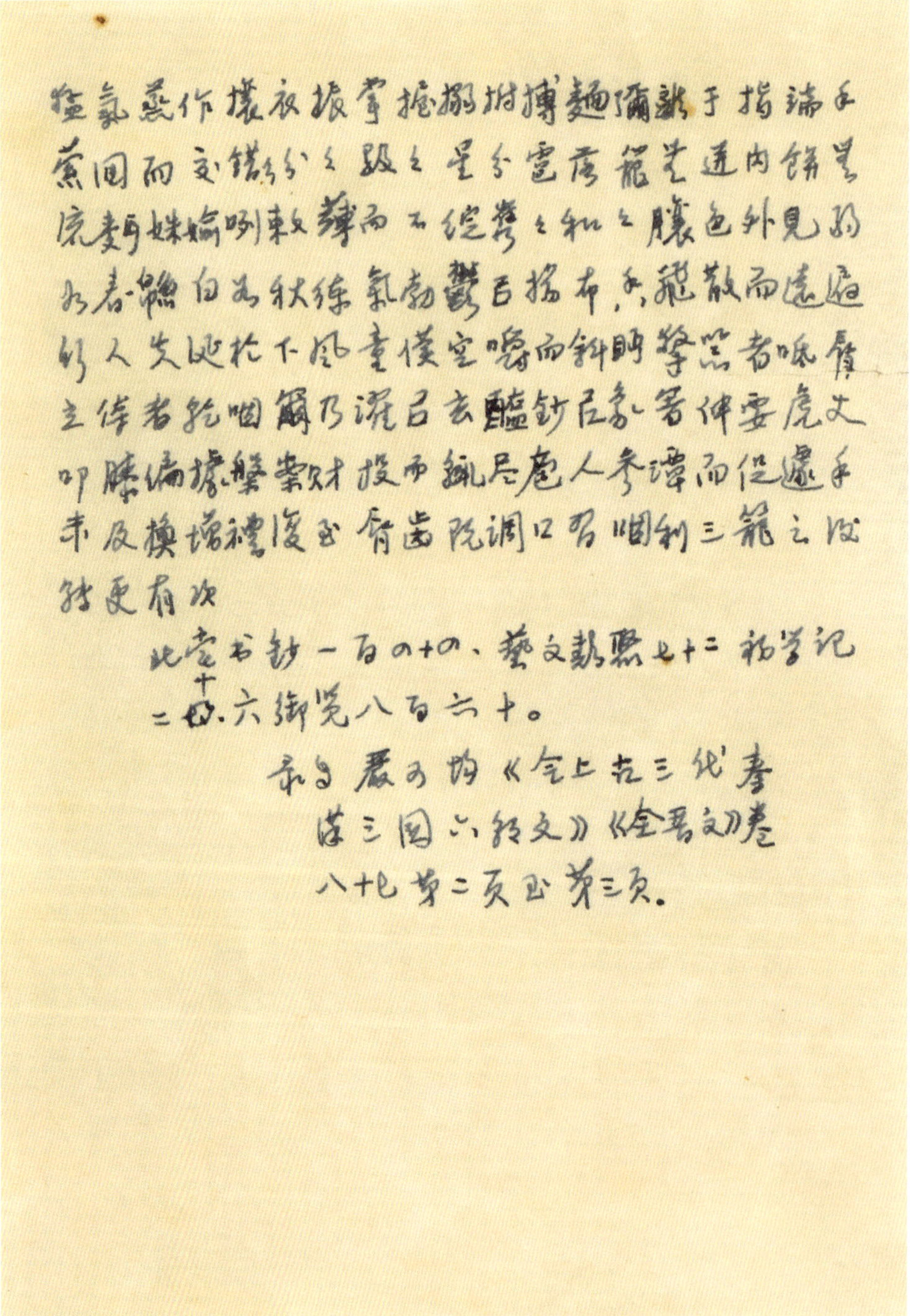

猛氣蒸作，攘衣振掌，握搦拊搏，麵彌離於指端，手縈回而交錯，紛紛駁駁，星分雹落，籠無迸肉，餅無流麵，姝媮咧敕，薄而不綻，弸弸殷殷，膩色外見，弱如春綿，白若秋練，氣勃鬱以揚布，香飛散而遠遍，行人失涎於下風，童僕空噍而斜眄，擎器者舐脣，立侍者乾咽，爾乃濯以玄醢，鈔以象箸，伸要虎丈，叩膝偏據，盤案財投而輒盡，庖人參潭而促遽，手未及換，增禮復至，脣齒既調，口習咽利，三籠之後，轉更有次

北堂书钞一百四十、艺文类聚七十二 初学记二十六、御览八百六十。

录自严可均《全上古三代秦汉三国六朝文》《全晋文》卷八十七第二页至第三页。

津门食单

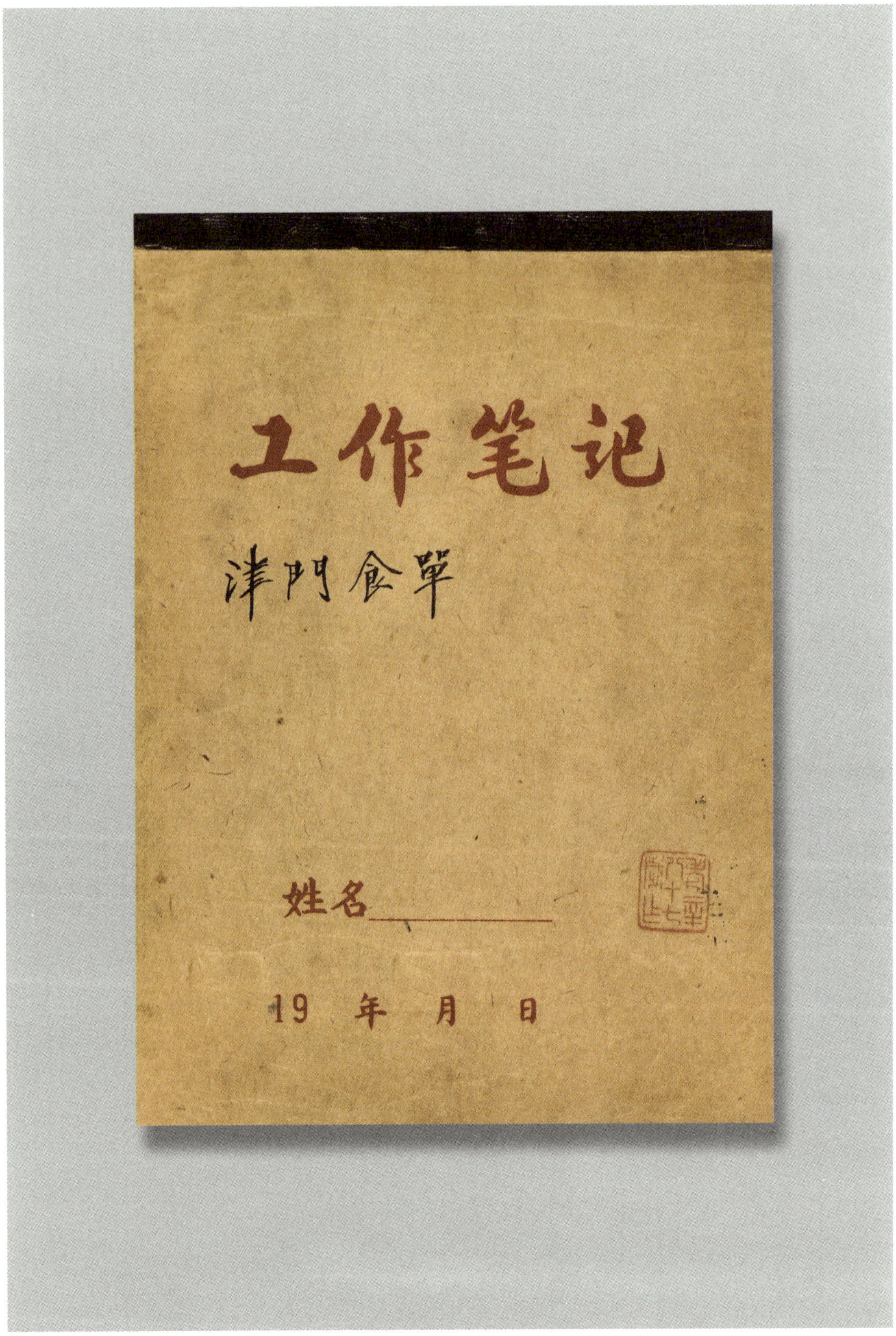

手稿横148毫米、纵205毫米，共计136页，影印时略有缩放。

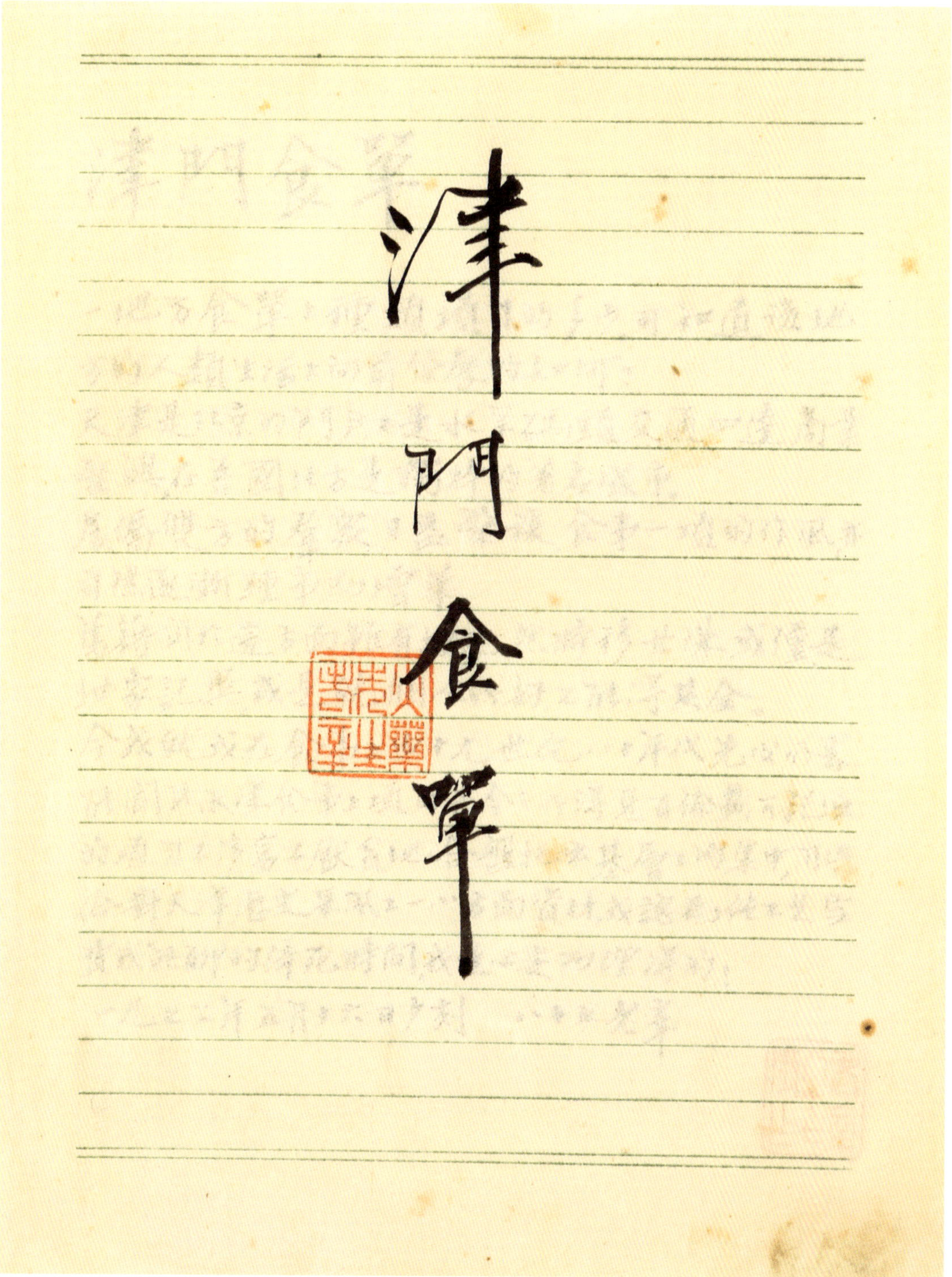

津門食單

津門食單

一地方食單上種類項目的多少，可知道該地方的人類生活上向前發展的如何？

天津是北京的門戶，又是水旱碼頭，交通四達，商業繁興，在吾國北方是獨特的著名城市。

居僑雙方的羣衆，日益繁複，食事一項的作風，亦自然遂漸踵事而增華。

舊籍關於這方面雖有描述，然時移世殊，或僅是抽象記異，或是就個人所好，不能得其全。

今我就我在食事上由十九世紀八十年代先後所略能聞見天津食事上項目至今之所得是百餘載可記出的項目，不論富不厭貧地合盤托出基層上的集中，用供給對天津歷史采風上一小方面資材，我認為絕不是空費我無聊的待死時間，我是心安而理得的！

一九七三年五月十六日夕刻　八十七老華

天津食單項目：

取材根據

豬

牛

羊

鴨、野鴨、骨頂

鷄

魚

蝦

蟹、海蟹

鹿

麞

野豬

兔、野貓

驢

熊

狗

鴿

鵪、沙雞

鵝雁

铁雀
火鸡
山鸡
野鸡
鼋
水鸡
哈什马
蛤
螺
乌贼、章鱼
海参
海蜇
蚂蚱、龙虱
配合菜
汤
海鲜及时鲜
菌蕈
藻
园蔬及瓜果
素菜
野菜

甜菜
豆腐、豆乾、豆絲、豆皮、豆腐乳
麵筋
點心、晚餐時輔食一斑
零食
餡子貨
麵飯
餅
糕點糖果
席面舉例
外檯子酒席處
六小碗
五碗四盤 ← 炒熱碟子
四大盤
四扒
八大豆
羅漢齋
一九四〇後天津食事上一般作風
“珍錯”小識

取材根據：

（近百年来土風及各種大小食事上賣店尚能記其名稱及失名者一切）

本地：

家庭及客籍、僑居。

聚合成、義和成、聚興成、先得月、天津飯店、聚慶成（這般大館子，只是排場大）

薛記 義慶園（馬泰） 明慶館 會仙居 萬慶館 中立園 聚慶園 天一坊 十錦齋 燕春坊（餃子孫） 天津包子鋪（狗不理） 一食居 半間樓 一條龍 聚昇園 中和樓 全聚樓 四海居 萬順成 紅旗飯莊 新興飯莊（蘇州館） 真素樓 保陽館 奪天功香扒館（大致為二葷館）

明順昌 玉華齋 復有順 起順有（皆名醬肉鋪，兼賣生肉）

東全居 百川居 廣川居（皆名醬園）

勝蘭齋 祥德齋 祥德亭（皆名糕點鋪）

隆昌海貨店……（不論海貨的名產如口蘑髮菜木耳銀耳竹蓀哈什馬亦全備有）

清真：

河清館 月明楼 會賓樓 宴賓楼 悦賓楼 迎賓楼 鴻賓楼 清宴坊 真宴坊 會芳楼 恩義成 恩德元 永元德 燕春楼 馬家館 回民食堂(春和祥) 大豐食堂 增興德 永三元 恩發順 大慶來 月盛齋 春德湧 桂順齋 恩立齋 五芳齋 信德齋

山東：

登瀛楼 同福楼 鼎和居 蓬萊春 太白楼 東昇楼 東興楼 天和玉 山泉湧 豐澤園 都一處 正陽春 頤和園 鼎湖春 蓬萊閣 全聚德 蓬英楼 天盛醬肘鋪 天寶楼 致美齋

山西：

西来香 天一楼 晉陽春

川魯：

川魯飯莊

蘇浙=浙寧：

聚豐園 華豐楼 泰豐楼 杏花村一 九華楼 小食堂 桃花江 新伴齋 月中桂 浦順興 老正興 老同興 通商飯店

西湖飯店 陸記麪館 萬康麪館 六味齋
森記稻香村 異味坊 紫陽觀 松亭 玉壺春

淮揚：

玉華臺 名利居

四川：

蜀通 美麗川菜館 邨酒香 又一邨 菜根香

川蘇：

天合居

福建：

聚福樓 周家食堂

廣東：

廣隆泰 北安利 簡四合盛 廣義和 顯記 亦樂園 義慶成 宏業食堂 嶺南酒家 中原餐廳 杏花村二

大陸號

冠生園 奇香居

西餐：

德義樓 嘉里亞納 起士林 和平餐廳 大華飯店 大成餐廳 松記 文利

其他：

設於天津的小型食館（魯、晉、川、蘇、廣、浙、陝冀遼、瀋……）

豬：

炒：

炒肉　按：本地土著中等以上人家一般家庭婦女大致全會炒肉，但買肉時要肥、要瘦或肥瘦時由肉鋪售者切與，不能揀擇，炒時所切法亦不精，雖叫肉絲實不足稱絲，下鍋時僅用香油直接煸炒，肉不包水分或不包粉芡，又非炒勺，炒時亦較久，便下醬油或鹽，加菜以鏟子來回攪拌，大致過火。手法既不精調味亦不合量。祇能認為是炒的肉而已。

茲先舉一項以例其餘。（後注土）

中等以下人家及勞動大眾，多不能比上所例。

炒肉絲　按：上等有錢人家（官、商）。例：廚師夫去所熟識肉鋪買肉（1）買得較多（2）賣者按所要為精選（3）為之細切。至於上廚之技，大致精專熟練。即通常所謂"二把刀"，亦強於家庭婦女。（當然亦有例外非絕對的）。

客籍、僑居多各隨其風尚所嗜處理，或甜或酸或辛辣不再例。

炒肉片 炒裏脊絲 炒裏脊片 炒肉末 炒肝尖

炒肚絲 炒腰片 炒腰花

炒紅豆腐 按：街上擔賣，家庭買炒。即豬血。

抓炒：

抓炒肉 抓炒腰花 抓炒裏脊（登瀛樓。大書登）

乾炒：

乾炒裏脊絲（以下雖未注，皆指館子）

爆炒：

爆炒生肚（廣東）

按：天津四海居有"雞（脊）裏爆"即爆炒裏脊。

「熬：

熬肉（土）

按：天津小館稱："小熬肉"，以罎子熬的稱："罎子肉"。

熬肉 按：高級館子所熬，方塊整齊，肥瘦合式。

熬肘子 熬豬頭 熬豬蹄 熬爪尖 熬櫻桃肉

按：非土著的客籍"老天津"人家有"老醃鹵鹹白菜熬肉"，"五香疙瘩頭（芥菜疙瘩）熬肉"。最專精的是"罎子熟肉"不同於上述小館。係用老腐乳罎子裝入正方寸塊六面見齊的肉，碼滿，調入高醬油、紹興酒、葱薑蒜、冰糖，汁液高於肉指許，以毛頭紙密封罎口，二層，上置小碟，碟上置以水浸透過之生米粒，上再蓋嚴，放炭爐的壯火上約半日，改文火上再半日，去蓋視碟中米粒通熟，則肉已爛。揭去毛頭紙，出肉，上下一致，不糊，肉抱粘汁，甜香味醇。（舊所謂高級人家一種法）。

清燉：

清燉排骨

炸：

炸肉條　炸丸子　炸京丸　炸肉餅（西）　炸裏脊　炸脂蓋　炸胗　炸胗肝　炸大腸（成、聚合、義合等）

軟炸：

軟炸肉　軟炸裏脊　軟炸肚仁　軟炸胗肝　軟炸腰花（皆登）

乾炸：

乾炸丸子

酥炸：

酥炸肉條（宏業）

(一)爆

爆肉丁 爆肤花

油爆：

油爆肚仁(二)(登)

醬爆：

醬爆肉丁 醬爆裏脊丁(二葷館。十書二)

按：山西館的"醬撥肉"即醬爆肉

湯爆：

湯爆肚條 湯爆肚片(山東館。十書山)。

鹽爆：

鹽爆肚條(山)

(一)熘：

熘肉片 熘丸子 熘肤花 熘肝尖 熘大腸(二)

醋熘：

醋熘肉片 醋熘裏脊片

焦熘：

焦熘肉片 焦熘裏脊片(二)

滑熘：

滑熘裏脊片(二)

糟熘：

糟熘裏脊片 糟熘大腸（山） 糟熘肚片（周）

炸熘：

炸熘大腸（二）

「烹：

烹白肉片

按：川魯有"炸肉去老烹"實即烹炸肉軲轆。所選肉等於西北烤羊肉串或西餐高加索烤羊肉之去皮精嫩肥瘦適宜部分為圓軲轆段炸後加少葱環來烹，調味淋少汁登盤。肉味鮮嫩。

「燜：

燜裏脊丁 燜口條 燜胗（登）

黃燜：

黃燜肉 黃燜肘子 黃燜管莛 黃燜管莛脊髓（登）

「燴：

燴肉絲 燴裏脊絲 燴肚絲 燴肤花 燴大腸 燴白肉片

紅燴：

紅燴豬肉（西）

燒燴：

燒燴火腸 燒燴爪尖

清燴：

清燴肉絲

糟燴：

糟燴假魚（豬皮炸透充用）肚

奶油燴：

奶油燴豬肉（西）

「蒸：

蒸肉餅（蛋） 蒸脂油 蒸獅子頭（蘇）

清蒸：

清蒸火方（天合居） 清蒸爐肉（登瀛樓）

粉蒸：

粉蒸肉（米粉肉） 粉蒸荷葉肉（山）

「燒：

燒肉

紅燒：

紅燒肉 紅燒肉絲 紅燒蹄膀 紅燒蹄筋 紅燒假魚肚 紅燒大腿(登) 紅燒大腸 紅燒排骨(周家食堂) 紅燒脊髓(登) 紅燒管莛脊髓(登)

叉燒：

叉燒肉(廣) 叉燒雲腿(登)(天合居)

鍋燒：

鍋燒肘子(登)

燜燒：

燜燒肉(二)

「烤：

烤豬(大陸號) 烤肉(響皮肉) 烤熏大腿

「扒：

扒肉條 扒肉方(東坡肉)(周) 扒肘子 扒豬蹄 扒蹄筋 扒豬肚 中式扒小肘(西)

紅扒：

紅扒大腸

香扒：

香扒肉 香扒大腸 香扒肘子([illegible]天坊)

「川：

川肉條 川肉片 川裹脊片 川丸子 川肝肫 川假魚肚 川雙脆 杏仁白肺（廣）

清湯

清湯肉絲 清湯丸子（粗一大碗裏丸子）

「熗：

熗肫花 熗肫片

「羹：

肉羹

「貼：

鍋貼：

鍋貼雲腿

「烙：

乾烙：

乾烙肉條（正陽春）（登）

生烙：

生烙肉絲

「熏：

熏肉 熏口條 熏小肚 熏肝 熏肫花 熏排骨 熏腸

「煎：

煎丸子（南煎丸子） 煎火腿扒（西） 煎腸子（西）

「熇：

熇肫肝（廣）

「煨：

糟煨：

糟煨大腸（天合居）

「醃＝鹵鹹：

老醃：

老醃肉（鹵鹹肉）

爆醃：

爆醃肉（土）

「拌：

拌白肉絲 拌肚絲 肉絲拉皮（二）

「醬：

醬肉 醬頭肉 醬肘花 醬爪尖 醬腸皮 醬肉丁

醬肝 醬心頭 醬大肚 醬汁肉（天合居） 醬排骨

清醬：

清醬肉（天盛、天寶）

「糟：

糟肉

紅糟：

紅糟肉（福） 紅糟肘子（福）（凡用红糟皆福）

「滷：

滷肉 肉滷 清滷

按：滷在食品中一是調味的滷，一是菜品的滷。

「轉＝鉆＝斬：

九轉大腸（山）

「高麗：

高麗脂油 高麗脊髓（登）

「走油＝過油：

走油肘子（天合居） 過油肉（山西）

「臘：
臘肉(廣) 臘腸(種〻)（醬肉鋪、京式醬肘鋪等）

「芙蓉：
芙蓉脊髓(登)

「木犀＝桂花＝木須：
木犀肉(二)

「蜜炙＝蜜汁：
蜜炙火方 蜜炙火腿(登)

「冰糖：
冰糖肘子(登)

「椒鹽：
椒鹽肘子(全聚德、十書全)

「白片：
白片肉 白片肚（前一項，土）
按：家庭夏日每白煮肉，片切，以胡瓜絲木耳等調入醬油拌食。喜蒜者備蒜泥。

「五香：

五香肉絲（天合居） 五香朕片

「白汁：

白汁大腸（天，即天合居。下同）

「酥：

酥肉

「糖：

糖排骨（天寶、天盛）

糖醋：

糖醋排骨 糖醋肉片 糖醋裏脊（登）

「胡：

胡肘（天和玉）（全）（登）

「水晶：

水晶肉（登） 水晶肘（山）

「番茄：

番茄大腸　番茄裹脊片

「捲：

捲肘（森奇香居）

「灌：

灌腸

「其他：

羅漢肚（登）　竹節肉（傅金城）　鬆肉（宋肉）　古老肉　薑絲肉（霸縣）　家鄉肉　回鍋肉　拆骨肉　廣東肉　火腿　洋火腿　豬排（西）　豬肝腸子（西）　肝腸（廣）　金銀肝腸子（冠生園）　松仁小肚　豬雜樣　香腸　四喜丸子　肉絨　肉鬆　雞汁肉鬆（福）　法豬排（西）

……

「砂鍋：

砂鍋肉片　砂鍋丸子

「火鍋＝暖爐：

醬肉火鍋（完全豬全樣＋餘品）

「攢盒：

醬肉攢盒（同上大鍋豬＋餘品）

牛：

「炒：

炒牛肉絲 炒牛肉片 炒牛裹脊 炒牛肉(上)

乾炒：

乾炒牛肉絲

「熬：

熬牛肉(上) 熬牛舌尾

清熬：

清熬牛肉 砂鍋熬、(恩發順)清熬牛腩(齋)

「爆：

爆牛肚 爆三樣(胰肚心)

醬爆：

醬爆牛裹脊

葱爆：

葱爆牛肉

「燜：

燜牛舌(西)

黄燜：

黄燜牛肉條

紅燜：

紅燜牛肉（西）

「燴：

紅燴：

紅燴牛肉（西）

「蒸：

清蒸：

清蒸牛肉條（永元德）

粉蒸：

粉蒸牛肉（天合居）

「燒：

燒牛肉 燒牛雜碎（天夕牛雜碎小串）

紅燒：

紅燒牛肉條 紅燒牛腩（廣） 紅燒牛舌尾 紅燒牛鞭（宏業）

按：牛舌尾銀錢業家廚師皆善。

「扒：

扒牛肉條

「川：

川丸子(五) -

「熘：

鍋熘：

· 鍋熘牛肉

「煎：

煎牛肉餅(四)

「煨：

煨牛肉

「醬：

醬牛肉(月盛齋)(增興德)

「涮：

涮牛肉片

「五香：

五香牛肉乾

「番茄：

番茄牛肉（西）

「咖唎＝加里：

咖唎牛肉＝加里牛肉（西）

「蠔油：

蠔油牛肉（天合居）

「其他：

牛排（西） 西法牛肉條（天合居） 牛肉鬆 德式酸牛肉（西）

「烤：

烤牛肉（永元德） 烤牛肉（西）（二者法不同）

「砂锅：

砂锅牛腩（廣）

羊：

「炒：

炒羊肉菜(土) 炒羊肉(土) 炒羊肉絲 炒羊裏脊

炒羊肝 炒散旦絲 炒紅豆腐(炒羊血)(土)

「熟：

熟羊肉(土) 熟羊蹄(登)(清真) 熟羊頭蹄(廣) 熟散旦肥腸(山)

「炸：

炸羊尾

「爆：

爆三様(腰.肚.心) 爆羊肉

油爆：

油爆肚

葱爆：

葱爆肉

湯爆：

湯爆肚

醬爆：

醬爆裹脊 醬爆羊肉丁

塩爆：

塩爆散旦 塩爆散旦腰花（登）

「熘：

熘腦 熘肉片（用熘魚片法）（回民食堂） 熘丸子

「烹：

烹蹄筋

「燜：

燜羊舌（西）

黄燜：

黄燜羊肉 黄燜散旦（登）

「燴：

燴羊肉 燴羊肉絲 燴脊髓腦眼 燴散旦

「蒸：

清蒸：

清蒸羊肉條（帽餘塊）（永元德）

「燒：
燒羊肉（永三元）燒羊雜碎（東）
紅燒：
紅燒羊肉條 紅燒蹄筋
燜燒：
燜燒羊肉

「烤：
烤羊肉 烤羊腿 烤羊肉串（西北餐廳）高加索
烤羊肉（西）

「扒：
扒肥腸 扒海羊（清真）

「川：
川丸子（土） 川羊肝 川散旦
煨川：
煨川羊肉片（登）——清湯
清湯羊肉（粗八大碗的羊肉）

「燽：
燽三樣（脊髓腦眼）

「醬：

醬羊肉（月盛齋）

「涮：

涮羊肉

「手抓：

手抓羊肉（西北餐廳）

「其他：

羊洋裹脊　羊排（西）　羊肉煨胡蘿卜　羊肉煨旱蘿卜（土）

鴨、野鴨、骨頂：

「炒：

炒鴨絲 炒鴨片 炒鴨丁 炒鴨蛋(土) 炒鴨肝 炒麪巴鴨肝(登) 鮮龍井炒鴨片(廣) 炒鴨胗 炒烤鴨絲

抓炒：

抓炒鴨肝 抓炒鴨條(登)

生炒：

生炒鴨片

爆炒：

爆炒鴨肝

「炸：

炸鴨肝 炸鴨肝挂袍 炸鴨排(玉華臺) 炸胗

軟炸：

軟炸鴨肝 軟炸鴨條 軟炸鴨塊(山)

「爆：

爆鴨丁胗(登)

油爆：

油爆鴨丁

醬爆：

醬爆鴨丁

葱爆：

葱爆鸭片（山）

川爆：

川爆鸭丁（宫保鸭丁）

←——「羹：

「熘：　鸭羹

熘鸭卷（登）熘鸭肝卷（登）熘松花（二）

焦熘：

焦熘鸭块（川鲁）

糟熘：

糟熘鸭片　糟熘鸭肝（州）

「焖：

黄焖：

黄焖鸭块　黄焖鸭条　黄焖鸭方　黄焖鸭腰　黄焖鸭肝　香菇黄焖鸭胗　黄焖野鸭（皆登）

「烩：

烩鸭丁　烩鸭条　烩鸭舌　烩鸭肤　烩鸭掌　烩鸭胰　烩全鸭（山）

「蒸：

蒸板鴨（蘇浙）

清蒸：

清蒸鴨子（整卧） 清蒸鴨條（本地、清真、山）

燒蒸：

燒蒸鴨子（整卧）（本地、二）

糟蒸：

糟蒸鴨肝（山）

生蒸：

生蒸鴨子（登）

「燒：

燒鴨丁（川魯） 燒鴨胗 燒鴨肤（山）

紅燒：

紅燒鴨（整卧） 紅燒鴨條 紅燒鴨肤（本地、山）

鍋燒：

鍋燒鴨肝 鍋燒鴨子（整卧）（登）

乾燒：

乾燒鴨子（整卧）（本地、成）

「烤：

烤鴨子 烤填鴨（四）（全）

「扒：

扒鴨（整卧） 扒鴨塊 扒鴨條 扒鴨方 扒鴨肝

扒野鴨（二）

生扒：

生扒鴨子（登）

「川：

川鴨片 川鴨肝（山）

「熗：

熗鴨肝

「塌：

鍋塌鴨子（川魯）

「焅：

乾焅：

乾焅鴨子（登）

「邊：

乾邊：

乾邊鴨子(天合居)

「焗：

焗胗肝(宏業)(廣)

熟：

熟香菇全鴨(登)

清熟：

清熟全鴨(成,二)

南熟：

南熟鴨子(登)

「煮：

滷煮：

滷煮野鴨 滷煮骨頂 胗肝翅膀(土,本地)

「滷：

滷鴨(土)

「拌：

拌鴨掌 拌鴨舌掌（山）

「醬：

醬汁：

醬汁鴨子

「糟：

糟鴨片 糟鴨頭（山）、糟蛋（浙寧）

「芙蓉：

芙蓉鴨腰（川）

「奶湯：

奶湯鴨肝掌 奶湯鴨腰舌掌（山）

「拔絲：

拔絲鴨條（登）

「白汁：

白汁鴨肝

「酥：

香酥鴨（成，山，玉華臺）

「高麗：

高麗鴨腰（登）

「臘：

臘鴨

「砂鍋：

砂鍋鴨角　砂鍋鴨子（山）

「瑪瑙＝螞螂：

瑪瑙野鴨（二）

「鍋巴：

鍋巴鴨子（川魯）

「麻辣：

麻辣野鴨（川、登）

「其他：

神仙鴨（成，登）

按：本品等於紅燒填餡，鴨腹填有十錦材料：筍、雞、參、冬菇、肚、肉各丁及松仁、蝦仁、桃仁、魚骨等。

八寶鴨（天合居） 牛油玫瑰鴨（廣） 鴨泥腐皮（山） 鴨丁腐皮 八寶江米鴨子 金銀鴨子 伊府鴨（廣） 菜把鴨子（登） 金錢野鴨 腐竹栗子野鴨 松花鹹鴨蛋（皮蛋） 趙鴨 冬蟲夏草熟鴨（冠生園）

按：舊日年終時有專賣畫花鴨蛋的，於蛋殼上畫大胖小抱着魚或旁有蓮蓬荷花等，購者作為新年條案上的陳列品。亦有畫戲齣的……。此種皆本地提溜筐子穿街吆喝着的……

雞：

「炒：

炒雞絲 炒生雞絲 炒生雞片 炒雞丁 炒雛雞丁 炒熏雞絲 炒兩雞絲 （登）炒雞糊塗 （登）炒黃菜（二） 炒雞蛋（上）

抓炒：

抓炒雞絲（山）

「熟：

清熟：

清熟雞（二）

生熟：

生熟雞（登）

「炸：

炸雞塊 炸八塊雞 炸小雞 炸肫（二）

軟炸：

軟炸雞（山）

「爆：

爆胡桃雞（登）

油爆：

油爆雞丁（山）

醬爆：

醬爆雞丁 醬爆熏雞絲

川爆：

川爆雞丁（宮保雞丁）

「熘：

熘雞片 熘芙蓉雞片（山）、熘黃菜（二）

「燜：

黃燜：

黃燜雞塊（登）

紅燜：

紅燜雞塊（登

「燴：

燴雞丁 燴生雞絲 燴兩雞絲 燴芙蓉雞絲 燴雞肝丁 燴割初（燴雞血）（山）

拆燴：

拆燴雞（二）

「蒸：

蒸雞蛋羹（土）

清蒸：

清蒸雞塊 清蒸雛雞

「燒」：

燒雞 燒雞座(二)

紅燒：

紅燒雞(整) 紅燒鳳翼(桃花江)

「烤」：

烤雞歸(起士林) 鐵鍋烤雞蛋(西)

「扒」：

扒雞 扒雞腿 扒小雞(二)

醬扒

醬扒雞(大福林)

「川」：

川雞片 川雞卷 川鍾雞片 川雞泥丸子(山)

「清湯」：

清湯雞(二)

「羹」：

雞羹(蘇浙)

「㸆：

鍋㸆：

鍋㸆雞片（清真）

「貼：

鍋貼：雞

鍋貼雞（登）

「焅：

「焅：

乾焅：

乾焅雞（山）

「熏：

熏雞 熏小雞 熏雞蛋（本地）

「煎：

煎雞蛋角（土）

小煎：

小煎子雞（登）

「煮：

煮雞蛋（土）

「烹：

煎烹：

煎烹雞蛋角（上）

「攤：

攤黄菜 攤雞蛋皮 攤雞蛋托（二）

「焗：

焗雞（廣）（杏花村二） 焗肫肝（宏業）（廣）

「滷：

滷雞 肫肝翅膀（與前鴨類條下者同於遊乡穿街叫賣）

「拌：

拌生雞絲 拌雞蛋皮涼粉 雞絲拉皮（二.山）

「醬：

醬雞 醬什件（醬肉鋪，山） 醬油雞（周）

「紙包：

紙包雞（蘇）

「芙蓉：

芙蓉雞片（山）

← 「奶湯：

奶湯雞絲（山）

「五香：

五香茶雞蛋（土）

「白汁：

白汁扒雞（二）

「酥：

香酥：

香酥雞（山，天合居）

「糖：

糖醋：

糖醋雞片（山）

「番茄：

番茄雞絲　番茄雞片　番茄雞丁（登）

「澀：

澀油雞（起士林）

「咖喱：

咖喱雞（西） 咖喱雞拌（起士林）

「蠔油：

蠔油雞球（顯記）

「油：

葱油：

葱油白雞（天合居）

油潑：

油潑小雞（天合居）

油淋：

油淋雞（登）

「砂鍋：

砂鍋雞塊 砂鍋黃豆雞 砂鍋飛叫跳（正陽春）

「其他：

薏米雞（徐州） 鳳足冬菇（宏業） 白雞 白雞脯 醬油雞 雞蛋捲 風雞（河南） 瓤餡雞 雞骨醬（蘇浙寧） 泥包雞（乞丐雞） 椒麻雞 脆皮雞（廣）

熏板雞（正陽春） 白露雞（正陽春） 棒棒雞（天合居） 波蘭煮雞（起士林） 雞什件 雞絲捲 童子雞（森記） 羊方雞骨醬（蘇） 白斬雞 雞子松花 雞鬆 脆骨雞 鹹雞蛋（土）

魚（種種）：

「炒：

炒鱔魚絲 炒鱔魚片 炒馬鞍鱔（廣） 炒桂花魚骨（登）

抓炒：

抓炒魚（登）

生炒

生炒鱔片（廣）

滑炒：

滑炒鱔糊（廣）

焦炒魚片

「醬：

醬汁：

醬汁鰣魚、醬汁鯉魚（山）

「白汁：

白汁鯉魚（二）

「熟：

熟魚（土）

刮熟：

刮熟魚 刮熟目魚（山）

「炸：

炸魚（土） 炸魚條（登） 炸板魚 炸板目魚、炸刀魚、吉林炸魚（西） 罾蹦魚（大尾帶鱗炸，澆汁）（本地、清真）

軟炸：

軟炸魚（山）

「爆：

醬爆：

醬爆魚丁（二）

白爆＝白蹦：

白爆魚丁（二）

「熘：

熘魚片 熘魚捲 熘滑魚 熘梭魚片 熘魚腐 熘河豚魚白（本地、清真）

醋熘：

醋熘魚片 醋熘鯉魚、醋熘沙魚（登）

糟熘：

糟熘魚片 糟熘魚丁 糟熘黃魚片 糟熘梭魚 糟熘銀魚、糟熘桂魚 糟熘魚腐（登）

炸熘＝脆熘：

炸熘鯽魚 炸熘鯉魚（二）

「烹：

清烹：

清烹刀魚（二、清真）

「燴：

清燴：

清燴鱔魚絲（蘇川）

「蒸：

蒸烘魚（土）

清蒸：

清蒸烘魚 清蒸鰣魚 清蒸白魚 清蒸目魚 清蒸桂魚 清蒸白鱔 清蒸潘魚 清蒸鯿魚（松花江魚）（山）

周家魚（蒸法不同别家，魚池蒸時上蒙以紙不使透氣，上席時撕去紙魚香撲鼻。（周家食堂）

「燒：

燒魚、燒划水（元合居）

紅燒：

紅燒魚（登） 紅燒魚片 紅燒中段 紅燒魚頭 紅燒頭尾 紅燒鯿魚 紅燒罐頭魚 紅燒黄魚 紅燒梭魚 紅燒桂魚丁 紅燒魚肚 紅燒魚翅 紅燒

翅根 紅燒魚唇 紅燒魚腐（聚、義、山）

叉燒：

叉燒魚（登）

鍋燒：

鍋燒魚䱇魚（登）

乾燒：

乾燒大鯽魚 乾燒魚翅（山

官燒：

官燒目魚（二）

管燒：

管燒魚（登）

「烤：

烤魚片 烤魚歸（起士林）

「扒：

扒魚翅 扒魚唇 扒魚肚 奶汁扒魚翅（山、二）

「川：

川魚片 川魚捲 川滑魚 川頭尾 川魚腐 川鯽魚 川比目 川岳魚片（登）川芙蓉魚翅（登）

「清湯：

清湯魚翅（登）

「羹：

黃花魚羹（土）

「㸆：

鍋㸆：

鍋㸆桂魚 鍋㸆麪魚（二、山）

「焅：

乾焅：

乾焅魚 乾焅鯽魚 乾焅黃魚 乾焅目魚（登）

「熏：

熏魚 熏黃花魚（醬肉鋪、天盛）

「煎：

煎刀魚（土） 煎鰱子魚（土）

乾煎：

乾煎黃魚 乾煎目魚（山）

「攤：

攤麪魚托 攤黃魚托（天合居）

「熬：

熬魚（土） 熬万魚（紅旗） 穆奶奶熬魚 熬快魚（土） 熬秸魚（土） 熬鯧目魚 熬小魚（土）

家常熬：

家常熬魚（土） 家常熬桂魚（登） 家常熬銀魚

「滷：

滷魚（醬肉鋪）

「醃：

醃鹹：

醃鹹帙魚（海貨店）

「漬：

按：津俗用花椒鹽水煨漬的小魚稱為炸鹹魚，實不炸亦不醃，應為漬字轉音成zhá。遂稱"漬鹹"。

漬鹹黃瓜魚（或麥穗、或蒿根）（上）

「轉＝鮎＝斬：

轉活魚蘿卜絲（登）

煎轉：

煎轉黃魚（登）

白鮎：

白鮎魚

油鮎：

油鮎魚（登）

「高麗：

高麗魚條 高麗目魚條 高麗鰍魚條 高麗銀魚（即炸銀魚）（山）

「芙蓉：

芙蓉魚骨（即桂花魚頭）（二）

「桂花：

桂花魚翅(川)(即雞茸魚翅)(登)

「奶湯：

奶湯魚信(登) 奶湯魚肚 奶湯魚唇 奶湯魚骨(登)

「燜：

黄燜：

黄燜鱔魚段(登)

扣湯燜：

扣湯燜加吉魚(登)

「五香：

五香魚

「酥：

酥魚(土

「糖：

糖醋：

糖醋魚片(正陽春) 糖醋丸塊 糖醋鯉魚、糖醋番茄魚(登

「番茄：

番茄魚丁 番茄丸塊(登)

「捲：

正陽捲魚(正陽春)

「砂鍋：

砂鍋魚翅 砂鍋魚頭(全、登)

「松鼠：

松鼠黃魚 松鼠桂魚(蘇浙)

「生敲：

生敲鱔魚(玉華臺)

「椒鹽：

椒鹽鯉魚(登)

「五柳＝五柳穿沙：

五柳魚(天合居)

「豆豉：
豆豉魚（宏業）

「醋椒：
醋椒魚（潘魚） 醋椒加吉魚（登、吳和玉）

「糟：
香糟：
香糟魚片（蘇山）

「拌：
生拌：
生拌魚絲（登）

「火鍋：
銀魚火鍋（二）

「其他：
大湯黄魚（廣） 松子黄魚（天合居） 鐵扒鮮魚（登） 竹生龍躉皮（廣） 奶油龍魚腸（鮮魚肚）（廣） 麻醬魚肚（登） 西吃活魚 西湖魚（登） 鹹魚籽（登） 釀餡魚 荷包魚翅 揚州魚翅（登） 魚醬 魚鬆 大飯魚翅 鶩鯗魚 滑魚（粗、小碗裏調汁）（二）

蝦(種種)：

「炒：

炒蝦仁 炒蝦片 炒晃蝦仁 炒蝦錢 炒錢子米(二)、炒麪包蝦仁(登)、炒小蝦米(土)

抓炒：

抓炒蝦仁 抓炒蝦錢 抓炒對蝦(登)

乾炒：

乾炒蝦仁(二)——清炒

清炒蝦仁(二)

「炸：

炸蝦米、炸蝦球(醬肉鋪)、炸晃蝦(廣)、炸板蝦(西法蝦)(二)(西)

炸板錢子米、炸對蝦(山) 炸蝦段 炸鳳尾大蝦(廣)

軟炸：

軟炸錢子米 軟炸大蝦

酥炸蝦球(宏業)

「爆：

爆蝦仁(蹦即勺火，特脆香) 爆青蝦仁(勺火)(二)

按：“炸蹦兩吃”實係雙上兩品：一帶皮炸，一去皮爆(蹦勺火)。

「熘：

熘蝦片 熘蝦丸（登）

「烹：

烹大蝦 烹蝦段（二）——炸烹：

炸烹晁蝦 炸烹蝦仁 炸烹蝦球 炸烹蝦錢 炸烹大蝦（登）

「燴：

燴蝦仁 燴蝦片 燴蝦球（山）

清燴：

清燴蝦仁（清真、二）

「燒：

紅燒：

紅燒蝦仁（登）、紅燒蝦丸（登）

「川：

川蝦仁 川蝦片（二）

「熗：

熗蝦 熗青蝦（蘇浙）

「熘：

鍋熘：

鍋熘蝦仁（登） 鍋熘對蝦（登）

「焅：

焅青蝦 焅蝦錢 焅對蝦（登）

「煎：

煎蝦餅 煎蝦丸 煎蝦托（二）

「煮：

滷煮：

滷煮對蝦（上）

「滷：

腐滷：

腐滷青蝦

「醃：

醃小蝦米（上）

「拌：

拌蝦片（二）

「熏：

熏對蝦（天盛）

「醉：

醉青蝦

「高麗：

高麗蝦仁　高麗大蝦（登）

「紙包：

紙包蝦（蘇浙）

「芙蓉：

炒芙蓉

炒芙蓉蝦片（登）

「水晶：

水晶蝦仁（登）

「番茄：

番茄蝦仁　番茄蝦片

炒番茄：

炒番茄蝦仁（登）

「桂花＝木樨：

炒木樨蝦仁（山泉湧）

「咖喱：

咖喱蝦仁（西）

「蠔油：

蠔油蝦球（天合居）

「鹽水：

鹽水蝦錢 鹽水對蝦（廣）

「其他：

和平蝦卷（天津飯店） 金錢蝦餅 蝦鬆 百花大蝦 蝦頭黃（海味店） 蝦糠 蝦子 蝦醬 蝦油 蝦乾 金鈎米 洋河米 小蝦米 對蝦醬（土） 鐵扒蝦錢（西）（廣）

蟹、海蟹：

「炒：

炒蟹肉 炒全蟹 炒蟹黄 炒蟹腿（二）

「炸：

炸小螃蟹（土）

按：舊日秋深夜晚在水裏大箔上挂小簍，用燈火引来指頂大的小蟹，每簍可千百，以之加麫糊，微入鹽，鍋炸，隨鍋形成大薄餅式，穿街叫賣"油炸小螃蟹"，隨買錢數擘塊賣與，佐酒或夾餅當餐，酥香可口。

炸蟹酥（福）

「熘：

熘蟹黄 熘蟹油黄（油黄兩吃）（本地） 熘全蟹 熘全蟹捲（登） 熘蟹泥

「烹：

烹大夾 烹大夾蟹腿（山、二）

「燜：

黄燜：

黄燜蟹黄（登）

「燴：

燴蟹黄（登） 燴全蟹

「蒸：

蒸大蟹（浙甯）

按：活大蟹兩斤三個或更大者以繩束卷其足不令動成串懸之一日兩三次以糊抹其口來喂如此則黄白日加肥滿食者一餐一個足可下飯。

蒸海蟹（出海便煮、或蒸不能用上法）（土）

「烤：

烤蟹蓋（海蟹肉黄擘出，裝原背殼加味令滿上封糊烤焦，原殼上席）。（中原）

「川：

川大夾 川紫蟹（二）

「羹：

螃蟹羹（土）

「㸆：
鍋㸆：
鍋㸆金蟹（登）

「煎：
煎金蟹托 煎蟹黄托（山）

「煮：
塩水煮：
塩水煮海蟹（上）

「拌：
拌金蟹 拌蟹腿 拌蟹黄 拌海蟹（二）

「糟：
糟蟹 糟蟹糊（奇香居）

「醉：
醉蟹（紫蟹）（上、二）

「高麗：
高麗蟹黄（登）

「芙蓉：

芙蓉蟹黄（登）

「五柳＝五柳穿沙：

五柳穿沙紫蟹（登瀛

「其他：

筍板全蟹（登） 蟹醬 蛋白蟹黄（紅旗） 蟹子

鹿：

烤鹿腿（山）

麞：

燒黄羊腿

野豬：

熬野豬肉（上）

兔、野貓：

醬熏兔肉 紅燒兔肉 熏兔肝 酒煮野貓

驢：

五香驢肉 驢蟠腸（本地）

熊：

紅扒熊掌（天合居） 鷄油熊掌（天合居）

狗：

五香狗肉

鴿：

炒鴿鬆 塌鴿蛋（水晶蛋） 燒白鴿（廣） 黄油燒白鴿（廣） 熏鴿 芙蓉鴿蛋（登） 琥珀鴿蛋（登） 象眼鴿蛋（登） 雲片鴿蛋（登）

鵪、地鵏、沙雞：

紅熟地鵏 熟沙雞（上）

鵝、雁：

熟鵝（土） 炒鵝蛋 熟大雁 滷煮大雁（本地）

鐵雀：

炒雀雜 炸鐵雀（炸飛禽） 熘牲口（登） 炒雀脯 燜鐵雀（廣） 醬鐵雀（醬牲口） 走油鐵雀（廣） 軟硬飛禽（土地）

火雞：

炒火雞片 烤火雞（西）

山雞：

炒山雞片 薺菜炒山雞片 炒山雞絲（登） 烤山雞片

野雞：

熟野雞（土）

黿：

紅燒元魚（宏業）（桃花江） 紅燒裙邊（天合居）（登） 蠔油裙邊（廣）（天合居）（登）

水雞：

炒雞瓜(上) 熏田雞(本地) 蒸水雞 燜水雞

冬瓜燜水雞(永樂園)

哈什馬

燴哈什馬(宏業) 清湯哈什馬(川哈什馬) 冰糖哈什馬(中原、登)

蛤(種種)：

「炒」：

炒蛤仁 炒美人蟶 炒木樨蛤仁 炒木樨蠣黄(登)

「炸」：

炸鮮生蠔(廣)

「燴」：

燴蛤仁(登) 燴乾貝(二)

清燴：

清燴乾貝(二)

「蒸：

蒸清蛤（二）

清蒸：

清蒸乾貝白菜（登）

「燒：

紅燒：

紅燒乾貝（聚

「川：

川青蛤 川鮮螺 川乾貝（二）

「熗：

熗青蛤（二）

「拌：

拌蛤仁 拌蚶子（麻蛤）（土）

「芙蓉：

芙蓉蛤仁（登） 芙蓉乾貝（山）

「桂花：

桂花乾貝(川)

「奶湯：

奶湯乾貝

「煽：

鍋煽：

鍋煽乾貝(登)

螺(種々)：

「炒：

炒海螺 炒鵪包鮑魚(登) 炒巨螺肉片(上) 炒响螺(上)

「燜：

黄燜：

黄燜鮑魚(登)

「燒：

紅燒

紅燒鮑脯(頤記) 紅燒鮑魚 紅燒海螺(山)

「扒：

扒鲍魚（叁）

「川：

川鲍魚（二）

「蒸：

蒸罐頭原湯鲍魚（土地）＝原桶鲍魚

「㸆：

鍋㸆鲍魚（叁）

「拌：

拌海螺 拌鲍魚（叁）

「奶湯：

奶湯鲍魚（四

「白汁：

白汁鲍魚（叁）

「蠔油：

蠔油鮑魚

「其他：

黄泥螺 鳳冠鮑脯（廣） 麻醬紫鮑（登）

烏賊、章魚：

「炒：

炒吊片（廣） 炒魷魚絲（登） 炒軟兜 炒八墨斗（上）

「㸆：

㸆八帶魚（章魚）（上）

「燴：

燴烏魚蛋（山

「熘：

熘魷魚捲（登）

「川：

川魷魚 川烏魚片（登）

海參(種〻)：

「燴：

燴海參片(登)

清燴：

清燴海參片　清燴山東海參(登)

「燒：

紅燒海參　紅燒大烏參　葱燒海參(山)

「扒：

扒海參　扒大烏參　扒繞參(二)

「拌：

拌海參(登)

「芙蓉：　芙蓉海參(登)

炒芙蓉：

炒芙蓉海參(登)

「熘：

熘海參(二)

「胡：

胡海參 胡辣海參(登)

「砂鍋：

砂鍋海參(登)

「蝦子：

蝦子參片 蝦子海參(登)

「其他：

麻醬海參 海參酥丸(登) 雞酥海參(登)

海蜇：

拌海蜇 拌蜇頭 扒海蜇頭(土) 熟海蜇 拌寧波海蜇(登)

芙蓉蜇頭

螞蚱、龍蝨

油炸螞蚱 乾炒螞蚱(土) 五香龍蝨(廣)

配合菜：

「炒：

炒三絲 炒三絲肉 炒裏脊三絲 炒裏脊絲韮頭 炒龍鳳絲 炒金銀絲 炒蝦腰 佛手疙瘩炒肉（鼎和居）

抓炒：炒雞片（水雞醬片） 炒肉絲綠豆菜（土） 炒韮菜烤鴨絲 魷魚炒肉片（天合居）

抓炒龍鳳絲 生炒：

「生炒三丁（廣）

「熬：

熬黃豆芽加肉絲（土） 熬肉豆（土） 熬魚煨白菜（土） 肉熬蠶豆瓣（土）

「燉：

燉白菜丸子 燉肉加海帶 燉肉加土豆或山藥 燉羊肉加山芋（土） 燉牛肉加胡蘿蔔（土） 全熬 燉肉加火腿乾貝

燉全羊鴨塊（登） 清燉：燉四樣（天和玉）

清燉什錦（山）

「炸：

炸三樣 炸雪花蝦球（登）

「爆：

爆三樣 新爆三（清真） 全爆 爆魚肝丁（正陽春） 爆魷魚乾貝（天和玉）

「熘：

糟熘：

糟熘三白 糟熘魚片鴨肝 鴨丁熘黄菜（正陽春）

「燜：

燜裏脊丁四寳（登）

黄燜：

黄燜肉鴨塊（天和玉） 黄燜鴨肷脊骨髓（登）

「燴：

燴三丁 燴三絲 燴雞鴨肷 燴四絲 燴龍鳳絲 燴十錦丁 燴全丁 燴全家福 燴劗雛烏魚蛋 燴玉米金樣 燴两丁 燴三鮮 燴十錦絲 燴十錦鴨丁（皆登）

紅燴：

紅燴雜拌（西）

清燴：

清燴三丁 清燴三鮮 清燴全丁 清燴十錦丁 清燴海雜拌 清燴全家福 清燴三仙海參 清燴乾貝海參 清燴生雞絲乾貝（全登）

「蒸：

清蒸：

清蒸乾貝肚塊 清蒸乾貝錢子米白菜墩 清蒸雞塊丸子 清蒸火腿錢子米白菜墩 鹹蛋蒸肉餅(登)

「燒：

燒元寶肉 燒蝦子冬筍(二) 燒蝦子小水蘿卜(上)

紅燒：

紅燒三絲 紅燒四絲 紅燒四絲加翅子帽 紅燒三丁 紅燒海雜拌 紅燒元寶牛肉 紅燒龍鳳絲 紅燒兩丁 紅燒四寶 紅燒十錦丁(皆) 燒腩炆蠔豉(廣)

「扒：

扒三樣 扒肉雞蛋(上) 扒火腿白菜 扒四寶 扒三白 扒鴨條海參 扒魚肚海參(登) 扒雞腿海參 扒醬肉雞腿(二) 扒魚唇海參 扒肉海參 扒肉條雞 扒肉鴨塊 扒鑲鍋雞 扒唇翅 扒海參魚尾 扒海羊(燕春樓) 扒蟹黃白菜(登)

「川：

川三片 川四寶 川雙脆 川五絲捲 川鯽魚青蛤(全登)

川羊肉片魚片胡瓜 川錢子米白菜 川龍井蝦仁 川雪笋火腿 川鷄茸鮑魚（登）

「㸆：

鍋㸆

鍋㸆三樣 鍋㸆兩樣（清真）

「攤：

攤雞蛋麪魚托（土）

「桂花：

桂花魚頭（二）

「糟：

糟鴨頭熟鯽魚（登）

「白汁：

白汁三白 白汁三樣（登）

「番茄：

番茄蝦仁鍋巴（蘇）

「咖喱：
咖喱雞拌（西）

「烤：
乾烤：
乾烤鴨子肉條（登）

「砂鍋：
砂鍋肉片丸子 砂鍋海參魚尾 砂鍋什錦 砂鍋雞塊丸子（登）

「火鍋：
什錦火鍋（二）、東北火鍋 生蒸一品鍋 廣東邊爐

「魚鍋：
三片魚鍋 三鮮魚鍋 紫蟹鮮魚鍋（山）

「醋椒：
醋椒活魚青蛤（登）

「羹：

八珍魚羹

「滷：

三鮮滷 十錦肉滷 口蘑大蝦乾打滷 口蘑羊肉打滷（二）

「其他：

黃肉魚翅（登） 繡球魚翅 雞絲魚翅（廣） 釀佛手魚翅（天津飯店） 鴨包魚翅（登） 鷄包魚翅（天合居） 三絲魚翅 鮑魚四絲 乾貝四絲 蝦仁四絲 山東四絲 鷄絲四絲 裏脊丁醬瓜 雞蛋雲腿肚絲（天合居） 雲片三白（全聚德） 全家福 奶油錢子米白菜 蠔豉肉鬆 鴨塊羊肉（燕春樓） 火腿蛋（西） 鐵扒雞伴（西） 雞素燒 珠還合浦（宏業） 鳳肝寶盒（宏業） 玉扣連環（裏脊片肚片參環肉碣） 鳳苑藏龍（雞大蝦） 丹鳳求凰（鷄蟹黃） 猴頭熬肉（土）

蓬廬集

津门食单

湯：

竈湯 蝦米竈 火柿子湯(柿子湯) 甩袖湯(馬家館)
全羊湯 蘿卜絲湯 清湯 高湯 榨菜湯 粉湯(粉條
湯 豆腐湯 木樨湯 冬菜湯 白菜湯 芫荽湯 光
湯 疙瘩湯 片湯 嘎嘎湯 逛兒湯 倭瓜湯 冬瓜
湯 絲瓜湯 瓠子湯 菠菜湯 口蘑湯 雪筍湯(蘇)
紅菜湯(西) 鍋巴湯(蘇) 木耳湯(天和玉) 餅湯(上)
麵湯 掛麵湯 三鮮湯 酸辣湯 豬肝湯 蝦乾
白菜湯 鮑魚湯(西) 清湯三絲(西) 奶油雞絲湯(西)
奶油蘑菇湯(西) 奶油多士湯(西) 紅菜牛尾湯(西)
奶油什錦湯(西) 清湯蛋皮絲(西) 奶湯雞茸(西)
菠菜泥子湯(西) 奶油葱頭湯(西) 清湯雞絲麵
條(西) 鴨片湯(蘇) 乾貝湯(蘇) 酸辣魷魚湯
(天合居) 煮乾絲(蘇) 牛尾湯(西) 鴨架子湯 雞蓉蛋
花湯(天合居) 黄豆芽川湯 梅菜湯(霉乾菜湯) 唪菜湯
肉片白菜湯 雪菜肉絲湯(蘇) 鴨架子白菜湯 清湯臥果
高湯臥果 清湯甩果 川海白菜 丸子湯 魚湯 奶油雜
拌湯(起士林) 奶油火腿湯(洋火腿)起士林) 奶油雞湯
奶油洋芹湯 奶油葱湯 麵環湯(以麵雕成英文小字
母入清湯)(起士林) 回手麵片(西北餐廳) 海中浮雪(高
湯入蛋清)(天和玉) 雪裏藏青(清湯有蛋黄)(全聚德)

海鮮及時鮮：

「炒：

炒肉蠶豆 炒肉末豌豆 炒肉絲扁豆 炒肉絲蒜苗
炒苦瓜肉片 炒裏脊絲龍鬚菜 炒生鷄絲豆苗 炒蝦
仁豌豆 炒生雞絲鮮薑絲 炒生雞片鮮薑片 炒桂
花香椿 炒鮮辣子雛雞 炒山雞片薺菜 炒茭白 炒
蒲菜 炒鮮龍鬚菜 炒香菇菜花 香菇炒芥藍菜
炒鮮黃花 炒嫩灰芭 炒紫菜薹（登、二、蘇）

「熬：

熬肉海帶（土）冬瓜熬雞 冬瓜火腿熬鴨（登）

「爆：

爆青蝦仁加鮮豌豆（登）

醬爆：

醬爆栗子鷄（登）

「熘：

熘鮮蘑 熘菜花豌豆（二）

「燜：

冬瓜燜雛雞 肉片燜扁豆 肉片燜蒜苗（山、登）

「燴：

燴鴨泥豌豆 燴鴨丁蠶豆 燴鴨丁鮮蓮子 燴豌豆（登）

「燒：

燒口蘑丁茭白 燒菱米絲瓜 蝦子燒茭白 燒水蘿卜（土） 燒香菇絲瓜 燒擘藍（土） 燒萵筍（土）

紅燒：

紅燒茭白 紅燒栗子白菜（土）

乾燒：

乾燒茭白 乾燒冬筍扁豆（登）

叉燒：

叉燒芥藍（登）

「蠔油：

蠔油冬筍（廣）

「川：

川雞茸豌豆 川雞茸菜花 川鮮黃花 川豆苗（山）

「熗：

熗茭白（登）

「攤：

攤黃菜香椿（登）

「拌：

拌香椿 拌黃豆芽 拌蘿卜菜 拌海帶絲 拌洋粉 拌燕菜燒雞絲（登

「煨：

煨海帶捲

「高麗：

高麗香椿（登）

「芙蓉：

芙蓉菜花 芙蓉燕菜（登）

「奶湯：

奶湯蒲菜 奶湯茭白 奶湯菜花（登）

「活捉＝活斷：

活捉藕（上） 活捉白蓮藕（上）

「糟：

糟鴨絲菊花（登）

「清湯：

清湯燕菜 清湯雪燕（天合居）

「魚鍋：

菊花魚鍋（致美齋）

按：菊花以白瑤臺為佳。

「白汁：

白汁菜花 白汁鮮蘑菜花（山）

「扒：

扒栗子白菜（登）

「桂花：

桂花燕菜（美麗、中原）

「其他：

一品燕菜 八寶燕菜 玉紅燕菜（皆登） 捲燕歸巢（雞蛋捲火腿絲燕菜）（廣） 栗子雞 菠蘿鴨片 肚邊珠 雞粥玉米（北安利） 蘿卜雞脯（清真） 珍珠豌豆 荷葉肉 雞茸鮮粟米（廣） 奶油火腿冬瓜 烤鴨芥藍 什錦絲洋粉 鴨片芥藍菜 冬瓜盅（廣） 三鮮蠏黃茄罐（薛記）

菌蕈：

紅燒羊肚菌(川.蘇) 紅燒猴頭(登) 紅燒香菇 川銀耳 川竹蓀 清湯竹蓀 奶湯竹蓀 高湯銀耳 川竹蓀香菇 金錢香菇 熘香菇 川茉莉竹蓀(登.山)

藻：

拌髮菜 川髮菜 熘髮菜魚腐 髮菜桃仁(登) 髮菜雞蛋托 清湯葛仙米 燴葛仙米 葛仙米雞蛋托(山)

園蔬及蓏果：

「炒：

炒芹菜 炒韭菜(土) 炒黄豆芽(土) 炒黄瓜片 炒掐菜 炒綠豆菜 炒藍白綠(綠豆菜韭菜)(土) 炒苤藍片 炒苤藍絲 炒萵筍 炒苦瓜 炒茄子絲 炒香蓮 炒蒜毫 炒鮮蠶豆 炒鮮豌豆 炒蓮菜(炒藕) 炒豆嘴兒 炒鮮黄花 炒山藥豆(土) 炒山芋絲(土)

「炸：

炸茄夾 炸藕夾（上）

「燴：

燴素三丁（筍、腐絲、冬菇丁

燴素三丁（硬麵筋丁 茄丁 筍丁）

「蒸：

蒸白菜墩（上）

「熘：

熘白菜捲（登） 熘南北（二）

醋熘

醋熘白菜（上）

「扒：

扒菜頭（整棵菜去老葉縱劈四開） 扒龍鬚菜

扒白菜（山、清真）

「熗：

熗春笋 熗冬筍 熗桃仁 熗小蘿蔔（登）

「川：

川龍鬚菜（山）

「燜：

油燜：

油燜笋（蘇浙）

「燒：

燒芹菜 燒冬筍 燒擘藍 燒茄子 燒花菜 燒二冬

燒絲瓜筍片

紅燒：

紅燒油菜

「熬：

熬蘿卜 熬倭瓜 熬蠶豆瓣 熬黃豆芽（皆土）

「拌：

拌黃瓜 拌火柿子 拌茄泥 拌菠菜 黃瓜拌豆腐絲

香乾絲拌白菜心（皆土）

「漬：

漬白菜（土）

「熟：

熟素菜（清真）

「蝦子：

蝦子芹菜 蝦子萵筍（二）

蝦乾：

蝦乾燒蘿卜 蝦乾白菜 蝦乾冬瓜（二、土）

「其他：

油黃瓜（登） 辣白菜 油萵筍（登） 煮果仁（土） 搗黃瓜（土） 紅汁南北（粗八大碗中） 油茄 素三絲（筍腐絲冬菇絲）（二） 素鶏夾 素茄夾 蒸素茄罐

野菜：

拌苦菜 拌苜蓿菜 苜蓿炒肉 苜蓿滷 拌掃帚菜（皆土）

按：此指野生之苜蓿

素菜：

炒嘎巴（土） 炒玉蘭片 炒素雞 炒素什錦 炒素菜 扒素魚翅 素燕菜 糖醋素雞 糖醋素魚 烹素刀魚 素三片 鵝脖兩吃（係兩菜） 素丸子 素排骨（登） 素帽 素雜燴 炸素什錦酥盒 素什錦絲（粗八大碗攏汁） 紅燒黃魚（素） 辣疙瘩菜（土） 拌粉皮 素扒肉 素鍋爆三樣

按：素菜應以素席單做為主。其素品之真者歸園蔬中。

甜菜：

「炒：

炒三泥 炒五泥 炒豌豆泥 炒紅果 炒海棠果 甜肉炒年糕（皆登、川）

「炸：

炸小湯元 炸湯元 炸元宵 白糖鍋炸（天合居）

按：以江米皮包餡為湯元，以乾江米麪用糖餡淋水層層摇成者為元宵。

炸江米茨（登）

「熘：

糖熘：

糖熘山藥 糖熘百合 糖熘櫻桃 糖熘三鮮 糖熘蓮子 糖熘鮮蓮子 糖熘白果 糖熘南薺（登）

「桂花：

桂花山藥（登）

「蒸：

蒸三泥 蒸湯元 蒸元宵 蒸山藥段 蒸水晶豆沙 蒸脂油（登、川）

「拔絲：

拔絲梨 拔絲平果 拔絲山藥 拔絲肉 拔絲鴨條 拔絲小湯元 拔絲香蕉 拔絲脂油 拔絲金棗 拔絲蓮子 拔絲南薺 拔絲丸子 拔絲鍋炸（皆登、天合居、川）

「高麗：

高麗脂油 高麗豆沙（登）

「蜜炙：

蜜炙山藥 蜜炙三果 蜜炙洋梨 蜜炙金棗 蜜炙香蕉 蜜炙洋桃 蜜炙三鮮 蜜炙香酥 蜜炙蓮子（皆登）

「冰糖：

冰糖蒸蓮子 冰糖蓮子 冰糖荔枝 冰糖菠蘿 冰糖什錦 冰糖蒸脂油丁 冰糖炸羊尾（清真） 冰糖麻捲 冰糖魚翅 冰糖燕菜 冰糖銀耳 冰糖哈什螞 冰糖葛仙米 冰糖渣麻醬江米托（登、川、）

「琥珀：

琥珀蓮子 琥珀桃仁 琥珀果仁 琥珀大扁（糕點鋪、登）

「火鍋：

湯元鍋子（山）

「羹：

橙子羹湯元 核桃酪湯元 鮮核桃粥 什錦燕窩粥 鮮果羹 紅果酪 杏仁豆腐、八寶蓮子粥 葡萄羹 西瓜酪（登）、臘八粥（上）

「其他：

八寶山藥 山藥壽桃 豆泥壽桃 八寶江米飯 奶油山藥（二）

棗泥山藥 江米八寶壽桃 香蕉鍋炸 釀平果 玫瑰鍋炸 釀餡鍋炸 奶油布丁（西） 塔沙窩（清真）

按：所有甜菜，大部分屬山東館，部分屬川，少部分屬本地。

豆腐、豆乾、豆絲、豆皮、豆腐乳：

「炒：

炒豆腐 炒拌豆腐 炒小豆腐 炒肉末豆腐 韭菜炒豆腐 炒麻豆腐 炒江豆腐 炒香乾 炒豆腐絲 炒豆乾渣豆芽（土）

抓炒：

抓炒豆腐（登）

「熟：

熟凍豆腐

「炸：

炸豆腐 燈籠豆腐 炸老豆腐（皆土）

「爆：

爆豆腐 雞胗爆豆腐

「熘：

熘豆腐 熘黄菜小豆腐 熘瑪瑙雞汁豆腐 蝦油熘豆腐

焦熘：

焦熘豆腐（二）

炸熘：

炸熘豆腐

糟熘：

糟熘豆腐 糟熘魚片豆腐（登）

「燴：

燴豆腐（種々） 燴鴨泥豆腐羹（登） 菠菜燴豆腐（上）

「蒸：

蒸大腿白菜豆腐（登）

「燒：

燒腐片 蝦子燒豆腐（二）

紅燒：

紅燒蝦子豆腐

「扒：

扒豆腐 雞扒豆腐（雞丁肚丁豆腐攪拌油熘加汁蓋餡）

（本地、清真）

「川：

川豆腐肉片 川香菇豆腐（登）

「羹：

豆腐羹（種々） 糟鴨泥豆腐羹 蛤仁豆腐羹 什錦豆腐羹 金蟹豆腐羹（登）

「塌：

鍋塌蝦仁豆腐 鍋塌蝦子豆腐 鍋塌蟹黄豆腐（登）

「貼：

鍋貼：

鍋貼豆腐（登）

「煎：

煎豆腐乾（土）

「煨：

魚汁煨豆腐 肉汁煨豆腐（豬、牛、羊）（土） 蟹黄煨麻豆腐 糟煨豆腐 五香豆環煨肉塊（豆絲套環）（皆土）

「拌：

涼拌豆腐（種種） 拌韭菜花麻豆腐 拌腐絲 拌乾絲 香椿拌豆腐 老醃鹹菜拌豆腐 麻醬麪醬拌豆腐（皆土）

「㸆：

㸆豆腐（清真二）

「轉＝九轉：

九轉豆腐 九轉大腸豆腐（山）

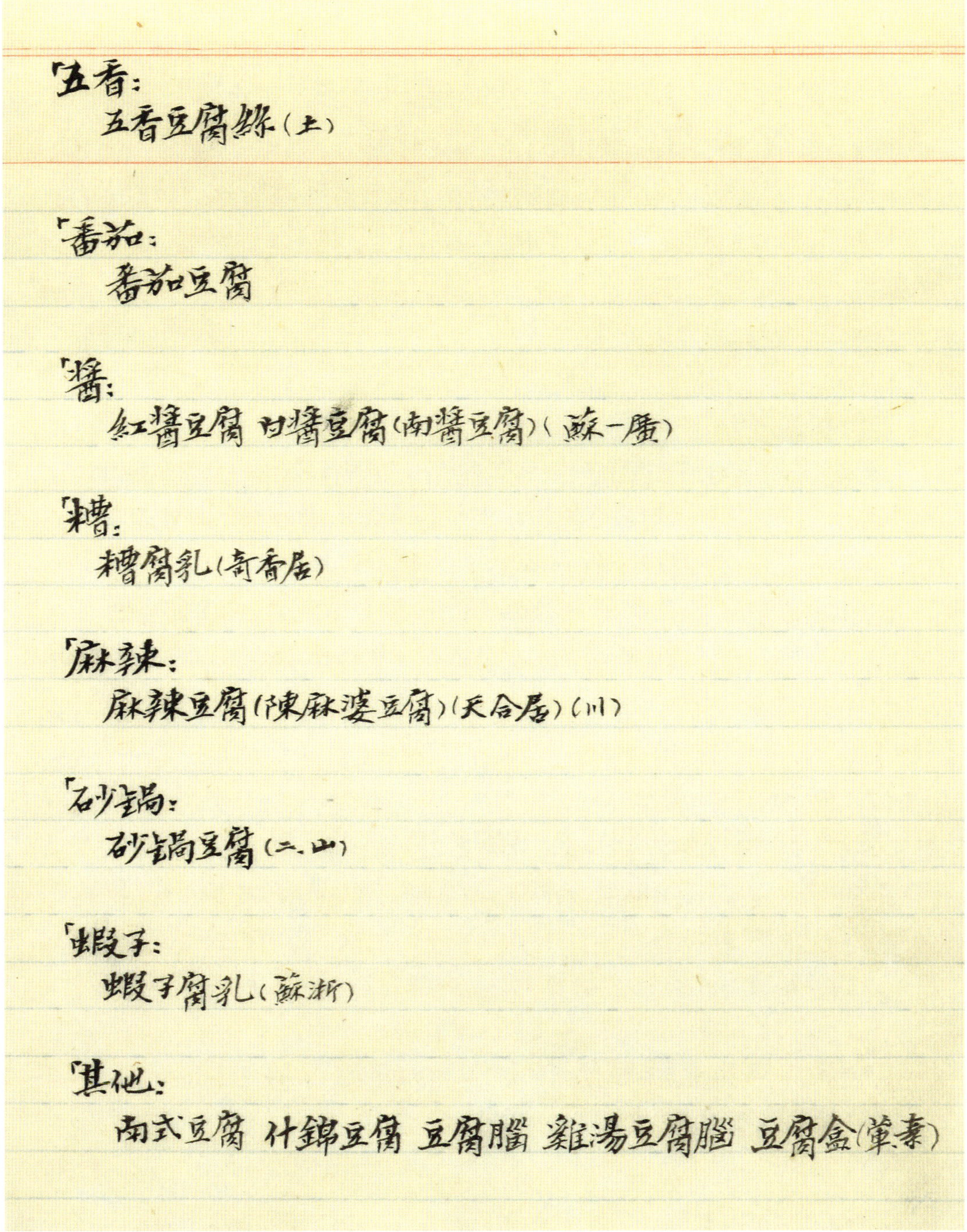

「五香：

五香豆腐絲（上）

「番茄：

番茄豆腐

「醬：

紅醬豆腐 甘醬豆腐（南醬豆腐）（蘇一層）

「糟：

糟腐乳（奇香居）

「麻辣：

麻辣豆腐（陳麻婆豆腐）（天合居）（川）

「砂鍋：

砂鍋豆腐（二、山）

「蝦子：

蝦子腐乳（蘇浙）

「其他：

南式豆腐 什錦豆腐 豆腐腦 雞湯豆腐腦 豆腐盒（葷素）

牛肉豆腐盒 硃砂豆腐 馮豆腐 豆腐托 老豆腐 豆腐乾 臭豆腐 辣豆腐 黄油腐乳 徽香腐乳 金源腐乳 玫瑰腐乳、(窗)鵪鶉豆腐(口蘑木耳青豆切碎與豆腐拌勻加味搓成鵪鶉脯樣的塊過油澆汁)(清真)

麵筋：

炒麵筋絲 炒麵筋絲加豆莛 麵筋絲炒肉絲 素麵筋 炒硬麵筋 油炸素麵筋 燒麵筋 熏麵筋 醬肉鋪硬麵筋(舊時豬肉鋪晚飯前賣醬肉時於買雜樣時切入一兩片為常) 燴麵筋(種種) 煨麵筋(種種) 熘麵筋(種種)

按：麵筋是很平常的食品，除自做食品外，可以與許多樣食物配合無不恰當。包餡、打滷尤有味道。(南北飯館品類甚多)

點心：晚餐時輔食一斑：

漿子豆腐 果子(油條各樣) 鍋巴菜 麵茶 茶湯(沖食糜子麵、秫米麵) 粉湯 饊子 大麻花 炸糕 秫米粥加紅豆 果子湯 果子餅 切糕(棗、餡)(江米、秫米) 山芋(煮、烤) 素豆腐 豆腐腦 羊肉粥 煎餅果子 燒餅(種種) 烏豆香豆 黄金塔(棗餡) 豬肉包 羊肉包 蒸食(種種) 餛飩 蜂糕……

按：以上為天津早餐時純正的所謂早點。

肫肝翅膀(天少專賣的雞鴨什件) 煎素餃子(清真小車) 煎燜子

羊雜碎 牛雜碎（皆清真小串） 熏雞、腸子肉（叫賣）
炸捲圈（葷素各攤）……

按：以上為天津舊日晚餐時叫賣的輔食品。

零食：

豆擦兒糕（以蒸開花的綠豆捻團為皮中加豆餡，再蒸為球形糕點樣） 江米藕、麻團、涼果 栗子糕 "鴨子白糖的"（賣者的吆喝語。以類於糖豐子的雪白糖皮做成滿裝脂麻碎餡之小鴨等提盒穿街，為兒童喜於玩食者） 糖堆（種種） 糖墩兒（糖葫蘆種種）……
……。另有賣驢肉者只見到一人，零買切與，可為下酒物。係滷煮的。

按：以上為午飯前穿街叫賣者午後不見。

"酥豆蘭花豆"（賣者吆喝語。前為酥炸鹹味青黃豆，後為酥炸帶皮蠶豆半開成花形。賣者有四樣，有糖嘎巴花、糖豐去皮蠶豆瓣，但只吆喝前兩種。賣者皆回民）（午飯將過後，可以下酒，但買者多為兒童） "膀肝翅膀"（見前以出）（晚飯前至夜午） 瓜子仁果（種種） 拔攏糖及 "大糖好餡" 五十六樣甜蹦豆 雜果小擔（無慮數十品）……

按：以上為午飯後至晚飯前後。

糖炒栗子 青果（橄欖） 小檀香果 柿子 青蘿卜 柿餅……

按：以上由秋深至冬習見的零食。

餡子貨：

"蒸"：

包子：

豬肉包（本地） 羊肉包（清真） 素包（本地。舊小宮南石頭門坎）

最為有名）餡包子（豆沙兩種） 水晶包（脂油白糖） 湯包（上海式小型蒸肉包，另小碗清湯漂有雞蛋皮蘸食） 湯包（淮揚玉華臺。餡中富有多汁，原屜上桌，以箸夾包頂之結，速以懷碟接過吸食，汁先入口，鮮美異常。） 常州包（玉華臺） 肉皮包 什錦包 各餡包（皆十錦齋、半間樓、一條龍、天一坊等） 狗不理包子 菜簍（土） 蘇式蒸包…… 提節包子（登）

餃子：

發麪餃（土） 燙麪餃 羊肉蒸餃（清真專賣小館） 圓籠蒸餃（韭菜豬肉、三鮮、十錦、茴香豬肉等。專賣）（明利居，或蘇式小館）

饅首、門丁：

什錦門丁（登） 豆沙門丁 叉燒包、豆沙包（發麪皮比一般包子厚而甜，叉燒肉丁，非餡泥式或近泥式。豆沙者亦皮厚不捏褶）（廣、宏業、杏花村等） 肉丁饅首 江米釀餡小門丁（皆登） 粉果（廣） 元宵

餅（扁形各式）：

小蒸食（本地及山東館） 糖蒸餅 饢子甜鹹蒸餅

捲：

蜜麪捲 發麪捲（土）（主食） 餡蒸捲（長捲切段賣）（土地） 懶龍（長麪捲夾肉餡）（土） 棗捲

盒：

蒸盒子 三皮蒸盒子（本地小館。肉皮、雞蛋皮、粉皮）（山東館）

「煮：

餃子：

水餃（肉、韭菜、白菜、豆角、蒜毫、茴香、素餡等）（土） 羊肉水餃（清真餃子小館）

「餛飩＝雲吞（揚、淮）＝抄手（川）：

餛飩：（土）（專賣本地及山東小館） 雞絲餛飩（山東）

抄手：（天合居）

雲吞：（玉華臺）

盒：

煮盒子（土）

「煎：

肉火燒（豬肉） 乾烙（豬、羊、牛。以上清真專鋪或小館） 回頭（清真小館或專館）（麵皮裹肉火燒，兩端不下折） 羊皮餅（清真、切賣） 煎餃（素餡或羊肉預煮者，日夕各以小車穿街叫賣）（回民） 水煎包（山東館。專鍋、實等於貼，不同者以爆鍋擦油、包好餡後以包底蘸水急擦拉長，使包底一側長薄而酥脆，再淋油。其技巧由在等於貼的時間，恰使餡熟而長而焦黃不糊，正到好處。） 肉餅 脂油餅 脂油蔥花餅

「炸：

一品燒餅（豆沙餡） 什錦燒餅 炸酥盒子（發） 炸盒子（發） 炸酥餃 炸春捲（薺菜餡等） 炸春段（炸後切段） 炸捲圈（肉豆莛粉皮等） 素捲圈（無肉加麵筋丁） 清湯小包（西） 炸元宵（餡甜肉種種）

「烤＝爐食：

蘿卜絲餅＝蘿卜絲餑、 豆沙餅 肉餃（蘇寧） 什錦酥盒（西） 什錦雞蘇麵盒（西） 咖喱酥餃（西） 麵包盒

「烙：

烙韭菜饼 烙韭菜盒子 烙肉饼（皆土） 烙糖饼（土）

「貼：

貼餃子（餡種々）（土） 餡饼（西葫羊肉、羊肉白菜等）（清真小鋪） 鍋貼（老虎爪）（各樣餡）

「其他：

燒賣 雪花燒賣 四喜餃 炸釀餡桃酥 烤焦包（舊日夜消）

麵飯：

麵＝麵條：

「炒：

炒麵：

素炒麵 肉絲炒麵 三絲炒麵 三鮮炒麵 雞絲炒麵 叉燒炒麵 什錦炒麵 蝦仁炒麵 蝦片炒麵 蝦子炒麵 蟹黄炒麵 三鮮炒伊府麵 什錦炒麵條（西） 蛋炒麵

熱炒：按：煮出就熱即炒（種々）

「燜：

燜麵：

素燜麵 肉絲燜麵 三絲燜麵 三鮮燜麵 什錦燜麵 雞絲燜麵 蝦仁燜麵 蝦片燜麵

「湯：

陽春麵(清湯或高湯) 麵湯(土)(種種) 三絲湯麵 蝦仁湯麵 雞絲湯麵 三鮮湯麵 肉丁湯麵 蝦片湯麵 什錦湯麵 肉絲湯麵 大肉湯麵 小肉湯麵 燻肉湯麵 排骨湯麵 爆魚湯麵 蝦蟹湯麵 鱔魚湯麵 白雞湯麵 羊肉絲長湯麵(登) 粘魚麵(土)

「撈拌：

撈麵(種種)(土) 伊府麵(廣) 鹽滷拌麵 蝦油拌麵 鴨子湯拌麵 鴨子油拌麵(後二者鴨子王時常食) 老湯拌麵(舊日醬肉鋪買來) 炸醬拌麵 打滷拌麵 麻醬拌麵 羊湯拌麵(熬羊肉湯) 羊肉菜拌麵 花椒油拌麵 菜碼清滷拌麵……

按：伊府麵以下種種皆天津行常人家所食

"單勾滷"(飯館) 麻醬麵 澆醬(肉炸醬)(飯館)

按：以上三種：一、二葷館。二、三、小館。三、山西館有。

刀削麵 撥魚子 格豆兒 貓耳朵 抻條 一窩絲……

按：以上皆山西館普通澆醬。另備有過油肉 醬撥肉等。於二葷館有炒麵筋絲……。

另席面上有三鮮肉(香乾炒肉、炒雞蛋、炒蝦仁)。

或：六小碗撈麵(櫻桃肉 雞鴨肫 熘黃菜 熘魚片 燴蝦仁 燴三丁一海參筍魚骨……

蠔油涼拌麵(廣)

「其他：

意式小麵條 歐士小麵條（皆西） 黃油煎通心粉（西） 番茄煎通心粉（西）

和樂（麥麵、秫米麵）澆滷（新興飯莊） 炒肉

三鮮滷 炸醬 蕎麥麵合樂（新）

捻轉子（亦叫連展。以榆樹皮麵掺秫米麵和成條煮撈拌油醋或滷……

按：另有"炒麵"與上述無關。係大麥磨麵乾炒，夏日拌食。

飯：

「炒：

炒飯（土種種） 素炒飯 肉絲炒飯 三鮮炒飯 木樨炒飯（雞蛋炒飯） 肉絲木樨炒飯 蝦仁炒飯 蝦仁木樨炒飯 什錦炒飯 雞蛋洋火腿丁炒飯（西） 蛋炒飯（大車上） 小蝦米韭菜炒飯（土）

「燜：

燜乾飯（土）（有痂）

按：一般家庭多用燜飯，佐以種種炒菜、燴菜或熬魚、熬肉。拌豆腐（種種）或佐以醬小菜。以熬菜最普遍。

「撈：

撈飯（北方小館多撈後再上屜蒸。無痂。南飯館無）

「蒸：

蒸飯（無痂，南式） 棗蒸飯 臘味蒸飯 鴨屁股飯（廣） 八寶蓮子蒸飯 蓋澆飯（種種） 咖喱雞飯（西）

「湯：

水飯（佐以小菜）（土） 鹹飯（種々）（土） 肉絲湯飯 三鮮湯飯 三絲湯飯 什錦湯飯 蝦仁湯飯 菠菜肉絲湯飯 雪菜肉絲湯飯

綠豆湯

「粥：

米粥 江米粥 小米粥 小米綠豆粥 小豆粥 米粥加棗 大麥仁子粥（皆土） 八寶蓮子粥 大米粥（挑、叫賣） 秫米稀粥加棗 牛肉粥 羊肉粥（清真） 魚生粥（廣） 雞胡塗 鴨胡塗（江南、北安利） 棒子粥（土） 疙瘩湯（粥）（秫米麪或米麪熬）（土） 米渣粥（土） 棒子渣粥（土）

荷葉粥（大米粥就熱蓋鮮荷葉粥漬綠色去葉有荷葉香）

「其他：

抓飯（種々）（西北餐廳） 炒米漬飯（泡飯）

按：以上麪飯各條之精美者，於江南各館大致備有，尤以桃花江、新伴齋為最。魚生粥專屬宏業。湯麪則為隆記、萬康。炒麪則義慶成。山東登瀛樓有，品少。

餅：

「炒：

素炒餅 肉絲炒餅（土） 羊肉絲炒餅 葱花雞蛋炒餅 ……炒餺々（小蝦米韭菜、其他）（土） 炒年糕（種々）（南）

「燴：

素燴餅 肉絲燴餅(上)(回民用羊肉絲) 燴餑餑

「燜：

素燜餅 肉絲燜餅(上)……

「湯：

餅湯(上)(種種)

「烙：

烙餅(上) 烙發麪餅 烙胡麻餅 烙脂油餅 羊油餅 牛脂烙餅(以二回民) 鍋盔 大餅 清油餅 烙薄餅

「烤：

烤餅 硬麪餑餑(各式各樣甜餡。不入餡子貨) 烤饢 烤麪包(種種)……

「貼、吊爐：

燒餅 火灼 小底燒餅 爐乾(武清) 貼餑餑 兩面焦 貼捲子 貼胡餅 方火灼 雞油火灼

「蒸：

饅頭 實麪捲子 熗麪饅頭(硬麪饅頭)(山東、山西) 銀絲捲(登、天合居、本地館) 荷葉餅(合頁) 花捲 千層餅 糜子麪餑餑 秫米麪餑餑 棗餑餑 棒子麪窩頭 棗窩頭 黏糕 節糕 棗節糕 楊村糕乾 糕乾 切糕 盆糕……

糕點 糖果：

「酥皮=白皮：

大八件（舊日以此為最正重之糕點，送禮多用）（每斤八大塊，有圓有方，模印各樣花紋，餡有種種，以白糖、棗泥為主，勝蘭齋、祥德齋所製為有名）小八件（一斤約十數塊，模印[illegible]有未，大致酥皮，摻有如芙蓉糕、蔦龍糕之類，各家所製不甚相同。京式八件（類小八件，所製特精，名稱不同，內有自來白、自來紅，餡較津製特細）大福喜 小福喜 捲酥 一口酥 酥三角（豆沙、甜鹹）爐桃 大爐桃 大蟠桃 玫瑰餅 藤蘿餅 家常烙 翻毛 馬蹄酥（起士林）肉鬆角 三鮮角 雞油餅 脂油餅 火腿餅 蘇式百菓餅 牛舌餅（豆沙、甜鹹）爐樓子

「提漿＝硬皮：

百菓餅（模印多樣。其餡棗泥、豆沙、白糖、青梅、元肉、玫瑰、瓜條、葡萄乾等）麻餅（兩面脂麻，中白糖餡）其他多如提漿各樣餡，或方或圓，餅類名字各家糕點鋪不一，爭奇鬥勝，不能描述。

「麪皮加酥入蛋黃者：

蛋黃酥（模印花紋中有"蛋黃酥"三字，糖或棗泥餡）

「入蛋清攪成長圓兩式，下面微病口非模印無餡者

長圓糕（舊日送禮多與大八件配成兩盒）

「其他：

槽子糕 碗兒糕 雞蛋糕 油糕 雞蛋捲 癩皮酥 竹節糕 蔦龍糕 芙蓉糕 綠豆糕（有實有餡，有各樣）烘糕 雲片糕 十錦黏糕 豬油年糕 水磨年糕 花糕 蜜供 小麻花 排叉 小茶食 蓼花 江米條 百脆餅 方酥

方百脆 大桃酥 丸塊蓼花 福喜字菓子（一種粗製供果，白糖餡） 銀錠子麪魚（供前二種配合上供，亦白糖餡）

羅漢餅（山東） 老婆餅（廣） 大如意 香蕉條 糖排叉 蜜三刀（清真） 各樣素果爐食（清真） 月餅（種種） 廣東月餅（種種） 蘇式月餅（種種）

按：舊點中有歲時季節性的，如正月上元（十五日）節節元宵，其餡有多樣，除與糕點餡相類者外，有徽乾菜的，這是仿蘇，有肉餡者即仿上海。五月端陽（五月一日到五日五天）節節粽子，除江米小棗及豆沙者外，有火腿、甜肉、鹹肉、蛋黃等廣式的，有水晶豆沙、有肉丁者等仿浙寧式的。八月中秋（十五日）的月餅，在提漿皮中，十錦餡西等，於大小件塊，大小者到直徑一尺餘者，酥皮者數種外，有核桃酥、有雙酥，這是本地風味。除糕點鋪外，在八月有提盒穿街叫賣的，專是提漿皮的，搭上麻餅，吆喝"麻餅月餅"。廣東月餅舊僅有硬皮模印花紋，中有名名：甜肉、鹹肉、五仁、豆蓉、豆沙、棗泥、杏仁等，單個定價，不論斤。後來增有軟皮，同上餡色，紙皮印注其品名稱的，尤以蛋黃、甜鹹肉別具風格。歲時舊日本地供品為花糕，糕點鋪酥皮，蒸食鋪蓮（麪），皆夾棗多層積高如塔形。滿洲風尚則為蜜供，四方形以蜜柱高疊而空其中，外尚有種種不勝細述。

餅乾（種種）、麪包（種種） 薩其馬 細糖 南糖 脂麻蓋 糖蓋 糖蘸子（果仁 桃仁 脂麻 山查 杏乾 瓜條 果脯 青梅 元肉 葡桃乾等） 糖塊（種種） 酥糖 皮糖……

席面舉例：

按：天津方面近百年來所謂席面在一般食事上大致分三大項：喜事、喪事＝白事，兩項合稱"紅白事"。另一項係壽事。外有祖祭＝年祭及喪葬出殯時路祭等由繁至簡，由特殊＝考究至行常，變化多端，莫蹤一式。今就個人所知舉例，實不能窮例也。示意如下：

「整桌上席：

八八：

八乾：

黑瓜子（厚皮大仁之精選一致者，皮色黑周白心）。

白瓜子（北京通三益之肥大一致，仁色綠色薄皮）。

花生（去皮炒之大而淡紅薄皮脆香者。或為糖醃果仁）。

杏仁（大扁。肥大脆甘者）。

桃仁（椒鹽、糖醃或琥珀桃仁）。

瓜條（或蜜餞青梅等）。

熏棗（厚肉小核。或金絲蜜棗）。

糖蓮子（或糖藕片，或白果等）。

八鮮：

京糕（或蜜海棠果或炒紅果）切塊積高。

蜜橘（整四個食時現剝）。

平果（四個，同上）。

香蕉（肥大香甘，剝皮切段積高）。

南薺（廣東馬蹄，去皮積高）。

果藕（糖藕，切片積高）。

甘蔗（粗肥剝皮切段積高）。

葡萄（甜大，或馬乳葡萄，玫瑰紫最佳）。

八冷葷：

清蒸鍏板河鯽魚段（以上湖至河口網獲者無海腥氣，出海所獲味遜）。

蘇寧式拌嫩蜇頭，加青筍細丁、大蝦乾末。

葱絲羊裹脊絲（涼）

拌厚嫩豬肚絲、熏雞絲。

糖心水松花去殼分切八塊，點醬油薑末。

金華大腿肥瘦正片，骨牌塊。

醬汁肉末或雞汁肉鬆。

金銀肝腸或廣州臘味。

八點心：（四涼四熱）

江米涼果粉團、桃仁脂油水晶糕

一品燒餅、酥盒子。

三鮮蒸雪花燒賣　三粉皮合子（肉皮蛋皮粉皮）。

蒸芋艿雞酥　蟹黃小蒸包或蝦仁小蒸包。

八大：

燕菜＝燕窩

魚翅

魚唇

鴨

雞
肘子
銀耳
大烏參

按：以上八項，皆由最真實高級以次及於最低級充代，何止三、六、九等。但注意烹調技法上並非低級充代而色香不同，且高手處理足可亂真。茲以魚翅示例：

魚翅皆取之於軟骨魚鯊類之胸腹尾鰭，而鯊在翅之原料品種類別大小高次不一。如大形之雙髻鯊全長普通達五百七十毫米，體重達到數百斤，背鰭尾鰭在一般鯊類中為最大，而尾鰭為最高級翅料。其他具小型翅之各鯊在漁獲中絕不能以鰭小劣而不取。不過在海貨店懸示者乃特高級之鰭，而餐館自備有以劣。

一九一三前後十餘年間，幣值較穩定，此所謂八八席一桌值價約由二十元至三十元，其三十元者一樣可觀可食，而且不與高者比，直不知由何而誤為劣。

甲、「示大約值七、八十元者之八大，按季節變化：

一、翅池：

紅燒或扒整斷金根大黃翅。

二、燕池：

冰糖銀燕，所謂“燕戲牡丹”。整燕窩及

原形整銀耳.燕窩像元寶.銀耳像繡球者。或高湯銀燕。

三、鴨池：

紅燒或扒、或清蒸（按四大池色調配合）整卧特大肥鴨。

四、參池：

扒特大"鵝蛋烏參"（參一對最大者參裏填雞丁肉丁筍丁以香菜束之,先蒸後扒加濃汁。

五、紅燒或黄燜魚唇。或生熟裙邊。

六、八寶雞（釀餡）。

七、大東坡肉或加大元寶燒蒸肉條。

八、五柳穿沙大青魚。按季節或清蒸鰣魚或紅燒大比目。或松花江魚（縮項鯿）。按上當然仍有技巧上材料上折對。

乙、示三十元之八大：

一、紅燒魚翅。翅中摻有毛翅等。

二、清湯燕菜。拆碎。

三、參唇。

四、鴨（紅或白）。

五、雞（紅燒黄燜等）。

六、大燜燒或肘子（種種）

七、蒸冰糖蓮子。

八、酥炸大鯉魚澆汁或大官燒（比目）。

其他種種各八數者皆有出入。

八小：

櫻桃肉。

鷄鴨胑。

小南北(或鮮蘑)。

魚丁(或魚片)。

金銀絲(裹脊絲雞絲)。

小魚腐。(或小芙蓉鴨泥)。

水晶蛋。(或蝦仁)。

蠏黃(雞蛋羹底)、(或熘管蓮脊髓)。

八甜菜(或四甜四炸)：

拔絲山葯、熘南薺(或熘香蕉)、蒸三泥、核桃粥、高麗豆沙或脂油、脂麻蛋捲澆糖汁、炒蜜果(海棠或蜜炙金絲棗)、燴菠蘿蘭片。

以上八甜或去四換四炸：

白糖焗炸　炸元宵　小酥炸　炸鵪脖(什錦湯)。

四湯菜：

川鴨肝胗、川魚捲(或雙脆)、川脊髓腦、川假魚肚或川散旦。

四壓桌：

全家福、元寶肉、燴肚腸、什錦丁。

以上舉示，大致如此。則例舊式如何？在我二十歲以前各館派别不相通融，我一無所知。二十歲後天津各地風尚館子發展起来，交通日行便利，烹調技法，互相引用爭辯。上寫八八即是由我識注出，打破舊慣，實是向前進步。

食用入席上菜時，除八乾八鮮八冷葷全列佐酒外，八大碗八小上至半時，接上八點心。若四大四小單，上八甜菜或甜炸替上。最後上四湯菜佐米飯，隨上四壓桌或備用或不用起座。而除由館人送至家，次日取食具。或主人再添菜二品同送。

六六：

準着八八酌拆成六六數，值價有多過三十元之八八者，六大中能有燕翅，有竹蓀，有哈什馬、湯菜及壓桌或前四或後四。

四四：

四乾 四鮮 四冷葷 四點心 四大碗 四小碗 四甜菜或二甜二炸 兩湯菜 兩壓桌。

按：四四便多以海參四絲加翅帽鎮桌或翅帽四絲（帽下為肉絲雞絲筍絲）如此海參另作一大。

「常席：

有加乾鮮碟及冷葷者，有不要乾鮮碟者，有直跑八大碗者。由細至粗亦有數項。表示一細一粗，可推知梗概。

「細八大碗：

海參四絲領桌。

元寶燜燒（肉條薄切面大）。

拆燴雞

海雜拌（有唇肚甚至加翅毛）。

鯉魚片（或熘或甜汁煨燜等）。

生焅肉絲。

刀魚腐。（或蝦仁）

白汁大腸。（或釦蘑玉蘭片）。

按以上拆對、配搭、多種多樣。如係天熱時，菜多用川加入時鮮（或蟹黃蛋羹托底。或油燜茄泥加蟹黃或青蝦仁。如此處有蝦仁則上述刀魚腐便改素十錦丁……。川菜加多或如川鮮黃花、川蒲菜、川金銀絲、川肉絲等。

「粗八大碗：

宋肉（鬆肉）、滑魚（刮魚片後再剁切炸挂汁）、丸子、清湯雞、清湯肉絲、羊肉、蹄筋、熘南北。

以上宋肉及兩清湯菜皆係"合碗子"，外觀整齊，如雞只碎塊下墊豬排骨上蒙雞皮，肉絲亦團叶不散，落桌時碗蒸攏芡粉，雞皮鋪碗底，排骨在上，以芡定型，端到上桌前反叩加湯，雞皮遂在上面。一九〇〇年前，此一席最賤，值津錢一吊八百錢，實為作底之九百老錢為八百五十文。

品味上像樣好吃，对滑魚只吐刺而已。

後来遂有"细作粗八大碗"以魚片按滑魚法製，

當然味美。……

按：素八大碗於高級便是所謂"素席草做"，純依调製食品之技巧。菜價自高於行常草席。只偶一為之，實欠饜膏粱，反思蝶蛤之意。其行常素八大碗則是：

素什錦絲、燒茄子、麪筋、南北、清燴腐皮、栗子白菜（如無則燴茭白或茭筍丁）、炸鶏腰、燴萬仙米。亦有拆對变換。

外櫃子酒席處：

為專供红白喜壽事一時用多桌席面者。不等於飯館没有字號。只某勤行人或廚師於本時家門外一牌書酒席處三字。不備款項、不備材料、不備人位，全憑這所謂"某"的信用奔走大宅門，於飲食各行業遍至賃貨鋪、公有茶坊（俗稱茶師傅，有一定多家主人掛名有事便到者）、燴場生、僧道间、刻字鋪，尤其宅門中親友之喜為好事尊稱知客趁稱之為"吃红白飯者"多有連係。一朝有事被约定菜，行事若干日，預席若干桌，規定日期，酌好菜品，通盤計畫，於是約人預料定地。如有事家有偏院空地最好，否則借地或於相近街間搭棚安廚竈安客棚，一應停當，全由賒欠不用現款。席面多少，落桌全用"合碗"，如需八十席則備多十餘以備臨時增用不缺。事後款下，挨家歸還，绝不託累。各方面多年来歡迎如此運籌之大批銷貨大批進款。作事家認為方便，買賣家認為獲利。關於行事有關行業上述外之花廠子、儀花作、小器作、棚作，尤其所指用之各所謂大座之組成各業務，在這種事增華上於勞工生活皆有所職。如此於舊封建勢力下產生出這種無謂奇形發展之大鋪張、大生日、辦大喜事之盛靡耗費一整套之連瑣生活。我因談食事自不能不為之詞費。我生處此境界竟活去五十餘年。現述此種情勢下之席面，全不與八八或六六等相同。

按：當時由鹽業、銀錢業以及所謂"外行業家"（銀錢業自稱"內行家"，以外多商由大至小皆稱"外行家"）與社會上無甚產業者，皆於紅白喜壽婚喪認為大事不能忽略，於是搖"酒席處"的勤行人向沒閒過半月，無論所職之豐嗇，總有搞的。茲按個人所知，次第簡述如下：

（以甲乙為次，由特殊至於行常）。

白事：

「甲」：所謂"當大事"行事至於七七四十九天者，每七之行事，席面等於通常者不述。

一、"倒頭經"日席面（時當夏日）：

清蒸鴨子、白肉三丁（豬肉、口蘑、筍）、拆燴雞、燴鮮蘑、川肝胗片、川魚翅、大蝦腐、海米二白（蒲白、茭白）。

席末上四盤點心：豆沙門丁、蒸芋頭、山查粉果、素合子。

按：以上係由本宅帳房先生推薦知客某約某酒席處所包。本日午晚共若干桌。行事日前先吃一桌樣菜，照常樣菜比行事日好。事後主家照樣酬謝知客一席，此是常規。

「乙：

"冥壽"（死後某日適值死者生辰）：

同生前作壽一樣，午撈麵晚米飯。晚同前述常席。

午：四大熱炒，十二寸海盤：

炒肉絲、炒雞絲、炒魚片、炒生肚。

紅白二滷、山藥桃、栗子桃、又小糖蒸二盤。

撈麵

按：此係主人親朋某另約一酒席處所辦。早晚共若干桌。常規如上。

這種舉行有午晚備酒者，紹興酒或玫瑰露。

如備酒必備半桌碟或專冷葷。

「丙：

"家祭""禪經"：

按：所請必大房山西峪寺和尚備食宿處。約請者某知客必與京西八大處僧寺早有聯絡。而此一朝舉辦，值價人數咄嗟立成。此次禪經主人家某姑太太奶奶們所點或所贈必又有這方面知客經手即約西峪寺僧者。所約當又一酒席處，完全備辦素席及為僧人備餐。成席者在一日間午晚若干席，僧人食事若干份，預備都極妥貼。依樣於前一日晚吃樣席，常規同。

素席大致同上行常真素者，或變換一二品高貴者如加入竹蓀銀耳之屬。

「丁：

燒門紙、送路、出殯、回靈或三日或二日席面共若干桌往往與"倒頭經"日者同減去點心。

「戊：

有事家於回民有適慶吊者，往往於漢席外設清真席，另行搭棚安排廚竈安排客棚當然席面較少。往往知客拉喜食教席者來吃教席。菜品多等於常席細八大碗，凡豬肉類皆易牛羊，海參易肚塊或燴蹄筋，茲舉一例：

教席：燒四絲（去海參改肚絲）。
燜燒或黃燜牛肉。
拆燴雞。
扒海洋。
魚片。
清蒸羊肉條。
蝦仁。
熬二筋（麪筋蹄筋）。
亦另有拆對變更，或加細或變簡。
教席向不備酒。

「己：

喇嘛經：

按：有事之家為死者念禪經念喇嘛經，不等於通常擺闊，請當地之僧道尼，必須視財勢力之特富厚者始能備辦。其所謂知客亦必超過一般身分與主人抗衡，約請上兩壇動輒數百金或千金，尤其喇嘛為最。所約如係十餘人，其喇嘛手下負戴經箱法器及一切裝備者少亦十人，來津幾日住食供應以及訃聞告期啟之多少，同時席面菜頭之品種統盤安排停妥，才可執行。喇嘛飲食必吃肉喝濃茶，茲舉一般為喇嘛所備席面：

"八大肉"：

紅燒肉條

生烤肉絲

黄燜牛肉

清蒸羊肉條

燒蹄筋

獅子頭

鴨泥腐皮

南煎肉餅

菜和木須肉

至於待客席面用細八大碗或用鴨魚翅……。喇嘛佐菜主食，以饅頭燒餅為佳。并備飲用紅茶。

庚：

「洗佛」：

按：天津之旧婚喪名，鬥奇競異，由遜清康乾起，日甚一日。我對此無謂之種種執行，非常認為怪誕，屢欲詳述備采風者作一時歷史所尚，廢磨墨提筆又復擱下。今在文史館，同館七八十人年高於我者我認為比我多舊知，年次於我者我認為比我多新知，然經採問，皆茫然無得，舊輩人無論矣，其一生受教育影響者有家庭食事只保守熬魚貼餑餑，至老耄不知尚有清蒸者非止一人，於此知我之為我所知之濫竽，愧於所謂大人先生，另一方面，於前塵噩夢，雖一知半解，毫端點畫又捨我其誰歟?! 和尚念經，已司空見慣，竟不知有「洗佛」，於是又自笑我生也晚。……。

洗佛之行，用於母喪，蓋表示孝子捨身為母之義。誦經等於平常，午前以兩次洗佛時，僧正戴毘盧帽，中立，手一銅佛約尺許，前置盆水，口中念念有詞，不時以手醮水點佛，兩側各三僧響鐃鈸，孝子由茶師傅服侍跪起數次，刺中指血點佛身，作長號曰痛哉吾母！如是而已，此日孝子應藿羹脫粟……來弔之客待以素食，素食行矣，藿脫則未必也。此日孝子以得到為母洗佛甚為高興，用於供客素食，特加高興甜菜二品，每席十事：

素什錦絲　油爆茄丁　過油腐竹　焦熘麵筋

清燴栗子白菜　燴燜仙米　南北　…羅漢齋

蜜炙蓮子　豆蓉門丁（以二加入者）

按："洗佛"已將失傳。清末只天津鼓樓西大神廟善慶和尚仍僅記其洗佛事時經文及聲調。事主爭壽，其外祖某示之，時善慶已將七十矣。

辛、轉咒：

按："轉咒"為尼僧作佛事時所特有，清末時天津尼僧寥寥，我僅知城裏二道街小藥王廟有環師傅為城北某老夫人義女。老人卒，環師傅約請外地尼僧七人為義母修經（轉咒）一日，我得藉往弔而參觀。實則不過於座上某節下座相隨圍桌繞行三五周而已。是日客席供應素餐大致同上，

事後，某老夫人家以二百元為環師傅經費，以三百元為小藥王廟修理費，如何不知。

由此想到道士念道德經，有"變播"之舉，本不得知悉之，無論如何，這一切完全變相排優，殊無謂也。

紅事：

向分喜、壽兩項，喜是嫁娶之男女兩家，在津風俗上有三種：天津土著稱北禮，入籍原山西省者稱西禮，入籍原蘇浙方面者稱南禮。壽是生日一項。這其間喜事男家作事兩天，女家多數是一天，壽事多是一天，偶有兩天者，在生日前一天叫暖壽。這兩項大行鋪張者，依樣用酒席處，依樣用知客調派，只是期日只兩三天。席面方多數著於

細八々大碗，壽事者於點心項中加二桃或外加，如此而已。

其喜事大舉動者以來多在飯莊々備有禮堂者較酒席處為方便，但一般白事有舉辦而為普遍行常者，仍必以酒席處等備辦為佳。

「喜事：

早晚二日皆以米飯為主食，或於午用撈麵，席面豐儉不一。普通多於細八々大碗加減菜頭，很少用鴨翅。豐者儉者就個人所知各示其一。大致為“合碗子”，或外加特品。

海參或海參四絲鍋巢。

元寶肉＝元寶燜燒。

拆燴雞。

全家福。

魚片。

蝦仁。

生煏肉絲。

大南北。

或於上外，加添“囍字方肉”（係於肉皮刻成陽文囍字）。

或按季節添加海鮮、時鮮。如在冬日於上八件外加火鍋，如火腿白菜、紫蟹銀魚……。或席間加以蒸食二色，以為白菜火鍋。

如午餐撈麵，合碗子不適用，則為如八々小席々八小或六六々六小，另加炒菜二色或大三鮮肉，如夏日三鮮肉中去肉絲去炒全蟹或㸆蟹黃。或於炒菜二色去一加炒蟹腿或水雞爪。

如為南禮々男家娶日吃“頭桌飯”時“鬧喜”，菜上齊後，有“雞爪飯”一擺入席中時，“鬧喜”即急應停止。蓋南禮“新婦當日午即分大小”

也。此禮"新婦過門後三日始分大小"。"鬧喜"可延長時間至三日，主家於用席面二日後，可向飯館叫菜或自做，如"炒熱碟子"或"四扒"（扒肉、扒雞、扒麵筋、扒海參）。

以上豐。

燒肉領桌（非元寶底。肉下墊排骨、棒。味美同）。

清湯雞，下墊排骨肉。

清湯肉絲（白）或燴肉絲（紅）

魚腐。

丸子。

羊肉（白）。

麵筋（紅）。

素什錦，或米肉。（以上俗稱"四大肉"。如特加豐滿，只多加湯口。

亦有再加一"囍字方肉"於領桌未上前先上"囍字方肉"。

在喜事上男家添人進口，女家覺冷落，大宅門不計外，在通常食事上女家往往減色。雖係樣是喜事，行事本日即娶日，席面或由定菜，或家常自為烹調，雖亦或飯或麵條。

然另有女方特殊舉動。如"請姑爺"往往用上席，最低即三十元以上所謂"八八"者，並由新姑爺之表兄弟作陪。姑奶奶回門由館子定菜多不出八大碗之例。

壽事：

或僅壽日本日，或加前一日所謂"暖壽"。此種舉動多係大宅門的小輩為其祖父母或父母高年之張旗鼓"襄的煊赫備辦。自己本身有時年已五十上下不肯驚動親友，只與二三或三五友人吃小館，家中不招待客人，午撈麵晚燜飯，菜或自做或館子去叫。對高年舉動者待客數十席或百餘席約酒席處備辦，一切全同上"白事"中的按語中所述。或於"暖壽"日為長輩備一桌上席的"八八"或"六六"，由親朋中老輩陪壽翁入座，當然吃不多，起座後，親友小輩補坐來吃。待客席面若干皆同前述差不多，只席間必有壽桃或有刻壽字大方肉。最闊綽者席面具有鴨翅，所謂"鴨翅大席"，別菜亦加高貴……。壽酒多用紹興。

按：喜壽兩項亦有全用西餐者，不在本條一外檯子酒席處中。

酒席處在當時老封建制度下社會上對三大事中尤其是白事，甚至儉到只十桌八桌粗八大碗以下席面，只有知客出來安排，沒有不爽當的。所以至儉窮的人家對父母之喪不肯出早殯不待客者，雖席面不多亦依樣烹調，知客不得酬席，亦依樣為之奔走。津人義氣之重如此。席面品種名樣等於八大碗兩湯多菜少，由攏共上着意，依樣美味，足數佐食。茲依樣注如下：

大鬆肉領桌。

大丸子。

清湯雞（合碗，上蒙雞皮墊底帶肉排骨，中實出湯兩用雞汁煨過的嫩豬肉劈，依樣味等於雞）。

魚片（一卧到底，黑魚片（片厚汁濃）。

羊肉。

麵筋。

素什錦絲（以胡蘿卜絲最多，亦摻有筍絲，滷汁稠）。

清湯肉絲（合碗汁味豔）。

按：這樣應酬，我經過甚多。甚至主人不出喪帖，備席面約客送殯，亦不受禮。席中素什錦、肉絲、魚片、麵筋等皆能下飯。

又多有與酒席處無關，主家出早殯，由相熟知客為約人送殯二三十人者，主家備早點豬肉包子、果子、燒餅，不受禮物者，亦連類記附於此。

其他：

"早殯晚出"於留客招待席面者：

按：此類多屬上有老親而中年故去者。一切排場等於晚殯，只靈臺不搭於正院，席面有時亦到數十桌。殯時在午前，席面設留靈處。如係殯西出，設席在西關僧王祠大殿中或院中搭棚。留靈時不由孝子謝客，由知客禮讓客人入祠中茶座侍茶。酒席竈亦在祠偏院，同時設席十桌，前後三堂多。我參與過兩次：一次殯東出，我送至半路；一次西到僧王祠，未得逃避，席散時下午二時多（時屆初夏，我畫事正忙）菜品記如下：

清蒸鴨子領桌。

清湯參唇。

川三鮮（生裏脊片、胡瓜片、雞片）。

芙蓉豌豆鮮蘑。

清湯竹蓀。

奶湯二白（茭白、蒲白）。

川金蟹（大夾、蟹腿、蟹肉）。

川黃花。

川比目。

兩盤小蒸食。

六小碗：

按：六小碗是由"六六"上席上分化出來的。在我小時它已經是生日的午餐吃撈麵時高級餐品，但在拌食上並不合，每每補添炸醬或三鮮肉。在天津習慣拌麵必備菜碼有滷。所以吃六小碗撈麵時，必有紅白滷，滷中只是稠濃糊汁。示一例於下：

櫻桃肉。

雞鴨胗。

白爆魚丁。

熗生雞絲

水晶蛋(鴿蛋)

桂花魚翅。

蝦仁。

小魚閣或口蘑筍片。

按：一二兩品是專在小碗用的菜。餘都視值隨時出入。上舉係比較細緻的一項。亦不一定每席全同。

五碗四盤：

按：係八大碗加一湯轉變出來的。第一可脫開舊"落菜"的"合碗子"，第二菜可新做得吃，第三用供變方打破舊規格，菜隨適品商訂。這在食事上是一個進步。當時各館舊作風已變。舉一我所知情形：

「五碗」

按：等於八大碗之四碗菜一碗湯。

燜燒肉。

熘魚片。

燴雞絲。

燒大腸。

三鮮湯（海參蒲瓜片裏脊片）。

「四盤」

按：等於八大碗之四碗菜。俗稱"炒熱碟子"。多為炒菜。

炒蝦仁。

炒掐菜（豆莛）烤鴨片。

炒桂花魚骨

炒腰花。

以上大致如此，如主食為米飯無所謂。如吃撈麵五碗中之湯可為清滷或三鮮滷。菜當然可變為宜於拌食之品，或原樣佐食……。

炒熱碟子：等於上的四盤，九寸或海盤，專對吃撈麵際用。配紅白滷。

四大盤：

按：多用九寸或再大所謂海盤。

紅燒肉。

清蒸鴨子。

全家福。

燴四絲（海參絲雞絲筍絲裏脊絲，或加翅子帽）

按：此種上菜時先上四絲。

四扒：

按：京調上有所謂"扒"，實由天津開始的"扒肉"，其後引申到種種方面，於是發展到紅扒（實即是扒）、生扒、醬扒……。這"四扒"是最樸實可吃之菜。茲舉最通俗之例，一桌六人足够用。

扒肘子。

扒海參。

扒雞。

扒大腸。

可外添一湯碗，足够下飯。如冬日則上"白菜鍋子"。

以上由"六小碗"起，如備酒可加添四冷葷。

八大豆：（形如八大碗，或四盤四碗。全菜以豆製品為主）。

紅燴腐皮、炸素捲圈（餡用香乾豆絲、芫荽、豆蓮等細切以後加醬腐外皮乃腐皮捲好切段炸）、熗腐絲、素獅子頭、炸熘豆腐、燜腐乾、燉豆腐條加菜頭、脆炸素雞。

大致如上。變化多樣，甜汁、糖醋、椒鹽，甚至其他技法能施於此者甚多也。

羅漢齋：

按：本大菜創始於廣州，一九〇〇後在天津以廣隆泰所做有名。往往於席上酒傳飯至時以鴨汁上，雖僅素味，實不次於燕翅。其主料必十二種，調時或用雞鴨湯，並不真為素席。茲以北安利所用料記下：

冬筍（本正式塊切）、腐竹或素雞、麵筋（滾糰炸如小丸子式）、硬麵筋（片切）、冬菇（整或花菇）、龍鬚菜（段）、蓮子（去心）、馬蹄（厚片）、桃仁（去軟皮）、茭白（不正形塊）、髮菜（發好）、棗、栗、白果（整）、豌豆、竹蓀、木耳（整）、薏仁米。

以上過油後，用高湯煨製，加醬油、白糖、味精，藕粉芡，微火熬，起鍋時序列入池，淋以熱油，單面登席。

按：有時鮮時，可以鮮黃花、蒲菜、菜花、鮮蓮子等加入，替出乾果……。

一九〇〇後天津食事上一般作風：

一、天津一般之菜館：

廚竈在館之入門處者，行人過其門不僅聞到烹調之香，且得竈前治菜，鏟子敲鍋沿花點之奇聞，夾雜着客來客去館人迎送之聲，及工作者多人對飯緣給與酒錢多寡之不同謝聲，多者聲長可達五秒鐘，少者不到一秒。讓座時高聲喊"裏邊請"。

座間客人入座後，桌上無菜目價值單，牆上亦不掛菜牌。侍者通名"跑堂的"，肩抹布前來擺盅筷，接着擺乾鮮冷葷碟子，視客多寡定數，少者二，多者六。問用甚麼酒，酒至，侍者立報菜名，言聯續如貫珠，多至數十品，客隨其言點所用，由酒菜至飯菜至湯，每每各客各點一菜佐酒，飯菜及湯由請客者點備。酒食畢，侍者收斂餐具且致且道名算價至畢共若干，請者櫃上交款外與酒錢，此時侍者高聲喊"酒錢若干"，工作者同喊"謝"，客於謝聲中出館門。……。當時如不常上館者，即本地人往往於報菜名時無所措手。

茲擬一食目以例其餘。如六客：

酒菜前半桌碟六數：瓜子（白）、京糕、煎刀魚、松花、拌海蜇、肘花。

酒菜：炸胗、爆肚、炒雞丁、熘魚片、炸熘大腸、木樨肉。
館人敬菜：香椿拌豆腐。
飯菜：脆熘大鯉魚、扒三樣（海參、醬肉、雞腿）。
木樨湯。

按：上舉係行常者，如請大客人雖不多，飯菜亦還要豐盛多加。如為大館子，館門前至清淨。只入門處櫃房有主人起讓。客入座，至報菜點菜皆同上。飲餐具時，每對客數獻茶，不算菜價，至請客人至賬桌交款時，賬桌司賬者報與值若干，如數交後給酒錢，侍者及館人送至門，僅一聲"晚上見"或"明天見"而已。沒有二葷館道謝情形。二葷館侍者每誇"門前大爆，買賣興旺"。此風至一九三幾以日見減少，并以遂無。

當時山東小雜燴餛飩鋪、餃子鋪及一部分清真牛肉小館皆同二葷風尚。確亦真是熱鬧……。

當時在二葷館吃飯另一風尚，即請客者酒菜後，由客人各隨意各點所要食之物。如係八人，一要八寶飯、一要三鮮湯麵、一要清湯臥果、一要什錦炒飯、一要貼十個三鮮鍋貼、一要蟹黃炒麵、一要蝦仁炒飯、一要蔥油餅清湯。飯畢侍者喊"打口臉水"，客人漱口擦臉已，付飯款酒賞後散。

以上這段描述，我曾參加過三數次，真可說瑣碎麻煩透頂，而侍者欽其算數，從無差錯，真是本事。

一次在北門外之清真館，客數五六人，這家餡餅著名，亦有炒菜湯菜，入座各人索要餡餅數不同，或又零數添加，各座差不多同情形而為同一侍者於各座先後補數而無謬誤……。

又照顧客人週到，亦數天津二葷館及清真館。其菜頭多少，雖是由五寸盤至九寸盤，但當客人點菜時每每按人數與以幾寸盤，如所要酒菜為炸胗或爆肚之類，僅使每人吃到二三塊，如此客人可多點菜頭，可多要幾樣菜吃。並常於某分際說"您點的菜足夠吃的了"云云，絕不使客人多拋費。故吃二葷館多甚高興。

清末我隨天津紅十字分會赴徐州時，鄰居到五奶奶之婿李大有，本勤行人，時亦在家，願隨我赴徐州，余薦為會中擡架夫之一，並告李紹良大夫，大有能烹調。於是大有同余等至徐，彼時駐徐城西門內教堂，早半日醫療傷兵，非常忙碌，往往過午。大有與同人二三每日為余輩調派三餐。徐距利國驛、微山湖甚近，魚鮮豐盛，故每日無論如何之累，食事之考校，比諸下下館既便且佳。肉類亦富，大有以其宿擅，饗我輩唇吻，真非預料所及。茲記其當時饗我輩者大致如下：

脆熘大湖鯉（魚尾足有尺半）、或次日斬、或次五柳加辣汁。

爆炒青蝦、或南煎蝦餅、或燴蝦仁。

燉醬肉肥雞、蒸燒肉除雞塊。燒雞座……。

烙蔥油餅、一窩絲、蒸肉饅頭（餡中有蝦仁）……。

以上主食或麵或餅或飯，配合至當，無不愜意。

李是當時某二葷館出師的，麵案灶上雙方都擅長。

二、天津一般山東館

山東館的作風，與天津二葷館最不同者，無把廚灶列門前者，對客頭無半桌碟。對酒賞亦不一齊高聲謝。其門前彷彿清鍋冷灶。入門處多為櫃房司飯賬者出桌前，值堂在旁，客至則立起讓"裏邊請"。客入座後，侍者按人數持懷碟、菜匙、盃、筷，繞放桌中央，不與分陳，同時問吃甚麽？雖亦報菜名，甚寬緩。比如客為五人，由酒起：山東黄一斤、白酒一小壺、大白瓜子一碟、火腿一碟、酒菜為糟熘鴨肝、爆肚仁、燒四寶、麵包蝦仁、高麗脂油，

敬菜糟魚頭。　蒸食門丁。

飯菜：乾菜燒大鯽魚、燴西雞絲、椒鹽肘子、酸辣湯加割初，或川散旦。

客到櫃房交款，旁一小桌備牙籤、檳榔，供客取用。主人送客，說"明天見"。

其他：糟熘三白、糟鴨片、醋椒魚、燴全丁、軟炸雞、胡肘、九轉大腸、燴管廷脊髓，等等，是山東館常備的菜。

甜菜則以拔絲某某為佳。最普通為拔絲山藥。

登瀛樓有一時期發展中餐西吃法，每人一份三菜一湯，佐以焦烤花捲，並不見佳。餐具不能叉刀勺，仍用箸。湯亦不和。並不是中餐不能西吃，是當時他調派的不合。我認為此項須向廣東學習。此法我以為多用燒烤燜煸……，燴須湯汁濃而物少，純歸湯用，川按西餐辦法，如鮑魚湯，魚切絲只不過十數絲，而湯須味清鮮，可撒胡椒末。菜品以整大塊由食者自用刀切叉食。菜多附加馬鈴薯，或整或塊炸，與菜色調和……。我雖如此說，亦究不能必如之也。

總之，既仿西餐，第一須貌似，並以老於西餐之廚師用治西餐

〻具，仿中餐式試為〻，或能是其規格，而食者不致困所謂"條件反射"而由疑遂至抵觸，此中微妙處，非語言可盡也。

天津的大小山東館很多。我第一次吃到山東館的糟熘魚片在一八九九年，是我的姑父趙老〻爺請一位由河南來的客人，我父親作陪，時我正住在姑父家，遂把我帶去。姑父住北門裏大儀門口，這館子就在門口不遠路西，旁邊是一書鋪。所吃的菜品都忘了，只是這糟熘魚片至今沒忘，因為它用木耳墊底，我太愛吃木耳，用它和汁拌飯吃的。飯後在書鋪買畫譜，名為"繪事津梁"，一開頭就是上海許多名人，回姑父家就仿畫了譜上陸鴻畫的洛神，送給那河南客人，當然不好，客人笑說這孩子不吃閒飯……。

我記得那時北門裏飯館有四五家。從那時至今始終對糟熘魚片沒再吃過木耳墊底。

在天津的山東館，登瀛樓菜頭最多，他的創造新品味，別的山東館多仿效他，但始終不如他，〻印了一小本菜目，品種達

三、天津一般其他館子：

從天津有英法租界，小白樓一帶廣東街便有廣東小館，賣叉燒湯麵等。租界裏便有西餐館。至一九〇〇以，天津和紫竹林交通劃一，江浙川閩式的多少算都有了，尤以廣蘇川日漸增加。本地小館酒鋪到處都是。城裏方面羊肉鋪都成了牛羊肉鋪。吃齋念佛的人少了，於是宮南石頭門坎素館到一九三〇只剩了一兩個。雖然河北真素樓熱鬧了

一陳六味齋能由技巧翻新，終竟螺蛤奪不了膏粱地盤，這是自然要求上一定的規律。

而且過去舊封建國家裏，在世界上最安寧、產物各方面最富有地"老北區"地跨三帶之大面積的地域上，竟一切不能發展食事的"山珍海錯"絕大部分仰着臉使日本供給，而自己除自有的小部分還自誇大國的一個大漏危，如"隨園食單"那樣對吃上誇豪炫富，我實在認為可羞！然"食為民天"，"八政先食"，我又認為必須把我們天津這一小地域食事上百年來我們所一知半解集中起來，在文化進步的技術上的基本素材供為地方采風者作一個小小的參考資料，總算我不白生活到今天世界上。

"珍錯"小識：

由我寫這津門食單以前所輯食事雜談，使時時推想追溯由實際所証，大致在世界萬國之間，我國從古便是食料應用上最豐富的國家，那國亦比不上。可是我們從前對食物生產上尤其是"珍錯"一方面是有主權勢力者小部分的享用，一方面不支持勞動人民向這方面發展。就這說來：日本從明治維新對這"珍錯"方面以大量供給我國享用上為對向的發展，求饜我所欲，真是一點亦不漏縫。即以所據一項由他日本確識出不祇不是有毒的菌蕈類而是我國高貴食品需要的大量上，他日本一面脫離歐美學識上謬說外，一面對國內醫業家是怎樣大力上的喚吞樂地對生產上大量支持來彌補從前的上當而可笑的缺憾！由這一點便證實歐美方對食單項目上的空白點不知有多少，而還自詡文明真是可哂。

現就這方面大膽的寫寫我的"珍錯"知識：

"山珍海錯"這一辭，早就見諸文字上的記載。尤其最古流傳至今的尚書（簡稱書）上便有："厥貢鹽絺，海物惟錯"。其義謂海中產物可食者眾多，因此則可想見"山珍"亦是非常豐富，這是真認識這是我們文化從古便大發展上的一證。

我們五十萬年前的所謂"北京人"，便脫離了人類"嬰兒期"，知道用火、燒烤食物。而且由其伴生動物的食餘骨骼堆積裏，便有狗，又是不知道他們"北京人"早就由聰慧上會飼養狗而吃到狗。所以周禮天官的八珍有狗肝做的菜叫作"肝膋"。在那時能說不是"山珍"之一？！在上古就近的說，看看宋玉招魂、景差大招上的食品，真是品種多麼豐盛。由那時至今，又兩千年，品種々日益多，技法々日益繁，是當然進步上的規律。以普通食物來說，他們一西洋就沒有筍，還講得到甚麼"珍錯"嗎。

一、燕窩：隋陸法言的廣韻上便載有，叫"燕蓐蔬"。可知由古便供食用。閩小記及廣東新語皆載，前說"南人但呼曰燕窩，北人加以'菜'字"。後說明"崖州海中……燕啄海粉（石花菜）為窩……"。日本野口保興著世界物產誌於二九五頁載有"エンソハ"，說"中國叫燕窩，為婆羅洲、蘇門達臘金絲燕在海邊以如真珠苔之海菜構造的巢。依季節採取别其品位，有：官燕、白燕、常燕、毛燕之别。”

二、魚翅：我手下資料太少，於舊籍是否有記載不得而知。類書最晚出之雲間姚培謙述齋原本丹徒趙克宜小樓增輯地之類腋輯覽上於水族於肴饌亦皆對魚翅未見片文隻字。辭源魚翅條云：“沙魚之鰭也。產於廣東，為我國上等食品。多數由日本、印度、新嘉坡等處輸入。”世界物產誌二九六頁“ユーテ”條下：“魚翅即鱶鰭，中國人嗜好食品。以各種鯊魚之魚鰭晒乾精製。有黑魚翅、白魚翅二種，產日本、印度、馬來半島沿海地帶。”張春霖等著黃渤海習見魚類圖說：雙髻鯊（官鯊、相公帽）為大型鯊魚，體重可達數百斤，肉可食，鰭可作魚翅，產遼寧、河北、山東。銀鮫（海兔子、帶魚鯊）鰭可作魚翅，產山東。

日本石田鐵郎著水產製造論二八頁一三一頁：“鱶鰭：中國名魚翅，往時係俵物之一，由長崎輸出於中國，為貿易上重要品。採製鱶鰭，……白魚翅：平頭、メヂ、撞木鮫（雙髻鯊）、マブカ、メジロ、ヲブカ等。黑魚翅：青鮫、鼠鮫、ヨシキリ、猫鮫等。本邦（日本）雖未食，然於中國則是頗貴重之高尚佳味的珍肴，在魚翅席上是領桌的第一品菜。……白優於黑。殊於沖繩（琉球）之鱶所製之白翅稱‘玉吉翅’為最上品。一般部分於背上的魚脊叫‘刀’、兩側者叫‘划水’，尾叫‘筋包’，價最貴。”

一九一六我由美洲回國時曾於日本橫濱參觀廣東商幫組織的親仁會，於神戶參觀福建商業會議所、三江商業會議所。這般國商在日本的事業，主要就是替日本對中國輸出品運轉之海貨商，大部分是魚翅海參海帶……等大宗品種。自己本國沿海水產業不能合力的規劃發展，而去日本替日商運賺上幾大帳，來吸取一些汁水，真可說太有出息了?!

一九一三，我調查直隸（河北）沿海水產，才認識歐美水產事業上三大項的近海漁業、遠海漁業、遠洋漁業，我們一項也沒有，我們專在海邊上從事，僅等於舊劇的在劇打杠子，"只是大道邊上小道沿上……"，所以我給它名叫沿邊漁業。那種情形下，怎能不讓日本對我們做好買賣！

三、魷魚：日本叫鯣。水產製造論說："柔魚烏賊之乾製品，是在那一日本水產輸出物上常是第一位上重要物產，雖產地不同，品類不同。"其輸出的大對向還會不是我國？在我們廣閩蘇浙尤其是廣……。其種類算上章魚的海蛸、飯蛸及十腳的柔魚烏賊等，就書上所畫之乾製品或單或成來有二十七八項。

四、魚肚：大部分由石首魚科魚類的魚鰾採製。

五、魚唇：鯊鬐鯊頭及體兩邊接續的軟鰭部分。

六、鮑魚：我國原名鰒。廣志引"鰒之推云即石決明……登州所出其味珍絶。"五雜俎："北地珍鰒魚……漢莽良為郡吏不阿，太守賜良鰒魚百枚，則古人已重之矣。"生活叢書明鮑為佳，次為灰鮑品名。日本以優品大產輸入我國。一九三七日本佔我國東北盛產鮑魚的老虎灘地方大量製原湯鮑魚罐頭供給我各大城市，一時廣東名產的紫鮑幾乎沒有行市……。後來一致抵制日貨不買，與以惡名："反對"。

七、海參：唐韓愈：尚書左丞孔公墓誌銘："明州歲貢海蟲淡菜蛤蚶之屬，奏疏罷之。"（宜—趙克宜 箋）"海蟲疑即今之海參。"吳偉業海參詩："莫辨蟲魚族，休疑草木名。但將滋味補，勿藥

養餘生。(注：產登萊海中)。日本叫海鼠。有有刺無刺兩種
為對吾國大宗輸入品。至大者可八九寸許。

八、魚骨：日本叫明骨又叫魚脆。是由各種鯊魚及鱘鰉魚的軟骨製出。這亦是日本所不吃而在水產事業上專行加工輸出我國的，而為他日本一宗大量金錢的收入。

九、乾貝：即江瑤柱。郭璞賦："玉珧海月，土肉石華"(注：玉珧即江瑤)。日本叫貝柱，並不是江瑤一種。用板屋貝、イタラガヒ、帆立貝、黑江瑤及江瑤採製後大量輸入我國。(海味索隱、事物紺珠，都載江瑤)。

十、貽貝：即淡菜。亦是向吾國大宗輸出品。北夢瑣言："徐和南越詩云：曉廚烹淡菜，春杵織橦花"。本草："一名殼菜，一名海北，一名東海夫人"。

十一、堆翅：即魚翅去皮膜後而帶有翅根相互固着柔膩筋條的，這樣稱月翅。在我國舊時有廣東堆翅、廣東月翅等。日本以所處理得的堆翅、脇翅、立翅、尾翅大量向我供給。此種雖翅短細如毛，而翅根腴美，在烹調上比淨翅殊顯。

十二、昆布：爾雅"綸""組"即昆布類，古便有記載。種類不一。俗叫海帶。在海藻裏是第一位。日本產出最多，輸出的大對向當然亦是我國，而我國食用面亦最廣泛，所以我國是日本海帶銷場的大主顧。

十三、竹蓀：

十四、白木耳：我國俗叫銀耳。

十五、石花菜：洋粉。

十六、鯨筋：水產製造論："中國稱鯨筋，供食用，價貴。本邦—日本從來多供弦用，不供食用。製法從鯨肉中取出筋，清水浸二晝夜，時時換水去油分，於俎上以鈍刀順着強擦除去黏膜，切為二尺五寸長的段。再浸清水一夜，懸其

一端扯寬，用重石鈎吊引延，向日乾乾呈黃色，如此“生筋百斤可得四十斤”。

按：本品在烹調上如何？不知。

其他：

日本尚有許許多多的屬於“珍錯”類的及海蔬浸製品，都是部分的或大量的銷於我國各大城市，當然不僅天津。而天津便是日本食事上產物銷售量最大的一市。

看看這一節，推想在食桌上用筷子夾到“山珍海錯”某一口肥鮮柔膩的情況下，對比對比，是不是要良心上要警動一下的呢？！所好我們現代嶄新的祖國站起來了，在毛主席在共產黨大力的教育指引下，我們科技的前進，努力的生產……以前的噩夢祇是食事史上一個污痕而已！除諄諄的記着記着不要忘掉那個可恥可憐的教訓！！！

一九七三年六月十九日晚刻　山塍八十七老華

归去来室摭余

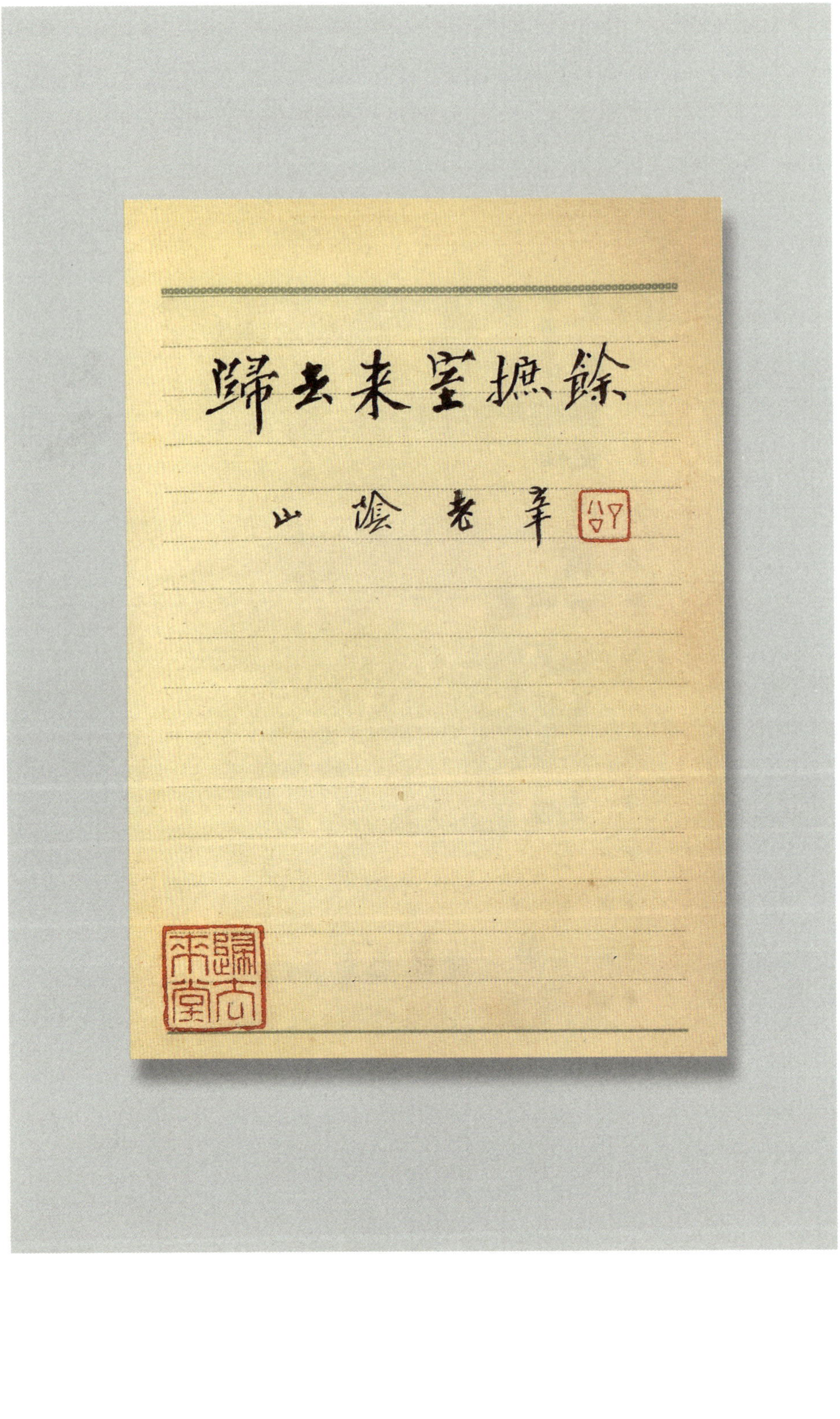

手稿横105毫米、纵148毫米，共计106页，影印时略有缩放。

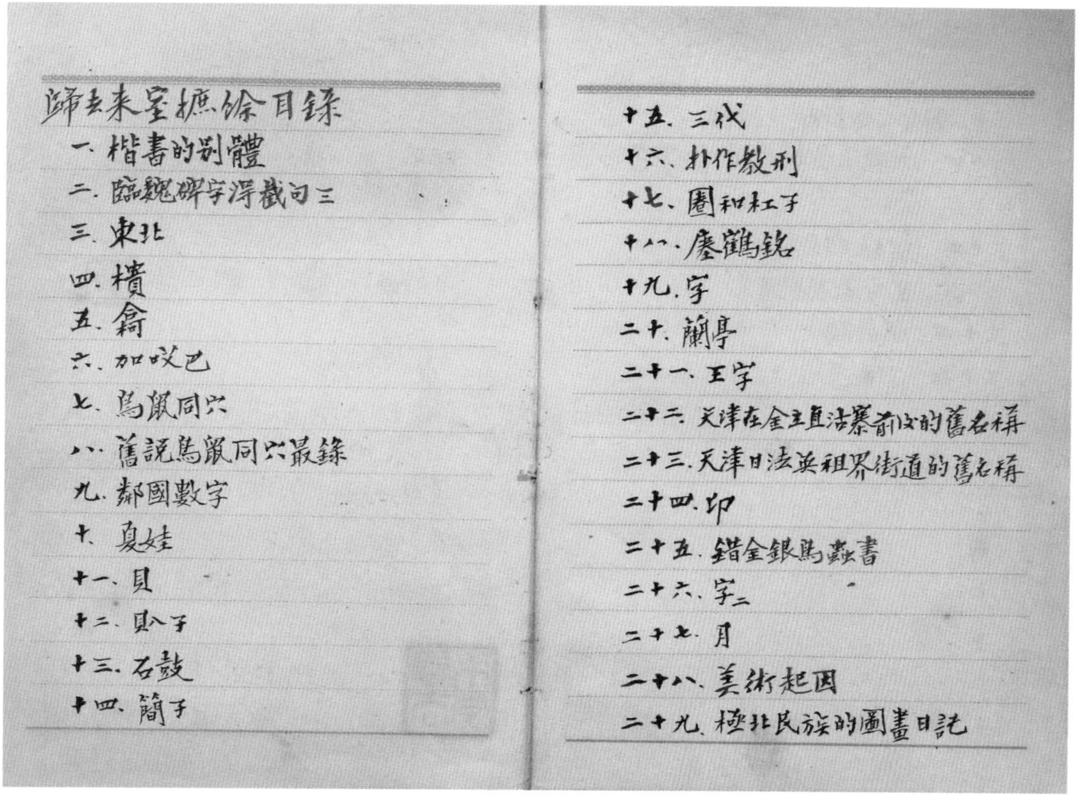

歸去來室摭餘目錄

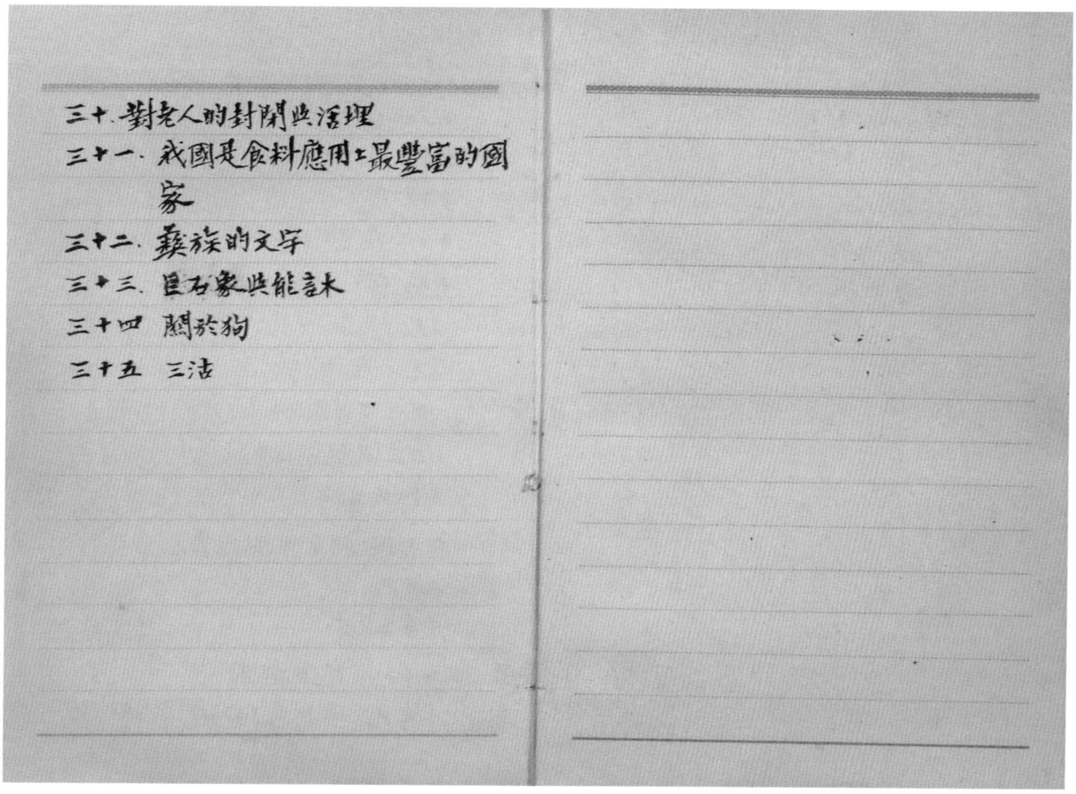

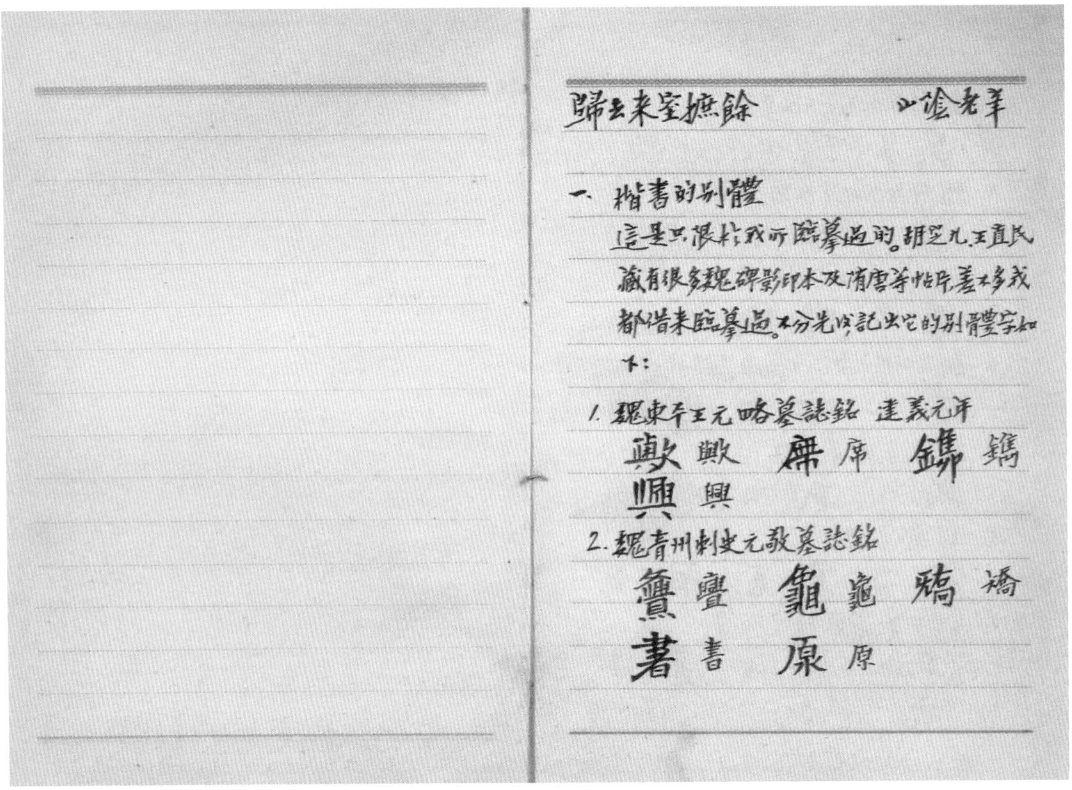

歸去來室摭餘　山谂老羊

一、楷書的別體

這是只限於我所臨摹過的。胡定九、王直民藏有很多魏碑影印本及隋唐等帖，差不多我都借來臨摹過。不分先後記出它的別體字如下：

1. 魏東平王元略墓誌銘 建義元年

歟　席　鑴　興

2. 魏青州刺史元欽墓誌銘

疊　龜　矯　書　原

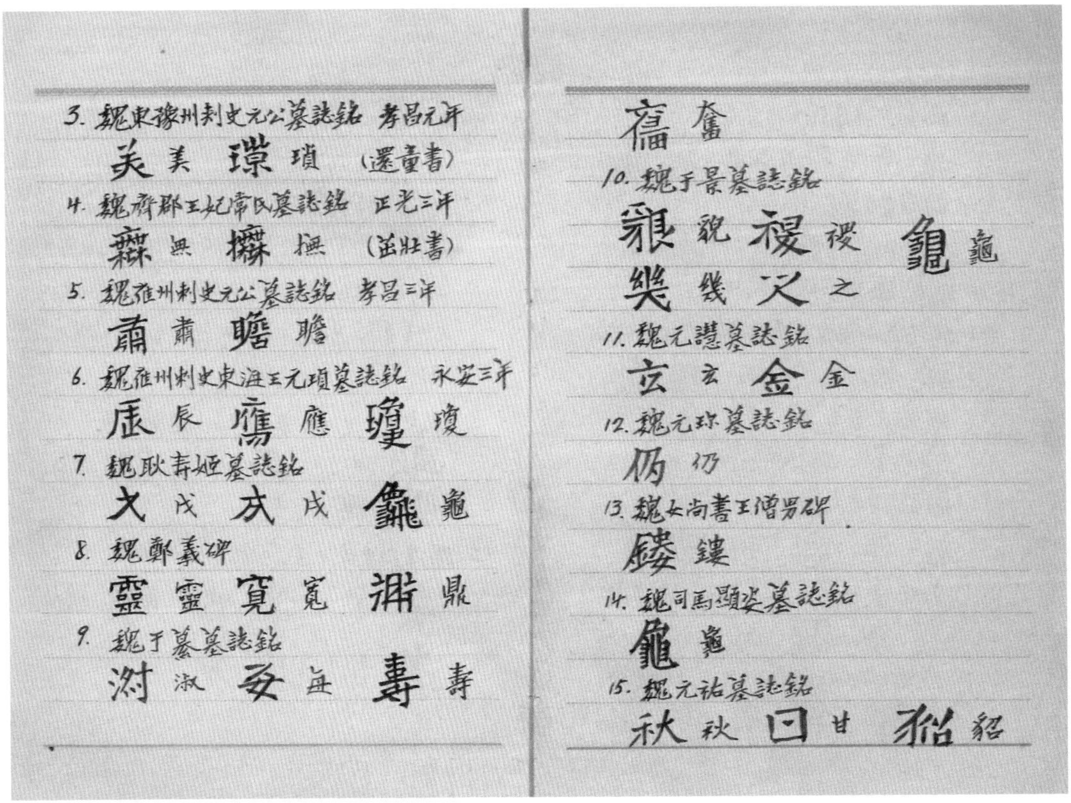

3. 魏東豫州刺史元公墓誌銘 孝昌元年

美　瓆（還童書）

4. 魏齊郡王妃常氏墓誌銘 正光三年

無　撫（茁壯書）

5. 魏雍州刺史元公墓誌銘 孝昌三年

肅　贍

6. 魏雍州刺史東海王元頊墓誌銘 永安三年

辰　應　瓊

7. 魏耿壽姬墓誌銘

戊　戊　龜

8. 魏鄭羲碑

靈　寬　鼎

9. 魏于纂墓誌銘

淑　每　壽　奮

10. 魏于景墓誌銘

貌　禝　龜　幾　之

11. 魏元譿墓誌銘

玄　金

12. 魏元琮墓誌銘

仍

13. 魏女尚書王僧男碑

鏤

14. 魏司馬顯姿墓誌銘

龜

15. 魏元祐墓誌銘

秋　甘　貂

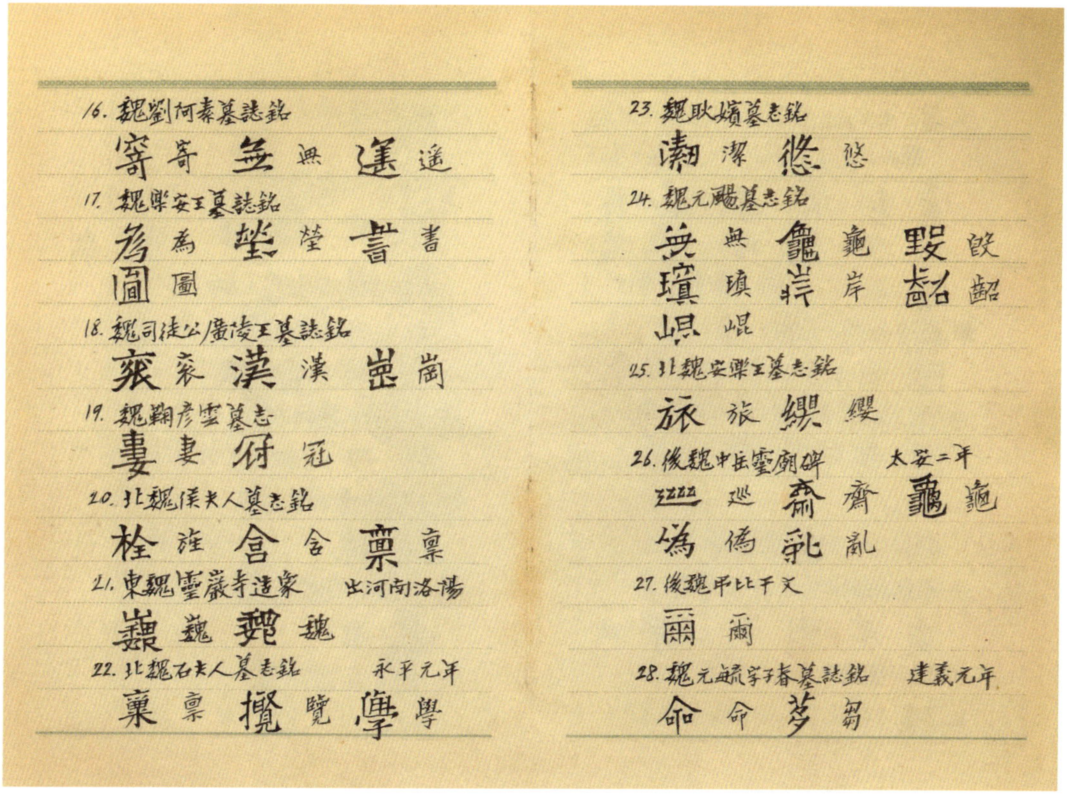

16. 魏劉阿素墓誌銘

寄 寄　無 無　遙 遙

17. 魏樂安王墓誌銘

為 為　瑩 瑩　書 書

圖 圖

18. 魏司徒公廣陵王墓誌銘

袞 袞　漢 漢　嵩 嵩

19. 魏鞠彥雲墓志

妻 妻　冠 冠

20. 北魏侯夫人墓志銘

旌 旌　舍 舍　稟 稟

21. 東魏靈巖寺造象　出河南洛陽

巍 巍　魏 魏

22. 北魏石夫人墓志銘　永平元年

稟 稟　覽 覽　學 學

23. 魏耿嬪墓志銘

潔 潔　悠 悠

24. 魏元颺墓志銘

無 無　龜 龜　毀 毀

瑱 瑱　岸 岸　齠 齠

崐 崐

25. 北魏安樂王墓志銘

旅 旅　纓 纓

26. 後魏中岳靈廟碑　太安二年

巡 巡　齊 齊　龜 龜

僞 僞　亂 亂

27. 後魏弔比干文

爾 爾

28. 魏元毓字子春墓誌銘　建義元年

命 命　芻 芻

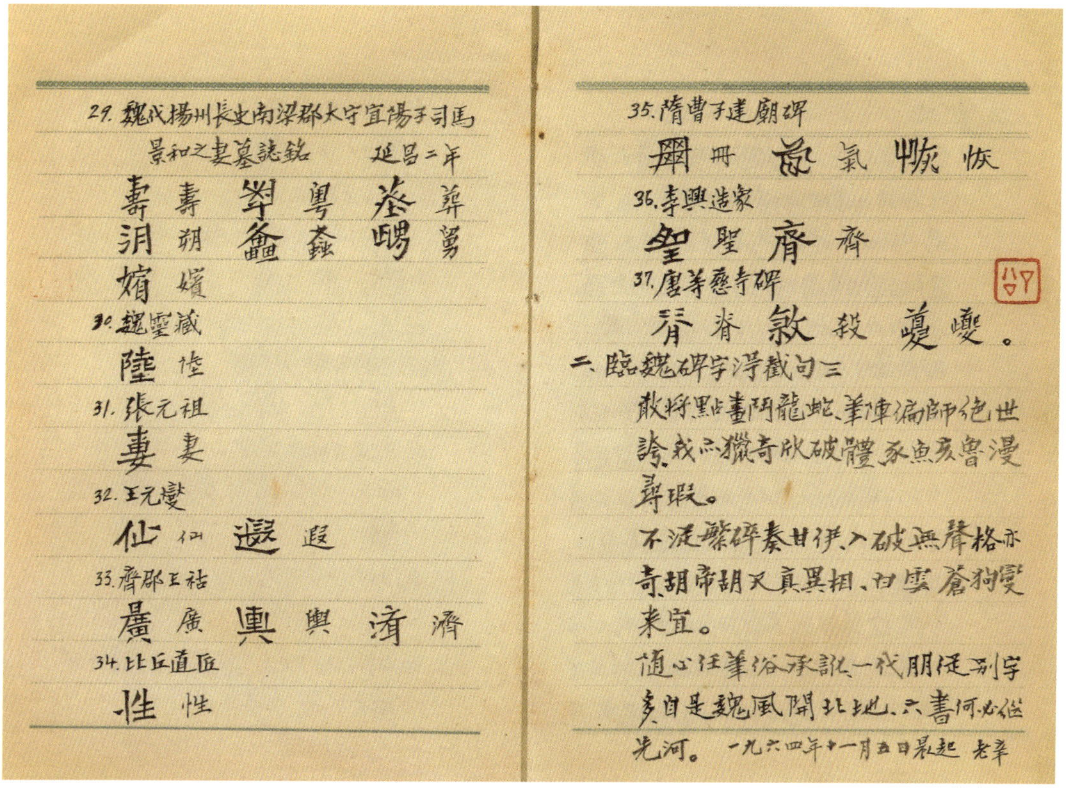

29. 魏故揚州長史南梁郡太守宜陽子司馬景和之妻墓誌銘　延昌二年

壽 壽　粵 粵　葬 葬

朔 朔　[illegible]　[illegible]

嬪 嬪

30. 魏靈藏

陸 陸

31. 張元祖

妻 妻

32. 王元燮

仙 仙　遐 遐

33. 齊郡王祐

廣 廣　興 興　濟 濟

34. 比丘道匠

性 性

35. 隋曹子建廟碑

冊 冊　氣 氣　恢 恢

36. 李興造象

聖 聖　齊 齊

37. 唐等慈寺碑

脊 脊　殺 殺　夔 夔。

二、臨魏碑字漫成句三

敢將點畫鬭龍蛇、筆陣偏師絕世誇。我亦獵奇欣破體、豕魚亥魯漫尋瑕。

不泥摹碑秦甘伊、入破無聲格亦奇。胡帝胡天真異相、白雲蒼狗變來宜。

隨心任筆俗承訛、一代朋從別字多。自是魏風開北地、六書何必泝先河。　一九六四年十一月五日晨起　老辛

三、東北

吾國東北，在清初對於當時清太祖發祥時所在地方稱為赫圖阿拉。公元一六四八清福臨順治五年尊為興京。四至是東傍邊墻，西接奉天，南界鳳凰城，北抵開原，即現新賓縣一帶。那時除了這塊所謂興京的地方以外，只有一個盛京省，奉天是它的首府，寧古塔、黑龍江都是盛京所屬的一個城。直到清末一八七六或一八八六的戴湉光緒年間這東北才分建成三省：奉天、吉林、黑龍江。後來蔣匪政權時代把東三省曾分為九省：遼寧、吉林、黑龍江、松江、嫩江、合江、安東、遼北、興安。解放時東北又曾改為五省：黑龍江、松江、吉林、遼東、遼西。解放後才又調整為遼寧、吉林、黑龍江三省。我有一九四七(中華民國三十六年)八月刊行的中國地圖、一九五〇年刊行的中華人民共和國新地圖及一九五三年刊行的中國地理教學圖冊可證。

四、槓

康熙字典引唐韻對槓字注："丘愧切，音喟。槓，梧樹。"說文："椐也。"爾雅："椐槓。"實際槓一名椐，是忍冬科的一種樹，植物名實圖考管它叫蝴蝶戲珠花。由此可知"梧"字是椐字的誤。但不知是唐韻刻板時誤，還是康引後刻板的誤？舊時因木板傳刻的誤是太多了！於是大麻誤刻火麻，馬矢蒿誤刻馬先蒿，這是早經李時珍指出來的。

五、𣡡

𣡡，究竟是一個字，還是兩個字？康熙字典把它收入木部十一畫。注："字彙見揚雄蜀都賦，音義未詳。"又引："正字通本賦：洪溶蔥𦱾，紛揚㨶𣡡。言竹枝相磨戛也。讀若柯。"下文注解："○按賦□本賦，洪溶忿𦱾，紛揚㨶合，柯與風披，夾江緣山，尋卒而起。合字屬上句，柯字屬下句，𣡡字是誤。"

（□處所印不清楚：杉）

我沒見過揚雄這賦的全文，不能指出誰是誰非，謹待識者考正。

六、加叹巴

加叹巴 Ca-a'ba，為回回教聖廟，在阿剌伯的麥加 Mecca 城中，相傳為猶太始祖亞伯拉罕所建。廟裏有黑色大方石，據說係隕石，444神界。回回教拜主者全信是亞伯拉罕由天上携來的，故歷年去麥加朝主之徒，即係朝拜大黑石，並繞石週行，說可邀主賜以福利。

七、鷃鼠同穴

"鷃鼠同穴"一辭，見於爾雅。舊時有許多解釋，大致全是由書本上互引互注，憑着唯心的意念來說，即有真的所見，亦認識的不清楚。實際凡是在沒有或極少樹

鳴聲鼠

木灌叢的大草原上便住着許多穴居的鼠類，在鳥類便有的與這穴居的鼠類共棲，想来鼠類和鳥類都不是一種。過去對這生活現象由記載的不詳確，附會出不少笑話。現在根據"草原滅鼠"，浮出一個"鳥鼠同穴"真實的例子："在青海草原上，老鼠對草原的破壞相當驚人，肥美的草原美的成了沙荒。牧草連根吃掉，植被澈底遭到破壞。而且草原退化，牲畜缺草，并引起水土流失現象。被鼠害最嚴重的地區，一畝草原竟有四百多個鼠穴，一隻老鼠一年要吃牧草十斤左右，平均一個穴有兩個老鼠。現在大力開展滅鼠工作，滅鼠率一般在百分的九十以上"（這個原報導在民族畫報一九六三年九期，附有穴居喜吃幼嫩草芽為害甚大的鳴聲鼠）。料想這片大草原上不僅是一種鳴聲鼠？報導僅述鼠害，沒提有鳥與鼠共棲，但在青海方面另一段上補足這一點。另一段是"富饒美麗的新西海"旅行中，於青海湖捕魚記載述說到"鳥鼠同穴"。現抄錄於此："在一次新西海—即青海湖旅行中，……有一次一個小伙子領我走出帳房，他走着走着猛的蹲下来，拍拍脚下的一個穴洞，一只飛鳥受驚飛出来，我剛要起身去追，別忙他輕輕拉住我，就見一只小鼠從同一洞口跑出来穿入草叢裏。我很奇怪，返回的途中，他告訴我這叫鳥鼠同穴，是草原上一種常見的現象。草原上樹木少，鳥沒處搭窩，只好向老鼠租房住啦……"（這篇在少年兒童出版社刊行的"祖國的山南海北"）由以上兩段事實合看，便能體會到草原上老鼠洞裏當是常有鳥類與鼠共棲的了。

八、舊說鳥鼠同穴彙錄

1. 爾雅：

"鳥鼠同穴，其鳥為鵌，其鼠為鼵。"

郭璞注："鼵如人家小鼠而短尾，鵌似鵽而小，黃黑色。穴入地三四尺，鼠在內，鳥在外。今隴西首陽縣鳥鼠同穴山中。"

2. 郝懿行爾雅義疏：

甲、地理志云："隴西首陽縣西南，有鳥鼠同穴。按：山今在甘肅蘭州府渭源縣西也。"

乙、甘肅志云：涼州地有兀兒鼠者似鼠，有鳥名本兒周者似雀，常與兀兒鼠同穴而處，此即鵌、鼵，但古今異名耳。

丙、類聚九十二引沙州記曰：寒嶺去大陽川三十里，有雀鼠穴，雀亦如家雀，色小白；鼠亦如家鼠，色如黃鼬，無尾。

丁、宋書吐谷渾傳又云：甘谷嶺北有雀鼠同穴，或在山嶺，或在平地，雀色白，鼠色黃，地生黃紫花草，便有雀鼠穴。

戊、徐松新疆水道記云：伊犂塞里木淖兩岸側鼠穴甚多，每日黎明，鳥先飛出翱翔，鼠蹲穴口以望，漸趨本地。……

3. 趙克宜增輯類腋輯覽於甘肅鳥鼠同穴山引："禹貢終南惇物至於鳥鼠。"注："鳥鼠，地志：在隴西郡首陽縣西南，今渭州渭源西也，俗呼為青雀山。"又"導渭自鳥鼠同穴。"注："同穴山名。地志云：鳥鼠山者，同穴之枝也。"

（按：鵌音徒，鼵音突。鳥鼠山在甘肅渭源縣城西。隴西即甘肅蘭州鞏昌秦州諸地總稱。首陽縣為漢置，後魏改為渭源縣，今仍之。涼州今甘肅武威。沙州前涼置，今安西縣至新疆吐魯番之地。寒嶺，甘肅西和縣東有寒峽，是否即寒嶺？大陽川？甘谷嶺，甘肅天水縣—秦州之西微偏北有甘谷縣—這伏羌縣甘谷嶺是否在這裏？但既在吐谷渾傳中，當不出吐谷渾地。總上所輯"鳥鼠同穴"情形在吾國大西北是很通常的生物生活現象，不足為奇。）

九、鄰國數字

日本、朝鮮、越南等國錢幣上數字大體上用華文，阿拉伯、伊朗、蒙古、印度、緬甸、泰國錢幣上數字皆用其本國文字，茲記如下：

1. 阿拉伯 順序由零到十

٠ ١ ٢ ٣ ٤ ٥ ٦ ٧ ٨ ٩ ١٠

2. 伊朗

۰ ۱ ۲ ۳ ۴ ۵ ۶ ۷ ۸ ۹ ۱۰

3. 蒙古

᠐ ᠑ ᠒ ᠓ ᠔ ᠕ ᠖ ᠗ ᠘ ᠙ ᠑᠐

彭政委牺牲的事传到华蓥山上，
仇恨燃烧着战士們的血液，
憤怒填滿了战士們的胸膛。
为战友复仇，为人民解放，
战士們坚决要求走上战場。

就在这时，江姐到了山上。
司令員双枪老太婆对大家說，
把悲痛变力量，报仇日子长。
她根据党的决定，向大家宣布：
游击队的政委由江姐来担当。

4. 印度

० १ २ ३ ४ ५ ६ ७ ८ ९ १०

5. 緬甸

၀ ၁ ၂ ၃ ၄ ၅ ၆ ၇ ၈ ၉ ၁၀

6. 泰國

๐ ๑ ๒ ๓ ๔ ๕ ๖ ๗ ๘ ๙ ๑๐

我們的西藏文字亦是梵文，與印度的梵文大同小異，數字另有寫法，現亦記在這裏：

༠ ༡ ༢ ༣ ༤ ༥ ༦ ༧ ༨ ༩ ༡༠。

十. 夏娃

夏娃EVE.=Eve.是猶太神話裏人類始祖亞當ADAM=Adamㄟ妻。因為偷吃了埃田園的禁果,受罰被天風由紅海西岸吹過紅海,夏娃落在紅海東岸;亞當一直被風吹到印度南端隔海的錫蘭一個山頂上。至今紅海東岸邊上有個小城名叫熱他JIDDA.=Jidda.,城裏有"生命之母"的墓,即夏娃墓。熱他城在麥加西近。錫蘭島上有亞當峯。亞當便永遠立在錫蘭的山頂上隔着印度洋向西望着老婆夏娃。

亞當峯ADAM'S PEAK.在錫蘭的那瓦拉、埃立耶城Nuwara eliya,晴明時每有陰影十處,為世界奇景之一。錫蘭北部西岸斜對印度馬都拉城Madura.的海上又有亞當橋ADAM'S BRIDGE.這古蹟附會的真像煞有介事。

十一. 貝

貝即俗稱的寶貝,我國沿海的產出地只有臺灣、香港,其大量產地為印度洋和南洋各地。南洋土著呼貝為Bia.可知我ㄟ稱貝為最早一三四千年前的舶來語。貝用為為商品交易上等價物當在史前。

古代無貝的地方,便用種ㄟ仿成貝形的代用品,這叫代貝。或製成貝形、穿孔,其質有石、有骨、有泥、有陶、有鉛、有銅,銅的最為晚出。雲南地區,貝一直沿用到清初。

十二. 貝八子

貝八,讀如八,係貝的轉音。貝八字見元史本紀,字書未收入。

十三. 石鼓

舊時認石鼓為周宣王時史籀作頌紀功,刻石為鼓,凡十數。唐韓愈詠石鼓詩云:"周綱凌遲四海沸,宣王憤起揮天戈,大開明堂受朝賀,諸侯劍佩鳴相磨,蒐于岐陽騁雄俊,萬里禽獸皆遮羅,鐫功勒石告萬世,鑿石作鼓隳嵯峨"云ㄟ。當時不只韓、韋及宋之歐陽、蘇皆有石鼓歌,皆認為石鼓是周宣時物。近年馬衡識為"秦雍邑刻石"。郭沫若認為:"周平王元年—公元前七七〇年秦襄公送周平王東遷後的紀功石刻",時為秦襄公八年,其刻文純為大篆。日本某氏所刊行的吾國金石文字,於石鼓僅列九數,少第八鼓。蓋石鼓年代太久,又經幾次遷移,石皮剝落,字日見少,明安國藏北宋拓本於第八鼓便全無,不全的字只十七字,想日刊所引之第八鼓一字亦無了。茲記第八鼓殘文於此:

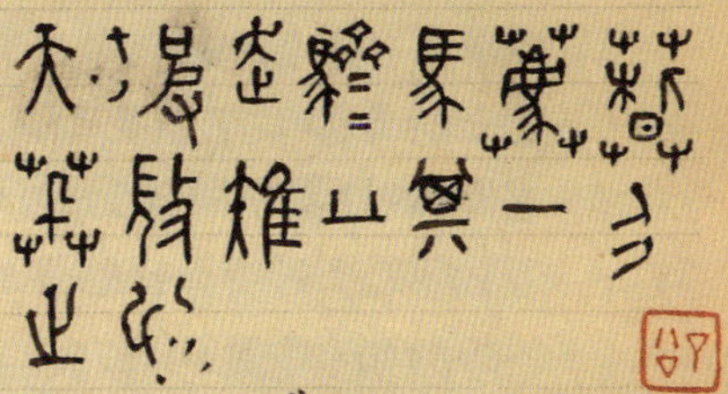

華石斧於所著的"秦書八體原委"上,當時尚認石鼓為"周宣大篆真迹",但說"石鼓為紀功之作,其必出自史官無疑",並未死叩在史籀身上,對秦書舉例上,說石鼓是

"秦前大篆"。

十四　簡子

閱於古代用以記載文字的竹木簡牘，在歷史上的傳述很詳，尤其在晉書束晳傳說："太康二年，汲郡人發冢的竹書……皙為著作，隨宜分析，皆有考征，是曰汲冢書"。汲是今河南汲縣，竹書當即是竹片上書寫的文字，就是"竹簡"，"木簡"當是在木片上書寫的文字。究竟所謂簡是甚麼樣兒，直到清載湉光緒年間，英人斯坦因在吾國西北羅布淖爾及古尼雅城址一帶發掘吾國古代文物，得到漢晉竹木簡牘甚多，携去英倫由法人沙畹考釋，影印發表，吾國文人墨客才對簡得到真的認識。羅振玉、王

國維就影印本重為考訂，合出專書，羅的稱名"流沙墜簡"。華石斧說："(觀)古簡(上)兩漢魏晉之墨迹，知當時實篆隸雜用，久而合篆隸而自成一體"。在由當時起，書家遂於大篆、小篆、漢隸外，又多了一種書法，俗稱叫作"簡字"。華伯筌煩我畫扇面，曾許給我寫幾頁"簡字"，惜不久病死。我只有伯筌為我寫的一幅貞卜文和與我老妻龐仪秋寫的一付大篆對聯。伯筌書法極佳，民元時北京前門"大清門"三字換書"中華門"三大字，即伯筌所書。我五十八歲時曾就日本所刊"漢晉木簡精萃"臨過八頁，木簡上的絲繩，有的還存在，得見出古時簡牘穿縛情形。簡上書法精、粗全有，

因為當時(兩漢至晉，甚至字體已見到魏、隋及唐初的風味，尚有紙帛所書信件)沿時代進展上所通用，是篆是隸，誠如華石斧所說"合篆隸而自成一體"。今纂集其奇字若干，排比而觀，真是"奇文共欣賞"。所謂"奇文"：

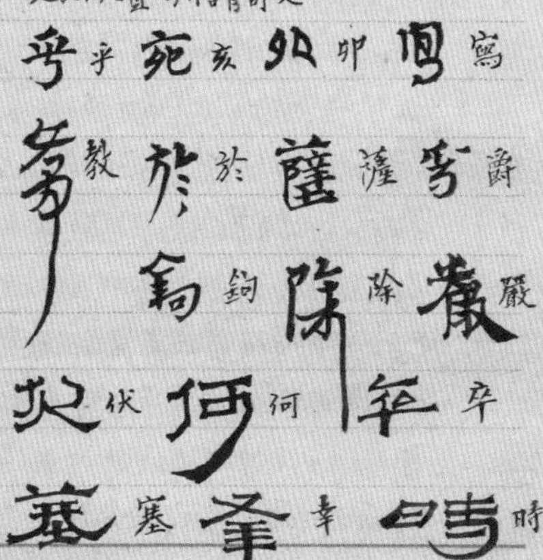

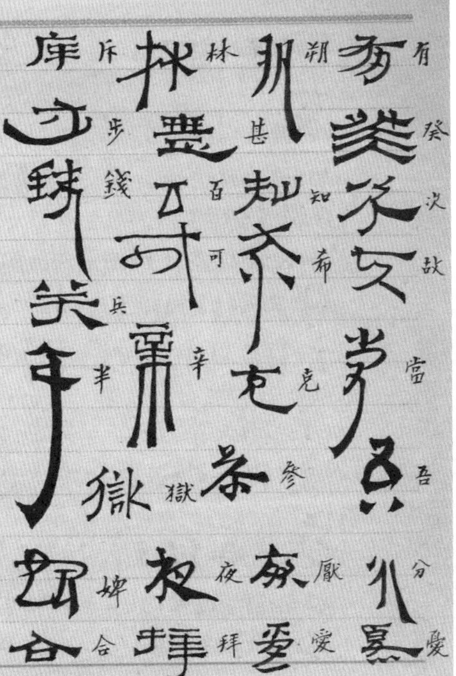

圖圖 爾而 殺殺 掾掾
歲歲 武武 雅雅，所摹的字裏有的轉成了草書。還有很多精美的字，如果不在這"簡子"上，可以你一定認為是隋唐時人所寫的。現在摹幾個精美的楷書於此：

主優則王視獨者
莫䛐崇從敢奉弥
濅德槊棄漢界部
疾稱白珠流法

現把簡上用絲繩穿束的情形大致的摹畫在這裏：

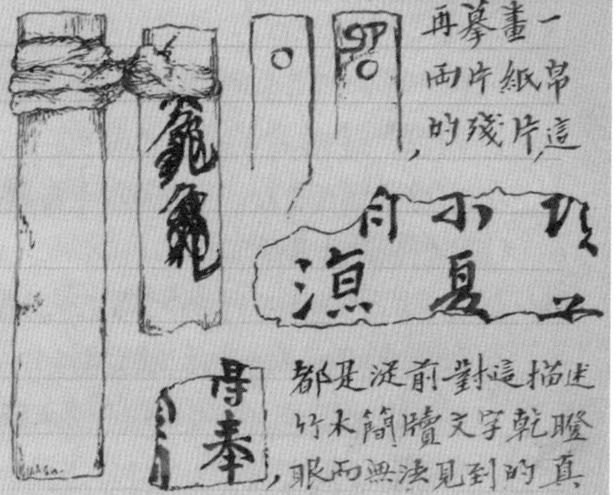

再摹畫一兩片紙帛的殘片，這都是從前對這描述竹木簡牘文字乾瞪眼而無法見到的真實資料。但不能感激斯坦因，他是文化侵略行為的外國賊，我們的文化上傳統地寶貴遺產，由着他公然拿到外國去，我們文人墨客應該認為是自己過去倒楣國家對文化上自己不爭氣的最大恥辱！

十五、三代

我小時在西門裏城隍廟街喬氏義塾上學，當入塾時，學東認我年歲小要不收，問我："你能寫你自己三代麼？"當時義塾招收貧寒學生，有很奇的兩個條件：1.必須有功名（不是白人便行）的人保引；2.本學生必須寫得出他的曾祖、祖、父的名字，不一定必學生自己寫，總之必須念書人家的子弟他才能寫出三代，勞動人民是無分的。當時我自己寫出三代，雖然寫的歪歪斜斜，那時我剛六歲，居然破格被收入了。因為最低收入的年齡是八歲。

十六、扑作教刑

我九歲時喬氏義塾新來了一位張老師，年紀約有六十左右，在二十幾個學生裏一見我就連連誇獎說："這學生官面很好，"在我寫的仿上批了五個硃筆的字："字有福澤氣"。看我行動便說："這學生要好好的管教他，使他成材。"由此我就算倒楣起，在老師座前背讀時，稍有背不下去我稍一打況時，便冒然那竹板子就叩到我頭上，但是越這樣，我是在我坐上書念的爛熟，一到老師座前背向老師時，便結結巴巴因攪仿擋板子，越背不上來，當然竹板子叩在頭上像雨點，不像雹子。實在忍不下去了，要求家裏另投別的書房，母親摸着我頭上疙瘩，允許了我。我辭別張老師時，這位張老師還捨不得我掉下眼淚。打我的竹板長有一尺五六，寬有二寸多，一面墨書"其嚴乎"三字，一面硃書"扑作教刑"

四字。我由此認識到管教學生純用敲扑，是不對的。那時先生打學生，如果先生抽旱烟，便順手用銅烟袋鍋子向學生頭上叩，但烟袋桿上并未有"扑作教刑"四字，而學生頭頂是常有血痂子的。

十七、圈和杠子

我離開喬氏義塾，投到西門裏大水溝一位高老師家上學。我的仿是寫玄秘塔，這是以前從李虎臣老師學的，剛入了門。每篇仿背寫十六個字，至少能得七八個硃圈；現在每篇得七八個或全篇的紅杠子，原來高老師不愛柳字，我還受了申飭，我手撞上"其嚴乎"。一個同學背地小聲同我說："先生愛歐字，你要不改，那才倒楣呢"。轉天我只好改寫九成宮，果然仿上得到硃圈，高老師還嚴厲的說："這才叫字"，由此不到十天，一篇十六個字得到二十幾個硃圈，因為一字有得雙圈的。可又有一次我手撞上"其嚴乎"，那時正是一八九八年清戴湉的光緒二十四年"康梁變法廢八股考策論"，高先生氣極了，把他熟讀的八股文和試帖詩集子通通燒掉，當時有學生在無意中挨到了板子。高老師給學生出四言對："變亂舊章"，我想正好對"改成新法"，正謄寫出送上老師桌上交時，同坐姓楊的同學，扯了我袖子一把，低低的說："你是想挨板子怎麼着？"我趕即圈了。當時所有學生全沒對。高老師外號高大肚子，他對待我們的大學長高佩華從前還好，自從他生了二兒高樹森以後不同了，每每因背易經沒有背錯亦要用其嚴乎狠狠的打他；佩華寫的歐字在全班裏最好，他已十五六歲，街坊過年常煩寫春聯，但他的仿不論大字小楷，由他父親有了樹森以後，仿上常常滿篇杠子見不到圈，同學們都不知因啥？有一個從開蒙就在高老師書房念書的比佩華小一些的二號大學生說："哼，因啥？我可知道……，仿上挨紅杠子是好的，哼……"。

十八、瘞鶴銘

瘞鶴銘是著名碑刻之一，但是何年代？其說不一。銘以撰人是華陽真逸，書人是上皇山樵，舊說對這兩位，頗有爭論。有說王右軍，有說陶隱居，有說顧況或王瓚，其間認為陶的人居多。楊惺吾楷書溯源在目錄上列於晉代的梁，像亦認為是陶？推測瘞鶴銘年代及書者的人很多，意見各不相同。我在新游記上有了孫寶同及署名訥庵的兩段筆記，述說的真實些，鈔如下：

1. 孫寶同京口旅行誌略一九一四：

"……定慧寺……瘞鶴銘殘石碑亭，碑已毀成五……（按銘舊刻焦山之足，經江水衝擊，久而崩墜，沒於水，俗因有雷轟石之名。水落時，有人搨之，僅得其數字，曰：'鶴壽不知其紀'而已。清康熙中湘潭陳鵬年……居京口，遣人泅水取銘出，為亭護之）字蹟相傳為晉右軍王羲之手筆，究不知何人書也。……瘞鶴銘最難摹搨，惟老僧鶴洲所搨則風神畢露，故其價亦甚鉅……"。

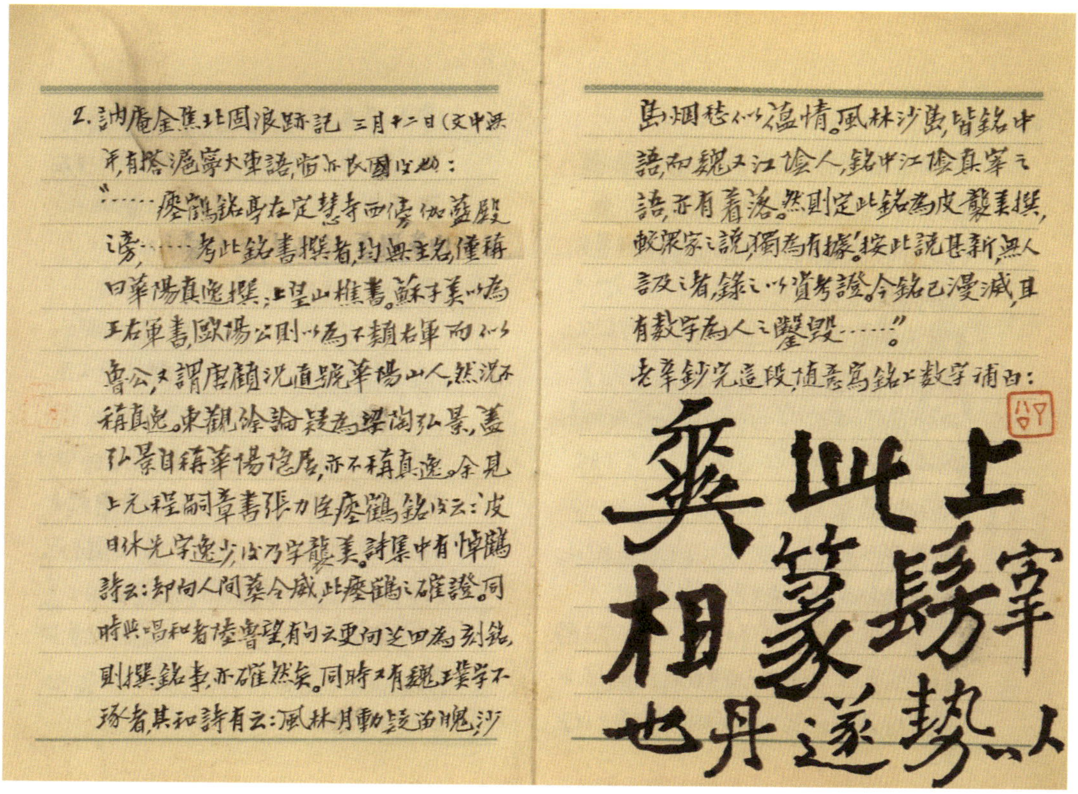

2. 訥庵金焦北固浪跡記 三月十二日（文中涉并有瘞鶴銘大筆語，尚亦長國以也：

“……瘞鶴銘亭在定慧寺西傍伽藍殿之旁……考此銘書撰者均無主名，僅稱曰華陽真逸撰，上皇山樵書。蘇子美以為王右軍書，歐陽公則以為不類右軍而似魯公，又謂唐顧況道號華陽山人，然況不稱真逸。東觀餘論疑為梁陶弘景，蓋弘景自稱華陽隱居，亦不稱真逸。余見上元程嗣章書張力臣瘞鶴銘後云：皮日休先字逸少，後乃字襲美。詩集中有悼鶴詩云：卻向人間葬令威，此瘞鶴之確證。同時與唱和者陸魯望，有句云更向芝田為刻銘，則撰銘事亦確然矣。同時又有魏璞字不琢者，其和詩有云：風林月動疑留魄，沙島烟愁似憶情。風林沙島，皆銘中語，而魏又江陰人，銘中江陰真宰之語，亦有着落。然則定此銘為皮襲美撰，較眾家之說，獨為有據。按此說甚新，無人言及之者，錄之以資考證。今銘已漫滅，且有數字為人之鑿毀……！”

老年鈔完這段，值喜寫銘上數字補白：

瘞 此 上
相 篆 髮 宰
也 丹 遂 勢 以 人

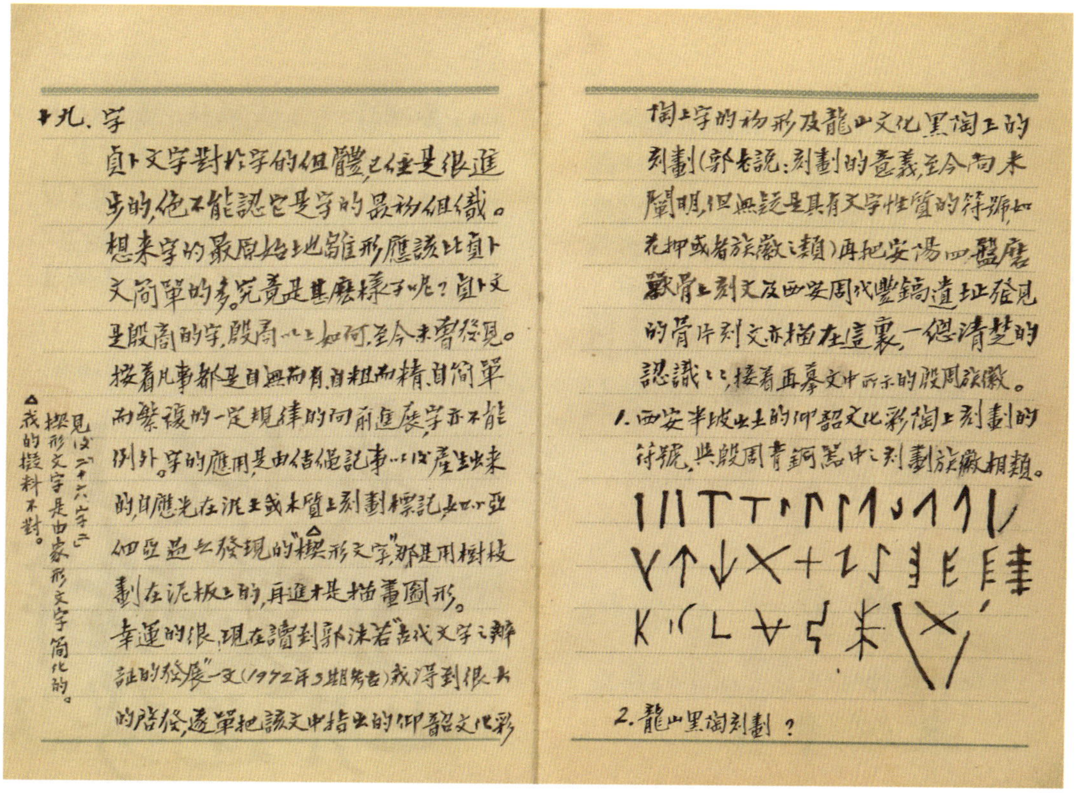

十九、字

貞卜文字對於字的組體，已經是很進步的，絕不能認它是字的最初組織。想來字的最原始地雛形應該比貞卜文簡單的多。究竟是甚麼樣子呢？貞卜文是殷商的字，殷商以上如何，至今未曾發見。接着凡事都是自無而有、自粗而精、自簡單而繁複的一定規律的向前進展，字亦不能例外。字的應用是由結繩記事以後產生出來的，自應先在泥土或木質上刻劃標記，如小亞細亞曾發現的“楔形文字”，那是用樹枝劃在泥板上的，再進才是描畫圖形。

△見後“二十六、字之”：楔形文字是由象形文字簡化的。我的擬料不對。

幸運的很，現在讀到郭沫若“古代文字之辯證的發展”一文（1972年3期考古），我得到很大的啓發，遂單把該文中指出的仰韶文化彩陶上字的初形及龍山文化黑陶上的刻劃（郭老說：刻劃的意義至今尚未闡明，但無疑是具有文字性質的符號，如花押或者族徽之類）再把安陽四盤磨獸骨上刻文及西安周代豐鎬遺址發見的骨片刻文亦描在這裏，一總清楚的認識認識，接着再摹文中所示的殷周族徽。

1. 西安半坡出土的仰韶文化彩陶上刻劃的符號，與殷周青銅器中之刻劃族徽相類。

2. 龍山黑陶刻劃？

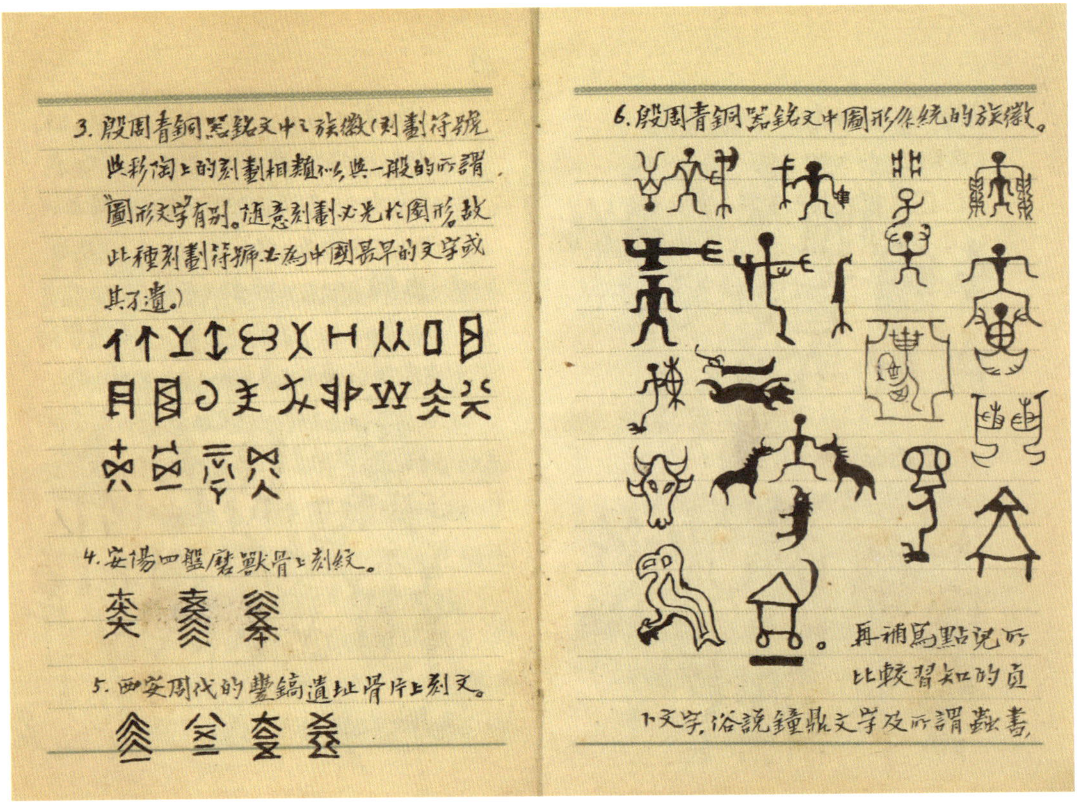

3. 殷周青銅器銘文中之族徽（刻劃符號與彩陶上的刻劃相類似，與一般的所謂"圖形文字"有别。隨意刻劃必先於圖形，故此種刻劃符號應為中國最早的文字或其孑遺。）
4. 安陽四盤磨獸骨上刻紋。
5. 西安周代的豐鎬遺址骨片上刻文。
6. 殷周青銅器銘文中圖形系統的族徽。
再補寫點說所比較習知的貞卜文字，俗說鐘鼎文字及所謂蝌書，

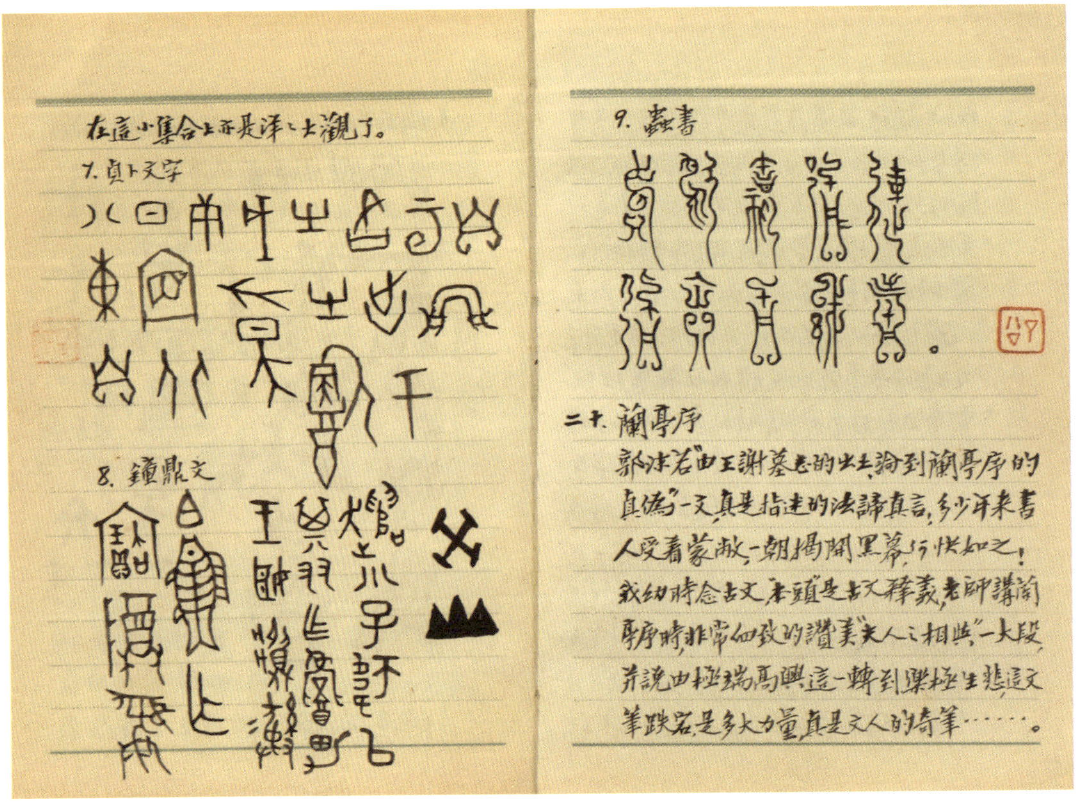

在這小集合上亦是洋洋大觀了。
7. 貞卜文字
8. 鐘鼎文
9. 蝌書
二十、蘭亭序
郭沫若"由王謝墓志的出土論到蘭亭序的真偽"一文，真是指迷的法諦真言，多少年來書人受着蒙蔽，一朝揭開黑幕，何快如之！
我幼時念古文，"本頭"是古文釋義，老師講蘭亭序時，非常細致的讚美"夫人之相與"一大段，並說由極端高興，這一轉到樂極生悲，這文筆跌宕，是多大力量，真是文人的奇筆……。

我不只彼時咀嚼着蘭亭序的寫法之妙，賞跡直到郭老發表這篇壓倒庸俗、辯證唯物的文章前，我只反對誇王字之"緣無來者"，對真偽是還作着迷夢呢。我在外作事的時候，幾年中在很多場合看到喜懽寫蘭亭或愛收藏蘭亭的人，對於蘭亭的推崇真是到了天上。我不是書家，更不是碑帖收藏家，但既賣畫，亦要對畫上常畫的故事研求一下。我對"蕭翼賺蘭亭"的事情，以為以皇帝身分公然讓臣僚去作騙竊行為，由此而升官；李世民死時，以爹的身分對兒子說話還說："我欲從汝求一物"（見何延之蘭亭記），爹對兒用求的語氣，不必說封建制度之尊嚴，即尋常百姓爹對兒亦用不着說求字。我挑指這兩節，原可啓人之疑，而竟滔滔者不懂不疑，且認為這是文事上的一樁韻事，真是盲從到了甚麽地步？！另一可疑處，是許多蘭亭字帖上對"快然自足"的快字多了一筆寫成了怏？行款夾縫中每有一僧字，而學寫蘭亭的竟亦把僧字一起寫？前是文上的不通，後是學書的人不通，而聞者認為我是雞蛋裏挑骨頭，并說"傳世的蘭亭序，是修禊時右軍興來之筆，寫的是文稿，字都那麽丰姿俊逸，錯字改了算了。"我說：當時右軍自己寫時，竟會忘了本年干支，即或我們摹寫，行也亦照原樣擠在旁邊，快字亦必寫快字，彷彿不如此不夠味兒……，好了，郭老這篇文一出，由真的臨河序證明，把"夫人之相與"一大段完全剔出，且指出蘭亭所書是智永偽作，更大力由王謝墓志的字體證實王羲之時代書法還沒到偽書蘭亭上書法的地步。真是"雨過天青，撥雲見日"！

二十一、王字

多少年來我對王羲之的字，無論是蘭亭是十七帖等，渴望着有工夫時認識它一下。一九六五年由喜徵碑帖的朋友方面借到所謂"蘭亭八柱"及"澄清堂帖"、"大觀帖"、宋拓"十七帖"等，我便逐件摹讀了一遍，得到了許多所謂王字的筆意，並聽到王字的許多諛辭。但我以為王字只是嫵媚婀娜，愛是可愛，好當然是好，但那裏有"龍跳天門，虎卧鳳闕"的雄強氣勢？說它是美女簪花則可；是武士按劍則不可。尤其"八柱"裏虞、褚、馮、趙、俞的墨

解放大軍正在神速前进，
不久便传来胜利的炮声，
这炮声使垂死的反动派心惊肉跳，
使牢里的战士看見了光明。
当江姐和难友正准备越狱，
劊子手突然要江姐走出牢房，
敌人下毒手，江姐早料到，
她安詳地穿好衣裳，
梳理了头发，告别了战友，
她面含胜利的笑容，走上刑場。

跡中透露出是當日對皇帝是小心翼翼的應差，更其在褚的三份中互校，時見出有"孩筆"，如把它"孩筆"的字從蘭亭裏檢出，誰亦不能說好。趙摹的則是"婢學夫人"。俞紫芝像清廷考試的"大卷子"，沒有韻味。這幾人是善摹王字的能手，這麼說王字是不過如此的，怎說王字是"後無來者"呢，"是書聖"呢？完全是捧勢。因此我大膽的寫了兩首詩現抄在下面：

1. 題蘭亭八柱

蘭亭八柱得從觀，虞褚馮傳歐輸手。摹賢少長有傳錄，不失史跡誠懸柳。妙筆能從千載餘，我得真識千載後。雖然原摸有距離，追撫其是非虛受。箇中我不善趙俞，妍刻二病雖王偶。蕭規曹隨氣終索（俞嘗摹趙），劍拔弩張寧云有（趙失之妍媚，而俞又失之板刻，無韻致）。株守珍視嗤雜糅，好古唯心忘好醜（指八柱）。書道深微非所知，強作解人惹笑口。學書皮相畫葫蘆，裹足難期成駿走。 我這詩贅在我摸寫的俞紫芝稱為"定武禊帖"，又注"特健藥"地墨跡後。又注了一語："紫芝意就以勝定武，然耶？"

2. 臨王羲之書後有作

王書允無前古人，何能云"後無來者"？王書筆妙蓮波磔，備長諸體自非假，技邁鍾張世所誇，氣韻蓬勃傳中夏。後之書人累萬千，怪無一士攉王社？我乃於此頗質疑，尊王如守舊封儀，祇須崇拜稱"書聖"，帝誇臣捧世為欺，誇捧紛紛徒費墨，後之宗者儀是則，"封建"居然污美覺，"墨皇"舊諡熏閥閱。若今虞褚為王奴，趙氏諂媚得令譽，"索虜"竇蒙恃"八柱"，遮天魔手等筆肚，譽王捧王王孫立舊寵，不合今邏輯，紛紜聚訟王誠冤，"羲鬼"有知應慟泣，千載日月今始光，書道革新應大昌，顏柳不居王之下，掃腐振俗推蘇黃。那應局限窮眼界，片面推崇拘桎械，會看飛躍腕出新，麝煤鼠尾舒光怪。 王後書法筆下有所變，本屬進展，竟以不合王制受譏"封建"之毒也。羲之備長諸體，是羲之以前之諸體；羲之後筆下所有繁變，雖由羲之波磔孕育而來，應視為毫端腕底之進步，為羲之所未理解。羲之能邁古，後人自然能邁羲之，此發展之規律也。我這詩及跋語贅在我摸寫的"南唐澄清堂帖"後。我另有臨王書後的話不再抄了。

二十二、天津在金之直沽寨先後的舊名稱

一般考訂天津在未有天津名稱以前，僅上溯到金在這裏出直沽寨，再上便不詳了。實際這裏可上溯到晉"五胡亂華"時。直沽寨後、天津衛前的海津鎮亦不清楚。現抄清康乾時蔣詩（浙江仁和縣人，字秋吟），董元度（山東平原縣人，字曲江，號寄廬），汪沆（浙江錢塘人，字西顥，號槐塘），吳廷華（浙江仁和縣人，字東璧，號中林）四人關於天津的詩及注釋，便可了然天津以前的舊地名。

1. 蔣詩

沽河雜詠：

"衛河源出自河南，要到蘇門山裏探，光逕漂榆繞入海，況教淇水又相參"。

注：禹貢錐指："漂榆津在鹽山縣東

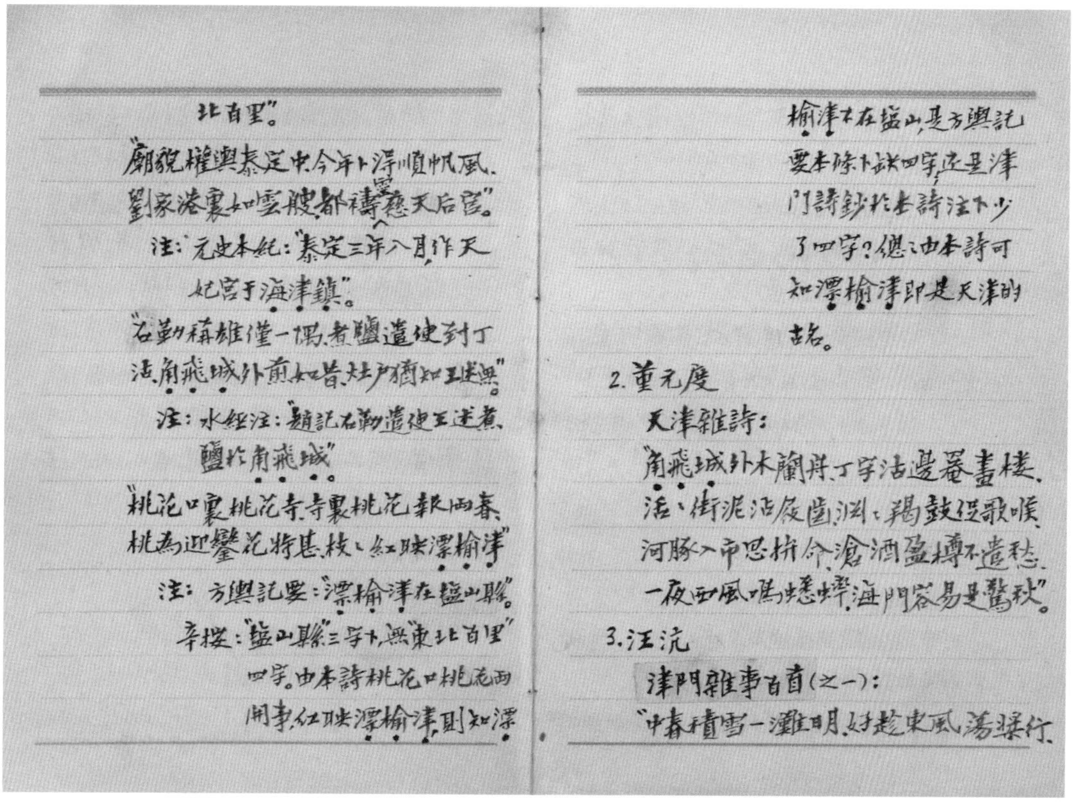

北百里"。

"廟貌權輿泰定中，今年卜得順帆風，劉家港裏如雲艘，都禱靈慈天后宮"。

注："元史本紀："泰定三年八月，作天妃宮于海津鎮"。

"石勒稱雄僅一隅，煮鹽遣使到丁沽，角飛城外煎如昔，灶户猶知王述無"。

注：水經注："趙記石勒遣使王述煮鹽於角飛城"。

"桃花口裏桃花寺，寺裏桃花報兩春，桃為迎鑾花特甚，枝枝紅映漂榆津"

注：方輿記要："漂榆津在鹽山縣"。

辛按："鹽山縣"三字下，無"東北百里"四字。由本詩桃花口桃花兩開事，紅映漂榆津，則知漂榆津不在鹽山，是方輿記要本除下缺四字，還是津門詩鈔於本詩注下少了四字？總之由本詩可知漂榆津即是天津的古名。

2. 董元度

天津雜詩：

"角飛城外木蘭舟，丁字沽邊翡畫樓，沽沽街泥沽夜凿，渊渊羯鼓促歌喉，河豚入市思拼命，滄酒盈樽不遣愁，一夜西風鳴蟋蟀，海門容易是驚秋"。

3. 汪沆

津門雜事百首（之一）：

"中春積雪一灘明，好趁東風蕩槳行。

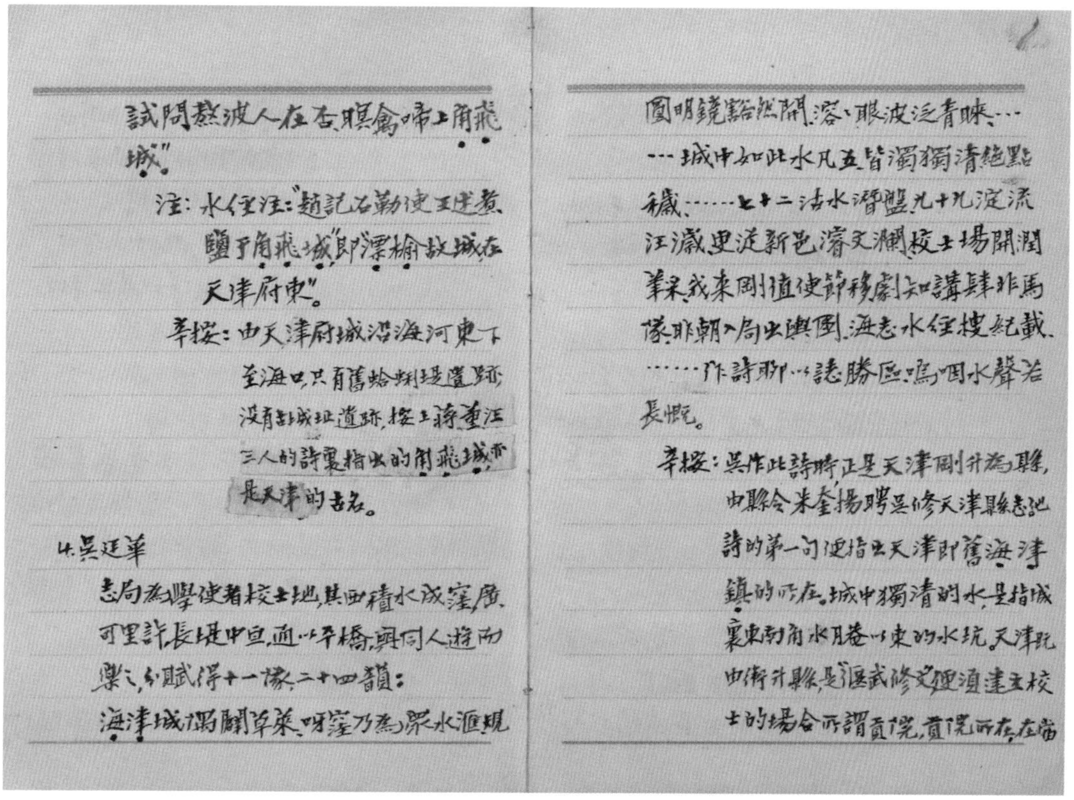

試問熬波人在否，瞑禽啼上角飛城"。

注：水經注："趙記石勒使王述煮鹽于角飛城"，即漂榆故城，在天津府東"。

辛按：由天津府城沿海河東下至海口，只有舊蛤蜊堤遺跡，沒有古城址遺跡，據上蔣董汪三人的詩裏指出的角飛城亦是天津的古名。

4. 吳廷華

志局為學使者校士地，其西積水成窪，廣可里許，長堤中亘，通以平橋，與同人遊而樂之，分賦得十一橡，二十四韻：

"海津城隅闢草萊，呀窪乃為眾水匯，規圓明鏡豁然開，溶溶眼波泛青睐……

……城中如此水凡五，皆濁獨清絕點穢……七十二沽水瀠盤，九十九淀流汪濊，更從新邑濬文瀾，校士場開潤筆來，我來剛值使節移，劇知講肆非馬隊，非朝入局出輿圖，海志水经搜紀載……作詩聊以誌勝區，嗚咽水聲若長慨。

辛按：吳作此詩時，正是天津剛升為縣，由縣令朱奎揚聘吳修天津縣志，他詩的第一句便指出天津即舊海津鎮的所在。城中獨清的水，是指城裏東南角水月卷以東的水坑，天津既由衛升縣，是偃武修文，便須建立校士的場合，所謂貢院，貢院所在，在當時水日卷以東，俗叫學棚。至今該處還有貢院胡同。

基於以上云云，可得出天津先後的舊名稱：

角飛城（漂榆津）—直沽寨—海津鎮—天津。

如此，算把天津這塊地方的歷史沿革上溯到晉五胡亂華時，由金的直沽寨向上長出一千多年。若把金以後到現在的天津這一段再加上，是天津足有一千五六百年的歷史了。

再，天津城東不遠有地名土城，向來亦沒人注意過，是否就是舊漂榆邑的故址？如然，則"漂榆故城在天津府東"一語算有了着落。如此，漂榆原城在現名的土城，至金立直沽寨，上移到三叉沽，即三岔河口。至元乃立海津鎮於現城址的最合形勢的地方。至明建天津衛，遂就海津鎮址築磚城，以前想全是土築的圍子。由是可推斷這方面在當時不是衛要用兵之地，舊時軍隊來去亦是倏忽之間，所以歷史記事無多，容易被人忽略，至明才認為這是北京的所謂"京門口"而加以重視，才建衛。

對本段的參考再搭雜記下：

1. 角飛城　據韻府引水經注：

"清河又東逕漂榆邑故城南，俗謂之角飛城。趙記云，石勒使王述煮鹽于角飛，即城異名矣"。

2. 漂渝地名，渝一作榆。據辭源：

"[水經]清河東北過漂渝邑入于海。"即此。東晉時石虎伐段氏，使桃豹等將舟師出漂渝津"。

3. 清河，按水經所指即大清河。據辭源：

大清河，在直隸（河北）即白溝、依城、豬龍所受諸水之總名。集七十二清河之委而於東西兩淀入於海河。

亭按：海河即天津三岔河口以下之海河。

二十三、天津日、法、英租界街道的舊名稱

一九〇〇年以後天津八國（日、法、英、德、奧、義、俄、比）租界，以日法英三國租界佔地區最大，且為最繁華的中心。當時街道在解放後都改定了正當名稱，租界原起的舊名早不存在。不過在天津街道名稱沿革上似乎還有參考的必要，姑就所知摘錄如下：

1.（日租界方面）

和平路（旭街）、興安路（北大和街，南壽街）、張自忠路（山口街）、嫩江路（曙街）、遼寧路（常盤街）、新華路（榮街）、山東路（花園街）、熱河路（小松街）、河北路（芙蓉街）、蒙古路（橘街）、河南路（春日街）、察哈尔路（吉野街）、山西路（明石街）、綏遠路（香取街）、陝西路（須磨街）、寧夏路（石山街）、甘肅路（淡路街）、青海路（加茂街）、新疆路（三島街）、西藏路（興津街）、海拉尔道（扶桑街）、北安道（橋立街）、多倫道（福島街）、包頭道（桃山街）、萬全道（伏見街）、佳木斯道（吾妻街）、鞍山道（宮島街）、四平道（浪速街）、哈密道（松卧街）、瀋陽道（蓬萊街）、錦州道（秋山街）、遼北道（關口街）、南京道（住吉街）。

2.（法租界方面）—不全

大沽路（1號路）、黑龍江路（3號路）、吉林路（5號路）、解放北路（7號路）、松江路（9號路）、合江路（11號路）、張自忠路（15號路）、河北路（31號路）、河南路（33號路）、山西路（35號路）、安東路（36號路）、陝西路（37號路）、遼寧路（25號路—38號路）、張自忠路（南.17號路）、和平路（21號路）、興安路（南頭,23號路）、新華路（27號路）、安東路（60號路）、山東路（61號路）、花園路（40號路）、獨山路（54號路）、貴陽路（50號路）、昆明路（58號路）、康定路（62號路）、濱江道（東,4號路,西,26號路）、哈爾濱道（自6號路,—20號路—30號路）、赤峯道（8號路）、承德道（自10號路—14號路—34號路）、赤峯道（32號路）、長春道（2號路,—24號路）、西寧道（53號路）、蘭州道（55號路）、寶鷄道（57號路）、拉薩道（59號路）、四平道（64號路）、南京道（63號路）、菜市街（22號路）。

3.（英租界方面）

解放南路（維多利亞道）、台兒莊路（河壩道）、大沽路（海大道）、浙江路（牆子河裏馬場道）、安徽路（馬閑西道）、山西路（力斯克目道）、耀華路（公學道）、建設路（達文波道）、湖北路（戈登道、怡豐道）、四川路（桑皮爾道）、新華路（紅牆道,南端牛津道）、河北路（盛茂道）、香港路（泰安道）、湖南路（西芬道）、山西路（三安道）、長沙路（伯斯道）、衡陽路（馬爾他道）、蒼梧路（匹博利道）、長沙路（南段,加的夫道）、柳州路（孟世滑道）、南寧路（約克道）、貴州路（大北道）、澳門路（西德尼道）、南海路（摩西道）、河北路（咸靈頓道）、芷江路（克蘭特道）、廣西路（德律道）、桂林路（格拉斯哥道）、雲南路（登伯敦道）、昆明路（康伯蘭道,奧克尼道）、西康路（愛丁堡道）、營口道（寶士徒道）、大同道（領事道）、唐山道（廣東道）、馬場道（牆子河外馬場道）、大連道（怡和道）、泰安道（咪哆士道）、彰德道（博目里道）、保定道（巴克斯道）、太原道（寶順道）、烟台道（博羅斯道）、青島道（?）、常德道（克倫波道）、重慶道（劍橋道）、曲阜道（董事道）、開封道（克森士道）、徐州道（狄更生道）、南京道（圍牆道）、睦南道（香港道）、上海道（小河道）、大理道（新加波道）、岳陽道（福發道）、潼關道（孟買道）、西安道（敦橋道）、鄭州道（都伯林道）、洛陽道（達克拉道）、成都道（倫敦道）、沙市

见夹页一

道（林莫克道）、襄陽道（培斯賴道）、宜昌道（格林威道）、廣西道（德律道）、漢陽道（文賽道）、漢口道（體伯瑞道）。

二十四、卬

詩經邶風："卬須我友"。爾雅注："卬猶姎也"，疏："女人稱我曰姎，由其語轉，故曰卬"。廣韻、集韻的"俺，我也，北人稱我曰俺"。實即"卬"的後起字。如此，"俺"亦即"卬"的語轉。今人人都認得"俺"當我講，"卬"則没有人認識了，更談不到"姎"字。

二十五、錯金銀鳥蟲書

一九七二年"考古"五期載有發掘滿城漢墓出土錯金銀鳥蟲書銅壺，遍體為錯金銀鳥蟲書，文字用極細雙鉤線組成，每筆許多紐轉，於紐轉處或成蟲蟠或成鳥首，

甲壺上的二字

單線描出較為易識

壺凡二，錯法疎密微有不同，工緻之美真可說到了極端。現鉤摹一例，可與前"十九、字"的蟲書參校，則彼是書，此則儼然是畫矣。

乙壺上的二字

丙

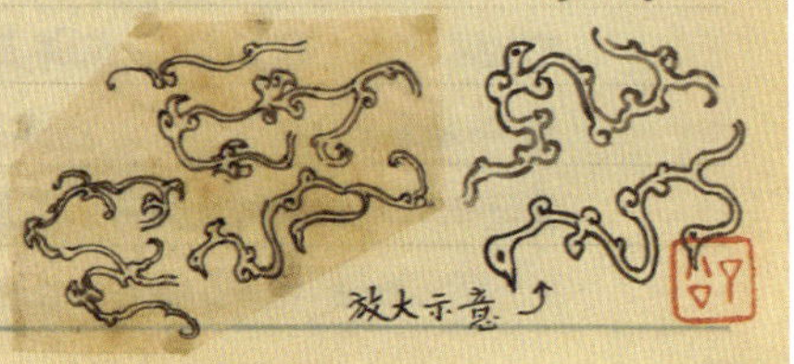

二十六、字二

一九一七，籌備天津博物院時，華石斧主編"國文探索一斑"，我與華伯銓、俞品三、李貫三、吳侶伊同為蒐集材料並製圖表。漢文的書契篆隸沿革歸伯銓，真行草歸侶伊，蒙藏滿文歸品三，越南朝鮮日本三方基於漢化的文字歸貫三，苗猺等文字亦由品三、貫三分擔，回文及參校用的楔形文字歸我，我又同品三寫華埃象形文的沿革比較，一時搞的很熱鬧，只是參考的材料非常貧乏，尤其對楔埃兩方面。回首五十餘年，真不勝今昔！而我所有"國文探索一斑"刊本又行失卻，遂使這些紀念蹤迹全無！當時我寫楔形文字，只知是亞述Assyria，今由手下材料得知創始楔形文字是蘇美利人Sumerians.（蘇馬連）遠在紀元前四千多年是最初遷往美索不達米亞平原的。後来巴比倫Babylon、亞述、波斯Persia三方的古楔形文字是遠紹蘇美利來的。尤其當時埃、楔兩種文字以外，尚有他種文字，而最通用於今的英文字母則創始於腓尼基人Phoenician。當時在人類各種族間多看不起腓尼基人，實則他們在文字的發展傳布上，於歐洲是不可比擬的一件偉大的功勞！

今就手下資料把埃楔等古文字鈔集一些在這裏，亦是很有趣味地一種淺度得認識：

●1. 埃及"聖字"—象形文字：

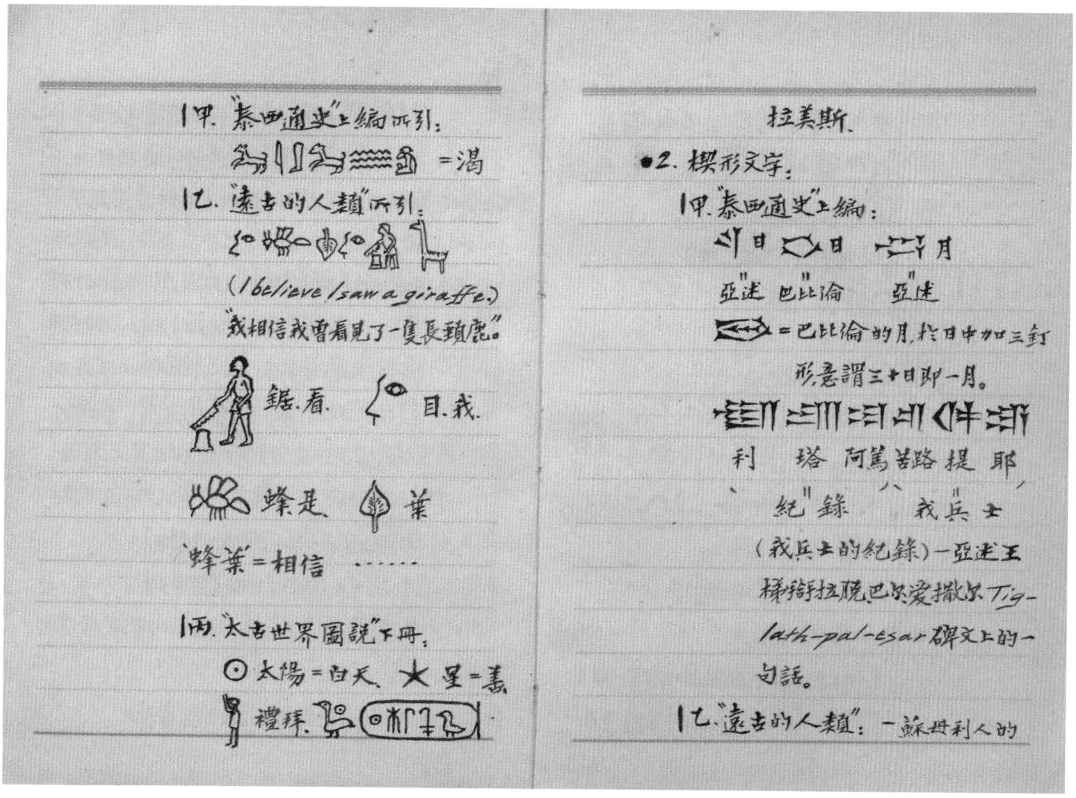

丨甲."泰西通史"上編所引:

=渴

丨乙."遠古的人類"所引:

(I believe I saw a giraffe.)

"我相信我曾看見了一隻長頸鹿。"

鋸.看.　目.我.

蜂.是.　葉

'蜂葉'=相信　……

丨丙."太古世界圖說"下冊:

太陽=白天.　星=晝

禮拜.

拉美斯.

●2. 楔形文字:

丨甲."泰西通史"上編:

日　日　月

亞"述 巴"比倫　亞"述

=巴比倫的月,於日中加三釘形,意謂三十日即一月。

利　塔 阿篤苦路 提 耶

紀"錄　我"兵士

(我兵士的紀錄)—亞述王梯簹拉脫巴尔爱撒尔 Tig-lath-pal-esar 碑文上的一句話。

丨乙."遠古的人類":—蘇毋利人的

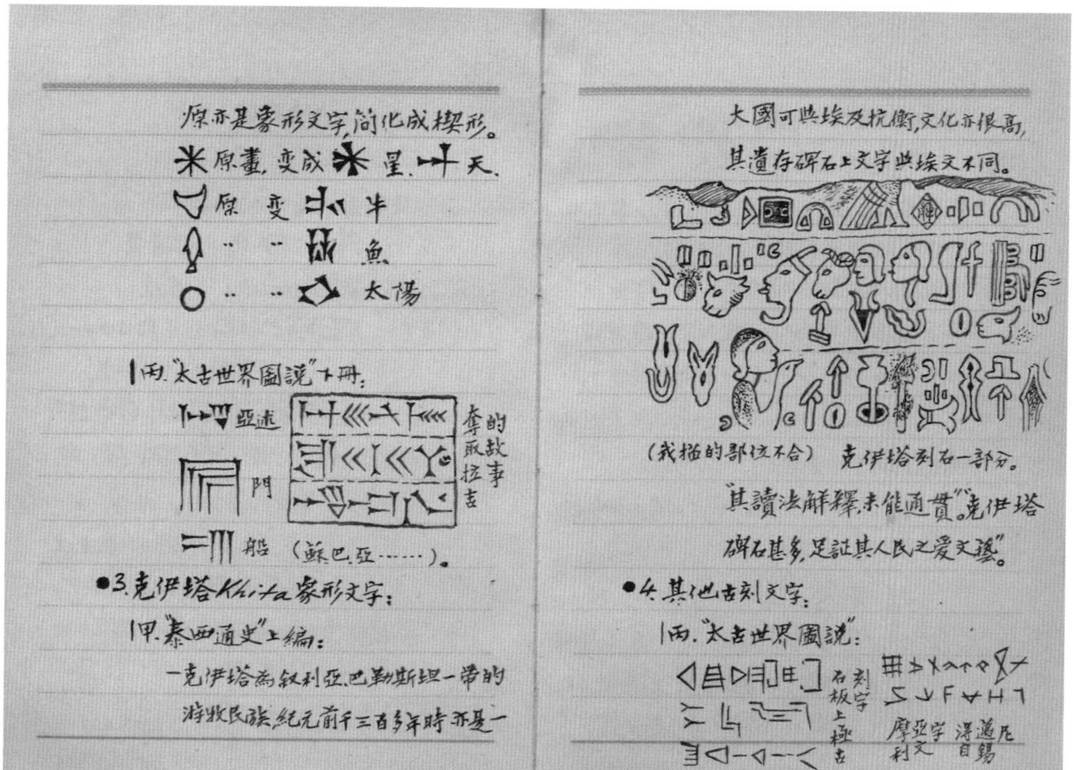

原亦是象形文字,簡化成楔形。

原畫,变成 星. 天.

原　变　牛

‥　‥　魚

‥　‥　太陽

丨丙."太古世界圖說"下冊:

亞述

門

船 (蘇巴亞……)。

奪的 敢故 拉事 吉

●3. 克伊塔 Khita 象形文字:

丨甲."泰西通史"上編:

—克伊塔為敘利亞、巴勒斯坦一帶的游牧民族,紀元前千三百多年時亦是一

大國,可與埃及抗衡,文化亦很高,其遺存碑石上文字與埃文不同。

(我描的部位不合)　克伊塔刻石一部分。

"其讀法解釋,未能通貫"。"克伊塔碑石甚多,足証其人民之愛文藝"。

●4. 其他古刻文字:

丨丙."太古世界圖說":

石板上極古刻字

摩亞字 利文

湯遙尼 自錫

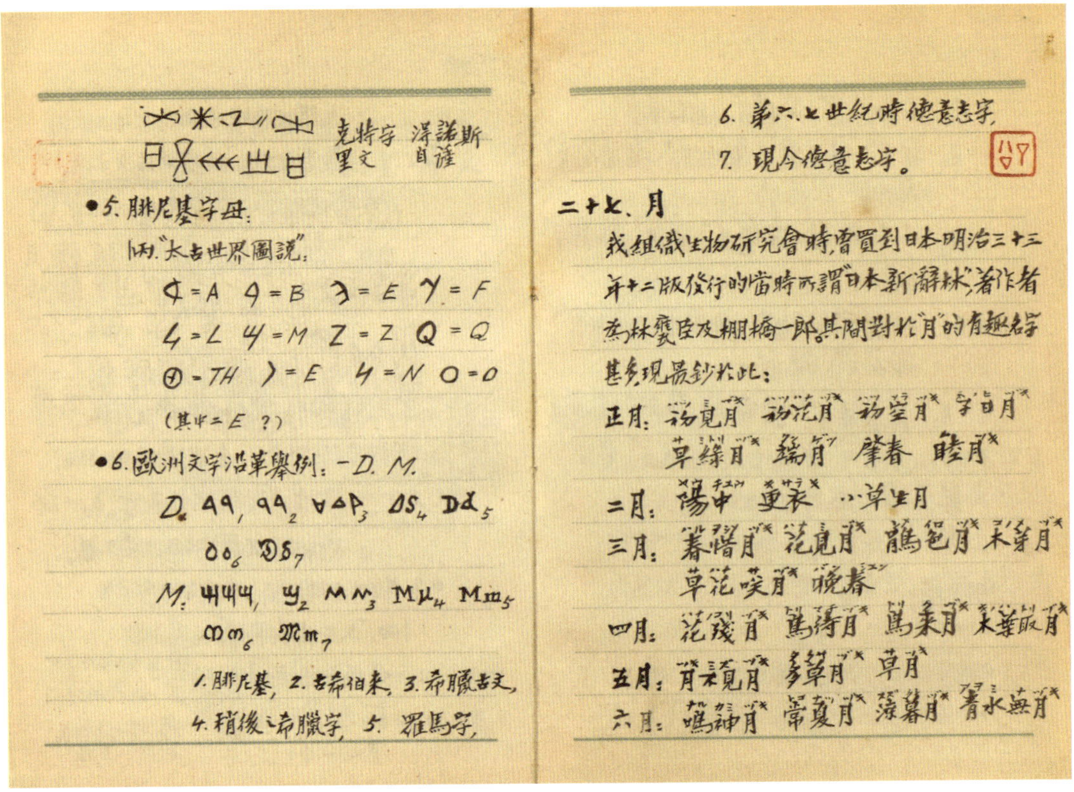
克特字 里文
浮諾斯 自謹

●5. 腓尼基字母：
據"太古世界圖說"：
= A = B = E = F
= L = M Z = Z Q = Q
= TH = E = N O = O
（其中二 E ?）

●6. 歐洲文字沿革舉例：— D. M.
D：$_1$ $_2$ $_3$ $_4$ $_5$ $_6$ $_7$
M：$_1$ $_2$ $_3$ $_4$ $_5$ $_6$ $_7$
1. 腓尼基，2. 古希伯來，3. 希臘古文，
4. 稍後之希臘字，5. 羅馬字，
6. 第六、七世紀時德意志字，
7. 現今德意志字。

二十七、月
我組織生物研究會時，曾買到日本明治三十三年十二版發行的當時所謂"日本新辭林"，著作者為林甕臣及棚橋一郎。其間對於"月"的有趣名字甚多，現摘鈔於此：
正月：初見月 初花月 初空月 子日月 草綠月 端月 肇春 睦月
二月：陽中 更衣 小草生月
三月：春惜月 花見月 鶯邑月 禾穿月 草花咲月 晚春
四月：花殘月 鳥待月 鳥來月 木葉取月
五月：月不見月 多草月 草月
六月：鳴神月 常夏月 涼暮月 青水無月

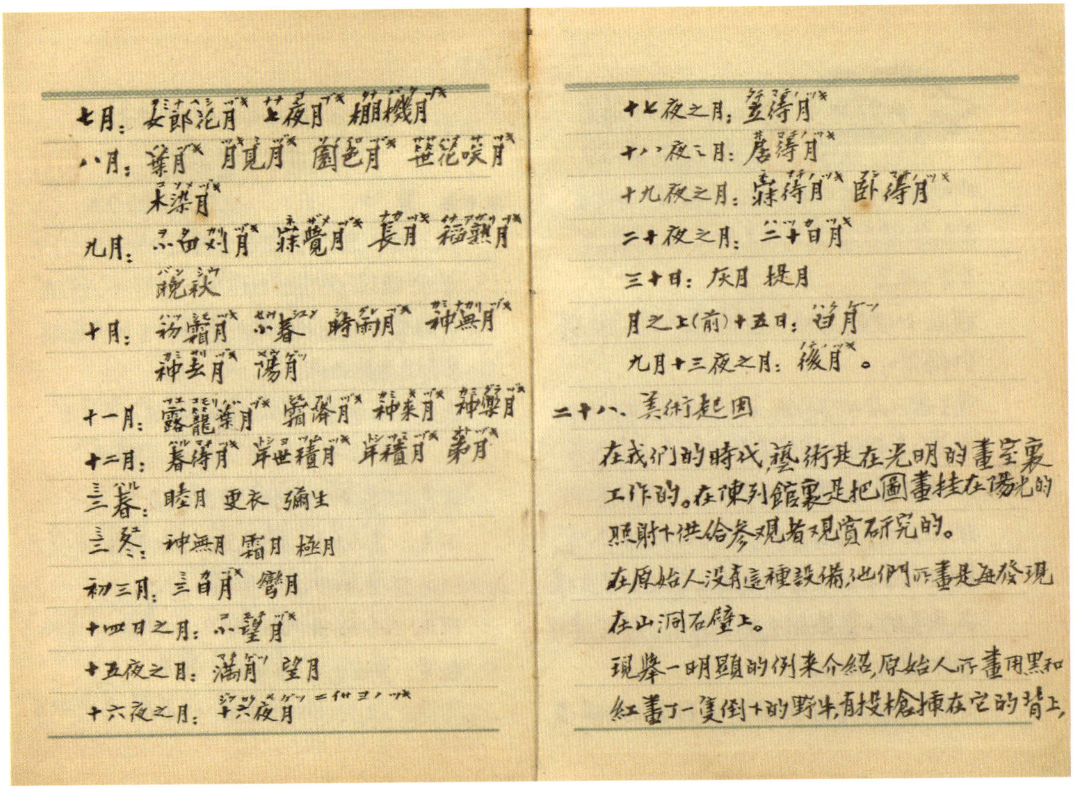
七月：女郎花月 七夜月 棚機月
八月：葉月 月見月 鳳邑月 萩花咲月 木染月
九月：不白刈月 寐覺月 長月 稻熟月 晚秋
十月：初霜月 小春 時雨月 神無月 神去月 陽月
十一月：露籠葉月 霜降月 神來月 神樂月
十二月：春待月 年世積月 年積月 弟月
三春：睦月 更衣 彌生
三冬：神無月 霜月 極月
初三月：三日月 彎月
十四日之月：小望月
十五夜之月：滿月 望月
十六夜之月：十六夜月
十七夜之月：立待月
十八夜之月：居待月
十九夜之月：寐待月 臥待月
二十夜之月：二十日月
三十日：灰月 提月
月之上（前）十五日：白月
九月十三夜之月：後月。

二十八、美術起因
在我們的時代，藝術是在光明的畫室裏工作的。在陳列館裏是把圖畫掛在陽光的照射下供給參觀者觀賞研究的。
在原始人沒有這種設備，他們所畫是在發現在山洞石壁上。
現舉一明顯的例來介紹，原始人所畫用黑和紅畫了一隻倒下的野牛，有投槍插在它的背上，

在前石壁上又畫着彎曲的長角，背上鈎曲的，尾巴毛茸茸的。它的手和腿是人，手裏拿着弓。實際是蒙着野牛皮的人。在跳舞。還有第三張第……。

現在由伊林着的"人怎樣变成巨人"裏得到解答：

"幾了獵人参加跳舞。每人都戴了野牛皮，或戴了表示野牛頭裝着角的面具，手拿着弓和槍，在表演圍獵野牛……，現北美洲印地安人還保存着古代獵人的風俗習慣。"

我们明白了，那所畫是巫術上魔法的重要儀式。與美術上毫無相干。那所畫等于符咒来祝告打獵的成功。

有史以前這種畫或雕刻留到今天的很有些，當然是巫師的念咒畫符，說不上審美或娛情。但美術是從這留下来的。

二十九．極北民族的圖畫日記

十九世紀末二十世紀初，世界上極北民族愛斯基摩人尚用圖畫記日記。

下列是一個愛斯基摩人的漁程遊獵記錄：

1 所繪的人一手作姿勢指自己，一手指前途，旅進之方向，故其意為："我向前進"。

2 一人雙手舉槳，意："在船上"。

3 以手托頭，示睡眠意，一手表示數目，即："一夜"。

4 意為："行至一島上有住處"，以二小點表示住處。

5 "再向前進"。

6 "又至一處"。

7 手托頭，另手示二數，示兩夜睡眠之意是"在此消磨了兩夜"。

8 "以魚叉捕魚"。

9 "有一海豹"。

10 "以弓射獵"。

11 "另遇一人，同他返船"。此圖有兩個槳形以體會出這意思。

12 "至帳幕中"。

由河北博物院畫報所載記下来的　老辛

甫志高生就一副軟骨头，
敌人威胁与利誘，他甘心作叛徒。
敌人要偵察党的秘密，让他带路，
在川北小城的地下联絡站里，
他找到了江姐，使出了計謀，

他說党叫他来送发报机，
要江姐赶快去接收。
江姐馬上識破了这条走狗，
她掩护着同志們安全轉移，
然后和叛徒展开搏斗。

三十、對老人的封閉與活埋

我曾看過愛斯基摩人當春還從漁獵的電影。當春天到来時，闔家離開舊住的冰封窟藏

去較為可有漁獵對向的地方去獵取較多的食物以維持生活。在這自然終年酷寒之區欲維持延長生命及嗣續定居一處是無法的。但是當離開舊居時，其年老不能操作勞動者則仍在原窟藏長明燈下留與些食物封閉窟口。當夏冬令回来時，大致老人是早死去。這與大洋洲新喀里多尼亞島活埋老人沒有甚麼兩樣。如此原由，實基於該兩族至今還不會農耕，仍遵蒸野舊習，凡只消耗食物不能勞作則攝其生活而不害其經濟。這可証我國舊諺“六十歲不死活埋”之語often沿

古傳来的。當然我族在僅會漁獵時亦有此可慘行為，但比之奴隸社會之殺人殉葬總是情有可原的。比之英國殖民于澳大利亞迫使塔斯馬尼亞人全族滅絕是絕對不可饒恕的。

三十一、我國是食料應用上最豐富的國家

由這題目上看世界上自詡文明進化許多國度，他們食單上品種是太少了。

我现引胡先驌著的經濟植物學序言中一段便可認出這一點：

“在英美各國此類書籍亦不多。最著名的為英國裴希和教授(Prof. John Percival)所著的農業植物學。但其書包括普通植物學及植物病理學的材料太多，不適於專門經濟植物學這一科目之用。美國羅賓士教授(Prof. Wilfred W. Robbins)所著的農藝植物學則較為適用，然為中國學生作教科書或參考書之用也嫌不足。蓋中國幅員廣大，農業資源豐富。美國農部曾有統計，美國所用的食用植物有一千餘種；中國所用的食用植物則有二千餘種。歐美各國常見的蔬菜果品，為在中國所不常見的為數不多，而在中國常見在歐美不常見者則甚多。果品如柿、棗、枇杷、山楂、楊梅、荔枝、龍眼等在中國皆極常見，而在歐美則不常見；蔬菜如莧菜、蕹菜、大白菜、芥藍

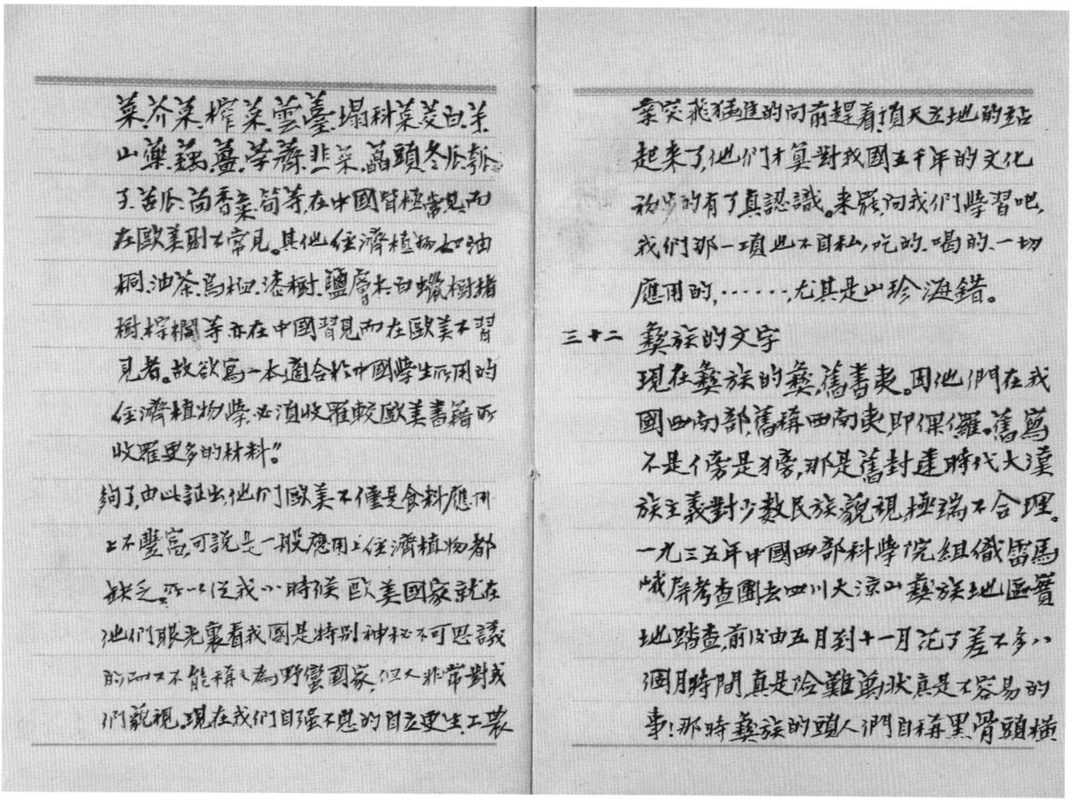

菜芥菜、榨菜、雲薹、塌科菜、茭白、菜
山藥、藕、薑、芋、蒜、韭菜、蒜頭、冬瓜、絲
瓜、苦瓜、茴香菜、筍等，在中國皆極常見，而
在歐美則不常見。其他經濟植物如油
桐、油茶、烏桕、漆樹、鹽膚木、白蠟樹、楮
樹、棕櫚等亦在中國習見而在歐美不習
見者。故欲寫一本適合於中國學生所用的
經濟植物學，必須收羅較歐美書籍所
收羅更多的材料。"
夠了，由此證出他們歐美不僅是食料應用
上不豐富，可說是一般應用上經濟植物都
缺乏。所以從我小時候歐美國家就在
他們眼光裏看我國是特別神秘不可思議
的，而又不能稱之為野蠻國家，但又非常對我
們藐視。現在我們自強不息的自立更生，工農

業突飛猛進的向前趕着，頂天立地的站
起來了，他們才算對我國五千年的文化
初步的有了真認識。來罷，向我們學習吧，
我們那一項也不自私，吃的、喝的、一切
應用的，……，尤其是山珍海錯。

三十二 彝族的文字

現在彝族的彝，舊書夷。因他們在我
國西南部，舊稱西南夷，即倮儸。舊寫
不是亻旁是犭旁，那是舊封建時代大漢
族主義對少數民族藐視，極端不合理。
一九三五年中國西部科學院組織雷馬
峨屏考查團去四川大涼山彝族地區實
地踏查，前後由五月到十一月花了差不多八
個月時間，真是險難萬狀，真是不容易的
事！那時彝族的頭人們自稱黑骨頭，橫

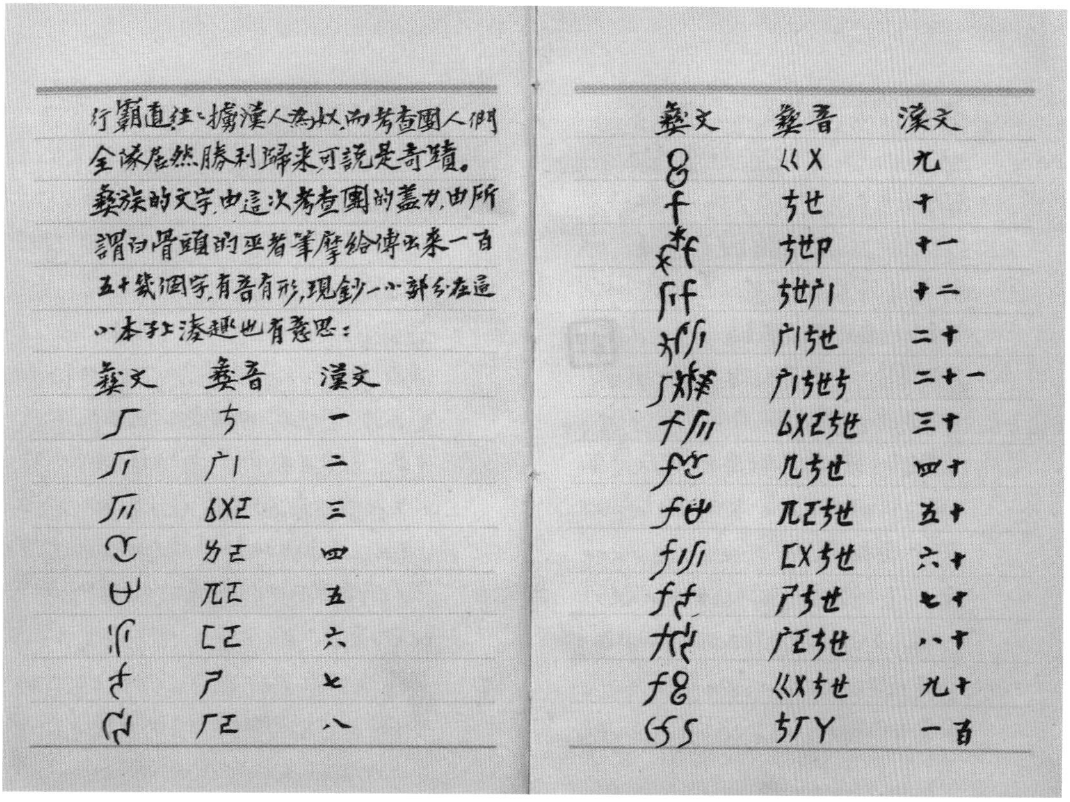

行霸道，往往擄漢人為奴，而考查團人們
全隊居然勝利歸來，可說是奇蹟。
彝族的文字，由這次考查團的盡力，由所
謂白骨頭的巫者筆摩給傳出來一百
五十幾個字，有音有形，現鈔一小部分在這
小本子上，湊趣也有意思：

彝文	彝音	漢文
[illegible]	ㄘ	一
[illegible]	ㄏㄧ	二
[illegible]	ㄙㄨㄛ	三
[illegible]	ㄌㄛ	四
[illegible]	ㄫㄛ	五
[illegible]	ㄈㄛ	六
[illegible]	ㄕ	七
[illegible]	ㄏㄛ	八

彝文	彝音	漢文
[illegible]	ㄍㄨ	九
[illegible]	ㄘㄝ	十
[illegible]	ㄘㄝㄗ	十一
[illegible]	ㄘㄝㄏㄧ	十二
[illegible]	ㄏㄧㄘㄝ	二十
[illegible]	ㄏㄧㄘㄝㄘ	二十一
[illegible]	ㄙㄨㄛㄘㄝ	三十
[illegible]	ㄌㄘㄝ	四十
[illegible]	ㄫㄛㄘㄝ	五十
[illegible]	ㄈㄨㄘㄝ	六十
[illegible]	ㄕㄘㄝ	七十
[illegible]	ㄏㄛㄘㄝ	八十
[illegible]	ㄍㄨㄘㄝ	九十
[illegible]	ㄘㄧㄚ	一百

彝文	彝音	漢文
[illegible]	ㄫㄨㄛ	黑彝
[illegible]	41	白彝
[illegible]	ㄍㄚㄍㄍㄚㄌㄨㄛ	娃子
[illegible]	ㄍㄨㄏㄛ	大涼山
[illegible]	ㄇㄧㄏㄌ	小涼山
[illegible]	ㄇㄛㄉㄛㄉㄛ	打冤家

三十三 巨石象與能言木

在世界地圖上西經一百二十幾度以東南太平洋上南緯二十八度强或弱的地方有一小島名伊斯特島，按英文是Easter，義為東方島。在此島東北，西經一百一十幾度，南緯二十七度强或弱的地方又有一島譯拉哥美斯Salay-Gomez。兩島全屬南美智利。我記得在東方島上有石刻巨大人象立在濱海，並有能言木。這在英文本"世界奇觀"The Wonders of the World一隅篇就是這奇異的記載，可惜當

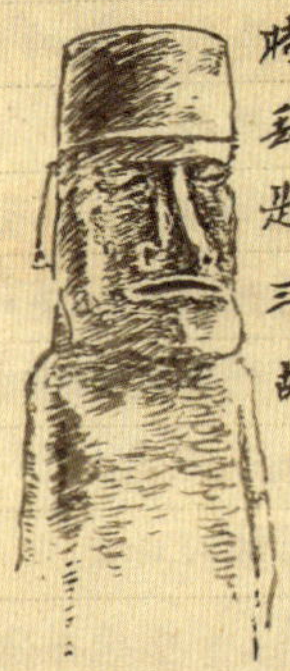

時没譯出那篇文字，現在那本書丢了！在蘇聯文漢譯的"知識就是力量"雜誌一九五八年第四冊上三十五頁至三十八頁載有能言木的故事，很詳细但又很令人迷惘的一段長文和各種圖。

另外我有蘇聯文的一本小冊，是一九五四年刊行專記這能言木的書。書皮上及前後扉頁上是巨大石人象。書名ПОТОМКИ МАКЛАЯ，下注我譯的名字："馬克萊的後裔"。内記共是十二章，前有一著名最近得到能言木意義的綠宗地少年學生樣的像，名字是：×Борис Кудрявцев。我曾譯出章目：一、"第一次関於很遠的島嶼談話"，三、"不到日涅戈島之奇蹟"，六、"為甚麽能說話的木頭啞口無言？"七、"至今全世界人民也保護得了文字上的意義"，十、"他""她""這个""這个"……、十一、"島的文字復活"。……究竟我依然迷離恍惚，現簡畧的由上所得擇要記下：

×波利斯·庫德良夫切夫

在太平洋的東南部，南美洲和澳洲之間有一个多石小島。這个島是

←拉諾拉·吉大山口。二百座左右庞大石像保存在這个大山口的斜坡上

荷蘭航海家羅格文在1722年四月六日基督復活節的第一天偶然發現的，所以取名復活節島。但這島本來名"馬塔一吉給一拉格"，就是"望天眼"的意思，又叫"點一皮托一貼干那"，就是地球的肚臍的意思。三角形的這島面積只有118平方公里，有三座死火山。島上滿是灰色土壤，没有河、樹、湖、野獸、雨水積在火山口裏和石穴裏。唯一動物是老鼠。這裏居民幾百人，以捕魚、獵海鳥、種甘薯等為生。但是這島蘊藏着許多秘密，各國科學家研究了百多年，没得到最後的結果。

荃按：這一大段統稱"復活節島的秘密"究竟是上二島的那一个？

島上人是那族？是不是土著？島的原有名是誰起的？全無敘述。

"奇怪的五十年"：羅格文最早1722来島上住了一天。他的記載：島上草木繁茂，居民的皮膚白晰。在一个黑色的花崗石山岩上，發現了一尊巨大的石像，水手們由土人的阻止只走到山岩脚下，沒能跑到石像跟前去。可是他們馬上發現附近幾个山頂上还有十来尊同樣的巨像立在那裏。歐洲人再一次到这島上来是50年以后的事了。1774年3月英國船長詹姆斯·庫克的船来到这裏。未来之前，他们讀過羅格文的記載，但这次只看到一些光秃秃岩石，在岩石縫裏只有一些枯萎的植物。可是这一回他们到石像跟前去，并沒有人攔路。按照五十年前羅的記載，土人誰都不敢到石像附近去，說去了就會死掉。據同哲来的研究員佛斯特認為在这段時间裏，島上一定發生過一次巨大的災禍，把島上高度發展的文化毀滅了。

"新發現—新啞謎"：復活節島真正受到科學家的重視，是在19世紀的90年代以后。1914年英國女科學家勞特列治到这島上。她一到島上立刻就深入拉諾拉拉古火山口裏，她發現这裏就是巨石像的工作場。灰色的巨像沿着山口斜坡排列着，有許多接近雕成，有許多还剛剛直接在峭壁上鑿出了个輪廓。这樣龐大工程用現代機械和工具都很难做，可是分散在大山口上的工具，却是裝着石尖的丁字鎬及類似的東西。……？

"一連串的秘密"：島上有些石像下端像桩子樣插在土裏，勞氏掘開了一个石像，發現埋在土裏那一段像背，有一些奇怪的紋路，像是甚麽符号似的。以后她又發現島上許多像背都有同樣符号。詢問土人，答不上来。此外还有木質小雕像，頭像老人，胸像島，土人也說不出来歷，只說島上人世世代代都要按照古傳的形象，一點不走樣的雕造小木偶。……許多石像戴着帽子，是另行戴上去的，好幾噸重怎麽能舉到10公尺高安裝上去呢？……現在有些科學家認為復活節島可能是一巨大海島遭劫后露在海面上僅是巅頂。島民中現还有一種迷信，說如果在一年中一个特定的日子乘坐一種古老的小船到洋面上去念一句特别的咒語，同時往海水深處瞧，就可瞧見有些石像躺在那兒，歪着嘴苦笑。这个傳說就可以和上述推測相証印。

"誰是島人的祖先"：島上人口那麽少，那石像決不會是他們創造的。可能是古代一个强大的部落創造的。能否把現居民看成是那强大部落的后裔呢？这些石像的創造者是島上的土著呢，还是在比較晚期才從大陸上漂過来的呢？經過種種証明，却都提到有个始祖名叫霍圖·馬圖阿的，說他從一个遥遠地方漂来的。他隨身帶来了六十七塊能語木。在20世紀

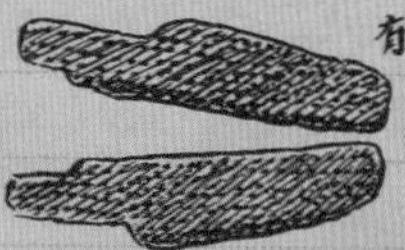

有一个驚人的發現，科學家們在所羅門群島上發現了一些石像，跟這個島上的完全一樣。所羅門羣島和復活節島

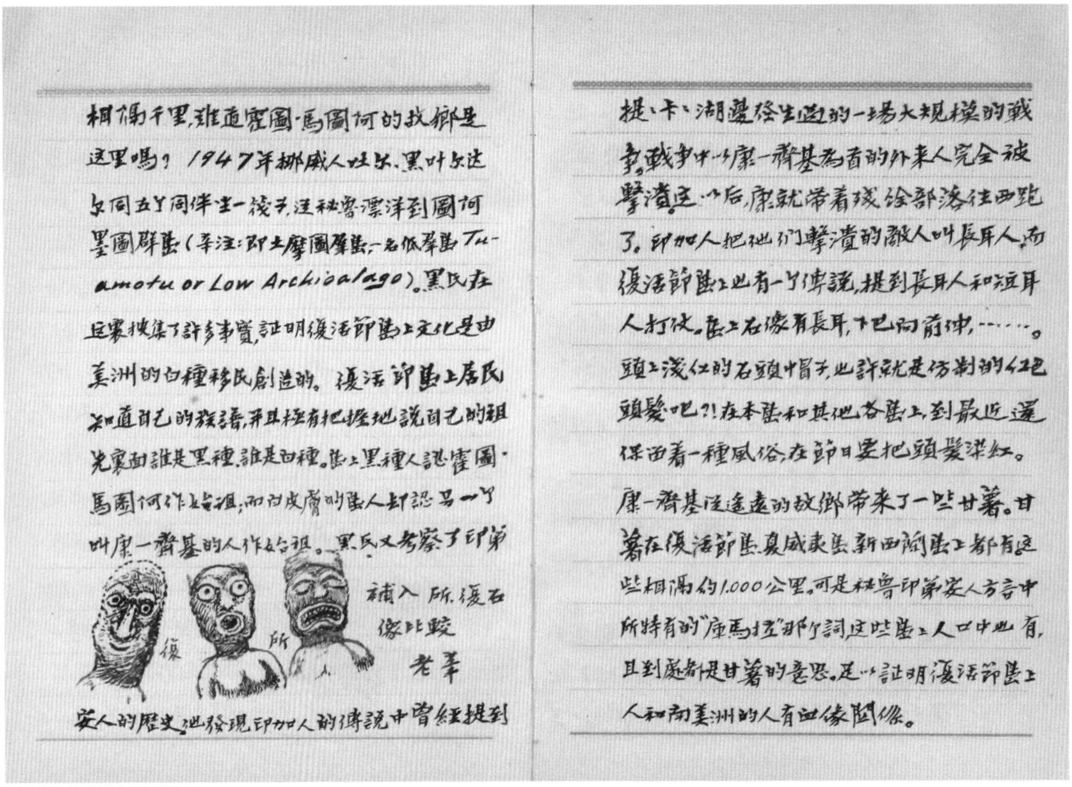

相隔千里，難道霍圖·馬圖阿的故鄉是这里嗎？1947年挪威人托尔·黑叶尔达尔同五个同伴坐一筏子，从秘魯漂洋到圖阿墨圖群島（華注：即土摩圖群島，一名低群島 Tuamotu or Low Archioalago）。黑氏在这裏搜集了許多事實，証明復活節島上文化是由美洲的白種移民創造的。復活節島上居民知道自己的族譜，并且極有把握地說自己的祖先裏面誰是黑種，誰是白種。島上黑種人認霍圖·馬圖阿作始祖；而白皮膚的島人却認另一个叫康一齊基的人作始祖。黑氏又考察了印第安人的歷史。他發現印加人的傳說中曾經提到

提提卡卡湖邊發生過的一場大規模的戰爭。戰爭中以康一齊基為首的外来人完全被擊潰。这以后，康就帶着殘余部落往西跑了。印加人把他們擊潰的敵人叫長耳人。而復活節島上也有一个傳說，提到長耳人和短耳人打仗。島上石像有長耳，下巴向前伸，……。頭上淺紅的石頭帽子，也許就是仿制的红色頭髮吧?!在本島和其他各島上，到最近還保留着一種風俗，在節日要把頭髮染紅。

康一齊基從遙遠的故鄉帶来了一些甘薯。甘薯在復活節島、夏威夷島、新西蘭島上都有，这些相隔约1.000公里。可是秘魯印第安人方言中所特有的"庫馬拉"那个詞这些島上人口中也有，且到處都是甘薯的意思。足以証明復活節島上人和南美洲的人有血緣關係。

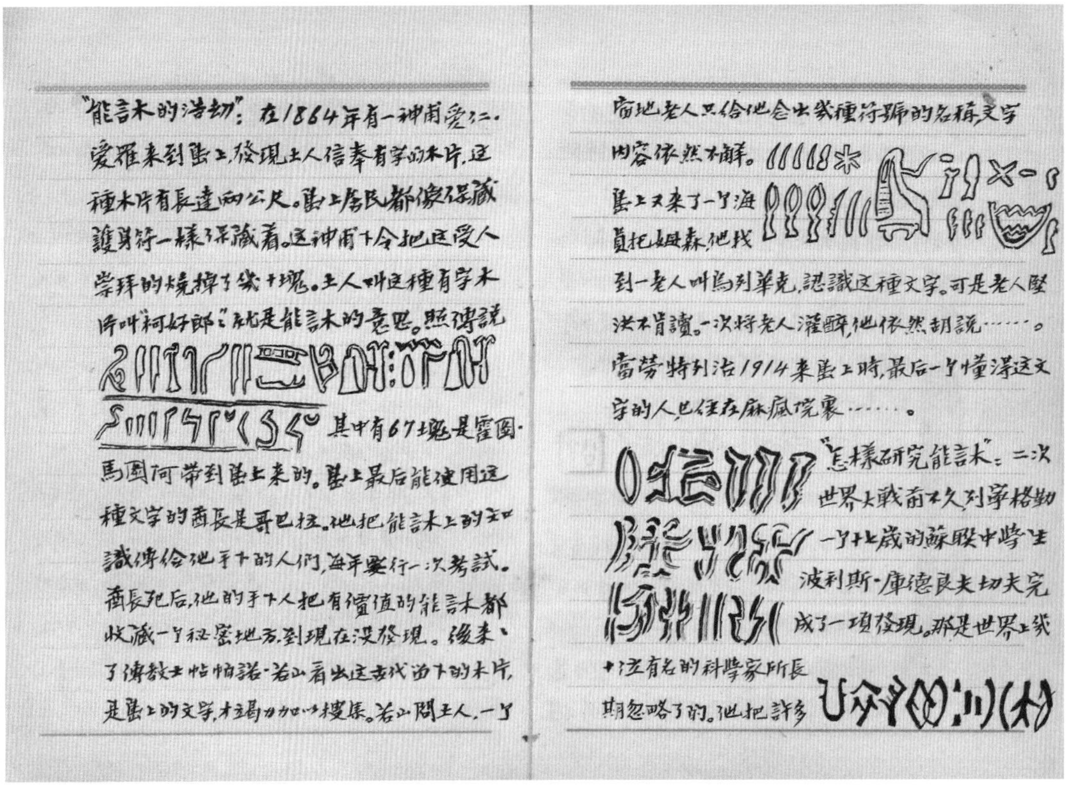

"能言木的浩劫"：在1864年有一神甫愛仁·愛羅来到島上，發現土人信奉有字的木片。这種木片有長達兩公尺。島上居民都像保藏護身符一樣保藏着。这神甫下令把这受人崇拜的燒掉了幾十塊。土人叫这種有字木片叫"柯好郎"，就是能言木的意思。照傳說

其中有67塊是霍圖·馬圖阿帶到島上来的。島上最后能使用这種文字的酋長是哥巴拉。他把能言木上的知識傳給他手下的人們，每年要行一次考試。酋長死后，他的手下人把有價值的能言木都收藏一个秘密地方，到現在没發現。後来来了傳教士帖帕諾·若山看出这古代留下的木片是島上的文字，才竭力加以搜集。若山問土人，一个

當地老人只給他念出幾種符號的名稱，文字內容依然不解。島上又来了一个海員托姆森，他找到一老人叫烏列華克，認識这種文字。可是老人堅決不肯讀。一次將老人灌醉，他依然胡說……。當勞特列治1914来島上時，最后一个懂得这文字的人也住在麻瘋院裏……。

"怎樣研究能言木"：二次世界大戰前不久，列寧格勒一个十七歲的蘇聯中學生波利斯·庫德良夫切夫完成了一項發現。那是世界上幾十位有名的科學家所長期忽略了的。他把許多

塊能言木上的符號拿来比較，就查出裏面有四塊文字是相同的，只是所用的那一組符號在幾塊上是完整的，在另外幾塊就用補充符號分開了，但符號的次序还是保存着的。這樣就有

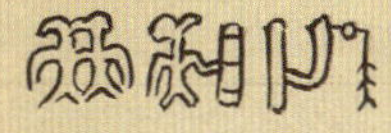

得出結論，以為這種文字有幾種變體。有些是簡體，有些是通用體，但內容都一樣。

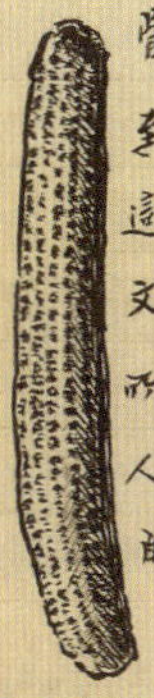

統
這種

文字研究的近況，按照蘇聯人種學研究所一位研究員的意見，再過二、三年就會有人讀它了。因為有種種線索可以尋出它的一切，並談不到甚麽神秘。

幸按：以上文中始終沒見東方甚的名字？巨石像仍未得確証，但已知與美拉尼西亞種族有関。如此而已。

"能言木"是美洲古文化一種與瓜迭馬拉、于加敦等古象形文字是否有関？為之神往？！

三十四 關於狗

狗在家畜裏最忠實於主人，是死心塌地依戀主人的。如果主人嫌它，把它扔去山野，它是照舊能回来的。由推想這情形，我認為不是一朝一夕，當是經過漫長時期，由沒有文化時人類把狗由野生獵取進為飼養，既可食用又可守夜，人與狗互相依賴而形成的。及至人類有了文化，到了封建時期，以狗之忠於人如此，而人還要對它宰殺是不應該的，這就是舊說所謂羊馬比君子，給一般人看。尤其在清代末年，就是我小時候，在天津要由官家調查，如查出有賣狗肉的狗肉鍋便提去正法，比貼告示勿殺耕牛利害。但是依然有狗肉鍋，實際煮賣狗肉的與衙門口的差役互相串通，每煮一鍋給衙門口差役二八成的賄錢，但是我始終不知這狗肉鍋在那裏。街上賣驢肉的有時帶有滷煮狗肉。三字經有："犬守夜，雞司晨"，犬是看家的，這是冠冕好聽的話。當然一般養狗者人家誰亦不肯宰殺自己所養的狗。雞雖司晨，但是誰家亦沒斷了宰雞，老太太們還對雞說："雞呀雞，你別怪，你本是陽間一刀菜。"乃一個當人類優待，一個生死不顧，心竟天地懸殊如此。但是古来的所謂八珍，便有狗，是取其血"膋"幪在它的肝上燒炙之，認為一個美味的上饌呢。

三十五 三沽

（此是鈔將一卷長安客話）

"曰丁字沽，曰西沽，曰直沽，並爲躲蹤尊之處（？）在武清縣境內。其名丁字沽者，以河形三岔，如丁字故也。合衛河、白河會於直沽相䅗入海，故土人呼直沽曰大直沽。元王懋德詩：極目滄溟浸碧天，村烟漁火泊吳船。層層鷗集三沽裏，簇簇鱗屯兩岸邊。西北羣流連海岱，東南巨浸拱幽燕。鳳城形勝雄千里，獨許雍奴濊廣川。"

按：水經："四面有水曰雍，不流曰奴"。舊有三角淀即古雍奴，雍聚也，擁也，奴即

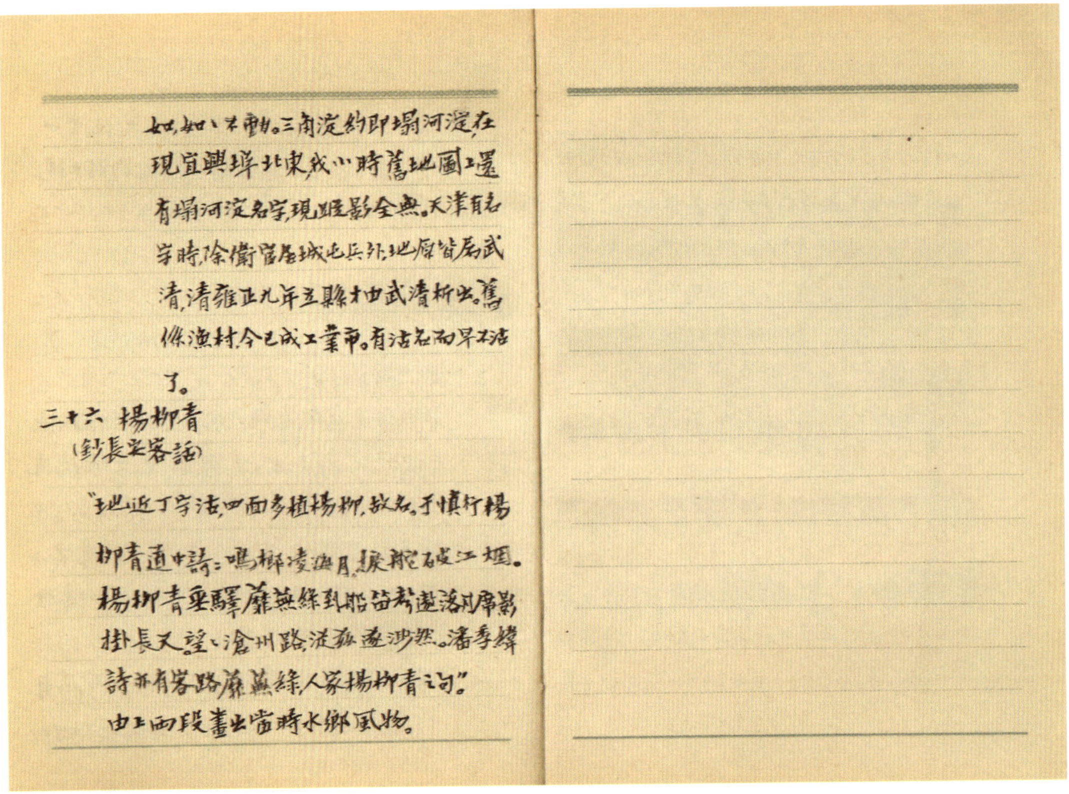

如，如々不動。三角淀約即塌河淀，在
現宜興埠北東，我小時舊地圖上還
有塌河淀名字，現遺影全無。天津有名
字時，除衛官屋城屯兵外，地屬皆屬武
清，清雍正九年立縣才由武清析出。舊
係漁村，今已成工業市。有沽名而早不沽
了。

三十六　楊柳青
（鈔長安客話）

"地近丁字沽，四面多植楊柳，故名。于慎行楊
柳青道中詩：鳴榔凌漁月，撥舵破江煙。
楊柳青垂驛，蘼蕪綠到船。笛聲遙落日，帆影
掛長天。望望滄州路，茫茫遙渺然。潘季馴
詩亦有客路蘼蕪綠人家楊柳青之句。"
由上兩段畫出當時水鄉風物。

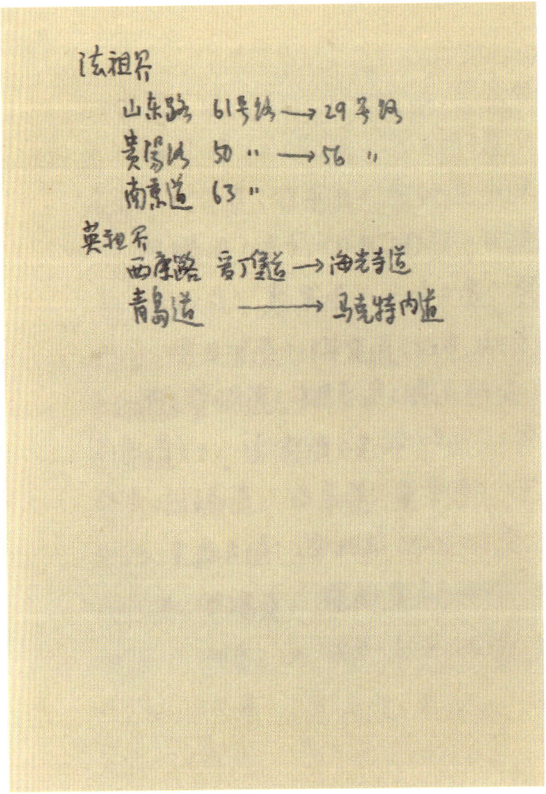

法租界
山东路　61号改→29号改
贵阳路　50〃→56〃
南京道　63〃
英租界
西康路　香丁堡道→海光寺道
青岛道　→马克特内道

夹页一，横90毫米，纵127毫米，影印时略有缩放。

百家姓

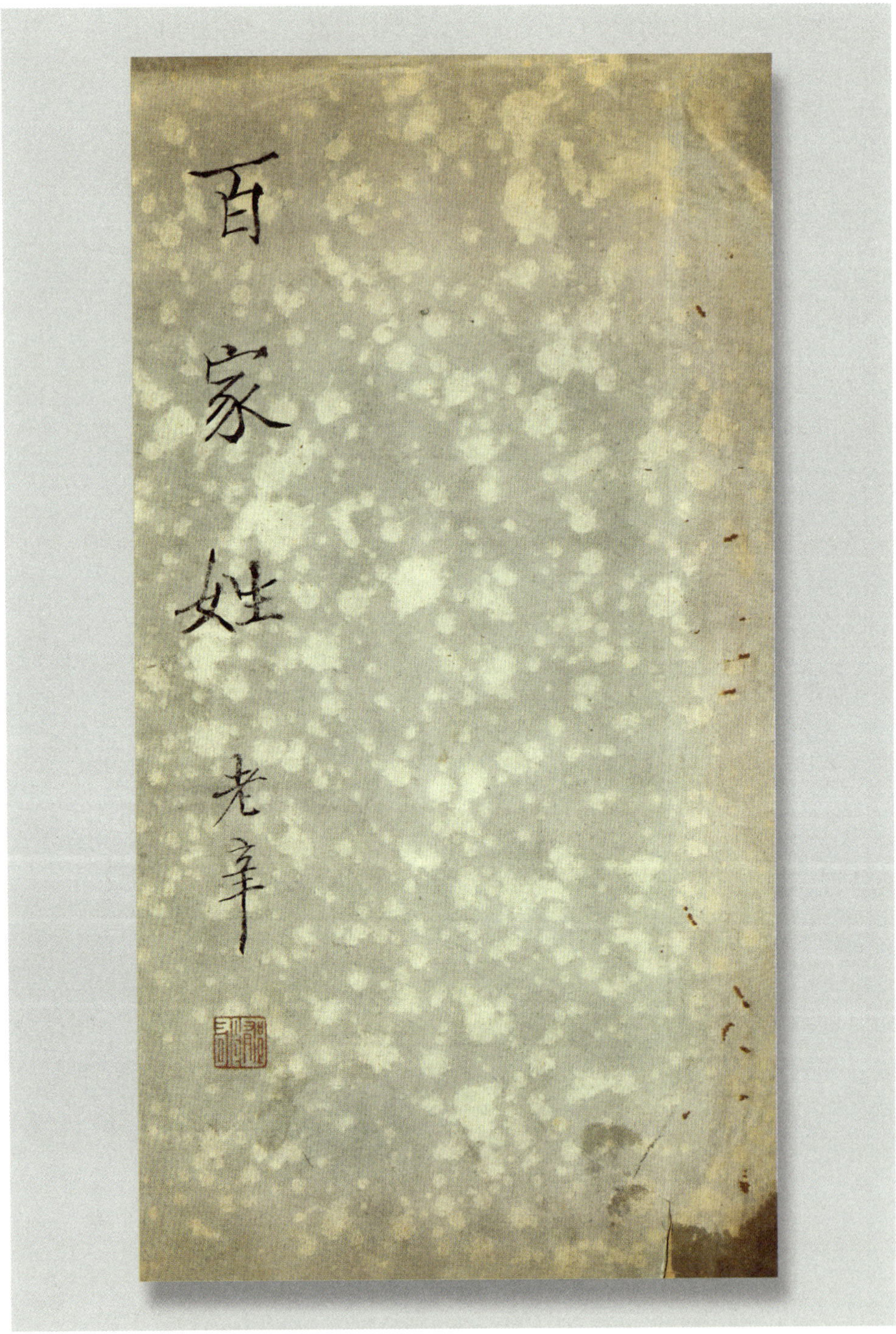

手稿横150毫米、纵278毫米，共计44页，影印时略有缩放。

序

余既輯百家姓補已則舊百家姓似亦有重行清鈔研讀之必要姓源方面尤應加以考核正其所引千載以人詳解千載前事實雖免附會牽强以遂文以示其博只得於孤證者依之於猶夷兩端者擇其近理而注之或就所知增益一二然余又生於千載以

人〻後如隔二重〻靴更難必搔着癢處說夢之謂
任之可也呵呵
一九六四年六月十四日晨興
山陰七十八老章氏

百家姓

趙錢孫李　周吳鄭王　馮陳褚衛　蔣沈韓楊

朱秦尤許　何呂施張　孔曹嚴華　金魏陶姜

戚謝鄒喻　柏水竇章　雲蘇潘葛　奚范彭郎

魯韋昌馬　苗鳳花方　俞任袁柳　酆鮑史唐

費廉岑薛　雷賀倪湯　滕殷羅畢　郝鄔安常

樂于時傅　皮卞齊康　伍余元卜　顧孟平黃
和穆蕭尹　姚邵湛汪　祁毛禹狄　米貝明臧
計伏成戴　談宋茅龐　熊紀舒屈　項祝董梁
杜阮藍閔　席季麻強　賈路婁危　江童顏郭
梅盛林刁　鍾徐丘駱　高夏蔡田　樊胡凌霍
虞萬支柯　昝管盧莫　經房裘繆　干解應宗

丁宣賁鄧　郁單杭洪　包諸左石　崔吉鈕龔

程嵇邢滑　裴陸榮翁　荀羊於惠　甄麴家封

芮羿儲靳　汲邴糜松　井段富巫　烏焦巴弓

牧隗山谷　車侯宓蓬　全郗班仰　秋仲伊宮

甯仇欒暴　甘鈄厲戎　祖武符劉　景詹束龍

葉幸司韶　郜黎薊薄　印宿白懷　蒲邰從鄂

索咸籍賴　卓藺屠蒙　池喬陰鬱　胥能蒼雙

聞莘黨翟　譚貢勞逄　姬申扶堵　冉宰酈雍

郤璩桑桂　濮牛壽通　邊扈燕冀　郟浦尚農

溫別莊晏　柴瞿閻充　慕連茹習　宦艾魚容

向古易慎　戈廖庾終　暨居衡步　都耿滿弘

匡國文寇　廣祿闕東　歐殳沃利　蔚越夔隆

師鞏厙聶　晁勾敖融　冷訾辛闞　那簡饒空

曾毋沙乜　養鞠須豐　巢關蒯相　查後荊紅

游竺權逯　蓋益桓公　以上單姓

万俟司馬　上官歐陽　夏侯諸葛　聞人東方

赫連皇甫　尉遲公羊　澹臺公冶　宗正濮陽

淳于單于　太叔申屠　公孫仲孫　軒轅令狐

鍾離宇文　長孫慕容　司徒司空　以上複姓

百家姓終

姓源

趙 周穆王封造父以趙城由此為趙氏

錢 彭祖之孫為周錢府上士因以官為氏

孫 周衛武公曾孫孫仲後

李 皋陶之後世為大理以官命族為為理氏理李字古通後從李

周 周平王少子烈别封汝州人謂之周家因以為姓

吳 泰伯始封於吳其後因以為氏

鄭 周宣王封弟桓公友於鄭戰國時鄭為韓滅子孫播遷以國為氏

王 姓

馮 畢公高之後食采馮城因而命氏

陳 舜後胡公滿封於陳子孫以國為氏

褚 宋共公子段食采於褚號曰褚師因以氏焉

衛 周文王子康叔

封於衛後因氏焉

蔣 周公子伯齡封於蔣後以為氏

沈 周文王子聃季食采於沈子孫以國為氏

韓 唐叔虞之後曲沃桓叔之子萬食邑於韓原因以為氏

楊 周宣王少子尚父封於楊號曰楊侯因以為氏

朱 周封顓頊之後於邾後為楚滅子孫避難去邑為朱

秦 伯益裔孫非字封於秦後秦滅子孫氏爲

尤 系出沈氏五代王審知據閩閩人姓沈者避沈音去水為尤宋有尤袤

許 堯四岳伯夷之後周封其裔孫於許以國為氏

何 周武王弟叔虞封於韓韓滅後子孫分散江淮間者轉音為何氏

呂 太公呂尚後姜齊為田和所簒子孫稱呂氏

施 夏諸侯有施氏國亡以國為氏漢有施讎

民國文藝界有戚叔玉

現天津教育界有喻傳鑑

民國武人有柏天民
文政客有柏文蔚

民初甘肅政界有水姓

張 少昊第五子揮為弓正賜姓張其族最繁有四十三望

孔 殷湯之後湯字天乙後代以子加乙始為孔氏

曹 曹叔振鐸之後以國為氏

嚴 本莊姓楚莊王後以謚為氏至漢避明帝諱改為嚴

華 宋正考父食采於華因氏焉

金 少昊金天氏之後

魏 畢公高後畢萬為晉大夫封魏遂以國為氏

陶 陶唐氏之後

姜 神農居姜水因以姜為姓

戚 衛大夫孫林父食采於戚其支庶因氏焉

謝 周宣王時申伯作邑於謝後為氏

鄒 本邾婁國改為鄒以以為氏

喻 宋有喻樗其先為梁俞藥後賜姓喻見濡林傳

柏 古柏皇氏其後籍柏氏

水 姓明有水避民

竇 夏王相遭有窮之難其妃方娠逃出

清畫家有奚岡

自竇而生少康少康二子曰杼曰龍龍留居有仍遂為竇氏
章　齊太公支孫封國於鄣子孫去邑為章氏
雲　縉雲氏之後
蘇　祝融後昆吾之子封於蘇因氏
潘　周文王後畢公子季孫食采於潘因以為氏
葛　殷時諸侯有葛伯為湯所征失其國因稱葛氏
奚　夏車正奚仲遷於邳其後遂稱奚氏
范　晉隨會為大夫食采於范其後氏為
彭　大彭為商諸侯以國為氏
郎　魯懿公之孫費伯居郎子孫為氏
魯　周封伯禽於魯其後以國為氏
韋　出顓頊大彭後夏少康封其別孫元哲於豕韋遂以韋為氏
昌　黃帝子昌意之後梁有昌義之
馬　趙王子奢封馬服君子孫以為氏
苗　楚大夫伯

現遼寧人民代表有鳳冠綏
現上海人民代表有花義盛

民國政客有酆悌

棼後裔皇帝晉食采於苗因氏焉
鳳 望出平陽陽部陽（漢有鳳綱）
花 唐有花驚定宋有花尹
方 周方叔之後以字為氏
俞 唐有俞文俊
任 黃帝少子受封於任以國為氏
袁 胡公滿裔孫袁濤塗後以祖字為氏
柳 魯大夫展禽食邑於柳下以邑為氏
酆 左傳有酆舒
鮑 夏禹後春秋時杞公子有仕齊者食采於鮑因以命氏
史 周大夫史佚之後以官為氏
唐 唐堯之後子孫氏焉
費 禹後夏末有費仲費昌
廉 顓頊曹孫大廉之後以字為氏
岑 周文王異母弟耀之子渠封為岑子因氏焉
薛 黃帝裔孫奚仲居薛以國為氏
雷 古侯國有方雷氏其後遂以雷為氏
賀 本為慶氏齊公族慶

民國武人有滕雲

民國軍人有時全勝

封之後，至漢避安帝父諱，改為賀氏。

倪 即郳氏，避仇改為倪。

湯 成湯之後。

滕 周封文王子叔繡於滕，後以國為氏。

殷 殷之後，以國為氏。

羅 顓頊末胤，受封羅國，後以為氏。

畢 文王子高，封於畢，以國為氏。

郝 殷帝乙封伏羲後裔於太原之郝，後以為氏。

鄔 路史：鄔，妘姓，以邑為氏。

安 安息人入中國後，以安為姓。

常 衛康叔支孫封常，因氏。

樂 宋戴公四世孫樂莒為大司寇，子孫因以名為氏。

于 周武王子邘叔，子孫以國以氏，去邑旁為于。

時 胡三省云：楚大夫中叔時之後。

傅 殷相說築於傅巖，因以為氏。

皮 周卿士樊仲皮之後。

卞 曹叔振鐸之後，食采於卞，因氏為

民國天津酒業有元子征

清末民初直隸冀棗武三縣緝私局長有平少亭 民國小說界有平襟亞 現海南萬寧興隆農場有和立光

齊 太公封營丘為齊因氏

康 衛康叔之後以諡為氏

伍 楚大夫伍參之後

余 秦由余之後以王父字為氏

元 衛大夫元咺之後其光食采於元因氏為

卜 周卜人氏以官為氏

顧 夏侯國顧伯殷之後氏為

孟 魯桓公慶父之後號孟孫因氏

平 韓哀侯少子食采於平因氏為

黃 陸之後封於終黃因氏為

和 出自羲和為堯時和仲和叔之後子孫以為氏

穆 宋穆公之後以諡為氏

蕭 宋微子支孫封於蕭以邑為氏

尹 少昊之子封尹城後以為氏

姚 舜生於姚墟後因氏為

邵 召公奭之後其支庶為周卿士加邑為邵氏

湛 晉有湛方生

汪 魯成公之子食采於汪因

清畫家有禹之鼎
清湖州有米太亨
清湖州有貝松泉
民國銀行界有貝淞孫
清天津肉商有明順昌
民國教育界有計宗蘭女士
民國天津染工有成子安
武人有成光耀
現代科學家茅以昇

以為氏

祁 春秋時晉有祁奚

毛 文王子毛伯明之後世為周卿士食采於毛其後因以為氏

禹 夏禹之後

狄 周成王封少子於狄城因氏焉

米 出西域米國

貝 明有貝秉彝

明 秦孟明視後

臧 魯孝公之子彄字子臧其孫以王父字為氏

計 禹後有計氏春秋時有計然

伏 伏羲風姓之後子孫氏焉

成 周文王子成伯之後子孫氏焉

戴 宋戴公之後以字為氏

談 宋微子後有談君子孫以國為氏

宋 周武王封殷後於宋子孫以國為氏

茅 周公子茅叔封於茅子孫以國為氏

龐 周文王子畢公高後封於龐因氏焉

熊 楚鬻熊氏之後

紀 炎帝之後封於紀因氏焉

清畫家有舒平橋
清畫家有閔貞
民國武人有季振同
裴景福河海崑崙
祁蘭州有張心如
民國畫家有張雲門
現廣東人民代表有危秀英

舒 舒子之國因氏

屈 楚武王子瑕之後食采於屈因氏為

項 齊桓公滅項子孫以國為氏

祝 武王封黃帝後祝史其後以官為氏

董 晉有董狐

梁 伯益之後秦仲有功封其子康於夏陽為梁伯子孫以國為氏

杜 堯裔孫在周為唐杜氏周成王滅唐遷封杜伯因氏

阮 殷有阮國在汾渭間子孫以國為氏

藍 唐有藍采和明有藍玉

閔 閔損之後

席 漢有席永

季 漢有季布

麻 齊大夫麻嬰之後

強 後漢有強華

賈 唐叔虞少子公明康王封於賈

路 路水名遂以名縣居者因氏為

婁 邾婁之國子孫以為氏

危 三苗後宋有危稹

江 伯益之後封於江

童 顓頊子老童之後

民國天津律師有刁名世
清有盛宣懷
民國賓人有丘于寄
民國外交界有凌冰

顏 魯伯禽支庶食采於顏，以邑為氏
郭 齊地有郭氏之虛，蓋古國，齊滅之後以為氏
梅 殷紂時有梅伯，以國為氏
盛 周穆王時盛國之後
林 殷比干子堅逃難長林之山，因氏焉
刁 齊大夫豎刁之後
鍾 鍾儀之先仕楚，以食邑為氏
徐 伯益子若木封於徐，後以為氏
丘 齊太公封於營丘，支孫以地為氏
駱 齊太公之後有公子駱，子孫以王父字為氏
高 齊太公後食采於高，以邑為氏
夏 夏后氏之裔
蔡 蔡叔之後
田 陳公子完奔齊，稱田氏
樊 虞仲支孫仕周，食采於樊，因氏焉
胡 舜裔胡公滿之後
凌 衛康叔支子為周凌人，以官為氏
霍 周文王子霍叔之後，以國

全國政協委員有柯靈
民國有支彭英
民國天津竹貨商人有昝純軒
現天津天合居川蘇菜館服務員有昝起祿
民國政客有經亨頤
民初刺宋教仁者應夔丞
民初廣西有軍人賁克昭

為氏
虞　舜子商均封虞因氏
萬　晉畢萬之後
支　月支國人入漢以支為氏
柯　吳公子柯盧之後
昝　姓
管　周文王子管叔鮮後
盧　齊傒食采於盧以邑為氏
莫　楚莫敖之後
經　姓
房　舜封堯子丹朱為房邑侯子陵以父封為氏
裘　衛大夫食采於裘後以為氏
繆　秦繆公之後以諡為氏
干　周武王子邗叔之後去邑為氏
解　地名在河東居人以為氏
應　周武王子封應其後以國為氏
宗　周大夫宗伯之後以官為氏
丁　齊太公子伋諡丁公子孫因以丁為氏
宣　魯大夫宣伯之後以諡為氏
賁　秦非子之後有賁氏
鄧　殷武丁封叔父於河北是為鄧侯後因以為氏

一九〇九年南社文人有郁曼陀
清有杭新齋
民國天津醫師有杭鶴年
清天津書家有諸邦靖
清文學家有鈕樹玉
民國政客有鈕永建
民國軍界有嵇祖佑
民國上海商人有榮德生

郁 魯相郁貢之後以郁為氏
單 周卿士單襄公之後
杭 漢有杭徐
洪 共工氏之後避仇改洪氏
包 楚大夫申包胥之後以字為氏
諸 魯大夫食采於諸後以為氏
左 楚左史倚相後
石 衛石碏之後
崔 齊丁公伋子食采於崔後氏爲
吉 周尹吉甫之後以王父字為氏
鈕 晉有鈕涫
龔 共工後有龔氏
程 商封顓頊重黎之後於程因以為氏
嵇 晉有嵇康
邢 周公子邢侯之後
滑 滑為晉滅子孫以國為氏
裴 伯益後非子之支孫封𨛔鄉因以為氏後徙封乃去邑從衣為裴
陸 齊宣王封少子通於平原般縣陸鄉即陸終故地因氏爲
榮 周成王卿士榮伯之後
翁 周昭

民國新疆政界有於達
民國天津商人有封祝三
民國南通學院學生芮廷玉
民國武人有汲金純
漢有邴勝箱
明畫家有糜宗伯
清末畫家有松小夢名年
民國天津茶食商有井中和
民國武人有富雙英
民國教育家有巫宇衡

王庶子食采於翁因以爲氏

荀

文王子郇伯其後去邑爲荀

羊

周官羊人之後乃以官爲氏

於

黃帝孫封商於其後以爲氏

惠

周惠王後以謚爲氏

甄

皐陶次子仲甄後

麴

漢有麴演

家

周大夫家父後

封

炎帝裔孫鉅胙土命氏而爲封鉅後以地爲氏

芮

周卿士芮伯後以國爲氏

羿

有窮羿之後

儲

齊大夫儲子之後

靳

楚靳尚之後食采於靳以邑爲氏

汲

衛宣公太

子汲之後居汲因以爲氏

邴

晉大夫邴豫采邑因氏

糜

楚大夫封南郡糜亭因以爲氏

松

姓隋有松斌

井

虞大夫井伯之後

段

鄭武公少子共叔段之後

富

周大夫富辰之後

巫

古巫彭作醫爲

民國安福系有烏澤聲
民國天津織染工廠有巴爾泉
明畫家有弓立本
民國政客有谷正綱
民初政界有車瑞峯
民國初有宓鐵錚
民國天津醫師有全紹清
清畫家有仰止
現代有秋宗鼎
清末公教中有仲子鳳

巫民之始

烏 少昊以烏名官有烏烏氏其後為烏姓

焦 周武王封神農之後於焦子孫以為氏

巴 巴國之後

弓 晉大夫叔弓之後

牧 黃帝臣力牧之後

隗 春秋時翟國隗姓子孫因氏焉

山 周有山務之官掌山林以官為氏

谷 伯益之後庶子封秦谷子孫氏焉

車 漢丞相田千秋以年老得乘車出入省中時謂之車丞相因氏焉

侯 晉侯緡之後適他國以侯為氏

宓 孔子弟子有宓不齊

蓬 周封支子於蓬州因以為氏

全 三國吳有全琮

郗 蘇氏之支子封郗為郗氏

班 楚令尹鬭班之後

仰 錢鏐時浙江湖州有仰氏

秋 漢有秋君

仲 高辛氏才子仲熊仲堪之後

清天津商人有甯星圃
北齊有綦誕墓誌
現代劇作家有厲慧良
清畫家有符節
民初天津商人有景星舫
民國江西人有東日璐
民國政界有幸蜀峰

伊 有莘氏女採伊川故伊尹以邑爲氏
宫 虞大夫宫之奇之後
甯 姓
仇 宋仇牧之後
欒 晉靖侯孫賓食采於欒因氏焉
綦 周諸侯綦毋之後
甘 商武丁臣甘盤之後
鈄 宋處州刺史鈄滔
厲 齊厲公之後
戎 春秋有戎律明有戎康
祖 殷祖甲祖乙之後因氏焉
武 宋武公之後以謚爲氏
符 魯頃公之孫雅仕秦爲符璽令因而氏焉
劉 陶唐氏劉累之後
景 楚公族之後
詹 周宣王支子封詹侯因以爲氏
東 漢疏廣後避王莽亂稱東氏
龍 漢有龍且
葉 楚沈諸梁字子高食采於葉因氏焉
幸 晉有幸靈宋有幸元龍
司 春秋鄭有司臣宋史有司超
韶 晉有

民國天津魚商有薄有才
宋畫家有印湘
民國商務印書館有印有模
民國川中文人有蒲伯英
民國天津棧商有邰玉波
現上海人民代表有咸文和
民國天津織染工有索恒祥
民初政客有籍景蘇
民國天津律師有賴銀
清末粤人有卓越
民國天津染工有蒙雲蘭
民國天津醫師有池正

韶石

郜 文王子郜侯之後

黎 黎侯之後子孫以國為氏

蒯 齊有蒯子訓

薄 薄宋地宋大夫因食邑以為姓

印 鄭穆公子印之後以王父字為氏

宿 漢有宿祥明明正德中蜀人宿進

白 出自楚太子建之子白公勝

懷 三國吳有懷敘

蒲 夏封舜後於州蒲因氏

邰 后稷封於邰後氏為

從 漢將軍從公之後

鄂 漢有鄂千秋

索 殷民七族有索氏

咸 巫咸之後

籍 晉荀林父中行伯後司晉典籍以官職為氏

賴 春秋時有賴國其後以國為氏

卓 後漢有卓茂

藺 韓厥玄孫康仕趙食采於藺因氏焉

屠 春秋時晉有屠蒯

蒙 秦將有蒙恬

池 秦丞相有池子華

民國軍界有陰紐齋
現新華社記者胥志成
後魏有倉景珍
全國政協委員有雙清
民國教育家有聞自新
明畫家有莘野
現代農業家有莘長治
現代有貢文斌
明有貢悅滋
清末有勞乃宣
現山東人民代表有姬鵬飛
民國軍人有申介屏
與陳洪綬同時畫家有
堵芬木
民國天津中醫有冉趙卿

喬 晉有喬智明

陰 管仲七世孫修自齊適楚為陰大夫因以為氏

鬱 姓出姓范

明有鬱讓

胥 出赫胥之後晉有胥臣

能 音李唐有能延壽宋有能迪

倉 倉頡之後

雙 南北朝孝子有雙泰貞

聞 宋咸平中有聞見明

莘 宋有莘融

黨 明有黨還淳

翟 齊翟僂新之後漢有翟方進

譚 譚子之後以國為氏

貢 孔子弟子端木賜字子貢其後以字為氏

勞 宋有勞湮

逢 古有逢蒙後漢劉玄傅有逢安

姬 黃帝居姬水以姬為氏周崇之

申 炎帝後封於申號申伯以邑為氏

扶 魯有扶御傅魯論語者

堵 鄭大夫食邑於因以為氏明有堵允錫

冉 孔子弟子有冉伯牛

宰 周御士宰

清末天津
商人有
宰善亭

蘧瑗後因避仇改璩
明畫家有璩之璞
民國有濮孟九、
按廣韻載後漢太尉陳
球碑城陽炅橫漢末被
誅有四子一守墳墓姓炅一
避難徐州姓香一居幽州姓
桂一居華陽姓炔此四字皆
古惠切　民國印人壽鑈
清有桂馥字未谷
民國天津東業有扈恩波
民國天津商人有冀子材
現北京人民代表有浦潔修

孔後以官為氏

酈 黃帝支孫食采於酈以邑為氏

雍 文王子雍伯後

郜 晉公族郜獻子之後三國有郜正

璩 姓

桑 秦公孫枝字子桑其孫以王父字為氏

桂 漢末陽城炅橫四子之一避難居幽州姓桂（炅音桂）

濮 衛大夫食采於濮因氏焉

牛 微子裔司寇牛父子孫以王父字為氏

壽 吳王壽夢之後

通 巴大夫食采通州因氏焉（按此西魏所置通州今四川達縣）

邊 宋平公子御戎字子邊其後以字為氏

扈 有扈氏之後以國為氏

燕 召公奭之後封於燕因以國為氏

冀 晉大夫郤芮食采於冀其後以邑为氏

郟 周成王定鼎於郟鄏其後以郟為氏

浦 太公之後有浦

現攝影家有農國英
現天津紅橋區政協秘書有別溍
民國武人有晏國濤
現上海人民代表有瞿希賢
清康雍時有慕豫生
現全國政協特請人士有茹欲立
現華僑人民代表有連貫
現有習仲勳
現貴州人民代表有宦鄉
民國武人有艾衍嚀
元九九南社文人有容伯挺
民國政客有古應芬
清詩人有易順鼎
民國有易培基
向秀麗
民國軍人有向傳義

氏。清有浦起龍。

尚 戰國有尚靳，清有尚可喜。

農 神農氏後。

溫 晉大夫郤至食采於溫，號溫季，因以為氏。

別 姓。（宋有別之傑）

莊 楚莊王支孫，以謚為氏。

晏 齊有晏嬰。

柴 齊文公子高之後，唐有柴紹，宋有柴中行。

瞿 商有瞿父，以地為氏。漢有瞿茂，明有瞿式耜。

閻 武王封泰伯曾孫仲奕於閻鄉，因以為氏。

充 漢有充向、充申。

慕 姓。（明有慕容）

連 齊大夫連稱之後。

茹 官氏志：普六茹氏改為茹氏。

習 姓。晉有習鑿齒。

宦 姓。（明有宦積）

艾 夏少康臣汝艾之後，明有艾南英。

魚 宋公子魚之後。

容 八凱仲容之後。

向 姓。晉有向秀。

古 周太王古公之後，子孫氏焉。

易 易牙之後。

慎 韓大夫慎到，其後以為氏。

宋有才女連清女

唐才女有慎三史，清有慎毓林

戈
禹之後分封於戈，以國為氏
廖
周文王子伯廖之後
庾
堯時有掌庾大夫，以官為氏，南北朝有庾信
終
漢有終軍
暨
三國吳有暨艷
居
晉大夫先且居之後，以王父字為氏
衡
商阿衡伊尹之後，以官為氏
步
晉大夫步揚食采於步，後因氏焉
都
鄭公孫閼字子都，後為氏
耿
古耿國之後，以國為氏
滿
陳胡公滿之後
弘
衛大夫弘演之後
匡
魯句須為匡邑宰，子孫氏焉，漢有匡衡
國
齊之卿族國氏，世為上卿，子孫氏焉
文
漢有文翁，後以為氏
寇
蘇忿生為周司寇，其後以官為氏
廣
廣成子之後
祿
紂子祿父之後
闞
漢有闞羽三
東
伏羲氏後，元有東良

現代有戈定遠
民國女教育家有步以誠
民國畫家有都以蕃
民國天津秤商有滿源芳
清末有匡子楨
民國天津醫師有國聘章
民國武人有文素松
清末天津商界有廣存五
民國教育界有祿季軒
民初畫家有闞十原

民國植物學家有利翠英
民國天津顏料商有蔚子豐
民初討袁時有軍人隆世儲
民國文人有夔舉
民國武人有師景雲
現山東人民代表有晁哲甫
民國天津電料業有勾子越
民國天津人有敖鄉
現廣西人民代表有那順和
津畫家有闞雨珊
民國有簡孟平

會**歐**越王無疆之子封烏程歐餘山之陽以地為氏**艾**姓清有詞人艾丹生**沃**沃丁之後**利**

漢有利乾**蔚**鄭大夫蔚翩之後**越**史記管晏傳有越石父**夔**舜臣夔之後**隆**姓明有隆誠**師**

周師尹之後**鞏**周大夫食采於鞏後以地為氏**厙**後漢竇融傳有厙鈞**聶**衛大夫食采於聶因

氏焉**晁**即鼂周景王子朝之後本姓朝改晁漢有晁錯**勾**姓宋有勾濤**敖**顓頊大敖後**融**祝融民之

後**冷**前趙有冷道清有畫家冷枚**訾**元有訾汝直**辛**夏啟封支子於莘後去草為辛氏

闞齊御闞止之後**那**楚武王克權遷權於那處後因以那為氏**簡**晉狐鞠居續簡伯後以簡為氏

清末有饒漢祥
現生物學家有饒欽止
宋畫家有毋咸之
解放前文藝界有豐子愷
民國武人有豐玉璽豐羽鵬
民國畫家有巢章甫
清末撫寧有相祝三
民國天津商人有蒯華亭
現廣東人民代表有紅綫女
民國天津南紙業有游仲瑜
清畫家有後祺後禮
現生物學家有竺可植
現作家有紅楊

饒 齊大夫食邑於饒子孫以為氏
空 姓
曾 夏少康封少子曲列於鄫以鄫太子巫仕魯去邑為曾氏
毋 姓 宋有毋思義
沙 微子以有沙氏清有沙山春
乜 姓 出宇文部有乜氏
養 養由基之後
鞠 后稷孫鞠陶支裔
須 太皞之裔須句國亡以
豐 魯有豐點宋史有豐稷
巢 殷諸侯巢伯以為氏
關 關尹
喜之以
蒯 晉大夫蒯得之後
相 以秦有相雲北齊有相願
查 五代有查文徽清有查慎行
後 姓 唐有後胤
荊 熊繹國號荊支孫因氏焉
紅 前漢有紅侯
游 鄭公子偃字子游以以為氏
竺 漢縱陽侯竺晏之後
權 古國名楚武王滅權子孫以為氏
逯 秦大夫封於逯其子孫以邑為氏

近考古工作者有蓋山林
民國天津中醫有益雲祥
漢有桓賢良
民國武人有公秉藩
元有才女万俟蕙柔
民國武人有上官雲相
民國劇作家有歐陽予倩
宋畫家有夏侯延祐
三國有諸葛亮唐有諸葛恩植
民國林學家有聞人乾

蓋 齊大夫食采於蓋以邑為氏 益 漢有益強南宋有益暢 桓 齊桓公以其支庶以謚為氏

公 漢有公儉

万俟 讀如墨其糸出拓拔氏宋詞人有万俟雅言 司馬 周宣王時程伯休父為司馬有功錫以官

族為司馬氏 上官 楚莊王少子蘭為上官邑大夫因以為氏 歐陽 越王勾踐之以支孫封烏

程歐陽亭因以為氏 夏侯 杞為楚滅簡公弟佗奔魯悼公以佗為夏以受爵為侯子孫因以氏焉

諸葛 夏商諸侯葛伯之以舊居琅邪諸縣 聞人 少正卯魯之聞人其以遂以為氏 東方

民國天津慈惠寺小學之生
有澹臺玉汾
現代有公冶方

伏羲之後**赫連**匈奴左賢王劉去卑之後本爲獨孤氏祖衛至勃勃僭稱夏王自云赫赫與天連因
以爲氏**皇甫**周太師皇甫之後宋時有皇父充石改父爲甫**尉遲**後魏尉遲部人後嗣以尉
遲爲氏**公羊**魯公孫羊孺之後因以公羊爲氏**澹臺**孔子弟子有澹臺滅明**公冶**
季氏之族子季冶字公冶子孫因以爲氏**宗正**楚元王交之孫劉德爲宗正支孫氏焉**濮陽**
高陽帝後以邑爲氏三國時有濮陽氏**淳于**本夏時斟灌國周武王以封淳于公號淳于國因氏
爲**單于**複姓**太叔**鄭穆公孫太叔儀之後**申屠**周中侯以支子居安定屠原因以爲氏

漢有令狐横、唐有令狐楚

清末民初黨人有司徒美堂

公孫黃帝太岳之以

仲孫周仲孫穀ゝ以

軒轅黃帝姓宋有軒轅損

令狐畢萬曾孫顆以功別封令狐子孫因以為氏

鍾離晉州犁仕楚食采鍾離因以為氏

宇文其先為鮮卑之主有名普回者因狩得玉璽以為天授其俗謂天曰宇謂君曰文號宇文國因以為氏

長孫姓氏尋源漢藝文志孝經有長孫氏說二（按魏書出自拓拔篇儒林傳王吉授韓詩於長孫順（氏孝文帝以拓拔為皇枝之長改為長孫氏當因古有長孫而長孫之如番姓改宗漢姓然）

慕容高辛少子居東北夷復徙遼西號鮮卑國於昌黎棘城至涉歸為鮮卑單于自云慕二儀之德繼三光之容故氏慕容

司徒舜為堯司徒支

孫以官爲氏

司空

禹爲堯司空支孫以爲氏

明百家姓

明黄九煙輯

朱王萬壽　明時吉昌　國家全盛　胡越向方
江山鞏宓　邊堵安康　尚慕胥葛　軒轅虞唐
農牧公冶　熊夔司常　匡危易暴　周武殷湯
尹仲單庖　姬邵毛姜　滕薛鄒費　桓公富強
芮莘茅蔣　蒯鄂齊梁　荊舒翟狄　鍾離濮陽

余師孔孟　甄別洪蒙　顔曾景仰　閔季樂從
公羊左戴　童習咸通　高談汪廣　徐步雍容
欒鮑臧甯　郗謝崔盧　申屠汲鄉　姚宋令狐
文章司馬　滑嵇淳于　東方訾郭　諸葛聶吳
趙蓋韓楊　龔黃卓魯　荀董賈終　陶阮沈庾
燕許歐蘇　元白韋杜　蕭曹居相　衛霍封侯

陳平闞項　鄧禹扶劉　袁晁何郤　逄羿奚仇

計倪程鄭　饒沃巴丘　夏雷凌鬱　秋雲薄陰

冷沙融浦　隆石支岑　魚杭於水　爲巢諸林

褚裘皮段　鍾鈕璩金　喬松蔚柏　鄘李紅梅

柳連空谷　花宿澹臺　蓬麻蒲蒯　查黎桑柴

班管紀史　貝葉譚經　宦儲牛馬　宰慎權衡

上官豐祿　茹甘席榮　祝巫穆卜　任傅顧成
都俞莫應　簡繆厲宣　解長孫印　靳司徒錢
弓車滿路　龐駱充田　羊那屈陸　藺須和康
潘郎韶艾　呂祖莊嚴　伊皇甫冉　暨歐陽詹
包羅婁畢　勾索丁辛　能喻賁益　尤賴聞人
彭裴邢耿　申卞樊溫　夏侯宗魏　万俟黨秦

井閻麴米 鞠養翁孫 桂闕雙鳳 華池伍龍
東房施惠 後宮慕容 祁郝邰郜 郟鄔酈酆
尉遲屠寇 公孫伏戎 干戈瞿戚 刁鈄柯殳
單于東貢 赫連賀符 張馮汜蔡 懷利游敖
宇文隗竇 冀幸焦勞 司空于苗 藍闞倉濮
晏仲孫弘 廖湛麋竺 古籍毋聞 太叔宗正

昝逯厙也　終　百家姓

跋

人之有姓氏自必有淂姓氏之由然而年遠代湮文字中無記載者遂至無從詳其所自或于某代出一名人淂記諸文字亦僅淂于某姓之下註有某名人

為究之某名人之姓氏果何自來仍無從索知也推其理由不外基於從古貧富之懸殊產生奴隸封建制度上階級觀念乃使同此圓顱方趾治人與治於人之人不同將與兵之名異帝相與齊民之尊卑於是治人者將者帝相者則以其貴要託于文載諸史其治於人者兵者齊民者貧卑賤無足託傳與不傳在

乎是也因之從有記事之文之日起至於今幾三千年下傳之人之姓氏不知有幾河也然而史不書而人代生而姓氏存亦不知有幾何也幸而有好事者出不專目於朝且亦視乎野於姓氏一道輯之為書摭之成典如風俗通姓苑之類於是治于人者兵者齊民者或幸得因附而傳其姓氏焉如百家姓乃舊村

塾兒童必讀之書集姓氏雖僅四百三十有七而姓
氏所自不深詳及僅姓氏而無注者如水答經纂據
別勾乙之屬竟仍以分之一深可痛矣茲忙中抽暇
在拙編百家姓補之後於舊百家姓複鈔一過於姓
源舊注訂正外亦稍有增益並附明黃九煙之輯另
為一冊與姓補合為姊妹篇焉是為跋

一九六四年六月十四日晚

山陰七十八老年於红橋閑木佳齋燈下

姓归

手稿横148毫米、纵205毫米，共计22页，另有1张夹页，影印时略有缩放。

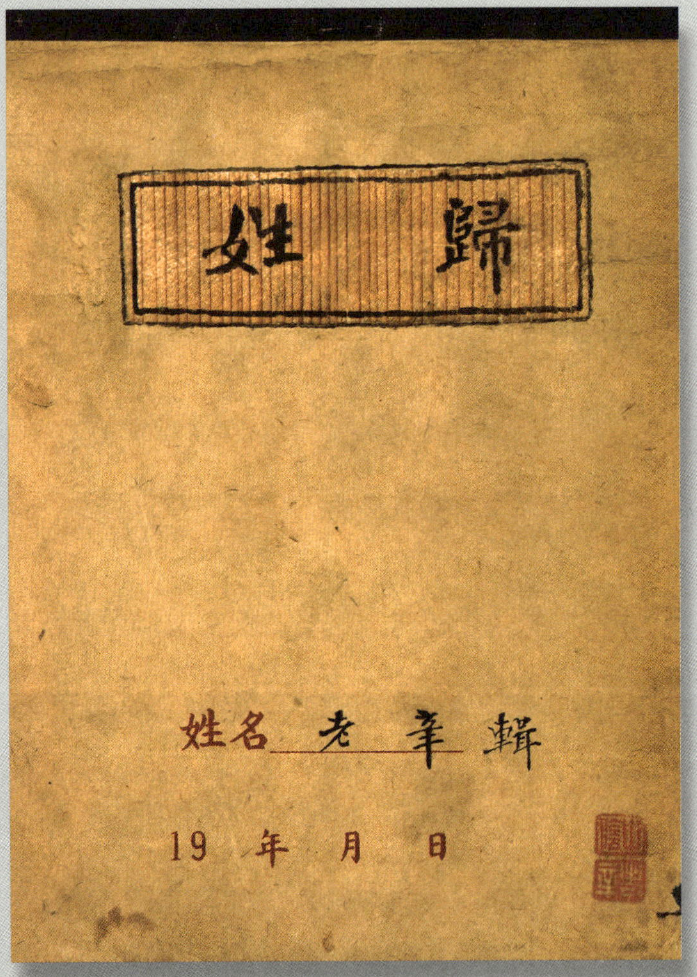

姓歸

老辛輯

前言　我在一九六四年曾編有百家姓補，蒐有很多百家姓原有以外的姓，排成四字句的韻語，且在姓下注有所知的古今人名。但當時仍按舊慣，在可以查出姓源的，注出姓之所自。後來底稿與清鈔本完全丟失。幸舊鈔百家姓注有近代人名的清鈔本尚存。現有閒工夫，遂又重輯百家姓以外各姓，名曰姓歸，不按舊法注其族望，僅於可寫出人名及朝代或古人名見諸某記載的，簡注姓下。亦有僅見康熙字典，未注所引何書的，下注一康字。其重於舊百家姓的，不再複注。其見於荒唐舊籍如神仙傳、山海經，或僅憑傳說不能有確證的姓氏，我相信姓雖希奇，不能必其現今竟無姓這奇姓的人，所以不加我個人意見，盡其所有輯出。當然仍有書所未載我所不知的，則俟異日有知，再行補入。此次不編韻句，只按部首填寫，便於檢索。三字姓未收。

一九七二年九月二十五日　山陰八十六老辛於閑木住齋

一部 一（明 一炫宗）、丁、匕（明 匕希賢）、万俟、三（明 三成志）、三閭（康）、三飯（論語 三飯寮）三州（通志 三州昏）、三丘（蜀志 三丘務）三烏（漢 三烏羣）上（漢 上雄、明 上志）上官、下門（晉 下門聰）、丌（唐 丌寶）、丌官（家語）丘、丙（漢 丙吉）、

丨部 中（漢 中京）、中行（漢 中行説）、中叔（漢 中叔獠）、中英（通志）、中梁（通志）、中野（楚 中野表）、中壘（通志）

丶部 丹（漢 丹王，明 丹衷）、

丿部 之（姓苑）、乘（漢 乘昌）、

乙部 乙（漢 乙瑛，明 乙山）、乜、九（何氏姓苑）、九方（秦 九方皋）、九百（何氏姓苑 九百里）、乞（五代 乞力）、乞伏（東晉）、乜（明 乜伯先）、乾（康）、

補一部 不（音彪，晉書 不準）、不第（亦書不第，通志宋）、不蒙（通志 後魏 不蒙蛾）、世（秦 世鈞）、且（宋 且謹修）、~~丘（南朝 丘遲 明 丘濬）、~~

補丶部 丸（康）、

補乙部 乙干（通志 魏）、乙弗（北魏 乙弗相）、乙旃（後魏）、

二部 于、云（漢 云敞）、亓（唐 亓志紹，明 亓宣）、五（漢 五京）、五王（風俗通）、五鹿（漢 五鹿充宗）、五鳩（趙 五鳩羅）、井（漢 井丹）

亠部 亢（明 亢思謙）、亥（晉 亥唐）、京（漢 京房，宋 京鏜）、京相（晉 京相璠）、亦（宋 亦尚節，明 亦孔昭）、亮（康）、亶（東漢 亶誦）、

人部 人（明 人傑）、仁（康）仇、仈（字彙 音八）、仉（廣韻 音掌）、介（晉 介之推）、仍（康）、付（康）、

丁若（晉 丁若堅）、上成（後漢 上成公） 乘丘（續通志） 主父（漢 主父偃） 乜（明 乜先）

仙（宋仙源明、明仙時忠）、仝（明仝寅）、代（宋代淵、明
代賢）、令（康）、令狐、仰、仲、仲長（路史）、仲行（詩）、仲叔
（衛仲叔于奚）、仲孫、仲梁（魯仲梁懷）、仵（康）任、伉（民國
伉鵠如）、伊、伊祈（唐伊祈玄解）、伊祁（即伊祈）伊耆（即伊
祈）、伍、伏、休（康）、伯（春秋伯宗）、伯比（楚伯比仲華）、仲
（康）但（老學庵筆記 但中庸、現代但杜宇）、佉（廣韻丘加切）、
位（姓苑）、何、佗（漢佗羽）、佘（唐佘欽）、余、佘丘（漢佘
丘炳）、佚（鄭佚之狐）、佛（明佛正）、作（漢作顯）、佟（燕錄
佟萬）、似（即如似）、佀（明佀鍾）、佴（音奈 明佴祺）、佽（楚佽
非）、佼（南北朝佼長生）、侁（呂覽音森）、來（唐來俊臣）、侍其
（宋侍其良器 明侍其備）、供（明供仲序）、供秩（字彙）、依（康）、
侚（康音身）、侯、俞（音丑 現代俞老、武清人）、侵（三輔決錄 侵恭）、
便（漢便樂成）、俎（康）、俠（字彙音由）、保（呂氏春秋 保申）、
俟（風俗通 俟子）、俠（韓俠累）、信（康、現今）、信釆、信都
（皆何氏姓苑）、修（漢修炳）、倶（唐倶文珍）、倉、倚（楚倚
相）、倪、倫（康）、偃（晉偃籍）、偉（漢偉璋）、偌（集韻音惹）、偓（康）、
偪陽（春秋）、健（宋健武）、傅、傍（唐傍企本）、備（康）傜（漢傜偉）、
傰（音朋 漢傰宗）、傶（集韻音足）、傷（左傳宋傷省）、僕（玉篇音漢）、
僑（康）僖（康曹僖負羈）、僚（康僚安）僮（漢僮尹）、僪（集韻同矞）、儀
（漢儀長孺）、僕（即僕漢僕朋）、僕固（唐僕固懷恩）、儲（集韻音著）。

儂（宋儂智高）、儉（康）、僜（集韻 同登）、㒨（寰宇記）、儲、〔儿部〕
元、充、先（晉先軫）、光（晉光逸）、兒（漢兒寬）、兗（韻會）、党
（唐党仁弘 民國）、〔入部〕全、俞、〔八部〕公、公羊、公仲（續通
志 宋公仲承）、公西（魯公西赤）、公冶（魯公冶長）、公良（史記 公
良孺）、公沙（通志 後漢 公沙穆）、公伯（魯公伯僚）、公堅（史
記 公堅定）、公肩（家語 即公堅）、公祖（魯公祖句茲）、公孫、
公晳（史記 公晳哀）、公析（路史 衛即公晳）、公儀（周公儀
休）、公檮（漢 公檮生）、公羊、公慎（康）、共（氏族略）、其（漢其石）、
具（左傳）、典（魏志典韋）、兼（韻會）、冀（晉冀芮）、〔冂部〕冉（即
冄）、冄、冒（清冒襄）、〔冖部〕冠（韻會 冠先）、〔冫部〕冬（韻
會）、冶（衛冶廑）、冷、冼（現代 冼星海）、凌、〔几部〕凡（韻
會）、〔凵部〕函（漢函熙）、〔刀部〕刀（現代）、刁、列（鄭列禦
寇）、初（清 初渭園）、別、利、到（韻會）、劇（史記劇孟）、劉、〔補
凵部〕函治（漢 函治子覺）、〔力部〕力（韻會）、勝屠（漢
勝屠公）、勞、〔勹部〕勾、包、〔匕部〕皀（唐韻即卓）、〔匚部〕
匠（風俗通）、匡、匱（何氏姓苑）、〔匸部〕區（王莽傳 區博）、
〔十部〕卓、南（魯南遺）、南榮（莊子南榮趎）、南郭（莊子南郭
子綦）、博（韻會 博勞）、〔卜部〕卜、卞、卤（廣韻 音尺）、〔卩部〕印、
危、卿（風俗通）、郎（風俗通 郎費）、郎墨（漢 郎墨成）、〔厂部〕
厖（音茫 前漢 厖園）、厙、厚（姓苑）、原（廣韻 原憲）、厥（韻

會)、厲、**厶部** 去疾(通志)、參(廣韻)、**又部** 叔(後漢 叔壽)、叔孫(漢 叔孫通)、叔敖(通志)、叢(南北朝 叢鐇,民國 叢雅軒)、**口部** 口(明 口祿)、古、古口(漢 古口引)、古成(漢 古成雲)、古孫(姓纂)、句(華陽國志 句扶)只(明 只好仁)、召(前漢 召信臣)、可(唐 可中正,宋 可樾)、可頻(宋 可頻瑜)、台(北史)、叱奴(西魏 叱奴興)、史、右(漢 右公弼,明 右巖)右師(漢 右師譚)、右宰(衛 右宰穀)、右行(漢 右行綽)右南、右扈右閭(皆何氏姓苑)、司、司馬、司徒、司空、司城(孟子 司城貞子)、司寇(魯 司寇惠子)、司褐(漢書 司褐拘)、司鐸(周 司鐸射)、吉、同(唐 同谷)、同蹄(唐書 同蹄智壽)、名(唐 名初)、后(史記 后處)、吐突(唐 吐突承璀)、吐奚(通志 吐奚華)、吐賀(後魏 吐賀真)、向、吏(漢 吏宗)、君(明 君助)、吞(音天 漢 吞景)、吟(唐 吟約)、吳、吾(漢 吾扈)、吾丘(吾音虞 漢 吾丘壽王)、呂、呂管(逸賢傳 呂管次祖)、周、周生(魏 周生烈)、周陽(漢 周陽由)、呼延(宋 呼延贊,現代)、呼衍(即呼延)、和、咸(姓苑)咸丘(戰國 咸丘蒙)、哀(前漢 哀章)、品(明 品器)、哈(楊慎希姓 哈永森,現代)、咼(音戈 南唐 咼拯,宋 咼文光)、咪(同芈)、員(唐 員半千)、哥舒(唐 哥舒翰)唐、商(殷 商容,現代 商承祚)、商丘(漢 商丘成)、商瞿(魯 商瞿子木)、問(明 問智)、啓(字彙,現代 啓功)、唉(唐 唉助)、啜(現代 店員啜永紅)、喜(元 喜同,明 喜寧)、喻、~~(宋 喻樗,現代 喻傅鑑)~~、喪(廣韻 楚喪左)、

喬、單、單父（漢 單父聖）、嗢盆（後魏書）、嗣（風俗通）、嘉（左傳
周 嘉父）、嚣（姓苑）、噲（孝子傳 噲參）、囊（楚 囊瓦）、嚴、囂尹（
周 囂尹喜）、**口部** 四（宋 四象）、回（明 回續）、因（明 因禮）、
固（說苑 固乘）、圈（漢 圈稱）、國、**補卩部** 卷（圈姓後改）、
土部 土（康）、在（晉 在育）、坊（統譜）、坎（統譜）、坐（姓苑）、坦
（宋 坦中庸）、垣（漢 垣恭）、城（康 城渾）、埜（明 埜佑）、執（康）、堂
（韓詩外傳 堂衣若）、堂谿（漢書 堂谿惠）、堪（風俗通）、堯（魏 堯暄）、
堵塗（統譜）、塞（康）、塵（統譜）、墨（周 墨翟、明 墨麟）、**補口部**
單于、**士部** 士（統譜）、士孫（漢 士孫瑞）、壺（統譜）、壺丘（鄭
壺丘子林）、壹（漢 壹元）、壽（即壽）、**夊部** 夏、夏侯、**夕部** 夕
（統譜）、多（漢 多軍、宋 多岳）、多于（康）、夜（通志）、夢（統譜）、**大部**
大（風俗通）、天（漢 天高）、太（統譜）、太陽（廣韻）、太叔、夫（康）、夫餘
（姓說）、夷（齊 夷仲年）、夾（前漢藝文志）、奇（廣韻）、奇斤（廣韻）、契（統
譜）、奉（漢 奉拜、明 奉科）、奐（姓譜）、奔（石晉 奔洪進）、奚、奚容（
魯 奚容蒧）、奢（明 奢崇明）、奮（楚 奮揚）、**女部** 女（漢 女敦、明
女叔寬）、好（纂文）、妁（康）、如（統譜 如羅氏改）、如羅（統譜）、妾（漢
印藪 妾胥 妾志）、姑（越 姑浮）、姑布（史記 姑布子卿）、姒（漢
姒豐 現代）、姓（前漢 姓偉）、委（風俗通 委進）、姚、姜、姞（韻
會）、姬、婁、嫶（集韻 音善）、嬀（漢 嬀皓、三國 嬀覽）、嬰（康）、嬴
（說文）、孋（漢 孋仲仁）、**補大部** 奭（漢 奭偉）、**子部** 子（史記

安國（漢 安國少季）、安平、安期（皆康）

殷本紀）、子人（鄭 子人九）、子服（魯 子服景伯）、子家（康）、子車（秦
子車奄息）、子叔（春秋 子叔疑）、子桑（莊子 子桑户）、子輿（通志）、
孔、孝（風俗通）、孟、季孫、季孫（春秋）、學（姓苑）、孫陽（漢）、【宀部】
宇文、守（宋 守恭）、安、安陽（漢）、宋、完顏（金）、宓、宗、宗正、官（康）
宛（鄭 宛射犬，清）、宜（元 宜桂可）、客（漢 客孫）、宣、宣于（康）、室（宋
室种）、宦、宮、宰、宰父（康）、容、宿、家、密（漢 密忠）、寇、富、寒（漢 寒
朗）、寔、察（明 察童）、賓（康）、寧（康）、審（漢 審食其）、寵（蜀漢 寵義）、
寶（康）【補子部】子陽（漢）、子言（魯）、孑（奇姓通）、字（宋 字誇）、季
（康）、【寸部】寸（明 寸居敬）、封、將（後趙 將容）、專（周 吳專諸）、
尉（鄭 尉止）、尉遲、尊盧（風俗通）、尋（晉 尋會）、尌（音處 鄭 尌
拊）、【小部】少（漢 少年唯）、尒（音爾 康）、尚、【尢部】尤、就（後
漢）、【尸部】尸（周 秦尸佼）、尹、尾（漢 尾敦）、居、屈、屈侯（漢
屈侯豫）、屋廬（戰國 屋廬子）、展（魯 展禽，清 展香府）、屠、屠羊
（莊子）、屠岸（晉 屠岸賈）、屨（姓苑）、【屮部】屯（蜀漢 屯度）、
㞢（即之 康）、【山部】山、岐（唐 岐靈岳）、岑、岳（宋 岳飛，明
岳正，現代）、崇（明 崇剛）、嵐（音西，姓苑）、嶲（同嵐）、崋（康）、
崔、嵇、嵩（康）、嶽（廣西志 嶽敵）、【補八部】公山（論語
公山弗擾）、【巛部】州（周 晉州綽）、巢、【工部】工尹（楚 工尹
壽）、左、左人（史記 左人郢）、左丘（魯 左丘明）、左師（秦 左師觸龍）、
左行（漢 左行恢）、巨（漢 巨武）、巨毋（漢 巨毋霸）、巫、【己部】己（

集韻)、巴、**補匚部** 匠、麗(左傳)、**巾部** 布(晉書 布興)、希(三輔決錄 希海)、帛(水經注 帛仲禮)、帥(晉 帥昺、現代)、師、帶(賈誼過秦論 帶佗)、席、帙(纂文)、常、**干部** 干、平、平寧(何氏姓譜)、平陵(何氏姓譜)、年(明 年富、清 年羹堯、現代)、幵(音堅、宋 幵度)、并(萬姓統譜 并韶)、幸(唐 幸南容)、**幺部** 幺(明 幺謙、現代)、幽(姓苑)、**广部** 序(禮射義)、庚(唐 庚季良)、庚桑(莊子 庚桑楚)、府(漢 府悝)、度(後漢 度尚)、庫(風俗通)、庶(急就篇 庶霸遂)、康、庸(前漢 庸生)、度(音討 明 度五常、現代 度玉芳)、庾、廉、廄(姓考)、廖、廣、**廴部** 延(後漢 延篤)、建(前漢 建公)、**廾部** 弁(前漢 弁嚴子)、**弋部** 弋(姓苑)、式(姓苑)、**弓部** 弓、弘、弦(鄭 弦高)、張、强、彄(口平聲、韻會)、彌(三輔決錄 彌升)、彌牟(何氏姓苑)、**彐部** 彘(左傳 彘恭子)、**彡部** 彡(音冼 後漢西羌傳 彡姐、清 彡自充 商人自以姓特别改稱簡)、彤(史記注 周 彤伯)、𥁕(音陝、明 𥁕茂)、彪(宋 彪虎臣)、彭、**彳部** 征(前漢)、後、徐、徐吾(廣韻)、從、御(周 御鞅)、復(元 復見心)、微(左傳 微虎)、微生(論語 微生高)、徵(吳 徵崇)、**心部** 忌(風俗通)、忍(康)、忙(明 忙義)、快(康)、念(西魏 念賢)、忹(音枉 元時有此姓)、忻(五代 忻彪)、怱(明 怱忠)、怕(唐 怕善、宋 怕錢)、思(明 思志道)、怡(周 怡峰)、性(康)、怪(春秋元命苞)、恆(楚 恆惠公)、恤(晉 恤由)、恩(漢 恩茂 清 恩曉峯)、恪(晉 恪任)、恭

（康）、息（姓苑）、息夫（姓苑）、悦（後燕錄 悦綰）、悉（康）、悖（康）、惠
（康）、惠、叀叔（漢 叀叔儉）、惲（清 惲壽平）、愚（康）、慎、慈（漢慈
仁明）、慕、慕容、慕輿（前燕錄 慕輿虎）、慮（左傳 慮癸）、慶（左傳
齊慶封）、憂（姓苑）、憲（姓苑）、懃（康）、應、懿（康）、懷、戀（康）、【戈部】
戈、戎、成、成陽（漢 成陽恢）、成王（漢 成王衡）、成公（三國魏 成公英）、
成功（何氏姓苑 漢 成功恢一與上成陽恢確為二人 辛注）、我（康 我子）、
戚、戢（現代 戢翼翹）、戲（魏 戲志才）、戲陽（衛 戲陽速）、戴、【戶
部】戶（漢 戶尊）、房、所（漢 所忠）、扁（集韻 扁鵲）、扆（康 音倚）、扈、
【手部】才（明 才寬）、扶、扶餘（辭源）、承（前漢 承宮）、抄（明 抄
思）、把（西魏 把秀）、投（漢 投調）、折（清 折少蘭 現代）、招（漢
招猛）、拓跋（北魏 拓跋珪）、拓拔（即拓跋）、拱（明 拱廷臣）、拳（
衛 拳彌）、捕（漢 捕巡）、捨（明 捨敬）、授（漢 授異衆）、棓（史記
袁盎傳 棓生）、掌（晉 掌同）、接（史記 孟子荀卿傳 接子）、揚（漢 揚
雄、明 揚光休）、揣（明 揣本）、揭（前漢 揭陽定）、搖（前漢 搖毋餘）、
搴（漢 搴揚）、摎（音鳩 魏 摎尚）、操（明 操守經）、攜（姓苑）、【支部】
支、【攴部】改（秦 改產、清 改琦）、攻（漢 攻生單）、政（姓苑）、救（風
俗通 救仁）、敖（音脫 廣韻）、敎、敝（廣韻 敝無存）、散（書君奭 散宜生）、
敦（衛 敦洽）、敬（漢 敬歆）、斂（廣韻 姚秦錄 斂憲）、【補心部】
懟（清 懟玉琨）、【文部】文、【斗部】斛（北齊 斛子慎）、斛律
（南北朝 斛律光）、斛斯（後魏 斛斯延）、斟（漢 斟尚）、【斤部】斤

（廣韻）、研胥（何氏姓苑）、斯（吳志 斯從）、新（晉語 新穆子）、新垣
（史記 新垣衍）、**方部** 方、於、施、旅（前漢 旅卿）、旗（漢 旗光）、
日部 昌、昆（戰國 昆詳）、昝（篇海 即厥古文一漢陽衡山王妾昝氏）、
昚（音桂 唐韻）、明、易、昔（漢昔登）、昝、星（廣韻 星重）、春（何氏姓苑）、
昨和（廣韻）、昭（戰國 楚昭奚恤）、是（唐是光）、晁、時、晉（廣韻
魏晉鄙）、晏、普（姓氏急就篇）、普屯（北史）、普毛（周書即普屯）、景、
晵（音起 後漢晵倫）、智（晉 智伯）、暢（唐暢當、現代）、暴、暨、曠（廣
韻）、**曰部** 曲（宋曲端、清曲同豐、現代曲茘齋）、更（國策 魏更
嬴）、曹、曹牟（禮記 曹牟君卿）、曼（前漢 曼滿）、曼丘（戰國 齊
曼丘不擇）、曾、會（漢會栩）、**月部** 月（明 月輝）、有（論語 有若）、
朋（宋 朋水 朋山）、服（後漢 服虔）、朊（音巨 姓苑）、朗（姓苑 清）、
朝（周 或云即晁）、**木部** 木（漢木仁 現代）、末（統譜）、朱、朱陽
（漢）、朴（音飄 集韻、現代）、李、杜、杞（姓譜）、東、松、杭東、東方、東
野（周）、東門（通志）、東郭（通志）、東陵（風俗通）、東陽（姓苑）、東
閭（説苑）、枕（姓苑）、林、林閭（漢林閭翁孺）、枚（漢 枚乘）、果（
現代）、枝（姓苑）、柏、柏侯（漢 柏侯奮）、染（五代 染子）、柘（漢 柘
溫舒）、查、柯、柳、柴、栗（風俗通）、校（唐 校傑）、根（姓苑 周 根
牟子）、格（漢 格班）、桀（漢桀龍、宋桀路分）桂、桃（戰國 桃應、
晉 桃豹）、桐（姓苑 桐君）桑、桑邱（漢桑邱公、明）、桓、梁、梁丘
（漢 梁丘賀）、梁由（康）、梁餘（姓説）、梅、梗陽（漢 梗陽真）、梓（

（左傳 梓慎）、條（晉 條枚）、東（晉書 東據）、棘（論語 棘子成）、棠（左傳 齊 棠無咎）、棠谿（漢 棠谿忠 棠谿典）、棣（統譜 新莽 棣並）、棧（魏書 棧潛）、楊、榮、楚（左傳 晉 楚隆）、楚丘（通志）、業（姓苑）、槐（唐 槐公儉）、樂、樂正（孟子 樂正裘）、樊、樓（漢 樓熉）、樛（音鳩 史記）、樹（後魏）、橋（史記 橋姚）、檀（統譜，現代）、櫟陽（通志）、橫（風俗通）、權、欒、**補女部** 始（魏 始平公）、**欠部** 次（呂氏春秋 次非）、欣（奇姓通）、欽（宋 欽德載）、歂（音遄 左傳 歂孫，史記 歂師）、歐、歐陽、歐侯（漢書）、**止部** 正（漢 正錦）、步、武、歸（明 歸有光）、**歹部** 死（民族略 代北四姓之一）、殖（左傳 齊 殖綽）、**殳部** 殳、段、殷、**毋部** 毋、毋丘（漢 毋丘興、魏 毋丘儉）、毋將（漢 毋將隆）、毋車（風俗通 毋車伯奇）、毋鹽（漢書）、毋終（何氏姓苑）、毎（漢 毎當時）、**毛部** 毛、**氏部** 氏（吳志 氏儀，五代 氏叔琮）、民（姓苑）、**水部** 水、水丘（康）、永（康）、氾（漢 氾勝之）、求（漢 求仲）、汝（左傳 汝寬）江、池、汪、汲（漢 汲黯）、沂（一統志 沂州）、沂相（漢 沂相封）、沃、沈、沐（漢 沐寵，明）、沓（北史 沓龍超）、沖（明 沖敬）、沙、沙吒（通志 沙吒義）、沙陀（即沙陁）、沙陁（通志，沙陁金山）、沛（康）、沮（三國 沮授）、河（明 河清）、治（明史 治國器）、況（蜀志 況長寧，明 況鍾）、泄（魯 泄柳）、泉（南史 泉企）、法（三國 蜀 法正）、泠州（通志）、泥（漢 泥和）、洗（康 現代 洗星海）、洪、浦、浪（晉 浪逢）、浮丘（漢 浮丘伯）、

海（明 海瑞）、涂（明 涂棐）、溼陽（漢）、涉（左傳 涉佗）、淳于、
涓（康）、液（急就篇 液容調）、涼（魏 涼茂）、×浩生（康）、淖（路史）、
淩（三國 淩統）、淵（世本 齊 淵敢）、清（宋 清賢）、清尹（通志）、減（
前漢 減宣）、渠（漢 渠復纍）、渠丘（通志）、渦（三輔決錄 渦尚）、游、
湛、湯、溫、溫伯（莊子）、渾（左傳 鄭 渾罕）、源（北魏書 源賀、唐
源乾曜）、滑、滕、滿、漁（宋 漁仲修）、漆（清 漆志明）、漆雕（論
語 漆雕開、路史）、漕（史記 漕中叔）、潘、潚（音蹙 漢 潚何）、潛（宋
潛說友）、澆（明 澆戓）、澹臺、濮、濮陽、瀧（漢 瀧嬰）、火部 火
（明 火原潔）、炅（音九 姓苑）、炅（音桂、後漢太尉陳球碑）、炔（音桂、
後漢太尉陳球碑）、炭（西京雜記 炭蚪）、烈（拾遺記 烈裔）、烏、焉耆
（通志）、無（漢 無且、明 無能）、焦、然（左傳 楚 然丹）、煙（字彙）、熊、
熊率（左傳 楚率且比）、燕、營（漢 營郃）、燭（左傳 燭之武）、燮（正字通
燮玄圖）、爨（華陽國志 爨習）、爪部 爬（西魏 爬秀）、爭（正字通 印藪
爭不識 爭同）、爰（廣韻）、爲（漢 為昆）、爻部 爾朱（後魏 爾朱羽健）、
牙部 牙（風俗通）、爿部 將閭（正字通）、牛部 牛、牟（漢 牟融、現
代 牟廷芳）、牡丘（姓苑 牡丘勝）、牢（後漢 牢梁）、牧、犨（後漢 犨顯）、
犨（風俗通）、犬部 狄、狐（姓氏尋源）、狗（正字通 漢 印藪 狗未
央、清 劇藝人有狗二哥、劇團張貼戲報為改書苟）、狼（左傳 狼瞫）、
猛（春秋 猛獲）、猶（宋 猶道明）、獨（明 獨立 獨善）、獨孤（風俗通）、
獻（秦 獻則）、玄部 玄（世本）、玆（康）、玆無（晉 玆無還）、率（元率

×浩（現代浩亮）

歸、明 率慶）、**玉部** 玉（漢玉況、明玉天麟）、王、王人（漢王人
峯公）、王子（漢王子中同）、王官（通志晉王官無地 楚王官子羽）、王孫
（論語 王孫賈）、班、琅（五音集韻 齊琅過）、理（五音集韻）、琮（宋琮
師古）、琴（明琴彭）、瑕丘（漢瑕丘中陽）、瑕呂（晉瑕呂飴甥）、瑞
（康）、璩、環（史記 環淵）、璽（明璽書）、**丸部** 執（漢執守、後趙錄
執子然）、埶、**甘部** 甘、**生部** 生（漢生臨明）、產（明產麟）**用部**
用（漢用蚪）、甪里（後漢 甪里若叔）、甫（明甫轍）、甯（清甯興圃
現代）、**田部** 田、由（秦本紀 由余）、由吾（北齊 由吾道榮）、甲（莊子）、
申、申屠、男（明男斌）、畜（音序 漢 畜容 畜意）、畢、畧（三國吳畧統）、番
（正字通）、異（唐異牟）、留（吳志 留贊）、當（康）、嘐（宋嘐子軿）、疇（左
傳越疇無餘）、**疋部** 疏（漢疏廣 疏受）、疎（後漢 疎耽）、**癶部** 癸（宋癸仲）、登（蜀登定）、發（史記 發根）、**白部** 白、白馬（通志）、
百（列子弟子 百豐）、百里（秦百里奚）、皅（宋皅麟慶 皅音加）、皇（
吳皇象、南北朝皇侃）、皇甫、皋（越皋如）、皋落（康）、皐（同皋 東漢
皐佰通）、皎（南漢 皎公羨）、皓（吳越春秋 越 皓進）、皥（蜀錄）、
皦（明皦生光）、**皮部** 皮、**皿部** 盂（左傳 衛 盂黶）、益壽（新
唐書）、益（漢益强、宋益暢、清易世昌銀錢業人 冒姓益壽、改易）、
盆成（風俗通 盆成括）、盍（宋盍著）、盎（姓苑）、盛、盡（萬姓統譜）、
監（史記 監止）、盤（明盤銘）、盧、盧蒲（左傳齊盧蒲癸）、盪（姓苑）、
目部 目（潛夫論、清目清一原在一家小錢鋪學徒、鋪主使改姓穆）、

盱(漢盱烈)、直(漢直不疑)、相、相里(漢相里平、五代相里金)、省
(左傳宋省臧)、眉(宋眉壽、明眉旭)、看(姓苑)、眘(古慎字,直音)、
真(漢真祜、宋真德秀)、眠(姓苑)、眼(姓苑)、眾(左傳眾仲)、睢
(明睢稼)、督(晉督戎)、瞞(風俗通)、瞫(後漢南蠻傳)、瞿、矍
(唐矍璋)、矔(晉梁漢矔丘)、矢部 知(左傳晉知季)、矯(
前漢矯望、後漢矯慎)、石部 石、硯(元文類硯彌堅)、
碧(明碧潭)、示部 示(史記示眯明)、社南(風俗通)、社北
(何氏姓苑)、祁、祕(五代史祕瓊、現代保定名妓祕豔御)、
祖、祝、祝圉(漢祝圉遙)、神(漢神曜)、祭(康,音債)、祿、福
(元福壽)、禮(左傳衛禮孔)、禰(三國禰衡)、内部 禹、禺
(康)、禽(高士傳禽慶)、禾部 禾(康)、秃(康)、秃髮(南涼秃髮烏
孤)、秀(康)、私(漢私匡)、秉(康、現代動物學家秉志)、秋、种(後
漢种暠、宋种放)、秅(康)、秦、移(漢移良)、稀(姓苑)、稅(宋稅挺)、
稔、程、稓(康,音非)、稚(史記)、稠(漢稠雕)、稱(漢稱忠)、稷(漢
稷嗣)、稻(何氏姓苑)、穀(康)、穀梁(戰國穀梁赤)、穆、穴部 空、
空同(通志)、空桐(即空同)、空相(通志空相機)、穿封(康)、×竇、立
×窄(辭源同䇢)、
部 立(漢立如子、唐立述)、竟(何氏姓苑)、章、童、竪(康)、端(明端復
初)、端木(春秋端木賜)、竹部 竹(後漢竹曾)、竺、笄(音算,正字通)
符、笪(清笪重光)、第二(通志)、第八(漢第八矯)、第五(漢第五倫)、笮
(吳志笮融)、筋(姓苑)、答祿(明答祿與權)、策(明策敏)、箕(

晉大夫 箕鄭)、管箴(衛箴莊子)、董(音動 前漢董安國)、節(明
節錄)、範(漢範依 宋範昱)、蔿(韻會)、簡、籍、籛(廣韻)。[
米部 米、粟(三國粟舉 現今粟裕)、粥(周文王時 粥熊 楚粥權)、
糈(姓苑)、糗(漢糗宗)、糟(明糟士奇)。糸部 紅、紀、約(韓
非子 約績)、紆(後秦 紆頹)、紇奚(北齊 紇奚永樂)、紇于(廣韻)、
紇骨(廣韻)、納(姓苑)、紐(隋紐回)、紙(魏書)、素(後魏 素
延)、素和(通志)、索陽(康)、索、索盧(通志、後漢索盧放)、紫(何
氏姓苑)、紹(姓苑)、終、終葵(左傳)、終黎(史記)、絞(何氏姓
苑)、絮(音女、前漢絮舜)、統(廣韻)、絺(周朝晉絺疵)、經、緐
(音婆、集韻)、綦(何氏姓苑、現代綦秀蕙)、綦毋(漢綦毋參)、綦
連(通志)、維(漢維氾)、綸(魏志、綸直)、綺里(漢綺里季)、緜
(孟子緜駒)、緱(音鉤、孝子傳)、練(姓苑)、縣(史記縣單父)、縮
(戰國策 縮高)、繁(漢繁延壽、晉繁欽)、繆、繇(後漢繇延)、
繒(前漢繒賀)、繞(左傳秦繞朝)、繡(漢繡君賓)、續(廣韻)、
纍(晉纍虎)。网部 罕(廣韻)、罕井(康)、羅。羊部 羊、羊舌(通
志)、羊角(春秋楚羊角哀)、羋(音弭、史記)、羌(史記羌瘣)、美(音眉
廣韻)、羨(史記、現代)、義(前漢義縱)、羽部 羽(左傳)、羿、翁、
習、翟、翠(急就篇註)、翦(現代翦伯贊)、翼(漢翼奉)、老部 老
(宋老佐、現代老遇春)、老陽(康)、考(何氏姓苑) 而部 耏
(音奈 左傳耏班)、耒部 耗(何氏姓苑)、耦(漢耦嘉)、耤(

晉非、倉頡篇）。【耳部】耳（明耳光明）、耶律（元耶律楚材）
耿、聊（漢聊倉）、聞、聞人、聲（康）、聶、職（姓譜）。【聿部】肆
（何氏姓苑 肆敏）、肅（漢肅祥）。【肉部】彤（音容 史記）、肥（史
記肥義、現代肥　　）、肩（明肩固）肩吾（通志）、育（集韻）、朐
（漢朐邴）、胖（現代胖　　）、胡、胡掖（通志）、胤（康）胥、
脂（後漢脂習）、能、脩（漢脩炳）膠（前漢古今人名表 膠鬲）、
膳（呂氏春秋 膳晉己）。【臣部】臣（唐臣悅）、臧、臧孫（通志）、
臨（孔融傳 臨孝存、後趙錄 臨深）【自部】自（康）【至部】
臺（漢臺佟）。【臼部】臼（左傳臼任）、臾（左傳臾駢）、舅（周晉
舅犯）、與（康）、興（漢興渠）、舉（姓苑）、舊（漢舊疆）。【舌部】舌
（姓纂 越舌庸）舒、【舛部】舜（姓譜）、舞（康）【舟部】舟（左傳
晉舟之僑）、船（姓苑）。【艮部】艮（漢艮當）良、（鄭良霄、漢
良賀）。【艸部】艾、芊尹（通志）、芒（魏芒卯）芬（戰國策晉
芬只）、芮、花、芳（漢芳垂數）芻（何氏姓苑）、苑（舊唐書苑君璋、現
代苑　　）、苗、苛（漢苛異）、荀（漢荀參、清荀二哥—劇界中人、
現代）、苦（漢苦灼）、苦成（通志）、茁（音曰 韻會）、苫（通志）、英（漢
英布）、苴（前漢）、苻（晉苻洪）、茀（漢茀肸）、茂（漢茂良）、范、茅、茆
（明茆鼎）、荔菲（清荔菲雄）、茨（後漢茨充）、茹、荀、荊、荇（漢荇不
意、荇吾）、草（正字通 草中）、荒（通志）、荼（漢荼恬）、莊、莒（史記秦
本紀）、華、莞（晉書莞恭）、莢（通志）莫、莽（後漢莽何羅）、菅（唐菅

崇嗣）、菑（三國菑莊）、華、華陽（漢華陽通）、萇（國語周萇弘）、萊（孟子萊朱）、萌（五代蜀萌慮）、萬、萬（前漢萬章）、落（漢落下閎）、葉、葉陽（康）、葛、董、葴（晉語）、葵（宋葵方直、明葵玉）、蒙、蒯、蒲、蒲察（金史）、蒲盧（通志齊蒲盧胥）、蒼（通志）、蒿（姓苑）、蓋、蓬、蓼（潛夫論）、蔓（左傳蔓成然）、蔚、蔡、蔣、蔾（通志）、蓄（後漢蓄鸞）、蔿（說文晉蔿伯）、蕑（史記蕑忌）、蕢（檀弓蕢尚）、蕩（春秋）、蕭、蕅、蕑、蘚、薩（明薩琦、清薩鎮冰、現代）、蘧（左傳蘧子馮）、藉（國語晉藉偃）、藍、藝（通志）、藥（後漢藥崧、晉藥冲）、蘭、藻（南北朝藻重）、蘄（漢蘄良）、蘇、蘧（漢蘧正）、蘭（漢蘭廣）、

虍部 虎（漢虎旗）、虔（風俗通）、處（漢處興）、虛（姓苑）、虞、虞丘（宋虞丘進）、虢（左傳晉虢射）、

虫部 虺（潛夫論）、蚩（通志氏族略）、蛇（通志蛇元望）、蛭（姓苑）、蛾（魏蛾青）、蜎（周楚蜎淵）、融、蟲（前漢蟲達）、蠻（通志）、

行部 行（後漢行巡）、衍（通志）、術（晉御康）、衙（漢衙卿、晉書衙博）、衛、衡、衢（姓苑）、

衣部 衣（明衣勉仁）、表（明表貢）、衷（正字通衷愉）、袁、褎（晉袟趙篇）、被（漢被條）、裔（姓苑裔款）、裘、補（唐補真）、裨（晉卑鄭裨諶）、裴、褚、褒（通志）、襄（後漢襄楷）、襲（晉襲元之）、

西部 西（通志）、西門（氏族略）、西乞（周秦西乞術）、西王（姓氏尋源）、西郭（漢賢傳）、西陵（春秋西陵高）、西鄉（尸子西鄉曹）、要（漢要兢、唐要珍）、覃（梁覃無克）、

見部 見（姓苑）、覓（

音綰 千家姓）、規（明規恂）、視（姓譜）、覩（姓苑）、覩斯（戰國
策魏 覩斯賢）、親（史記 齊親弗）、覺（姓苑）、覽（姓苑）、觀（
楚語）。**角部** 角（音禄 後漢角閎）、角里（即甪里）、觟陽（觟
音丸 後漢觟陽鴻）、解、解枇（北魏）。**言部** 言（潛夫論、現代）、
訇（蜀録 訇廣）、計、訒（音币 潛夫論）、訓（明訓濬）、訛（宋史 訛勃
囉）、訢（音欣 漢訢梵、）訪（唐訪式）、設（姓苑）、許、訾、訾辱
（潛夫論、）試（姓苑）、詩（後漢 詩索）、詬（姓苑）、詭（左傳 詭
諸）、該（姓苑）、詹、詨（音曰 廣韻）、誰（明 誰龍）、諄（字彙）誐、
諒（後漢 諒輔）、論（唐 論弓仁）、諳（音卜 明 諳寵）、諫（漢
諫忠）、諭（東晉 諭歸）、諶（音神 漢諶仲 現代）、諸、諸葛、諸
梁（通志）、諾（姓苑）、諜（風俗通）、謁（後漢 謁煥）、謝（音寒 集
韻）、謇（同蹇）、謙（字彙）、謝、謝丘（前漢 謝丘章）、謹（姓苑）、謼
（音户 前漢 謼毒尼）、䜌（音連 漢 䜌祕）、識（姓纂）譙（後漢
五行志）譚、藹（音靄 漢藹奂）、譽（晉書譽粹）、讀（姓苑）、變
（姓苑）、讎（前漢 讎遷）、讚（萬姓統譜）**谷部** 谷、谿（
莊子 谿工）。**豆部** 豆（漢豆如意）、豆盧（隋豆盧通）、豎（鄭豎
柎）、豐、豐將（潛夫論）、**豕部** 豚（印藪豚少公）、象（姓苑）、豪
（宋 豪彥）、豫（周 晉豫讓）、豳（姓苑）、**豸部** 豹（魏志 豹皮
公）、貂（戰國齊 貂勃）、**貝部** 貝、貢、貫（姓氏急就篇 趙貫
高）、貳（後秦録 貳塵）、貴（風俗通貴還）、買（五代 買叔五）費、

貿(姓苑)、貰、賀蘭(唐賀蘭進明)、賀拔(魏書賀拔勝)、
賀若(北史賀若敦)、賀悅(通志)、賀遂(通志即賀悅)賀賴
(南燕賀賴盧)、賀敦(魏書)貴、貲(四明志)、買、買孫(後漢買
孫曦)、賨(玉篇周齊賨胥無)、賜(玉海)、賞(晉賞慶)、賤(漢
賤瓊)、質(前漢)、賴、贊(姓氏尋源贊衛)、【赤部】赤(呂氏春
秋赤冀)、赤章(續通志)赫(康)赫連)、【走部】起(何氏姓
苑)、超(漢超喜)、越、趙、【足部】足(韓足強)、跋(五代跋
異)、路、蹇(秦蹇叔)、蹶(詩大雅蹶父)、【身部】躬(何氏
姓苑)、【車部】車、車焜(通志)軋(現代天津北馬路有軋家胡同)、
軍(康)軒(明軒輗、現代)、軒轅、~~(宋軒轅[illegible])~~、軒丘(梁軒
丘豹)、軫(康)、軲(音括 康)、載(康)、軏(康)、輔(康周晉)、輦
(康)、轅(漢轅固生)、【辛部】辛、辛廖(漢辛廖通)、辜(明辜增
清辜鴻銘 現代)辟(康)、辟閭(通志)、辨(康)、【辰部】農(風俗
通)、【辵部】近(明近紹元)、述(風俗通)、逢、通、逢(齊逢丑父)、逗
(康)、連、遂、過(漢過朽、清過之玫 現代)、道(明道同)、達(明達
雲)達步(通志)、達奚(周書達奚武)、遲(康)、遴(康)、還(康)遹(宋遹
復)、遺(廣韻)、遽(康 音渠)、邊、【邑部】邑由(廣韻)、邙(音山 正字通)、
邗(漢邗倓)邛(康)邢、那、邠(音沈 集韻)、邾(明邾嶽)、郈(正字通)、
郴(音宏 漢郴修)、郜、邱(漢邱俊)郅(漢郅彤)、郇、邵、邸(漢邸桂)、郜(
史記魯郜巽)、郁、郃(康)、郄(音隙 周晉郄獻子)、郕(漢郕都 現代)、郇(漢

见夹页一

郈越）、邸（漢邸常）、郗、郜、郝、郎、郟、郤、鄨（即今裴）、郱（康）、郭、郏
（即今談）、郰（即鄹 康）、郴（音琛 晋郴寶）、郵（左傳 郵無恤）、都（漢
都穆）、鄅（即禹）、鄆（廣韻）、鄂、鄒、鄐、屠（續通志 後分二姓 鄐氏 屠氏）、鄔、
鄙（康）、鄘（正字通）、鄚（即莫）、鄿（音毅 史記 鄿單）、鄗（康）、鄧、鄩（周 周
鄩肸）、鄞（即童）、鄭、鄺（即厲）、鄹（廣韻 同鄒）、鄺（姓苑 現代 鄺富
灼 鄺榮光）、酆（即豐）、酈（漢酈食其 北魏酈道元 清酈恩慶）。【酉部】酉
（戰國 魏酉牧）、酒（明酒好德 現代）、醜（後漢 醜長）、醜門（西秦
錄 醜門于弟）、釁（正字通 周釁夏）、【釆部】釆（漢釆皓）、釋（康）、【里
部】里（鄭 里析）、重（明重省）、釐（南北朝 釐豔）、【金部】金、釗（明釗 金留（姓苑）
劍佩）、針（明針忠）、釧（明釧國賢）、釙、鈔（明鈔奇）、鈕、鈞（漢鈞喜）、
鉗（唐 鉗耳）、鉛陵（漢書 鉛陵卓子）、鉤（宋鉤光祖）、銀（漢銀才）、銓
（漢銓徵）、銖（明銖鉉）、銚（漢銚期）、銛（宋銛朴翁）、銳（姓苑 銳管）、
鋗（康）、錄（正字通 清錄卜臣）、錡（音技 漢錡華）、錢、錦（漢錦被）、錫
（漢錫光）、錯（廣韻）、鍾、鍾吉（續通志）、鍾吾（漢 鍾吾蒼）、鍾離、鎮
（姓苑）、鏡（漢鏡欽）、鎦（同劉）、鐔（三國志 鐔承）、鐵（明鐵鉉 清鐵
保 現代）、鐸（左傳 楚鐸椒）、鑄（姓苑）、鑢（楚鑢金）。【長部】長（左
傳 衛長牂）、長孫、【門部】門（魏書門文愛 清 現代）、閃（明閃露、
現代 閃虎臣）、閆（正字通 現代）、開（明開濟）、閎（史記 閎孺）、閔、 鬭（康 音斗）
閤（唐閤輔）、閭（清閭吉昌 自改姓洪）、閭丘（漢閭丘卿）、閭葵（漢
唐君碑 閭葵班）、閻、闞（漢闞羽三、現代 闞十原）、闞門（漢闞門

慶忌）、闕、闞、【阜部】阡（唐阡能）、阬（音坑左傳）、阮、防（漢防廣、明防盛）、阿（唐阿光進）、阿跌（唐阿跌光進）、阿熱（唐回鶻傳）、陌（正字通）、陘（字彙）、陞（字彙）、陰、陳、陵（明陵浚）、陵尹（通志）、陵終（通志）、陵陽（康）、陶、陶叔（漢陶叔春）、陸、陽（漢陽翁伯）、陶丘（漢陶丘仁）、陽成（漢陽成公衡）、隆、隋（元隋世昌 現代）、隗、隨（漢隨何 現代 隨永昌）、隰（春秋隰朋）、隱（吳志隱蕃）、隴（康）、【隶部】隸（音四康）【隹部】雄（廣韻）、雅（元雅琥）、雉（韻會）、雋（漢雋不疑）、雍、雒（後漢雒將）、雙、雞（明雞鳴時）、難（南北朝難從党）、【雨部】雪（明雪霽）、雲、零（明零混）、雷、霄（韓非子霄略）、霅（音折字彙補）、霍、霜（姓苑）、霒（音因廣韻）、露（漢露平）、霸（韻會霸栩）、靈（風俗通）、【青部】青（何氏姓苑）、青烏、青牛、青陽（皆康）、靖（唐靖長官）、【非部】非（風俗通）、靠（音乍康）、【革部】革（漢革朱）、靳、鞏、鞠（漢鞠譚、現代）、鞫（姓氏尋源）、【韋部】韋、韓、【音部】音（姓苑）、韶（晉韶石）、【頁部】項、須、頌（康）、頓（魏志頓子獻）、頡（風俗通）、頻（漢頻暢）、顏、顓（康）、顓孫（康）、顛（左傳晉顛頡）、類（史記類犴、宋類演）、顧、顯（風俗通）、【風部】風（越絕書風胡）、【食部】食（漢食子通、後漢食子公）、飽（宋飽安盈）、養、餘（晉餘文仲）、餽（晉餽闡倫）、饒、【首部】首（明首德仁）、【香部】香（明香半）、馨、【馬部】馬、馬矢（通志）、馬師（通志）、馬適（漢馬適育）、馮、馯臂（前漢儒林傳馯臂子弓）、馳（明馳九垓）、駒（漢駒幾）、駱、騅（左傳晉騅歂）、騫（漢騫包、唐騫味道）、騰（康）、驛（康）**骨部**骨（隋骨儀）、骫（音委 纂文）、**高部**高、高堂（漢高堂生）、高陽（通志）、**髟部**髮（前漢髮福）、**鬥部**鬭（左傳楚鬭伯比）鬭于（康）、鬭文（通志）、鬭耆（通志）、鬭彊（通志）、**鬯部**鬱、**鬲部**鬲（康）、鬷（左傳）、鬻（周鬻熊）、**鬼部**鬼（前漢郊祀志、清商界有鬼姓名樹聲改姓歸）、魁（康）、魏、魏彊（通志）、**魚部**魚、魚孫（通志）、魯、魯陽（通志）、魴（漢魴山）、鮑、鮭陽（漢鮭陽鴻）、鮮（宋鮮龍）、鮮于（元鮮于樞）、鮮陽（漢鮮陽戩）、**鳥部**鳥浴（通志）、鳳、鳴（姓苑）、鴈（姓苑）、鴻（後漢鴻安丘）、鴆（前漢藝文志）、鶡（音賀 萬姓統譜）、鷬（音難 康）、鸜鵒（莊子）、**鹵部**鹵（史記鹵公孺）、鹽（魯鹽津）、**鹿部**鹿（明鹿麟 清鹿鍾麟現代）、麋、麗（姓苑）、**麥部**麥（隋麥鐵杖 現代）、麥丘（姓纂）、麯（晉麯崇裕）、麴、**麻部**麻、**黃部**黃、**黍部**黎、**黑部**黑、黑肱（周、康）、黑胎（周、康）、黔婁（通志）、黨、**黽部**鼂（漢鼂錯）、鼈（蜀王本紀）、**齊部**齊、齊季（魯齊季窺）、**龍部**龍、龍丘（後漢龍丘萇）、龐、龔、

跋 由去歲冬天起，除原有心臟病外，又加添了許多病。總總在吾革命樂觀主義中，隨時的加以些不痛快，但我終始堅持未曾倒在床上。而且除了太不得了了時，未曾放下筆墨。所以能斷斷續續的到今天鈔完，未曾功虧一簣。完了。一九七三年九月八日晨起於 八十七老羊

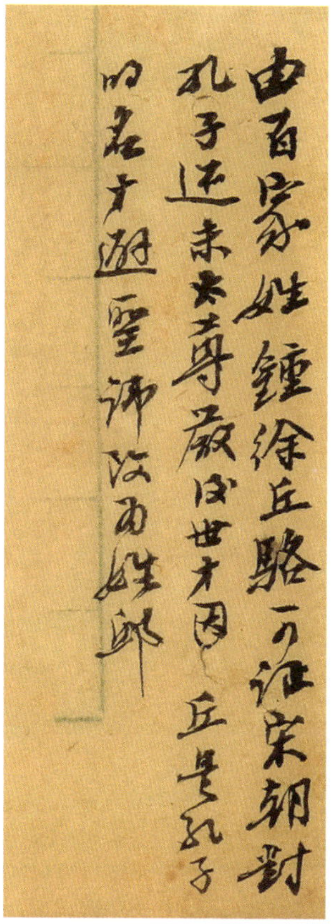
由百家姓鍾徐丘駱一句証宋朝對
孔子還未太尊嚴後世才因丘是孔子
的名才避聖諱改為姓邱

夹页一，横143毫米，纵83毫米，影印时略有缩放。